埼　玉
Saitama

●地球の歩き方編集室●

SAITAMA CONTENTS

取り外して
持ち歩ける
**埼玉
別冊マップ**

エリアガイドの見方

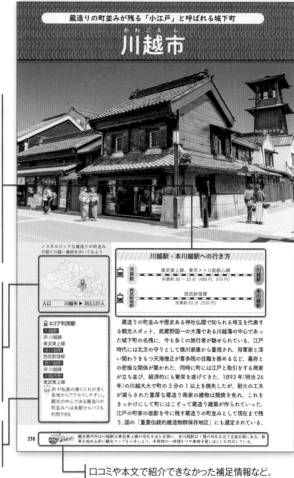

蔵造りの町並みが残る「小江戸」と呼ばれる城下町

川越市
(かわごえし)

原則として東京都内のターミナル駅や埼玉県内の都市から鉄道を利用した場合のアクセス手段とおよその所要時間を示しています。アクセスのルートや所要時間はさまざまなので、あくまでも一例としてご利用ください。また鉄道などの料金は「切符運賃」を記載しています。直通運転などの場合、運賃と所要時間はまとめて示しています。

ノスタルジックな蔵造りの町並みが続く川越一番街を歩いてみよう

人口　川越市 ▶ 353,137人

エリア利用駅
川越駅
JR 川越線
東武東上線
本川越駅
西武新宿線
川越市駅
JR 川越線
川越駅
東武東上線
ビント JRや私鉄の乗り入れが多く各地からアクセスしやすい。観光の中心である蔵造りの町並みへは各駅からバスを利用できる

紹介地、紹介エリアのポイントを示しています。人口は2023年1月18日の時点での各市町村が発表している最新の人口です。自治体により人口を発表する間隔が異なるため、2022年12月〜2023年1月に発表された人口となります。

初めて訪問する人のためにアクセスや乗り換えの基本的なアドバイスが書いてあります。

川越駅・本川越駅への行き方

	東武東上線、東京メトロ副都心線 所要約 30 〜 33 分（480 円、570 円）	川越駅
池袋駅		
西武新宿駅	西武新宿線 所要約 61 分（510 円）	本川越駅

蔵造りの町並みや歴史ある神社仏閣で知られる埼玉を代表する観光スポット。武蔵野国一の大藩である川越藩の中心であった城下町の名残は、今も多くの旅行者が魅せられている。江戸時代には北方の守りとして徳川家康から重視され、将軍家と深い関わりをもつ天海僧正が喜多院の住職を務めるなど、幕府との密接な関係が築かれた。同時に町には江戸と取引をする商家が立ち並び、経済的にも繁栄を遂げてきた。1893年（明治26年）の川越大火で町の3分の1以上を焼失したが、耐火の工夫が凝らされた重要な蔵造り商家の建物は類焼を免れ、これをきっかけにして町にはこぞって蔵造り建築が作られていった。江戸の町家の面影を今に残す蔵造りの町並みとして現在まで残り、国の「重要伝統的建造物群保存地区」にも選定されている。

216　City Point 観光案内所は川越駅は東武東上線の改札を出た左側に、本川越駅は1階の改札を出て正面右側にある。町歩きを始める前に観光マップを入手しよう。手荷物の一時預かりや車椅子貸し出しにも対応している。

口コミや本文で紹介できなかった補足情報など。

データ欄の記号

MAP 別冊P.5-A1
別冊地図上の位置を表示
住 住所
TEL 電話番号

| **CC** クレジットカード |
| A…アメリカン・エキスプレス |
| D…ダイナースクラブカード |
| J…JCB カード |
| M…マスターカード |
| V…VISA |

営 営業時間または開館時間
24時間自由に出入りできる場所は（自由）と記載
休 定休日
決まった定休日がない場合は不定休。年末年始や臨時の休日については基本的に記載しない
料 料金（税込み）。入場料や入館料については特に注記がない場合は「大人」の一般料金を示す

P 駐車場の有無
交 鉄道やバスなど、公共交通機関を利用する場合の最寄り駅と駅からのおよその所要時間。駅から徒歩30分以上は駅から車を使った場合の時間
IN チェックインの時間
OUT チェックアウトの時間
室 客室数
URL URL（http://、https://は省略）

年号について　本書では原則的に年号表記を西暦（和暦）年と記載しています。2000年以降の年号については西暦のみを記載しています。

地図の記号

本誌掲載物件

🄶 見どころ		🅈 ナイトスポット	
🄱 体験		🄷 ホテル・旅館	
🄷 神社		🅅 温泉	
卍 寺		🄷 道の駅	
🅈 グルメ		🄸 観光案内所	
🄱 ショップ		P.000 掲載ページ	

記 号

◎ 埼玉県庁		Ⓨ 消防署	
◎ 市役所/町役場		🄷 神社	
⊗ 学校		卍 寺	
⊤ 郵便局		⊞ 病院	
⊗ 警察署／交番		🅟 バス停	
🄷 宿泊施設		🅂 商業施設	🄷 飲食店

鉄 道

━━━━	新幹線
━━━━	JR
────────	私鉄

道 路

▧▧▧▧▧	高速・有料道路
━━(17)━━	国道
────────	一般道

コンビニエンスストア

- 🄷 セブン-イレブン
- ━ ファミリーマート
- 🄷 ローソン

ファストフード&カフェ

- Ⓜ マクドナルド
- 🄷 スターバックスコーヒー
- Ⓜ モスバーガー

埼玉発祥チェーン店

 山田うどん食堂
🄷 ぎょうざの満洲
🄷 日高屋
🄷 るーぱん
🄷 がってん寿司

エリアガイドのアイコン

 文化スポット 体験

🄷 自然スポット 🅈🅈 食べる

🄷 寺 🄷 買う

🄷 神社

■本書の特徴

本書は、日帰り旅行から滞在型の旅まで、埼玉県をじっくり楽しみたい方のためのガイドブックです。旅行者の方はもちろん、県民の方にも埼玉の新たな魅力を発見していただけるよう情報を充実させるとともに、できるだけ使いやすいものを心がけて作りました。

■掲載情報のご利用に当たって

編集部では、できるだけ最新で正確な情報を掲載するように努めていますが、現地の規則や手続きなどがしばしば変更されたり、またその解釈に見解の相違が生じたりすることもあります。このような理由に基づく場合、または弊社に重大な過失がない場合は、本書を利用して生じた損失や不都合などについて、弊社は責任を負いかねますのでご了承ください。また、本書をお使いいただく際は、掲載されている情報やアドバイスがご自身の状況や立場に適しているか、すべてご自身の責任で判断のうえご利用ください。

■取材および調査期間

この本は2022年6〜12月の取材を基に編集されています。また、追跡調査を2023年1月まで行いました。記載の住所、料金などのデータは基本的にこの時点のものです。料金については原則として税込料金を表示、定休日についてはゴールデンウイーク、お盆休み、年末年始を省略しています。ホテルのチェックイン、チェックアウト時間については基本的なプランの時間を記載しています。プランやお部屋のタイプによって時間が異なる場合があります。また、時間の経過とともにデータの変更が生じることが予想されるとともに、新型コロナウイルス感染症拡大防止のため、営業時間等の変更や臨時休業などが実施される可能性があります。また、昨今の物価高騰により、料金が変更される可能性があります。そのことをお含みおきのうえ、事前に最新の情報を入手されることをおすすめします。

■発行後の情報の更新と訂正について

発行後に変更された掲載情報や訂正箇所は、『地球の歩き方』ホームページ「更新・訂正情報」で可能なかぎり案内しています（ホテル、レストラン料金の変更などは除く）。

book.arukikata.co.jp/support/

※P.127、153、181、215、249、277、305のエリアナビ「東京方面からのアクセス」は練馬ICから各目的地のメイン鉄道駅までのアクセス情報です。時間帯やルートにより所要時間は異なるので目安としてご利用ください。

ジェネラルインフォメーション

埼玉県の主要メディア

●埼玉新聞

1面からテレビ面まで埼玉県版の唯一の県紙。県北・県西版、県央・県東版、さいたま市版、秩父・本庄・児玉・寄居版と地区別に身近なニュースや情報が充実。日曜版「サイタマジン」では埼玉の多彩な人物を紹介。

●テレビ埼玉

愛称は「テレ玉」。県内の魅力あるスポットを紹介する「情報番組マチコミ」や「いまドキッ！埼玉」のほか、浦和レッズや埼玉西武ライオンズなどのスポーツ応援番組も充実。お笑い芸人・千鳥が埼玉の街をぶらぶら歩く「いろはに千鳥」は全国区の人気。

●FM NACK5

埼玉を中心に放送する独立系FMラジオ局。小林克也がパーソナリティーを務める「FUNKY FRIDAY」などの音楽情報番組やスポーツ番組、ニュースや交通情報も充実。県内のホットな情報を紹介する「ディスカバー彩の国」も。

❖ 埼玉県章

まが玉を16個円形に並べたもので、太陽、発展、情熱、力強さを表している。まが玉の「玉」は県名の由来のひとつとされる「幸魂（さきみたま）」の「魂」に通じ、まが玉は埼玉県にゆかりの深いものとなっている。1964年（昭和39年）9月1日制定。

❖ 埼玉県旗

埼玉県旗は白地の中央に埼玉県章を描いたもの。旗の縦横比は2:3。1964年（昭和39年）9月1日の県告示第652号により制定された。

❖ 彩の国キャンペーンマーク

1992年（平成4年）に選定された県の愛称「彩の国」の普及を図るため、1993年（平成5年）11月14日に選定。3人が手を取り、肩を組み、楽しく元気に前へ進もうとしているイメージを表す。

❖ 埼玉県歌

1967年（昭和42年）の埼玉国体開催に合わせ、県民に親しまれ、愛唱される県の歌として1965年（昭和40年）に制定された。作詞は公募から選ばれた岸上のぶ氏で神保光太郎氏の補作、作曲は明本京静氏。

❖ 県の花…サクラソウ

サクラソウ科の多年草で、春にピンクや紫、白のハート形の花びらの花が咲く。さいたま市桜区田島ヶ原のサクラソウ自生地が国の特別天然記念物に指定されている。1971年（昭和46年）制定。

❖ 県の木…ケヤキ（欅）

ニレ科ケヤキ属の落葉広葉樹。古名はツキ「槻」。県の天然記念物に指定された樹齢650年のさいたま市の「清河寺の大ケヤキ」が有名。1966年（昭和41年）制定。

❖ 県の魚…ムサシトミヨ

トゲウオ科の淡水魚。熊谷市の「元荒川ムサシトミヨ生息地」が唯一の生息地で県指定の天然記念物。1991年（平成3年）制定。

❖ 県民の鳥…シラコバト

1965年（昭和40年）に指定。山鳩の仲間だが小型で尾が長く、灰色の体で首に黒い横線があるのが特徴。県東部に生息し「越ヶ谷のシラコバト」として国の天然記念物に指定。

❖ 県の蝶…ミドリシジミ

シジミチョウ科に属する4cmほどの小型の蝶。幼虫が葉を食べるハンノキが多い県内に広く生息している。夏の夕刻に緑の羽を輝かせ飛ぶ姿が見られる。1991年（平成3年）制定。

❖ 県庁所在地

さいたま市浦和区

❖ 埼玉県の面積

3797.75km²
※国土地理院
面積調 2021年

❖ 埼玉県の人口

733万7173人
※埼玉県推計人口
（2022年10月1日現在）

❖ 日本の人口

1億2477万人
※総務省統計局人口推計
（2023年1月概算値）

❖ 埼玉県知事

大野元裕（第61代）
※2023年1月10日現在
知事の任期は4年。埼玉県全域から1人の知事を選出する選挙が行われ、埼玉県民の投票により決定する。

❖ 埼玉県の経済

2021年度の一般会計歳出総額は2兆6125億6600万円。歳入総額は2兆6599億5300万円。埼玉県のGDPにあたる「県内総生産」は2019年度23兆5174億円。
※埼玉県庁のホームページより

埼玉県では生活圏により10エリアに区分しています

埼玉県の構成

- 北部地域
- 県央地域
- 利根地域
- 秩父地域
- さいたま地域
- 川越比企地域
- 西部地域
- 南西部地域
- 南部地域
- 東部地域

（地図内の地名）
上里町、本庄市、神川町、美里町、深谷市、熊谷市、行田市、羽生市、加須市、久喜市、幸手市、杉戸町、宮代町、白岡市、蓮田市、春日部市、伊奈町、新霞町、上尾市、桶川市、北本市、鴻巣市、吉見町、東松山市、滑川町、嵐山町、小川町、鳩山町、坂戸市、川島町、長瀞町、寄居町、東秩父村、ときがわ町、越生町、毛呂山町、鶴ヶ島市、川越市、小鹿野町、横瀬町、秩父市、毛呂山町、日高市、飯能市、狭山市、入間市、所沢市、三芳町、ふじみ野市、富士見市、新座市、朝霞市、志木市、蕨市、戸田市、和光市、さいたま市、越谷市、草加市、八潮市、三郷市、吉川市、松伏町、川口市

荒川沿いは
サイクリング
コースでも有名

さいたま市の行政区画

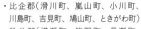

北区、見沼区、岩槻区、西区、大宮区、中央区、浦和区、桜区、南区、緑区

- …旧大宮市
- …旧与野市
- …旧浦和市
- …旧岩槻市

❖ 埼玉県の郡

東秩父村は
埼玉唯一の村

- ・北足立郡（伊奈町）
- ・入間郡（三芳町、毛呂山町、越生町）
- ・比企郡（滑川町、嵐山町、小川町、川島町、吉見町、鳩山町、ときがわ町）
- ・秩父郡（横瀬町、皆野町、長瀞町、小鹿野町、東秩父村）
- ・児玉郡（美里町、神川町、上里町）
- ・大里郡（寄居町）
- ・南埼玉郡（宮代町）
- ・北葛飾郡（杉戸町、松伏町）

埼玉県には現在上記の8郡がある。武蔵国が郡により分割されたのが7世紀頃で、廃藩置県直前の武蔵国の現埼玉県の領域には15の郡があった。1896年以後は9つの郡がおかれたが次第に「市」となって郡から「独立」する地域が増え、北埼玉郡は消滅、現在の残った郡も、住所表記以外には意味をもたないのが現状である。

❖ 埼玉なんでも日本一！

・市の数

埼玉県の市の数は40市で、僅差で愛知県の38市をしのいで日本一。2012年に白岡町が市制施行して40市になった。

・川幅

荒川が流れる鴻巣市と吉見町との間の川幅は2537mで、日本一の広さを誇る。ただしこれは河川敷を含めた幅で、川自体の幅は驚くほど広くはない。

・自主防犯活動団体

警察庁調べによると、防犯パトロールなどを行う自主防犯活動団体数が6035（2021年）で日本一。安心安全で観光しやすい！

・ひな人形出荷額

特に伝統を受け継ぐさいたま市岩槻区と鴻巣市、越谷市での生産が盛ん。ひな人形出荷の全国シェアの4割以上を占め、断トツの日本一。

・アイスクリーム出荷額

2020年の埼玉県のアイスクリーム出荷額は1477億円で日本一。夏の暑さが影響？

・段ボール箱出荷額

2020年の埼玉県の段ボール箱出荷額は1218億円で日本一。

・中華めん出荷額

2020年の埼玉県の中華めん出荷額は369億円で日本一。

・ビスケット類・干菓子出荷額

2020年の埼玉県のビスケット類・干菓子出荷額は712億円で日本一。

・化粧水出荷額

2020年の埼玉県の化粧水出荷額は420億円で日本一。

・香辛料出荷額

2020年の埼玉県の香辛料出荷額は451億円で日本一。

など、埼玉県の日本一は多数。

※旧浦和市域の大原6丁目・7丁目は大宮区

県民の鳥であるシラコバトをモチーフにした「コバトン」は2000年に誕生。「さいたまっち」は2014年にバナナマンの番組でデザインを考案。埼玉県のマスコットとして県内の魅力を発信している。

❖ 埼玉県民の日

11月14日	1871年（明治4年）旧暦11月14日に埼玉県が誕生したことを記念し、1971年（昭和46年）に「県民の日」と制定。県内の公立学校は休みとなり、記念式典やイベントなどを開催。鉄道各社のフリー乗車券なども販売される。

❖ 国民の祝日

元日　1月1日	年初を祝う。
成人の日　1月第2月曜日	大人になったことを自覚し、自ら生き抜こうとする青年を祝い励ます。
建国記念の日　2月11日	建国をしのび、国を愛する心を養う。
天皇誕生日　2月23日	天皇の誕生日を祝う。
春分の日　3月20日または21日	自然をたたえ、生物をいつくしむ。
昭和の日　4月29日	激動の日々を経て、復興を遂げた昭和の時代を顧み、国の将来に思いをいたす。
憲法記念日　5月3日	日本国憲法の施行を記念し、国の成長を期する。
みどりの日　5月4日	自然に親しむとともにその恩恵に感謝し、豊かな心をはぐくむ。
こどもの日　5月5日	子供の人格を重んじ、子供の幸福をはかるとともに、母に感謝する。
海の日　7月第3月曜日	海の恩恵に感謝するとともに、海洋国日本の繁栄を願う。
山の日　8月11日	山に親しむ機会を得て、山の恩恵に感謝する。
敬老の日　9月第3月曜日	多年にわたり社会に尽くしてきた老人を敬愛し、長寿を祝う。
秋分の日　9月22日または23日	祖先をうやまい、亡くなった人々をしのぶ。
スポーツの日　10月第2月曜日	スポーツに親しみ、健康な心身を培う。
文化の日　11月3日	自由と平和を愛し、文化をすすめる。
勤労感謝の日　11月23日	勤労をたっとび、生産を祝い、国民たがいに感謝し合う。

※内閣府のホームページより
・「国民の祝日」は休日とする
・「国民の祝日」が日曜日に当たるときはその日後においてその日に最も近い「国民の祝日」でない日を休日とする。
・その前日および翌日が「国民の祝日」である日（「国民の祝日」でない日に限る）は、休日とする。

▶埼玉への道
→P.414

❖ 飛行機（地方空港から羽田空港へ）
札幌(新千歳空港)1時間35分〜
大阪(伊丹空港)1時間5分〜
広島(広島空港)1時間20分〜
福岡(福岡空港)1時間35分〜
鹿児島(鹿児島空港)1時間30分〜
沖縄(那覇空港)2時間10分〜

❖ 新幹線（地方駅から大宮駅へ）
新函館北斗駅　3時間34分〜
仙台駅　1時間6分〜
新潟駅　1時間15分〜
名古屋駅　（東京駅へ）1時間33分〜
金沢駅　2時間4分〜
新大阪駅　（東京駅へ）2時間21分〜
広島駅　（東京駅へ）3時間44分〜
博多駅　（東京駅へ）4時間46分〜

▶旅の安全情報とトラブル対策→P.430

　埼玉の治安は一般的に良好だが、夜の繁華街やお祭りなど多くの人が集まるエリアや時期には、トラブルに巻き込まれないように気をつけよう。
　また、台風や豪雨などにより、公共交通機関の計画運休が実施されることがあるので気象情報をチェックしよう。地震が発生したときの行動も自治体の防災情報などで確認を。
●埼玉県警
☎048-832-0110（代表）
🖥www.police.pref.saitama.lg.jp

埼玉県は太平洋側気候に属する。海から離れている内陸県であるため夏は暑さが厳しく、熊谷市では2018年に国内最高気温41.1℃を観測。冬は空気が乾燥して比較的寒いが、晴天が多い。熊谷市の1月の平均気温の平年値は4.3℃である。

埼玉県東部の平野部のうち、北部は内陸性、南部は海洋性の特徴があるが、あまり大きな差はない。夏は暑く、さいたま市でも2018年に39.3℃の高温を記録している。冬は放射冷却の影響を受けることがあり、朝晩に冷え込む日が多い。さいたま市の1月の平均気温の平年値は3.9℃である。

埼玉県の北部は夏暑い埼玉でも特に暑くなる地域で、熊谷市も北部にある。雷雨や降雹が多く、突風も吹きやすい。冬は「赤城おろし」や「からっ風」などと呼ばれる乾いた北西からの季節風が強く吹くが、晴天の日が多い。

秩父市の市街地は秩父盆地にあり、内陸性気候で寒暖の差が大きく、夏は暑く冬は寒くなる。山地では夏は雷雨により降水量が多くなる。冬は埼玉の都市部が雨でも、秩父の山々では雪となり、積雪となることもある。気温も氷点下になり、日最低気温−15.8℃を記録したこともある。

埼玉の方言

関東の中央に位置する埼玉県は関東各地の方言の縮図ともいわれている。県北部は群馬、県東部は栃木・茨城、県南部は江戸言葉に近く、秩父地方の方言は甲州弁との共通点も多い。いいあんばい（＝ちょうどいい）、おっぺす（＝押す）、ちっとんべぇ（＝ちょっとだけ）、ひゃっこい（＝冷たい）などは埼玉弁をネタにした漫画などで取り上げられることもある。

さいたま市と秩父市の気温／降水量
（※1991〜2020年平均値）

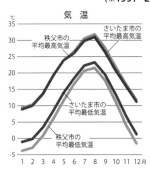

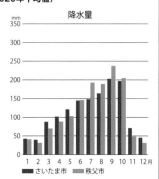

※気象庁気象統計情報より

❖ 喫煙

2020年4月1日から改正健康増進法が施行され、喫煙環境が厳しくなった。学校、病院、行政機関などの敷地内が禁煙になり、飲食店や事務所などの屋内も一部例外を除き禁煙。小規模飲食店で届出の上、店舗内に喫煙可能室（店舗全体が喫煙可能というケースもある）が設置されている場合は店舗入口にその表示があり、ない場合は喫煙不可。

●埼玉県の受動喫煙防止対策について
www.pref.saitama.lg.jp/a0704/kitsuentaisaku/judokitsuen.html

また、さいたま市では「さいたま市路上喫煙及び空き缶等のポイ捨ての防止に関する条例」に基づき、市内12駅周辺の地域を路上喫煙禁止区域に指定。該当区域は路面標示シートや看板で表示されている。環境美化指導員によるパトロールがあり、命令に従わない場合は2000円の過料を徴収される。

❖ エスカレーター

2021年10月より「埼玉県エスカレーターの安全な利用の促進に関する条例」が施行。転倒事故防止と事情により右側の手すりにしかつかまれない人を守るため、エスカレーターは立ち止まった状態で利用しなければならなくなった。現状、左側に立ち、右側を歩く人のために空けることが一般化している。条例施行以降は「左右両側に立ち止まろう!!」をキャッチコピーに、遠慮せずどちら側に立ち止まってもいい雰囲気づくりが進められている。

❖ JR八高線の半自動式ドア

都心では駅に着けばドアが開くのが当たり前だが、JR八高線では停車駅で乗降する際、乗客がドアの横の丸いボタンを押して開閉する必要がある。（※新型コロナウイルスの感染対策で自動となった時期もあったが、2022年3月のダイヤ改正時から半自動に戻っている）。

その他

▶習慣とマナー →P.432

©埼玉県2014

©埼玉県2004

埼玉早わかりナビ

63市町村の概要をチェック

埼玉とはどんな地域なのか、どのような特徴があるのか、まずは基礎知識をしっかり頭に入れて、お出かけプランを練ってみよう。

熊谷・行田・深谷エリア　エリアナビ P.276

埼玉の北部に位置し、利根川を挟んで群馬県に隣接する。冬は乾燥した空っ風が吹き、熊谷市は夏の暑さでも全国的に有名だ。さきたま古墳群や忍城跡など歴史遺産が数多く残る行田市は県内小学校の遠足スポット。深谷市には渋沢栄一の足跡が今も残っている。

秩父・長瀞エリア　エリアナビ P.304

「東アルプス」とも呼ばれる山深い秩父山地に広がるエリア。ハイキングや登山などで雄大な自然に触れられるほか、三峯神社など神秘的なパワースポットや温泉地も多い。秩父市の中心街はかつては海だった盆地に広がり、荒川沿いを走る秩父鉄道の沿線には長瀞などの観光スポットが点在している。

所沢・入間・新座エリア　エリアナビ P.180

東京の多摩地域や練馬区に接し、都心へのアクセスの利便性と、武蔵野の面影が残るのどかさをあわせもっている。「トトロの森」も広がる狭山丘陵がある所沢市は、ところざわサクラタウンなどの文化発信拠点も充実。飯能市には奥武蔵の自然や、ムーミンバレーパークなどの観光スポットでも注目を集める。

川越・東松山・小川エリア　エリアナビ P.214

埼玉のほぼ中央部に位置するエリア。城下町として栄えた川越市は江戸情緒漂う蔵の街並みが人気。東松山市はかつての比企郡の中心地で「豚肉のやきとり」が名物。古墳時代の吉見百穴が残る吉見町、和紙のふるさと小川町、全国初の国営公園である滑川町など、観光スポットや文化遺産も多い。

新着情報！

2022 4 OPEN！

人がゆきあい大宮の未来を作る
大宮駅東口のランドマーク「大宮門街」

かつての大宮中央デパート跡地に新設された、地上18階建ての大型複合施設。人々が行きあうマチカドのイメージと、氷川神社の門前町や宿場町として歴史ある大門の地名が名称の由来となっている。中央に吹き抜けの門街広場があり、低層部分にはレストランやショップ、クリニック、4〜9階は多目的ホール「RaiBoC Hall」が入った市民ホール、10〜18階はオフィススペースになっている。

MAP 別冊P.16-B2

🏠さいたま市大宮区大門町2-118　☎施設により異なる
🕐施設により異なる（物販店10:00〜22:00、飲食店11:00〜23:00、市民ホール9:00〜22:00）　休施設により異なる　🅿あり（有料）　🚃JR大宮駅から徒歩3分

2022年8月 OPEN！

秩父の歴史建築と一体化したホテル
「NIPPONIA 秩父 門前町」

秩父神社の参道、番場通りにある昭和初期建築「小池煙草店」などの歴史建築を複合的にリノベーション。オリジナル建築を生かしながら、歴史情緒あふれるホテル群へと改築されている。まるでモノクロ映画の世界に迷い込んだような雰囲気だが、快適な近代的設備を完備し、浴室はすべて檜造り。地元の旬の食材やジビエ料理を提供する「MARUJU棟」のダイニングにも立ち寄ってみたい。（→P.410）

MAP 別冊P.45-B1〜B2

🏠秩父市宮側町17-5　☎0494-53-9230
🕐15:00　🕐11:00　💴素泊まり1万8650円〜
🛏8室　🚃秩父鉄道「秩父駅」から徒歩5分

国道16号線は都会といなかの境界線?

「埼玉の都会といなかを分けるライン」とも称される国道16号線。西の所沢から川越、さいたま市を通って東の春日部まで。その南側は都会で、それ以外はいなかとする線引きだ。この国道16号線沿いは日本の繁栄を支えてきた歴史的にも重要なルート。鎌倉街道の多くがこのエリアと重なり、明治時代の殖産興業を支えた生糸もこの道で運ばれ「日本のシルクロード」と称された。第2次世界大戦最後には16号線が米軍基地を結び、アメリカ文化を媒介する役割も担ったとされる。

上尾・鴻巣・久喜エリア

エリアナビ **P.248**

大宮台地の上にある上尾市などの県央地域と、北東の利根地域からなるエリア。JR高崎線と宇都宮線、東武伊勢崎線の沿線で、江戸時代は中山道、日光街道などの宿場町や、舟運の集積地としてにぎわった町が多い。久喜市の鷲宮神社はアニメ聖地巡礼ブームの始まりの地としても知られる。

さいたま市エリア

エリアナビ **P.126**

埼玉県の政治、文化、経済活動の中心となる、10区の行政区をもつ政令指定都市。さいたまスーパーアリーナや埼玉スタジアム2002では、国内外の公演や国際大会が開催される。駅周辺に巨大商業施設が林立する大宮は、鉄道博物館や大宮盆栽村などの見どころでも有名。岩槻は人形作りで知られる伝統産業が残る町だ。

川口・越谷・春日部エリア

エリアナビ **P.152**

東京23区と千葉県に接する県境のエリア。水と緑に恵まれた東京のベッドタウンでもある。江戸時代に日光街道の宿場町として栄えた越谷市、春日部市、草加市には、当時の面影を残す史跡が多い。店舗面積日本最大級を誇るレイクタウンがある越谷市や、大型モールが並ぶ三郷市などショッピング施設も充実している。

なるほど! 埼玉プチコラム

アクセス良好!「埼玉都民」

県内を走る鉄道は24路線あり、都内へ直通の交通網も充実。令和2年国勢調査では県外で従業・通学している人の割合は16.8%（123万3366人）で全国1位。うち87.8%の108万3262人が東京へ通勤・通学している。そもそも明治維新まで、埼玉と東京と神奈川の一部は「武蔵国」というひとつの国だった。

永遠のライバル?!「大宮」VS「浦和」

2001年のさいたま市誕生から20年超。浦和と大宮の覇権争いは明治維新に遡る。1869年(明治2年)1月に大宮県が置かれたが、9月には浦和県となり、廃藩置県で1871年(明治4年)7月に川越、岩槻、忍の3県を設置。11月に埼玉県(県庁は岩槻)と入間県になったが、12月に県庁が浦和に移った歴史がある(その後入間県は熊谷県となったのち埼玉県に統合)。埼玉の中心は県庁所在地「浦和」か、交通の要衝「大宮」か。決着はさいたまダービーで?!

「ダサイタマ」はもはやネタ?

1980年代から「ダサイ」と「埼玉」をかけた造語でイジられ続け40年。「埼玉県民にはそこらへんの草でも食わせておけ!」のセリフに象徴される、2019年公開の埼玉ディス映画「翔んで埼玉」は数々の映画賞を受賞。魔夜峰央が1982年に発表した原作マンガは大ヒット、続編映画も2023年に公開される。「ダサイタマ」から始まった県民のプチ自虐は、地元愛と笑いにつながるネタに昇華中だ。

『このマンガがすごい! comics 翔んで埼玉』(宝島社)。2015年に復刊され累計72万部超と人気を集める

2022年10月OPEN!

待望のショッピング施設
「ふかや花園プレミアム・アウトレット」

秩父鉄道「ふかや花園駅」の北側に巨大アウトレットモールが登場。日本初進出を含む137店舗が出店し、誰もが「思い思いの過ごし方を楽しめる場所」をコンセプトにペットフレンドリーな環境も実現している。アトラクション「あそぼ!ガリガリ君」やアートスポットもあり、地元食材のこだわり限定メニューなどグルメも充実。地域との共生を目指した農業テーマの「深谷テラスパーク」も隣接している。

©AKAGI × GARIPRO

MAP 別冊P.8-B2

🏠深谷市黒田169 ☎048-584-8700 🕙10:00～20:00(季節等により変動あり) 🈺年1回(2月第3木曜)
💳ADJMV(店舗により異なる) 🅿あり
🚃秩父鉄道「ふかや花園駅」から徒歩3分

2022年11月に指定!

毛呂山町の
「鎌倉街道上道」が国の史跡に

毛呂山町の鎌倉街道上道(かまくらかいどうかみつみち)が国の史跡に指定された。街道を中心とした国の指定史跡は県内初。鎌倉街道は、鎌倉時代から室町時代にかけて整備された幕府の置かれた鎌倉と各地を結んだ主要街道の総称で、鎌倉から武蔵国を経て越後へ向かう街道が「上道」と呼ばれた。毛呂山町域からは12世紀末から15世紀末までの遺物が発見され、中世街道の遺構のほか、宿場跡、寺跡、塚も良好な状態で保存されている。

🏠毛呂山町(1300mほどに渡り街道の遺構が延びる)
☎049-295-8282(毛呂山町歴史民俗資料館) 🕙自由
🈺なし 🈚無料 🅿あり(毛呂山町歴史民俗資料館)
🚃JR八高線「毛呂駅」や東武越生線「武州長瀬駅」から車10分

まだ知らない楽しみ方は無限大!

埼玉でしたいこと 10

歴史や文化に触れ、絶景に感動し、名物を満喫して未知の体験に挑戦。進化を続ける埼玉で、朝から夜まで楽しめること間違いなし!

1 すごい絶景 ビュースポットへ ➡P.22

神秘的な雲海やギネス世界記録の田んぼアート、地下に広がる異空間、クールジャパンの注目スポットなど、ドラマチックな光景を見に行こう!

街道をゆく 寺社巡礼 2 ➡P.38

埼玉の街道には、氷川神社の総本社である武蔵一宮氷川神社をはじめ歴史ある寺社が点在。先人から引き継がれる祈りの聖地でパワーチャージ。

3 うどん&郷土グルメを満喫!

➡P.68・344

うどん生産量が全国2位のうどん王国・埼玉。武蔵野うどんをベースに、郷土色豊かなご当地メニューが多彩だ。豚肉を使ったご当地グルメも絶品!

豚肉+味噌はおいしい方程式!

4 森と水の楽園へ 里山散歩 ➡P.76

気軽に行ける近場に、トトロの森など緑豊かな自然にも恵まれている埼玉。森を歩き、花々に包まれ、清流のせせらぎを聞いて、深呼吸しよう。

実業家として日本経済界に功績を残した渋沢栄一だが、国際親善や人道支援活動が評価され、1926年(大正15年/昭和元年)と1927年(昭和2年)の2回、ノーベル平和賞の候補になっている。

5 スポーツの聖地で熱くなる →P.30

サッカーや野球、ラグビーなど、埼玉を本拠地とするチームは人気も実力もトップレベル。聖地ならではの勝負をかけた熱い応援で盛り上がろう！

©浦和レッドダイヤモンズ

6 渋沢栄一青春の舞台をたどる →P.64

新1万円札の顔となる近代日本経済の父・渋沢栄一。生まれ育った深谷でゆかりのスポットやグルメなど、英雄の足跡をたどってみたい。

8 利き酒が楽しめる酒蔵めぐり →P.52

全国第4位の清酒製造量を誇る酒どころ埼玉。伝統を受け継ぐ歴史ある蔵元で、こだわりの地酒を試飲して、お気に入りの1本を見つけよう。

7 地場産の旬野菜を味わう →P.350・388

埼玉産のおいしい野菜を味わえるカフェや食堂が大人気。大地の恵みを堪能したら、ファーマーズマーケットで新鮮なとれたて旬野菜をゲット。

9 秩父鉄道途中下車の旅 →P.72

四季折々の自然の中を走る秩父鉄道。電車なら、撮り鉄や飲み鉄も楽しめる。途中下車しながら、風情ある癒やし系スポットを旅したい。

10 日帰り温泉でお手軽ヒーリング →P.100

自然を感じながら、身も心もほっこり癒やされる埼玉の名湯を厳選。湯上り後は名物メニューも味わって、日帰りで温泉旅行気分を満喫！

Voice 川越大師 喜多院は客殿（徳川家光公誕生の間）、書院（春日局化粧の間）、庫裏が江戸城紅葉山（皇居）の別殿を移築したもの。江戸城が川越に現存していることは密かに誇り。（川越市在住・M）

埼玉イベントカレンダー

埼玉の四季を満喫しよう！

	1月	2月	3月	4月	5月	6月

上旬

初大師だるま市（川越市） 1月3日に川越大師喜多院（→P.38、221）で開催。縁起物の開運だるまを売る露店が並ぶ

ごもっともさま（秩父市）（→P.46） 三峯神社で2月3日に開催。「福は内」の声に合わせ、ヒノキの棒を突き上げながら「ごもっともさま」と叫び豆をまく節分の神事

流しびな（岩槻市） 3月3日直近の日曜に開催。ひな人形の原型ともいわれるさん俵に子供の無病息災を託し、岩槻城址公園（→P.148）菖蒲池に流す

長瀞火祭り（秩父市） 3月第1日曜開催。宝登山麓お祭り広場で炎の上を裸足で歩く、総本山醍醐寺座主御親修による秘法の火祭り祈願

初午祭（東松山市） 箭弓稲荷神社（→P.230）で3月最初の午の日に開催。食べるお守り・揚護符や験の杉を頒布。前日には火伏神事を行う

宇根の春祭り（横瀬町） 大祭で4月第1日曜開催。囃子手の子供が乗った2基の笠鉾が集落を巡る

加須市民平和祭（ジャンボこいのぼり遊泳）（加須市） 5月上旬、利根川河川敷で全長100m、重さ約330kgの鯉のぼりが空を泳ぐ

大凧あげ祭り（春日部市） 日本三大大凧祭りのひとつ。江戸川河川敷で巨大な凧を百数十人で揚げる。5月3日と5日に開催

花 花菖蒲まつり（ときがわ町） 約5000株の花菖蒲が咲き誇るときがわ花菖蒲園で開催

さきたま火祭り（行田市） 5月4日にさきたま古墳公園（→P.95）でたいまつ行列や御神火降り、花火などを行う

中旬

大広戸の蛇祭り（三郷市） 1月10日に大広戸香取神社で開催。地元住民が稲わらで長い蛇を作り、無病息災と五穀豊穣を祈る

鴻巣びっくりひな祭り（鴻巣市） 2月中旬〜3月初旬、エルミこうのすショッピングモール（→P.259）ほか複数の会場で開催。日本一の高さを誇るピラミッドひな壇に約1800体ものひな人形が飾られる。

老袋の弓取式（川越市） 2月11日、下老袋氷川神社で開催。手製の弓で的を射て、その年の天候を占う祭祀

ジャランポン祭り（秩父市） 死装束の人が棺おけに入り、僧侶役がお経をあげる生前葬祭。諏訪神社と下久那公会堂で3月15日に近い日曜開催

大野の送神祭（ときがわ町） 疫病神、はやり神を村境に追い払う神事。大野神社で4月第2日曜開催。県指定無形民俗文化財

花 芝桜まつり（秩父市） 羊山公園（→P.309）の芝桜の丘一面に10品種40万株の芝桜が開花。4月中旬〜5月初旬開催

寄居北條まつり（寄居町） 玉淀河原（→P.295）で北条、豊臣側に分かれて大砲発射や一騎打ちなどを行う。5月中旬開催（→P.338）

下旬

深谷ねぎまつり（深谷市） 瀧宮神社（→P.293）で1月下旬開催。深谷ねぎの奉納や福ねぎ配布、深谷ねぎ料理の露店など市民によるイベント

花 長瀞ロウバイ&梅まつり（長瀞町） 1月下旬〜2月中旬開催。宝登山ロウバイ園（→P.109）では約3000本のロウバイが、梅百花園では約170品種の梅が咲く

花 越生梅林（→P.109）梅まつり（越生町） 関東三大梅林のひとつ。樹齢670年超の魁雪をはじめ、約1000本の梅の木が開花。2月中旬〜3月下旬頃まで

花 桜まつり（幸手市） 権現堂公園（→P.274）で3月下旬〜4月上旬開催。長さ1kmの権現堂堤に約1000本のソメイヨシノが咲く

花 花桃まつり（東秩父村） 花桃の郷（→P.109）で3月下旬の日曜開催、約5000本の花桃が4月上旬まで彩る

花 熊谷さくら祭（熊谷市） 熊谷桜堤（→P.279）で3月下旬〜4月上旬に開催。約500本のソメイヨシノが2kmの桜のトンネルに

小鹿野春祭り（小鹿野町） 約400年の歴史がある小鹿神社の例大祭。豪華絢爛な屋台の上で小鹿野歌舞伎を上演。4月下旬開催

花 五大尊つつじ祭り（越生町） 五大尊つつじ公園（→P.245）で4月下旬〜5月上旬まで開催。約12種1万株が咲き誇る

花 藤まつり（越谷市） 久伊豆神社（→P.42、168）で4月末〜5月初旬にかけて開催。株回り7m余りの大藤は県指定の天然記念物

埼玉では1年を通じてお祭りやイベントが多数開催されている。
歴史ある祭礼に参加したり、満開の花々を楽しんだり。埼玉の魅力に触れてみよう！

| 7月 | 8月 | 9月 | 10月 | 11月 | 12月 |

大瀬の獅子舞（八潮市） 7月第1土・日曜に、大瀬氷川神社で大瀬の獅子舞を奉納。県指定無形民俗文化財

こうのす花火大会（鴻巣市） 荒川河川敷で世界一重い花火としてギネスブックに認定された四尺玉などを10月に打ち上げる（→P.339）

古利根川流灯まつり（杉戸町） 畳1畳分ある日本最大級の大灯籠が古利根川を彩る。8月開催（→P.338）

本庄まつり 金鑚神社の大祭。桃太郎などの人形を乗せた北関東随一といわれる山車が中山道を巡行。11月2・3日開催

玉淀水天宮祭（寄居町） 関東一の水祭り。玉淀河原（→P.295）に提灯で飾りたてた舟山車と花火が競演する水神様のお祭り。8月第1土曜開催

出雲伊波比神社の流鏑馬まつり（毛呂山町） 11月3日開催。15歳前後の少年が乗り子となり、流鏑馬に臨む伝統行事

朝霞彩夏祭（朝霞市） 8月第1金・土・日曜開催。本州初の鳴子踊りの祭典・関八州よさこいフェスタと打ち上げ花火が中心（→P.339）

飯能まつり（飯能市） 11月第1土・日曜開催。居囃子や獅子舞のほか、底抜け屋台と山車が練り歩く

戸田橋花火大会（戸田市） 対岸の板橋花火大会と同時開催で両岸から各6000発打ち上げられる

秩父夜祭（秩父市） 秩父神社の例大祭で12月2・3日開催。日本三大曳山祭のひとつで山車の曳行と花火が有名（→P.336）。ユネスコ無形文化遺産

岩槻の古式土俵入（笹久保地区） 岩槻の笹久保地区で2年に一度9月に、子供たちが土俵入りの型を披露。毎年10月下旬に釣上地区で行われる土俵入りと合わせて、国の重要無形民俗文化財に指定

小鹿野の鉄砲祭（小鹿野町） 飯田八幡神社の例大祭。12月第2土・日曜開催。銃声のなか神馬が石段を駆け上がるお立ちの神事や屋台歌舞伎を奉演

久喜提灯祭り「天王様」（久喜市） 7月12〜18日に開催される八雲神社の祭礼。約500個の提灯をつけた山車が通りを巡行（→P.339）

脚折雨乞（鶴ヶ島市） 白鬚神社で4年に一度9月に開催。長さ36m、重さ3トンの龍蛇を雷電池まで担いで練り歩く（→P.338）

十日市（さいたま市） 武蔵一宮氷川神社で行われる「大湯祭」に合わせて12月10日に開催される関東最大級の酉の市。縁起物の熊手などの露店が並ぶ

幸手夏祭り（幸手市） 八坂神社の例大祭。各町の山車が曳き回される。7月中旬開催

巾着田曼珠沙華まつり（日高市） 巾着田曼珠沙華公園（→P.197）で9月中旬〜10月上旬まで開催。約500万本の曼珠沙華が咲く

有氏神社の盤台祭り（神川町） 白ふんどし姿の氏子が盤台に盛られた赤飯を四方にまくはだか祭り。11月19日開催。県指定の無形民俗文化財

行田蓮まつり（行田市） 古代蓮の里（→P.287）で行田蓮の見頃にあわせて開催

長瀞船玉まつり（長瀞町） 8月15日開催。万灯船で神事を行い、1000の灯篭を荒川に流す。約3000発の花火も打ち上がる

龍勢祭（秩父市） 10月第2日曜開催。椋神社の例大祭に手造りロケットを打ち上げて奉納（→P.339）

秩父音頭まつり（皆野町） 関東三大民謡のひとつ、秩父音頭発祥の町で8月14日に行われる盆踊り。流し踊りコンクールも開催

川越まつり（川越市） 10月第3土・日に開催される川越氷川神社の例大祭で、神幸祭と山車行事からなる（→P.337）。ユネスコ無形文化遺産

熊谷花火大会（熊谷市） 花火業者が競い合うスターマインコンクールほか、荒川河川敷で8月に約1万発が打ち上がる

コスモスフェスティバル（鴻巣市） 吹上コスモス畑（→P.108）で10月中旬〜下旬に開催。約1000万本が咲く

小川町七夕まつり（小川町） 小川和紙を使用した竹飾りは北関東随一の七夕祭り。花火大会も開催

ダリアまつり（小鹿野町） 両神山麓花の郷ダリア園（→P.108）で9月上旬〜10月下旬開催。350種5000株のダリアが咲き誇る

熊谷うちわ祭（熊谷市） 7月20〜22日開催。八坂神社の例大祭。関東一の祇園といわれ、絢爛豪華な山車と屋台が巡行（→P.337）

入間万燈まつり（入間市） 各地区の山車・神輿が集結する10月に開催される市民祭り

秩父川瀬祭（秩父市） 秩父神社（→P.308）の夏の例大祭。笠鉾や屋台の巡行と荒川で神輿洗いの神事が7月に行われる。県指定無形民俗文化財

冬桜まつり（神川町） 城峯公園（→P.109）で10月最終日曜開催。冬桜のライトアップは12月上旬頃まで

平方祇園祭のどろいんきょ（上尾市） 白木の神輿を泥の中で転がし厄除けをする。7月の海の日の前の日曜開催（→P.251）

ツール・ド・フランスさいたまクリテリウム（さいたま市） さいたま新都心で10月下旬または11月上旬に行われる自転車競技のロードレース大会。自転車を楽しむ祭典・サイクルフェスタなども同日開催

南越谷阿波踊り（越谷市） 日本三大阿波踊りのひとつ。流し踊りや舞台踊り、組踊りなど阿波踊りの祭典。8月下旬開催

永福寺どじょう施餓鬼（杉戸町） 関東三大施餓鬼のひとつで8月22・23日開催。放生としてどじょうを池に放つ永福寺の行事

※毎年決まった日程で行われる行事もあるが、年によって変更されることもある。出かける際は必ず最新情報を確認してください。

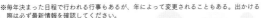

埼玉の観光スポットを ディープに楽しもう 1泊2日& 日帰りモデルプラン

埼玉のおすすめ観光エリアを効率的に巡るプランを3本紹介。ぜひ体験してみたいハイライトをギュッと詰め込みました。

PLAN 1 1泊2日 パワスポ、絶景、名物グルメ！ 秩父と長瀞のハイライトを巡る鉄道旅

1日目 Start

8:30 池袋駅から 西武池袋線特急で秩父へ

> ラビューなら移動も楽々です

> 電車+徒歩で約95分

10:05 まずは心願成就の 秩父神社をご参拝

旅のスタートは2100年以上の歴史を誇る秩父神社から。極彩色の彫刻が見事な本殿は、徳川家康が寄進したもの。特に東側の「つなぎの龍」と北側の「北辰の梟」は必見。開拓と知恵の神が宿る聖地をお参りして開運パワーを頂こう！

> 徒歩で約5分

> 秩父夜祭で有名な知知夫の総鎮守でパワーチャージ

秩父神社→P.47、308

> 秩父の地酒を利き酒しよう

江戸時代から続く 酒蔵で利き酒 10:50

武甲正宗は秩父で生まれた埼玉の地酒の代名詞。国指定登録有形文化財である酒蔵で、季節限定酒などの試飲を楽しみたい。仕込みに使う武甲山伏流水は容器持参で持ち帰りもOK。

武甲酒造→P.54

> 徒歩で約10分

> 芝桜は4月中旬5月初旬に開花！

11:30 番場通りを散策し レトロ食堂でランチ

レトロモダンな建造物が並ぶ秩父神社の参道・番場通りを散策。なかでも目を引くのが、国の有形登録文化財に指定された「パリー食堂」。創業95年の名物食堂で、昔ながらの味を堪能しよう。

パリー食堂→P.88

> オムライスがイチオシです！

> 徒歩で約25分

13:00 羊山公園から秩父市街を眺める

秩父のシンボル・武甲山を望む「羊山公園」へ。「芝桜の丘」は40万株以上の芝桜が彩る、花の絨毯のような絶景が人気。北側の「見晴しの丘」からは秩父市街の景色を眺めたい。

羊山公園→P.106、309

15:45 美の山公園に近い 温泉ホテルへ

> 徒歩と車で約60分

> 西武秩父駅から15時発で予約制の送迎車が利用OK

すべての部屋から秩父連山を望める絶景と雲海の宿へ。早めにチェックインして天然温泉でゆったりとくつろぐのがおすすめ。夕食後は無料ツアーに参加すれば、満天の星空と夜景に感動間違いなし！

いこいの村 ヘリテイジ美の山→P.406

ホテルから雲海ツアーが出ています

2日目

雲海の先には秩父のシンボル武甲山が浮かぶ

6:00
美の山公園から雲海を眺める

防寒対策を万全に懐中電灯持参で、標高581.5mの蓑山山頂にある「美の山公園」に到着。前日に雨が降るなど条件が整えば目の前に雲海が広がる。日の出とともに刻々と色づく幻想的な光景も楽しもう。

美の山公園→P.22、81、107、317

車+電車+徒歩約30分

11:00
岩畳の名勝地でラインくだり

長瀞駅方面へと歩き、国指定の天然記念物「長瀞」の岩畳へ。荒川の渓谷美と清流を船上から体感する「秩父鉄道長瀞ラインくだり」に乗り込もう。迫力ある岸壁や四季折々の絶景を楽しもう。

荒川橋梁を走るSLパレオエクスプレスが川面から見られることも

長瀞岩畳→P.74、316

長瀞ラインくだり→P.318

9:40
寶登山神社でパワーチャージ

ホテルから車と電車で移動し、寶登山神社を参拝。本殿の裏には日本武尊が身を清めたというみそぎの泉も。御朱印を頂いたらロープウェイで山頂の奥宮へ。清らかな伝説の地で、神秘を感じて心も浄化されるはず。

寶登山神社→P.47、317

徒歩約15分

徒歩+電車約25分

12:00
日本酒が豊富な食堂で昼飲み！

川面のアクティビティを満喫したら、岩畳と長瀞駅の間にある「喜久家食堂」でランチ。店主が全国から厳選した地酒を飲みながら、丼物や一品料理など、地元食材を使った郷土料理を味わおう。

ラインくだりと送迎バスで約50分

喜久家食堂→P.74、349

14:00 おみやげ探しは
秩父駅のじばさん商店で

長瀞駅から電車に乗って秩父駅に到着。駅直結の「じばさん商店」でおみやげを探そう。和菓子や特産品から、地元の野菜、伝統工芸品まで秩父みやげが勢揃い。旅の記念にあれこれゲット。

15:00 駅にある温泉で癒やしタイム

旅のラストは西武秩父駅直結の「西武秩父駅前温泉 祭の湯」でリフレッシュしよう。祭をテーマにした複合型温泉施設には露天風呂やサウナ、シルク湯、岩盤浴などが揃う。種類豊富な温泉を満喫！

西武秩父駅前温泉 祭の湯→P.307

秩父鉄道秩父駅直結！

MAP 別冊P.45-B2

●じばさん商店

住 秩父市宮側町1-7　電 0494-24-6966
営 10:00～19:00　休 なし　料 ADJMV
交 秩父鉄道「秩父駅」から徒歩すぐ

しゃくしな漬をおみやげに！

電車と徒歩で約7分

電車で約82分

Goal

17:46
池袋駅着

盛りだくさんの2日間。お疲れさまでした～！

秩父&長瀞旅サイコーです！

小江戸川越を日帰りで満喫
大人が楽しむ城下町さんぽコース

Start

川越の総鎮守で夫婦円満や良縁を祈願しましょう

9:00
川越氷川神社からスタート

幸福を招く縁結びのパワスポとして人気の川越氷川神社を参拝。絵馬に願いを書いて絵馬トンネルに奉納したら、御朱印やお守りなどの授与品も頂こう。

川越氷川神社→P.39、219

徒歩で約10分

9:40
東日本で唯一残る
本丸御殿を見学

御利益をチャージしたら川越藩17万石を象徴する「川越城本丸御殿」を見学。1848年（嘉永元年）に再建された玄関や大広間、復元移築した家老詰所が残り、県の有形文化財に指定されている。

川越城本丸御殿→P.219

日本百名城のひとつです！

徒歩で約15分

10:45
高さ16mの時の鐘は
小江戸川越のシンボル

川越一番街を歩いて「時の鐘」へ。蔵の町に時を告げる鐘の音は「残したい日本の音風景100選」に選ばれている。鐘楼をバックに記念撮影！

時の鐘→P.218

徒歩で約1分

11:15
明治時代の
店蔵を使った
陶器店へ

川越一番街でも存在感のある「陶舗やまわ」で買い物。老舗陶器店でお気に入りを見つけよう。店蔵はフォトスポットとしても人気。

陶舗やまわ→P.372

徒歩で約5分

12:00
絶品の
うなぎを食す！

伝統の味をいただきます

大正浪漫夢通りへ向かい、創業200年以上の老舗「小川菊」でランチタイム。代々受け継ぐ秘伝のタレが自慢のうな重は至福の味わい。

小川菊→P.49

13:10
遠州流庭園も広がる
江戸文化の宝庫へ

昼食後は「川越大師 喜多院」で江戸城から移築された客殿や書院などを見学しよう。538体の石仏が鎮座する五百羅漢像も散策してみたい。

川越大師 喜多院→P.38、221

徒歩で約25分

14:00
最後はCOEDOビール
で乾杯！

Goal

テイクアウトもOKです！

川越さんぽの締めはCOEDOビールが運営するレストランでの昼飲み。種類豊富なクラフトビールを飲み比べてみよう。作りたてのビールは格別です！

COEDO BREWERY THE RESTAURANT→P.395

PLAN 3 さきたま古墳&忍城址を自由自在
行田レンタサイクル日帰りプラン

Start

9:00
JR行田駅で自転車を借りる

JR行田駅前観光案内所でレンタサイクルを借りよう。1日500円〜で利用でき、忍城バスターミナル観光案内所や、行田市駅近くの観光物産館で乗り捨て返却もできる。

> ママチャリや電動自転車も

レンタサイクル→P.285はみ出し

9:40
古代蓮の里へ

自転車に乗ってまずは「古代蓮の里」を目指そう。6月中旬から8月上旬にかけて約12万株の蓮が池一面に咲き誇る。桜、ボタン、ロウバイなど四季折々の花も楽しめる。

自転車で約40分

自転車で約10分

古代蓮の里→P.107、287

> 忍城攻めの際に石田三成が陣を張ったと伝わる丸墓山古墳

10:30
悠久の時の流れを感じる巨大古墳

県名の由来とされる「さきたま古墳公園」で、国宝の鉄剣が出土した稲荷山古墳や日本最大級の丸墓山古墳、横穴式石室が見学できる将軍山古墳などを巡ろう。古墳時代にタイムスリップ。

さきたま古墳公園→P.95、288、332

自転車で約20分

13:40
「のぼうの城」でも描かれた浮城へ

> 水攻めに耐えた忍城に由来する落ちない御守

関東7名城のひとつ「忍城址」へ。石田三成の水攻めにも落城しなかった城は映画にも。撮影は御三階櫓の隣に立つ東門周辺からがベスト。行田市郷土博物館で「忍城落ちない御守」もゲット!

忍城址→P.286

自転車で約5分

12:30
行田のランチは古墳型カレーで決まり

ランチは隠れ家のようなレトロカフェ「茶馬古道」へ。行田のシンボル前方後円墳をかたどった名物・古代米カレーは、有機栽培のスパイスを店で粉に挽いて作る本格派。

茶馬古道→P.347

> 現在の御三階櫓は1988年(昭和63年)に再建されたもの

15:00 行田のソウルフードでもぐもぐタイム

忍城にあった鐘楼が目印の「かねつき堂」でゼリーフライを味わおう。じゃがいもやおからなどを銭形にして揚げた名物は必食!

かねつき堂→P.348、368

自転車で約3分

自転車で約3分

Goal

15:45 観光物産館で自転車は乗り捨てOK

観光案内所併設の「観光物産館ぷらっと♪ぎょうだ」でレンタサイクルを返却。足袋から十万石まんじゅうまで行田の特産品が並ぶ店内で、おみやげも入手。

観光物産館ぷらっと♪ぎょうだ→P.287

> のぼう様も自転車推しです

さいたま市から
1〜2時間半で
感動の瞬間へ

気軽に行けるけれど"すごい"んです！

絶景ビュースポット

DISCOVERY
SAITAMA

秩父盆地には壮大な風景や里山が広がっている。
天気のいい休日に思い立ったら車や電車に乗って、
自然が織りなすドラマティックな光景を見に行こう！

※紹介エリアへの所要時間は JR 大宮駅を起点としています。
　曜日や時間帯で異なるので目安としてください

春と秋の雨降りの翌日が
観賞のチャンス！

皆野町

夜景や星空も楽しめる開けた眺望が魅力！

みのやまこうえん
美の山公園

さいたま市
から車で
1時間半！

標高 581.5m の蓑山山頂にある美の山公園は、3 つの展望台から 3 方向の雲海を楽しめる稀有なスポット。蓑山は独立峰なので開けた眺望をもち、奥秩父の山々や市街地の大パノラマを望むことができる。また桜やアジサイ、紅葉など四季折々の景色とともに雲海を味わえる場所でもある。そして早朝の雲海を待つ間に楽しみたいのが、きらめく星空。周囲に明かりがなく空気も澄んだこの場所で見る星が美しく見える。やがて昇る朝日と眼下を埋め尽くす雲海、その神秘的で広大な光景に心が一瞬でリセットされ、生まれ変わったような気分になれるはず。公園は標高が高いのでかなり冷え込む。季節に応じた防寒対策、また夜道を照らすライトも必須だ。

エリアガイド ➡ P.317　MAP 別冊 P.49-B3

View Point Guide

2 階建ての山頂展望台。それぞれの展望台へは徒歩数分

美の山公園の山頂部には 3 つの展望台がある。駐車場に近い「入口展望台」は正面に武甲山が望め夜景も美しい。規模が大きい「山頂展望台」は長瀞から秩父までのパノラマが広がる。「東展望台」からは秩父高原牧場が望める。

22

Voice　雲海スポットへは夜明け前に到着するのがおすすめです。日の出とともに大空が刻々と色づく幻想的な光景も楽しめます。10 月でも冷え込むのでダウンジャケットと懐中電灯は必携です。（所沢市在住・N）

雲海

秩父盆地は都心から最も近い雲海スポット。神秘的な光景に会いに行こう

入口展望台から雪化粧した武甲山を望む。降々と雲海の凛とした光景に心が引き締まる

美の山で里山さんぽ ➡ P.81
美の山は桜の景勝地。花々に癒やされる散策も楽しめる

初夏はアジサイ観賞 ➡ P.107
東展望台の周辺に広がるアジサイ園は6月下旬からが見頃となる

秩父盆地で雲海を見るノウハウ

雲海が発生しやすい季節は春と秋。特に10〜11月は頻繁に発生する。前日に雨が降って湿気が高く、雲海を観賞する当日に晴れる日が狙い目だ。明け方の湿度が高ければ高いほど、雲海発生の可能性が上がる。また当日ほぼ無風であることも条件のひとつ。

雲海発生の時間帯は明け方から6時頃までで日が昇って気温が上がると消えてしまう。各スポット周辺のホテルに前泊すると便利。

天気予報や情報サイトでチェックして訪れよう

秩父盆地ビュースポット

長瀞町
宝登山山頂
長瀞駅

･･･雲海スポット ▮･･･氷柱 ▮･･･棚田

皆野町
皆野駅

尾ノ内氷柱
秩父市
美の山公園

小鹿野町
秩父ミューズパーク
秩父駅
寺坂棚田

三十槌の氷柱
三峰口駅
あしがくぼの氷柱
秩父鉄道
横瀬町

三峯神社
秩父市

彩info 雲海観賞の日帰り旅行は車で深夜に出発して明け方までに到着しよう。雲海が出やすい日は霧も発生しやすいので、車の運転には注意が必要。山道を歩く場合は、撥水機能のある上着と滑りにくい靴で。

View Point Guide

旅立ちの丘は卒業ソングの聖地としても知られる

メインの展望台がある「こもれび広場（最寄りは展望台駐車場）」から500mほど北には「旅立ちの丘（最寄りは展望ちびっこ広場駐車場）」の展望台もある。こちらのキャパは15人ほどなので撮影ポジションの確保はお早めに。

東の方角を見渡せるので日の出と雲海を同時に撮影できる

秩父ならではの光景と
雲海を楽しめる公園

ちちぶみゅーずぱーく
秩父ミューズパーク

さいたま市から車で
1時間半！

秩父中心部からアクセスが便利な雲海観賞スポット。標高363mに位置するこもれび広場の展望台からは、条件が揃えば武甲山や秩父ハープ橋が雲海に浮かぶ姿をバッチリ望むことができる。人気が高いビュースポットだが展望台は広くなく、手すり沿いの立ち位置は20～30人ほどでいっぱいになる。

`エリアガイド ➡ P.309`　`MAP 別冊 P.46-A2`

長瀞町

自然豊かな山頂から絶景が広がる

ロウバイが咲き誇る風光明媚な
山頂から雲海を満喫

ほどさんさんちょう
宝登山 山頂

さいたま市から車で
2時間半！

標高497mの山頂から、秩父の山々が雲海に浮かんでいるかのような光景を楽しめる。雲海が発生しやすい季節の土・日には早朝からロープウェイが運行され、乗車中も眺めを堪能できる。12月末～2月初旬に咲くロウバイと雲海のコラボは宝登山ならではだ。

`エリアガイド ➡ P.320`　`MAP 別冊 P.48-A2`

View Point Guide

早朝にロープウェイが運行しない平日などに雲海を見るには1時間ほど山道を歩いて山頂へ。訪れる人が少なく景色を独り占めできる可能性も！

秩父市

1100mから秩父盆地を望む
神聖なるパワースポット

みつみねじんじゃ
三峯神社

さいたま市から車で
2時間半！

関東最大のパワースポットとして有名な三峯神社は、神秘的な雲海スポットとしても知られている。三ツ鳥居から参道を上り、日本武尊銅像の手前にある奥宮遥拝殿へ。奥宮が鎮座する妙法ヶ岳などの山々と真っ白な雲海のコントラストが美しい。

`寺社巡礼 ➡ P.46`　`エリアガイド ➡ P.311`
`MAP 別冊 P.13-C3`

遥拝殿から妙法ヶ岳を望む。奥宮は遥拝所の正面岩峰の頂に鎮まる

View Point Guide

境内の本殿奥には宿坊「興雲閣」がある。宿泊して三峯山麓から湧き出す「三峰神の湯」を楽しみ、翌朝に雲海観賞を満喫するのもおすすめ。

彩info　雲海スポットの中には人が多かったり、観賞できる場所が狭かったりする場合も。撮影のために長時間同じ場所に陣取ることなく、譲り合いの精神を大切にして心地よい雲海体験をしよう。

DISCOVERY SAITAMA

❄ **氷柱**
氷柱は冬の秩父の風物
詩。趣の異なる3つの
スポットで観賞できる

訪れるものをファンタジーの世界へと誘う

横瀬町

アクセスしやすい
人気の氷柱スポット

さいたま市
から車で
1時間半！

あしがくぼのひょうちゅう

あしがくぼの氷柱

　幅200m、高さ30mの斜面に作られた氷のオブジェ。地面から吹き出すように幾重にも重なった氷柱は、神秘的で異世界へと迷い込んだような気分になる。氷柱のイベント期間は金・土・日・祝の夜に色とりどりにライトアップされる（要予約）。日中とは異なる幻想空間を楽しみたい。

MAP 別冊 P.10-A1　🏠 横瀬町芦ヶ久保　☎ 0494-25-0450（横瀬町観光案内所）　🕐 9:00～16:00（土・日・祝～20:00）　休 なし（1月上旬～2月下旬のみ公開）　💴 400円～　🅿 あり　🚉 西武秩父線「芦ヶ久保駅」から徒歩10分

View Point Guide

西武秩父線の芦ヶ久保駅から徒歩10分と便利なロケーション。電車の通過時には氷に覆われた森を電車が通過する写真も撮影できる。

DISCOVERY SAITAMA

真っ白な氷の王国にやってきたかのような雰囲気

小鹿野町 **秘境と呼ばれる**
渓谷に氷の世界が広がる

さいたま市
から車で
2時間！

おおうちうちつらら

尾ノ内氷柱

　周囲約250m、高さ約60mの渓谷で、秩父三大氷柱のなかで最大の規模をもつ。遊歩道の吊り橋周辺に作られており、橋を渡りながら間近で迫力ある氷柱と滝を楽しめる。国道299号沿いの西秩父自然公園に指定された秘境エリアにあるので車でのアクセスがおすすめだ。

View Point Guide

シンボルの吊り橋は午後4時以降は渡れないが、橋と巨大な氷柱が厳かなムードを醸し出す。ライトアップされるのは土・日の夜のみ。

MAP 別冊 P.12-A2　🏠 小鹿野町河原沢　☎ 0494-79-1100
（小鹿野町観光協会）　🕐 8:00～16:00　休 なし（1月上旬～2月下旬のみ公開）　💴 400円　🅿 無料　🚉 西武秩父線「西武秩父駅」から西武観光バス（「小鹿野役場」で乗り換え）70分「尾ノ内渓谷入口」下車、徒歩20分

ライトアップは平日17:00～19:00（土・日・祝～20:00）

秩父市 **雄大な自然がつくりだす**
巨大な氷のオブジェ

さいたま市
から車で
2時間半！

みそつちのつらら

三十槌の氷柱

　「秩父三大氷柱」のなかで唯一の天然の氷柱（西側は人工の氷柱）。断崖の岩清水が凍ったもので、高さ約8m、幅約30mにわたって連なり、迫力満点の自然の造形美が楽しめる。荒川の水面に映る姿も凛として美しい。夜にはライトアップされる。

MAP 別冊 P.13-B3　🏠 秩父市大滝三十槌　☎ 0494-55-0137（つちうちキャンプ場）、0494-55-0500（ウッドルーフ奥秩父オートキャンプ場）　🕐 8:30～17:00　休 なし（1月上旬～2月下旬のみ公開）　💴 200円　🅿 なし（民間有料駐車場を利用）　🚉 秩父鉄道「三峰口駅」から西武観光バス18分「三十槌」下車、徒歩5分

View Point Guide

秘境感たっぷりの川沿いのロケーションにある。水面に映り込む氷柱を入れ込んで撮影すればよりいっそう幻想的だ。

秩父info　氷柱とはつららのことで、できあがる原理は軒下で見かけるつららと同じ。秩父三大氷柱の場合、天然の氷柱である三十槌の氷柱のほか、尾ノ内氷柱も「つらら」という読みを当てはめている。

DISCOVERY SAITAMA

棚田
大切に育まれてきた棚田のぬくもりあふれる風景に癒やされよう！

全体の面積は約 5.2 ヘクタール。彼岸花の時期が撮影のベストタイミング

（横瀬町） **雄大な田園風景が心を温めてくれる**

てらさかたなだ
寺坂棚田

さいたま市から車で1時間半！

東西 400m、南北 250m に渡る規模をもつ、県内最大級のライステラス。武甲山を背に棚田が広がる雄大な光景は、不思議な懐かしさに満ちている。田植えや夏の青田、初秋には輝く稲穂と彼岸花、季節ごとに移り変わる里山の風景は、まさに日本の原風景だ。7月上旬に開催される「ホタルかがり火まつり」では、一夜かぎりの幻想的な空間を体験できる。

田植え
一面に水が張られる田植えの時期は水面に映る景色や光が楽しめる

収穫
棚田が黄金色に染まる秋、稲の香と虫の声が里山風情を盛り上げる

はぜ掛け
収穫した稲穂をはぜ掛けで天日干し。おいしいお米のできあがり！

View Point Guide

東屋（展望所）からは雄大な景色が望める

駐車場に着いたら田園の中に延びるコンクリートの舗装路を歩いて東屋（展望所）へ。正面には田園に浮かぶ武甲山が神々しくそびえ、山並みに建つ工場の姿も寺坂棚田ならではの風景となっている。旅行者があぜ道を歩くことは禁止されているので注意。

MAP 別冊 P.47-A4

🏠横瀬町大字横瀬　☎ 0494-25-0450（横瀬町観光案内所）　⏰自由
🅿 あり　🚃西武秩父線「横瀬駅」から徒歩 15 分

世界最大の田んぼアート

「古代蓮の里（→ P.287）」の東側で開催されている田んぼアートは、遊び心あふれるユニークなイベント。水田をキャンバスにし、色の異なる複数の稲で絵や文字が表現されている。約 2 万 8000㎡ の大きさを誇り、2015 年には「世界最大の田んぼアート」としてギネス世界記録にも認定されている。見頃は 7 月中旬から稲刈りが終わる 11 月中旬まで。アート全体を見るには「古代蓮会館」の高さ 50m の展望タワーからがおすすめ。

2021 年には『浮世絵と歌舞伎』が描かれるなどテーマは毎年異なる

7 月上旬に行われる「ホタルかがり火まつり」は、約 600 個ものかがり火が棚田全体に灯される一夜限りのイベント。刻一刻と暮れゆく空とかがり火に照らされる棚田は美しく、とってもロマンティックな雰囲気に。

世界最大級の
地下放水路

血 地下神殿
地下に広がる壮大なスケールの異空間が非日常へと誘います

DISCOVERY
SAITAMA

静まり返った調圧水槽はまるで古代遺跡のよう

春日部市 荘厳な空間に圧倒される
大人の社会科見学

首都圏外郭放水路
しゅとけんがいかくほうすいろ

さいたま市から車で1時間!

シールドトンネルは内径約10m。非公開です

　中川・綾瀬川流域を水害から守る世界最大級の地下放水路。大落古利根川などからの洪水を江戸川へ流すため、地下50mに作られた地下トンネル。地下神殿と称される地下22mの調圧水槽は見学ツアーに参加することで実際に歩くことができる（事前予約が必須）。巨大な柱が林立する地下神殿と呼ばれる「調圧水槽」を探検気分で歩いてみよう。

エリアガイド ➡ P.179 　**MAP** 別冊 P.7-A4

View Point Guide

見学コースは
3種類ある。
調圧水槽を見
学する「地下
神殿コース」
（所要約55分、
料金1000円）、
調圧水槽と深
さ約70mの第

「インペラ探検コース」はガイドに導かれ神殿の奥へと進む

1立坑を訪問する「立坑体験コース」（所要約110分、料金3000円）、調圧水槽と立坑に加えて再奥部にあるインペラも見学できる「インペラ探検コース」（所要約110分、料金4000円）。ポンプ室と調圧水槽を訪れる「ポンプ堪能コース」（所要約100分、料金2500円）は2023年1月現在休止中。

上／地下50mに全長6.3kmに渡って地下トンネルが延びる　左／江戸川の近くにある第1立坑。第2〜第5までの立坑は中川や大落古利根川などからの洪水を取り込む　右／展示室の龍Q館は予約なしでも見学可能

国道16号の地下50mに長さ6.3kmの水路がある

見学コース受付は龍Q館の1階へ

地底探検ミュージアム
龍Q館
千葉県

第5立坑　第4立坑　第3立坑　第1立坑
北春日部駅　　　第2立坑
　　　中川　　　東武アーバンパークライン
春日部駅　大落古利根川　　南桜井駅　川間駅
埼玉県

日本文化を世界に発信する
サイタマ COOL SPOT！

世界が注目する日本のポップカルチャーと
伝統の盆栽技術を堪能できるスポットで、クールジャパンを再認識！

ミュージアムと屋外アートが最先端のコラボレーション

©角川武蔵野ミュージアム

高さ約8mの本棚に取り囲まれた本棚劇場。
プロジェクションマッピングが上映される

所沢市

ところざわサクラタウン

膨大な本に囲まれた空間は圧巻です！

日本最大級のポップカルチャー発信基地として KADOKAWA が運営する、文化的集合施設。ミュージアムやeスポーツの専用施設、アニメやゲーム等の世界観を多様な形で演出したホテル、隈研吾がデザイン監修した神社などで構成された空間は日本の「カッコいい！」を凝縮したかのよう。敷地内にはアートが散りばめられており、フォトジェニックなスポットも満載。歩きながらさまざまな発見があるはずだ。

エリアガイド ➡ P.185　　MAP 別冊 P.6-C1

角川武蔵野ミュージアム（**右**）
図書館、美術館、博物館が融合したユニークな施設
武蔵野坐令和神社（**左**）
モダンと伝統が融合したデザインが斬新な神社

本棚劇場へと続くエディットタウン・ブックストリート

鳳凰が描かれた武蔵野坐令和神社の天井画

夢幻的な空間を楽しもう

チームラボ どんぐりの森の呼応する生命
武蔵野樹林パーク内の人と森を融合させる光のアート空間。ovoid を揺らすと光や音が変化する

EJアニメホテルでポップカルチャー三昧

「好きな物語に、泊まる。」をコンセプトとした体験型ホテル。客室には大型プロジェクターや3Dサウンドシステムを完備。アニメやゲームと期間限定でコラボするコラボルームは作品の世界観に没入でき、ファンにはたまらない宿泊体験になるはずだ。

オルト・ジャパニーズタイプの客室。和の文化がコンセプト

ところざわサクラタウン

S 観光情報物産館 YOT-TOKO
角川食堂(3F) R
ダ・ヴィンチストア(2F) S
EJアニメホテル(6F) H
本棟
角川武蔵野ミュージアム
武蔵野樹林パーク
武蔵野樹林カフェ
武蔵野坐令和神社
ジャパンパビリオン
東所沢駅へ

ところざわサクラタウンは施設により休業日が異なるので注意。人気の訪問スポットとなっている角川武蔵野ミュージアム、武蔵野坐令和神社、チームラボ どんぐりの森の呼応する生命は第1・3・5火曜が休みとなる。

海外からも注目を集める
世界初の公立盆栽美術館

盆栽の町の
シンボルです

盆栽がずらりと並ぶ盆栽庭園。観賞方法の
説明展示があるので初心者でも楽しめる

さいたま市

大宮盆栽美術館
おおみやぼんさいびじゅつかん

屋内展示の座敷
飾り「行の間」

欧米にもファンが多い"BONSAI"。大宮公園の北側に広がる「大宮盆栽村」からその魅力を世界に発信するために2010年にオープンした美術館だ。約130点ものコレクションから過替わりで60～70点ほどが展示され、なかには樹齢800年や1000年の盆栽も。ていねいに作り込まれた盆栽の数々は、盆栽愛好家ならずとも伝統美が実感できる名品ばかり。伝統的な3席の座敷での飾りを楽しめる屋内ギャラリーの展示も必見だ。

入口
コレクションギャラリー
受付
ミュージアムショップ
盆栽庭園
企画展示室
大宮盆栽美術館

MAP 別冊 P.14-A2　住 さいたま市北区土呂町2-24-3　電 048-780-2091　営 9:00～16:30（11～2月は～16:00、入館は閉館時間の30分前まで）　休 木（祝日の場合は開館）　料 310円　P あり　交 JR宇都宮線「土呂駅（東口）」から徒歩5分

盆栽の色彩で四季を感じる

山もみじ「武蔵ヶ丘」
推定樹齢150年。根が癒着した「盤根」が見どころ。冬にあらわになる繊細な枝ぶりもいい

春

秋

冬

いわしで
白みを帯びた幹肌に緑や紅葉がよく映える。大樹にも見えてくる堂々とした姿にも注目！

夏

秋

冬

スポーツ王国埼玉
三大スタジアムの歩き方

サッカー、野球、ラグビー。埼玉には栄冠を勝ち取ってきた強豪クラブと世界基準のスタジアムがある。ファン・サポーターの熱気に包まれて聖地ホームで熱く燃えよう！

選手を鼓舞する
チャントが響き渡る
日本一熱いクラブ

歌え浦和を
愛するなら

URAWA REDS

真っ赤に燃える情熱で世界を目指す

うらわれっず
浦和レッズ

1993 年の J リーグ開幕から 3 期連続で最下位と低迷するも、熱狂的なサポーターに支えられ、国内三大タイトルをすべて獲得するビッグクラブへ。2007 年には J リーグのクラブとして初めての ACL（アジアチャンピオンズリーグ）制覇を成し遂げている。

重要な試合のキックオフ前にはビジュアルサポートで選手を鼓舞する

埼玉スタジアム 2002

2002 FIFA ワールドカップ開催に向けて建設されたサッカー専用スタジアム。浦和レッズは 2006 年の J 初優勝や、2 度の ACL 優勝もこのホームで勝ち取っている。サッカー日本代表の絶対に負けられない重要な国際 A マッチも開催される。

MAP 別冊 P.15-B4

収容数 6 万 3700 人　住 さいたま市緑区美園 2-1　TEL 048-812-2002　P 近隣駐車場あり　交 埼玉スタジアム線「浦和美園駅」から徒歩 20 分（試合開催日には浦和美園駅からシャトルバスも往路のみ運行）

埼玉高速鉄道の浦和美園駅が起点となる

J リーグ観戦 NAVI

● J リーグのシーズン

2023 年は 2 月 17 日にシーズンが開幕し、最終節は例年 11 月下旬〜 12 月上旬。毎週末にホーム＆アウエイでの試合を基本に、ミッドウイークに試合をする週もある。合わせてルヴァンカップや天皇杯の試合も開催される。

2023 年シーズンは 4 月 29 日と 5 月 6 日に ACL 決勝戦もある

● チケット入手方法

浦和レッズ公式サイトから「チケット」の画面に進むと「REX TICKET」で購入できる。REX CLUB へ会員登録が必要となる（WHITE 会員は無料）。Web で購入申込み後、セブン‐イレブンや QR 発行などでチケットを入手できる。

埼玉スタジアムの歩き方

> うなぎの屋台も浦和ならでは!

浦和レッズ スタジアム運営担当・早川拓海さん

日本最大級の収容人数を誇るサッカー専用スタジアムで見る試合はピッチ上もスタンドも大迫力です。サッカーを心から愛するサポーターたちの唯一無二の応援も生で体験してみてください!

Q カレーが名物グルメなの?

A スタジアム外の南広場と北広場、そしてコンコース内に30〜50もの飲食店が出店し、お弁当、ラーメン、スナックなど多彩なグルメを提供しています。埼玉県は「香辛料の生産量が日本一」という土地柄なので「シン・カレープロジェクト」と題して埼玉県産の食材やスパイスを使った地産地消カレーがイチオシです。

> 出店の近くにはテーブル席もあります

おすすめグルメ3
※22年シーズンの商品例

バターライスのオムキーマカレー 1000円
カレープロジェクトで味が常に進化する（メイン203入口）

ムアントンカレー 1000円
パートナーシップを結んでいるクラブ、タイの本格レシピで調理しました（バック216入口）

ウィナー珈琲 500円
浦和の珈琲店「砂時計」が提供する本格派コーヒー（メイン305入口）

Q 初観戦におすすめの席は?

A 初観戦には「ウェルカムシート」がおすすめ。屋根があるバックアッパースタンド南側でスタジアム全体を見渡せる最もお得な指定席です（自由席と同額）。子供連れならピッチ近くでサッカーの魅力が感じられる「ファミリーシート」も割安な料金設定になっています。100年の歴史を誇る浦和のサッカーを間近で体験できる「サッカーのまち浦和シート」もおすすめ!

> ウェルカムシートの視点
> キッズぱーくはスタンド南側

応援グッズ買うならこれ!
※22年シーズンの商品例

> スタジアム内外にショップが出店

スターターキット 3300円
必須アイテムのタオルマフラーにTシャツとトートがセットです

レインポンチョ 3850円
屋根のないゴール裏席でもテフロン撥水加工で雨から守ってくれる

Q ロッカールームは見学できる?

A 毎月1回程度、スタジアムツアーを実施しています。歴代の日本代表選手や浦和レッズの選手が使用するロッカールーム、ウオーミングアップルーム、緑鮮やかなピッチサイドをツアーアテンダントが楽しく案内します。人気なので早めに予約を!

> 代表ファンにもおすすめです!

ゴール裏の基礎知識
埼玉スタジアムの北ゴール裏は声を出し、チャント（皆で歌うこと）で選手を鼓舞する応援の中心。座席があるが試合中は立ち続けて、熱く応援するのが浦和の伝統だ。じっくりと座って観戦したいなら南ゴール裏や指定席をチョイスしよう。

> 北ゴール裏の209〜211ゲートに熱いサポが集う

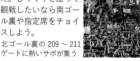

> 試合後に選手が食べているメニューも提供!
> 南と北の案内所で当日券も購入OK

Saitama Seibu L'ions

©SEIBU Lions/TEZUKA PRODUCTIONS

レッツゴー
ライオンズ！

ボールパークで
歓喜のドラマが
待っている！

日本一に13回も輝いた名門球団

さいたませいぶらいおんず

埼玉西武ライオンズ

1950年に福岡で西鉄クリッパースとして誕生。1979年に西武ライオンズの球団名で所沢市に本拠地を移し、常勝レオ軍団としてパ・リーグ随一の優勝回数を誇る。若手の育成にも定評があり、数多のスター選手を輩出している。

ベルーナドームの3塁側にライオンズのベンチが入る。熱心なファンも集まっている

ベルーナドーム

狭山丘陵地を掘り下げて造られた自然共生型スタジアム。ライオンズが専用球場として使用しているが、コンサートなど大型イベントの開催も多い。外から風が通り抜ける構造なので、アウトドア感覚で観戦を楽しむことができる。

MAP 別冊 P.24-C2

収容数 約3万1000人 住 所沢市上山口2135 TEL 04-2925-1141 P 近隣駐車場あり 交 西武狭山線・山口線「西武球場前駅」から徒歩1分

西武球場前駅
からのアクセス
が便利

プロ野球観戦NAVI

●プロ野球のシーズン

2023年のパ・リーグ開幕は3月30日。5月30日から6月18日はセ・パ交流戦、10月14日から年間上位3チームによるクライマックスシリーズ、10月28日から11月5日まで日本シリーズが開催予定となっている。

シーズン終盤は胴上げの瞬間に出会えるかも！

● チケット入手方法

セブンチケットやローチケでも購入できるが、オンラインサイトの「ライオンズチケット」なら試合当日でも前売り価格で購入OK。まずはライオンズHPで会員登録（無料）しよう。ベルーナドームの窓口で購入する場合もこの会員登録が必要になる。

▶ Voice 夏のベルーナドームは蒸し暑いです！ドームだから冷房が効いていると思いがちですが、ここは外気が入る構造なので、冷感タオルや飲料水など暑さ対策を準備して観戦に出かけましょう。（所沢市在住・Y）

スタッフに聞きました

ベールーナドームの歩き方

西武ライオンズ
広報部・
服部友一さん

立ち見指定のTHERMOSステンレスカウンターも人気です

23回のリーグ優勝、13回の日本シリーズ優勝はいずれもパ・リーグ最多を誇ります。ベールーナドームの観客席はグラウンドとの距離が近く、とても見やすいのが売り。スタジアムグルメも大好評です。

スタッフが席へ商品をお届け！

モバイルオーダーの対象はSS席とS席

Q 初観戦におすすめの席は？

A ベールーナドームには約30種類の席種がありますが、初観戦なら「内野指定席」がおすすめ。SS席からC席まで全座席に厚さ約8cmのクッション

ブルペンかぶりつきシートでは投球練習をするピッチャーが目の前！

息遣いまで聞こえてくる！

ンが付き快適です。特にSS席とS席は球場内で販売する一部グルメをスマホで注文でき席を離れる必要がありません。6〜8名での観戦なら「auじぶん銀行ネット裏パーティーテラス」がぴったり。ソファタイプの座席でリビングのようにワイワイと楽しめます。ブルペンが観客席から見える構造を生かした「ブルペンかぶりつきシート」もベールーナドームならではの体験です。

Q スタジアムグルメはどんな感じ？

A 約70店舗、メニューは1000種類以上あり、季節や対戦カード限定のグルメはビジターファンにも評判です。注文を受けてから窯で焼いてピザを提供する『L's CRAFT』、秩父のわらじかつ丼など埼玉グルメが味わえる『埼玉食道』、女性に評判の屋内フードエリア『グリーンフォレストデリ＆カフェ』など、どれを食べるか迷ってしまうほどです。

「#獅子まんま」と呼ばれる充実グルメ

Q 試合の応援スタイルは？

A フラッグを使った応援が特徴です。スタンド全体が揺れるフラッグで染まる光景は、青い炎を彷彿とさせます。プロ野球12球団で唯一オルガンの生演奏があるので、さまざまな場面でオルガンに合わせて手拍子で応援してください。また「#共熱」を付けてSNSで選手への応援メッセージを投稿すると電光掲示板の「Lビジョン」に送信内容がすぐ映し出されることもありますよ。
※22年シーズンの内容

応援団は3塁側の外野席から応援！

おすすめグルメ3

クラフトピザ・ペパロニ 1250円
専門店レベルの味と食感に驚く L's CRAFT（バックネット裏）

栗山巧の埼玉野菜の中華丼 1200円
期間限定で選手がメニューをプロデュース（3塁側通路）

ライオンズ焼き 300円
常に大行列ができるベールーナドームの甘味名物（3塁側通路）

ファンサービスも凄いんです

観戦以外のファンサービスもプロ野球ならではの楽しみ。試合前からマスコットたちが球場を盛り上げて最高潮に。試合後には熱戦の余韻が漂うグラウンドに降りて歩けるフィールドウオークも実施している。

いつも元気発剌のレオとライナ

応援グッズ買うならこれ！

レプリカキャップ 3500円
観戦時はもちろんシンプルなデザインは普段使いにも◎

フラッグ 900円〜
チャンスに青いフラッグを揺らして球場を盛り上げよう！

レプリカユニフォーム 8000円
右袖に WE ARE ONE、左袖にレオマークの刺繍が入ります

※グルメやグッズは22年シーズンの商品例(税込)

当日券はこちら！

西武球場前駅

ライオンズ チームストアフラッグス

宮木牧場（肉メニュー）

チケットセンター・メインゲート

テイキョウ・キッズフィールド

ライオンズトレーニングセンター

グリーンフォレストデリ＆カフェ

ベールーナドーム

狭山茶処 新井園本店（ライオンズ焼き）

三塁側（ホーム）

自転車駐輪場

インフォメーション

ファームの試合が観戦できる

狭山スキー場

CAR3219フィールド（ファーム球場）

埼玉食道（栗山巧の埼玉野菜の中華丼）

L's CRAFT（クラフトピザ）

WILD KNIGHTS

臨場感あふれる専用スタジアムで肉弾戦を体感！

リーグワンの初代王者！

圧倒的なフィジカルが武器の「野武士軍団」

さいたまぱなそにっくわいるどないつ
埼玉パナソニックワイルドナイツ

リーグワンの前身「ジャパンラグビー トップリーグ」のラストチャンピオンが2021年に群馬県太田市から熊谷へと本拠地を移転。「野武士軍団」と呼ばれるチームには個性豊かなメンバーが揃い鉄壁の守備と奇想天外なプレーで会場を盛り上げる。

熊谷スポーツ文化公園がクラブの本拠地

熊谷ラグビー場

迫力満点の観戦が楽しめるラグビー専用スタジアム。2019年のラグビーW杯日本大会開催に向けて全面改修され、客席もフィールドもワールドクラス。熊谷駅から4km北にあり「日本一駅から遠いラグビー場」とも呼ばれている。

MAP 別冊 P.40-A2

収容数 約2万4000人 住 熊谷市上川上810 TEL 048-526-2004 P あり（試合開催日は事前予約制） 交 JR高崎線「熊谷駅」から国際十王交通バス13分「熊谷スポーツ文化公園ラグビー場」下車、徒歩5分

試合当日は臨時バスも運行している

ジャパンラグビー リーグワン観戦 NAVI

●リーグワンのシーズン

2022〜2023シーズンは2022年12月17日開幕、2023年4月23日最終節。リーグ終了後、上位4チームによるプレーオフがトーナメント方式で行われる。ワールドカップ開催年はリーグ開幕時期が前後する場合もある。

2022年5月29日に国立競技場で初代王者の栄冠に輝いた

● チケット入手方法

ワイルドナイツのHP「チケット情報」からスマホやパソコンで購入できる（チケットシステムAXSにつながるので、メールアドレスなどの無料登録が必要）。熊谷ラグビー場にチケット販売の窓口はない。スマホから購入してQRコードで入場しよう。

Voice 熊谷駅からスタジアムへレンタサイクルで移動する場合は、バス通りなど交通量が多いので気をつけて走行しましょう。夜間は街灯が少ないので暗くならない時間帯の利用がおすすめです。（東松山市在住・K）

スタッフに聞きました

熊谷ラグビー場の歩き方

ワイルドナイツ 渉外 広報担当・酒井教全さん

> ぶつかり合う音が間近に感じられる！

2021年8月末に熊谷へ移転し、2022年1月からスタートした国内リーグ最高峰のリーグワンで初代王者になりました。RWC2019の会場としても使用された世界に誇る熊谷ラグビー場で待ってます！

Q スタンドの配置はどうなってる？

A メインスタンド、バックスタンド、北側スタンド、南側スタンドと大きく4つに分かれています。バックスタンドのみ他のスタンドと通路での行き来はできないので注意してください。どのスタンドもフィールドの間際に建っているので試合を俯瞰したいなら後段へ、プレーの激しさを実感したいなら前段の席を選びましょう。

Q 試合の応援スタイルは？

A 試合開始前やハーフタイムにはスタジアムDJが盛り上げます。特にナイターゲームでは光の演出に合わせ、手拍子で会場が一体化しますよ。また試合中も反則などでプレイが途切れたときに、ルールや状況を場内アナウンスで解説しています。完全なラグビー初心者でもワンポイント解説でルールを学びながら楽しめるんです。

> チアリーダーがハーフタイムも盛り上げる！

> 熊谷駅からはレンタサイクルも利用できます

Q 練習も見学できるの？

> ラガーマンの凄さを練習で実感

A 熊谷ラグビー場の北西側にクラブハウスと練習グラウンドが隣接しているので、誰でもトレーニング見学が可能です。公式HPでスケジュールをチェックしてみてください。クラブハウス併設のカフェや、練習グラウンドに隣接するホテルは試合日以外でも楽しく過ごせます。

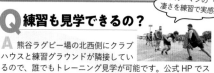

Q 名物のスタジアムグルメは？

> どデカ唐揚げが一番人気だよ！

A ホストゲームでは南広場とバック広場にキッチンカーが数十台ほど展開します。バックスタンドのコンコースでは深谷煮ぼうとうが評判。クラブハウス内にあるカフェ「フォルテ ブル」では試合当日に選手が食べるものと同じ「勝負メシ弁当」を数量限定で提供しています。こちらは試合前日までにネットで予約してください！

おすすめグルメ3

太田市産豚肉入り焼きそば 500円
焼きそばの街・太田市のこだわりポークが旨し（南広場）

イタリア風もつ煮込み 600円
武州和牛と豚の煮込みをCOEDO ビールと一緒に！（フォルテブル前）

ワイルドナイツカステラ 500円
ラグビーボール形で熊谷の卵と牛乳たっぷり（南広場）

ラグビー好きのためのスポーツホテル

観戦の前後に泊まってみたいのが熊谷スポーツホテル PARK WING（URL www.hotel-parkwing.com）。練習グラウンド側に面した部屋からは美しい芝生の練習場が望め、シーズンオフにはリーグワン優勝トロフィーの実物が展示されることも。試合当日には1階のチームストアやカフェも大にぎわいだ。

応援グッズ買うならこれ！

坂手淳史

選手名フェイスタオル 1980円
首に巻いて推しメンをアピール。試合中も掲げて大活躍

レプリカジャージ 1万3750円
鎧の紋様がモチーフ。胸元には優勝トロフィーが輝く

スタジアムジャケット 2万3100円
選手が監修した防寒性も高いアイテム。厚めのインナーで重ね着も◎

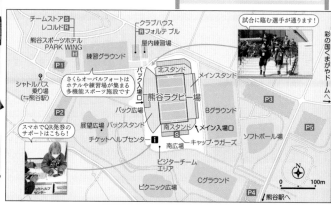

チームストア S
レコルト R
クラブハウス
フォルテ ブル F
屋内練習場
熊谷スポーツホテル PARK WING H
P1
練習グラウンド
シャトルバス乗り場（≒熊谷駅）
バック入場口
北スタンド
さくらオーバルフォートはホテルや練習場が集まる多機能スポーツ施設です
メインスタンド
熊谷ラグビー場
P2
バック広場
Bグラウンド
スマホでQR発券のサポートはこちら！
展望広場 バックスタンド
南スタンド メイン入場口
チケットヘルプセンター i
南広場
キャップ・ラガーズ S
ビジターチームエリア
ピクニック広場
Cグラウンド
P3
ソフトボール場
P5
P4 熊谷駅へ
彩の国くまがやドームへ→
試合に臨む選手が通ります！
N 0 100m

川越街道　中山道　日光街道　鎌倉街道　秩父往還

文化をつなぐ古来からの道
武蔵国の"五街道"ルート

かつて武蔵国と呼ばれた地域の大動脈となった「埼玉の五街道」をテーマに、
県内各地を旅してみよう。神話の時代からの歴史ロマンを感じることができる。

中山道

鎌倉街道（上道）

寄居

草加
草加宿に立つ
松尾芭蕉の像

日光街道

深谷

熊谷

行田

栗橋

鎌倉街道と秩父往還
が交差する玉淀周辺

寄居

小川

杉戸

栃本関所跡

秩父

川越

大宮

浦和

越谷

草加

日高

川越街道

秩父往還

所沢

栃本
関所跡

鎌倉

鎌倉

日本橋

日本橋

戦国時代に武田信玄
が作らせた関所跡

鎌倉周辺の街道には
深い切り通しが残る

街道のスタート
は江戸・日本橋

埼玉の街道を知る

江戸時代を彷彿とさせる川越
まつりの神幸祭の行列

江戸時代に整備された
中山道・日光街道

江戸時代に徳川幕府は、江戸と全国を結ぶ五街道（東海道、中山道、甲州街道、奥州街道、日光街道）を整備した。街道沿いには大名が参勤交代で泊まるための本陣や、家臣が泊まる旅籠が建てられ、人と物が行きかう主要ルートとして発展した。

江戸時代の中山道は、日本橋から京都・三条大橋まで67宿69次で、全長約530km。埼玉県では戸田から、蕨、大宮、桶川、熊谷などを経由し、本庄の勅使河原まで約75kmの道程。日光街道は、日本橋を起点に日光東照宮までの21宿で、全長約142km。埼玉県には草加宿、越ヶ谷宿、粕壁宿、杉戸宿、幸手宿、栗橋宿の6つの宿場町が設けられにぎわいを見せ、今も風情ある街並みが残っている。

街道歩き Q&A

Q 街道ってなに？

古来から日本中に張り巡らされている陸上の交通網。その名称の多くは明治時代以降に、行政の都合により名付けられた。

Q 宿場町ってなに？

街道沿いには旅籠が集まる町が各地で発展した。江戸時代には参勤交代や旅行者のため、宿場の整備が行われた。

Q 実際に歩けるの？

川越など江戸時代の街道の趣を残す場所が埼玉各地に点在している。古い商家や蔵の風景を探して歴史散歩するのも楽しい。

街道を巡るポイント

町の成り立ちを寺社で体感する

街道は人里離れた寺社も結んだ。奈良時代以降に多くの神社や寺院が建立され、遠路からの信仰も集めたため、各地を結ぶ交通路が整備された。

左／日本武尊が東征中に創建したと伝わる三峯神社
右／神社と町の歴史を実感できる川越まつり

レトロな宿場町で酒蔵めぐり

古来から造り酒屋は地域の名士のような存在だった。生活必需品だった酒を醸造・販売する酒蔵は、旧街道のシンボルとなっている場合が多い。

埼玉は
古来からの
酒どころ！

伝統的な工程が理解できる秩父錦 酒づくりの森の展示

うなぎに銘菓！街道グルメを満喫

宿場町では地域性を生かした名物も江戸時代に登場。各宿場町ではうなぎの蒲焼が旅人の胃袋を満たし、草加せんべいなど銘菓も評判になった。

左／うなぎの蒲焼は江戸時代に誕生したという
右／日光街道の名物として知られる草加せんべい

伝統工芸を学び行事を楽しむ

1300年の歴史をもつ小川和紙や、江戸時代に始まった岩槻人形など、各地の主要産業も交通網とともに発展。ワークショップで文化体験しよう。

左／小川和紙は清らかな水が生み出す芸術品だ
右／岩槻では年間を通じてひな人形のイベントを開催

武士とともに発展した鎌倉街道

鎌倉街道は幕府のあった鎌倉と地方とを結んだ幹線道路の総称。各地の御家人たちが「いざ鎌倉」と出陣する際に整備されたルートだ。鎌倉時代の歴史書『吾妻鏡』には鎌倉往還や鎌倉路と記されており、江戸時代になってから鎌倉街道と呼ばれるようになった。数え切れないほどの鎌倉街道があるなか、埼玉県では「鎌倉街道上道（かみつみち）」の存在がよく知られている。鎌倉の化粧坂切り通しを越え戸塚や府中を通り、所沢、日高、花園、児玉などを経由して上州に向かっていた。嵐山町に居を構えていたとされる「坂東武者の鑑」畠山重忠など、数々の武将たちも通ったルートだ。毛呂山町では中世街道の遺構が保存されており、国の史跡にも指定されている。

上／鎌倉街道の看板が各地に残っている
下／畠山重忠は現在の深谷市で誕生したと伝わる

清らかな祈りの聖地でパワーチャージ
街道をゆく寺社巡礼

町や集落を結んだ街道には人々の心の拠り所として寺社が建立されている。
先人たちから引き継がれる信仰の場を訪ね郷土への想いに触れてみよう。

元三大師を祀る慈恵堂。本堂として護摩修行も行われる

【心願成就】【厄除け】【商売繁盛】

徳川家から厚く尊崇された

かわごえだいし きたいん
川越大師 喜多院

◆ 川越 ◆　**MAP** 別冊 P.30-B2

　徳川家康を支え、江戸幕府初期の政策に深く関わった天海大僧正が第27世住職を務めた。1638年（寛永15年）に大火で山門を除く堂宇を消失すると、3代将軍家光がすぐさま江戸城の別殿を移して再建させたことからも徳川家との特別な関係がうかがい知れる。移築された客殿は家光公誕生の間、書院は乳母の春日局の化粧の間で、これらは国指定の重要文化財。江戸城にあった建築物は川越に最も多く現存する。

❶本堂奥には川越城主だった松平大和守家の歴代当主の廟所が立つ　❷客殿と本堂を結ぶ渡り廊下からは美しい庭園が望める　❸高さ13mの多宝塔。屋根などに江戸初期の特徴が伺える

ご本尊は
あみだにょらい
阿弥陀如来

（御朱印）

山号：星野山
宗旨：天台宗
【エリアガイド ➡ P.221】

開運だるま

1月3日の初大師では名物のだるま市も開催される。小川和紙の手漉き紙で作られた開運だるまは新春の縁起物。本堂の手前にある境内みやげ品店では通年で手することができる

苦ぬき地蔵尊

すべての苦しみを抜き取ってくださるお地蔵さまを参拝。本堂の左手前にあり五色の地蔵旗がなびいている

日本三大羅漢のひとつです

五百羅漢像

538体の石仏が鎮座する五百羅漢は川越の観光名所。笑い顔、泣き顔、怒った顔など、表情豊かに参拝者を出迎える

角大師の護符

角大師の門札は豆大師の護符と合わせて1組500円。玄関に貼って厄難除けを願う

Voice 徳川家光公が江戸城の御殿を移築し再建したのは、大火で焼失した伽藍が祖父の家康公ご寄進のものだったからです。家康公が信頼した天海僧正をご自身もよき相談役としました。（喜多院・住職 塩入英知さん）

川越街道

室町時代に太田道灌が江戸城（千代田城）と川越城（河越城）を築き、それを結ぶために古道をつないだことが起源とされる。江戸時代の川越藩主・松平信綱により中山道の脇往還として整備された。

川越まつりも松平信綱の寄進により始まった

境内の中央に建つ拝殿。本殿に鎮まる御祭神に良縁を祈る

❶ 2000個の江戸風鈴が風に揺れる夏季の「縁むすび風鈴」
❷ 境内地は桜の名勝地の新河岸川に接している

縁結び玉

身を清めた巫女さんが境内で拾い集めた小石を麻の網に包み、神職がお祓いをした縁結び玉（無料で授与される）。良縁が成就したらカップルで再び参拝に訪れて、小石を神社へ返納する

1日20体限定で授与されます

戌岩

岩の形は鼻先を本殿に向けた戌（いぬ）のよう。なでると子宝に恵まれ安産になると伝わる

大鳥居の扁額

大鳥居は木製としては日本最大級の大きさ。扁額の文字は勝海舟の筆による

縁結びの絵馬

仲睦まじい2頭の馬が描かれている。願意を記したら絵馬トンネルに奉納しよう

縁結び　安産子宝　運気UP

幸福を招く良縁成就スポット

かわごえひかわじんじゃ
川越氷川神社

◆ 川越　MAP 別冊 P.30-A2

今から1500年前、古墳時代の欽明天皇の御代創建と伝わる。太田道真・道灌父子によって1457年（長禄元年）に川越城が築城されてからは、城下の守護神・藩領の総鎮守として歴代城主からも崇敬されてきた。

お祀りされている五柱の神々がそれぞれ夫婦や親子であることから「家庭円満・縁結びの神様」として古来より信仰を集めており、毎月8日と第4土曜日の月2回は「良縁祈願祭」も行われている。

ご祭神は
すさのおのみこと
素盞嗚尊
あしなづちのみこと
脚摩乳命
てなづちのみこと
手摩乳命
くしいなだひめのみこと
奇稲田姫命
おおなむちのみこと
大己貴命

御朱印

エリアガイド ➡ P.219

 Voice　良縁祈願祭に参加すると「縁結び玉」のほか、良縁祈願のお札・お守り・絵馬などが授与されます。隣接する「むすびcafe」で縁結び祈願祭の日限定の朝食メニューも楽しみましょう。（川越市在住・D）

東海道とともに江戸と京都を結び、中央部山脈を抜けることが名称の由来。十返舎一九や歌川広重など文化人たちも旅した道で、京都の宮中から将軍家への江戸興入れにも使われたので姫街道とも呼ばれた。

氷川神社の「一の鳥居」は旧中山道の分岐点にある

2km ものケヤキ並木の参道の先に朱塗りの楼門が現れる

縁結び　開運　仕事運

2400年の歴史を誇る氷川神社の総本社
むさしいちのみや ひかわじんじゃ
武蔵一宮 氷川神社

さいたま市　MAP 別冊 P.16-A2

　かつて埼玉と東京の大部分と神奈川の一部は武蔵国と呼ばれるひとつの律令国だった。この広大な地域に280社ほど点在する氷川神社の総本社がここ。大宮という地名も武蔵国一宮を「大いなる宮居」と称えたことが由来とされる。650本ものケヤキや桜の樹木が茂る参道を歩き、朱塗りの神橋を渡って境内へ。主祭神はヤマタノオロチ退治で知られる神話の英雄。参拝すると力が漲ってくるような神気が感じられる。初詣の参拝者数も埼玉随一だ。

❶拝殿と本殿を繋いだ社殿は 1940 年（昭和 15 年）に造営
❷楼門の手前に広がる神池。見沼の水源のひとつとされる

① ②

限定頒布の御力守

境内地の神木がお守りに封入された御力守（ちからまもり）。背面には八雲が描かれ木箱に入って授与される(1500 円)。札型の御力守も頂ける

知る人ぞ知る開運スポット

蛇の池

楼門の手前を左に回り込み奥へと進むと蛇の池への道がある。蛇は水神の化身とされ、氷川神社発祥の地とも伝わるパワースポット。地中深くからは湧水が出ている。近年までは禁足地で立ち入ることができなかった

ご祭神は
すさのおのみこと
須佐之男命
いなだひめのみこと
稲田姫命
おおなむちのみこと
大己貴命

エリアガイド ➡ P.130

御朱印

稲荷神社

三の鳥居を抜けたら左手。開運招福や商売繁盛など金運アップの御利益が頂ける

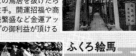

ふくろ絵馬

願い事を書いた絵馬を袋に入れて絵馬掛けに奉納する。500 円

Voice 毎年 8 月 2 日に執り行われる神幸祭(じんこうさい)は 15:00 に祭典が始まり、神池の水で清めた神橋に神輿を奉安して「橋上祭」を行います。朱色の神橋には厳かなパワーが漂っています。(川口市在住・K)

縁結び　厄除け　商売繁盛

本殿の聖天堂は埼玉初の国宝建造物

妻沼聖天山 歓喜院
めぬましょうてんざん かんぎいん

◇ 熊谷市 ◇　MAP 別冊 P.9-A4

平成の大修理で建立時の姿に蘇った聖天堂

1179年（治承3年）に長井庄（現在の熊谷市妻沼）を本拠とした斎藤別当実盛公が開基した寺院。民衆の心のよりどころとして大聖歓喜天尊を祀っている。

男女2体の御本尊は秘仏だが、男女の縁や商売・学業などあらゆる良縁を結ぶ御利益で知られている。埼玉県で初めて建造物として国宝に指定された聖天堂では、鳳凰や中国の故事にちなんだ聖人像が必見だ（国宝本殿の有料拝観の受付は平日10:00〜15:00、土日祝9:30〜16:00）。

夫婦の木

本殿右手にある縁結びのご神木。エノキとケヤキが仲よく寄り添っている

夫婦円満や恋愛成就のパワスポ！

斎藤別当実盛公像

平家物語などで義理人情に厚い人柄が伝わる実盛公像。筆と鏡を持つ姿は老兵と悟られないよう墨で髪を染めて出陣する故事にちなんでいる

貴惣門

右に毘沙門天、左に持国天が睨みを利かす。参道先の中門は男女が待ち合わせに使った縁結びの門だ

ご本尊は

大聖歓喜天
だいしょうかんぎてん

山号：妻沼聖天山
宗旨：真言宗

御朱印

エリアガイド ➡ P.282

縁結び　夫婦円満

古墳の上に建つ古来からの聖地

前玉神社
さきたまじんじゃ

◇ 行田市 ◇　MAP 別冊 P.41-C2

高さ8.7mの古墳の上にある拝殿。古くは「幸魂神社」とも呼ばれた

さきたま古墳公園の一角にあり、社殿は浅間塚古墳の上に鎮座。樹木に包まれた参道を上ると全身がスピリチュアルな雰囲気に包まれていく。国郡制度が発足した当初「埼玉郡」は「前玉郡」とも記されたので、埼玉郡の中心地はここにあったのだろう。魂が幸せになるよう、人と人の縁が成就するよう祈願され続けた、古代信仰を感じるパワースポットだ。

ご祭神は

さきたまひこのみこと
前玉彦命
さきたまひめのみこと
前玉姫命

ネコの肉球の印が入ります！

エリアガイド ➡ P.289

御朱印

火祭り

「さきたま火祭り」は境内の採火で始まり、古墳公園で神話の世界が再現される

ネコの御朱印帳

4匹の神社ネコが描かれた御朱印帳。毎月22日前後にはネコ印の限定御朱印も授与

花手水

行田市名物のフォトジェニックな花手水。アジサイや菊など四季折々の色彩が楽しめる

手水舎にネコ人形も浮かぶ

Voice　前玉神社でねこの御朱印を頂いたら鳥居の脇にある和菓子屋「金沢製菓」へ。名物の「ねこ最中」はゆず味と小倉あんの2種類あり、丸くなって眠るねこのシルエットがとてもキュートです。（朝霞市在住・N）

日光街道

徳川家康を祀る日光への幹線道路として整備された。江戸から宇都宮までは奥州街道とも重複し大名の参勤交代での通行も多かった。利根川を渡し船で越えたのは江戸防衛のため橋を作らなかったためともされる。

越谷市内に残る蒲生の一里塚
（日本橋から5つ目）

お神輿の際に雨が多いことから大きな屋根で造られた外拝殿

招福　除災

福の神を祀る越谷郷の総鎮守
ひさいずじんじゃ
久伊豆神社

🏯 越谷市　MAP 別冊 P.20-B1

越谷駅から1kmほど北へ。宮前橋を渡って元荒川を越えると参道が真っすぐに延びている。樹木の息づかいを感じながら歩を進めると、拝殿の手前に鎮座するのは第三鳥居。伊勢神宮から拝領した皇太神宮（内宮）板垣南御門の古材を使って1995年（平成7年）に再建された格式が漂う鳥居だ。平安時代の中頃より武士や庶民から信仰され、江戸時代には徳川将軍家からの崇敬も受けた。2代将軍秀忠、3代将軍家光も鷹狩りの際に参拝したとも伝わる。

❶伊勢神宮第61回遷宮で撤下された古材を使う第三鳥居
❷拝殿の前には球乗りと親子の狛犬が参拝者を見守る

❷

参道の藤棚

推定樹齢200年、株廻り7m余りの大藤は埼玉県指定の天然記念物。4月末から5月初旬にかけて藤まつりが開催される

平田篤胤遺愛の藤と伝わる

⛩ ご祭神は
おおくにぬしのみこと
大国主命
ことしろぬしのみこと
言代主命

右はなれ立葵の社紋も押されます

御朱印

エリアガイド ➡ P.168

本殿裏

スダジイやヒノキなど6mを超える木々が生い茂る本殿裏には7社の境内社が鎮座している

御霊水

境内の地下250～300mの深層から汲み上げた自然水。水質検査も受けているので飲むことも可

八方除災守

四方八方からの災いを祓い幸福をもたらす八方除のお守り。授与所は拝殿の左にある

🔊 Voice　日光街道越ヶ谷宿を含む地域が氏子地域です。越ヶ谷の人々の心が現在の久伊豆神社の形になって残っていると感じています。今と昔の越谷を知るきっかけとしてご参拝ください。（久伊豆神社・禰宜 小林威朗さん）

街道をゆく
寺社巡礼

| 商売繁盛 | 出世金運 | 交通安全 | 縁結び |

お酉様の本社で商売繁盛を祈願

鷲宮神社
わしのみやじんじゃ

久喜市　MAP 別冊 P.39-B3

　神代創建と伝わる古社の御朱印には「元准勅祭社」の印が入る。1868 年（明治元年）に東京近郊の 12 の神社が定められ、日枝神社や大国魂神社などとともに皇居を守護する役割を担ったのだ。中世以降から関東守護の神として崇敬され、源頼朝、北条時頼、新田義貞など歴史的な武将たちも武運長久を願って寄進をした。「お酉様の本社」としても知られており、毎年 12 月の初酉の日には、福をかき取る縁起物が社頭に並び、商売繁盛を願う人々が詰めかける。

鳥居の前の参道には茶屋や酒屋など歴史を感じる店屋が並ぶ

❶2.7 ヘクタールの広大な社叢をもち、境内ではクスノキ、カヤ、イチョウの大木が点在する　❷参道をのんびりネコがお散歩　❸ライトアップされ幻想的な夜桜も楽しめる

ご祭神は
天穂日命（あめのほひのみこと）
武夷鳥命（たけひなとりのみこと）
大己貴命（おおなむちのみこと）

エリアガイド ➡ P.270

奉拝　鷲宮神社　元准勅祭社　令和四年七月七日　御朱印

催馬楽神楽

「天孫降臨」の神話をテーマにした猿田彦の舞。祭事で奉納される土師一流催馬楽神楽（はじいちりゅうさいばらかぐら）は関東神楽の原流とされる国の重要無形文化財。歳旦祭、夏越祭、大酉祭などで年6 回ほど奉納される

カラフルな自作絵馬も並んでます

絵馬

カヤの木を囲むように絵馬が奉納される。らき☆すた絵馬は手書きのイラストだ

みひかりの池

古来から龍神がすむと伝わる。1999 年に土砂を搬出後、池からは自然水が湧き出している

神域なので立ち入らず手前で参拝

限定御朱印

月替わりで見開き御朱印を授与。限定で催馬楽神楽を描いた御朱印も頂ける

授与品

災難を祓ってくれる「身がわりさん」と仕事運をアップする「仕事守」

力石

一人前の男としての通過儀礼や娯楽として使われた享保時代の力石。今も力試しができる

Voice　催馬楽は平安時代に流行した歌謡の一種で、古来からの伝統文化が演目に取り入れられています。鷲宮神社の奉納では地元の子供たちが舞う姿も見られ、郷土芸能が脈々と継承されています。（久喜市在住・O）

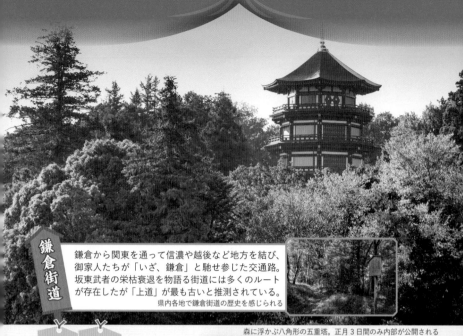

鎌倉街道

鎌倉から関東を通って信濃や越後など地方を結び、御家人たちが「いざ、鎌倉」と馳せ参じた交通路。坂東武者の栄枯衰退を物語る街道には多くのルートが存在したが「上道」が最も古いと推測されている。

県内各地で鎌倉街道の歴史を感じられる

森に浮かぶ八角形の五重塔。正月3日間のみ内部が公開される

勝運　商売繁盛

新田義貞が必勝祈願をした

やまぐちかんのんこんじょういん
山口観音金乗院

〔所沢市〕　**MAP** 別冊 P.24-C1

1333年(元弘3年)に新田義貞は鎌倉街道を南下し、小手指原の戦いなどを経て鎌倉幕府を陥落させた。その鎌倉攻めの際に戦勝祈願に立ち寄り、後に愛馬を寄進したと伝わるのが金乗院だ。戦場で活躍した白馬を祀った霊馬堂では勝運や学業成就を祈願する参拝者が多い。狭山湖畔に広がる境内には中国、ミャンマー、タイのお堂が点在し、エスニックな雰囲気も漂う。武蔵野三十三観音霊場の第十三番札所にもなっている。

❶ 中華風の開山堂の塀には龍があしらわれている **❷** 1762年(宝暦12年)に建立された本堂

ご本尊は
せんじゅかんのん
千手観音

御朱印

山号：吾庵山
宗旨：新義真言宗
エリアガイド ➡ P.186

仏国窟

江戸時代に作られた西国三十三霊場、四国八十八霊場の写しの観音様が納められている。五重塔の足元にある洞窟内を通ることで巡礼と同じ御利益が頂けるという

マニ車

本堂の壁には108個のマニ車を設置。願い事を念じながら鐘を回して本堂を一周する

ぽっくりさん

高野山の引導地蔵を元禄年間に招来。信仰するとぽっくりと極楽浄土へ旅立てる御利益が！

霊馬の像

新田義貞の愛馬は鎌倉攻めで活躍した後に山口観音で余生を過ごした。霊馬堂に祀られた白馬の像に「ニンジン絵馬」を供えて勝負運や学業成就を祈願してみよう。堂内には馬を彫刻した霊木や絵馬も置かれている

勝負する人に霊験あり！

Voice 山口観音金乗院の本堂左手にある「おびんずる様」は十六羅漢の仏様。江戸時代から安置されている像に触り、その手で自分の体の悪い部分を撫でると病が治る御利益が頂けます。(所沢市在住・M)

出世開運　仕事運　健康運

出世開運の社は日朝交流の地

こまじんじゃ
高麗神社

◈ 日高市 ｜ MAP 別冊 P.23-C2

　ご祭神は約1300年前に高句麗から渡来された高麗王若光。大和朝廷によって716年（霊亀2年）に高麗郡が設置され、東国7ヵ国の高麗人1799名が武蔵国へ移住した。渡来人のもつ高い技術や知識は東国開発の原動力となり、若光は首長として開拓に尽力。その遺徳をしのんで守護神として祀り、子孫が代々宮司を務めている（現在の宮司で60代目）。古来から出世開運の神として崇められ、参拝後に総理大臣に就任した政治家も多い。

ご神門には「高句麗神社」と記された扁額が掲げられている

朝鮮半島の道祖神です！

将軍標

将軍標（チャンスン）と呼ばれる花崗岩の標柱。魔除けや道標の役割がある

出世明神のお守り

目標に向かって努力する人を応援してくれる出世開運のお守り（700円）

水天宮

山頂の水天宮へは急な坂道を10分ほど上る。安産や子育てに霊験あらたかとされる

⛩ ご祭神は　　　　御朱印

こまのこきしじゃっこう
高麗王若光
さるたひこのみこと
猿田彦命
たけのうちのすくねのみこと
武内宿祢命

エリアガイド ➡ P.201

所願成就　厄除け

古代からの祭祀を現代に伝える

かなさなじんじゃ
金鑚神社

◈ 神川町 ｜ MAP 別冊 P.8-B1

　古来より日本人は自然に神が宿ると信じ、山や岩に神の力を感じ、礼拝地に社を建てたのが神社の始まり。武蔵国二ノ宮に数えられる金鑚神社では、この原始信仰の形を今も感じることができる。背後にそびえる御室山がご神体のため本殿はない。山へ通じる中門から森羅万象を参拝するのだ。境内を包み込む澄んだ空気から癒やしのエネルギーも頂こう。

拝殿の奥に立つ中門。背後には一般の神社のような本殿はない

金鑚神楽

御穂崎（鯛つり）の舞い。神話を題材にした25座の演目が定められている

多宝塔

1534年（天文3年）に建立された県内有数の木造建築物。国の重要文化財に指定されている

⛩ ご祭神は

あまてらすおおみかみ
天照大神
すさのおのみこと
素盞鳴尊

御朱印

エリアガイド ➡ P.303

火打守

火打石と火打金でセット！

日本武尊の神話にちなんだ火打石のお守り（2000円）。災難除・防火の清め火に

📣 Voice　自然に囲まれた金鑚神社に到着すると神秘的なパワーが感じられます。境内からは御嶽山への登山道があり、5分ほど歩けば国の特別天然記念物に指定されている御嶽の鏡岩も見学できます。（神川町在住・K）

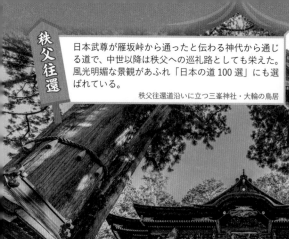

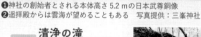

秩父往還

日本武尊が雁坂峠から通ったと伝わる神代から通じる道で、中世以降は秩父への巡礼路としても栄えた。風光明媚な景観があふれ「日本の道100選」にも選ばれている。

秩父往還道沿いに立つ三峯神社・大輪の鳥居

神様の "氣" を授かるお守りもあります

拝殿前の推定樹齢800年のご神木は畠山重忠の奉献と伝わる

心身浄化　運気UP

清冽な氣が漲る関東随一のパワスポ

みつみねじんじゃ

三峯神社

◆ 秩父市　**MAP** 別冊 P.13-C3

秩父往還から九十九折の山道を上って標高約1100mの山麓の社へ。狛犬の代わりにオオカミが参拝者を出迎える三ツ鳥居を抜けると、濃密な山の空気が体に満ちてくるのを感じる。杉並木の参道を10分ほど進むと右手に立つのが遥拝殿。妙法ヶ岳の頂に立つ奥宮が正面に望める神聖な場所だ。さらに随身門を通り、極彩色の彫刻で覆われた拝殿を参拝したら、左右に立つご神木の前で深呼吸をして「神氣」を授かろう。

❶神社の創始者とされる本体高さ5.2 mの日本武尊銅像
❷遥拝殿からは雲海が望めることもある　写真提供：三峯神社

清浄の滝

一の鳥居が立つ大輪から本社まで古来からの表参道が延びている。清浄の滝や龍門の滝など修験道の名残を感じるスポットが点在するが、登りの山道は超ハード（片道2.5〜3.5時間）。トレッキングシューズや飲料水を用意しよう

ご祭神は

いざなぎのみこと
伊弉諾尊
いざなみのみこと
伊弉冊尊

阿吽（あうん）のオオカミの印です

エリアガイド ➡ P.311

登拝　三峯神社　令和四年十月吉日

御朱印

携帯の待ち受けにして運気UP♪

石畳に浮かぶ龍

2012年（辰年）に拝殿前の石畳に突如出現した龍。全長50cmほどで、赤い目と細く伸びた顔はまさに龍そのものだ

オオカミの像

日本武尊を道案内したオオカミ（山犬）は神様の使いとして祀られている

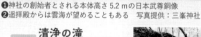

Voice 三峯神社で雲海を見るなら宿坊「興雲閣」の宿泊がおすすめ。早朝に雲海が見られるかどうかを建物の上階部分から判断できます。宿泊者が利用できる温泉は弱アルカリ性で美肌効果あり！（所沢市在住・G）

開運　仕事運　健康運　学業成就

夜祭で知られる秩父地方の総鎮守
秩父神社
ちちぶじんじゃ

◇ 秩父市 ◇　MAP 別冊 P.45-B2

　秩父神社の表参道を南へ延伸した先にそびえているのは武甲山。秩父地方の総鎮守は古来から武甲山をご神体として遥拝する聖地だったとされる。12月3日に行われる例祭「秩父夜祭」は、武甲山の蔵王権現（男神）が秩父神社に祀られる妙見菩薩（女神）と年に一度の逢瀬をする日という神話も伝わる。徳川家康の命により建立された現在の社殿は左甚五郎の彫刻などで彩られた芸術品だ。

番場通りと呼ばれる表参道から大鳥居を抜け権現造の本殿へ

ユネスコ無形文化遺産です

秩父夜祭り
提灯できらびやかに飾り付けられた山車が市中を巡る「日本三大曳山祭」のひとつ。神幸行列の先頭を行く大榊に巻きつけられた藁造りの龍神は古代祭祀の名残だ

学業成就の絵馬も評判！

つなぎの龍
江戸初期の名工・左甚五郎作。よく見ると極彩色の木彫りの龍は鉄の鎖でつながれている

⛩ ご祭神は
八意思兼命
やごころおもいかねのみこと
知知夫彦命
ちちぶひこのみこと
天之御中主神
あめのみなかぬしのかみ
秩父宮雍仁親王
ちちぶのみややすひとしんのう

エリアガイド ➡ P.308

御朱印

厄除け　商売繁盛　金運招福

日本武尊をも魅了した自然美が圧巻
寶登山神社
ほどさんじんじゃ

◇ 長瀞町 ◇　MAP 別冊 P.49-A3

　宝登山（497.1m）は秩父地方では数少ない独立峰。自然界の生命力を実感できる山頂に奥宮、麓に本社が鎮座している。社の歴史は1900年前に日本武尊が景観の美しさにひかれて宝登山に登り、御祭神を祀ったことに始まるという。本殿の裏手には日本武尊が登山前に身を清めたという「みそぎの泉」が今も湧いており、格子越しに拝むことができる。

木々に包まれた社殿は龍や鳳凰などの彫刻で彩られている

⛩ ご祭神は
神日本磐余彦尊
かんやまといわれひこのみこと
大山祇神
おおやまづみのかみ
火産霊神
ほすびのかみ

エリアガイド ➡ P.317

御朱印

お犬様が鳥居の前に鎮座！

奥宮
日本武尊もひかれた宝登山の神秘的な雰囲気が漂う。本社からケーブルカーで5分、徒歩で60分ほど

御朱印帳
春は桜、夏は万燈船、秋は紅葉、冬は雪景色が表紙（各2000円）

厄除けの総守
眷属のお犬様が描かれた肌守り（700円）。すべての難が解除され心身の健全が祈願されている

📣 Voice　寶登山神社の御朱印には「青淵ゆかりの社」の印も入ります。青淵は渋沢栄一の雅号。江戸末期に渋沢家の本家・渋沢惣助が本殿の柱2本を奉納し、今も柱の裏側に名前が刻まれています。（深谷市在住・Y）

地元で愛され続ける旧街道の老舗店へ
絶品うなぎは宿場町で味わう

古来から旧街道を行き来する旅人たちに親しまれたうなぎ料理。伝統の味は今なお変わらず受け継がれている。ちょっと贅沢したい日に、埼玉の名店を訪ねてみよう。

お重を開ければ口福のひととき

定番グルメ！
うな重（上）
4400円

炭火の蒲焼き ①

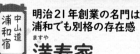

③

④

⑤

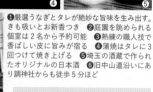

⑥

①厳選うなぎとタレが絶妙な旨味を生み出す。きも吸いとお新香つき ②庭園を眺められる個室は2名から予約可能 ③熟練の職人技で香ばしい皮に旨みが宿る ④蒲焼はタレに3回つけて焼き上げる ⑤埼玉の酒蔵で作られたオリジナルの日本酒 ⑥旧中山道沿いにあり調神社からも徒歩5分ほど

明治21年創業の名門は浦和でも別格の存在感

中山道
浦和宿

ますや
満寿家

　重箱のフタを開けると、香ばしく甘い香りが鼻をくすぐる。眩いほどの照りは創業当時からのタレを3度づけして仕上げた賜物だ。紀州備長炭でふっくら焼き上げた蒲焼をほお張ると、口の中でとろりと身がほぐれていく。江戸時代から「うなぎのまち」として知られる浦和には多くの名店があるが、満寿家はその中でも別格の存在。世界的に知られるグルメや著名人もこの店の味を目当てに浦和を訪れている。今も宿場町の情緒漂う中山道沿いで、味の時間旅行を満喫しよう。

MAP 別冊P.17-B1

🏠さいたま市浦和区岸町7-1-3　☎050-5486-5926　🕐11:00 ～ 14:45、17:00 ～ 19:45　休月　💳ADJMV　🅿なし　🚃JR「浦和駅」から徒歩8分

酒のアテにはこれ！

アツアツの蒲焼に冷たいきゅうりの酢の物を合わせた「うざく」。異なる食材の温度差と味の濃淡のバランスが絶妙で、うなぎの別の楽しみ方を発見できる。

さっぱりとした味わいのうざく1550円。花をのせて盛りつけも芸術的

48

Voice　特別な日にはブランドうなぎ「坂東太郎」を味わってみてください。旨味成分のアミノ酸が多く霜降りのような肉質で、昼過ぎには売り切れてしまうこともありますよ。（満寿家・女将 矢部貴美子さん）

川越街道 川越宿

江戸時代からうなぎ一筋
伝統を受け継ぐ秘伝の味

小川菊
（おがきく）

老舗店が居並ぶ小江戸・川越でも一二を争う名店。創業は江戸時代後期の1807年（文化4年）。現在は7代目が200年以上にわたる伝統の味を守っている。大正初期に建てられた店舗は風情があり、かつては近隣の旦那衆などがうなぎを食べながら囲碁を楽しんだのだとか。多くの人に愛される秘密は、創業から代々受け継いできた一子相伝のタレ。紀州備長炭で香ばしく焼かれたうなぎはほどよく脂がのり、米の旨みと一体化して至福の時間が訪れる。

定番グルメ！
うな重（上重）
4250円

❶スタッフの接客も老舗ならでは。心地よく食事を楽しめる　❷うなぎは九州産など国産を使用。ふっくらした食感と甘めのタレがベストマッチ　❸伝統の暖簾が店先から手招きする　❹炭火で焼き上げ上品な艶やかさに　❺川越の鏡山など地酒の種類も豊富　❻大正浪漫夢通りでも目を引く1世紀越えの店舗

MAP 別冊 P.30-B1

住 川越市仲町3-22　TEL 049-222-0034　営 11:00〜14:00、16:30〜19:30（L.O.19:00）　休 木（祝日を除く）。不定休あり　CC ADJMV　P なし（1時間分無料券の提携駐車場あり）　交 東武東上線「川越市駅」から徒歩15分

常連に愛される一品

名物の「う巻」はていねいに焼かれたふわふわの卵焼きの中に、うなぎの蒲焼がぎっしりと詰まっている。口に入れると上品なだし汁がジュワッと広がり、至福の味わい。お酒のお供にもおすすめ。

う巻は4貫盛りで3250円。食感も絶妙

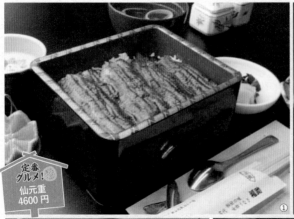

定番グルメ!
仙元重
4600円

❶注文を受けてから生け簀のうなぎを裁いてふっくら焼き上げる ❷廊下天井の扇張りなど随所で歴史が感じられる ❸明治時代建造のノスタルジックな店構え ❹時代を創った偉人たちと空間を共有 ❺入口天井の干支の彫刻も必見だ ❻店を切り盛りする女将の乳井珠美さん

鎌倉街道 小川宿

文豪からも愛された街道の宿場町でタイムスリップ

じょろううなぎふくすけ

女郎うなぎ福助

「武蔵の小京都」とも呼ばれる小川町は、清らかな水源に恵まれた酒造りや和紙の里。小川町駅に降り立って南へ歩けば、街並みからは独特な情緒が感じられる。相模街道と呼ばれた道に出ると、かつて割烹旅館だった女郎うなぎ福助が姿を表す。文豪・田山花袋も滞在した宿は伝統の味を6代目店主が受け継ぎ、完全予約制のうなぎ屋として営業している。明治時代にタイムスリップしたかのような空間で、老舗の味を心ゆくまで楽しんでみよう。※価格変動の可能性あり

MAP 別冊 P.33-B1

🏠小川町小川97 ☎0493-72-0026 🕐11:30〜14:30 休月〜水（祝日の場合は営業）
💳ADJMV 🅿あり 🚃東武東上線「小川町駅」から徒歩7分

テイクアウト用のうな重「折詰」も人気

代々伝承されてきた鰻心得

秘伝のタレを使った豚丼は県北の味

お店自慢の秘伝のタレにやわらかな豚バラ肉をつけこみ、炭火で焼き上げている。甘口のタレと豚バラ肉の濃厚な旨味はごはんとの相性抜群。埼玉の豚肉のうまさを堪能できる。

常連にも愛される豚蒲重 1400円

Voice 「女郎うなぎ」は当家の先祖が吉原の花魁の面倒を見て、そのお礼にと花魁の実家に伝わる蒲焼の秘法を教えてもらったことが由来です。160年前から受け継いだ伝統の味を楽しんでください。（女将 乳井珠美さん）

日光街道 杉戸宿

埼玉のうなぎ新時代へ
四代目店主が奮闘中
うなぎかっぽう たかはしや
うなぎ割烹 髙橋屋

　「タレは創業から継ぎたしで香り・甘さ・辛さ・酸味・苦味を日々確認し、それを料理長たちがLINEで情報共有します。塩分や糖分も特製濃度計で客観的な数値を出しています」と四代目店主。最新ツールを活用して150年前の味とレシピを守り続けながら、新たなうなぎの楽しみ方の発信にも余念がない。「わさびを添えるのは長野の友人との会話で思いつきました。追いたれを出す店も増えてますが私が最初に始めた時はネットで叩かれましたね（笑）」。うなぎは三河産のみ。埼玉随一の繁盛店に最高のうなぎが集まってくる。

MAP 別冊 P.22-C1

🏠 杉戸町杉戸 3-10-6　☎ 0480-32-0021　🕐 11:00 ～ 23:00　休月　💳 ADJMV　🅿 あり　🚃 東武スカイツリーライン「東武動物公園駅」から徒歩 2 分

❶ 100 年ほど前に造られた庭園に面した大広間　❷ 地元杉戸町をはじめ全国の地酒が揃う　❸ 酒蒸しでフワトロとなった蒲焼。追いたれで甘みを増したり、わさびでの味変はお好みで　❹ タレを2度づけして備長炭で焼き上げる　❺ 銀座や築地で修業を重ねた四代目の高橋明宏さん

定番グルメ！
特上うな重御膳
4290 円

杉戸駅前にあった店舗を曳家で現在地へと移転した

明治からの名物料理

古利根川で獲れたうなぎの稚魚の天麩羅は、100 年以上愛されてきた看板メニュー。骨抜きし酒蒸ししてから揚げるので柔らかでさっぱり。うなぎ料理の奥深さを楽しめる逸品だ。

うなぎの天婦羅 1650 円。初代店主が考案した

▷ *Voice* 伝統的なうなぎの文化を未来に継承したいと思っています。2021 年から東京銀座の歌舞伎座が見えるロケーションで「銀座 四代目 髙橋屋」も営業中です。（うなぎ割烹 高橋屋・四代目店主 髙橋明宏さん）

利き酒が楽しめる 酒蔵めぐり

古くから荒川水系と利根川水系の伏流水を用いて酒造りが盛んな埼玉県は全国第4位の清酒製造量を誇る酒どころ。味わい多彩な地酒を蔵元で試飲してお気に入りの1本を見つけよう。

季節限定のお酒もありますよ

① ② ③ ④ ⑤

秩父で生まれ秩父で愛される
ちちぶにしき さけづくりのもり
秩父錦 酒づくりの森

秩父　酒

　1749年（寛延2年）創業の矢尾本店が274年の歴史とともに育んできた「秩父錦」。秩父山系の水に恵まれた「酒づくりの森」で自然豊かな秩父ならではの日本酒作りにこだわり続け、その歴史は醸造工場に併設された酒蔵資料館で実感できる。物産館には地酒、秩父焼酎、リキュール「秩父の梅酒」のほか地元の特産品も充実。杜氏から杜氏へと受け継がれてきた滋味あふれる酒を試飲コーナーで飲み比べてみよう。

①酒造りの歴史を体感できる酒蔵資料館（入場料200円）　②寒暖差の激しい里山に立つ醸造工場。2階部分に酒蔵資料館がある　③④酒造りの道具が人形とともに展示されている　⑤特産品や秩父みやげもいろいろ選べる

酒蔵が作ったフェイスマスクや入浴剤なども人気ですよ♪

MAP 別冊 P.46-A2

🏠秩父市別所字久保ノ入1432　📞0494-23-8919　🕘9:00～17:00
🚫火（不定休あり）　💳ADJMV　🅿あり　🚃西武秩父線「西武秩父駅」から西武観光バス21分「酒づくりの森」下車、徒歩2分

地酒で乾杯

特別本醸造
冷酒でも燗酒でも楽しめる酒通も納得のオールラウンダー。
1045円（720ml）

純米大吟醸
兵庫県産の山田錦を40%まで精米し、長期低温発酵により醸し出されたふくよかな味わいが楽しめる。
2750円（720ml）

特別純米酒
飲み飽きない秩父錦の看板商品。米の旨味とふくらみのある味わい。2017年全国熱燗コンテストで金賞受賞。
1155円（720ml）

勝利の美酒をゲット！
　浦和レッズ優勝の歓喜の涙とともに星の数を重ねてきた米焼酎「浦和の涙（1430円）」。2022年現在のラベルには14の金星が輝いている。西武ライオンズの「若獅子（1320円）」とともに酒づくりの森で年間を通じて購入ができる。

古い建物が並ぶ秩父の街中でもひときわ目立つ

埼玉の地酒の代名詞
武甲酒造
ぶこうしゅぞう

豊かな自然から生まれた地酒です

江戸時代中期の1753年（宝暦3年）に創業以来、250年以上の歴史を誇る酒蔵。秩父の名峰武甲山の名を冠した代表銘柄「武甲正宗」は全国に多くのファンをもつ名酒として有名だ。江戸後期にかけて建てられた建物は国の登録有形文化財に指定されており、風格ある店内には、伝統的な清酒から季節限定酒、甘酒、リキュールなどがずらり。衛生面に配慮した非対面型の利き酒機で、常時12種類ほどの酒が試飲できる。

MAP 別冊 P.45-A2

🏠 秩父市宮側町21-27　📞 0494-22-0046
🕐 8:00～17:30　🈺 なし　💳 ADJMV　🅿 あり
🚃 秩父鉄道「秩父駅」から徒歩5分

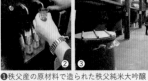

❶秩父産の原材料で造られた秩父純米大吟醸　❷利き酒コーナーには最高級酒が登場することも　❸酒蔵見学は予約制となっている（2023年1月現在休止中）

地酒で乾杯

武甲正宗 本醸造
やや辛口ですっきりとしたのど越し。熱燗がおすすめ。
1320円
（720ml）

武甲正宗 大吟醸
2022年の全国新酒鑑評会で金賞の逸品。冷酒やぬる燗で楽しむと気品ある香りが格別だ。
3630円
（720ml）

無濾過 原酒
酒好きにはたまらない濃厚な味わい。深みのあるずっしりとした味わいなのでオンザロックも合う。
1650円
（720ml）

秋は日本酒の季節
季節限定の酒も楽しもう。「ひやおろし 特別純米原酒」は低温で半年ほど熟成させ豊饒なうまみが口に広がる。秋の食材と一緒に冷酒で味わいたい。「秋上がり本醸造」は秩父に秋の訪れを知らせる限定酒。ぬる燗で晩酌にぴったりだ。

彩info　武甲酒造で販売されている「酒蔵の麹水（540円）」はおみやげにおすすめ。酒造用の高精白米からできた米麹には、酵素やビタミン、アミノ酸がたっぷり。水に溶かして飲めば腸活にも効果があるのだとか。

② 2021年 純米吟醸酒 ヲトハバ 720ml 税込 2,200円

多様な日本酒の楽しみ方を知ってね

料理にも仕込み水を使っています

小川 酒
ミネラル豊富な仕込み水
まつおかじょうぞう
松岡醸造

専務自らが案内する酒蔵ツアーは毎日大盛況。「地下130m から汲み上げる日本トップクラスの硬水を使い、酵母を厳しい環境に置くことで特別なコクと香りが生まれます」。酒造りの秘訣や歴史を学んだ後は直売店でお気に入りの地酒探し。「酒米にこだわらず小川町のコシヒカリを使用したり、業界初のワイン酵母の酒にも挑戦しています」。日本酒の新たな潮流がここから始まっている。

MAP 別冊 P.8-C2

住 小川町下古寺 7-2　TEL 0493-72-1234　営 9:30 〜 17:00
休 なし　CC ADJMV　P あり　交 JR 八高線・東武東上線「小川町駅」
からイーグルバス 5 分「北根」下車、徒歩 9 分

庭園を望む酒蔵レストラン「松風庵」も併設している

① 直売店では帝松ブランドの試飲が楽しめる ② 仕込み水を口に含むと硬水なのにまろみが感じられる ③ ワイン酵母仕込みの「醸と雫れ」は 720ml で 2200円 ④ 香りとまろみが醸される低温発酵タンク ⑤ パネル展示が多く工程が理解しやすい

地酒で乾杯

帝松
**特逸品
大吟醸**

上品な香りとやわらかな口当たり。
2750 円
(720ml)

帝松
社長の酒

酸と旨みが調和し各種料理にも合う。祝い酒としてギフトにも!
1595 円
(720ml)

帝松
霜里

有機の里として有名な小川町下里の米を 60% まで精白。上品な吟醸香と米の旨みが秀抜だ。
3300 円
(720ml)

帝松
**PREMIUM
純米吟醸
生原酒**

幻の酒米・玉苗を使った数量限定酒。濃厚な甘口で口当たり爽やか。
1870 円
(720ml)

Voice 松岡醸造の「THE SAITAMA」という銘柄のお酒は、ラベルが映画「翔んで埼玉」でもお馴染みの埼玉ポーズなのがユニーク。純米酒の旨みもあり、埼玉みやげにおすすめです。(川越市在住・K)

55

原料米は自社で精米
小川 酒
せいうんしゅぞう
晴雲酒造

1902 年(明治 35 年)創業。社名であり代表銘柄の「晴雲」は創業者が富士山登拝のとき、山頂にて詠んだ句に由来する。地元の米と水で醸した「地域から愛される地酒」を目指し、すべての原料米は自社で精米。ナデシコの花から発見された「花酵母」を使用した華やかな香りの「金勝山」や、地元産の無農薬米で醸した純米吟醸「おがわの自然酒」なども味わってみよう。土蔵の旧仕込み蔵、酒蔵資料館、仕込み井戸も見学できる。

MAP 別冊 P.33-B1　住小川町大塚 178-2　TEL 0493-72-0055　営 9:00 〜 17:00　休なし　CC ADJMV　P あり　交JR 八高線・東武東上線「小川町駅」から徒歩 10 分

❶かつて使われた道具も置かれた旧仕込み蔵 ❷小川町産の無農薬米のお酒も試飲できる ❸地元産野菜を味わえる自然処玉井屋を併設

地酒で乾杯

大吟醸
フルーティーで旨味豊かな大吟醸酒。
2970 円
(720ml)

しずく酒
240 本限定の品評会用の大吟醸酒。袋りにして圧力をかけずに搾った最高級酒だ。
6050 円
(720ml)

おがわの自然酒
小川町の無農薬米で醸した純米酒。ほどよい酸味と米の旨味がやさしく広がる。
2200 円
(720ml)

行田 酒
よこたしゅぞう
銘酒「日本橋」で知られる
横田酒造

近江商人の横田庄右衛門がよい水を求めて行田市を訪れ、1805 年(文化 2 年)にこの地で酒蔵を開いたのが始まり。自家の井戸に湧く荒川水系の伏流水は弱軟水のため「醗酵がゆるやかでまろやかな酒に仕上がる」とされ、岩手県を拠点とする南部流の杜氏が酒を醸している。代表銘柄「日本橋」は横田庄右衛門が江戸・日本橋の酒問屋で修業した後に独立したことから「初心忘れるべからず」との思いを込めて名付けられたものだ。

❶東行田駅から徒歩 3 分とアクセスもよい ❷店に置かれたほとんどのお酒が試飲できる ❸平日は酒造見学も OK (要予約)

地酒で乾杯

大吟醸しずく
もろみの一番よい部分を抽出した贅沢な味。
5500 円
(720ml)

のぼうの城
埼玉産の酒米を荒川の伏流水で仕込んだ純米吟醸酒。忍城が舞台の作品にちなみおみやげに◎
1650 円
(720ml)

江戸の宴
日本最古の清酒酵母を使った貴重な 1 本。濃厚で甘みと酸味のバランスが絶妙。
1650 円
(720ml)

MAP 別冊 P.41-B2
住行田市桜町 2-29-3　TEL 048-556-6111　営 8:30 〜 17:00　休土・日　CC ADJMV　P あり　交秩父鉄道「東行田駅」から徒歩 3 分

Voice 晴雲酒造のレストラン「自然処 玉井屋」は酒蔵の雰囲気のあるお店。地元小川町産の有機野菜を使った料理と一緒にお酒を楽しめます。(さいたま市在住・S)

多彩な地酒を味わってね！

❶渋沢栄一や畠山重忠が描かれた日本酒は深谷みやげにも人気　**❷**雰囲気のある店構え。杉玉と暖簾が出迎える　**❸**店の奥にある深谷レンガの煙突は必見　**❹**試飲で好みに合う日本酒を見つけよう　**❺**希少な酒粕 500 円は出合えたらラッキー

歴史ロマンを感じる地酒
深谷｜酒
ふじはしとうざぶろうしょうてん
藤橋藤三郎商店

　大正時代に造られたレンガ煙突は埼玉県の景観重要建造物。宿場町の情感を色濃く放ち、観光スポットとして訪れる旅行者も多いのだとか。江戸末期に創業した造り酒屋は8代目となる若旦那が舵を取り、創業の地で深谷ゆかりの地酒を販売している。開栓されている銘柄はすべて試飲できる呑んべえにはうれしいシステム。代表銘柄「東白菊」のほか、深谷にちなんだ商品開発にも力を入れており、斬新なラベルは若女将が考案し、デザインされている。

MAP 別冊 P.43-C4

住深谷市仲町 4-10　TEL 048-571-0136　営 8:00 ～ 19:00
休なし　CC ADJMV　P あり　交 JR 高崎線「深谷駅」から徒歩 6 分

地酒で乾杯

深谷の地酒
端麗ですっきりした味わいは刺身や天ぷらなど和食にぴったり合う。
1750 円
(720ml)

大吟醸原酒 雫
フルーティーで上品な旨味。機械口栓を使用。
4060 円
(720ml)

蔵元原酒
アルコール度数 19 度で力強い味わい。オンザロックにして好みの濃さで。
1720 円
(720ml)

平九郎
渋沢平九郎をしのんで作られた特別本醸造酒。キレのある淡麗な味わい。
1750 円
(720ml)

日本酒好きに深谷みやげとして渡したい贈答用のセットも見つかる

こちらもチェック　花陽浴！神亀！埼玉が誇る名酒を愉しむ → P.267

57

芳醇な味わいに酔いしれよう
ワイナリーで過ごすナチュラルな休日

ブドウ栽培に風土が合う秩父、有機の里と知られる小川町。創業者の熱い思いが伝わってくるワイナリーで、自然とグルメを楽しむ休日を過ごしてみよう。

Winery Journey

フルーツワインも味わってね♡

2ヘクタールの自社農場でベリーAやメルローなどを栽培している

秩父
Wine
地産地消にこだわった秩父産ワイン
うさぎだわいなりー
兎田ワイナリー

「寒暖差があり雨が少ない秩父はブドウ栽培に最適の環境。ブドウが良ければワインも当然美味しくなります」と深田代表。自社畑のある吉田地区は「フルーツ街道」と呼ばれる農園エリアで、地元農家とも連携して「秩父生まれ秩父育ちのワイン」にこだわっている。ワイナリーでは農場や醸造所、季節によっては瓶詰め作業を見学できる(事前に要問い合わせ)。直売所のテイスティングコーナーでゆっくりと自分好みのワインを探そう。

❶見学ツアーで樽の貯蔵庫を案内してくれる深田代表 ❷ブランド名は吉田地区の兎田という地名にちなむ ❸秩父杉が使用されたワイナリーの外観。緑の畑が広がる周囲の景観に溶け込んでいる

MAP 別冊 P.13-B4

🏠秩父市下吉田3720 ☎0494-26-7173 営10:00～17:00 休月 💳ADJMV(直営ショップ) Ｐあり 🚃西武秩父線「西武秩父駅」から西武観光バス43分「吉田上町」下車、徒歩9分

Wine List

❶ 秩父ルージュ 兎雫
ウイスキー樽で熟成され深いアロマ。5940円(750ml)

❷ 秩父ブラン
爽やかな酸味とやさしい口当たり。2640円(750ml)

❸ 秩父ロゼ
甘い香りとフルーティーな味わい。2640円(750ml)

❹ 兎嶺 -REI-
ミズナラ材を浸漬させスモーキーな香り。3850円(750ml)

農園脇の直売所でテイスティング

ソムリエがサーブします

ワイナリーから徒歩3分の場所にある「秩父うさぎだ食堂」にワイン直売所が併設されている。試飲コーナーでは販売している全種類のワインの無料テイスティングがOK。地産食材を提供する食堂でワインと相性のいい郷土料理をペアリングで楽しむのもおすすめだ。

Voice 年間生産量5万本の小規模なワイナリーですが、地元ウイスキーメーカーの樽で熟成させたワインや地元の果物を使ったフルーツワインなど秩父に根ざしています。(兎田ワイナリー・代表 深田和彦さん)

ボルドー液さえ使わない無農薬ワインは希少です

小川 Wine

究極の自然派ワインを味わう
むさしわいなりー
武蔵ワイナリー

「ブドウ以外は何も加えず野生酵母のみで醸造しています」。醸造主の福島有造さんは小川町で有機農業の研修を経て、荒地を開墾してブドウ畑を作ったナチュラルワインの先駆者。添加物が入らないシンプルなワインは、自然派志向のシェフたちからも絶賛される逸品だ。代表銘柄は山ぶどう交配種の小公子を100%使用した「小川小公子」。毎年アルコール度数や味わいが異なるのも、完全無農薬で栽培されたワインならではの、一期一会の楽しみだ。

①グラスワインは30〜180mlまで好きな量で楽しめる ②農薬を使わず雑草生の自然栽培で育てている ③テラス席での至福のワインタイム ④自社栽培ブドウ果汁のジェラートは400円 ⑤建物には埼玉県産の木材が使われている

Wine List

① **小川小公子 2019（赤）**
武蔵ワイナリーの定番ワイン。4070円（750ml）

② **KANPAI 2021**
発泡性の赤ワイン。祝杯におすすめ。3850円（750ml）

③ **Jugemu 2021**
赤ワインの品種で作られた微発泡性の白ワイン。7700円（750ml）

④ **なんまら出来心 2020 Mizunara**
3種ぶどうの混醸を国産ミズナラ樽で熟成。7700円（750ml）

MAP 別冊 P.33-A2　住 小川町高谷 104-1　TEL 0493-81-6344　営 10:00〜17:00　休 なし　CC ADJMV　P あり
交 JR 八高線・東武東上線「小川町駅」から国際十王交通バス 8 分「上横田」下車、徒歩 7 分

有機野菜や豚肉とペアリング
イベントはWEBでチェック

「有機の里」として知られる小川町は自然野菜の聖地。ワイナリーでは新鮮な有機野菜が販売されている。広大な敷地内でワイン祭も開かれるのでHPをチェック。また、小川町駅の近くでは「武蔵とんナリー」というトンカツ屋も展開し、ワインと一緒に味わえる。

世界でひとつの作品作りに挑戦！
伝統工芸のワークショップ

地域の生活に根差しながら受け継がれてきた埼玉の伝統工芸。
地方色豊かな作品を手に取り興味が高まったら、
さらに理解を深めるためにワークショップへ。

藍染 ⏱30〜60分 💰800〜5000円

羽生 | 江戸時代から続く
藍染の技術を学ぶ

ぶしゅうなかじまこんや
武州中島紺屋

江戸時代から藍染の町として知られる羽生。埼玉北部は綿と藍の栽培に適しており、明治時代には200軒ほどの紺屋（＝染物屋）で栄えていた。1837年（天保8年）創業の武州中島紺屋は藍染の技法を受け継ぎ、5代目となる新島大吾さんがワークショップを積極的に行っている。体験教室ではハンカチやショール、Tシャツなど自分で持ち込んだアイテムを自由に染めることができる。輪ゴムで縛ったりくしゃっと丸めて染めたり、アイデア次第でさまざまなデザインに仕上げられるので、完成イメージがあれば相談してみよう。藍染は濃淡の美しい風合いが楽しめるだけでなく、糸を強くし殺菌や防虫効果も高めてくれる。

武州正藍染は県の伝統的手工芸品に指定されている

羽生の藍染 History

埼玉北部の藍染物は江戸時代末期に、農家の主婦が農閑期に家族の衣服などを作ったことが発祥とされる。羽生市・加須市・行田市で生産される「武州正藍染（ぶしゅうしょうあいぞめ）」は地域ブランドになっている。

4代目の中島安夫さんに師事した新島大吾さんが丁寧にサポート

Step 1

藍や石灰など天然の素材のみで染められる

ギャラリーもあります

MAP 別冊 P.4-B1

🏠 羽生市小松223　📞 048-561-3358
⏰ 9:00〜17:00（体験教室は前日までに要予約）　休 土・日・祝（不定休もあり）　CC 不可　P あり　交 東武伊勢崎線「羽生駅（西口）」から車5分

Step 2

綿やシルクの生地を水にさらして濡らす

Step 3 輪ゴムを使ってもOK

くしゃっと丸めてきれいなグラデーションをつくる

Step 4

2〜3回に分けて藍をたっぷり染み込ませる

Step 5

乾かす前は深い緑色。これを丁寧に水洗いする

完成！

ひとりでも体験できます
ゆっくりと布を開くと濃淡の柄が現れる

Voice 輪ゴムの付け方や丸め加減によってデザインは無限大。完成品は少量のお酢に通すと色落ちしにくくなります。併設の「藍染ふる里資料館」で藍染の歴史や工程も学べます。（武州中島紺屋・5代目 新島大吾さん）

上／ショップには地元の作家が手がけたアイテムがずらり　左／館内にはアンティーク銘仙が展示されている

ほぐし捺染

🕐 60分〜
💴 ほぐし捺染 8000円〜、型染・機織 1000円

秩父　歴史ある織物の世界にふれる

ちちぶ銘仙館
（ちちぶめいせんかん）

　江戸時代から栄えた秩父の絹織物は丈夫な太織りが特徴とされる。大正から昭和初期にかけては「秩父銘仙」の名称で当時のファストファッションとして全国的に人気を集めた。羊山公園のふもとにある「ちちぶ銘仙館」はそんな秩父織物の技術継承を目的とした複合施設。国の登録有形文化財となっている館内には資料館、工房、ショップが入り、さまざまな体験コースも用意されている。特に縦糸を型紙で模様を染める「ほぐし捺染（なっせん）」は秩父銘仙の特徴的な技法。製織の際に仮織りした縦糸を手でほぐしながら織るため「ほぐし織り」とも呼ばれ、大胆で華やかなデザインは今も女性を魅了している。

秩父銘仙 History

　銘仙とは平織りの絹織物の総称。秩父では知々夫彦命（ちちぶひこのみこと）が養蚕と機織りを伝えたのが起源と伝わる。大正時代から昭和初期にかけては女性がカジュアルに着用するおしゃれ着として広まった。

銘仙で作られた羽織を試着して撮影できる

Step 1
好みの版を選び細かな柄に色をのせていく

完成！

Step 2
2版目で地色を引く。好みの色を選ぼう

乾燥させたら美しいタペストリーのできあがり

型染
型を使って自由に染める子供に人気の体験コース

型の種類も豊富です

機織
本格的な織り機を使ってコースターを織り上げる

地元作家の作品がズラリ

🎀 **作品を購入**

和服にも洋服にも合いそうなデザインのバッグ。1万3200円

ファッションが華やぐおしゃれなマスク。1800円

色と柄の組み合わせにセンスが光る巾着。2700円

小さなペンケースでも存在感がある。2500円

MAP 別冊 P.45-C2

🏠 秩父市熊木町 28-1　📞 0494-21-2112　🕐 9:00〜16:00（体験教室は1週間前までに要予約）
休 なし　💴 210円（中・小学生 100円）　🅿 あり
🚉 西武秩父線「西武秩父駅」から徒歩7分

彩info　ほぐし捺染は表裏が同じように染色されるため、裏返しても着られるのが最大の特徴。縦糸の絣模様が横糸の色と重なり合うことで、角度によって玉虫のような艶やかな色味が出ることも大きな魅力だ。

陶芸

⏱ 60分
陶土 1kgで 3000円〜

飯能

四季折々の景観に包まれる山里で創作を楽しむ

武州飯能窯
ぶしゅうはんのうがま

100年以上も廃窯だった「幻の飯能焼」を復活させたのは1975年（昭和50年）に岐阜県から移住した虎澤英雄さん。飯能の土と自然に惚れ込み「飯能ブルー」と呼ばれる翠青磁で国際的な賞にも輝いている。今は虎澤ますみさんが父の工房を受け継ぎ「自然を感じながら気軽に楽しんでほしい」と陶芸教室も開催。飯能焼は素朴な風合いの灰釉の器に伝統手法のイッチン描きが特徴で、タイミングが合えば絵付けや窯出しなど陶器作りの場面も見学できる。渓流のせせらぎが聞こえるティールームや、作品が購入できるギャラリーも併設している。

楕円のお皿は初心者にもオススメ

自然光が差し込む開放的なアトリエで陶芸体験

飯能焼 History

1832年（天保3年）に創業され、郷土色豊かな焼き物として人気を得るが明治時代の中頃に廃窯となる。100年ぶりに復活させ国際的な評価も得た虎澤英雄さんの作品は展示室で鑑賞できる。

飯能窯を立ち上げた当時の虎澤英雄さん（1935〜2022）

Step 1
こねて叩いた土をのし棒で広げる

Step 2
布目でオリジナルの地模様をつける

Step 3
器の丸みを調整します
土を型の上に乗せてバレンで整える

里山の空気に包まれます

Step 4
彫刻刀で好きな絵柄を彫ってみよう

Step 5
イメージを伝えて釉薬と焼成は先生にお任せ

完成！
焼き上がった作品は郵送してもらえる

MAP 別冊 P.26-C1

🏠 飯能市苅生 28-1 ☎ 042-973-9099 🕘 9:00〜17:00 休 金
💳 不可 🅿 あり 🚃 JR八高線・西武池袋線「飯能駅」から車12分

作品を購入

柔らかな色合いと手触りの均窯マグカップ。1650円

イッチン描きでススキを表現したカップ＆ソーサー。2200円

ゴロリと寝姿がかわいいカエルの置物。各 660円

翠碧の丸皿は神秘的な湖のような色合い。8800円

初めての方には基本から教えます

自然環境がそのまま作品になると語る虎澤ますみさん

手びねりで湯呑やぐい呑みも製作できる

Voice 四季折々の風景が楽しめる深い山里にあり、メッツァビレッジから足を延ばすのにもぴったり。ギャラリーにはB級品コーナーがあり、焼きムラが出た作品を破格の値段で購入できます。（所沢市在住・O）

水面に対して垂直に入れる

和紙の歴史も学べますよ

まずは小川和紙の工程を段階ごとにレクチャー

和紙に厚みが出るよう3回ほどすくう

和紙漉き（花葉入り）
⏱ 約30分
💴 1000円

自然の網目模様が入った和紙ランプ

無形文化遺産の和紙づくり

小川

埼玉伝統工芸会館
さいたまでんとうこうげいかいかん

1300年前から和紙作りが行われ、江戸中期には製紙業の中心地として栄えた小川町。その最高級品である細川紙は国産の楮(こうぞ)を原料に「流し漉き」によって作られる。伝統の技法をぜひ体験してみよう。

道の駅にあります

草花などをのせてオリジナルな柄が作れる

MAP 別冊 P.33-B2

🏠 小川町小川1220 ☎ 0493-72-1220 🕘 9:30～17:00 休 月 CC 不可 P あり 🚃 東武東上線「小川町駅」から川越観光バス「伝統工芸会館前」下車、徒歩1分
※ 2023年3月27日より改装工事のため長期休業予定

細川紙 History

細川紙は江戸時代に細川村(現在の和歌山県高野町)で生まれた紙漉きの技術。この技術は小川町で継承され、2014年にユネスコ無形文化遺産に登録されている。

地元で栽培された楮が原料になる

うちわ作り
⏱ 20～60分
💴 900円～

粋を感じる夏の風物詩

越生

うちわ工房しまの
うちわこうぼうしまの

野口雨情の『越生小唄』にも歌われた越生うちわは明治時代の一大産業。竹や和紙の自然素材を使い、柄に肩骨が一文字に入った堅牢さが特徴だ。手作りで完成したうちわの風はやわらかく伝統の技の奥深さを感じるはず。

押し花と図案を選んで世界でひとつの作品に

かつての相模街道沿いです

Step 1

和紙に合わせて骨組みを置く

Step 2

選んだ押し花などを挟んで両面をのりづけ

完成！

途中乾燥に20～30分かかります

島野さんは越生町で唯一のうちわ職人

MAP 別冊 P.34-A1

🏠 越生町越生740 ☎ 049-292-2273 🕘 9:00～17:00（体験教室は前日までに要予約）休 月 CC 不可 P あり 🚃 JR八高線・東武越生線「越生駅」から徒歩6分

越生うちわ History

明治末期に越生うちわは年間240万本生産され、携わった家も50軒ほどあった。現在も「うちわ工房しまの」が伝統を継承しインテリアや外国人への贈答にも人気が高い。

「越生名物生絹と団扇」と歌われた庶民文化の象徴

自然の涼風

Voice 埼玉伝統工芸会館の体験教室では流し漉きのほか、短冊、色紙、はがきも作れます。強靭で毛羽立たない小川和紙は、埼玉県内の多くの県立高校で卒業証書としても授与されています。(東松山市在住・N)

維新の足跡・近代建築・深谷グルメ・文化体験

Deepに深谷を1dayトリップ

2024年から新1万円札の顔なんです

渋沢栄一 "青春の舞台"を漫遊

NHK大河ドラマ「青天を衝け」の舞台となり知名度を大きく上げた深谷。
渋沢栄一が波瀾万丈な青春期を過ごした町の歴史散歩に出かけてみよう。

スタート

① "レンガの町"の象徴 深谷駅からスタート

人形は国際交流のシンボルだよ

深谷駅北口にあるからくり時計には「ふっかちゃん」が座っているが、正時ごとに渋沢栄一の像が現れる。手に持つ青い目の人形は、栄一が日米親善のために人形を贈り合ったことを記念したものだ。

MAP 別冊 P.43-C4

童謡「青い目の人形」とともに現れる

車で7分

② 橋梁が保存された ブリッジパーク

公園内の「福川鉄橋」は現存する日本最古のプレートガーダー橋。渋沢栄一たちが日本煉瓦製造株式会社を創業し、製造したレンガを輸送するため1895年(明治28年)に福川に架けられたものだ。

MAP 別冊 P.43-B4

車で7分

100mほど西の福川に架かっていた英国式の鉄橋

深谷さんぽMAP

⑫華蔵寺
旧渋沢邸「中の家」
⑩青淵公園
⑥鹿島神社
⑤尾高惇忠生家
⑪諏訪神社(血洗島)
渋沢栄一記念館
⑨麺屋忠兵衛煮ぼうとう店
④誠之堂・清風亭
③煉瓦製造施設
⑰
岡部駅
⑬岡部藩陣屋跡
ブリッジパーク②
渋沢栄一翁ふるさと館 OAK
JR高崎線
⑭
藍染カフェ
⑰
①深谷駅
0 1km

渋沢栄一ドラマチック年表

江戸時代	1840年(天保11年) 深谷市血洗島の農家に誕生
	1847年(弘化4年) 従兄の尾高惇忠から論語を学ぶ
	1858年(安政5年) 従妹ちよ(尾高惇忠の妹)と結婚
	1864年(元治元年) 倒幕を断念し、翌年一橋慶喜に仕える
	1867年(慶応3年) 徳川昭武(慶喜の弟)に随行しパリへ
明治時代	1868年(明治元年) 日本帰国。翌年より明治政府に仕える
	1873年(明治6年) 大蔵省を辞め第一国立銀行を開業
	1885年(明治18年) 日本郵船会社や東京瓦斯会社を設立
大正時代	1918年(大正7年) 慶喜公の伝記『徳川慶喜公伝』刊行
	1931年(昭和6年) 都内の飛鳥山邸で永眠。享年91歳

彩info JR深谷駅構内には「深谷市観光協会」がある。ここで地図やパンフレットを手に入れてから深谷さんぽに出かけよう。スタッフの方が常駐しているので、レンタサイクルの場所やバス乗り場も教えてもらえる。

③ 明治時代の窯が残る 煉瓦製造施設を訪問

渋沢栄一が設立に関わった、日本初の機械式れんが工場跡。ここで製造されたレンガは東京駅丸の内駅舎や旧東宮御所(迎賓館赤坂離宮)などに使用され、日本の近代化に貢献した。

ホフマン輪窯は2024年まで工事のため見学休止

上／旧事務所が史料館として公開されている　右／ホフマン輪窯6号窯

MAP 別冊 P.43-B4　住 深谷市上敷免 28-10　TEL 048-577-4501 (文化振興課)　営 土・日 9:00～16:00 (入館～15:30)　休 月～金　料 無料　P あり

 車で10分

⑤ 幕末志士が集った 尾高惇忠生家

車で3分

渋沢栄一の従兄であり、学問の師であった尾高惇忠の生家。2階の部屋で惇忠や栄一など、若き幕末志士が集まり、高崎城乗っ取りなどの計画を謀議したといわれている。

周囲にはネギ畑が広がる！

MAP 別冊 P.43-A3　住 深谷市下手計 236　TEL 048-587-1100　営 9:00～17:00　休 なし　料 無料　P あり

土間部分が公開され部屋の雰囲気もうかがい知れる

渋沢平九郎の面影をしのぶ

尾高惇忠の生家は、実弟である平九郎が生まれた場所でもある。フランスへ渡航した渋沢栄一の見立養子(相続人)となり、幕臣として彰義隊・振武軍に参加し、飯能戦争で自刃。時代の荒波に飲み込まれた幕末のイケメンは 22歳でこの世を去った。

深谷さんぽの移動手段

レンタサイクル「フカペダル」は深谷中心部の移動に便利。ふっかちゃん横丁(**MAP 別冊 P.43-C4**)などで借りられる。渋沢栄一記念館など北部へは深谷駅前から出る「くるリン」北部シャトル便でアクセスできる。

自転車は1日 500円、電動自転車は1日 1000円で利用できる(店舗により定休日あり)

④ 大正モダンが漂う 誠之堂・清風亭

誠之堂は栄一の喜寿を記念して 1916年(大正5年)に造られた英国風の建物。スペイン風の清風亭とともに旧第一銀行が所有する土地にあったが、1999年にこの場所に移築されている。

巻頭特集 ➡ P.96

MAP 別冊 P.43-A3

5連アーチが特徴の清風亭

誠之堂は国指定重要文化財。英国風の建物内はステンドグラスや天井の装飾が見どころだ

⑥ 尾高家ゆかりの 鹿島神社

 車で3分 　 車で3分

下手計の鎮守社。境内には富岡製糸場の初代工場長も務めた尾高惇忠の偉業を称える「藍香尾高翁頌徳碑」が建立されている。碑の篆額は 15代将軍・徳川慶喜の揮毫によるもの。

神社の境内は幼き日の渋沢栄一の遊び場のひとつだったかもしれない

MAP 別冊 P.43-A3　住 深谷市下手計 1145　TEL 非公開　営 随時　休 なし　料 無料　P あり

⑦ 近代日本経済の父、渋沢栄一記念館

車で3分

1995年（平成7年）11月11日、渋沢栄一の祥月命日に開館した。館内には書や写真など、多くの資料が展示されている。生前の姿を再現したアンドロイドの講義もぜひ聴いてみよう。

※見学希望の2日前までにHPから予約が必要

エリアガイド ➡ P.292

MAP 別冊 P.43-A3

記念館の周囲はのどかな風景が広がっている

養蚕農家の面影が残る中の家の主屋。庭には若き日の栄一像も立っている

渋沢栄一の生い立ちや功績がわかる記念館。背後の青淵公園も歩いてみよう

声もしぐさもリアルだよ

左／約30分のアンドロイドの講義は必聴
右／建物の北側には5mの銅像が立つ

⑧ 富農の長男として育まれた生地 旧渋沢邸「中の家（なかんち）」

渋沢栄一の生誕地に立つ主屋は、栄一の妹夫妻により1895年（明治28年）に上棟されたもの。渋沢栄一が帰郷した際には、血洗島にあるこの家に滞在していた。栄一の父、渋沢市郎右衛門は養蚕や藍作のほか雑貨や質屋業も営んでいた。

エリアガイド ➡ P.292

MAP 別冊 P.42-A2

記念スタンプも用意されている

主屋の奥に立つ渋沢平九郎の追懐碑。養父である渋沢栄一が平九郎を追懐した詩が刻まれている

⑨ 麺屋忠兵衛で煮ぼうとうを味わう

徒歩1分

ランチタイムは旧渋沢邸に隣接する煮ぼうとう専門店へ。幅広の麺と地元特産の深谷ねぎ、たっぷりの野菜を醤油のタレで煮込んだ郷土料理は渋沢栄一の大好物。古民家を改装した店内には栄一直筆の掛け軸もかけられている。

とろみがあってまろやかな味

徒歩1分

煮ぼうとう850円（とろろご飯とのセットは1100円）。食感のいい麺と深谷ねぎの甘みが楽しめる

MAP 別冊 P.42-A2

🏠 深谷市血洗島247-1
☎ 048-598-2410
🕐 11:00～14:00
休なし CC不可 Pあり

⑩ 青淵公園をのんびり散策

徒歩5分

渋沢栄一の雅号「青淵」が由来の公園。春は桜並木、夏は新緑が広がる。「中の家」のそばにあり、幼少時代の栄一が妻となる千代と過ごした時代に思いを馳せ、のんびりを散策しよう。

MAP 別冊 P.43-A3

渋沢栄一の言葉を公園で発見！

約1kmに渡って緑の公園が延びている

彩info 「中の家（なかんち）」の呼び名は渋沢各家の位置関係に由来する。栄一の父親は分家筋の「東の家（ひがしんち）」に生まれたが本家筋だった中の家に跡取りがいなかったため婿養子として家督を継いでいる。

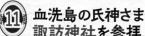
⑪ 血洗島の氏神さま 諏訪神社を参拝

諏訪神社は旧血洗島村の鎮守で、若き日の渋沢栄一はここで獅子舞に携わったとされる。拝殿は事業で財をなした栄一が寄進したもので、境内には栄一の喜寿を祝って氏子たちが建立した「渋沢青淵翁喜寿碑」も立っている。

MAP 別冊 P.42-A2

住 深谷市血洗島 117
TEL 非公開 営 随時
休 なし 料 なし P あり

獅子舞の奉納は毎年10月中旬。帰郷した栄一も楽しみにしていたという

車で5分

⑫ 渋沢家の檀家寺、華蔵寺で美術鑑賞

本堂左手に渋沢栄一お手植えの赤松が茂る渋沢家の菩提寺。併設の美術館には、渋沢栄一や尾高惇忠の書軸などが多数展示されている。広い境内には四季折々の花々が楽しめ、5月にはツツジ祭りも開催される。

エリアガイド ➡ P.292

MAP 別冊 P.42-A2

栄一や惇忠の書が見られる

鎌倉時代初期に新田蔵人大夫義兼公により開創された古刹

⑬ 高島秋帆が幽閉された 岡部藩陣屋跡

西洋式砲術の先駆者、高島秋帆が幽閉された地。今はのどかなひまわり畑が周囲に広がる。大河ドラマ「青天を衝け」で代官から理不尽な要求をされ、栄一が幕政に疑問をもつきっかけになった場所でもある。

石碑と説明板がひっそり立つ

MAP 別冊 P.42-B2

車で10分

車で10分

⑭ ゴール 深谷駅に戻り渋沢栄一翁 ふるさと館 OAK へ

深谷のみやげ探しには「渋沢栄一翁ふるさと館 OAK」を訪れてみよう。渋沢栄一の関連グッズや深谷の名産品などがまとめて購入できる。カフェが併設されているので、休憩や軽食にも便利なスポットだ。

MAP 別冊 P.43-C4

JR 深谷駅からは徒歩5分ほど

住 深谷市西島町 2-18-20 TEL 048-514-2509
営 10:00〜17:00 休 木 CC 不可 P あり

渋沢栄一グッズをおみやげに

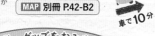

せんべい 432 円
特産のねぎが入った深谷の定番みやげ

貯金箱 1500 円
台座に栄一銀行と記されたかわいい貯金箱

ぽんず 440 円
渋沢栄一と深谷市のゆるキャラふっかちゃんのコラボパッケージ

深谷に来たら体験しよう！

江戸時代から続く藍染のワークショップ

渋沢栄一の生家は藍を栽培し、近隣の農家から藍を買い付け、染料となる藍玉の製造を生業のひとつとしていた。栄一少年も幼い頃から家業の手伝いに励み、番付表「武州自慢鑑藍玉力競」を作って藍農家を競わせてレベル向上を促している。日本資本主義の父、渋沢栄一のルーツでもある藍染を、深谷で体験してみよう。「藍染カフェ」では当日の申し込みが可能な藍染体験（所要1〜2時間）と、1週間前までに予約を入れる藍染教室（所要2時間）を開催している。

上／店内の作品は購入も可能
右／マスクやトートバッグを染める藍染体験は 1350 円〜。完全予約制の藍染教室は 4800 円（どちらも材料費込み）

MAP 別冊 P.43-C4

住 深谷市西島町 2-17-7 TEL 048-578-4343
営 10:00〜18:00（藍染受付は10:00〜16:00） 休 火（臨時休業もあるので要確認） CC ADJMV P なし

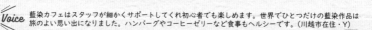

Voice 藍染カフェはスタッフが細かくサポートしてくれ初心者でも楽しめます。世界でひとつだけの藍染作品は旅のよい思い出になりました。ハンバーグやコーヒーゼリーなど食事もヘルシーです。（川越市在住・Y）

埼玉に来たら、とりあえず うどん

渋沢栄一も愛した野菜たっぷりの珠玉の一杯！

深谷煮ぼうとう

野菜が豊富な深谷で、古くから農家などで食べられてきた家庭料理。幅2.5㎝、厚さ1.5㎜ほどの麺を、特産の深谷ネギやたっぷりの根菜類と煮て、醤油で味付けする。生麺から煮込むことで適度なとろみが生まれる。

煮ぼうとう　825円
だし汁は野菜のコクと甘味が溶け出して優しい味わい。モチモチの麺との相性も◎

深谷
地場の野菜と手作りにこだわる

かっぽう かえで
割烹 楓

名物の煮ぼうとうをはじめ、ボリューム満点の定食からおつまみメニューまで、幅広いニーズに対応する。埼玉県認証の低農薬野菜など地場の農産物を使用し、タレやソースはすべて自家製。深谷の新ご当地B級グルメ、カレー焼きそばもこの店が元祖だ。

MAP 別冊 P43-A3

全国的に知られる深谷ネギの料理も味わって！

❶1975年創業、長年通う常連も多い ❷大衆食堂風の店内。大人数で利用できる個室もある ❸2代目店主の井上さん夫妻

🏠深谷市大塚334　📞048-587-3260　🕐11:30〜14:00、17:00〜22:00　休火、水の夜　CC不可　P あり　交JR高崎線「深谷駅」から車10分

郷土の偉人・渋沢栄一も好んで食べたという煮ぼうとう。深谷では、栄一の命日である11月11日に煮ぼうとうを食べて故人の遺徳をしのぶ「煮ぼうとう会」が公民館などで催される。

を食え！

埼玉県はうどん生産量が全国2位のうどん王国。
そしてご当地メニューの多彩さでは全国1位の香川県をも圧倒している。
どこで食べてもハズレなし、感動のうまさをまずは体験！

所沢肉汁うどん

稲作にあまり適さない所沢周辺では古くから麦が栽培され、家庭でうどんを打つ習慣があった。いわゆる「武蔵野うどん」と呼ばれるもので、太くてコシのある麺を、豚肉やネギが入った醤油味の温かいつゆにつけて食べる。

> モチモチの麺は驚きの新食感です

肉汁うどん（並）990円
4種類のカツオ節と利尻昆布を使った自家製のつけ汁は豚肉たっぷりで食べごたえ満点

スパイシーなカレー肉汁うどん（並1090円）

> 自家製もち麺は乾麺でもお持ち帰りできます

❶麺作りに情熱を燃やす店主の倉油さん　❷自宅の1階で営業。休日には行列ができる

`所沢` **究極のモチモチうどん**

自家製うどん うどきち
（じかせいうどん うどきち）

小麦粉の品種や産地、配合などを変えた麺が最大5種類あり、それぞれ食感や香りも異なる。初めてなら「もち麺」か「ウルトラもち麺」がおすすめ。コシがあるのに生麩のようにモチモチとした麺は、うどんの概念がくつがえること間違いなしだ。

MAP 別冊P.24-A1 🏠 所沢市和ケ原1-691-62 ☎ 04-2947-0500 🕐 11:30～13:45（L.O.）休 月～水
💳 不可 🅿 あり 🚃 西武池袋線「狭山ヶ丘駅」から徒歩8分

埼玉6大うどん MAP

埼玉各地で武蔵野うどんをベースにした郷土色豊かな逸品に出合えます。

すったてうどん
すりごまとみそ仕立ての「つけ汁」は埼玉伝統の味

所沢肉汁うどん
カツオ節のつゆに豚バラ肉と所沢産の野菜がたっぷり

深谷煮ぼうとう
つゆは醤油味で深谷ねぎをはじめ野菜が盛りだくさん

熊谷うどん
熊谷産の地粉を使った、地産地消のブランドうどん

加須うどん
「足踏み」と「寝かせ」にこだわるコシの強さが特徴

川幅うどん
麺の幅は驚きの10cm！鴻巣市発祥の名物うどんです

▶ *Voice* 「自家製うどん うどきち」では定番の4種類の麺のほか、毎月29日限定の「竹炭ブラック麺」や限定メニューなども登場します。店のTwitterかFacebookでチェックしてみて。（所沢市在住・M）

熊谷うどん

小麦の生産が盛んな熊谷市で、地粉を50%以上使用し、製麺・提供される地産地消のブランドうどん。古くからうどん文化が根づき、麺を温かいつゆにつけて食べるスタイルは「武蔵野うどん」のルーツともいわれる。

熊谷

素材にこだわり抜いた
至高の味が大評判

元祖 熊谷うどん 福福
（がんそくまがやうどんふくふく）

麺は熊谷産のあやひかりを100％使用した手打ち。熟成時にクラシック音楽を聴かせることで、豊かな風味と独特のコシが生まれるそう。つゆは利尻昆布や本枯節からだしを取るなど、最高級の素材と手間を惜しまず作られた「本物のうどん」を味わえる。

こだわりは
国産食材と
無添加です

肉きのこ汁うどん 1150円〜
埼玉が誇るブランド豚「彩の国黒豚」と熊谷産キノコがたっぷり。並盛から特盛まで量を選べる

MAP 別冊 P.9-A4

🏠熊谷市妻沼1861-2 1F
☎048-589-2900　🕐11:00〜18:00（売り切れ次第終了）　休月　CC不可　Pあり　🚃JR高崎線「熊谷駅」から朝日バス23分「妻沼聖天前」下車、徒歩7分

❶うどん作りに妥協を許さない店主の福島さん❷聖天山歓喜院から徒歩5分ほどの立地❸店内の丸太イスは埼玉県産、割りばしは熊谷産を使用

すったてうどん

「すったて」とは「すりたて」のこと。流水でしめたうどんをすりたてのゴマと大葉などの香味野菜、キュウリの入った「冷や汁」で食べる、埼玉県の郷土料理だ。さっぱりとした味わいは暑い季節にぴったり。

川島

夏野菜とうどんのおいしいコラボ

本手打うどん 庄司
（ほんてうちうどんしょうじ）

いつもにぎわいと活気があふれる川島町の人気店。大きな器で運ばれてくる「すったてうどん」は香味野菜の彩りよく、つけ汁のゴマが香ばしい。コシのあるうどんはのど越しがよく、食べながら食欲がわいてくる一品だ。

優勝
すったて

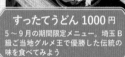

すったてうどん 1000円
5〜9月の期間限定メニュー。埼玉B級ご当地グルメ王で優勝した伝統の味を食べてみよう

埼玉S級グルメにも
認定されています！

MAP 別冊 P.31-C1

🏠川島町上伊草743-9　☎049-297-7703
🕐10:30〜14:30　休不定休　CC不可　🚃東武東上線「川越駅」から東武バス22分「伊草坂下」下車、徒歩1分

❶11〜3月の冬季限定で呉汁（1200円）も楽しめる　❷庄司さん兄弟が威勢よく切り盛り　❸テーブルやカウンターのほか座敷席も完備

明治から大正時代にかけて麦の増産に尽くし「麦王」と呼ばれた権田愛三の出身地が熊谷。古くからハレの日にうどんを食べる風習があり、現在は市内の小学校でうどん打ちの授業も行われている。

川幅うどん

鴻巣市を流れる荒川の川幅が日本一であることから生まれた、幅10cmもある手打ちうどん。地元産の小麦粉を100%使っており、煮込みうどんは厚め、冷製うどんは薄めと、うどんの生地の厚さは変わる。

鴻巣

こうのす川幅うどんの発祥店はこちら！

久良一（くらいち）

川幅うどんは久良一の厨房で誕生した。埼玉B級グルメ王でも優勝し今や鴻巣の名物的な存在に。「2009年から研究を重ねて、冷製うどん、みそ煮込み、白だしうどんとメニューが増えてます」。麺は幅広なのですすることはできない。かぶりつく感じで味わおう。

❶川幅うどんを考案した店主の小峰さん ❷人形横丁にある店は老舗の雰囲気が漂う。店内には椅子席のほか、お座敷もある

産地にこだわった本格手打ちそばも自慢です

幅広の麺は鴻巣産の小麦で風味も豊か♪

MAP 別冊 P.35-B2

住 鴻巣市人形4-1-36　電 048-542-5542　営 11:30～14:30、17:30～19:30　休 木（日曜はランチのみ）　CC 不可　P あり　交 JR高崎線「鴻巣駅（東口）」から徒歩20分

冷製 川幅うどん 790円
つるりとした食感でカツオ節が味をひきたてる。ごま油やレモンを足して味変も楽しめる

加須うどん

江戸時代に不動ヶ岡不動尊總願寺の門前で参拝客をうどんでもてなしたことが始まりとされる。この名残は今も残っていて、加須エリアでは冠婚葬祭など特別な日の食事の締めくくりには必ずうどんが振る舞われる。

加須

薬味たっぷりの冷汁タレ

子亀（こがめ）

冷汁うどん発祥の店がこちら。加須うどんの麺を冷汁で味わうソウルフードの競演が話題となり、瞬く間に加須の名物メニューへ。つるりとのど越しのいい手打ち麺を、だしと味噌、炒りゴマ、大葉の香りが引き立つ秘伝のタレをたっぷりからめて召し上がれ。

冷汁うどんセット 1040円
毎日手打ちされる細切りうどんに天ぷらや季節の炊き込みご飯がついてボリューム満点

厳選した小麦粉と良質の水を使った渾身のうどんです

MAP 別冊 P.38-A1

住 加須市諏訪1-15-6　電 0480-62-2876　営 11:00～15:00、17:00～20:00　休 木曜・第3水曜　CC 不可　P あり　交 東武伊勢崎線「加須駅（北口）」から徒歩15分

❶うどんは手間をかけてていねいに打ち上げる ❷昔ながらの製法を受け継ぐ店主の岡戸知幸さん ❸テーブル席と小上がりのある居心地のよい店内

加須市内の21軒のうどん店が参加する「食べ歩きスタンプラリー」が実施されており、全店制覇すると記念品がもらえる。台紙は加須市商工会館1階の物産情報センターや加盟店店頭で配布している。

不思議に懐かしいレトロな情景へ
秩父鉄道 途中下車の旅

埼玉北部の羽生市の羽生駅から秩父市の三峰口駅までを結ぶ秩父鉄道には、風情ある癒やし系スポットがたくさん。快適に乗車できる平日を狙って、いざ出発進行！

秩父路
遊々
フリーきっぷ
デジタル版

撮り鉄！

桜や紅葉など四季折々の自然のなかを走る秩父鉄道はとってもフォトジェニック

飲み鉄！

埼玉北部は隠れた酒どころ。酒蔵やパブに気軽に立ち寄れるのも電車旅ならでは

歩き鉄！

秩父の番場通りや長瀞の岩畳などの観光スポットを線路に沿って歩いて次の駅へ！

桜堤が広がる
大麻生駅周辺

次はオマエダ！

秩父鉄道 MEMO

1901年（明治34年）に熊谷〜寄居間（18.9km）で開業。その後1930年（昭和5年）に羽生〜三峰口間の全線が開通した。現在は秩父本線（羽生〜三峰口間71.7km）と、武甲山から石灰石を運ぶ貨物専用の三ヶ尻線（武川〜三ヶ尻間3.7km）の2路線が運行している。東は熊谷、西は長瀞や秩父を通って三峰口まで埼玉県の人気観光スポットを東西に横断している。

正式な路線名は「秩父本線」だがこの名称は沿線住民には浸透していない。秩父鉄道はこの1路線のみであることから地元では「秩父鉄道」や「秩父線」または「秩鉄（ちちてつ）」と呼ばれて親しまれている。

START

08:54発 羽生駅から
出発進行！

発着の時刻は
平日ダイヤです

羽生駅は東武鉄道の伊勢崎線と、秩父鉄道が乗り入れる接続駅。羽生市は江戸時代から続く藍染の町で、市内には染物体験ができるワークショップもあるので、興味があれば立ち寄ってみよう。

MAP 別冊 P.4-B1

羽生駅周辺は宿が少ないので前乗りするなら早めの予約を

秩父三部作のラッピング車両！

09:06着
09:50発 東行田駅から
酒蔵を訪問

レトロな雰囲気
漂う無人駅です

秩父鉄道
東行田駅

東行田駅から徒歩3分ほどの横田酒造（→ P56）は1805年（文化2年）創業の酒蔵。全国的に知られる銘酒「日本橋」をはじめ、さまざまな酒の試飲ができる。平日は酒造見学もできるので、興味がある人は事前に申し込んでみて。

MAP 別冊 P.41-B2

ちょっと一杯

左／名水が生んだ日本酒がずらり。お気に入りの1本を見つけよう
右／酒造見学では30分ほどかけて蔵の内部を案内してもらえる

ゼリーフライを
味わおう！

小腹がすいたら行田のソウルフードを試してみよう。駅の南側にフライの店が点在しています

09:52着
11:01発 花手水で彩られた
行田市駅エリアへ

日本の美を感じる
花手水にうっとり

2020年春から行田八幡神社が始めた花手水が話題に。これが「花手水week」として町全体に広がり、毎月1～14日（11月、1月は15日～末日、8月は休止）には、商店や民家など約50軒の軒先に色とりどりの花が浮かぶ。

MAP 別冊 P.41-B1

上／行田市駅の南側に花手水スポットが並ぶ
左／1922年（大正11年）開業の行田市駅

熊谷市の小学校の運動会ではみんなで直実節を踊るのじゃ

11:11着
12:25発 買い物に便利な
熊谷駅でひと休み

次ページへ

ちょっと一杯

JR高崎線と上越新幹線が乗り入れる熊谷駅は、秩父鉄道の中で最も利用者数が多い駅だ。駅ナカや周辺にはショッピングモールが並び地元の人や観光客でにぎわっている。熊谷のクラフトビールを提供するパブでひと休みしよう。

MAP 別冊 P.40-C1

駅の北口には源平合戦で活躍した熊谷直実公の銅像が立つ

熊谷宿ビールを味わおう

地元の食材を使った地産地消メニューが豊富なブックカフェ。熊谷発クラフトビールを生で楽しめる。

MAP 別冊 P.40-C1

● PUBLIC CULTURE
住 熊谷市筑波 3-202 ティアラ 21 2F
電 048-598-6111 営 10:00 ～ 21:00 休 なし

 彩info 「日本一暑いまち」にある熊谷駅の各入口には冷却ミストが設置されている。5～10月の8～20時の間に「気温 28℃以上、湿度 70% 未満、風速 3m 未満、降雨なし」の気象条件が揃ったときに自動噴霧される。

前ページより

荒川に架かる
寄居橋まで徒歩3分

橋の上からゆったり流れる荒川を眺めてみよう

13:00 着
13:50 発

波久礼駅で
郷愁に浸る

木造の建物に赤い屋根のレトロなたたずまいが印象的な波久礼（はぐれ）駅。1903年（明治36年）開業当時の風情が駅舎に漂っている。無人改札を抜けて島式ホームに立つと緑の山に包み込まれるかのよう。

MAP 別冊 P.32-B1

ランチは
こちら

季節の天ぷらも
名物です

手打ちうどんときは波久礼駅から国道140号を横断して徒歩1分。「名水のまち」寄居の水を使ったうどんはコシがあり、小麦の風味を楽しめる。木のぬくもりのある店内で、揚げたての天ぷらと一緒にどうぞ！

濃厚な肉汁で
いただきます

MAP 別冊 P.32-B1

●手打ちうどん とき
🏠 寄居町末野 79　📞 080-8733-4438
🕐 10:00 ～ 15:00　休 なし

上／旅客列車は1時間に1～2本ほど通過。石灰石を積んだ貨物列車も往来する　左／時代感たっぷりの木造駅舎。駅名の由来は破崩（はぐれ）からといわれるほどの難所で、波久礼～秩父間の路線延長では渋沢栄一も資金調達で協力した

14:02 着（長瀞駅）
15:44 発（上長瀞駅）

長瀞駅から上長瀞駅まで
歩いて荒川橋梁へ

長瀞駅で降りて岩畳を見学したら、そのまま荒川上流へと歩いてみよう。名勝・天然記念物に指定された名勝地を30分ほど歩けば上長瀞駅へと到着する。「南桜通り」と呼ばれる線路沿いの舗装道もあるので体力やスケジュールに合わせてルートを選ぼう。

MAP 別冊 P.49-A3

荒川橋梁の上を列車が疾走！
花崗岩とレンガ積みの橋は
大正3年に完成しました

上長瀞駅から300mほど南にある荒川橋梁

食堂で銘酒を味わう

ちょっと一杯

長瀞駅から岩畳へ向かう途中にある喜久家食堂（→ P.349）は、地元グルメと銘酒が楽しめる酒処。店主が全国各地から厳選した日本酒は、希少な銘柄が並ぶのでファンも多い。

線路沿いの道を
歩けば15分ほど

岩畳を歩けば
上長瀞駅へ 30分

岩畳ルートを歩くならスニーカー推奨。荒川橋梁の手前で舗装された南桜通りに合流

彩info　荒川の長瀞ラインくだり（→ P.318）は船頭のガイドを聞きながら川下りが楽しめる人気のアクティビティ。春は桜、夏は涼風、秋は紅葉、そして冬はこたつ舟と、1年を通してさまざまな趣を満喫できる。

秩父鉄道旅のハイライト！

MAHOLLO BAR で秩父麦酒を味わおう

ちょっと一杯

秩父麦酒醸造所で作ったばかりのビールを昼間から飲める MAHOLLO BAR（→ P.397）。秩父麦酒の樽生ビールを定番から新作まで常時10種類提供している。

16:04 着（秩父駅）
17:24 発（御花畑駅）

秩父駅〜御花畑駅間の通りでレトロ散歩！

秩父駅から御花畑駅まで徒歩15分ほど

ノスタルジックな街並みが続く秩父駅から御花畑駅の区間も歩いてみよう。秩父神社の参道である番場通りにはレトロ建築が並び、大正・昭和の情景であふれている。文化財を利用した食堂やビアバーも点在。 MAP 別冊 P.45-B2

名物グルメも多く食べ歩きも楽しい番場通り

GOAL

17:45 着

三峰口駅に到着した SL パレオエクスプレスは、秩父駅方面へ戻るために SL 転車台でゆっくりと回転し向きを変える

鉄道ファン必見です！

埼玉県最西端の駅、三峰口駅へ

鉄道旅の思い出に紙の入場券はいかが？

秩父鉄道の終着駅は三峯神社への玄関口。山と渓谷に囲まれた埼玉県最西端の駅としても知られる。駅ホームの東側には SL 転車台公園があり、運行日の 13 時〜 13 時 40 分頃には、蒸気機関車の転車作業を見学できる。 MAP 別冊 P.13-B3

駅から 6km ほど南西にある大輪鳥居。山道を上る三峯神社への表参道が延びる

SL パレオエクスプレスは土日祝を中心に運行！

SL パレオエクスプレスは東京から一番近い蒸気機関車。煙を噴き出すワクワクの乗り心地を満喫し、美しい車窓風景を存分に楽しもう。荒川橋梁の上からは長瀞渓谷の絶景が広がり感動間違いなし！
● スケジュール・運賃・予約
2023 年 4 月上旬〜12 月上旬の土・日曜、祝日を中心に運行。普通乗車券以外に SL 指定席券（片道 740 円）が必要。SL 指定

席券は運転日の 1 ヵ月前から出発30分前まで「秩父鉄道SL予約システム」で WEB 予約受付。

事前予約をして感動の鉄タビを！

熊谷駅から三峰口駅までの 56.8km を約2 時間 40 分で疾走。C58 形蒸気機関車は東北地方の旧国鉄で活躍していた

彩info　SL パレオエクスプレスの運行ダイヤは熊谷駅 10:15 発→三峰口駅 12:54 着、三峰口駅 14:05 発→熊谷駅 16:20 着。

75

歩こう♪
歩こう〜♪

森と水の楽園で大きく深呼吸！
里山のんびり休日散歩

里山は気軽に行ける近場の自然。森を歩いて、花々に包まれ、地元の信仰に触れ、清流のせせらぎを聞く……。次の休日には、日本の懐かしい原風景や自然を探しに、狭山丘陵、奥武蔵、秩父盆地を歩いてみませんか？

所要目安 3時間

豊かな自然に抱かれた狭山湖。春は桜、秋は紅葉など四季折々の風景に出合える

コースNo.1
所沢

散歩ルートのポイント

平坦な道がほとんどなので、ビギナーでも歩きやすい。クロスケの家の見学には予約が必要。

狭山丘陵の情景に包まれて
トトロの森から狭山湖へ

映画『となりのトトロ』の舞台のモデルのひとつになったといわれる狭山丘陵。雑木林や茶畑など懐かしい風景が広がる里山を歩き、狭山湖の堤防から絶景を楽しもう。

最初に15号地が見えてきます

START

1 西武球場前駅からトトロの森へ

駅を出たら目の前の県道55号を北へ進み「六斎堂前」交差点のひとつ手前を左に曲がる。そのまま住宅地を道なりに進んで、柳瀬川を渡って森の中へ。

住宅地を抜けるルートはわかりにくい。周囲の人に確認しながら歩こう

大きなスギとコナラが特徴

2 トトロの森1号地から階段を上る

看板が立つ階段の右側がトトロの森1号地。隣接する「虫たちの森」や「さいたま緑のトラスト保全地」とともに、さまざまな植物や昆虫、野鳥が生息する豊かな雑木林だ。

いきものの保護のために森の中には入らないこと

彩るinfo　トトロの森は狭山丘陵の自然を残すため市民から募った寄付金で買い取られ、ボランティアにより保全管理が行われている。「トトロのふるさと基金」を支援して美しい里山を守る仲間になってみよう。

③ 森に鎮座する堀口天満天神社

1号地の階段を上り尾根道を歩いて行くと、左側に神社の鳥居が見える。堀口村の鎮守として祀られていたが狭山湖の完成によって村は水に沈み、村人とともにこの地に移ってきたという歴史をもつ。

④ 茶畑の脇道を下る

神社の前に広がる茶畑を見ながら坂道を下り、狭山湖の堤防下へ。途中「トトロの木」があるので探してみよう。

民家の庭でトトロ発見！

⑤ 堤防から狭山湖を一望！

狭山湖の堤防の上は遊歩道になっていて、湖面を渡ってくる風が心地いい。東側にはトトロの森や西武園ゆうえんちの観覧車が、西側には天気がよければ富士山も見える。

紅葉に浮かぶ富士山は圧巻！

狭山湖（山口貯水池）→ P.186

⑥ どんぐりの小道を歩こう！

22号地の脇を進んで29号地へ。その先は「どんぐりの小道」と呼ばれる歩行者専用道路で、秋にはクヌギやコナラのどんぐりがいっぱい。木立を抜けると里山の景色を一望できる。

MAP 別冊 P.24

GOAL

⑦ クロスケの家に到着！

「トトロのふるさと基金」が森を守るための活動拠点としている古民家。母屋や蔵などが国登録有形文化財になっている。トトロファンドグッズも販売している。

MAP 別冊 P.24-B1

母屋の左脇には茶工場もあります

クロスケの家

🏠所沢市三ヶ島3-1169-1　📞04-2947-6047　🕙10:00〜15:00（※要予約）　休月・木・金・日・祝　💴500円　🅿️なし　🚃西武池袋線「小手指駅（南口）」から西武バス9分「大日堂」下車、徒歩2分

トトロの森 & 狭山湖

クロスケの家⑦
大日堂
三ヶ島八幡神社
早稲田大
どんぐりの小道⑥
堀口天満天神社
狭山湖堤防⑤
茶畑③④
トトロの森②（1号地）
狭山湖
六道堂前
狭山山不動寺（狭山不動尊）卍
西武球場前駅①
ベルーナドーム
西武山口線
0　　　500m

START
トトロの森＆狭山湖 → 西武狭山線・西武球場前駅 → 徒歩 約25分 → トトロの森スタート地点 → 徒歩 約5分 → トトロの森1号地 → 徒歩 約5分 → 堀口天満天神社 → 徒歩 すぐ → 茶畑の脇道 → 徒歩 約5分 → 狭山湖堤防 → 徒歩 約10分 → どんぐりの小道 → 徒歩 約10分 → クロスケの家 GOAL

▶ Voice　森が踏み荒らされ希少な植物が失われる問題が発生しています。とっていいのは写真だけ、残していいのは思い出だけ。草木はとらず、ゴミは持ち帰りましょう。（トトロのふるさと基金事務局・花澤美恵さん）

散歩ルートのポイント
多峯主山はやや健脚向け。すべて歩くと距離があるので、ドレミファ橋から駅へはバス利用も◎

天覧山から飯能を一望し清流さんぽでリフレッシュ

飯能のシンボルともいえる天覧山は、眺望がよく、初心者でも気軽に登れるハイキングコース。隣にそびえる多峯主山、入間川に沿った吾妻峡や飯能河原と組み合わせれば、変化に富んだルートを楽しめる。

駅ビルにはアウトドアショップも！

START

特産の西川材を使用した御朱印帳

天覧山～吾妻峡

MAP 別冊 P.26～27

① 飯能駅から昭和レトロな町を歩く

飯能駅北口を出たら昭和の風情が残る飯能銀座商店街へ。能仁寺への道中には鐘楼に白い象が鎮座する観音寺（→ P.199）があるので立ち寄ってみよう。

② 飯能戦争の舞台、能仁寺へ

桃山時代の作とされる庭園も見事

天覧山の南麓に位置する、曹洞宗の古刹。戊辰戦争の際には、渋沢平九郎や尾高惇忠といった渋沢栄一の縁者が中心となって結成した振武軍の本営がおかれた。

能仁寺→ P.198

③ 登り口から木漏れ日の坂を進む

能仁寺のすぐ脇にある登り口から舗装道路を5分ほど歩くとトイレや東屋がある「天覧山中段」に到着する。この休憩スポットからも飯能市街が一望できる。

④ 十六羅漢像で安全祈願

明治天皇も賞賛した絶景！

「天覧山中段」からは山道となり、すぐに分岐が現れる。どちらに進んでも山頂まで約5分。左へ行くと岩場があり徳川5代将軍綱吉ゆかりの「十六羅漢像」が安置されている。

石仏に登山の安全を祈ろう

⑤ 天覧山の頂上に到着

山頂は展望台になっていてベンチもある。眼下に飯能の街並みが広がり、東側には東京スカイツリーや新宿副都心も遠望できる。晴れていれば西側に富士山も拝める。

彩info　天覧山の名前は、1883年（明治16年）に飯能で近衛兵の大演習が行われた際、明治天皇が山頂からその様子をご覧になったことに由来する。山頂の標識には標高195mと書かれているが、実際は197m。

⑥ 雨乞池でひと休み

天覧山を下ったら湿原を抜け、長い坂道が続く「見返り坂」を登る。多峯主山の頂上の手前には、山の上にもかかわらず水が枯れたことがないといわれる不思議な雨乞池がある。

⑦ 多峯主山の頂上へ

標高271mの山頂に立つと、天覧山から見るよりもさらに眺望が開け、感動的なパノラマが楽しめる。テーブルやベンチもあるので、絶景を眺めながらお弁当を広げるのも◎

天気がよければ♪
富士山も見える♪

⑧ 御嶽八幡神社も参拝

山頂から「吾妻峡」と書かれた道標に従って山道を下る。御嶽八幡神社から先は急坂が続くので、足を痛めないようにゆっくりと歩こう。

⑨ ドレミファ橋を渡り 吾妻峡を散策

山を下り自動車道路に出たら右へ。永田大杉バス停から路線バスに乗れば飯能駅まで約10分。余力があれば吾妻峡も散策してみたい。バス停から入間川方向へ歩き、荒瀧不動明王を祀ったお堂の前を進むとドレミファ橋だ。

GOAL

⑩ 緑に映える割岩橋へ

渓谷美を楽しみながら河原を下流へと進む。夏は木々の緑が、秋は紅葉がとても美しい。岩根橋より上流が吾妻峡、下流が飯能河原と呼ばれ、緑に赤い割岩橋が映える飯能河原はバーベキューや水遊びのスポットとして人気。

入間川に架かる
真っ赤な割岩橋

増水時は渡れないので注意して

| START
天覧山〜吾妻峡 | 西武池袋線・飯能駅 | 徒歩
約20分 | 能仁寺 | 徒歩
すぐ | 天覧山登り口 | 徒歩
約15分 | 天覧山頂上 | 徒歩
約50分 | 多峯主山頂上 | 徒歩
約10分 | 御嶽八幡神社 | 徒歩
約30分 | ドレミファ橋 | 徒歩
約30分 | 割岩橋
GOAL |

Voice 天覧山の頂上までのコースは「日本で一番簡単な登山」と呼ばれています。勾配が緩やかなので歩きやすく、地元の小学生の遠足にも使われる場所なので初心者にもおすすめです。（所沢市在住・M）

美の山からの絶景と和銅遺跡で運気も金運もジャンプアップ！

桜の名所として知られる美の山。山頂からは武甲山をはじめ、秩父盆地を取り巻く山々を一望できる

所要目安 5時間

コース No.3
皆野・秩父

散歩ルートのポイント

和銅黒谷駅からスタートする逆ルートでも上ることができるが、坂道が急なので健脚向け。

美の山（蓑山）は秩父では珍しい独立峰で眺めがよく、桜やツツジ、アジサイなど季節の花々も楽しめる。日本最初の流通貨幣「和同開珎」ゆかりの遺跡と神社にも立ち寄ろう。

> カラフルな駅の標識がかわいい♪

おやはな（美の山登山口）親鼻

START

① 春色の電車で親鼻駅へ

登山口の最寄り駅である親鼻駅へは御花畑駅から約18分、長瀞駅から約6分。西武秩父駅に到着した場合は、5分ほど歩いて御花畑駅で秩父鉄道に乗り換えよう。

MAP 別冊 P.48〜49

美の山公園 〜 聖神社

① 親鼻駅
道の駅みなの
② 萬福寺
皆野長瀞
③ 山道へ
皆野町役場
荒川
いこいの村
ヘリテイジ美の山
皆野駅
皆野大塚
④ 蓑山神社
⑤ 美の山公園
皆野町
秩父鉄道
⑧ 聖神社
⑦ 和銅遺跡
秩父市
⑥ 黒谷の集落
荒川
和銅黒谷駅
0　500m

② 萬福寺の前を進みます

親鼻駅を出たら線路を渡り国道140号線（彩甲斐街道）を右へ。50m ほど歩くと左側に「不動尊萬福寺入口」の標識が見えるので、それに従って脇道を進む。

③ 道標に従って山道へ

> 森林浴を楽しみながら登ります

萬福寺の先で「関東ふれあいの道」へ。小さな橋を渡って山道を進もう。「美の山山頂」の道標に従って歩いて行けば迷うことはない。

④ 蓑山神社にご参拝

萬福寺から1時間ほどで美の山公園の北の端にある「見晴らし園地」に到着。この少し先を右に折れたところに蓑山神社、さらに榛名神社がある。

彩info

ソメイヨシノやヤマザクラなど70種以上・約8000本の桜が植えられた美の山では、4月上旬から約1ヵ月にわたってお花見を楽しめる。また5月はヤマツツジ、6月下旬〜7月上旬はアジサイが美しい。

5 美の山の山頂に到着 🚶

榛名神社からツツジ園地を20分ほど歩くと、美の山公園の南側にある展望広場に着く。秩父盆地や武甲山、遠くは群馬の山々まで一望できる大パノラマを楽しもう！

美の山公園→P.317

標高581.5mの山頂で記念撮影

6 里山の風情漂う 黒谷の集落を歩く

下山は「和銅黒谷駅」の道標に従って。急な下り道が続くので足元に気をつけながら歩こう。20分ほどで黒谷の集落が見えてきて、民家の裏手から車道へ。春は梅や桜が咲き乱れて、まるで桃源郷のよう。

民家の庭先には色とりどりの花

7 日本通貨発祥の地、和銅遺跡へ

「和銅採掘露天掘跡」の看板を目印にして車道から未舗装の道を5分ほど進むと和銅遺跡がある。日本最初の流通貨幣「和同開珎」のモニュメントが立ち、小川の対岸に当時の和銅の採掘跡が残っている。

和銅遺跡→P.311

小川で小銭を洗い聖神社に納めると◎

8 聖神社は金運のパワスポ 🚶

美の山の麓に鎮座する聖神社は、和銅をご神体として祀り、どんな願いでもかなえてくれる銭神様として全国から多くの参拝者が訪れる。和銅遺跡の小川で清めたお賽銭を納めてお参りすれば、金運アップの御利益が頂けるかも？

聖神社→P.311

銭神和同開珎や金運守で財運♪

GOAL

9 和銅黒谷駅に到着

聖神社から国道140号線（彩甲斐街道）を渡ると、和銅黒谷駅はすぐ目の前。秩父鉄道は上り・下りともに1時間に1～2便の運行。旅情緒をかきたてる木造の駅舎内には待合所もあるので、のんびりと帰りの列車を待とう。

巨大な和同開珎が駅のホームにも！

START

美の山公園〜聖神社	秩父鉄道・親鼻駅	徒歩 約5分	山道へ	徒歩 約60分	蓑山神社	徒歩 約15分	美の山山頂	徒歩 約40分	黒谷の集落	徒歩 約15分	和銅遺跡	徒歩 約15分	聖神社	徒歩 約3分	秩父鉄道・和銅黒谷駅

GOAL

◀ **Voice** スタート地点の親鼻駅から国道140号を皆野駅方向へ200mほど進むと、右側に「ヤオコー皆野店」があります。ここでお弁当や飲み物を調達してから登るのがおすすめです。（秩父市在住・K）

散歩ルートのポイント

平坦な舗装道だが、案内標識が少なくコースが分かりづらい。各スポットで確認しながら歩こう。

秩父札所観音霊場と 浦山ダムを巡り 自然と文化を体感

秩父札所三十四ヶ所観音霊場は、秩父の豊かな自然を背景とした一巡約100kmの巡礼道。その一部を歩くこのコースで存分にパワーチャージをしよう。絶景や名物グルメも満載です。

START

① 浦山口駅からスタート

ローカル感あふれる静かな浦山口駅。駅前の地図案内でルートを確認してから出かけよう。駅前の坂を下ると通りに出られる。

> 舗装道が続いて歩きやすいです！

MAP 別冊 P.46

② 不動名水でパワーチャージ

武甲山の石灰層に育まれたミネラル豊富な水がこんこんと湧き出ている。水筒やペットボトルに詰めれば散策中の水分補給に最適。水源に鎮座する不動尊に手を合わせるのも忘れずに。

③ 浦山歴史民俗資料館

浦山ダム建設にともないダム湖に水没した浦山地区の歴史・文化を紹介する施設。ダイナミックな「浦山の獅子舞」の展示が見もの。

> 浦山の獅子舞は10月の第4土・日に昌安寺で奉納される

MAP 別冊 P.46-B2

浦山歴史民俗資料館
住 秩父市荒川久那 3805-7　TEL 0494-25-6121　営 9:00 ～ 17:00　休 火　料 無料　P あり　交 秩父鉄道「浦山口駅」から徒歩10分

④ 橋立堂を参拝したら境内のカフェでひと休み

> 秩父札所の第二十八番です

高さ約75mの切り立った岩壁に抱かれるように朱塗りの観音堂が鎮座している。境内には旬のフルーツが味わえる人気カフェもあるので立ち寄って休息タイムを満喫しよう。

橋立堂→ P.313
Jurin's Geo → P.85

> 疲れた体に果実がしみる♡

橋立堂～浦山ダム

荒川
秩父鉄道
140
武州中川駅 ⑨
たね金亭
⑦ 長泉院
① 浦山口駅
③ 浦山歴史民俗資料館
④ 橋立堂
Jurin's Geo
不動名水 ②
浦山川
⑧ 清雲寺
⑥ さくら湖食堂（うららぴあ1階）
⑤ 浦山ダム
N
0　　500m
秩父さくら湖

		不動名水		浦山歴史民俗資料館		橋立堂&Jurin's Geo		浦山ダム&さくら湖食堂		長泉院		清雲寺		秩父鉄道・武州中川駅

START
橋立堂～浦山ダム
秩父鉄道・浦山口駅 → 徒歩約1分 → 不動名水 → 徒歩約15分 → 浦山歴史民俗資料館 → 徒歩約10分 → 橋立堂&Jurin's Geo → 徒歩約25分 → 浦山ダム&さくら湖食堂 → 徒歩約15分 → 長泉院 → 徒歩約15分 → 清雲寺 → 徒歩約15分 → 秩父鉄道・武州中川駅 GOAL

彩info　橋立堂のすぐ横には鍾乳洞が広がっており見学可能（冬季は閉館）。長さ約140mほどの洞穴の内部では鍾乳石や石筍、石柱などを見ることができ、気軽に冒険気分が味わえる。

里山さんぽで出会える
植物＆野鳥 INDEX → P.110

堤高は 156m、堤頂長は 372m。重力式コンク
リートダムとしては全国 2 位の堤高を誇る。
秩父中心部の国道 140 号からもダムの威容を
望むことができる

湖面に青空と雲が
鏡のように映り込む

⑤ 浦山ダムが山間に巨大な姿を現す

日本屈指の大きさを誇る浦山ダ
ムを間近に見ると迫力たっぷり。エ
レベーターで天端に上がれば、目の
前にダムの秩父さくら湖、さらに秩
父市内も一望できる。

浦山ダム→ P.310

ごはんとカレーで
堤体とダム湖を表現

⑦ 長泉院で四季の花々を楽しむ

秩父札所第二十九番の笹
戸山長泉院へ。四季の草花
が植えられた境内は、春
にはしだれ桜やソメイヨシ
ノ、初夏にはツツジやサツ
キの花が美しく咲き誇る。

長泉院→ P.313

⑥ さくら湖食堂でランチタイム

ダム上端の「防災資料館うら
らびあ」1 階にある「さくら湖
食堂」は、ダムと秩父の街を見
下ろす絶景カフェ。名物ダムカ
レーは必食です。

さくら湖食堂→ P.348

本堂の白壁には
無数の千社札が
貼られています

⑧ 県内屈指の桜の名所、清雲寺

1446 年（文安 3 年）の創
建時に植えられたと伝わる
樹齢約 600 年のしだれ桜で
有名。ほかにも境内には約
30 本の桜の木が植えられ
春は花見客でにぎわう。

MAP 別冊 P.46-C2

清雲寺　住秩父市 荒川上田野 690　電 0494-54-2114（秩父
市役所 荒川総合支所 地域振興課）　営自由　休なし　料無料
Pあり（桜の時期は近隣の有料パーキングを利用）　交秩父鉄
道「武州中川駅」から徒歩 15 分

GOAL

鉄道の運行時間は
事前にチェック！

⑨ 武州中川駅へ

国道 140 号沿いの小さな駅
がゴール。周辺の荒川地域は
「しだれ桜とそばの里」で知
られ、秋には駅近くのそば畑
でそばの白い花が見られる。

　清雲寺から徒歩 10 分ほど北にある、たぬ金亭（→ P.345）は全国丼グランプリで 9 年連続金賞を受賞し
ている評判の店。名物の豚玉丼などはテイクアウトもできるので、タイミングが合えば立ち寄ってみよう。

古民家カフェ＆レトロ食堂で 不思議な郷愁に浸る

最寄り駅から散策を楽しみ隠れ家的なカフェや食堂へ。
しばし日常の忙しさから離れて、
古き良き時代に思いを馳せて過ごしてみよう。
ふらりと訪ねたい場所がここにある。

アートとジャズに包まれる
山麓のポツンと一軒カフェ

❶写真やオブジェが展示された店内。建物の木材はオーナーが仲間たちと山から伐採したもの ❷木々に囲まれたテラス席にはハンモックも用意 ❸三温糖を使ったクリームチーズケーキ 400 円 ❹マルゲリータは 10 インチで 1950 円。バジルの味が鮮烈！

童話の世界へと迷い込む

越生町 Since 1987

ぎゃらりぃ＆かふぇ やまねこけん

ギャラリィ＆ カフェ 山猫軒

　山麓の深い森を進むと不思議な建物が突如現れる。巨大なネコの顔が出迎える扉を開けると、まるで宮沢賢治の『注文の多い料理店』の世界に迷い込んだかのよう。
「ここはじっくりアートを味わって、語り合うギャラリィです。食事目的で来られるのは勘違いですね」と語るオーナーの南さん。その言葉とは裏腹に週末は厨房に立ち続けて、絶品のピザや古代米カレーを提供してくれる。使用される米・野菜・ハーブなどは自家農園で栽培されており風味も格別だ。企画展やジャズのライブ演奏も定期的に開催されている。

MAP 別冊 P.10-A2

🏠越生町龍ケ谷 137-5 ☎049-292-3981 🕚土・日・祝 11:00 ～ 19:00（ライブ開催時～ 21:00）休月～金 ㏄AJMV 🅿あり 🚉JR八高線・東武越生線「越生駅」から川越観光バス 15 分「麦原入口」下車、徒歩 40 分

Time goes by

芸術家や音楽家が 集う出会いの場所

週末の夜には「山猫音楽会」と題したライブを開催。ミュージシャンの演奏を間近で体験でき、幕間にはじっくり話が聞けることも。偶然出会った客との交流も楽しい店だ。

銅板作家の赤川 BONZE さん。自身の作品を説明してもらえることもある

 彩info　山猫軒店主の南さんは写真家。空気と水のおいしい越生に移住し、米作りや養鶏など自給自足の生活をしている。『山猫軒ものがたり（南千代著／麦秋社）』を読むとオープン当時の様子を深く知ることができる。

秩父札所の閑静な境内で
極上のフルーツを味わう

各フルーツパフェは
期間限定。時期を
狙って訪れよう

❶橋立堂を望むテラス席もおすすめ
❷種類や産地の異なるコーヒー豆がずらり ❸採光のよい大きな窓から緑が広がる ❹スーパープレミアムメロンホールパフェ 1925 円（6 月中旬～8 月下旬）❺スタッフがすてきな笑顔で迎え入れてくれる

こだわりのコーヒー店
じゅりんずじお
Jurin's Geo

秩父市 Since 2013

秩父札所 28 番である橋立堂の境内にたたずんでいる。木のぬくもりが感じられるセンスのよい店内でいただけるのは、旬の果物を使ったシーズンプレミアムパフェ。7 月中旬～8 月下旬は完熟メロン半玉を使った「スーパープレミアムメロンホールパフェ」、6 月中旬～7 月下旬は地場産ブルーベリーがたっぷりのった「朝採りブルーベリーパフェ」など、季節を味わう華やかなパフェが登場する。週末などは列ができることもあるので、時間に余裕をもって訪れよう。

MAP 別冊 P.46-C2

住 秩父市上影森 673-1 札所 28 番橋立堂境内 TEL 0494-25-5511 営 9:30 ～ 17:00（7 月最終土曜～9 月第 1 日曜は 9:00 ～ 17:30）休 水（祝日や GW、7 月最終土曜～9 月第 1 日曜は営業）CC ADJMV P あり 交 秩父鉄道「浦山口駅」から徒歩 15 分

Time goes by
豆と焙煎にこだわった
香り高いコーヒー

世界的なコーヒーの品評会「カップオブエクセレンス」を受賞した豆など、各国農園から入荷した貴重な豆を使用。自家焙煎するコーヒーはどれも香り高くツウも唸らせるほど。

手作業で一つひとつ豆の選別をしていく。コーヒーはフレンチプレスで提供

Jurin's Geo のパフェに登場するおすすめフルーツは、3 月上旬～5 月中旬の「ちちぶいちご」、8 月中旬～9 月中旬の秩父固有種ぶどう「ちちぶ山ルビー」、10 月上旬～中旬の激レアぶどう「アリサ」などがある。

"有機の里"の古民家で
食べる幸せを感じる時間

❶店の外観には明治の面影が色濃く残っている　❷小川和紙の障子と間接照明でムード満点　❸料理は嘉彦さん、パンと焼き菓子は由美子さんが担当する　❹皮のカリカリ食感が絶妙なチキンソテー1100円。パンかご飯を選べる　❺サイフォンで淹れた有機栽培コーヒー440円　❻日替わりメニューで提供されるフレッシュトマトとバジルのパスタ1078円

Since 2004
小川町

明治時代の遺産で過ごす

ゆうきやさいしょくどうわらしべ
有機野菜食堂
わらしべ

　まずは養蚕技術伝習所として建てられたレトロな外観をしばし観賞。引き戸を開けて入ると、古民家ならではの落ち着いた雰囲気に包まれる。「有機野菜のおいしさを気軽に楽しんでほしい」と言うオーナーの山下さん夫妻はオーガニック野菜にこだわった料理を提供。パスタやピザなどは当日に仕入れた新鮮食材を使い、滋味たっぷりで食の幸せを実感させてくれる。食事と一緒に小川町にある「武蔵ワイナリー」のナチュラルワインや「マイクロブルワリー」のクラフトビールも味わえる。

MAP 別冊 P.33-B1

🏠小川町小川197　📞0493-74-3013　🕐11:00〜20:30（15:00〜17:30は喫茶メニューのみ）　休月・火　CC A J　P あり　交東武東上線「小川町駅」から徒歩10分

Time goes by
こだわり店が集う
玉成舎の伝統家屋

養蚕技術伝習所「玉成舎」は明治時代に建てられ、文化と産業の拠点として町の繁栄を支えてきた。現在は個性豊かなお店が集まる「人と文化の交遊拠点」として生まれ変わっている。

2階に「武蔵ワイナリー」のワインを飲めるバーカウンターがある

Voice ハンバーグの合挽きやベーコンなどは地元のお肉屋さんから仕入れています。小川町のブリスクル珈琲で焙煎された有機豆をサイフォンで淹れたコーヒーも味わって。（有機食堂わらしべ・シェフ 山下嘉彦さん）

町に寄り添う安らぎの空間

坂戸市
Since 2020

ここのま
ココノマ

先祖が守ってきた場所を今後も残したいと2020年にオープン。「子供と一緒に自分の時間を過ごせる場所として、子育て世代のお母さんに必要とされる店を目指してます」と語るのは自らも子育て中の桃井さん。持ち込みの離乳食を温められる電子レンジや、ミルクが作れるウオーターサーバーなど、店内は女性的な心配りでいっぱいだ。母親が作ったホッと心が落ち着く料理が味わえる。

Time goes by
時をつなぐ155年前の家屋

明治2年から和菓子屋や新聞屋を営んできた古民家をカフェとしてリノベーション。昔も今も訪ねた人が安らげる温もりがある。

2階では明治時代の生活感を満喫

❶塩さば定食 1320 円。注文後に丁寧に焼き上げる　❷こだわり卵のとろけるプリン 320 円　❸店主の桃井優希さんが調理も担当する

MAP 別冊 P.31-A1

🏠坂戸市泉町 1-8　📞 049-281-0153　🕐 11:00 〜 17:30　休日
💳 A J M V　🅿️ あり　🚉東武東上線「坂戸駅」から徒歩 14 分

寄居町
Since 2019

懐かしの時代へタイムトリップ

きっさべあー
喫茶ベアー

店の休日や新メニューはSNSでチェック

BEAR BLEND

「新しいメニューを考えるのが楽しくて」と笑顔で語るオーナーの飯野さん。テーブル席ひとつとカウンターのみの店は、創作スイーツと本格的なコーヒーを注文する常連さん憩いの場。店の内外は昭和の懐かしい雰囲気であふれるがオープンは 2019 年と比較的新しい。「寄居町の観光大使とも呼ばれてますので旅先での情報収集にも立ち寄ってくださいね」ととことん明るいママさんとの時間が楽しい。

Time goes by
地ビールを飲み比べ

喫茶店だが COEDO ビールと秩父麦酒のラインアップが充実。セットメニューのドリンクをビールに変更も OK（差額のみ）。限定ビールも揃っているので、食事と一緒に楽しむのもおすすめだ。

ビールの昼飲みで大人の時間

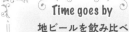

❶スイーツ＆ドリンクはセットで 850 円〜
❷ママさんとのんびり話す常連さんも多い
❸住宅街にぽつりと現れる昭和チックな外観
❹本日のランチは 800 円〜。自家菜園の野菜が付く

MAP 別冊 P.32-C2

🏠寄居町寄居 267-7　📞 090-2165-1302　🕐 11:00 〜 17:00　休不定休　💳 不可　🅿️ あり　🚉東武東上線「寄居駅」から徒歩 15 分

Voice　鎌倉稲村ヶ崎にある「ヨリドコロ」で厳選された干物を提供しています。引き締まった身に旨味がつまった脂がのり、食欲をそそる香りとふっくらした身が特徴です。（ココノマ・店主 桃井優希さん）

本物のレトロ食堂を体感！

ぱりーしょくどう
パリー食堂

秩父市
Since 1927

　伝統的な建造物が並ぶ秩父の表参道、番場通りの名物食堂。1927年（昭和2年）に建てられた建物は、西洋建築の流れを取り入れながら日本独自の様式美として発展した「看板建築」を採用。かつての意匠を色濃く残した建物にはなんともいえない味があり、レトロなポスターが貼られた店内も昔懐かしい雰囲気。フルーツがたっぷり添えられたオムライスもどこか懐かしい味わいだ。

❶登録有形文化財になっている歴史的な建物　❷ガチなレトロ感が店内に充満している　❸名物メニューのオムライス800円

MAP 別冊 P.45-B2

住秩父市番場町19-8　TEL 0494-22-0422　営 11:30 〜 20:00
休不定休　CC不可　P あり　交秩父鉄道「御花畑駅」から徒歩2分

Time goes by
昭和情緒にたっぷり浸る

おしゃれな飾り窓が目を引く当時のモダン建築と暖簾のかかる引き戸やショーケースが歴史を語る。店内も当時の趣を残す内装だ。

3代目店主の川邉義友さんと看板ネコがお出迎え

大人を癒すカフェ空間

たいざんどうかふぇ
泰山堂 cafe

秩父市
Since 2019

　秩父神社から黒門通りを歩いて2分。昭和初期に建てられた秩父銘仙の出張所跡を改装した、緩やかにジャズが流れる大人専用のカフェに到着する。ここに来たらぜひオーダーしたいのがヌガーグラッセ。メレンゲにキャラメリゼしたナッツやラム酒に漬けたドライフルーツがたっぷり混ぜ込まれたお店自慢の一品だ。厳選された30種類以上の紅茶やオーガニックコーヒーと一緒にどうぞ。

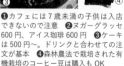

❶カフェには7歳未満の子供は入店できないので注意　❷ヌガーグラッセ600円、アイス珈琲600円　❸ケーキは500円〜。ドリンクと合わせての注文が基本　❹森林農法で栽培された有機栽培のコーヒー豆は購入もOK

Time goes by
登録有形文化財の家屋

店内にはアンティーク家具や扉のステンドグラス、店主がセレクトしている絵も飾られセンス抜群だ。同じ建物にあるハンコ店もクラシカルで趣があるので立ち寄ってみよう。

ハンコ店「泰山堂印房」が隣で営業中で

MAP 別冊 P.45-B2

住秩父市番場町11-6　TEL 0494-22-0946　営 13:00 〜 17:00　休火・水(不定休あり)　CC不可　P あり　交秩父鉄道「秩父駅」から徒歩8分

Voice　泰山堂cafeがある黒門通りは、かつて秩父織物の問屋が並んでいた歴史ある通りです。昭和レトロの世界にタイムスリップできるので古い建物が好きな人はぜひ散策してみましょう。(坂戸市在住・Y)

越谷の宿場町を見守り続けた
文化遺産を使った古民家複合施設

越谷宿の時代を超えたランドマーク　撮影：野口佳良

豪商の屋敷を未来へと残す

越谷市 Since 2018

はかりや
はかり屋

宿場町の情緒が今も色濃く残る旧日光街道沿い。格子が印象的な店前には「はかり屋」と大きく書かれた暖簾が掲げられている。1905年（明治38年）に創業した老舗「旧大野邸 秤屋（はかりや）」の屋敷を、2018年に複合施設へとリノベーション。広大な屋敷跡には蔵を改装したビストロをはじめ、八百屋、リラクゼーション施設、日替りレンタルスペースなどが点在し、越谷の歴史を知るスポットとしても注目されている。

❶石畳の路地に店舗が並ぶ ❷ジビエ料理の古民家ビストロ uetro ❸松伏町出身の石川シェフが腕を振るう modest ❹無農薬野菜が入手できる遊佐農場

MAP 別冊 P.20-B1

🏠越谷市越ヶ谷本町8-8　📞048-940-8229（uetro）、048-971-5398（modest）、048-940-5474（遊佐農場）　🕐店舗により異なる　🅿店舗により異なる　cc店舗により異なる　🅿あり（コインパーキングが隣接）　🚃東武スカイツリーライン「北越谷駅（東口）」から徒歩14分

Time goes by
国登録有形文化財で過ごす

見世蔵建築で造られた屋敷は奥行きが長く、間口の狭い敷地割り。明治から昭和初期にかけての越ヶ谷宿の風情が残る。

道路側の主屋と奥の内蔵は国の登録有形文化財

時の鐘の並びにあります
小江戸の景観に溶け込むスターバックス

蔵造りの街並みへの敬意を払ったデザインだ

川越の伝統的な街並みに合わせて純和風でデザインされ、奥の席では季節で移ろう庭園を眺めながらコーヒーを楽しめる。内装には江戸黒漆喰や白漆喰をイメージした素材が使われ、ベンチシートには川越唐桟の織物が用いられている。

MAP 別冊 P.30-A1

スターバックス コーヒー 川越鐘つき通り店
🏠川越市幸町15-18　📞049-228-5600　🕐8:00～20:00　休不定休　cc ADJMV　🅿なし　🚃西武新宿線「本川越駅（東口）」から徒歩13分

彩 info　はかり屋の名称は、ここで秤を売っていた店が「はかり屋さん」と親しまれてきたことに由来する。取り壊しの危機に瀕した豪商の屋敷は、文化遺産を未来へとつなげたいという地元の人たちの思いで再生した。

Travel around the world in Saitama !

異国の風景が広がります

＼電車や車で行ける／
＼海外の風景へ／

埼玉県内で異国訪問！

飛行機に乗らなくても海外旅行の気分が味わえる。電車や車で、身近な異国へ出かけてみよう！

Finland

北欧の物語を体験できる

<small>むーみんばれーぱーく</small>

ムーミンバレーパーク

飯能駅から宮沢湖へのシャトルバスで幸福の国へ。メッツァビレッジの遊歩道の奥に、深い森と湖に囲まれたムーミン谷が広がっている。木々に溶け込むように絵本やアニメで見たムーミン屋敷が立ち、少し離れたおさびし山エリアにはヘムレンさんの遊園地やスナフキンのテントがたたずんでいる。人気キャラクターたちが園内各所で突然現れるサプライズもお楽しみ。ワークショップも充実しているので、物語の世界を思い出しながら、1日のんびりと北欧気分を満喫しよう。

MAP 別冊 P.27-A3

🏠飯能市宮沢 327-6 📞0570-03-1066 🕐10:00〜17:00（土・日・祝〜18:00）※イベント等により変動あり 休不定休 料大人 3200 円（前売 3000 円）、小学生以下 2000 円（前売 1800 円）※当日販売分は限りがあるため前売購入がおすすめ。Pあり（平日無料）🚌西武池袋線「飯能駅（北口）」からイーグルバス20分「メッツァ」下車すぐ

ムーミンたちが夏を楽しむ水浴び小屋。物語の世界が目の前に広がっている

フィンランド語の標識が各所にあり旅情を高めます

Majakka
Kokemus
Muumilaakso
Poukama

一緒の撮影もOKですよ♪

干し魚がつるされたムーミン屋敷の地下室。フィンランドの暮らしぶりが垣間見える

人気キャラクターたちが園内を闊歩している！

ムーミン屋敷の 2 階にある時計が置かれたリビングルーム

北欧文化を感じるメッツァビレッジ

ムーミンバレーパークと隣接するメッツァビレッジは北欧の生活を体験できる複合施設。無料で入れるパブリックゾーンで、Viking Hall と呼ばれるレストラン棟や、カヌー工房などが点在。カフェや雑貨ショップでも北欧の文化を感じることができる。水色の建物の「nordics」はフィンランドの ARABIA（アラビア）社の食器とともに食事を楽しめる。

メッツァはフィンランド語で「森」の意味。北欧食器なども入手できる

トーベ・ヤンソンの世界を知る

ムーミンの原作者トーベ・ヤンソン(1914〜2001)はフィンランド・ヘルシンキ生まれ。父は彫刻家、母はグラフィックアーティストという芸術一家で、幼い頃から芸術に親しんで育った。夏の家の離れに描かれた生きものがムーミントロールの原型といわれている。20 代の頃から自身の作品にたびたび登場させるようになり、1945 年にはムーミンシリーズの第一作を出版した。

トーベ・ヤンソンとキャラクターたち

©Moomin Characters™

 パーク内にはムーミンのオリジナルグッズが揃っている。訪ねた記念に、ここでしか買えないグッズをおみやげにするのもおすすめだ。

PAKISTAN

カルダモンが香るチキンビリヤニ (1200 円)

デーツ（600 円）はパキスタンの定番おやつ

パキスタンの菓子やスパイスも販売

ヤシオスタンへスパイスの旅
からちのそら
カラチの空

八潮
JAPAN

八潮のことも教えますよ

店主のジャベイドさんにおすすめを聞いてみよう

　小さな町工場が密集する八潮市周辺は、バブル期から外国人労働者が増え、今も中古車輸出業を営むパキスタン人が多く住んでいる。そんなパキスタン人のコミュニティが「ヤシオスタン」と称されるカラチの空。店内に入るとウルドゥー語で書かれた壁メニューや、現地からの輸入食品や雑貨が並び小さな市場のよう。「伝統的なレシピを守ってアレンジはしてない」という本場の味は日本人のカレーマニアも足しげく通うほど。なかでも 10 種類以上のスパイスを使ったビリヤニは繊細な味と香りでやみつきになること間違いなし！

MAP 別冊 P.7-C4

🏠 八潮市中央 1-7-11　📞 048-933-9888　🕐 11:00 ～ 23:00　休 なし
💳 不可　🅿 あり　🚃 つくばエクスプレス「八潮駅」から徒歩 20 分

アメリカの片田舎へ GO！
じょんそんたうん
ジョンソンタウン

入間
JAP

　ジョンソンタウンは平屋作りのアメリカ風屋が並ぶ居住区。終戦後この場所には「ジョンソン基地」に勤める進駐軍向け住宅、米軍ハウスが立ち並んでいた。軍撤退後には老朽化が進み、多くの家は取り壊されたが、2004 年から残った家屋のリノベーションや米軍ハウス風住宅の新設が行われ、今では約 80 棟の異国情緒たっぷりの建物が並ぶ名所として人気を集めている。軒を連ねるダイナー、カフェ、雑貨店など、そのどれもが個性的。タウン内で配布しているマップを片手に、のんびりと散策を楽しみたい。

MAP 別冊 P.23-B1

🏠 入間市東町 1-6-1　📞 04-2962-4450
🕐 店舗により異なる　💳 店舗により異なる
🅿 あり　🚃 西武池袋線「入間市駅（南口）」から徒歩 20 分

ボリュームたっぷりのバーガーもアメリカ風

PRIVATE AREA

一般住宅は撮影＆立ち入りが禁止されている

人々が暮らす住宅街なのでマナーを守ろう

旅info　ビリヤニは米と具を一緒に炊き込むのが一般的だが、カラチの空では本国の伝統を守って米と別に仕込んだカレーを交互に重ねて炊き上げる。色と味、食感の変化が楽しめる逸品を味わってみよう。

USA

道路標識もアメリカンな雰囲気だ

ポップな雰囲気のダイナー「BLUE CORN」

アメリカ映画の世界に迷い込んだよう

TAIWAN

荘厳な台湾道教のお宮を拝観しよう

ごせんとうのりゅうがのぼるせいてんきゅう

五千頭の龍が昇る聖天宮

坂戸 JAPAN

豪華絢爛でエキゾチックなたたずまいが訪れる者を別世界へと誘う台湾の道教のお宮。創設者である台湾の康國典大法師が建設地を探していたところ、お告げによって選ばれたのはなんと台湾ではなく、ここ坂戸の地。何もない荒地だった場所に一流の宮大工たちが15年の歳月をかけて完成させたお宮は、まさに神様の住まう宮殿。黄色い屋根瓦や精巧な龍の飾りで彩られた外観はもちろんのこと、内部も見応えたっぷりだ。ガイド役のスタッフが常駐しており、道教式の参拝をすることもできる。

狛犬のような唐獅子の石像

MAP 別冊 P.31-A2

住坂戸市塚越51-1 TEL 049-281-1161 営10:00～16:00 休なし 料500円 Pあり 交東武東上線「若葉駅（東口）」から東武バス5分「戸宮交差点前」下車、徒歩3分

細部まで贅を凝らした作りに注目！

コスプレの撮影地としても人気（要予約）

透かし彫りが見事な石柱は芸術作品だ

台湾のドリンクや甘味を自販機で購入できる

台湾の八宝粥や薬膳スイーツも売ってます！

聖天宮で道教式の参拝をしたら、食べ物や飲み物をお供えしお祈りのあとにお下がりを持ち帰ろう。供物にも御利益が宿るのだそう。台湾の学生はお弁当をお供えし、参拝後に持ち帰ってそれをいただくという。

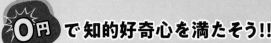

0円 で知的好奇心を満たそう!!

無料で学べる 体感スポット in 埼玉

マニアに人気の 74式戦車!

パラシュート降下の 装備なども展示!

入場無料で大人の知的好奇心をくすぐる体感スポットへ。
知っているようで知らなかった知識のモヤモヤは現場で解決!

1 **朝霞** 見て、触って、体験して、自衛隊の活動を実感する
りくじょうじえいたいこうほうせんたー りっくんらんど
陸上自衛隊広報センター りっくんランド

陸上自衛隊朝霞駐屯地内にあり「りっくんランド」の愛称で知られる広報センター。戦車や装備品を間近で見学でき、自衛隊の歴史や役割、活動についても学べる。本館1階ではAH-1Sフライトシミュレーターで、垂直離陸の独特な揺れ方を体験してみよう。迫力たっぷりの映像が楽しめる3Dシアターもあり、本館2階にはVRゴーグルをつけて戦車やヘリコプターの擬似乗車ができる体験コーナーも用意されている。

展示品には触ることもできます

①

❶本館1階にはヘリコプターや機動戦闘車が並ぶ ❷96式装輪装甲車などさまざまな車両や大型装備を間近で見学 ❸コブラの通称で知られるAH-1Sヘリコプター

②

③

Check Point !
ヘリコプター体験搭乗や自衛隊車両での駐屯地見学ツアーなどのイベント（抽選制）も年数回、不定期で開催。ホームページをチェック。

MAP 別冊 P.29-C3　住朝霞市栄町4-6　TEL 03-3924-4176　時 9:30 〜 11:30、13:15 〜 16:45　休月・火（祝日の場合は翌日）　料無料（詳細は HP で確認を）　P あり　交東武東上線「朝霞駅」から徒歩15分

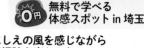
2 いにしえの風を感じながら 古墳探訪を楽しみたい

行田

さきたまこふんこうえん
さきたま古墳公園

　9基の古墳を有する史跡公園。広大な園内を散策すると5世紀後半から7世紀頃にかけての巨大古墳が次々と現れる。敷地内には戦国時代に造られた石田堤の名残もあり、いくつもの歴史舞台に迷い込んだような摩訶不思議な気分になる。稲荷山古墳や丸墓山古墳では墳丘に上れるので、実際に歩いてその規模と歴史を体感してみよう。春には桜、秋には約2000㎡のコスモス畑も楽しめる。

エリアガイド ➡ P.288 　文化と歴史 ➡ P.332

MAP 別冊 P.41-C2

国宝の金錯銘鉄剣は
ここで発掘された！

❶春は桜並木が続く丸墓山古墳。1590年の忍城水攻めで石田三成が陣を張ったと伝わる
❷稲荷山古墳の頂上部の墳墓の展示がある
❸はにわの館で、はにわ作り体験もできる

Check Point !
古代史ファンはまず、さきたま史跡の博物館（→P.289）へ。発掘品を鑑賞してから古墳を歩くとイメージが増幅する。

3 造幣局さいたま支局に併設されている貨幣の博物館

大宮

ぞうへいさいたまはくぶつかん
造幣さいたま博物館

　貨幣の製造を行う「造幣局さいたま支局」の敷地内にあり、古銭や記念通貨など、約1000点もの貴重な資料を展示している。造幣局の歴史、緻密な製造技術、貨幣の製造工程の展示も充実している。博物館の休館日を除く平日の開館時間には、工場見学ゾーンで通路から貨幣や勲章の製造工程が見学できる（正午〜12:45は休止）。

MAP 別冊 P.16-C2

🏠さいたま市大宮区北袋町1-190-22 ☎048-645-5899（土・日・祝は048-645-5990）🕐9:00〜16:30（入館〜16:00）　休第3水曜、臨時休館日　料無料 🅿なし　🚃JR「さいたま新都心駅（東口）」から徒歩12分

世界最高水準の
偽造防止技術が
施されています

❶大判小判をアクリルタワーケースで展示。薄暗いフロアで幻想的に浮かび上がる　❷地方自治法施行60周年記念貨幣の展示品。埼玉県は渋沢栄一や埼玉スタジアムがモチーフになった　❸工場見学では、できたてのプルーフ貨幣を見ることもできる

Check Point !
無料で見学通路から工場見学も可（撮影は禁止）。土・日は博物館のみ開館しているので、製造工程を見学したいなら平日に訪問しよう。

①

4 深谷

大正ロマン香る館で
渋沢栄一の栄華を体感

せいしどう・せいふうてい

誠之堂・清風亭

「誠之堂」は渋沢栄一の喜寿を祝って1916年（大正5年）に建てられた。初代頭取を務めた第一銀行の行員たちの出資により建築され、後年「清風亭」とともに東京世田谷の清和園から深谷へと移築されている。誠之堂はイギリスの農家屋敷をイメージしたもので外壁の色違いレンガが印象的。大広間の窓には中国の漢時代の図柄を模した6面のステンドグラスも配置され、西洋と東洋の意匠が調和している。

②

③

色ムラのあるレンガを
フランス積みで構築

❶❷❸屋根の上に中国風の風見鶏が立つ誠之堂。円形天井の大広間やレンガ壁で構成された国の重要文化財だ ❹❺清風亭は渋沢栄一の跡を継いで第一銀行の頭取となった佐々木勇之介の古希祝いとして誠之堂の隣に建てられた建造物

5連アーチが美しい
スペイン調の家屋

⑤

④

Check Point !

両建物のレンガは1887年（明治20年）に渋沢栄一が深谷に創立した日本煉瓦製造会社のもの。1999年に移築復元され東京から80年ぶりの里帰りとなった。

MAP 別冊 P.43-A3

住深谷市起会84-1 TEL 048-571-0341 🕘9:00〜17:00（入館〜16:30）休なし 料無料 Pあり 交JR高崎線「深谷駅（北口）」からくるリン北部シャトル便で20分「大寄公民館」下車すぐ

---

5 深谷

麗しの学び舎は国登録有形文化財

ふかやしょうぎょうこうとうがっこうきねんかん

深谷商業高等学校記念館

地元の有力者だった渋沢栄一や大谷藤豊らの尽力により、1922年（大正11年）に建てられた校舎は、修復工事を経て2013年に当時の姿へと蘇っている。フレンチ・ルネサンス様式を基調とした「二層楼」と呼ばれる建物は、大正時代の建築技術を結集した名建築で国の登録有形文化財。学校の敷地内にあるため日曜のみ見学できる。

上／二層楼の脇に渋沢栄一お手植えの松が茂る
右／展示室には渋沢栄一の銅像や書を展示

成功は
君の夢から
始まる！

Check Point !

二層楼の改修前の調査で過去に白壁へ塗り替えられたことが判明。現在は渋沢栄一も見た建設当初の萌黄色が再現されている。

MAP 別冊 P.43-C4

住深谷市原郷80 TEL 048-571-3321 🕘10:00〜12:00、13:00〜15:00（日曜のみ）休月〜土曜、年末年始、臨時休館日 料無料 Pなし 交JR高崎線「深谷駅（北口）」から徒歩17分

6 埼玉県で宇宙に一番近い場所

鳩山

じゃくさちきゅうかんそくせんたー
JAXA 地球観測センター

宇宙からの人工衛星データを受信する、JAXA が所有する地球観測事業の重要な拠点。人工衛星や地球環境について学べる展示室があり、衛星から送られてくる地球の画像も見学できる。ほとんどの展示は体験型なので、楽しみながら地球観測について学べる。希望すれば、説明員付きで見学ツアーに参加することも可能だ。見学は事前予約制なので、訪問前にホームページを見て予約しよう。

地球観測を
体験して学べる

❶大きなパラボラアンテナは施設のシンボル。アンテナが動く瞬間に遭遇することも ❷宇宙空間をイメージした色彩の展示室 ❸大人も子供も楽しめる展示が用意されている

MAP 別冊 P.11-A3 🏠鳩山町大橋字沼ノ上 1401 ☎049-298-1385（平日 9:30 ～ 12:00、13:00 ～ 17:30）🕐平日 10:00 ～ 12:00、13:00 ～ 16:00（臨時休館あり）休土・日・祝（臨時休館あり）料無料（要事前予約）🅿あり 🚃東武東上線「高坂駅（西口）」から川越観光バス 10 分「大東文化大学前」下車、徒歩 25 分

Check Point ! ✏
年に 1 回の一般公開日には、さまざまなイベントも行われている。日程はホームページで確認しよう。

---

7 埼玉と群馬を 100 年結ぶ
県道扱いの利根川の渡し船

熊谷

くずわだのわたし
葛和田の渡し

熊谷市葛和田と群馬県・赤岩を結ぶ、今も現役で活躍する渡し船。江戸時代から利根川は物流の大動脈となり、河川と街道が交わる河岸は交通の要衝となった。葛和田の渡しは、江戸幕府が定めた坂東 16 渡津（関東河川の主要な定船場）のひとつで、1926 年（大正 15 年）からは埼玉県道・群馬県道 83 号（熊谷館林線）の道路渡船として無料で乗れる。

❶ライフジャケットを着用して乗船する ❷対岸にある赤岩は宿場町として栄えた ❸川幅は約 400m。5 分ほどの船旅となる ❹渡し船は基本的に群馬県側で停泊している

黄色の旗を上げれば
群馬側から船が来る！

MAP 別冊 P.9-A4 🏠熊谷市俵瀬 ☎0276-86-7003（千代田町役場）🕐8:30 ～ 17:00（4 ～ 9 月）、8:30 ～ 16:30（10 ～ 3 月）休12 月 29 日〜 1 月 3 日は短縮運行。増水や強風による運休あり 料無料 🅿あり 🚃JR 高崎線「熊谷駅（北口）」から国際十王交通バス 22 分「土手上」下車、徒歩 4 分

Check Point ! ✏
渡し船は赤岩がある千代田町が管理運営している（群馬県の呼称は「赤岩渡船」）。強風時や増水時は運航中止となり、群馬県側の船小屋に赤旗が掲げられる。

みんな大好き おやつの定番！ お菓子・食品の工場へ行こう
家族で楽しむ ファクトリーツアー

埼玉県各地には有名な菓子＆食品メーカーの工場が数多く点在している。大人も子供も楽しめる工場見学へ GO！

北本市　国民的お菓子の製造現場へ！
ぐりこぴあ・いーすと
グリコピア・イースト

おなじみのポッキーやプリッツの製造過程をガラス越しに見学できる江崎グリコの工場。よく知っている菓子が機械に乗って整然とできあがっていく様子は感動的。約1500点にも及ぶ「グリコのおもちゃ」の展示や、クイズに挑戦して景品を狙うスタジアムホール、SNS映えしそうなフォトゾーンなどの施設も併設している。

MAP 別冊 P.4-C1

住北本市中丸 9-55 TEL 048-593-8811（9:00 〜）営 9:30〜16:00（完全予約制）休金曜、お盆、年末年始、工場メンテナンス日 料無料 Pあり 交JR 高崎線「北本駅（東口）」からコミュニティバスけんちゃんバス 7 分「グリコ工場前」下車すぐ

ポッキーの箱が美しく流れる

プリッツは1963 年に登場

①工場は JR 北本駅から 3km ほど東に建つ ②ポッキーは仕上げと包装のラインを見学できる ③プリッツの約 100m の生産ラインは圧巻だ ④子供時代の記憶がよみがえるグリコのおもちゃにも出会えるかも

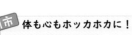

入間市　体も心もホッカホカに！
なかむらや ちゅうかまんみゅーじあむ
中村屋 中華まんミュージアム

肉まんが流れていく！

ガラス越しに製造ラインを見学する

中華まんのオブジェが出迎えてくれるエントランスからホカホカ気分が盛り上がる、中村屋武蔵工場に併設された施設。ガイドによるていねいな説明付きでシアターや製造工程を見学でき、最後には蒸したての肉まんの試食も。オリジナルキャラクターのニック＆アンのグッズなどを販売するショップも人気だ。

MAP 別冊 P.11-C3

住入間市狭山台 234 TEL 04-2935-1592 営 10:30 〜、14:30〜（完全予約制、最少催行人数 2名、詳細は HP で確認を）休水・木、年末年始、夏季工場休業期間 料無料 Pあり 交西武池袋線「入間市駅」から車 20 分

①ミュージアムは 2019 年にオープン ②セイロで蒸した肉まんを試食！ ③シアターで中村屋や中華まんの歴史を学ぶ

どの工場も見学は完全予約制。GW や夏休みなどの休暇期間は、数ヵ月前から埋まってしまうこともあるので、早めの予約を心がけたい。最少人数や年齢制限はそれぞれの工場で異なるので、事前に確認しよう。

まるでチョコのテーマパーク

坂戸市

明治なるほどファクトリー坂戸

めいじなるほどふぁくとりーさかど

チョコレートの歴史やカカオ豆の工程などを学びながら製造現場を見学できる。甘い香りが漂ってくるチョコの世界に迷い込んだような通路は、明治ミルクチョコレートやツインクル、月面・宇宙探索をイメージした空間。製造ラインが見学できるアポロチョコレートは、米国のアポロ宇宙船が月面着陸に成功した1969年に誕生したロングセラー商品だ。

実際に香りをかいでみよう

チョコの形は宇宙船から！

❶チョコレートの歴史や基礎知識が学べる施設
❷敷地内はチョコレートの甘い香りが漂ってくる
❸チョコレートのパッケージが壁に描かれた見学通路
❹アポロをイメージした宇宙船のような空間も
❺原料のカカオ豆の現物を見ることもできる

MAP 別冊 P.31-A2 住坂戸市千代田5-3-1 TEL049-283-1398（見学予約専用）営9:30〜、11:30〜、14:00〜（完全予約制）休土・日、その他工場指定の休日 料無料 Pなし 交東武東上線「若葉駅（東口）」から徒歩17分

ガリガリ君の秘密に迫る!!

本庄市

赤城乳業 本庄千本さくら「5S」工場

あかぎにゅうぎょう ほんじょうせんぼんさくら「ごえす」こうじょう

暑い夏に誰もがお世話になったガリガリ君アイスの製造ラインを見学。あちこちにガリガリ君がフィーチャーされた館内は遊び心たっぷりで、子供も飽きずに見学できるはず。見学の後には「ガリガリ君広場」でガリガリ君おみくじやクレーンゲームなどで遊ぶことができる。そして赤城乳業のアイス食べ放題（20分）というお楽しみも！

MAP 別冊 P.8-B2

住本庄市児玉町児玉850-10 TEL0120-60-6092 営見学ツアーは10:00〜、15:00〜（完全予約制）※ツアー回数は変更の可能性あり 休不定休 料無料 Pあり 交JR八高線「児玉駅」から朝日バス14分「赤城乳業千本さくら工場」下車すぐ

表情豊かなガリガリ君に会える

みかん果汁入り夏の定番アイス

❶見学のゴールは「ガリガリ君広場」❷館内はガリガリ君の世界観であふれている ❸アイスが形になっていく工程は必見 ❹赤城乳業の工場は近隣にもあるが見学ツアーを実施しているのは「5S」工場のみ

 彩info

基本的に工場は見学無料。しかも見学後におみやげ品がもらえるのがうれしいところ。ショップが併設されている工場では、限定のレアグッズなども販売しているので、エコバッグを持参して参加しよう。

ちょっとそこまで
温泉旅行！

日帰り温泉でお手軽ヒーリング
天然色に染まる名湯めぐり

思い立ったら気楽に行ける日帰り温泉。四季折々の景色やすがすがしい空気に癒やされる
ナチュラルな施設をセレクトしました。お湯につかって体も心もゆるゆるリラックス！

飯能

緑の香気を味わいながら過ごす

みやざわこおんせん きらりべってい
宮沢湖温泉 喜楽里別邸

宮沢湖の景観が広がる展望風呂をもつ温泉スポット。
露天風呂には肌から効能が染み込むような源泉風呂や、
横たわって流れる湯につかれる寝転び湯もある。緑の風
景を満喫しながら、しばし時間を忘れて過ごしてみよう。
内湯には2種類のサウナのほか、冷え性や肌の引き締め
効果がある弱酸性の高濃度炭酸泉も完備している。館内
には、さまざまな効能をもつ天然石を使用したユニーク
な岩盤浴も楽しめる。

温泉の効能
弱アルカリ性単純温泉。
クレンジング効果で肌
がツルツルに！

入館できるのは
小学生以上から
なので注意して

❶モンゴル式火釜（プルガマ）をもつ岩盤浴　❷ムーミンバレーパークに隣接する
便利なロケーション　❸内湯からも湖畔の景色が広がる

MAP 別冊 P27-A3　🏠飯能市大字宮沢27-49　☎042-983-4126　🕘9:00
～23:00（最終受付 22:00）　休不定休　料大人1050円～　🅿あり　🚃西武池
袋線「飯能駅（北口）」からイーグルバス19分「宮沢湖温泉」下車、徒歩1分

名物メニュー
チーズや海老天などカレー
うどんは5種類。850円～

Voice　宮沢湖温泉 喜楽里別邸は、通常の日帰り温泉よりも高級感があり気にいってます。周辺にはメッツァビレッ
ジとムーミンバレーパークがあるので行楽帰りに利用するのもおすすめ。（所沢市在住・K）

いいお湯が湧いてます

温泉の効能
ナトリウム・塩化物強塩泉。保温力が高いので湯冷めしにくいのが特徴

温泉成分で錆色になった光景にびっくりするが「湯治」とはこのことかと実感できる名湯だ

神川

関東有数の源泉濃度を誇る名湯

おふろかふぇ はくじゅのゆ
おふろcafé 白寿の湯

のんびり神流川の自然を感じながら温泉を楽しもう

地下750mの古生層から湧く、鉄分を多く含んだ赤褐色の湯が特徴だ。露天風呂の光景は、温泉通も思わず唸るほどの迫力。天然成分による褐色の結晶が湯船のふちや床に堆積しまさに「効きそう！」。ぬるめの露天風呂にゆっくりつかれば、体の芯まで温まりポカポカ感が翌日まで残る。館内には、雑誌や本が用意されたくつろぎスペースも完備し、寝かせ玄米®と糀を使ったヘルシーな料理も味わえる。

名物メニュー

こだわりの発酵玉手箱俵や御膳は飲み物付きで2070円

①温度の高い内風呂で温まってから露天へ ②女性浴室には無料の糀泥パックを用意 ③新鮮な魚を目の前でさばく会を毎月実施 ④ゆったりなレイアウトの休憩スペース

甘酒しぇいくなど麹ドリンクで体内からきれいに

MAP 別冊 P.8-B1

住 神川町渡瀬337-1 TEL 0274-52-3771 営 10:00～23:00(最終受付 22:30) 休 不定休
料 大人 780円～ (夜割 450円) P あり 交 JR 高崎線「本庄駅（南口）」から朝日バス 30分「下渡瀬朝日工業前」下車、徒歩3分

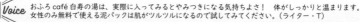

Voice おふろcafé 白寿の湯は、実際に入ってみるとやみつきになる気持ちよさ！ 体がしっかりと温まります。女性のみ無料で使える泥パックは肌がツルツルになるので試してみてください。(ライター・T)

温泉の背後には豊かな緑の森が広がっています

②

里山でのんびりと湯治

おがわ温泉 花和楽の湯

おがわおんせん かわらのゆ

古民家風で和の情緒たっぷりの温泉施設は、強アルカリ性の泉質が美肌へと導く「美人の湯」。緑に囲まれた癒やしの露天風呂で、とろっとしたなめらかな質感のお湯を存分に楽しもう。「全量総入替方式」を採用し、鮮度の高い源泉を堪能できるのも売りで、県内随一の陶板浴と5種類の天然石を採用した岩盤浴も評判がいい。中国整体を軸とした手もみマッサージや韓国風あかすりなど癒されるリラクセーション施設を完備し、温泉を心ゆくまで堪能できる宿泊施設「カワラホテル」も併設している。

名物メニュー

季節や仕入れにより料理が変わる花和楽御膳 2600 円

温泉の効能
pH10.0の強アルカリ性単純泉。肌の角質を取り除きなめらかに！

❶のどかな里山に囲まれたロケーション ❷館内には雰囲気のあるバーも完備 ❸季節の自然を感じながらリラックス！

MAP 別冊 P.33-B1

🏠 小川町角山 26-2　☎ 0493-73-2683
🕙 10:00 ～ 22:00（最終受付 21:00）　休 不定休　料 1300 円（3 歳～小学生 650 円）　P あり　交 東武東上線「小川町駅」から徒歩 11 分

庭園風の露天が最高！

杉戸天然温泉 雅楽の湯

すぎとてんねんおんせん うたのゆ

45 度の源泉をそのまま堪能できる生源泉かけ流しの浴槽のほか、高濃度炭酸温泉、微細気泡のシルク湯など 9 種類ものお風呂を完備。源泉は黄金色のにごり湯で、内湯、露天どちらでも楽しめる。露天エリアは、広々とした庭園風。木々や草花に囲まれ、時間を忘れてのんびりできる落ち着きの空間になっている。岩盤浴や庭を望む足湯、2 種類のお食事処も併設。地元契約農家のかぼちゃを使ったかぼちゃプリンも名物だ。

②

①

温泉の効能
ナトリウム一塩化物強塩温泉。保温力が高く冷え性に◎

ぬる湯からあつ湯まで好みの温度で入浴を楽しめる

③

④

名物メニュー

❶肩まですっぽりつかれる壺風呂 ❷温泉に含まれる鉄分の影響で黄金色の湯 ❸内湯にある乳白色のシルク湯 ❹約 80 年前から残る屋敷林が美しい女性露天風呂

MAP 別冊 P.22-C1

🏠 杉戸町杉戸 2517　TEL 0480-53-4126　🕙 10:00 ～ 24:00（最終受付 23:30）　休 不定休　料 1100 円～（3 歳～小学生 700 円～）　P あり　交 東武スカイツリーライン「東武動物公園駅（東口）」から徒歩 3 分の「雅楽の湯専用バス停」から無料送迎バスが運行（所要 5 分）

たまふわ椎農うどん御膳は地元高校生と開発。1200 円

彩 info　杉戸天然温泉 雅楽の湯がある杉戸町は、かつて日光街道の宿場町として栄えた歴史をもつ、古利根川沿いの町。老舗の鰻屋や造り酒屋などがたたずむ、落ち着きのある町並みを散策してみるのも楽しい。

ジェットバスや
バイブラも完備
しています

温泉の効能
アルカリ性単純硫黄冷
鉱泉。関節痛やこわば
りに効果がある

飯能 森に抱かれた癒やしの湯

さわらびの湯
さわらびのゆ

名栗の森に囲まれた隠れ家のよ
うなたたずまいが魅力的。川のせせら
ぎや鳥の声を聞きながら露天風呂に
ゆったりつかれば、まさに大自然に
抱かれているかのような気持ちにな
る。飯能市の伝統材木「西川材」
をふんだんに使ったぬくもりあふれる
館内には、地元の名産品を取り揃え
たおみやげ処や、森の景色を楽しめ
る休憩スペースを併設している（食
事処はない）。

しゃくし菜漬けを
おみやげに！

❶西川材をふんだんに使った内風呂から
も森の風景がのんびりと楽しめる ❷ラ
ウンジと和室の2ヵ所に休憩スペースが
ある ❸名栗の自然を感じながら過ごし
たい ❹ハイキング客や登山者にも人気
が高い

西川材を使った素朴な雑貨のほか、秩父・
飯能の嗜好品や日本酒も売られている

MAP 別冊 P.10-B2 🏠飯能市下名栗 685 ☎042-979-1212 🕐10:00 〜 18:00（GW、夏休み〜 19:00） 休第1・
3水曜（祝祭日は営業、翌水曜休み） 💴800 円（小中学生 400 円）🅿あり 🚃西武池袋線「飯能駅（北口）」から
国際興業バス 40 分「ノーラ名栗・さわらびの湯」下車、徒歩 5 分

ときがわ 郷愁たっぷりの風情が話題

昭和レトロな温泉銭湯玉川温泉
しょうわれとろなおんせんせんとうたまがわおんせん

ときがわの情景に
しっとり馴染んだ
レトロ温泉です

まるで昭和の時代にタイムスリップし
たかのような、内外にあふれるレトロな
装飾や展示が楽しい。地下 1700m の秩
父古生層から湧き出した、pH10.0 のアル
カリ性単純温泉は美肌の湯として有名。
浴室は、ときがわの雄大な自然を感じら
れる岩風呂「昭の湯」と、昭和感満載の
銭湯風「和の湯」が、男女週替わりとなっ
ている。どちらの浴室でも泥パックが無
料提供されているのでぜひ試してみよう。
風呂上がりには、食堂で地元のお母さん
たちによる特産野菜を使っ
た手作り料理や、懐かし
の昭和の味を満喫できる。

温泉の効能
アルカリ性単純温泉。
クレンジング効果が高
い美肌の湯！

名物
メニュー

お子様ランチを彷彿とさせ
るレトロプレート 1380 円

❶入口に置かれたシンボルのミゼット MP5 ❷「銭湯喫茶 玉川テラ
ス」にはタイル絵も！ ❸雄大な里山を感じることができる「昭の湯」
露天風呂 ❹売店には駄菓子や懐かしのドリンクが充実

MAP 別冊 P.9-C3 🏠ときがわ町玉川 3700 ☎0493-65-4977 🕐平
日 10:00 〜 22:00（最終入館 21:30）、土・日・祝日 5:00 〜 22:00（最終入
館 21:30）休なし 💴通常 880 円〜（夜割 500 円）🅿あり 🚃東武東上
線「武蔵嵐山駅」からイーグルバス 14 分「十王堂前」下車、徒歩 15 分

◀ **Voice** 銭湯風のインテリアや駄菓子屋さんのようなショップなど、館内は昭和の懐かしさたっぷり。食堂のメニュー
にはレトロプレートや給食おやつもあり、子供の頃の記憶がよみがえります。（東松山市在住・O）

大宮の中心部から簡単に行ける憩いのスポットです

温泉の効能
ナトリウム塩化物温泉。慢性的な皮膚のトラブルにも効果あり

さいたま

風雅な竹林を望む温泉施設

さいたま清河寺温泉
さいたませいがんじおんせん

さいたま市景観賞受賞の竹林に囲まれた、広々とした露天風呂は開放感たっぷり。風に揺れる竹の葉ずれの音も耳に心地よい。地下1500mから湧き出す源泉を加温することなく掛け流した生源泉湯のほか、加温したあつ湯や岩風呂、寝転び湯など風呂の種類も多い。内湯では高濃度炭酸温泉や各種ジェットバスなども利用できる。のんびり入浴を楽しんだあとは、お食事処竹膳で国産十割そばや、料理長の手作りカレーなど定番メニューを味わおう。

❶夜には竹林がライトアップされ幻想的な雰囲気 ❷日本旅館のようなシックなたたずまい ❸木の香りが楽しめる檜風呂をもつ内湯 ❹木材を多用して落ち着ける雰囲気の食事処

名物メニュー
十割そばや天ぷらなどが楽しめる清河寺御膳1500円

MAP 別冊 P.14-A1

🏠さいたま市西区大字清河寺683-4 ☎048-625-7373 🕐10:00〜24:00（最終受付23:30）休設備点検日 料750円〜（3〜12歳400円〜）P あり 交JR川越線「西大宮駅（北口）」から徒歩18分

深谷

木々に囲まれリラックス

深谷花園温泉
花湯の森
ふかやはなぞのおんせん はなゆのもり

樹木の息吹を感じる露天風呂では、桜や紅葉など季節ごとの景観に癒やされる。大自然に憩いながら、地下2000mから湧き出した源泉を心ゆくまで味わいたい。また10mもの高天井をもつ大浴場も開放感たっぷり。ねころびの湯や壺湯、肌に特化した成分をもつ美姫の湯もおすすめだ。岩盤浴やリラクセーション施設も完備。食事は四季折々で旬の料理を提供する「里山料理 野の花」と、野菜たっぷりの煮ぼうとうが味わえる「麺屋 さくら（土・日・祝のみ営業）」で楽しめる。

温泉の効能
ナトリウム塩化物温泉。神経痛や疲労回復、慢性皮膚病に効果あり

湯船から望める緑たっぷりの景観にし癒やされます

❶ゲルマニウム鉱石などを採用した薬石岩盤浴 ❷韓国式垢すりでつるつる肌に！ ❸美肌成分を多く含む美姫の湯 ❹高濃度酸素で新陳代謝を上げるシルクの湯

名物メニュー
麺屋さくらの深谷名物・煮ぼうとう1100円

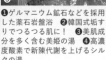

MAP 別冊 P.9-B3

🏠深谷市人見薬師堂888 ☎048-551-1126 🕐10:00〜21:00（土〜22:00）休設備点検日 料1100円（土・日・祝1200円）P あり 交JR高崎線「深谷駅（南口）」から車10分

Voice 深谷温泉花園温泉 花湯の森は、田園やネギ畑が広がる深谷っぽい風景のなかにポツンとあります。深い木々に包まれるように立つ純和風の建物は静かに過ごしたい人におすすめです。（川越市在住・F）

日本百観音の結願寺水潜寺の境から湧き出したお湯です。

温泉の効能
単純硫黄泉。まろやかな湯で神経痛、疲労回復のほか美肌効果も望める

皆野 渓谷の大自然に抱かれる

ちちぶおんせん まんがんのゆ

秩父温泉 満願の湯

奥長瀞渓谷と全長15mの満願滝が望める、皆野町ならではの野趣たっぷりの露天風呂が魅力。渓谷の風景を眺めつつ、眼下を流れる清流や滝の音に耳を傾ける時間はなんとも贅沢な時間だ。水素イオンpH9.3の高アルカリの湯はまろやかで、肌にまとわりつくような心地よさ。源泉は秩父三十四ヶ所観音霊場の結願寺、水潜寺の地下数百mから湧出したものだ。食事処のほか、休憩できる大広間や寝ころび処も完備している。

❶❷黄金（こがね）の湯や産（うぶ）の湯からは紅葉や緑の景観が楽しめる ❸キャンパーや登山者にも人気 ❹すべての露天風呂から満願滝が望める

温泉水でご飯を炊いた秩父元祖「黄金めし」1200円

MAP 別冊 P.48-B1

🏠皆野町下日野沢4000 ☎0494-62-3026 🕙10:00〜21:00（最終入館20:30、食事L.O.20:00）❌設備点検日 💰大人850円（17:00〜650円、土・日・祝日1000円）🅿あり 🚃秩父鉄道「皆野駅」から町営バス15分「秩父温泉」下車、徒歩1分

日高 広い空の下、露天で憩う！

てんねんおんせん かちょうふうげつ

天然温泉 花鳥風月

「埼玉のディズニーランド」と称される、豚のテーマパーク「サイボク」の園内にある入浴施設。なめらかで優しい弱アルカリ温泉で、湯上がり後も肌の乾燥を防いでくれる美肌の湯だ。全国平均の約10倍もの湧出量をもつ源泉は、治療目的にも使える「療養泉」。源泉のほかに、血行を促す高濃度炭酸泉も用意されている。館内には自社銘柄豚「ゴールデンポーク」を使ったメニューが人気のレストランや、ハムやソーセージを中心に販売するショップなども入っている。

温泉の情報
ナトリウム塩化物泉。関節のこわばり、自律神経を整える効果が期待できる

温泉療法医お墨付きの泉質です

❶露天風呂には洞窟足湯や空中炭酸泉も完備 ❷ショップでは肉製品や温泉グッズが買える ❸毎日新湯に入れ替え新鮮なお湯を保っている ❹花鳥風月入口右側に源泉地があり、湯の鮮度は抜群

ゴールデンポークを味わえるとんかつ膳1880円

MAP 別冊 P.11-B4

🏠日高市下大谷沢546 ☎042-919-2626 🕙10:00〜21:00（最終受付20:00）、レストラン11:00〜（L.O.20:00）❌不定休 💰大人880円（土・日・祝1080円）🅿あり（1400台）🚃西武新宿線「狭山市駅（西口）」から西武バス17分「サイボク」下車すぐ

🎤 *Voice* 秩父温泉 満願の湯は大自然の恵みを実感できるロケーションが圧巻。4月から9月まで満願の温泉水を使ったかき氷も食べられます。頭がキーンとなることもなく、おいしいです！（ライター T）

四季を彩る 花スポットへGO!

感動的な美しさが お待ちかね♪

1年を通じて埼玉では多彩な花々を見ることができる。日本一晴れの日が多い県なので、カラフルな花の撮影にも最適だ!

📷 **撮影のヒント**
秩父のシンボル武甲山を背景に、芝桜を手前にして丘の上から撮影しよう

春 Spring

「芝桜まつり」も開催

芝桜 秩父 羊山公園 → P.309

Best Season
4月中旬〜5月初旬

「芝桜の丘」一面に10品種40万株以上の芝桜が開花。ピンクや白、薄紫が美しい花の絨毯のような絶景にうっとり。

宝石のように青く輝く

ネモフィラ 滑川 国営武蔵丘陵森林公園 → P.239

和名を「瑠璃唐草」というネモフィラ。丘全体が青空のようにさわやかな瑠璃色に染まる。

こちらも名所！ まつぶし緑の丘公園 → P.171

Best Season
4月上旬〜下旬

Best Season
3月下旬〜4月上旬

春を告げる花の競演

桜と菜の花 幸手 権現堂公園 → P.274

1kmの堤防に約1000本のソメイヨシノが咲き誇る。菜の花とのコントラストもまぶしい。

こちらも名所！ 熊谷桜堤 → P.279

※例年の開花情報を掲載しています。出かける際は自治体の公式ホームページなどで最新情報を確認してください。

撮影のヒント
東展望台から遠くの山並みを入れ、斜面に広がるアジサイを写そう

雨の日にも映える

アジサイ

皆野 美の山公園→ P.317

Best Season
6月下旬〜7月上旬

約4000株のアジサイが見られる美の山公園。見晴らしがいい山の斜面を色鮮やかな花が彩り、奥秩父の山々とアジサイの両方を楽しめる。

こちらも名所！ 権現堂公園→ P.274

元気をチャージ！

ヒマワリ

蓮田 蓮田根金ひまわり畑 → P.269

太陽のような10万本のヒマワリが咲き誇る。夏の青空に映える一面黄色のヒマワリ畑を歩こう。

こちらも名所！ 熊谷スポーツ文化公園→ P.281

Best Season
7月下旬〜8月中旬

清らかに咲き誇る

ハス

行田 古代蓮の里→ P.287

1400〜3000年前の種が発芽した古代蓮（行田蓮）のほか、41種12万株ほどの蓮の花が咲き誇る。

こちらも名所！ 岩槻城趾公園→ P.148

Best Season
6月中旬〜8月上旬

Best Season
9月中旬〜10月上旬

フォトジェニックな赤い絨毯

曼珠沙華 日高 巾着田曼珠沙華公園 → P.197

全国的にも珍しい 500 万本もの曼珠沙華が群生。
真紅の花々は、凛とした美しさを感じさせる。

こちらも名所！ 寺坂棚田 → P.26

📷 **撮影のヒント**
木造トラスのあいあい橋
と咲き誇る曼珠沙華を入
れて絵になる 1 枚を

Best Season
10月中旬〜下旬

鴻巣 吹上コスモス畑

風に揺らぐ秋の妖精
コスモス

ピンクや白、オレンジ、黄
色など約 1000 万本のコス
モスが荒川河川敷を彩る。

こちらも名所！ 国営武蔵丘陵森林公園 → P.239

MAP 別冊 P.9-C4

住鴻巣市明用 636-1
電 048-541-1321
Pあり 交JR高崎線「吹
上駅」からバス 5 分

山間に色を添える
ダリア 小鹿野 両神山麓 花の郷ダリア園

両神山の麓に約 350 種 5000 株のダリアが咲き
誇る。入園時間は 9:00 〜 16:30（料金 500 円）。

MAP 別冊 P.13-B3 住小鹿野町両神薄 電 0494-75-
1221（代表） Pあり 交秩父鉄道「三峰口駅」から車 20 分

こちらも名所！ 国営武蔵丘陵森林公園 → P.239

Best Season
9月下旬〜10月下旬

冬～早春 *Winter*

十月桜とも呼ばれる 冬桜

珍しい八重の花を咲かせる隠れた名所。開園時間は 8:30 ～ 17:00（ライトアップ期間～ 20:00）。

Best Season 10月下旬～12月上旬

神川 城峯公園

MAP 別冊 P.13-A4

住神川町矢納 1277　TEL 0495-77-0703　P あり
交 JR 高崎線「本庄駅」から車 50 分

Best Season 1月下旬～ 2月中旬

山頂に甘い香りが漂う
ロウバイ

約 3000 本のロウバイが見事。宝登山山頂にあり、周囲の山々と花のコラボも楽しめる。

長瀞 宝登山ロウバイ園

MAP 別冊 P.48-A2

住皆野町金崎 1738　TEL 0494-66-4393　P なし　交 宝登山ロープウェイ「宝登山頂駅」から徒歩 1 分

関東三大梅林のひとつ 梅

Best Season 2月下旬～ 3月上旬

樹齢 670 年超の古木「魁雪」をはじめ約 1000 本の梅が咲く。「越生梅林梅まつり」も開催される。

MAP 別冊 P.11-A3

越生 越生梅林

住越生町堂山 113　TEL 049-292-1451（越生町観光協会）　P あり　交 JR 八高線・東武越生線「越生駅」から車 7 分

Best Season 3月下旬～4月上旬

春の訪れを告げる
花桃

可憐な花が鮮やかに咲き誇り、東秩父の桃源郷がピンクに染まる。「花桃まつり」も必訪だ。

東秩父 花桃の郷

MAP 別冊 P.8-C2

住東秩父村大内沢 1118-1
TEL 0493-82-1223　P あり
交 東武東上線「小川町駅」からバス 25 分

県内各地の里山さんぽで出会える
植物&野鳥 INDEX
道端で、林の中で、よく見る代表的な植物や野鳥を紹介!

植物

旅に出たら、普段は見過ごしてしまう野草にも目を向けてみよう。旅先で出会う花々は、いつもより美しく感じられるはずだ。

ホトケノザ
春に紫色の唇形状の花をつける。名称は葉の形が蓮華座に似ていることから。

オオイヌノフグリ
欧州からの帰化植物。道端で早春に青い花をつける。名称は果実の形状から。

ナズナ
春の七草のひとつで、別名ペンペン草。道端で小さな白い花をたくさんつける。

カタバミ
春〜秋に黄色の花を咲かせる多年草。ハート形が3枚集まった形の葉が特徴。

マツヨイグサ
夕方に黄色い花を咲かせ、朝しぼむことから名付けられた。南アメリカが原産。

ヘビイチゴ
夏にイチゴのような小さな実をつける。蛇がいそうな場所で育つのが名の由来。

ドクダミ
白い花弁のように見えるのは苞で、上に小さな花の集まりがある。薬用に使用。

スイカズラ
花に甘い蜜があるツル低木。子供が蜜を吸ったことから「吸い葛」と呼ばれた。

野鳥

気候の穏やかな埼玉では野生の鳥をよく見かけ、バードウォッチングも楽しめる。越冬で冬鳥も飛来する。

ルリビタキ
低山の林にすむ鳥。3歳以上のオスの背の鮮やかな色彩から「瑠璃」の名に。

ヒレンジャク
河岸の林でよく見られる冬鳥。群れで行動するため、「連雀」と呼ばれた。

シジュウカラ
春真っ先に「ツツピ」と鳴き始める小鳥で、黒い頭と白い頬、長い尾羽が特徴。

カイツブリ
カモに似た水鳥。留鳥として通年見られる。潜水して魚、エビなどを捕獲する。

フクロウ
森や林にすむ夜行性の鳥。4〜5月の巣立ちの頃が目撃できるチャンス。

オオマシコ
平地にすむ冬鳥。スズメに似ているがひとまわり大きく、オスは鮮やかな紅色。

シラコバト
関東の北東部に生息するハト。首の黒い横線が特徴で、埼玉県の県鳥に指定。

  国の天然記念物にも指定されているシラコバトは、近年個体数の減少が報告されている。埼玉県環境部では目撃情報を募集中だ。見分け方は全身淡紫灰褐色でキジバトより小柄なサイズ。鳴き方はポーポーポー。

交通ガイド

埼玉の交通完全攻略ガイド

埼玉には鉄道やバスの交通網がよく整備されている。東京ほど複雑ではなく、土地勘がなくてもわかりやすくて使いやすい。乗換案内アプリやサイトなどを使って、目的に合った交通手段を探そう。

鉄道

埼玉には東京のベッドタウンが多いことから、東京との連絡を第一にした路線が多い。だから朝夕には車内がかなり混雑することも覚悟しよう。また埼玉を貫いて東京と地方を結ぶ路線も多い。中心部を離れた路線では、埼玉の自然あふれる風景を眺めながらの移動を楽しめる。

東京と埼玉を結ぶ基本幹線
JR東日本

| 運賃 | 初乗り | 140 円 |
| | IC カード | 136 円 |

URL www.jreast.co.jp/

東京から埼玉方面へ延びる4路線、京浜東北線、埼京線、高崎線、宇都宮線は、通勤列車としておなじみ。高崎線と宇都宮線は、神奈川方面から直通運転されると路線名が上野東京ライン、湘南新宿ラインとなるので気をつけよう。武蔵野線は県南部を横断し、八高線は路線距離が長いローカル線だ。

京浜東北線

大宮駅から東京駅を経て神奈川県の横浜駅（根岸線と一体化され大船駅まで運行）までを結ぶ路線。運行本数も多く、東京との行き来に便利な電車だ。

E233 系の車両も走る

高崎線

東京駅と群馬県の高崎駅とを結ぶ路線。東海道線から連続運転する上野東京ライン、湘南新宿ラインの一部になっている。熊谷市など埼玉北西部を訪れるのに便利。

宇都宮線〔東北本線〕

東京駅から大宮駅、栃木県の宇都宮駅を経由して黒磯駅まで、かつて東北本線と呼ばれた区間の一部を結ぶ路線。東海道線から連続運転する上野東京ライン、一部が横須賀線から連続運転する湘南新宿ラインになっている。

埼京線

東京都の大崎駅から山手線の西側を経由し、大宮駅まで結ぶ路線。典型的な通勤電車で、朝夕は混雑する。川越線に乗り入れ、川越駅まで直通運転を行っている。

帯色は濃いグリーン

武蔵野線

東京都の府中本町駅と千葉県の西船橋駅とを結ぶ路線。途中東所沢駅から三郷駅まで、埼玉南部を半円を描くように運行する。ほとんどの区間が高架上にあるため強風で電車がストップすることも多い。

川越線

大宮駅から川越駅を経由して高麗川駅を結ぶ路線。川越駅までは埼京線が直通運転している。ラインカラーは緑だが、川越駅から高麗川駅間ではグレー（灰色）となる。

八高線

東京都の八王子駅から群馬県の倉賀野駅を結ぶ路線。運行上の群馬県側の始発・終着駅は高崎駅。途中の金子駅から丹荘駅まで、埼玉中央部を縦断して走る。

秩父山地を走る観光鉄道
秩父鉄道

| 運賃 | 初乗り | 170 円 |

URL www.chichibu-railway.co.jp

荒川に沿って景勝地を結んでいる

文字どおり、秩父地方と埼玉北部を結ぶ私鉄路線。秩父や長瀞といった観光地が沿線にあり、観光客に人気が高い路線だ。それだけに、お得な1日フリーきっぷや乗車券なども充実している。また全席指定で蒸気機関車が牽引する「SL パレオエクスプレス」も運行されている。

秩父本線

羽生駅と秩父市の三峰口駅とを結ぶ路線。西側は秩父山地を縫って走る風光明媚な路線だ。車窓からは四季折々の風景が望め、多くの鉄道ファンから愛されている。

土日祝日を中心に SL パレオエクスプレスも運行する

彩info さいたま市に「浦和」の名が付く駅は8駅もある。浦和駅を筆頭に、北浦和駅や南浦和駅など東西南北の駅が揃い、さらに中浦和駅、武蔵浦和駅、浦和美園駅。タモリ倶楽部で番組のネタにされるほどだ。

西東京と埼玉を結ぶ
西武鉄道

運賃	初乗り	160 円 ※
	IC カード	157 円

URL www.seiburailway.jp

東京の西部から埼玉の南西部にネットワークをもつ私鉄。埼玉県に乗り入れているのは5路線で、西武池袋線と西武新宿線が二大幹線。都心から川越に直通で行ける西武新宿線は、観光の際に利用価値大。また秩父や長瀞を訪れる場合は、西武池袋線利用も便利だ。※ 2023 年 3 月 18 日からの運賃

西武池袋線・西武秩父線

池袋駅から飯能市の飯能駅を経由して西武秩父駅とを結ぶ路線。東京への通勤路線だが、飯能、秩父など埼玉西部の見どころに向かう際に便利な路線でもある。

2017 年にデビューした 40000 系車両

西武新宿線

西武新宿駅から高田馬場駅、所沢駅を経由して本川越駅とを結ぶ路線。通勤路線となっているが、観光地川越とのアクセスに便利な特急「小江戸」号も運行される。

スマイルトレインと呼ばれる 30000 系車両

西武狭山線

西所沢駅と西武球場前駅とを結ぶ路線。プロ野球の試合などがある場合は池袋駅から直通運転もある。

西武球場前駅の改札

西武山口線

多摩湖駅と西武球場前駅とを結ぶ路線。駅は3つで、途中駅は西武園ゆうえんち駅。

関東では最大規模の私鉄
東武鉄道

運賃	初乗り	150 円
	IC カード	147 円

URL www.tobu.co.jp

名称からもわかるように、おもに東京の東部を起点に埼玉県、千葉県、栃木県、群馬県の1都4県にネットワークをもつ私鉄。埼玉県には5路線が乗り入れている。草加や春日部など埼玉東部へは、東武スカイツリーラインの利用が便利。東武東上線・越生線は独立しており、池袋駅発着で、西武鉄道と競合する路線を走っている。

東武東上線

池袋駅から志木駅、川越駅などを経由して寄居駅とを結ぶ路線。観光地川越が沿線にあり、寄居駅で秩父鉄道線に接続しているので秩父、長瀞観光にも便利な路線だ。

アルミ車体を使った 50000 系も運行

東武スカイツリーライン（東武伊勢崎線）

浅草駅と群馬県の伊勢崎駅とを結ぶ路線。埼玉県内では東武アーバンパークラインと接続する春日部駅、JR と接続する久喜駅、秩父鉄道線と接続する羽生駅などに停車する。

2017 年から運行する 70000 系の車両

東武アーバンパークライン（東武野田線）

大宮駅と千葉県の船橋駅とを結ぶ路線。両県の大都市を行き来する通勤や通学での利用が多い。

東武日光線

東武スカイツリーラインの東武動物公園駅と栃木県の東武日光駅とを結ぶ路線。栗橋駅で JR 宇都宮線（東北本線）と接続している。

東武越生線

東武東上線の坂戸駅と越生駅とを結ぶ、全8駅の短い路線。越生駅で JR 八高線と接続している。越生駅には越生梅林もある。

そのほかの鉄道会社

埼玉高速鉄道

赤羽岩淵駅（東京メトロとの共同使用駅）と浦和美園駅とを結ぶ埼玉高速鉄道（埼玉スタジアム線）を運行する。

2000 系の車両が運行

埼玉新都市交通

大宮駅と内宿駅とを結ぶ伊奈線を運行。ゴムタイヤ式の新交通システムで愛称は「ニューシャトル」。

2020 系のグリーンスタイル

首都圏新都市鉄道

秋葉原駅と茨城県のつくば駅とを結ぶつくばエクスプレスを運行。埼玉県内は八潮駅と三郷中央駅に停車。

東京地下鉄（メトロ）

有楽町線→東武鉄道や副都心線→西武鉄道など埼玉県内を走る鉄道と相互乗り入れしている路線も多い。県内の東京メトロの駅は和光市駅のみとなっている。

かつては「南武鉄道」も「北武鉄道」も存在した。現在の JR 南武線は昭和初期にあった南武鉄道の名残。北武鉄道は大正時代に羽生～行田間を走っていた。

お得なきっぷを解説

各鉄道会社が販売している割引きっぷを使って、埼玉をお得に旅しよう！　ちょっと調べる手間をかけれれば、浮いたお金でグルメなども楽しめる！　1日乗り放題の乗車券や、観光に便利なクーポンが付いたものなどもある。

西武鉄道　秩父漫遊きっぷ

西武線の駅から西武秩父駅までの往復乗車券と「漫遊マル得クーポン」がセットになったきっぷ。有効期間は2日間で、高麗駅〜西武秩父駅の間は乗り降りが自由。「漫遊マル得クーポン」は、西武秩父駅前温泉や西武観光バス、レンタカーなどを利用する際、どれか1回の引換券や割引券として使える。

運賃	大人	池袋発で2230円
	小人	池袋発で1120円

西武鉄道　小江戸・川越フリークーポン

西武線の駅から本川越駅までの往復乗車券と「小江戸巡回バス」のフリーきっぷがセットになったきっぷ。西武線の運賃も割引となり、観光施設や一部の店で割引が受けられる。利用当日のみ有効で、「小江戸巡回バス」は2022年12月から減便ダイヤにて平日運転も再開しており、毎日利用できる。

運賃	大人	池袋発で1280円
	小人	池袋発で650円

西武鉄道　川越アクセスきっぷ

西武新宿駅あるいは高田馬場駅から本川越駅までの往復乗車券と往復特急券がセットになったきっぷ。運賃が割引となり、東京から川越を訪れる場合は非常にお得。特急「小江戸」号は全席指定で、快適な旅ができる。利用当日のみ有効で、きっぷは当日駅で購入できる。

新宿プリンスホテル1階のベルデスクでは1カ月前から購入可能。

運賃	大人	1500円
	小人	750円

西武鉄道　西武東京メトロパス

西武線の駅から東京メトロ線接続駅（池袋駅、小竹向原駅、西武新宿駅、高田馬場駅）までの往復乗車券と東京メトロの1日乗車券がセットになったきっぷ。西武線で1日東京を訪れる場合にお得。西武線の往復運賃が割引になっているほか、「西武東京メトロパス」を提示して都内のさまざまな施設で割引が受けられる。利用当日のみ有効。

運賃	大人	所沢発で1000円
	小人	所沢発で510円

東武鉄道　小江戸川越クーポン

東武東上線、越生線の各駅（みなみ寄居や寄居などを除く）から川越駅、川越市駅までの往復割引乗車券と東武バスの1日乗車券がセットになっている。川越駅〜川越市駅の間は乗り降り自由。東武バスの「小江戸川越名所めぐりバス」全線と区間指定の路線バスも利用できる。クーポン提示で特別サービスが受けられる施設もある。利用当日のみ有効。

運賃	大人	池袋発で1110円
	小人	池袋発で580円

※「川越まつり」当日と12月31日〜1月3日は利用不可

東武鉄道　おごせ散策きっぷ

東武東上線、越生線の各駅（みなみ寄居・寄居・越生を除く）から越生駅までの往復割引乗車券と、「川越観光バス1日券（越生〜黒山間）」または「越生町観光案内所または越生自然休養村センターでのお買い物券」のいずれかが利用できる「オールマイティー券」がセットになったクーポン。四季折々の花を楽しむのに便利。1日のみ有効だが、乗車券は利用当日から2日間有効。

運賃	大人	池袋発で1740円
	小人	池袋発で880円

秩父鉄道　秩父路遊々フリーきっぷ

秩父鉄道全線を1日自由に乗降できるお得なきっぷ。利用可能日は土日祝日やSL運転日、および指定期間の毎日で、利用当日のみ有効。指定期間は秩父鉄道のサイトなどで確認できる。きっぷを提示することで特典が受けられる施設もある。有人駅窓口から1カ月前から購入可能。通年有効でよりリーズナブルなデジタルチケットもある。

運賃	大人	1600円
	小人	800円

秩父鉄道　長瀞秩父おでかけきっぷ

秩父鉄道の寄居駅〜三峰口駅間で1日自由に乗り降りできるきっぷ。通年販売されていて、「秩父路遊々フリーきっぷ」の販売期間以外や、秩父に数日滞在する場合にも利用価値が高い。きっぷを提示することで「長瀞ラインくだり」など割引になる観光施設もある。利用当日のみ有効。利用可能区間の有人駅窓口で販売。

運賃	大人	1000円
	小人	500円

11月14日は「埼玉県民の日」。この日に合わせて、埼玉県内を走る鉄道会社数社がお得なフリー乗車券を販売している。埼玉県民以外も購入できる。

鉄道を乗りこなすのに 知っておきたい情報

埼玉の鉄道路線はほとんどが東京から乗り入れていたり、他県に延びていたり、周辺の地域と関連が深い。埼玉だから特別、ということは少ないので、いつも使っている IC カードや鉄道系アプリを使ってスムーズに移動しよう。

全国で相互利用できる 交通系 IC カード

事前に料金をチャージする交通系 IC カードは、埼玉を旅するのにも便利。切符を買う手間が省けるし、駅構内のキオスクやコンビニ、自動販売機などで買い物にも利用できる。

2022 年 3 月 12 日からは秩父鉄道でも、IC カードが利用可能となっている。それまでは東武東上線や JR 八高線から乗り換える場合には下車駅でいったん精算する必要があった。

● Suica

JR 東日本が発行する IC カード。Suica エリア内の JR 東日本の駅で購入できる。初回購入時に500 円のデポジットが必要。スマホとひとつになった「モバイル Suica」もある。PASMO と相互利用もできる。

Suica は JR 東日本の登録商標です。

● PASMO

関東を中心とした鉄道会社が導入している IC カード。西武鉄道などの駅で購入できる。初回購入時に 500円のデポジットが必要。Suica と同様に、スマホとひとつになった「モバイル PASMO」もある。

JR 高崎線と JR 宇都宮線で乗り間違えないために

埼玉を通る JR 高崎線と JR 宇都宮線は、慣れないと乗り間違えやすい路線として有名だ。それにはいくつか理由がある。まず第一に、車体のイメージカラーが同じオレンジと緑で区別がつかないこと。さらに直通運転された場合、表示される路線名は高崎線や宇都宮線ではなく、上野東京ラインや湘南新宿ラインとなるからだ。このせいで、特に東京方面から乗る場合、高崎線方面に行きたかったのに宇都宮線方面（この逆も）に乗ってしまったという間違いが起きやすい。

これはつまり、それぞれ 2 路線で区別されていても、①上野東京ライン（高崎線系統）、②湘南新宿ライン（高崎線系統）、③上野東京ライン（宇都宮線系統）、④湘南新宿ライン（宇都宮線系統）の 4 路線があるからだ。4 路線が共通して走る区間は赤羽駅～大宮駅間のみで、それぞれの駅で 2 方向に分離してしまう。なので、この路線を利用する場合には十分な注意が必要。特に下り路線では表示されている終着駅で高崎線系統か宇都宮線系統かを、確認してから利用しよう。

高崎線の車両はこちら

快適な全席指定の列車も利用価値大！

せっかくの旅なので、席の確保を気にせずに、落ち着いて列車の旅を楽しみたい時もある。そんな時に使いたい全席指定の列車を紹介しよう。

● 特急ラビュー

西武池袋線の池袋駅と飯能駅、西武秩父駅を結ぶ近未来的なデザインの特急列車。有名建築家の設計で、バリアフリーを実現し、大きな窓からの眺望も楽しめる。「完成度が高く魅力あふれる車両である」として鉄道友の会のブルーリボン賞も受賞。Wi-Fi も利用可能。西武球場前駅への臨時便もある。

運賃	特急券（事前購入で）	大人 300 円～ 小人 150 円～

● 特急レッドアロー号

西武新宿線の西武新宿駅と本川越駅を結ぶ特急列車。「小江戸」号の名称で呼ばれることが多い。座席間隔を広く取ったリクライニングシートを採用。車いす対応席、Wi-Fi も利用可能。

料金	特急券（事前購入で）	大人 300 円～ 小人 150 円～

● TH ライナー

東武伊勢崎線の久喜駅から東京メトロ日比谷線に乗り入れる座席指定列車。ほぼ通勤に特化した内容で、通勤客の流れに合わせて乗車のみ可能な駅と下車のみ可能な駅がある。

料金	座席指定料金	大人 580 円～ 小人 300 円～

● TJ ライナー

東武東上線の小川町駅と池袋駅を結ぶ、通勤用の座席指定列車。下り列車の一部区間は座席指定料金なしで乗車可能。上りは途中駅で降車できない。

料金	座席指定料金	大人 370 円～ 小人 190 円～

東武東上線の「霞ヶ関駅」と東京メトロの「霞ヶ関駅」は間違えやすい駅の代表格。また、東武東上線の「小川町駅」は東京メトロの「小川町駅」や西武国分寺線・拝島線の「小川駅」とも混同されやすい。

バス

鉄道交通網が発達している埼玉県。都市部ではあまりバスを利用する機会もないかもしれない。ただ、駅から徒歩数十分の距離がある見どころなどを訪ねる場合、体力と相談して賢く路線バスを使うといいだろう。秩父では、ハイキングや登山に便利な観光バスも運行されている。

バスの乗り方

埼玉県内の路線バスは、ほとんどが距離に応じて区間ごとに運賃が変動する後ろ乗り・後払い方式だ。乗り方は、バスの後扉から乗車し、現金利用の人は整理券を取り（始発は整理券なし）、ICカード利用の人は端末機にタッチして乗車地を記録させる。降車は前扉からで、整理券とともに運賃を運転席隣の運賃箱に入れて下車。運賃は、整理券番号などとともに電光掲示板に表示される。小銭を用意するか、なければ両替機で両替しよう。ICカード利用の人は、運賃箱の端末にタッチして下車する。均一運賃で前乗り・前払いの路線も一部ある。

ICカードや現金払いで利用できる

うぐいす色の車体でおなじみ
国際興業バス

運賃	初乗り	200円
	ICカード	200円

乗り方 対キロ区間制で、最長路線の飯能駅から湯の沢まで利用すると870円（ICカードも同額）。後扉から乗車し前扉から降車。運賃は後払い。

URL 5931bus.com

東京都北西部と埼玉県南西部に路線をもつ。最長路線の飯01系統は飯能駅から名栗エリアの湯の沢へ向かい、温泉やハイキングに利用価値大。一般路線バスに1日何回でも乗降できる「IC一日乗車券」（大人700円　小児350円、一部利用できない路線あり）も購入可。

浦和レッズの試合開催日には埼玉スタジアムへのバスも運行

おもな運行系統	飯01-2	飯能駅 ⟷ 吾妻峡入口 ⟷ ノーラ名栗・さわらびの湯 ⟷ 湯の沢
	大01	大宮駅東口 ⟷ 氷川参道 ⟷ 浦和美園駅西口
	医大31	飯能駅 ⟷ 天覧山入口 ⟷ 巾着田 ⟷ 埼玉医大
	川13	川口駅東口 ⟷ 峯八幡宮
	新越11	東川口駅北口 ⟷ 新堀 ⟷ 新越谷駅西口

西武鉄道から足を延ばして
西武バス

運賃	初乗り	180円
	ICカード	178円

乗り方 埼玉県内の路線のほとんどは運賃距離制で、後扉から乗車し前扉から降車する後乗り・後払い方式。ただし東京と埼玉をまたぐ一部の路線は、区間により運賃が異なるが前乗り・先払い方式になっている。その場合、乗車時に行き先を告げて運賃を支払う。

URL www.seibubus.co.jp

東京都北西部から埼玉県南西部にかけて西武鉄道沿線にたくさんの路線をもち、営業所も都内5カ所と埼玉県内に6カ所ある。一部区間を除き1日乗り放題になる、ICカードに記録する「1Day Pass」（大人600円　小児300円）も車内で購入可能。

ベージュと淡いグリーンの配色のほか、青と白の「S-tory」が運行

おもな運行系統	狭山29	狭山市駅西口 ⟷ つつじ野団地中央 ⟷ 智光山公園
	川越50	川越駅西口 ⟷ 三井アウトレットパーク
	大35	大宮駅西口 ⟷ 馬宮団地 ⟷ ららぽーと富士見
	朝22	新座営業所 ⟷ 平林寺 ⟷ 朝霞台駅

バスを利用する際に、便利なのが「バスNAVITIME」アプリ。「時刻表検索」や「ルート検索」、地図から選択できる「バス停地図」などの機能がある。

秩父をめぐる観光バス
西武観光バス

| 運賃 | 初乗り | 180 円 |
| | IC カード | 178 円 |

乗り方｜運賃距離制で、後扉から乗車し前扉から降車する後乗り・後払い方式。

URL www.seibubus.co.jp/company/seibukanko.html

秩父地方と群馬県の草津、長野県の軽井沢に路線をもつ。西武秩父駅からは秩父各地に 13 の路線が走り、ハイキングなど秩父観光には欠かせない存在。三峯神社線を除く秩父管内バス全線が 1 日乗り放題になる「秩父バス一日乗車券」（1000 円）がお得。

秩父三部作のラッピングバスも秩父エリアで運行

おもな運行系統	G	西武秩父駅 ⟷ 小鹿野役場 ⟷ 栗尾
	G13	小鹿野役場 ⟷ 尾ノ内渓谷入口 ⟷ 坂本
	D	西武秩父駅 ⟷ 万年橋 ⟷ 吉田元気村
	M（緑）	西武秩父駅 ⟷ 三峰口駅 ⟷ 中津川
	M（青）	西武秩父駅 ⟷ 三峰口駅 ⟷ 三峯神社

川越観光にも便利な
東武バス

| 運賃 | 初乗り | 180 円 |
| | IC カード | 178 円 |

乗り方｜ほとんどの路線が運賃距離制で、後扉から乗車し前扉から降車する後乗り・後払い方式。ただし北浦和駅・上尾駅発などの一部の路線は、運賃距離制だが前乗り・先払い方式になっている。その場合、乗車時に行き先を告げて運賃を支払う。

URL www.tobu-bus.com

東武バスウエストは大宮・川越エリアを中心とした埼玉南部に路線をもつ。蔵造りの町並みなど川越エリアの観光には、指定区間内で 1 日乗り放題の「小江戸川越一日乗車券」（大人 400 円、小人 200 円）が便利。購入は川越駅観光案内所などで。東武バスセントラルも草加・三郷エリアを中心とした埼玉東部で路線バスを運行している。

埼玉県内に 2 社が乗り入れている

おもな運行系統	川11	川口駅東口 ⟷ 新郷支所 ⟷ 草加駅西口
	金52	金町駅 ⟷ 三郷中央駅・三郷駅 ⟷ 新三郷駅
	大51	大宮駅東口 ⟷ 宮原駅入口 ⟷ 上尾駅東口
	鶴02	鶴瀬駅東口 ⟷ 富士見市役所前 ⟷ ららぽーと富士見
	川越03	川越駅 ⟷ 伊草小学校前 ⟷ 鴻巣駅西口・鴻巣免許センター

埼玉県民の頼れる足
朝日自動車

| 運賃 | 初乗り | 180 円 |
| | IC カード | 178 円 |

乗り方｜運賃距離制で、後扉から乗車し前扉から降車する後乗り・後払い方式。

URL www.asahibus.jp

白い車体に青の曲線と赤の半円が描かれ、そこに ASAHI と大きく文字が書かれたバスが特徴。東武グループのバス会社で、埼玉南東部の東武鉄道、JR 東日本沿線に路線をもつ。路線バスのほかにコミュニティバスも多く運行し、通勤通学の利用客が多い。

カラフルな車体が目印

おもな運行系統	KB23	春日部駅西口 ⟷ かすかべ温泉 ⟷ ウィング・ハット春日部
	FK21	吹上駅 ⟷ 佐間団地 ⟷ 行田折返し場
	FK13	吹上駅 ⟷ 六本木 ⟷ 工業団地
	KM64	熊谷駅 ⟷ 上根 ⟷ 妻沼聖天前
		越谷駅西口 ⟷ 水上公園入口 ⟷ 岩槻駅東口

バスに乗車したとき整理券を取り忘れたら、下車するとき乗った場所を運転手に申告して運賃を支払おう。厳格には始発からの料金が適用される規定もあるが、申告した場所からの運賃で OK となる場合が多い。

川越観光自動車

前身は川越市の観光バス会社

東武鉄道グループのバス会社で、埼玉中西部に路線をもつ。東京のベッドタウンとなっている新興住宅地が多い地域を走り、通勤通学に利用される割合が高い。川越発の成田空港への高速バスも運行するが、2023年1月現在運休中。

| 運賃 | 初乗り | 180円 |
| | ICカード | 178円 |

乗り方 運賃距離制で、後扉から乗車し前扉から降車する後乗り・後払い方式。

URL www.kawagoebus.jp

森林公園に営業所がある

おもな運行系統		
東松山	東松山駅 ⟷ 百穴入口 ⟷ 鴻巣免許センター	
森林	森林公園駅 ⟷ 森林公園南口	
越生	越生駅 ⟷ 黒岩 ⟷ 黒山	
高坂	高坂駅 ⟷ こども動物自然公園 ⟷ 鳩山ニュータウン	
桶川	桶川駅西口 ⟷ けやき団地	

イーグルバス

小江戸巡りにも大活躍

川越など埼玉中部に路線をもつ。総業40年のバス会社で、路線バス運行は2003年から。レトロな電気ボンネットバスで川越の名所を巡る「小江戸巡回バス」を運行しており、「1日フリー乗車券」を購入すればお得に観光ができる。

| 運賃 | 初乗り | 200円 |
| | ICカード | 200円 |

乗り方 EVボンネットバスは乗車口が前扉ひとつのみ。その他の箱型車両は中扉から乗車し、前扉から降車。後払い方式。

URL www.new-wing.co.jp/co-edo/

EVボンネットバスは青と赤の2色が運行

おもな運行系統		
C01	川越駅西口 ⟷ 本川越駅 ⟷ 喜多院 ⟷ 菓子屋横丁 ⟷ 川越駅西口	
C02	川越駅西口 ⟷ 喜多院 ⟷ 氷川神社前 ⟷ 蔵の街 ⟷ 川越駅西口	

※上記のほか、日高・飯能路線、ときがわ町路線、東秩父村路線を運行

国際十王交通

熊谷エリアを巡るなら

東武グループのバス会社で、埼玉北部に路線をもっている。熊谷駅を中心に放射状に路線が広がり、熊谷ラグビー場がある熊谷スポーツ文化公園へのアクセスにも便利。高速バスや貸切バスも運行しており、県北ではおなじみの存在だ。

| 運賃 | 初乗り | 180円 |
| | ICカード | 178円 |

乗り方 運賃距離制で、後扉から乗車し前扉から降車する後乗り・後払い方式。

URL www.kokusai-juo.co.jp

朝日自動車のグループ会社

おもな運行系統		
熊谷駅 ⟷ 中条学校 ⟷ 葛和田		
熊谷駅 ⟷ くまがやドーム		
熊谷駅 ⟷ 熊谷スポーツ文化公園（ラグビー場）		
熊谷駅 ⟷ 森林公園北口入口 ⟷ 東松山駅		
熊谷駅南口 ⟷ 森林公園西口 ⟷ 森林公園駅		

彩info ららぽーと富士見、ステラタウン大宮、イオンレイクタウンmoriなどさいたま市の大型ショッピングモールへは、最寄りの駅から無料のシャトルバスも運行している。

各市町村で走る コミュニティバス

路線バスがカバーしていない地域には、市町村が運行またはサポートするコミュニティバスが走っている。路線バスに比べると小さな車体だが、ご当地ならではのカラーリングや、キャラクターがラッピングされたかわいいバスも多い。

市町村名	名 称		路 線 数	運 賃	ICカード
さいたま市	さいたま市コミュニティバス	⑦	北区コミュニティバス、南区コミュニティバス、岩槻区コミュニティバス、桜区コミュニティバス、西区コミュニティバス、見沼区コミュニティバス（さぎ山）、見沼区コミュニティバス（沖郷）	180円〜（運賃距離制）	●（178円〜）
川口市	みんななかまバス	⑥	川口・鳩ヶ谷線、青木線、芝・神根循環、戸塚・安行循環、新郷循環、南平線	100円	
戸田市	tocoバス	⑤	喜沢循環、川岸循環、西循環、南西循環、美笹循環	100円	×
春日部市	春バス	⑥	粕壁〜幸松地区ルート、春日部駅西口〜増戸・豊春駅ルート、庄和地区北ルート、庄和地区南ルート、豊春駅・内牧・北春日部駅ルート、赤沼〜武里駅ルート	150円〜（運賃距離制）	●
草加市	パリポリくんバス	③	北東ルート、南西ルート、新田ルート	180円〜（運賃距離制）	●
上尾市	ぐるっとくん	⑨	大石桶川線、大石領家北上尾線、平方丸山公園線、平方小敷谷循環、大谷循環、上平箕の木循環、上平菅谷北上尾線、原市瓦葺線、原市平塚循環	100円	●（一部不可）
桶川市	べにばなGO	⑩	西10（いずみの学園回り）、西11（薬師堂南・いずみの学園回り）、西12（狐塚団地回り）、西20（殿山団地・川田谷北部回り）、西21（殿山団地回り）、西30（朝日回り）、東10（東部工業団地回り）、東20（おけがわ団地回り）、東30（小針領家回り）、東40（神明回り）	200円	●（一部不可）
加須市	かぞ絆号		循環バス：② シャトルバス：①	100円、200円	×
鴻巣市	フラワー号	⑧	広田コース、共和コース、中山道コース、吹上コース、田間宮コース、馬室コース、笠原コース、常光コース	200円	●（一部不可）
熊谷市	ゆうゆうバス	⑧	さくら号・直実号（籠原駅南口から熊谷駅南口）、グライダー号（妻沼行政センターから熊谷駅南口）、グライダーワゴン（妻沼行政センターから籠原駅北口、妻沼循環）、ムサシトミヨ号（熊谷駅南口から籠原駅南口、上之荘から熊谷駅南口）、くまびあ号（熊谷駅東口からくまびあ経由籠原駅北口）、ひまわり号（長島記念館前から大里行政センター前経由熊谷駅南口）、直実号（熊谷市街循環）、ほたる号（熊谷駅南口から江南行政センター経由籠原駅南口）	100円	×
行田市	市内循環バス	⑥	東循環、西循環、北東コース、北西コース、南大通り線、観光拠点循環	100円、150円	×
深谷市	くるリン	④	北部シャトル便、東部シャトル便、西部シャトル便、南部シャトル便	100円〜（運賃距離制）	×
本庄市	はにぽんシャトル	①	本庄駅南口〜本庄早稲田駅北口	200円	×
新座市	にいバス	⑥	北コース：② 西コース：② 東コース：②	150円	●
川越市	川越シャトル	⑬	10系統、11系統、20系統、21系統、22系統、23系統、30系統、31系統、32系統、33系統、34系統、40系統、41系統	180円〜（運賃距離制）	●（178円〜）
所沢市	ところバス	⑥	西路線（新所沢・狭山ヶ丘コース）、東路線（柳瀬循環コース）、東路線（松井循環コース）、南路線（吾妻循環コース）、南路線（山口循環コース）、北路線（富岡循環コース）	100円〜（運賃距離制）	●（100円〜）
狭山市	茶の花号	⑦	水富コース、奥富・狭山コース、堀兼コース、入曽東コース、入曽西コース、通勤通学コース（稲荷山公園駅）、通勤通学コース（入曽駅）	100円〜（運賃距離制）	●
入間市	てぃーろーど、てぃーワゴン	⑨	てぃーろーど：③ てぃーワゴン：⑥	100円〜（運賃距離制）	●（100円〜）
東松山市	市内循環バス	②	大谷コース、唐子コース	100円	●
秩父市	ぬくもり号、せせらぎ号	②	「ぬくもり号」浦山線、「せせらぎ号」川又線	210円〜（運賃距離制）	×

info 春日部市の「春バス」には、春日部市を舞台とするアニメ「クレヨンしんちゃん」の4種類のラッピング車両が走っている。

レンタカー

秩父、長瀞、飯能、小川など県内の里山エリアの訪問はレンタカーを使うと効率的に目的地を巡ることができる。都市部に住んでいる場合には目的地に近いエリアまで公共交通で行き、そこからレンタカーを借りる手もある。

代表的なレンタカー会社

埼玉全域をカバー
トヨタレンタカー

大宮駅東口店は駅から600mほど南にある

　さいたま市の18店舗をはじめ、埼玉県内に69店舗を営業する最大手のレンタカー会社。大宮駅、川越駅、熊谷駅など、観光の出発点として便利な場所にも店舗がある。専用アプリをダウンロードすれば、スマホが車のカギになり、24時間いつでも無人で出発＆返却が可能な「TOYOTA SHARE」のサービスがある。

📞 0800-7000-111（トヨタレンタカー予約センター、営業時間 8:00 〜 20:00、年中無休）
💴 エコノミー 24時間 7150円〜（以降24時間ごとに6050円、超過料金1100円/時）、保険・補償制度「トヨタレンタカー安心Wプラン」24時間 1650円（免責補償料、NOC無料込み）
🌐 rent.toyota.co.jp

「セルフチェックイン」で待たずに出発
日産レンタカー

熊谷駅南口の便利なロケーションにある

　埼玉県では浦和駅西口店、大宮駅東口店、南越谷駅前店、川越駅西口店、熊谷駅南口店の5つの店舗をもつ。いずれも最寄り駅から徒歩1〜5分の圏内にあり、アクセスは抜群。手続きを事前にアプリで行える「セルフチェックイン」に全店舗対応。ほとんどの店舗でアプリでドアを解錠して非対面で出発できる「セルフライドゴー」にも対応している。

📞 0120-00-4123（日産レンタカー予約センター、受付時間 8:00 〜 20:00、土・日・祝 9:00 〜 18:00）
💴 コンパクト 24時間 8800円〜（以降24時間ごとに 7260円、超過料金1430円/時）、保険・補償制度「スタンダードプラン」24時間小型車 1650円、大型車 2200円（免責補償料込み）
🌐 nissan-rentacar.com

埼玉のおすすめ高速サービスエリア

グルメもショッピングも充実
◉上里サービスエリア

　関越自動車道の本庄児玉 IC と藤岡 JCT 間にある。下り線は地元食材を使った地産レストラン「上里プリンス」ほかフードコート、みやげ店が充実。スタバやキッチンカーも出店している。上り線は埼玉以外のグルメやおみやげも充実し、群馬のソウルフード「焼きまんじゅう」も食べられる。緑あふれる屋外の休憩スペースも広くて快適。一般道からもアクセス可能。

MAP 別冊 P.8-A1
🕐 24時間（フードコート・ショップ）
🅿 下り SA は大型 92台、小型 196台、上り SA は大型 48台、小型 325台

江戸の町並みを再現
◉羽生パーキングエリア

　東北自動車道の羽生 IC と館林 IC の間にある。上り線には、かつてここにあった栗橋関所が江戸の入口とされたことから江戸の町並み「鬼平江戸処」が再現され、タイムトリップしたような江戸情緒が楽しめる。下り線にはモダンな商業施設「Pasar 羽生」がある。一般道からもアクセス可能。

MAP 別冊 P.4-B2
🕐 コーナーにより異なる
🅿 下り PA は大型 95台、小型 170台、上り PA は大型 148台、小型 114台

 埼玉の観光地でも、残念ながら車上ねらいの被害が報告されている。車を離れるときは、たとえ短い間でも必ずドアロックをしよう。貴重品は車内に放置しないこと。

幅広い車種を選べる
ニッポンレンタカー

熊谷駅南口駅前営業所は改札を出て徒歩1分ほど

さいたま市の8店舗をはじめ、埼玉県内に36店舗を構える大手レンタカー会社。観光利用の場合便利な乗り捨て「ワンウェイ・レンタル」が可能な店も多く、手数料は店舗間の距離10kmごとに880円（ワゴン車1100円）。距離が20km未満の場合は無料になる。ニッポンレンタカーメンバーズクラブに入会すると早割などお得なプランも利用できる。

☎ 0800-500-0919（国内予約センター、営業時間8:00〜20:00、土・日・祝9:00〜18:00）
🚗 軽自動車クラス24時間7590円〜（ニッポンレンタカーメンバーズ、通常期）、保険・補償制度「車両・対物事故免責額補償制度」24時間1100円〜（車両クラスにより異なる）
🌐 www.nipponrentacar.co.jp

キャンペーンやプランが豊富
オリックスレンタカー

大宮駅から700m南にある大宮駅西口店

さいたま市内をはじめ、川越市、所沢市、熊谷市、久喜市など埼玉県内に33拠点を展開。公式HPで公開されるキャンペーン、プランが豊富で、お得な早予約などもある。出発店舗以外でも返却できる乗捨てサービス「ワンウェイ」も好評。冬季オプションのスタッドレスタイヤは24時間2200円〜。

☎ 0120-30-5543（予約センター、受付時間8:00〜20:00、土・日・祝8:00〜17:00）
🚗 KSSクラス24時間6600円〜（以降、24時間ごとに4950円、超過料金1100円/時）、保険・補償制度「免責補償制度」24時間1100円〜（車両クラスにより異なる）、「レンタカー安心パック」24時間660円〜（車両クラスにより異なる）※2023年3月1日予約分より価格改訂の予定
🌐 car.orix.co.jp（予約はホームページで受付）

12時間2525円の格安レンタカー
ニコニコレンタカー

ENEOSに併設されている所沢店

全国に約1500店舗をもち、埼玉県には77店舗を展開する格安レンタカー会社。軽自動車からワンボックスまで車種も多く、人気のコンパクトカーのヤリスやライズ、ハイブリッド車も導入している。基本料金12時間2525円〜で、そこに補償、オプションなどをプラスする料金体系。アプリ「ニコパス」会員になれば最安値で借りられ、予約も出発も簡単。

☎ 0120-32-2525（予約受付センター、受付時間9:00〜21:00）
🚗 Sクラス（コンパクトカー）24時間3960円〜（以降24時間ごとに3960円、超過料金1155円〜/時）、保険・補償制度「パーフェクト補償」24時間2200円〜（免責補償料、NOC無料込み）
🌐 www.2525r.com

会員登録で基本料金最大25%オフ
タイムズカー

ニットーモール内にある熊谷駅前店

熊谷駅前店、所沢駅前店、久喜駅前店と埼玉県内で3店舗を営業。軽自動車やコンパクトカー、ワゴンなど扱う車種も多く、用途に応じて使い分けができる。基本料金は「6時間まで」から設定されている。入会金、年会費無料のタイムズクラブ会員になれば、基本料金が最大25%OFFで利用できる。

☎ 048-526-2361（熊谷駅前店、受付時間9:00〜18:00、予約は各店舗へ直接）
🚗 C-1クラス（コンパクトカー）基本料金24時間7700円（以降1時間ごとに880円、24時間ごとに6600円）、保険・補償制度「安心補償コース」24時間2200円〜（免責補償料、NOC無料込み）
🌐 rental.timescar.jp

低地では雨でも、冬の秩父山地では雪になることがある。雪の場合は冬タイヤは必須だ。

Arakawa Riverside Cycling

関東有数の
サイクリストの
聖地です!

みどりの風を切って
彩湖から森林公園へ

爽快! 荒川サイクリングロード

自転車王国・埼玉で自然を感じるサイクリングに出かけよう。通称「荒サイ」として親しまれ
ている荒川サイクリングロードのおすすめコースと立ち寄りスポットを紹介!

\ 自転車で埼玉を巡ろう /
荒川サイクリングロード50キロMAP
所要時間約7時間(休憩時間を含む)

橋のたもとに
「川幅日本一」
の標が立つ

御成橋（おなりばし）

桶詰橋（ひのつめばし）

今回渡るのは荒川で唯
一の木桁の冠水橋のみ

荒 川
御成橋
岩殿山 安楽寺
（吉見観音）
さくら堤公園
468
榎本牧場
上尾丸山公園
武蔵野うどん五六
上尾市
桶川市
さいたま市
JR武蔵野線
Goal
国営武蔵丘陵森林公園
吉見町
川島町
圏央道
桶詰橋
入間大橋
ホンダ
エアポート
上江橋
JR川越線
栗原coffee
463
Start
彩湖・道満グリーンパーク
407
東松山市
滑川町
16
治水橋
羽根倉橋
志木市

自転車道のガイダンス

通称「荒川サイクリングロード」は県道
「荒川自転車道」と少し異なり、今回は走
りやすいルートを紹介。平坦な道が続く
が堤防や橋などでは坂道もあります。

川越市

ふじみ野市　富士見市

荒川沿いから
少し離れた一
般道を通るこ
ともあります

荒 川

・とびだし注意・

彩info　荒川自転車道（県道さいたま武蔵丘陵森林公園自転車道線）は、さいたま市浦和区の国道17号が起点、
滑川町の武蔵丘陵森林公園を終点とする。45.9kmの自転車歩行者専用道路。

START

09:00 緑あふれる戸田市の彩湖からスタート！

水と緑に囲まれ、晴れた日は最高に心地よい荒川河川敷の調節池・彩湖から出発！彩湖・道満グリーンパークの管理事務所にはレンタサイクル（200円〜/1日）も用意されている。

彩湖・道満グリーンパーク ➡ P.164

開放感抜群！リバーサイドの自転車旅へGO！

歩行者や車に注意して安全にゆっくり走ろう

09:30 コーヒーショップでひと休み

国際コーヒー鑑定士Qグレーダーこだわりの自家焙煎コーヒーでブレイクしよう。サイクリングロードからほど近く、サイクルラック完備もうれしい。オープンテラス席が◎

●栗原 coffee

MAP 別冊 P.14-C2

住さいたま市桜区下大久保1168-3 TEL 048-711-5911
営 8:30〜16:00 休月・火

5名以上の場合は到着前に事前連絡を

羽根倉橋は渡らずに北上します

荒川自転車道のスタートは羽根倉橋（東）の交差点から。道幅の広い自転車歩行者専用道路が続く

分岐に注意

川越線の踏切を渡ると、上江橋を渡って対岸に向かう道と、真っすぐ向かう道の分岐がある。今回はそのまま直進しよう。

11:15 さいたま市を抜け上尾市の公園へ

上江橋を左手に真っすぐ進み、ゴルフ場の横の土手上を走り抜けると、いよいよ上尾市に突入。上尾市内では一般道を通って上尾丸山公園へ。水辺の緑に癒やされ、リフレッシュしよう。

上尾丸山公園 ➡ P.252

次ページへ

大池の先には森林浴ができる林間広場もある

季節ごとに花々が楽しめる

11:30 ランチタイムは埼玉名物を

コシのある中太麺がたまらない

おなかがすいたら上尾丸山公園南口の正面にある武蔵野うどん専門店で早めのランチ。モチモチの自家製麺をうま味たっぷりの肉汁につけていただく肉汁うどん（並750円）は、ボリュームもあって大人気。

●武蔵野うどん五六

MAP 別冊 P.36-C1

住上尾市平方3430-6 TEL 048-729-8656 営 11:00〜15:00
休なし（不定休あり）

案内板をチェック

森林公園までの距離の目安もある。道幅が狭いところもあり歩行者や車には十分注意。

彩info 荒川沿いは風が強めで、春夏は南風だが冬は風速10mを超える北風が吹くことも。向かい風になると体力を消耗するので、冬場は今回紹介したルートを逆にして、追い風になるように走るなどの工夫をするとラク。

榎本牧場

生乳100%のヨーグルトやパンなども販売

ジェラートは定番のミルクや限定メニューもある

前ページより

サイクルスタンド完備だよ

12:15

サイクリストが集う上尾市の牧場へ

食後のデザートは荒川沿いの榎本牧場で絶品ジェラートを。新鮮な牛乳で作ったジェラートは、甘すぎずさっぱりした味わい。夏には井戸水の冷水シャワーを利用できるので、熱中症対策もバッチリ。牧場見学も楽しめる。

榎本牧場 ➡ P.252

川島町の分岐点

分岐を左に進むと比企自転車道、右へ進むと荒川自転車道へと進む。今回は右の道へ。

13:00 # 開放感たっぷりのホンダエアポート

圧巻のスカイダイビングが見られます！

榎本牧場から北上し、左手少し奥まったところにある「桶詰橋」を渡ると、滑走路が見えてくる。坂の上にあるサイクリングロードからぐるっと回ろう。タイミングが合えば、セスナ機などの離着陸を間近で見学したい。

●ホンダエアポート　MAP 別冊 P.31-C2

河川敷に広がる滑走路を眺めながら休憩

13:45 # 緑の風を感じる吉見町を疾走

圏央道の高架を過ぎ、比企自転車道との分岐を右へ進むと、吉見町のさくら堤公園が間もなくだ。約2kmに及ぶ桜堤は春にはピンクの桜と黄色い菜の花が、初秋には赤い曼珠沙華が咲き乱れるなかを走ることができる。

●さくら堤公園　MAP 別冊 P.35-C1 外

緑の風に包まれるさくら堤公園の歩行者、自転車専用道路

御朱印をSNSにアップ

14:30 ## 吉見観音で道中の安全祈願

桜並木を抜けて視界が開けたら「川幅日本一」の標が立つ御成橋で左折し、県道27号線を東松山方面へ。一般道を通って吉見観音と呼ばれる岩殿山 安楽寺に到着。自転車旅のゴールまで安全を祈って参拝しよう。

岩殿山 安楽寺 ➡ P.232

約380年前建造の三重塔は県指定の文化財

春に訪れれば桜のトンネルが！

GOAL

15:30 ## 花々に癒やされる森林公園に到着！

さらに一般道を北へ漕ぎ進め、県道307号線へ合流すると、再び荒川自転車道に。もうすぐ終点の森林公園だ。アップダウンも増えてくるが、あとひと踏ん張り。四季折々の花や植物が迎えてくれて、ついに無事ゴール！

国営武蔵丘陵森林公園 ➡ P.106、239

旅のラストに愛車と記念撮影を忘れずに

\ 熊谷まで / 足を延ばしてリフレッシュ

時間に余裕があれば森林公園から熊谷市内へ移動してみよう。JR高崎線や新幹線など電車移動が便利で、駅周辺には立ち寄り温泉も多い。

リラクセーション施設も充実したおふろcafé ハレニワの湯

 彩info　50km走るには体力が必要。折りたたみ自転車なら、袋に入れて電車で持ち運ぶ「輪行」もOK。比較的ルートから近い指扇駅や鴻巣駅などで輪行を活用し、自分のペースで一部区間だけ走ることもできる。

さいたま市エリア

2001年に浦和市、大宮市、与野市が合併（2005年に岩槻市も編入）して誕生した県庁所在地。埼玉県の政治、文化、経済活動の中心で、10区の行政区をもつ政令指定都市。県の人口の約18％を占める約133万人が暮らし、大型商業施設やスタジアムなども多数集まっている。

1 県最大のターミナル駅と武蔵一宮氷川神社の門前町

大宮

P.128 **MAP** 別冊 P.14-B2

新幹線や在来線が集まる埼玉県の交通の要衝。大宮駅前の大規模商業施設や繁華街は県内随一のにぎわい。武蔵一宮氷川神社や鉄道博物館など人気スポットも充実。

ペデストリアンデッキで大型商業ビルが結ばれる大宮駅西口

氷川神社の表参道は2kmあります

2 ビジネス＆文化拠点として近未来的な新都心に変貌

さいたま新都心

P.128 **MAP** 別冊 P.14-B2

2000年に大宮操車場跡を再開発、街びらきが行われた新興都市。さいたまスーパーアリーナやコクーンシティ、さいたま新都心合同庁舎など高層ビルが林立している。

冬の名物けやきひろばの美しいイルミネーション

東大宮駅
大和田駅
土呂駅
宮原駅
北区
大宮公園駅
北大宮駅
日進駅
JR川越線
西大宮駅
指扇駅
西区
大宮区
1 大宮駅
2 さいたま新都心駅
与野IC
北与野駅
与野駅
浦和区
与野本町駅
中央区
北浦和駅
南与野駅
荒川
国道463号線の埼大通りと呼ばれる区間は日本一長いケヤキ並木が続く
中浦和駅
武蔵浦和駅
桜区
西浦和駅
JR埼京線
首都高5号池袋線
254
463
17
JR高崎線
ニューシャトル
東北新幹線
JR宇都宮線（東北本線）

このエリアでしたいこと "5"

① 武蔵一宮 氷川神社を参拝 ▶ P.40,130
② 熱狂の埼玉スタジアム 2002 へ ▶ P.30
③ 季節ごとの岩槻のイベントを体験 ▶ P.151
④ 大宮ラクーンよしもと劇場で爆笑ライブ ▶ P.135
⑤ 浦和・大宮の立ち飲み酒場へ ▶ P.398

東京方面からのアクセス

| 🚗 | 練馬IC | 東京外環自動車道など /20km 所要 20 分 ETC 910 円 | 新都心西 | 県道 56 号など /1.5km 所要 5 分 | 大宮 |
| 🚗 | 練馬IC | 東京外環自動車道など /29km 所要 30 分 ETC 990 円 | 岩槻IC | 国道 122 号など /3km 所要 10 分 | 岩槻 |

③ レッズとサッカーを愛する 行政の中心＆文教都市
浦 和

P.138　MAP 別冊 P.15-C3

　県庁所在地でさいたま市役所もある埼玉県の行政の中心。浦和レッズの本拠地・埼玉スタジアム 2002 を有するサッカーのまち。名門進学校も多く文教都市としても知られる。

浦和駅前にはサッカーの町を表す看板も立つ

埼玉スタジアムで熱く応援しよう

④ 城下町の面影が残る 人形のまち
岩 槻

P.146　MAP 別冊 P.15-A3〜A4

　さいたま市東部に位置し、江戸時代は岩槻藩の城下町として栄えた。伝統的工芸品の岩槻人形でも知られる人形のまち。岩槻城址公園や岩槻人形博物館などの見どころも。

菖蒲池に架かる朱い八ツ橋が映える岩槻城址公園

東北自動車道
東岩槻駅　豊春駅
東武アーバンパークライン
16
122
16
岩槻駅
岩槻IC
岩槻区
七里駅
元荒川
「ワンツーツー」とも呼ばれる国道 122 号線は東北自動車道と並走する
見沼区
122
さいたま見沼IC
綾瀬川
浦和美園駅
さいたま市
浦和IC
緑区
東川口駅
463
463
埼玉スタジアム線
川口JCT
③
東浦和駅
浦和駅
JR武蔵野線
戸塚安行駅
南浦和駅
東京外環自動車道
南区
298
122
新井宿駅

人形店は岩槻駅東口に並びます

大宮・さいたま新都心
（おおみや・しんとしん）

鉄道博物館のテラスからはさまざまな電車が走る様子を眺められる

人口	西区 ▶	94,583 人
	北区 ▶	149,826 人
	大宮区 ▶	124,002 人
	見沼区 ▶	165,005 人
	中央区 ▶	103,059 人

🚉 エリア利用駅

大宮駅
東北新幹線、上越新幹線
JR 京浜東北線、JR 埼京線
JR 宇都宮線、JR 高崎線
東武アーバンパークライン
ニューシャトル

さいたま新都心駅
JR 京浜東北線
JR 宇都宮線、JR 高崎線
💡 さいたま新都心駅には湘南新宿ラインは停車しない

大宮駅への行き方

東京駅	JR 上野東京ライン、JR 京浜東北線 所要約 32 〜 51 分（570 円）	大宮駅
新宿駅	JR 湘南新宿ライン、JR 埼京線 所要約 30 〜 33 分（480 円）	

さいたま市は 2001 年に浦和、大宮、与野の 3 市が合併し、2005 年に岩槻を編入した政令指定都市。その中心である旧大宮市は武蔵国の一宮、氷川神社の門前町として発達してきた歴史をもつ。江戸時代以降は中山道の宿場町として、そして明治時代には鉄道工場が作られ、鉄道の町として発展を遂げてきた。2007 年に大宮区に開館した鉄道博物館は、多くの鉄道ファンや親子連れで連日にぎわっている。

2000 年に街びらきが行われたさいたま新都心は、大宮、浦和、与野にまたがる形で開発された注目のエリア。大型商業施設のコクーンシティやさいたまスーパーアリーナといった文化施設が駅直結の形で配置され、利便性がよく機能的な「未来を担う新都心」を形成している。

 さいたま市は 10 の行政区で構成されている。旧大宮市域は西区、北区、大宮区、見沼区の 4 つの行政区が設置され、旧与野市域に中央区がある。「さいたま新都心」は大宮・浦和・与野の旧 3 市にまたがっている。

歩き方

》》大宮のパワースポット氷川神社を中心に散策

東京駅に次ぐ日本第2位の乗り入れ路線数を誇る大宮駅が大宮の玄関口。東口を背に真っすぐ進むと、すぐにケヤキの木が生い茂る氷川神社の参道に行き当たる。緑あふれる参道

大宮駅東口は飲食店が集まる繁華街が広がっている

は散策にぴったり。三の鳥居をくぐり氷川神社の拝殿を参拝したら、境内をのんびり歩いてみよう。地主神を祀った摂社の門客人神社や、以前は禁足地だった蛇の池は関東屈指のパワースポットとも称されている。氷川神社の神域には大宮公園が広がり、四季折々の自然を楽しめる市民の憩いの場だ。

》》さいたま新都心は歩行者デッキが便利

さいたま新都心駅は、曲線を描くモダンな駅舎が印象的。西側にさいたまスーパーアリーナや、冬のイルミネーションが美しいけやきひろば、東側に大型ショッピングモールのコクーンシティがあり、駅2階から歩行者専用デッキで結ばれている。デッキはさいたま新都心駅から北与野駅、

与野駅方面まで続いており、パブリックアートが点在している。イベント時は混雑するが普段はのんびり歩けるので、アート散歩を楽しむのもおすすめ。

高層ビルや商業施設が立ち並ぶさいたま新都心エリア

おさんぽプラン

1. 大宮駅
   🚶 徒歩 20 分
2. 武蔵一宮 氷川神社
   (▶ P.40,130)
   🚶 徒歩 3 分
3. 大宮公園 (▶ P.130)
   🚶 徒歩 25 分
4. 鉄道博物館 (▶ P.136)
   🚶 徒歩 2 分
5. 鉄道博物館駅

地元愛たっぷりの大宮ガチャ

大宮に特化した地元愛たっぷりのキーホルダーが出るご当地ガチャは、大宮の隠れたヒット商品。ラインアップは氷川神社をはじめ、「鉄道のまち」を象徴する大宮駅、ご当地キャラクターのほか、アルシェやDOMなど地元民なら誰もが知る商業施設やマニアックな飲食店など。1回300円で、大宮駅構内やアルシェ大宮、ビックカメラ大宮西口そごう店などに設置されている。

大宮を訪問したら記念に入手したいアイテムだ

さいたま市エリア

大宮・さいたま新都心 ◆ 歩き方

みちくさ手帳

鉄道とともに発展した大宮

1885年（明治18年）に日本初の分岐駅として誕生して以来、大宮は「鉄道のまち」として鉄道とともに発展してきた。1894年（明治27年）には、車両の点検・補修を行う日本鉄道大宮工場（後の大宮総合車両センター）が作られ、多くの鉄道関係者が大宮で暮らすようになる。蒸気機関車のD51もこの工場で生まれた。1927年（昭和2年）には大規模な操車場も設置された。2007年には鉄道博物館が開館し、鉄道の歴史と魅力を体感できる。

1日の乗降者数が約70万人の東京以北で最大のターミナル駅

武蔵一宮 氷川神社
住 さいたま市大宮区高鼻町 1-407
TEL 048-641-0137 営 5:30 ～
17:30（5 ～ 8 月 5:00 ～ 18:00、
11 ～ 2 月 6:00 ～ 17:00）休 なし
料 無料 P あり 交 JR「大宮駅
（東口）」から東武バス 3 分「裏参
道」下車、徒歩 8 分

さいたま新都心
駅付近から 2km
続く氷川参道。
直線の参道とし
ては日本最長

大宮公園
住 さいたま市大宮区高鼻町 4 TEL
048-641-6391 営 自由 休 なし
料 無料 P あり 交 JR「大宮駅
（東口）」から東武バス 3 分「裏参
道」下車、徒歩 10 分

昭和感が残る造形が味わい深い児
童遊園地の飛行塔

NACK5 スタジアム大宮
住 さいたま市大宮区高鼻町 4 TEL
048-644-7950 営 イベントにより
異なる 料 イベントにより異なる
P あり（大宮公園）交 JR「大宮
駅（東口）」から徒歩 20 分

内部は非公開。試合観戦で訪れよ
う

⛩ **関東屈指のパワースポット**
武蔵一宮 氷川神社
むさしいちのみや ひかわじんじゃ

　関東一円で信仰される氷川神社の総本山。勅祭社として
高い格式を誇り、緑豊かな境内は約 2km ほど続くケヤキ
並木の参道、後方に広がる大宮公園とともに清らかな空気
に満ちている。神
社発祥の地である
蛇の池はパワース
ポットとして知ら
れている。(→ P.40)

主祭神は須佐之男命、稲田
姫命、大己貴命の三柱を中
心に祀る

🌲 **67.8 ヘクタールもの敷地をもつ憩いの公園**
大宮公園
おおみやこうえん

　氷川神社のもと境内地に作られた広大な県営公園。約
1000 本の桜が咲き誇る時期には大勢の人でにぎわう。サ
ルやフラミンゴなどがいる小動物園（入場無料）やレトロ感
あふれる児童遊園
地、野球場なども
併設。連絡通路を
渡った先には第 2、
第 3 公園もある。

久喜市出身の本多静六
(→ P.270) によって整備さ
れた

 1960 年に誕生した歴史あるスタジアム
NACK5 スタジアム大宮
なっくふぁいぶすたじあむおおみや

　日本初のサッカー専用スタジアム「大宮公園サッカー場」
として建造され観客席とピッチが近く臨場感あふれる観戦
が楽しめる。J リーグのシーズン期間中はこのスタジアム
をホームとする大宮
アルディージャの試
合が観戦できる。

大宮公園内にある大宮アル
ディージャのホームスタジ
アム

  Voice NACK5 スタジアム大宮（ナクスタ）は日本では珍しいイングランドスタイルです。ピッチ上の選手を間近
に感じられる臨場感がすばらしく、高校サッカーや天皇杯でも使用されます。（さいたま市在住・R）

自然に溶け込む美しいたたずまいも魅力
埼玉県立歴史と民俗の博物館
さいたまけんりつれきしとみんぞくのはくぶつかん

「埼玉の人々のくらしと文化」を紹介。伝統的なものづくり体験やまが玉作りなども楽しめる（一部予約制、有料）。前川國男氏により設計され公共建築百選にも選ばれている。

昭和30〜40年代の雰囲気を再現した「昭和の原っぱ」

MAP 別冊 P.16-A2

埼玉県立歴史と民俗の博物館
住 さいたま市大宮区高鼻町4-219 TEL 048-641-0890 営 9:00〜16:30（入館〜16:00）、7/1〜8/31は〜17:00（入館〜16:30） 休 月（祝日・振替休日は開館） 料 常設展一般300円（企画展、特別展については別途設定） P あり 交 東武アーバンパークライン「大宮公園駅」から徒歩5分
※2023年の秋頃まで休館予定

最新の発掘調査資料も展示する
土器の館
どきのやかた

市内で出土した埋蔵文化財を展示するこぢんまりとした施設。土器の破片の修復も行っており、修復作業を見学することもできる。土器や石器に触れるコーナーもある（現在休止中）。

考古学に興味がある人は訪れてみたい

MAP 別冊 P.16-A2

土器の館
住 さいたま市高鼻町2-305-4 TEL 048-829-1723（さいたま市文化財保護課） 営 9:00〜16:00 休 土・日・祝 料 無料 P なし 交 JR「大宮駅（東口）」から東武バス3分「裏参道」下車、徒歩12分

さいたま市の歴史、考古、民俗を紹介
さいたま市立博物館
さいたましりつはくぶつかん

市内で出土した縄文〜弥生時代の石器や土器、古墳時代の埴輪をはじめ、市の歴史を年代別に展示。農家の土間の再現など、見て楽しめる展示も多い。中山道大宮宿の模型もある。

氷川神社参道の二の鳥居の近くにある

MAP 別冊 P.16-B2

さいたま市立博物館
住 さいたま市大宮区高鼻町2-1-2 TEL 048-644-2322 営 9:00〜16:30 休 月（休日を除く）、休日の翌日（土・日・祝、休館日を除く） 料 無料 P あり 交 JR「大宮駅（東口）」から徒歩11分

死者を祀るため古墳の墳丘に並べられていた埴輪

日本の漫画文化の歴史が学べる
さいたま市立漫画会館
さいたましりつまんがかいかん

日本近代風刺漫画の祖である北沢楽天の邸宅跡に建てられた、日本初の漫画に特化した美術館。楽天の作品などが常設展示されているほか、近代のマンガに関する企画展も行っている。

日本初の漫画に関する美術館として1966年（昭和41年）に開館

MAP 別冊 P.16-A2

さいたま市立漫画会館
住 さいたま市北区盆栽町150 TEL 048-667-4921 営 9:00〜16:30 休 月（祝日の場合は翌平日） 料 無料 P なし 交 東武アーバンパークライン「大宮公園駅」から徒歩5分

漫画に関するさまざまなイベントも開催

Voice 大宮駅、さいたま新都心駅から2kmほど離れた見沼区、緑区には江戸時代に開かれた「見沼田んぼ」が広がっています。田園風景のかなたにビル群が見えるのはさいたま市ならではの風景です。（さいたま市在住・J）

131

ソニックシティ
住 さいたま市大宮区桜木町 1-7-5 TEL 048-647-4111 営 イベントにより異なる 料 イベントにより異なる P あり 交 JR「大宮駅（西口）」から徒歩 3 分

大ホールでは「さいたま定期演奏会」を開演

さいたま市宇宙劇場
住 さいたま市大宮区錦町 682-2 TEL 048-647-0011 営 9:30 〜 17:30、土・日・祝 〜 19:00 休 水・祝日の翌平日（学校の長期休暇期間を除く）料 大人 620 円 小人 310 円 P なし 交 JR「大宮駅（西口）」から徒歩 5 分

東光寺
住 さいたま市大宮区宮町 3-6 TEL 048-641-0523 営 季節により異なる 休 なし 料 無料 P なし 交 JR「大宮駅（東口）」から徒歩 7 分

現代作家による作品も多く美術館のよう

中山神社
住 さいたま市見沼区中川 143 TEL 048-686-3567 営 自由 休 なし 料 無料 P あり 交 JR「大宮駅（東口）」から国際興業バス 20 分「中山神社」下車、徒歩 2 分

直書き御朱印の見本が境内に展示されている

最新設備のホールや展示場をもつ
ソニックシティ
そにっくしてぃ

大小のホール、会議室、展示場、ホテル、オフィスなどを有する総合コンベンション施設。2 階にある埼玉県物産観光館「そぴあ」では、特産品など埼玉みやげを販売している。

大宮駅西口とペデストリアンデッキでつながっている

美しい映像と音響が魅力
さいたま市宇宙劇場
さいたましうちゅうげきじょう

大宮駅前にあるプラネタリウム施設。最新式の光学式機器と全天周デジタル映像システムを駆使した、臨場感あふれる映像が楽しめる。併設のショップでは宇宙食などが販売されている。

豊富なエピソードを盛り込んだ生解説とともに星空を観賞する「星空の時間」

伝統と現代が調和した魅力的な寺院

東光寺
とうこうじ

およそ 880 年の歴史をもつ由緒ある古刹。山門の両側に安置されているモダンな仏像など、見どころが多い。誰でも参加できる坐禅会も開催している（土曜 15:00 〜 16:00）。

開基当初は天台宗だったため、御本尊に薬師如来が祀られている

御朱印の種類は全国トップクラス

中山神社
なかやまじんじゃ

武蔵一宮氷川神社と氷川女體神社を結ぶ直線のほぼ中間に位置し、氷川簸王子神社とも呼ばれる。本殿裏にある旧本殿は、室町時代から桃山期にかけて建てられた市内最古の建造物。

創建 2120 年を迎える古社

 Voice 中山神社は室町時代の神社形態をそのまま保存する、埼玉県指定の有形文化財建造物です。270 種類以上の御朱印を宮司が直書きて揮毫しております。（中山神社・宮司 吉田さん）

大宮・さいたま新都心 ◆ おもな見どころ

冬にはイルミネーションも楽しめる

こくーんしてぃ

コクーンシティ

４つの建物からなるエリア最大級の大型商業施設。駅の２階部分から歩行者専用デッキで直結しているので利用しやすいのも魅力。各種専門店をはじめ映画館や大型書店、家電量販店などの便利な施設が揃い、家族連れにも人気が高い。

コクーン２の外観。かつてこの地が製糸場だったことが名前の由来だ

MAP 別冊 P.16-C2

コクーンシティ
🏠 さいたま市大宮区吉敷町4-263-1 📞 048-601-5050 🕐 店舗により異なる 🈹 店舗により異なる 🅿 あり 🚃 JR「さいたま新都心駅（東口）」から直結

コクーン１のエントランス

埼玉が誇る多目的アリーナ

さいたますーぱーありーな

さいたまスーパーアリーナ

年間を通してさまざまなコンサートや各種スポーツ競技、イベントなどが行われている、国内最大級の多目的アリーナ。通称「たまアリ」。さいたま新都心駅、北与野駅とデッキで直結しているのでアクセスが便利なことも魅力。

イベントによって客席のパターンが変化する © さいたまスーパーアリーナ

MAP 別冊 P.16-C2

さいたまスーパーアリーナ
🏠 さいたま市中央区新都心8 📞 048-601-1122 🕐 イベントにより異なる 🈹 イベントにより異なる 🅿 あり 🚃 JR「さいたま新都心駅（西口）」から徒歩3分、JR「北与野駅」から徒歩7分

国際的なスポーツイベント等も開催される

駅前の憩いスペース

けやきひろば

けやきひろば

さいたま新都心駅とさいたまスーパーアリーナに隣接する広場。駅とつながる２階部分は、人工地盤の上に埼玉県の木であるけやきの木が植えられ、さながら空中に出現した森のような雰囲気だ。近代的な高層ビル街にいながら自然の癒やしをチャージできる。

冬はブルーのイルミネーションに彩られる © さいたまスーパーアリーナ

MAP 別冊 P.16-C2

けやきひろば
🏠 さいたま市中央区新都心10 📞 048-601-1122 🕐 自由 🈑 なし 🉐 無料 🅿 あり 🚃 JR「さいたま新都心駅（西口）」から徒歩2分、JR「北与野駅」から徒歩5分

１階部分は飲食店街になっている

MAP 別冊 P.14-B2

与野公園
住 さいたま市中央区本町西1丁目
地内 TEL 048-711-2290 営 自由
休 なし 料 無料 P あり 交 JR
埼京線「与野本町駅（西口）」か
ら徒歩15分

色とりどりのバラが競いあうよう
に咲き見応えがある

MAP 別冊 P.14-C2

彩の国さいたま芸術劇場
住 さいたま市中央区上峰3-15-1
TEL 048-858-5500 営 9:00～19:00
休 不定休 料 公演により異なる
P あり 交 JR埼京線「与野本町
駅（西口）」から徒歩8分

音響や照明はもちろん、観覧のし
やすさにもこだわった作り

MAP 別冊 P.16-A1

おふろ café utatane
住 さいたま市北区大成町4-179-3
TEL 048-856-9899 営 10:00 ～ 翌
9:00 休 なし 料 時間制コース
550円～ P あり 交 ニューシャ
トル「鉄道博物館駅」から徒歩
10分

本場の木材を使用して建てられた
フィンランド風サウナも評判

約5万1000㎡もの広さをもつ
与野公園
よのこうえん

1877年（明治10年）に開園
した歴史ある都市公園。桜を
はじめとする花の名所でもあ
り、特に約190種、約3000
株ものバラが咲き乱れるバラ
園がすばらしい。広場や池、
子供用の遊具もあり、日頃か
ら近隣の人々の憩いの場とし
て親しまれている。

毎年5月には「ばらまつり」が開催される

埼玉から全国に芸術文化を発信
彩の国さいたま芸術劇場
さいのくにさいたまげいじゅつげきじょう

演劇、舞踊、音楽など舞台芸術の専門劇場。4つのホー
ルを稽古場・練習室で構成される。有名俳優も出演する演
劇作品や世界的な音楽家による公演が上演され、国内屈指
のダンス文化の拠
点としても知られ
ている。

建物内の円形広場や光あふ
れるガラス屋根の通路など、
建築的にも評価が高い

北欧文化に包まれて優雅にリラックス
おふろ café utatane
おふろかふぇうたたね

北欧がコンセプトのおしゃれでユニークな入浴施設。お
風呂やサウナで温まったあとは、ハンモックもあるリラッ
クススペースやライブラリー、おしゃれなメニューが揃う
カフェで1日中の
んびりできる。露
天風呂のお湯は白
寿の湯(→ P.101)か
らの運び湯。

入浴後にカフェでくつろい
だり雑誌やマンガを読みな
がらゴロゴロできる

Voice おふろ café utatane には宿泊スペースもあります。料金には入浴施設などが自由に使えるフリータイム入
館料が含まれており、大宮で気軽にお泊まりできる穴場スポットです。（さいたま市在住・B）

大宮セブンも待ってます!

大宮ラクーンよしもと劇場で爆笑ライブを体験!

大宮セブンとは?

「笑いの聖地を大阪から大宮へ!」を合言葉に集結したお笑いユニット。2022年現在のメンバー(2代目大宮セブン)は囲碁将棋、マヂカルラブリー、GAG、タモンズ、すゑひろがりず、ジェラードン、コマンダンテ。ライト層からコアまでファンも幅広い

生活には笑いが必要だ。誰かと一緒に笑いたいとき、ひとりで思いっきり笑いたいとき、大宮の爆笑空間でリフレッシュ!

JR大宮駅東口から歩いて1分。「大宮ラクーン」のビルに入っているよしもと劇場は席に余裕があれば当日飛び込みでも体験OK。エスカレーターでビル6階へと上がり、劇場内に入ると会場の小さいことにびっくり。座席数は141。小中学校の視聴覚室と同じくらいのスペースにぎっしりと椅子だけが並んでいて、舞台がめちゃめちゃ近い!ライブが始まると、いつもTVやネットで観ているあの芸人さんたちが本当に「すぐそこにいる」ことに感動する。キャパ大きめの会場では味わえない臨場感が、この劇場の最大の魅力だ。ネタ中に客席と即興のやりとりをする「客いじり」では出演者のお笑いポテンシャルも実感できる。舞台演出の暗転や大音響に泣き出す子供もいるが、舞台上から優しくアドリブで声をかける芸人さんには好感度も爆上がり。ハプニングがネタをよりおもしろくする瞬間もライブの楽しみだ。

劇場に登場する芸人さんは、開催日・開催時間

によって変わる。ホームページで出演者を確認してチケットを購入しよう。寄席公演では漫才やコントが披露され、企画ライブでは相方に関するクイズを出し合うなど当日限りのショーが楽しめる。推しの芸人さんの出演に合わせて購入するのもよし、テレビでそれほど注目していなかったコンビが、舞台で観ると即興のネタがおもしろかったりすることもある。「なんだか最近笑ってないなあ」という人はよしもと劇場で爆笑のひとときを!

ショップには吉本のキャラクターグッズが充実

マヂカルラブリー

公演は平日2〜3回週末は1日4回ほど

にぎやかな駅前ビルの6階がお笑いの聖地

大宮ラクーンよしもと劇場

MAP 別冊P.16-B1

🏠 さいたま市大宮区宮町1-60 大宮RAKUUN 6階 ☎048-782-6871 🕐平日15:00〜終演、土・日・祝12:00〜終演 休不定休 💴前売り1500〜2500円(公演内容により異なる) 🚉JR「大宮駅(東口)」から徒歩1分

人気の芸人さんが舞台袖の後輩芸人にマジロ調で怒るなど、レアなシーンが見られることもあります。「TVで観るのとは違う〜」と新たな発見があるのも劇場ならではの体験です。(所沢市在住・M)

「貴婦人」C57の
転車台回転の実演は
毎日15:00〜

鉄道史を彩った名車両が大集合

鉄道博物館へGO!

日本の鉄道で活躍した歴代の車両が展示された本館と、
鉄道を支える技術や仕事が楽しく学べる南館。大人も子供も大満足のミュージアムだ。

本館1・2階
車両ステーション

本館1階の車両ステーションには日本中を駆け巡り、鉄道の歴史を刻んできた36両の実物車両が一堂に並ぶ。特に見逃せない名物車両を紹介しよう。

明治4年製造

1号機関車
(150形蒸気機関車)

鉄道車両で
初の国重要
文化財です

明治5年、新橋〜横浜間の日本初の鉄道開業時に、イギリスから輸入された蒸気機関車のうちの1両

D51をシミュレータで操作

運転に連動して圧力計や速度計が動作する本格的なシミュレータで、蒸気機関車特有の振動も再現。体験料は510円。

「てっぱく抽選アプリ」で当選すると体験できる

明治13年製造

弁慶号機関車
(7100形蒸気機関車)

北海道最初の鉄道「幌内鉄道」で使われた蒸気機関車。アメリカから2両輸入され弁慶・義経と命名された

大正10年製造

ED40形電気機関車

国鉄最初の本線用国産機関車。信越本線横川〜軽井沢間の碓氷峠で活躍した。「アプト式」を採用している

昭和39年製造

21形新幹線電車
(0系電車)

東海道新幹線開業時に投入された新幹線の先頭車。最高速度は210kmで高度経済成長を支える大動脈に

明治13年製造

開拓使号客車
(コトク5010形)

アメリカンスタイルの豪華客車。明治初期の北海道開拓ではアメリカから車両を輸入し技術者も雇い入れた

昭和11年製造

クモハ40形電車

昭和初期に急増した通勤・通学者に対応するため車体を20mにして定員を増やした。車内見学も可能

昭和40年製造

クハ181形電車
(181系電車)

国鉄初の特急電車151系の改良型。上越本線「とき」、中央本線・信越本線「あずさ」などで活躍した

Voice D51シミュレータの体験時間は約15分間（事前抽選制）。本物の運転台が使われているため子供は手が届かず中学生以上が対象ですが、運転助手席なら子供も座れるので家族で楽しめます。（蕨市在住・F）

本館2・3階
科学ステーション

鉄道の科学をテーマにした「実験型ミュージアム」。実物の輪軸とパンタグラフに映像を合わせた展示や、架線から電気を集めるゲームなどが楽しめる。

遊びながら鉄道の仕組みを学ぼう

本館2階
鉄道ジオラマ

線路の総延長は約1.2km。総数約1400両から選んだHOゲージの模型車両（新幹線1/87、在来線1/80サイズ）が迫力いっぱいに駆け巡る。

てっぱくの中で一番人気の展示

本館2階
トレインレストラン日本食堂

食堂車がテーマのレストラン。天井の形や通路、テーブル席も食堂車の雰囲気で、鉄旅気分を味わえる。メニューはハンバーグなど洋食がメイン。

ノスタルジックな空間でゆったりと食事が楽しめる

南館1・2階
仕事ステーション

鉄道の運転士や車掌、駅係員や列車の運行指令員、車両の設計、線路やトンネルの保守、鉄道の建設工事など、鉄道を取り巻くさまざまな仕事が学べる。

フロアの中心には2両の新幹線が展示されている

南館3階
歴史ステーション

日本鉄道の歴史約150年を大きく6つに分けて展示。時代ごとの鉄道技術や当時の駅舎などが再現され、明治から現在までの鉄道の進化が理解できる。

明治・大正・昭和の時代へタイムスリップ

南館4階
ビューレストラン

窓から新幹線を眺めながら食事できるのが最大の魅力。大宮ナポリタンなど定番メニューのほか、列車乗務員のまかない丼ハチクマライスが人気。

ラーメンやスナックBOXなど気軽に

南館2階
シミュレータホール

205系、211系、E233系の在来線運転シミュレータがあり、鉄道車両の運転体験ができる。205シミュレータは山手線内回りの実写映像を使用。スクリーンは100インチが3面あり、迫力ある展望が見られる。

土・日・祝はてっぱく抽選アプリで応募
平日は抽選なし、先着順で体験できる

鉄博グルメも満喫しよう

館内には鉄旅気分が楽しめるグルメが充実。「駅弁屋」ではてっぱくランチBOXや新幹線E7系弁当が人気です。

鉄道博物館商品化許諾済
JR東日本商品化許諾済

鉄道博物館限定の弁当も味わえます

チケット Information

鉄道博物館の窓口では「入館券」を販売していない。事前にセブン-イレブン、ローソン、ミニストップの店舗で、日にちと時間指定の「入館券」を購入しよう。時間ごとに人数制限があり、希望の日時が完売する場合もあるので（特に土・日・祝）、出かける予定が決まったら早めに購入すること。
※2022年12月現在、年間パスポートは販売していない

鉄道博物館
MAP 別冊 P.16-A1

住さいたま市大宮区大成町3-47 ℡048-651-0088 営10:00〜17:00 休火（学校の休み期間は営業）、年末年始 料1330円（小中高生620円、3歳以上未就学児310円） Pあり（有料） 交ニューシャトル「鉄道博物館（大成）駅」から徒歩1分

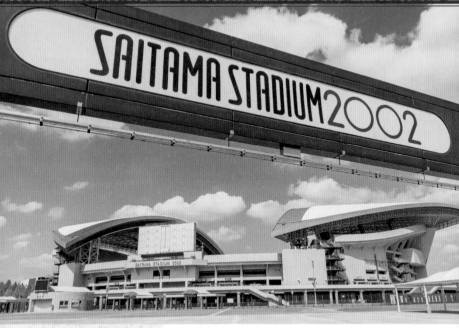

サッカー愛あふれる埼玉県の行政の中心地

浦和
うらわ

埼玉スタジアム 2002 は浦和レッズのホームスタジアム

人口	桜区 ▶	96,304 人
	浦和区 ▶	168,522 人
	南区 ▶	193,471 人
	緑区 ▶	132,308 人

🚉 エリア利用駅

浦和駅
JR 京浜東北線
JR 宇都宮線、JR 高崎線

南浦和駅
JR 京浜東北線、JR 武蔵野線

武蔵浦和駅
JR 埼京線、JR 武蔵野線

ヒント 東を京浜東北線、西を京浜東北線が縦断。両路線は武蔵浦和駅と南浦和駅を走る武蔵野線で結ばれている

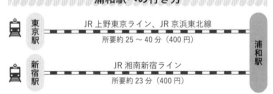

浦和駅への行き方

東京駅	JR 上野東京ライン、JR 京浜東北線 所要約 25 ～ 40 分（400 円）	浦和駅
新宿駅	JR 湘南新宿ライン 所要約 23 分（400 円）	

　旧浦和市は県内最大の人口を有した県庁所在地で、2001年にさいたま市となってからも埼玉県庁がおかれる行政の中心地。古来より調神社などの門前町として人が行き交い、江戸時代には中山道の浦和宿として発展。1870 年（明治 3 年）には明治政府によって県庁が設置され、浦和県と称された。また明治初期に教員養成機関が作られたのをきっかけに、多くの名門校が開校し「文教のまち」としても名をはせる。そして浦和は「サッカーのまち」としても知られている。1908 年（明治 41 年）に埼玉県師範学校がいち早くサッカーを取り入れ、県内でサッカーを普及させていった。1992年（平成 4 年）からは浦和レッズの本拠地となり、独自のサポーター文化を町の各所で感じられる。

  旧浦和市域は桜区、浦和区、南区、緑区の行政区がある。浦和区には浦和駅と北浦和駅など、埼スタのある緑区には浦和美園駅と東浦和駅、南区には南浦和駅と武蔵浦和駅と中浦和駅、桜区には西浦和駅がある。

歩き方

≫≫≫ 旧中山道沿いで浦和宿の歴史を感じる

浦和地区にはJR京浜東北線や埼京線などの路線が乗り入れており、エリア内には9つの駅がある。観光の起点となるのは1883年(明治16年)に県内初の駅と

旧中山道沿いには歴史を感じさせる建物が残っている

して誕生したJR浦和駅。うさぎの神社として知られる調神社は西口から徒歩10分ほどの旧中山道沿いにある。調神社から旧中山道を北上し、門前通りを左折すれば歴史ある古刹の玉蔵院。帰りには裏門通りと呼ばれるレトロな商店街に立ち寄るのも楽しい。また町を散策していると、江戸時代から街道の名物であるうなぎの店を多く目にするはずだ。

≫≫≫ 駅近で「サッカーのまち」を満喫!

浦和は駅を降りてすぐにサッカーと出合える町。JR浦和駅の東西連絡通路と西口中ノ島バスターミナルを結ぶ地下通路は、通称「浦和サッカーストリート」と呼ばれる浦和レッズ愛あふれる場所。壁面に浦和レッズの歴史や選手名鑑などが映し出され、オフィシャルショップの「レッドボルテージ」もある。西口にある伊勢丹の脇には、浦和レッズの選手の足型(キーパーは手型)などのレリーフが歩道に埋め込まれている。

浦和駅前でもサッカー熱の高さを実感できる

おさんぽプラン

❶ 浦和駅
　🚶 徒歩10分
❷ 調神社 　(▶ P.140)
　🚶 徒歩12分
❸ うらわ美術館 (▶ P.142)
　🚶 徒歩18分
❹ 北浦和公園 (▶ P.141)
　🚶 徒歩2分
❺ 北浦和駅

浦和 ◆ 歩き方

浦和うなこちゃん

浦和駅西口前に石像がある「浦和うなこちゃん」(MAP 別冊P.17-B1)は、江戸時代からの名物である浦和のうなぎをPRするために誕生したキャラクターで、『アンパンマン』の作家として知られる、やなせたかし氏の作。うなぎが描かれた前掛け姿がかわいらしく、さいたま観光大使にも任命されている。毎年5月に開かれるさいたま市浦和うなぎまつりでも出合うことができる。

伊勢丹の前に立つうなこちゃんの石像 © やなせたかし／やなせスタジオ

みちくさ手帳　埼玉県トップクラスの住みやすい街

再開発により住みやすい街のランキングで上位に輝くことも多い浦和。その理由は都内へのアクセスのよさ、文教地区ならではの落ち着いた雰囲気、不自由のない買い物環境など。特に県下トップの浦和高校をは

じめとするレベルの高い公立学校が集まっている点は子育て世代をひきつけ、教育のために浦和に転居する家族もいるほど。東京一極集中が見直されるようになってきた今、浦和人気は今後も高まっていきそうだ。

浦和区には高偏差値の学校と閑静な住宅街が広がっている

MAP 別冊 P.17-C1

調神社

住 さいたま市浦和区岸町 3 **TEL** 非公開 **営** 自由 **休** なし **料** 無料 **P** あり **交** JR「浦和駅（西口）」から徒歩 10 分

狛犬ではなく、うさぎが社殿を守っている

MAP 別冊 P.17-B1

埼玉会館

住 さいたま市浦和区高砂 3-1-4 **TEL** 048-829-2471 **営** 9:00〜19:00（休館日を除く）**休** 公演により異なる **P** あり **交** JR「浦和駅（西口）」から徒歩 7 分

彩の国さいたま芸術劇場（→ P.134）と同じ財団が運営している

MAP 別冊 P.17-C2

円蔵寺

住 さいたま市浦和区東岸町 1-29 **TEL** 048-882-2835 **営** 9:00 〜 16:30 **休** なし **料** 無料 **P** あり **交** JR「浦和駅（東口）」から徒歩 7 分

寺ヨガなど地元の人が集まる多彩なイベントを開催

地元で「つきのみや」と崇敬される

調神社（つきじんじゃ）

神代の創建と伝わる悠久の歴史をもつ古社。境内入口には鳥居がなく「うさぎ」が守る神域には注連縄が張られている。「調」が「月」と同じ読みであることから月待信仰と結びつき、手水舎や欄間などに祭神のお使いであるうさぎの像があしらわれている。

総けやきの権現造の社殿は江戸時代に再建されたもの

夜のライトアップも壮麗な雰囲気

埼玉会館（さいたまかいかん）

昭和天皇の御成婚を記念して、渋沢栄一が中心となり誕生した「御成婚記念埼玉會館」が前身の文化施設。現在の建物は 1966 年（昭和 41 年）に建て替えられたもので、日本モダニズム建築の巨匠である前川國男氏が設計した。外壁や床にタイルを多用し美しい。

コルビュジエの弟子、前川國男氏によるモダニズム建築

地域の憩いの場としても愛される

円蔵寺（えんぞうじ）

1462 年（寛正 3 年）に千葉の勝浦で開かれ、1897 年（明治 30 年）に浦和に移ってきた日蓮宗の寺院。誰でも気軽に訪れることのできる憩いと学びの場「寺子屋円蔵寺」では、写経会、寺ヨガや落語会などのイベントを開催。新たに仏縁を結ぶ場所となっている。

大正初期に建てられた木造の本堂。等身大の日蓮聖人像が祀られている

 Voice 円蔵寺の日蓮大聖人坐像（満願祖師）は全国的にも有数の大きさで、所願成就の功徳があると信仰を集めています。ご開帳申込にて、太鼓が鳴り響くなか拝する事ができます。（円蔵寺・住職 加藤良海さん）

文化が香る浦和のシンボル
北浦和公園
きたうらわこうえん

埼玉県立近代美術館や彫刻広場などアートを体感するスポットが点在する文化公園。10 ～ 20 時（9 ～ 2 月は～ 18 時）は 2 時間ごとに噴水が舞い踊る「音楽噴水」が見学できる。

「音楽噴水」で和みのひとときを　撮影：松本和幸

北浦和公園
住 さいたま市浦和区常盤 9
TEL 048-824-0111　営 自由　休 なし　料 無料　P なし　交 JR 京浜東北線「北浦和駅（西口）」から徒歩 3 分

国内外の作家による立体作品が点在する

海外の巨匠から日本の現代アートまで
埼玉県立近代美術館
さいたまけんりつきんだいびじゅつかん

北浦和公園内にある、黒川紀章氏設計の美術館。ピカソやシャガール、モネの作品を収蔵するほか、数々の名作椅子の展示がユニークだ。実際に座れるものも用意されている。

優れた近代アート作品を収蔵する
撮影：松本和幸

埼玉県立近代美術館
住 さいたま市浦和区常盤 9-30-1
TEL 048-824-0111　営 10:00 ～ 17:30（展示室への入場～ 17:00）
休 月（祝日は開館）　料 200 円
P なし　交 JR 京浜東北線「北浦和駅（西口）」から徒歩 5 分

天窓からやわらかい光が差し込むセンター・ホール

埼玉を代表する老舗書店チェーン
須原屋本店
すはらやほんてん

1876 年（明治 9 年）に創業した本屋さん。江戸にあった『解体新書』の版元を起源とし、創業当時から同じ場所で営業をしている。浦和レッズ関連の本など地元に根ざした品揃えが特徴。

観光の情報収集に立ち寄ってみるのもいい

須原屋本店
住 さいたま市浦和区仲町 2-3-20
TEL 048-822-5321　営 10:00 ～ 20:00　休 なし　CC ADJMV　P あり　交 JR「浦和駅（西口）」から徒歩 7 分

旧中山道に面しており店内も広々としている

中山道の史跡と文化財を訪ねる

江戸時代、浦和は中山道の宿場町として栄えた歴史をもつ。諸大名などの宿泊所だった浦和宿本陣跡（**MAP** 別冊 P.17-B1）は、明治天皇が氷川神社へ行幸される際にご休憩された場所でもある。現在、建物は取り壊されその姿を見ることはできないが、本陣があった場所にある仲町公園に浦和宿本陣跡の石碑が残されている。また本陣の表門は移築され「大熊家表門」として緑区に現存している。

「明治天皇行在所阯」と記された浦和宿本陣跡の石碑

うらわ美術館

🏠 さいたま市浦和区仲町 2-5-1 浦和センチュリーシティ 3 階 📞 048-827-3215 🕐 10:00 〜 17:00（入館〜 16:30）、金・土〜 20:00（入館〜 19:30） 🈺 月（祝日の場合は翌平日） 🈪 展覧会により異なる 🅿 あり 🚃 JR「浦和駅（西口）」から徒歩 7 分

地域に根ざし、地元ゆかりの作家たちの作品を収蔵している

さいたま市青少年宇宙科学館

🏠 さいたま市浦和区駒場 2-3-45 📞 048-881-1515 🕐 9:00 〜 17:00 🈺 月（祝日の場合は翌平日） 🈪 無料（プラネタリウム 520 円） 🅿 あり 🚃 JR「浦和駅（東口）」から国際興業バス 7 分「宇宙科学館入口」下車、徒歩 3 分

プラネタリウムと科学館からなる教育施設

浦和駒場スタジアム

🏠 さいたま市浦和区駒場 2-1-1 📞 048-882-8149 🕐 イベントにより異なる 🈪 イベントにより異なる 🅿 あり 🚃 JR「浦和駅（東口）」から国際興業バス 6 分「駒場運動公園入口」下車、徒歩 1 分

浦和レッズが命名権を獲得し 2012 年から「浦和駒場スタジアム」と呼ばれている

個性的なテーマの企画展も人気

うらわ美術館
うらわびじゅつかん

　さいたま市ゆかりの作家の作品を展示するほか、「本をめぐるアート」とする、本にまつわるアート作品のコレクションがユニークだ。また情報コーナーには国内外の絵本が多数揃っていて、自由に閲覧が可能。さまざまな企画展も行っている。

ロイヤルパインズホテル浦和が入るビルの 3 階にある

若田光一宇宙飛行士が名誉館長を務める

さいたま市青少年宇宙科学館
さいたましせいしょうねんうちゅうかがくかん

　科学館では宇宙と地球に関する展示をしており、土・日・祝日に開催されるサイエンスショーが子供に人気だ。さいたま市出身の若田光一宇宙飛行士に関する展示もある。プラネタリウムでは子供向けから大人も楽しめるプログラムが用意されている。

©GOTO

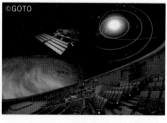

ストーリー性のあるプログラムを楽しめるプラネタリウム

浦和レッズのプライドの原点がここにある

浦和駒場スタジアム
うらわこまばすたじあむ

　浦和レッズのメインスタジアムとして使われていた陸上競技場。レッズサポーターにとっては数々の思い出が残る聖地で、2004 年 2nd ステージ優勝では「史上最大の紙吹雪」がスタンドに舞った。現在はおもに浦和レッズレディースの主戦場となっている。

1967 年（昭和 42 年）にオープンした歴史あるスタジアム

 Voice 駒場スタジアムで敗れて浦和の J2 降格が決まった 1999 年の最終節。うなだれる選手たちをスタンドの全サポーターが「We are REDS！」の大声援で励ましたときの感動が今も忘れられない。（編集・O）

「教育の街」浦和のシンボル

埼玉県立文書館
さいたまけんりつもんじょかん

1969年(昭和44年)の設立、埼玉に関する行政文書、古文書地図などを収集・収蔵する。埼玉県の歴史がわかる文書や地図を使った常設展示に加え、年3～4回の企画展も開催する。

1983年(昭和58年)に現在の独立官舎に移転している

MAP 別冊 P.17-B1

埼玉県立文書館
住 さいたま市浦和区高砂4-3-18 TEL 048-865-0112 営 9:00～17:00 休 月・祝、毎月末日(土・日を除く) 料 無料(要問合) P あり 交 JR「浦和駅(西口)」から徒歩15分、国際興業バス3分「県庁前」下車、徒歩3分

常設展は史料から埼玉県の歴史をひも解く

2000年以上の歴史をもつ古社

開

氷川女體神社
ひかわにょたいじんじゃ

武蔵国一宮として鎮座し、須佐之男命の妻である奇稲田姫命を主祭神とする。境内には見沼の竜伝説にちなんだ竜神を祀る竜神社もある。

生い茂る木々に囲まれ神秘的な空気が漂う境内

MAP 別冊 P.15-B4

氷川女體神社
住 さいたま市緑区宮本2-17-1 TEL 048-874-6054 営 自由 休 なし 料 無料 P あり 交 JR武蔵野線「東浦和駅」から国際興業バス9分「朝日坂上」下車、徒歩2分

巫女人形は願いがかなったら着物を着せて返納

昔の風景にタイムスリップ

浦和くらしの博物館民家園
うらわくらしのはくぶつかんみんかえん

旧浦和市にあった江戸時代中期から大正時代の建築物を移築復元した施設。現在市内に残る民家で最も古いとされる「旧蓮見家住宅」をはじめ、7棟の民家や倉庫などが点在している。

1858年(安政5年)頃建てられたとされる旧野口家住宅

MAP 別冊 P.15-C4

浦和くらしの博物館民家園
住 さいたま市緑区下山口新田1179-1 TEL 048-878-5025 営 9:00～16:30 休 月(休日を除く)、休日の翌日(土・日・祝、休館日を除く) 料 無料 P あり 交 JR「浦和駅(東口)」から国際興業バス21分「念仏橋」下車、徒歩1分

住居の内部も見学することができる

地元の家族連れでにぎわう

大崎公園
おおさきこうえん

広大な芝生広場や子供向け遊具、水遊びができるジャブジャブ池(7月中旬～8月末)があり、家族で楽しめる。カピバラやフラミンゴなどが飼育されている無料の子供動物園も人気。

歩きやすい規模で子供が楽しく過ごすことができる

MAP 別冊 P.15-B4

大崎公園
住 さいたま市緑区大崎3170-1 TEL 048-878-2882 営 自由(子供動物園は10:00～16:00) 休 なし。子供動物園は月(祝日の場合はその翌日) 料 無料 P あり 交 JR京浜東北線「川口駅(北口)」から国際興業バス10分「大崎園芸植物園」下車、徒歩8分

ヤギやモルモットと触れ合える子供動物園

 ロイヤルパインズホテル浦和(MAP 別冊 P.17-B1)は旧中山道沿いに立つ浦和のランドマーク。埼玉随一の格式を誇る大型シティホテルで、各国からの著名人やアスリートからも愛されている。

143

MAP 別冊 P.15-C4

見沼通船堀公園
🏠 さいたま市緑区大間木 123 **TEL**
048-829-1723（さいたま市文化
財保護課）🕐 自由 🈳 なし
🉐 無料 **P** なし 🚃 JR武蔵野
線「東浦和駅」から徒歩 15 分

8月下旬に当時の様子を再現する
閘門開閉実演が行われる

MAP 別冊 P.14-C2

別所沼公園
🏠 さいたま市南区別所 4-12-10
TEL 048-711-2290 🕐 自由 🈳 な
し 🉐 無料 **P** あり 🚃 JR埼
京線「中浦和駅（東口）」から徒
歩 5 分

水辺の景色が心を落ち着かせてく
れる

MAP 別冊 P.14-C2

レッズランド
🏠 さいたま市桜区下大久保 1771
TEL 048-840-1541 🕐 イベントに
より異なる 🈳 月（不定休あり）
🉐 イベントにより異なる **P** あり
🚃 JR「浦和駅（西口）」から国際
興業バス 26 分「下大久保」下車、
徒歩 13 分

初心者の女性を対象としたサッ
カー教室も開かれる

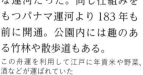

江戸との舟運に貢献した歴史ある運河

見沼通船堀公園
みぬまつうせんぼりこうえん

国指定史跡である日本最古
の閘門式運河。作られた 1731
年（享保 16 年）当時は、3 つの
水路の異なる水位差を埋めて
船を移動させるという画期的
な運河だった。同じ仕組みを
もつパナマ運河より 183 年も
前に開通。公園内には趣のあ
る竹林や散歩道もある。

この舟運を利用して江戸に年貢米や野菜、
酒などが運ばれていた

水と緑の調和が美しい公園

別所沼公園
べっしょぬまこうえん

別所沼を中心にレイアウトされた、7.9 ヘクタールもの
敷地をもつ広大な公園。別所沼で釣りが楽しめるほか、沼
の周囲には足に負担の少ない素材で舗装されたトリムコー
スが整備されてい
る。木々が生い茂
る敷地内はのんび
り過ごすのにぴっ
たり。

秋になると美しく色づく沼
沿いのメタセコイア並木

スポーツで地域を活性化する

レッズランド
れっずらんど

浦和レッズが運営する会員制の総合スポーツクラブ。整
備の行き届いたサッカー場やフットサル場、テニスコート
やラグビー場のほか、デイキャンプができるエリアも完備。
フットサルやキッ
ズサッカー教室、
テニスやランニン
グなどのスクール
も開催している。

利用には事前予約が必要で、
非会員でも利用可能

Voice 荒川の河川敷にある秋ヶ瀬公園（**MAP** 別冊 P.14-C2）は野球場やテニスコートなどスポーツ施設が充実し
ています。バーベキューエリアで BBQ も楽しめます。（さいたま市在住・O）

We are REDS!
浦和レッズ エンブレムの歩き方

浦和レッズのエンブレムを知っていますか？ クラブカラーで彩られた図案には浦和の文化と歴史、そしてサッカーへの熱い想いが込められています。

サクラソウ

エンブレムの両サイドにあしらわれたさいたま市の花、さくら草は「この地に根付く」ことを意味している。桜草公園の「田島ヶ原サクラソウ自生地」は、日本で唯一のサクラソウ自生地として国の特別天然記念物に指定されている名所だ。

荒川河川敷にあり近くにはレッズランドもある

桜草公園
MAP 別冊P.14-C2

住さいたま市桜区田島3542-1
TEL048-711-2290 営自由
休なし 料無料 Pあり
交JR武蔵野線「西浦和駅」から徒歩25分

鳳翔閣 ほうしょうかく

エンブレムの上部は1878年（明治11年）に建てられた「旧埼玉師範学校（現在の埼玉大学教育学部）」の校舎。明治41年にサッカー部が作られた埼玉サッカーの発祥地で、昭和12年度には全国中等学校蹴球大会で関東勢初の全国制覇を果たし、サッカー王国浦和の礎となった。さいたま市立浦和博物館に鳳翔閣の中央部外観が復元されている。

浦和博物館
MAP 別冊P.15-B3

住さいたま市緑区三室2458
TEL048-874-3960 営9:00〜16:30 休月(休日を除く)、休日の翌日(土・日・祝、休館日を除く) 料無料 Pあり（隣接する和楽荘の駐車場）交JR「北浦和駅（東口）」から東武バス13分「北宿」下車、徒歩3分

館内では浦和地域の生活資料を展示

サッカーボール

エンブレムの中央に鎮座するボールは「ひとつのボールにみんなが集まる」というクラブ理念を具現化したもの。2022年には埼玉スタジアムのコンコースでACL決勝で使われたボールが期間限定で展示されていた。また出会えたらラッキー！

2007年と2017年のACL決勝の試合球です

浦和で飲むなら **レッズサポが集う店♪** レッズの試合開催日には特に盛り上がります！

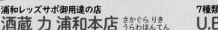

ビールで俺たちを熱くさせろ

浦和レッズサポ御用達の店
酒蔵 力 浦和本店 さかぐらりきうらわほんてん

レッズサポの集まる店といえばここ！ 店内の装飾は浦和レッズ一色で、試合開催日には開店から超満席となる。創業から50年以上、サッカーのまち浦和の発展とともに歩み続けてきた店の名物ドリンクは、その名も「レッズサワー」。産地直送、鮮度抜群の肉を使った串焼きやもつ煮込と一緒に味わおう。県内で13店舗を展開。

MAP 別冊P.17-B1

住さいたま市浦和区仲町1-3-7
TEL048-822-9443
営15:00〜24:00（土・日13:00〜）
休なし CCADJMV 交JR「浦和駅（西口）」から徒歩5分

7種類のクラフトビールが揃う
U.B.P Brewery ゆーびーぴーぶりゅわりー

浦和レッズサポーターが立ち上げたクラフトビール店。「ビール×フットボールの文化を浦和から世界へ」をコンセプトに、常時7種類のクラフトビールをタップから提供している。ランチタイム限定「GRANDE Cafe」のサンドイッチもビールと一緒におすすめだ。店内にビール醸造所があり、オリジナルビールも販売している。

MAP 別冊P.17-B1

住さいたま市浦和区高砂2-1-19 浦和ワシントンホテル1F TEL048-674-4685
営11:30〜22:00（L.O.〜21:30）
休不定休 CC不可 交JR「浦和駅（西口）」から徒歩3分

浦和レッズがJリーグ初優勝を果たした2006年12月2日の夜は浦和の街が赤いフラッグで埋め尽くされ、酒蔵 力の前では酒樽が振る舞われた。さながら路上の祝勝会場となり、朝までチャントで盛り上がった。

岩槻
いわつき

ジャンボひな段は岩槻まつりの見どころイベント

人口	岩槻区 ▶ 112,253 人

🏛 エリア利用駅

岩槻駅
東武アーバンパークライン
東岩槻駅
東武アーバンパークライン
豊春駅
東武アーバンパークライン

💡 大宮駅と春日部駅の中間に位置する岩槻駅。ほとんどの見どころは岩槻駅から徒歩圏内。東岩槻駅のひとつ隣の豊春駅は春日部市に属しているが、慈恩寺など北西部エリアの最寄り駅となっている

岩槻駅への行き方

東京駅	JR 上野東京ライン 所要約 34 分（570 円）	大宮駅	東武アーバンパークライン 所要約 8 〜 11 分（200 円）	岩槻駅
新宿駅	JR 湘南新宿ライン、JR 埼京線 所要約 32 〜 34 分（480 円）		東武アーバンパークライン 所要約 8 〜 11 分（200 円）	

　2005 年にさいたま市に合併した岩槻は、室町時代に岩槻城が築城されて以来、城下町として発達した。江戸時代には岩槻藩として栄え、日光御成道の岩槻宿としてもにぎわってきた歴史をもつ。今では城郭の一部しか見ることができないが、かつての岩槻城は周囲 8km にも及ぶ大きな外郭をもち、県内の 3 名城のひとつに数えられていた。江戸幕府の将軍が日光へ参じる際には岩槻城に宿泊をしたという。また岩槻は「人形のまち」として全国に知られている。これは、諸説あるが日光東照宮建設の際に全国から集められた匠たちが岩槻に居着き、雛人形などを作ったのが始まりともいわれている。材料となる良質な桐が豊富だったことと岩槻の水が顔料の発色に適していたことから、岩槻人形は岩槻を代表する特産品となった。

 岩槻人形は桐材のおがくずである桐粉から作られているのが特徴。桐粉で作った頭部に衣装を着せた衣装人形や、頭部と同じく桐粉で作った胴体に筋彫りを施し、布を木目込んで作る木目込人形がある。

歩き方

城下町の風情を感じる歴史散歩

おもな観光スポットは岩槻駅周辺に多く点在。東口周辺はかつての城下町エリアにあたる。なかでも岩槻人形博物館周辺は、かつては城下町の武家屋敷が立ち並んでいた場所で、

将軍が日光へ向かう際に使われた旧日光御成道

裏小路や江戸小路などの通り名にその面影が残る。岩槻人形博物館近くの裏小路公園にある小路のマップ看板は町歩きの参考になるだろう。岩槻人形博物館へは東口から徒歩10分ほど。途中で岩槻藩邊喬館に立ち寄るのもおすすめだ。博物館から200mほど足を延ばせば時の鐘にも立ち寄れる。そこからさらに10分ほど歩けば岩槻城址公園だ。

人形のまちならではの伝承文化

岩槻が「人形のまち」であることは、岩槻駅を出た瞬間から感じることができる。東口周辺には多くの人形店が立ち並び、気になった店に立ち寄りながらのんびりと歩くのも楽しい。そんな人形のまち岩槻をより満喫するなら、毎年2月中旬から3月初旬にかけて行われる「まちかど雛めぐり」の時期に訪れるのがおすすめ。東口周辺の商店を中心に約70もの店舗などに代々伝わる雛飾りが飾られ、期間中には流しびなや和太鼓など各種イベントも行われる。

桜の名所としても知られる岩槻城址公園

おさんぽプラン

① 岩槻駅
　🚶 徒歩10分
② 岩槻大師 彌勒密寺
　　　　　（▶ P.150）
　🚶 徒歩10分
③ 岩槻藩邊喬館
　　　　　（▶ P.149）
　🚶 徒歩3分
④ さいたま市岩槻人形博物館
　　　　　（▶ P.148）
　🚶 徒歩10分
⑤ 岩槻駅

人形の町のからくり時計

岩槻駅のロータリーには高さ8mのからくり時計があり、時間になると琴や笛の音色とともに艶やかな人形が舞を披露する。演出時間は月～金の10時、12時、15時、18時、20時。土日の10～15時までは毎時登場する。雨天の場合は中止。

人形が登場し優美な踊りを披露してくれる

みちくさ手帳

大正レトロ建築を訪ねる

東玉大正館（**MAP** 別冊 P.18-A1）は、元中井銀行岩槻支店として大正後期に建築された洋館。煉瓦タイルが貼られた外壁や、特徴的なアーチが配された入口、左右対称の重厚感ある作りが見事に国の有形文化財に登録されている。通常は通りから眺めることしかできないが、「まちかど雛めぐり」などのイベント時には内部を見学することも可能だ。東武アーバンパークライン岩槻駅から徒歩8分。

直線的なデザインでモダンな雰囲気も併せもつ

さいたま市岩槻人形博物館

住 さいたま市岩槻区本町 6-1-1
☎ 048-749-0222 **営** 9:00 〜
17:00（入館〜16:30）**休** 月（休
日の場合は開館）**料** 300 円
P あり **交** 東武アーバンパーク
ライン「岩槻駅（東口）」から徒
歩 9 分

人形をテーマにした日本初の公立
ミュージアム

災いを取り除き益をもたらすといわ
れるクジャクが飼育されている

久伊豆神社

住 さいたま市岩槻区宮町 2-6-
55 **☎** 048-756-0503 **営** 5:00
〜19:00（社務所 9:00 〜 16:00）
休 なし **料** 無料 **P** あり
交 東武アーバンパークライン「岩
槻駅（西口）」から徒歩 20 分

岩槻城址公園

住 さいたま市岩槻区太田 3-4 **☎**
048-757-9122 **営** 自由 **休** なし
料 無料 **P** あり **交** 東武アーバ
ンパークライン「岩槻駅（東口）」
から徒歩 20 分

一度民間に払い下げられた岩槻城
の裏門も移築されている

日本文化の中に息づく人形の美と歴史

さいたま市岩槻人形博物館
さいたましいわつきにんぎょうはくぶつかん

　人形玩具研究家として知られた日本画家、西澤笛畝
（1889 〜 1965）が収集したコレクションを中心に、質量
ともに第一級の人形を展示。岩槻をはじめとする埼玉の人
形作りの伝統も紹
介し、常設展示で
は映像を交えて制
作工程も学べる。

江戸時代に制作された古今
雛をはじめ歴史的価値のあ
る人形を展示

宮家ゆかりの孔雀がシンボル

久伊豆神社
ひさいずじんじゃ

　約 1500 年の歴史をもつ、武州岩槻の総鎮守。江戸の鬼
門除けとしての役割も果たしていた。大国主命を祀り、縁
結びや安産、除災招福の御利益で知られる。岩槻城址の
一部である森に囲
まれた境内は、県
の「ふるさとの森」
にも選ばれている、
野鳥の宝庫だ。

「くいず」とも読めることか
らクイズや勝負運に強い神
社としても知られる

岩槻藩の居城であった岩槻城の遺構が残る

岩槻城址公園
いわつきじょうしこうえん

　岩槻城址に作られた市民に愛される公園。岩槻城の土塁
が現存しており、園内には岩槻城の黒門が移築されている。
約 600 本の桜が咲く桜の名所としても知られ、池に架け
られた朱塗りの八
ツ橋と桜がおりな
す風景は古きよき
日本の情緒を感じ
させてくれる。

雅な雰囲気が漂う菖蒲池に
架かる八ツ橋

  久伊豆神社の境内で飼育されている、神社のシンボルでもある孔雀は、宮家である朝香宮殿下から奉納さ
れた由来をもつ。大切に育てられており、境内では元気な姿を見ることができる。

悠久の時を刻む歴史ある鐘

時の鐘
ときのかね

1671 年（寛文 11 年）に当時の岩槻城主が設置した鐘楼。1720 年（享保 5 年）の改鋳を経て、現在も毎日朝夕 6 時と正午の 3 回、音色を響かせる。

江戸時代には毎日 12 回つかれていたという時の鐘

MAP 別冊 P.18-A2

時の鐘
🏠 さいたま市岩槻区本町 6-2
📞 なし 🕐 自由 休 なし 料 無料
P なし 交 東武アーバンパークライン「岩槻駅（東口）」から徒歩12 分

住宅地の中にある。案内板を目印に見つけよう

県内に残る唯一の藩校

岩槻藩遷喬館
いわつきはんせんきょうかん

儒学者児玉南柯が 1799 年（寛政 11 年）に開いた私塾。その後、岩槻藩の藩校となった。現在残るのは教場のみだが、解体修理と復元を経て当時の姿が再現されている。

城下町時代の姿を彷彿させる茅葺屋根の建物

MAP 別冊 P.18-A1

岩槻藩遷喬館
🏠 さいたま市岩槻区本町 4-8-9
📞 048-757-5110 🕐 9:00〜16:30
休 月（休日を除く）、休日の翌日（土・日・祝、休館日を除く）料 無料
P あり 交 東武アーバンパークライン「岩槻駅（東口）」から徒歩 8 分

岩槻藩士の子弟が学問や武術を学んだ場所

岩槻の歴史を伝える

岩槻郷土資料館
いわつききょうどしりょうかん

岩槻城に関する資料や国指定史跡である真福寺貝塚の出土品を展示する資料館。1930 年（昭和 5 年）に建てられた旧岩槻警察署庁舎を利用し、建物は国の有形文化財に登録されている。

建造時に流行していたアールデコ調のデザイン

MAP 別冊 P.18-B1

岩槻郷土資料館
🏠 さいたま市岩槻区本町 2-2-34
📞 048-757-0271 🕐 9:00 〜 16:30
休 月（休日を除く）、休日の翌日（土・日・祝、休館日を除く）料 無料 P あり 交 東武アーバンパークライン「岩槻駅（東口）」から徒歩8 分

時の鐘の屋根にふかれていた露盤と宝珠

岩槻が誇る地酒を味わいたい

鈴木酒造
すずきしゅぞう

岩槻の老舗酒蔵。試飲コーナーのほか、岩槻の地酒を全種取り揃える直売店も併設されている。店の 2 階が資料室になっており、昔の日本酒の製造方法などを学ぶことができる。

1871 年（明治 4 年）に創業した歴史ある酒蔵

MAP 別冊 P.18-A1

鈴木酒造
🏠 さいたま市岩槻区本町 4-8-24
📞 048-756-0067 🕐 10:00 〜
17:00 休 月（酒蔵資料館は臨時休館あり）料 酒造資料館 100 円
P あり 交 東武アーバンパークライン「岩槻駅（東口）」から徒歩10 分

酒造りの道具などが展示される酒蔵資料館

 Voice レストラン大手門（**MAP** 別冊 P.18-A2）は岩槻城址公園の向かい、市民会館いわつき内にある人気食堂。埼玉 B級ご当地グルメ王決定戦で 2 度の優勝を誇る名物の豆腐ラーメンを味わってみて！（さいたま市在住・R）

149

岩槻大師 彌勒密寺

MAP 別冊 P.18-B1

岩槻大師 彌勒密寺
🏠さいたま市岩槻区本町 2-7-35
📞 048-756-1037 🕐自由（地下仏殿お砂踏み遍路は 9:00 〜 16:30） 🚫なし 💴無料（地下仏殿は 200 円） 🅿あり 🚃東武アーバンパークライン「岩槻駅（東口）」から徒歩 10 分

赤い大きな提灯が掲げられた山門

MAP 別冊 P.7-A3

慈恩寺
🏠さいたま市岩槻区慈恩寺 139 📞 048-794-1354 🕐自由 🚫なし 💴無料 🅿あり 🚃東武アーバンパークライン「豊春駅（西口）」や「東岩槻駅（北口）」から徒歩 25 分

玄奘三蔵法師の霊骨が安置されている玄奘塔

MAP 別冊 P.15-A4

武蔵第六天神社
🏠さいたま市岩槻区大戸 1752 📞 048-799-1014 🕐自由（社務所 8:00 〜 17:00） 🚫なし 💴無料 🅿あり 🚃東武アーバンパークライン「岩槻駅（東口）」から朝日バス 11 分「巻の上」下車、徒歩 14 分

川の恵みに感謝する元荒川和船まつりが 7 〜 8 月に行われる

岩槻大師と呼ばれ親しまれる

岩槻大師 彌勒密寺
いわつきだいし みろくみつじ

弘法大師空海の生まれ年である 774 年（宝亀 5 年）に草創されたと伝わる、真言宗の歴史ある寺院。御本尊は不動明王。本堂の地下には四国八十八ヶ所の御本尊と各霊場寺院の砂が奉納されており、お砂踏みをすると四国遍路と同じ御利益があるとされる。

関東三十六不動霊場の第 31 番札所である古刹

坂東三十三観音霊場の第 2 番札所

慈恩寺
じおんじ

824 年（天長元年）に慈覚大師によって開かれたとされる天台宗の寺院。本尊は千手観世音菩薩で、夫婦円満、家庭平穏などの御利益があるとされ、特に子宝に恵まれるとして信仰されている。玄奘塔には玄奘三蔵法師の霊骨が分骨されている。

日光社参の際に徳川将軍が立ち寄ることもあったという

自然豊かな元荒川の川辺に鎮座する

武蔵第六天神社
むさしだいろくてんじんじゃ

神の使いである青い烏天狗と赤い大天狗が描かれた「向かい天狗」の絵馬で有名。埼玉の自然百選にも認定されており、境内では樹齢数百年といわれる見事な藤の花をはじめとする、四季折々の花々が楽しめる。月替わりのカラフルな御朱印も評判だ。

1782 年（天明 2 年）創建。疫病除けや病気平癒に御利益があるとされる

にぎわい交流館いわつき（**MAP 別冊 P.18-A1**）では陶芸、木目込、ブレスレット作りなどのワークショップを毎月開催している。基本的に 10 名の定員制（抽選）なので、興味があれば早めに申し込もう。

城下町の伝統を感じる
人形の名産地 岩槻の1年

人形のまち・岩槻では1年を通じて人形に関する行事が開かれている。
人形とともにある城下町ならではの文化を肌で感じてみよう。

久伊豆神社の境内に飾られた壮麗な雛人形は必見

城下町の街かどはひな人形の博物館！

老舗料亭「ほてい家」の2階大広間の室礼

2月下旬～3月中旬
人形のまち岩槻
まちかど雛めぐり

開催場所 岩槻駅東口周辺の各商店街

地区内の商店などで、代々伝わってきた人形が飾られる。岩槻を代表する木目込人形の製作も体験可。おひなさまパレードも開かれる。

流しびなはひな祭りのルーツです

3月3日直近の日曜
人形のまち岩槻
流しびな

開催場所 岩槻城址公園内の菖蒲池

子供たちの健やかな成長と無病息災を願って、雛人形の原型とも伝わる「さん俵」を池に流す行事。　流しびなのさん俵は会場で購入できる

市民が参加する七段飾りのジャンボひな段

8月下旬
人形のまち 岩槻まつり

開催場所 メイン広場、県道2号線など

幅10m、高さ8mものジャンボ雛段に、実際に雛人形に仮装した人々がのぼる人間雛飾りが披露される。人形仮装パレードや岩槻黒奴保存会の演舞など催しもいろいろ。

11月3日
人形供養祭

開催場所 岩槻城址公園内の人形塚

使わなくなったり壊れてしまったりした人形を、僧侶たちの読経とともにお焚き上げする儀式。

人形のまち 岩槻ならではの伝統行事です

西洋人形やぬいぐるみなども供養される

 彩info 『人形のまち岩槻 まちかど雛めぐり』は期間中にさまざまな場所で催しが開かれる。詳しい日時は岩槻人形協同組合のホームページ（🌐 www.doll.or.jp/event/）で確認できる。

エリアナビ

川口・越谷・春日部エリア

埼玉県の南東部に位置し、東京23区と千葉県に接する。
荒川や古利根川などが流れ、水と緑に恵まれたエリアで、
川口市や戸田市をはじめ東京のベッドタウンも多く、
大型商業施設などの買い物スポットも充実。
日光街道の宿場町の面影を残す史跡や建物も点在している。

1 鋳物や植木で知られる東京の一大ベッドタウン

川口市

P.154 **MAP** 別冊 P.7-C3

荒川を隔てて東京23区に接し、マンションが立ち並ぶ一大ベッドタウン。鋳物で栄えたものづくりの町で、郊外には埼玉県花と緑の振興センターなど植木や植物のスポットも多い。

川口西公園（リリアパーク）は川口駅西口駅前にある憩いの空間

旧田中家住宅の煉瓦館

2 舟運で発展した水辺の町と歴史ある日本一小さな市

戸田市・蕨市

P.162 **MAP** 別冊 P.6-C2〜P.7-C3

荒川を挟み東京と接する戸田市は、江戸時代に渡し舟が往来。ボート競技の戸田漕艇場が有名な水辺の町。中山道蕨宿の面影を残す蕨市は、日本一小さい市で人口密度が高い。

荒川河川敷の調整池沿いに広がる彩湖・道満グリーンパーク

国道16号線は大型トラックなどが多く、時折渋滞が発生する

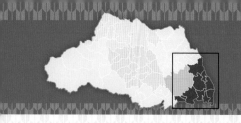

このエリアでしたいこと "5"

❶ 首都圏外郭放水路で地下探検 ▶ P.27,179
❷ 草加松原遊歩道で歴史散歩 ▶ P.173
❸ 久伊豆神社でパワーチャージ ▶ P.42,168
❹ 彩湖・道満グリーンパークを散策 ▶ P.164
❺ はかり屋の古民家でグルメ満喫 ▶ P.89

東京方面からのアクセス

🚗 練馬IC	環八通り、国道122号など /15km 所要 30〜60分		川口

| 🚗 練馬IC | 東京外環自動車道など /29km 所要 30分 ETC 990円 | 岩槻IC | 国道16号など /9km 所要 30分 | 春日部 |

旧日光街道の国道4号線沿いには歴史をしのばせる史跡も点在する

---

❸ 買い物に便利な水郷の町と自然あふれるなまずの里

越谷市・吉川市・松伏町

P.166　MAP 別冊 P.7-B3〜B4

元荒川や古利根川、中川流域で千葉県との境に位置。越谷市は日光街道の宿場町として発展、大規模調整池の周囲にイオンレイクタウンや住宅が開発された。吉川市はなまずの里として知られる。松伏町は水田や公園が点在。

四季折々の風景が楽しめる越谷市日本庭園 花田苑

❹ 草加せんべいと水辺の風景を楽しめる町

草加市・三郷市・八潮市

P.172　MAP 別冊 P.7-B4〜C4

東京都と千葉県に接し、県南東端に位置。草加せんべいで有名な草加市は宿場町として栄え、松尾芭蕉が歩いた「おくのほそ道の風景地　草加松原」がある。武蔵野操車場跡地に大型商業施設が集まる三郷市や八潮市は水辺の町。

「おくのほそ道の風景地　草加松原」の矢立橋

❺ クレヨンしんちゃんと世界最大級の地下放水路

春日部市

P.176　MAP 別冊 P.7-A3〜A4

日光街道の粕壁宿として栄え、匠の技を継ぐ桐箱は全国一の生産地。昭和時代には東洋一のマンモス団地が建設された。漫画・アニメ「クレヨンしんちゃん」の舞台巡りや地下神殿と呼ばれる世界最大級の首都圏外郭放水路も見学したい。

春日部駅でクレヨンしんちゃんがお出迎え

鋳物や植木などの産業で発展した伝統あるものづくりの町

川口市
（かわぐちし）

さいたま市に次ぐ県内第2位の人口を誇る川口市

| 人口 | 川口市 ▶ 604,715 人 |

🚋 エリア利用駅

川口駅
JR 京浜東北線

西川口駅
JR 京浜東北線

川口元郷駅
埼玉スタジアム線

南鳩ヶ谷駅
埼玉スタジアム線

鳩ヶ谷駅
埼玉スタジアム線

新井宿駅
埼玉スタジアム線

ヒント 埼玉スタジアム線は東京メトロ南北線と接続している

川口駅への行き方

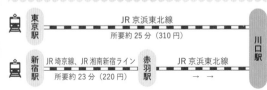

| 東京駅 | JR 京浜東北線 | | 川口駅 |
| | 所要約 25 分（310 円） | | |

| 新宿駅 | JR 埼京線、JR 湘南新宿ライン | 赤羽駅 | JR 京浜東北線 |
| | 所要約 23 分（220 円） | | → → |

　荒川を隔てて東京都に接する川口市は、東京都の一大ベッドタウン。江戸時代に市内を南北に貫く形で日光御成道が整備され、宿場町として栄えた歴史をもつ。将軍が日光社参に出向く際は、市内にある錫杖寺が休憩所として使われていた。また荒川や日光御成道という運搬経路に恵まれたことから、古くから地場産業として鋳物工業が発達した。鋳物の町としての川口は映画「キューポラのある街」でも描かれている。1970 年代に入ると、オイルショックの影響もあり鋳物業は衰退、工場跡地はマンションや商業施設として大規模開発された。また北東部に位置する安行地区は、江戸時代から現在にいたるまで、全国有数の花植木の生産地。安行桜（安行緋寒桜）は安行の園芸家である沖田氏が接ぎ木して広めたものだ。

  彩info　JR 西川口駅の西口周辺には中華料理店が集まっており、リトルチャイナタウンを形成している。広東料理や四川料理などのほか香港飲茶やウイグル料理など、バラエティに富んでいるのも魅力だ。

歩き方

文化やアートが息づく町を散策

鋳物産業で栄えた「ものづくりの町」川口。JR川口駅を玄関口とする市の中心部には、アートを身近に感じられるスポットや、体験型の文化施設が点在している。多くの見どころへ徒歩やバスで簡

樹（じゅ）モールの呼び名で親しまれている川口銀座商店街

単にアクセス可能だ。バス乗り場がある東口には大型商業施設や市の公共施設が立ち並び、駅から直接ペデストリアンデッキでアクセスできる。が、ここはぜひ地上に降りて駅前のキュポ・ラ広場へ。キューポラのモニュメントや鋳物職人の像に、鋳物の町川口の面影が見て取れるはずだ。また川口駅の東側には懐かしい面影を残す川口銀座商店街（樹モール）があり、ドン・キホーテ像などの鋳物像などが見学できる。

郊外で花々や草木を楽しむ

川口に通るもうひとつの鉄道である埼玉スタジアム線は、鳩ヶ谷地区や安行地区などへのアクセスに便利。古くから

ソメイヨシノよりひと足先に見頃を迎える密蔵院の安行桜

植木の里として名をはせている安行地区には、珍しい植物が見られる「埼玉県花と緑の振興センター」などの植物に特化した施設や、安行桜の名所でもある「密蔵院」など花々に癒やされるスポットが点在している。

おさんぽプラン

① 川口駅
🚶 徒歩12分
② 錫杖寺 （▶ P.156）
🚶 徒歩4分
③ 川口市立文化財センター （▶ P.155）
🚶 徒歩15分
④ 旧田中家住宅 （▶ P.158）
🚶 徒歩23分
⑤ 川口駅

キュポ・ラ内の観光案内所

観光案内所でもある川口市観光物産協会は、JR川口駅東口前に立つキュポ・ラ本館の2階と5階にある。市内のルートマップや観光相談のほか、特産のおみやげも紹介している。隣にはカフェも併設されている。

✅ **川口市観光物産協会**

MAP 別冊 P.19-C1

🏠 川口市川口 1-1-1 **TEL** 048-228-2111 🕐 10:00〜17:00 休 土・日・祝、第3金曜 **P** なし

🚃 JR京浜東北線「川口駅（東口）」から徒歩1分

公共施設と商業施設が入るキュポ・ラ

みちくさ手帳

キューポラのあった街

「鋳物の町」川口を象徴するもののひとつが、キューポラだ。キューポラとは鉄の熔解炉のこと。最盛期にはあちこちにキューポラが林立し、町には金属の溶けた匂いが漂っていたという。その当時の様子は、吉永小百合が主演した1962年（昭和37年）公開の映画作品「キューポラのある街」で観ることができる。現在町の風景は一変したが、町の発展を支えた鋳物の歴史は、文化財センター（→下段はみだし）で知ることができる。

1964年東京五輪の聖火台も川口で鋳造された

彩info 川口市立文化財センター（**MAP** 別冊 P.19-C2）は鋳物業の歴史や当時製作された鋳物製品など、市の文化財に焦点を当てて紹介・展示する施設。獅子舞などの民俗芸能も紹介されている。

155

MAP 別冊 P.19-C1

川口総合文化センター リリア

住 川口市川口 3-1-1　**TEL** 048-258-2000　**営** 9:00～22:00（テナントにより異なる）　**休** 不定休　**料** 公演により異なる　**P** あり　**交** JR 京浜東北線「川口駅（西口）」から徒歩 1 分

全身が音に包み込まれる 600 席の音楽ホール

MAP 別冊 P.19-C2

錫杖寺

住 川口市本町 2-4-37　**TEL** 048-222-2046　**営** 自由　**休** なし　**料** 無料　**P** あり　**交** JR 京浜東北線「川口駅（東口）」から徒歩 13 分

弘法大師空海の教えを引き継ぐ真言宗の寺院

MAP 別冊 P.15-C3

ゴリラ公園

住 川口市芝 4341　**TEL** 048-242-6337　**営** 自由　**休** なし　**料** 無料　**P** あり　**交** JR 京浜東北線「南浦和駅（東口）」から徒歩 18 分

休日には BMX のレースが開催されることもある

MAP 別冊 P.19-B1

アリオ川口

住 川口市並木元町 1-79　**TEL** 048-257-4111　**営** 店舗により異なる　**休** なし　**CC** 店舗により異なる　**P** あり　**交** JR 京浜東北線「川口駅（東口）」から徒歩 8 分

目の前の公園は市民の憩いのスポット

駅前にあるコンサートホール
川口総合文化センター リリア
かわぐちそうごうぶんかせんたー りりあ

コンサートや寄席が開かれるホールやギャラリーなどをもつ多目的文化センター。特に音響効果を計算して作られた音楽ホールが秀逸で、本格的なパイプオルガンも設置されている。

川口駅前に立つ、地上 14 階建てのひときわ目立つ建物

徳川家と深い関係をもつ古刹
錫杖寺
しゃくじょうじ

江戸時代に将軍が日光社参の際の休憩所とされた由緒ある寺院。740 年（天平 12 年）に行基菩薩が結んだ草庵が起源とされ、本尊の延命地蔵菩薩は、行基菩薩作と伝わる。

1975 年（昭和 50 年）に建て替えられた本堂

巨大ゴリラの像が目印！
ゴリラ公園
ごりらこうえん

十数分ごとに目が動く大きなゴリラ像で有名な公園。園内には本格的な BMX コースがあり、休憩場や汚れた BMX を洗う場所も完備。外郭環状線の高架下に位置し、雨でも練習可能だ。

公園の名称の通り高架下に巨大なゴリラ像が立っている

駅近で便利なショッピングモール
アリオ川口
ありおかわぐち

スーパーや各種店舗、映画館などを併設し、多目的に楽しむことができる。フードコートが充実しているので食事にも便利だ。目の前に公園があり、買い物後にくつろげるのもいい。

さまざまなチェーン店が入る大型商業施設

Voice 前川神社（MAP 別冊 P.19-A1）は荒ぶる河川を鎮める神を祀っていて、厄除けや災難除けの御利益があります。本殿奥の祖霊社前に鎮座する珍しい顔つきの狛犬も必見です。（川口市在住・K）

気軽にアートを体験できる施設

川口市立アートギャラリー・アトリア
かわぐちしりつあーとぎゃらりー・あとりあ

川口市の芸術活動の拠点となる市民参加型ギャラリー。常設の収蔵品はなく、企画展やワークショップ、各種講座など、いろいろな形でアートを体験できる。

こぢんまりとした美術施設。企画展で開催時間は異なる

MAP 別冊 P.19-B1

川口市立アートギャラリー・アトリア
住 川口市並木元町1-76
電 048-253-0222　営 10:00〜18:00（入館〜17:30）　休 月（祝日の場合は翌平日）　料 イベントにより異なる　P なし　交 JR京浜東北線「川口駅（東口）」から徒歩8分

美しい万華鏡の世界に触れる

日本万華鏡博物館
にほんまんげきょうはくぶつかん

万華鏡収集家であり館長の大熊進一氏による、約3300本もの万華鏡コレクションを展示している。オリジナルキットによる万華鏡作り体験もおすすめだ。

予約優先なので事前に予約して訪れよう

MAP 別冊 P.19-B1

日本万華鏡博物館
住 川口市幸町2-1-18-101
電 048-255-2422　営 10:00〜18:30　休 不定休（予約があれば開館）　料 1000円（万華鏡作り体験は別途3000円〜）　P なし　交 JR京浜東北線「川口駅（東口）」から徒歩5分

楽しみながら科学を学べる

川口市立科学館・サイエンスワールド
かわぐちしりつかがくかん・さいえんすわーるど

SKIPシティ内にある体験型の科学館。約40の実験装置がある展示室や実験ショー、プラネタリウムなど、大人も子供も楽しめる工夫が凝らされている。

美しい星空と迫力ある映像のプラネタリウムがおすすめ

MAP 別冊 P.19-A2

川口市立科学館・サイエンスワールド
住 川口市上青木3-12-18 SKIPシティ内　電 048-262-8431
営 9:30〜17:00（入館〜16:30）　休 月（祝日の場合は翌平日）　料 210円（プラネタリウムは410円）　P あり　交 JR京浜東北線「川口駅（東口）」から国際興業バス13分「川口市立高校」下車、徒歩5分

映像技術を体感できる

SKIPシティ映像ミュージアム
すきっぷしてぃえいぞうみゅーじあむ

映像の仕組みを学び、実際に映像や映画の作り方を体験できる施設。アナウンサー体験などの体験型展示は、大人も子供も楽しめる。

映画「カメラを止めるな！」のロケ地にも使われた

MAP 別冊 P.19-A2

SKIPシティ映像ミュージアム
住 川口市上青木3-12-63
電 048-265-2500　営 9:30〜17:00（入館〜16:30）　休 月（祝日の場合は翌平日）　料 520円　P あり　交 JR京浜東北線「川口駅（東口）」から国際興業バス13分「川口市立高校」下車、徒歩5分

個人利用でもスポーツ教室でも楽しめる

青木町平和公園
あおきちょうへいわこうえん

全天候型の陸上競技施設をもつスポーツ公園。市内の鋳物師が手がけた1964年（昭和39年）に開催された東京五輪の聖火台レプリカなどの鋳物作品も点在する。

夏には25m、50mプールも利用可能

MAP 別冊 P.19-B1

青木町平和公園
住 川口市西青木4-8-1　電 048-251-6893　営 施設により異なる　休 施設により異なる　料 無料　P あり　交 JR京浜東北線「西川口駅（東口）」から徒歩10分

川口神社（**MAP 別冊 P.19-C2**）は川口市の総鎮守。杉島貞七郎保英が奉納した神鏡を収蔵している。主祭神の金山彦命（かなやまひこのみこと）は鍛冶・鉱業の神様で鋳物の守護神として敬われている。

MAP 別冊 P.19-B2

鎮守氷川神社
住 川口市青木 5-18-48　TEL 048-
252-5483　営 9:00～17:00（社務
所～16:30）　休 なし　料 無料
P あり　交 埼玉スタジアム線
「南鳩ヶ谷駅（2番出口）」から徒
歩18分

毎月15日に
横尾忠則デザ
インの御朱印
帳を授与して
いる

MAP 別冊 P.19-C2

旧田中家住宅
住 川口市末広 1-7-2　TEL 048-222-
1061（川口市立文化財センター）
営 9:30～16:30（入館～16:00）
休 月（祝日の場合は翌平日）
料 210円　P あり　交 埼玉スタ
ジアム線「川口元郷駅」から徒
歩8分
※連絡先、営業時間、休館日、
料金等は令和5年度より変更と
なる場合があります

MAP 別冊 P.19-A2

鳩ヶ谷氷川神社
住 川口市鳩ヶ谷本町 1-6-2
TEL 048-284-3838　営 自由（御朱
印授与は 9:00～17:00）　休 なし
料 無料　P あり　交 埼玉スタ
ジアム線「鳩ヶ谷駅（1番出口）」
から徒歩5分

根本でひとつに
結ばれている御
神木の夫婦楠

MAP 別冊 P.7-C3

郷土資料館
住 川口市鳩ヶ谷本町 2-1-22
TEL 048-283-3552　営 9:30～
16:30　休 月（祝日の場合は翌平
日）　料 100円　P あり　交 埼
玉スタジアム線「鳩ヶ谷駅（1番
出口）」から徒歩10分

川口市の歴史と
文化をわかりや
すく紹介

开 神話に登場するスサノオノミコト夫妻を祀る
鎮守氷川神社
ちんじゅひかわじんじゃ

　スサノオノミコトとクシ
ナダヒメの夫婦神を祀り、
縁結びや安産、家庭円満の
御利益があるとされる。縁
結びの木とされる「夫婦椋」
と、樹齢400年以上のケヤ
キ「元気の木」も必見。

創建以来、川口の信仰のよりどころと
なっている

🏠 国指定重要文化財の歴史的建造物
旧田中家住宅
きゅうたなかけじゅうたく

　地元の名士である田中徳
兵衛氏が所有していた住宅。
大正から昭和初期の和洋折
衷様式が見事。重厚な煉瓦
造りの洋館をはじめ、最高
級木材が使われた和館など
見どころが多い。

眺望を重視して3階に作られたという
大広間は必見

开 パワーに満ちた御神水が湧く
鳩ヶ谷氷川神社
はとがやひかわじんじゃ

　日光御成道の旧鳩ヶ谷
宿の中心部にある、創立
1394年（応永元年）の鳩ヶ
谷地区の総鎮守。御祭神は
スサノオノミコト。境内に
湧く御神水を自由に頂くこ
とができる。

厄除け、夫婦円満、縁結びの御利益が
あるとされる

🏠 見て、触れて、学べる
郷土資料館
きょうどしりょうかん

　市内各地の民俗文化や歴
史に触れられる資料館。市
内で出土した旧石器時代の
土器などの遺物のほか、生
活用品や遊び道具などに実
際に触れて学べる体験展示
や企画展示もしている。

当時の生活用品に触れて昔の人々の暮
らしを想像してみよう

Voice　川口市内には中核となる9つの神社があり、この「川口九社」を線で結ぶと勾玉の形となり、まるで町を
結界で守っているかのよう。鎮守氷川神社などで専用の勾玉御朱印帳も入手できます。（川口市在住・A）

毎月28日はお不動様のご縁日

地蔵院
じぞういん

鎌倉時代に制作された木造の不動明王像は、県指定有形文化財。追い風を受ける荒々しい姿がすばらしく「追い風不動」と呼ばれている。御霊木である樹齢600年のタブノキも必見。

平安時代開創という長い歴史をもつ真言宗の寺院

MAP 別冊 P.15-C4

地蔵院
🏠 川口市桜町5-5-39 📞 048-281-1347 ⏰ 自由 🈚 なし 💰 無料 🅿 あり 🚋 JR京浜東北線「川口駅（東口）」から国際興業バス30分「峯八幡宮」下車、徒歩5分

毎月28日（13〜15時）の護摩祈願で公開される追い風不動

四季折々の花を観賞できる

川口市立グリーンセンター
かわぐちしりつぐりーんせんたー

年間を通してさまざまな花で彩られる憩いの公園。フィールドアスレチックや展望スベリ台などの遊具は子どもに大人気。売店やレストランも完備。ドラマや特撮の撮影にも使われる。

花壇広場の大噴水は10:00、12:00、14:00に運転（季節・天候により変更あり）

MAP 別冊 P.15-C4

川口市立グリーンセンター
🏠 川口市新井宿700 📞 048-281-2319 ⏰ 9:00〜17:00（入園〜16:00） 🈚 火（祝日の場合は翌平日） 💰 310円 🅿 あり 🚋 埼玉スタジアム線「新井宿駅（1番出口）」から徒歩10分

わんぱく広場、さくら広場を走るミニ鉄道

花植木の町ならではのスポット

埼玉県花と緑の振興センター
さいたまけんはなとみどりのしんこうせんたー

季節ごとに美しい花をつける樹々、ハンカチの木やナンジャモンジャの珍しい樹木、ハーブなど、およそ2000種類以上の樹木。2ヘクタールの敷地は県道を挟んで東と西に分かれており、歩道橋で結ばれている。

観賞用を中心とした花木類を展示する埼玉県の施設

MAP 別冊 P.7-B3

埼玉県花と緑の振興センター
🏠 川口市安行1015 📞 048-295-1806 ⏰ 9:00〜16:30（10〜3月は〜16:00） 🈚 なし 💰 無料 🅿 あり 🚋 埼玉スタジアム線「戸塚安行駅（1番出口）」から徒歩15分

埼玉県の県花、サクラソウも植えられている

川口市有数の古刹

密蔵院
みつぞういん

550年余りの歴史をもつ寺院。境内には地元由来の安行桜が植えられており、春のお彼岸の頃に満開となる。見開き御朱印など5種類の御朱印が用意されているのも楽しみのひとつだ。

平安時代に慈覚大師によって作られた延命地蔵菩薩を御本尊とする

MAP 別冊 P.7-B3

密蔵院
🏠 川口市安行原2008 📞 048-296-0774 ⏰ 自由（授与所9:00〜16:00） 🈚 なし 💰 無料 🅿 あり 🚋 埼玉スタジアム線「戸塚安行駅」から国際興業バス7分「安行支所」下車、徒歩7分

毎年3月中旬に桜まつりが開催される

密蔵院の東側にある「九重神社」は安行地区を守る氏神様。本殿の脇には樹齢500年を超える椎の大樹2本が生いしげり、この御神木の見開き御朱印が季節ごとに9種類ほど頒布されている。

日本で唯一の
ベーゴマ会社が
あります！

キューポラをモチーフ
にした川口市のゆる
キャラ「きゅぼらん」

現在の川口駅前の風景。左にある
建物は複合商業施設キュポ・ラ

キューポラの街、
川口はベーゴマの聖地。

鋳物の街として知られる川口だが、鋳物工場のシンボルであるキューポラから赤い炎と黒煙が立ち上る風景に替わり、現在は高層マンションが建ち並ぶ。時代の流れに抗うように、最も小さな鋳物製品のひとつであるベーゴマを唯一専門に製造販売する会社がある。

昭和を感じさせるベーゴマ
で遊ぶ子供の人形（郷土資
料館 所蔵）

キューポラのある街から
本当に住みやすい街へ

　古くから鋳物業が盛んだった川口だが、鋳物の街、キューポラの街として、全国的にその名が知られるようになったのは、吉永小百合主演の映画『キューポラのある街』(1962年公開)のヒットによるところが大きい。キューポラとはコークスの燃焼熱を利用して鉄を溶かす炉のことであり、溶かした鉄(湯という)を型に流し込み、冷えて固まった後、型から取り出して作る金属製品が鋳物である。

　鋳物の生産額が全国の約3分の1を占めていた1947年(昭和22年)頃の最盛期には700を超える鋳物工場があったが、現在は50程度(川口鋳物工業協同組合加盟は約40社)にまで減少している。

　埼玉県の南東部に位置する川口は、都心へのアクセスがよいことから、鋳物工場跡にマンションや住宅が建設されるようになる。新しい住民が増えることで、粉塵や

音、匂いなどの問題でトラブルが発生するようになり、鋳物工場は移転、閉鎖を余儀なくされ、急速にその数を減らしていった。鋳物工場自体が他の種類の工場に比べ広い敷地をもっていたこともマンションの建設に好都合であり、都市化・ベッドタウン化を加速させる要因となった。

　川口は半世紀のうちに、鋳物の工場地帯から暮らしやすい街へと様変わりし、住宅ローン大手が行う首都圏の「本当に住みやすい街大賞」では、2020、2021年は1位、2022年は2位のランキングとなっている。

背景はアルミ製のベーゴマ金型。かつては
木製だったが耐摩耗性の高いアルミ製に変
わった（郷土資料館 所蔵）

荒川沿いに広がる昭和30年代の工業地帯の風景（川口市教育委員会提供）

2度の消滅の危機を乗り越えて

　川口の郷土資料館の西側にはベーゴマを作り続けている**日三鋳造所**（ **MAP** **P.7-C3**）がある。

　昭和レトロブームのなかで再び注目されているベーゴマだが、2度の消滅の危機があった。最初は1970年（昭和45年）の川口駅前の再開発のときである。ベーゴマは手間がかかり、単価も低いので専門に作る会社はなく、仕事と仕事の合間の手が空いたときや「湯」が余ったときに作るもので、仕事というよりも小遣い稼ぎの色彩が強かったという。当時ベーゴマを製作していた鋳物工場が駅周辺に60くらいあったが、それが一斉に閉鎖となったのだ。その際、ベーゴマの製造から手を引く同業者、そして市長からもベーゴマ作りを託されたのが日三鋳造所（代表取締役辻井俊一郎）である。

　その後30年近くベーゴマを作り続けるが、1998年（平成10年）に再び危機が訪れる。日三鋳造所はモーターのハウジングなどを中心に製造する会社だったが、主力となっていた熟練の職人（鋳物師）が4人同時に定年を迎えることになり、廃業という選択がなされたのだ。

　キューポラを解体する前に約2年分の在庫を作って備えていたものの、いよいよ在庫がなくなる頃になると、全国のベーゴマファンから数多くの手紙が寄せられるようになった。なかには小遣いの100円玉が貼り付けられた子供からの手紙もあったという。そんな熱い声に後押しされて、ベーゴマ製造の再

世代を超えてベーゴマ道場に集う川口市民たち

ベーゴマの底をヤスリで削るなどカスタマイズして強くするのも楽しみのひとつと語る辻井社長

開を決意、キューポラを残して操業している河村鋳造所へ製造を委託し、2000年から製造販売を行うことになった。

ベーゴマの聖地として

　それから20余年、日三鋳造所ではベーゴマを専門に製造を続けている。辻井社長はベーゴマ普及のために、製造再開の翌年の2001年に「川口ベーゴマクラブ」を発足させる。毎月第1土曜日に川口駅西口リリア公園で「ベーゴマ道場」を主催するほか、県外でもイベントや大会を開催している。イベント会場で初めて会った高齢者と子供が楽しそうに会話をしているのを見るたびに、「ベーゴマは世代を超えて人と人をつなぐ不思議な力をもっていることを実感する」と辻井社長は語る。

　年に一度の「全国ベーゴマ選手権大会」は常に川口市内で開催される。日三鋳造所、そして川口はまさにベーゴマの聖地である。

ベーゴマはもともと貝だった？

郷土史料館に所蔵されたバイ貝

ベーゴマは、平安時代に京都の周辺でバイ貝の貝殻に砂や粘土を詰めて、ひもで回したのが始まりといわれている。関東に伝わってからバイゴマという名前が訛り、ベーゴマと呼ばれるようになった。関西では現在も「バイ」や「バイゴマ」といわれている。現在のような鉄製のものは、明治の末から大正の中頃に作られ始めた。（日三鋳造所資料より）

取材協力：日三鋳造所 http://www.beigoma.com
川口市立文化財センター分館郷土資料館 https://www.kawaguchi-bunkazai.jp/kyoudo/

将軍を筆頭に多くの人々が利用した「戸田の渡し」

戸田市・蕨市
と だ し　わらび し

荒川に架かる戸田橋。この橋を越えると東京都だ

| 人口 | 戸田市 ▶ 141,887 人 |
| | 蕨市 ▶ 75,282 人 |

🚃 エリア利用駅

戸田公園駅
JR 埼京線

戸田駅
JR 埼京線

北戸田駅
JR 埼京線

蕨駅
JR 京浜東北線

ヒント 戸田市内はコミュニティバス「toco」が 5 つのルートで運行。蕨市内はコミュニティバスぷらっとわらびが、蕨駅西口より 8 〜 17 時台まで 1 時間に 1 本運行

戸田公園駅への行き方

| 🚃 東京駅 | JR 上野東京ライン、JR 京浜東北線 所要約 24 〜 39 分（310 円） | 赤羽駅 | JR 埼京線 → → | 戸田公園駅 |
| 🚃 新宿駅 | JR 埼京線 所要約 20 分（310 円） | | | |

　東京都との県境、荒川沿いの戸田は、川とともに発展してきた水辺の町。江戸時代には御鷹場としてにぎわい、かつ中山道の要所である戸田の渡しがあったことから、舟運でも栄えた歴史をもつ。また 1964 年（昭和 39 年）の東京オリンピックでは戸田漕艇場がボート競技会場として使われ、現在でも頻繁に競技が行われている。戸田市と西で接する蕨市は日本で最も面積が小さい市。東京 23 区を除く全国の市町村で最も高い人口密度をもつベッドタウンであり、市内のほぼ全域が住宅街だ。江戸時代には中山道の宿場町「蕨宿」として栄えた歴史をもつ。荒川の手前にあるため、増水時に足止めされた旅人で非常ににぎわったという。また 1946 年（昭和 21 年）から開催されている「成年式」が、現在の成人式のもととなったことでも有名だ。

 彩info 江戸時代から昭和にかけて、蕨は木綿織物の「双子織」で全国に名を馳せた。現在「双子織」は幻の織物となってしまったが、当時の資料を元に「新織蕨双子」として再現され市内のショップで販売されている。

歩き方

》》水辺の行楽地でリフレッシュ！

都内の主要鉄道駅からスムーズにアクセスできる戸田は、JR埼京線の戸田駅と戸田公園駅が玄関口。花火大会が行われる荒川河川敷や、大学や企業の艇庫が並ぶ戸田漕艇場、

荒川河川敷を利用した公園など水辺の町ならではのスポットが多い

戸田公園にアクセスするには戸田公園駅が便利だ。これらの見どころは駅（西口）の南方向に位置するが、そのまま南へ直進すると漕艇場の裏手に突き当たってしまい、大回りして向かうことになる。駅を背にして高架沿いの道を左方向に進んだ先にある竜作橋を渡ってアクセスするのが最も近い。

》》旧中山道で宿場町の面影を訪ねる

JR京浜東北線蕨駅を玄関口とする蕨は、日本一小さな市であり、市の端から端までは約4km。しかもアップダウンがなくほぼ平坦なことから、市内の見どころへはほぼ徒歩でアクセス可能だ。旧中山道沿いには、蕨本陣跡をはじめとする中山道蕨宿の面影を残す風情のある建物が点在。蕨市立歴史民俗資料館で、蕨宿のジオラマなどを見学

中山道に残る宿場町の歴史を伝える史跡を訪ねてみよう

してから散策するのがおすすめだ。旧中山道へは駅西口を出て直進し、徒歩13分ほど。帰りは県道17号線を通って駅方面へ向かえば、成年式発祥の地記念像の立つ蕨城址公園や和樂備神社にも立ち寄れる。

おさんぽプラン

❶ 戸田公園駅
　　　🚶 徒歩20分
❷ 埼玉県営戸田公園
　　　（▶ P.164）
　　　🚶 徒歩60分
❸ 彩湖・道満グリーンパーク
　　　（▶ P.164）
　　　🚶 徒歩40分
❹ 戸田市立郷土博物館
　　　（▶ P.164）
　　　🚶 徒歩10分
❺ 戸田駅

蕨は成人式発祥の地

蕨市で1946年から開催されている「成年式」は、現在全国で行われている成人式のもととなったもの。初めての「成年式」は、終戦後間もない若者たちを励ますため、町の青年団が中心となって企画した「青年祭」のオープニングとして行われた。これをきっかけに1948年に「成人の日」が設定され、全国で成人式が行われるようになった。蕨城址公園には成人式発祥の地記念像が置かれている。

✓ 成人式発祥の地記念像

MAP 別冊P.18-B2
🏠 蕨市中央4-21　📞 048-432-2477（教育部歴史民俗資料館）　🚃 JR京浜東北線「蕨駅（西口）」から徒歩13分

かつて蕨城があった場所に立つ記念像

荒川河川敷の戸田橋花火大会

8月の第1土曜に開催される「戸田橋花火大会」は、迫力満点の花火観賞ができる。荒川や戸田漕艇場といったオープンスペースに恵まれていることで安全に尺玉も打ち上げることができ、スターマインとの共演も見事だ。例年、荒川を挟んで同時開催される「いたばし花火大会」と両岸で合わせて約1万2000発の花火を楽しめる。有料席での観覧は、より臨場感が味わえる。詳細は公式サイト（URL www.todabashi-hanabi.jp）をチェック。

頭上で大輪の花が咲くような大迫力の花火を観賞できる

彩湖・道満グリーンパーク

彩湖・道満グリーンパーク
🏠 戸田市大字重瀬 745 他
📞 048-449-1550（公益財団法人 戸田市水と緑の公社） ⏰ 7:30〜18:30（11〜3月は〜17:30）
🚫 なし 🎫 無料 🅿 あり
🚃 JR 埼京線・武蔵野線「武蔵浦和駅（西口）」から国際興業バス 9分「彩湖・道満グリーンパーク入口」下車、徒歩 2分

休日は多くの人でにぎわう BBQ 広場。手ぶらで楽しめる有料プランもある

埼玉県営戸田公園
🏠 戸田市戸田公園 5-27
📞 048-442-2424 ⏰ 自由
🚫 なし 🎫 無料 🅿 あり
🚃 JR 埼京線「戸田公園駅（西口）」から徒歩 20分

1964 年の東京オリンピックで使われた聖火台が置かれている。川口市で製造されたもの

戸田市立郷土博物館
🏠 戸田市大字新曽 1707
📞 048-443-5600 ⏰ 10:00〜16:30 🚫 第 2・4・5 月曜（祝日の場合は営業）、月末日（土・日・祝の場合は営業） 🎫 無料
🅿 あり 🚃 JR 埼京線「戸田駅（西口）」から徒歩 10分

荒川を越える「戸田の渡し」でにぎわった戸田渡船場に関する展示物も豊富

66.7 ヘクタールの巨大公園

彩湖・道満グリーンパーク
さいこ・どうまんぐりーんぱーく

　荒川河川敷の調整池「彩湖」沿いに広がる公園。サイクリングロードや BBQ 広場などをはじめ、スポーツ施設も充実。「彩湖自然学習センター」では周辺の動植物についても学べる。都心の近くながら四季を通じて豊かな自然に触れることができる。

ウインドサーフィンやカヌーを楽しむ人々の姿も見られる彩湖

艇庫が並ぶ、ボート競技の聖地

埼玉県営戸田公園
さいたまけんえいとだこうえん

　1964 年（昭和 39 年）の東京オリンピックで利用された歴史をもつ、国内唯一の人工静水ボートコースの戸田漕艇場を中心に広がる公園。桜をはじめとする木々やベンチも多く、のんびり過ごせる。漕艇場ではボートの練習風景も見ることができる。

ボートの練習風景を眺めながら走る川沿いのジョギングコースとしても人気

戸田市立中央図書館の 3 階にある

戸田市立郷土博物館
とだしりつきょうどはくぶつかん

　常設展示のテーマは「荒川の流れと収穫の日々〜低湿地のくらし」。古代から現代までの戸田の歴史を時系列で紹介。市内の遺跡から発掘された土器や埴輪も展示されている。荒川流域の交通の要衝として発展を遂げていく様子が見て取れる。

常設展示では江戸時代後期の民家を復元し、生活の様子を解説している

Voice 荒川河川敷にあるヤクルト戸田球場はヤクルトスワローズ 2 軍の本拠地です。彩湖・道満グリーンパークの東側で観客席とグラウンドの距離が近く臨場感たっぷり。観戦席は 500 円〜。（戸田市在住・U）

蕨市最大の公園
蕨市民公園
わらびしみんこうえん

広々とした芝生の広場をはじめ、人工のせせらぎや池が配された憩いの場。子供向けのアスレチックや遊具も用意されている。春には花見客でにぎわう。

公園をぐるりと囲むように桜の木が植えられている

蕨市民公園
住 蕨市塚越5-1　TEL 048-444-3658
営 自由　休 なし　料 無料
P あり　交 JR 京浜東北線「蕨駅（東口）」から徒歩13分

多くの遊具があり、子供ものびのびと遊べる

蕨城跡地に隣接する
和樂備神社
わらびじんじゃ

足利将軍家一族であった渋川氏が築いた蕨城の守り神として、八幡神を祀ったのが始まり。かつては村社八幡社と呼ばれていたが、明治時代に18社を合祀し和樂備神社と改名された。

1996年（平成8年）に社殿が全焼したが、翌年新社殿が完成した

 MAP 別冊 P.18-B2

和樂備神社
住 蕨市中央4-20-9　TEL 048-431-2549　営 自由（社務所 9:00～16:30）　休 なし　料 無料　P あり　交 JR 京浜東北線「蕨駅（西口）」から徒歩13分

かつて蕨城のお堀の一部であった神池

宿場町として栄えた歴史を伝える
蕨市立歴史民俗資料館
わらびしりつれきしみんぞくしりょうかん

旧中山道に面する、蕨宿本陣の跡地に立つ。旅籠や商家、本陣の様子などを再現し江戸時代の蕨宿の様子を紹介するとともに、市における綿織物産業の歴史を知ることもできる。

日本橋から数えてふたつめの宿場町だった蕨の本陣があった場所に立つ

 MAP 別冊 P.18-B2

蕨市立歴史民俗資料館
住 蕨市中央5-17-22　TEL 048-432-2477　営 9:00～16:30　休 月（祝日の場合は火曜も休館）、祝日　料 無料　P なし　交 JR 京浜東北線「蕨駅（西口）」から徒歩15分

江戸時代の宿泊施設、旅籠の様子を再現したコーナー

3200点もの作品を所蔵する
河鍋暁斎記念美術館
かわなべきょうさいきねんびじゅつかん

幕末から明治時代前半に活躍した狩野派絵師、河鍋暁斎の作品などを中心に展示。暁斎のひ孫の自宅を改装したこぢんまりとした館内は、2ヵ月ごとに展示を変える工夫が凝らされている。

展示作品は2ヵ月ごとに入れ替わるので、繰り返し訪れて楽しめる

 MAP 別冊 P.18-C2

河鍋暁斎記念美術館
住 蕨市南町4-36-4　TEL 048-441-9780　営 10:00～16:00　休 火・木（祝日は開館）、毎月26日～末日　料 600円　P あり　交 JR 京浜東北線「西川口駅（西口）」から徒歩20分

住宅街の中にあるアットホームな美術館

 蕨市立歴史民俗資料館には旧中山道沿いに歩いて3分ほどの場所に分館がある。大正時代の織物商家の建物を利用していて趣たっぷり。内部には商家の当主が所蔵していた渋沢栄一直筆の扁額も飾られている。

豊かな川の流れとともに発展してきた水の町
越谷市・吉川市・松伏町
こしがやし　よしかわし　まつぶしまち

旧日光街道沿いにかつての宿場町の面影が残る越谷市

人口	越谷市 ▶ 343,866 人
	吉川市 ▶ 73,001 人
	松伏町 ▶ 28,394 人

🏢 エリア利用駅

南越谷駅
JR 武蔵野線
新越谷駅
東武スカイツリーライン
越谷レイクタウン駅
JR 武蔵野線
越谷駅
東武スカイツリーライン
吉川駅
JR 武蔵野線

ヒント 南越谷駅と新越谷駅は隣接していて乗り換えできる

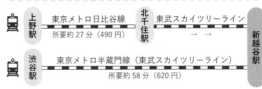

新越谷駅への行き方

🚃 上野駅	東京メトロ日比谷線 所要約 27 分（490 円）	北千住駅	東武スカイツリーライン →　→	新越谷駅
🚃 渋谷駅	東京メトロ半蔵門線（東武スカイツリーライン） 所要約 58 分（620 円）			

　県の南東部に位置する越谷付近は多くの川が流れ、古くから交通の要として舟運が発達、江戸時代には日光街道の宿場町、越ヶ谷宿として栄えた。近代に入ると治水対策として大相模調節池を設置し、周辺地域を「越谷レイクタウン」として整備。日本最大のショッピングセンターも開業し、ますますのにぎわいを見せている。また県民の鳥であり国の天然記念物でもある「越ヶ谷のシラコバト」でも有名だ。吉川市は古くからの稲作地帯。用水路に生息するなまずを使った料理でも知られており、現在も「なまずの里」として、なまずの養殖やなまずグッズ販売に力を入れている。藁工芸も盛んで、国技館の土俵だわらは吉川市で制作されていた。松伏町も同様に稲作が盛ん。水田や公園が点在する、癒やしの風景にあふれた町だ。

 彩info　越谷の夏の風物詩は、毎年 7 月下旬に行われる越谷花火大会。スターマインを中心に約 5000 発が打ち上げられる。観覧場所は東武スカイツリーライン越谷駅東口から徒歩 7 分。アクセスしやすいのも魅力だ。

歩き方

≫ 水とともにある町「水郷こしがや」

越谷へは鉄道でのアクセスが便利。南北に東武スカイツリーライン、東西にJR武蔵野線が走り、おもな見どころへは駅から徒歩やバスでアクセスできる。イ

日本最大のショッピングモール、イオンレイクタウン

オンレイクタウンといった近代的施設と「こしがや田んぼアート」など水郷ならではの風景を一度に楽しめるのも魅力。旧日光街道沿いには、越ヶ谷宿で栄えた時代を彷彿とさせる古民家や蔵も残る。旧日光街道へは東武スカイツリーライン越谷駅東口が出発点。東口を出てすぐの高架下にある、観光案内と越谷の物産を販売する「ガーヤちゃんの蔵屋敷」にも立ち寄りたい。越ヶ谷宿御朱印も販売されている。

≫ 都内にほど近い「里」でのんびり

吉川市の玄関口はJR武蔵野線吉川駅。駅周辺には名物のなまず料理を賞味できる店もある。また線路沿いを東へ進むと、約3.4kmにわたる桜並木があり、春には花見を楽しむことができる。松伏町には鉄道は通っていないが、

吉川駅や越谷市のせんげん台駅などから、バスでのアクセスが可能。風車のある松伏総合公園、まつぶし緑の丘公園などの美しい公園で、時を忘れてリラックスしたい。

まつぶし緑の丘公園など、公園や田園風景を楽しめる

おさんぽプラン

1 越谷駅
　徒歩 20分
2 久伊豆神社　（▶ P.168）
　徒歩 20分
3 越谷市日本庭園 花田苑（▶ P.168）
　徒歩 20分
4 東埼玉資源環境組合 展望台
　バス&徒歩 18分
5 越谷駅

越谷は藤の名所

4月末から5月上旬にかけて越谷は藤の見頃を迎える。久伊豆神社の参道のほか、越谷市役所わきの藤だな通りは絶好の観賞スポットだ。

✓ 藤だな通り

MAP 別冊 P.20-B1
住 越谷市越ヶ谷 4-2-1　TEL 048-967-4680（越谷市経済振興課）
P なし　交 東武スカイツリーライン「越谷駅（東口）」から徒歩9分

川沿いに整備された藤棚。散策路としても魅力的

みちくさ手帳

日光街道・越ヶ谷宿の名残へ

日光街道の江戸・日本橋から数えて3番目の宿場町として栄えた越ヶ谷宿。現在も旧日光街道沿いには、当時の面影を残す建物が点在している。国登録有形文化財の木下半助商店や複合施設はかり屋（→ P.89）とし

て再利用されている古民家をはじめとする、木造の古い建物や蔵を見ることができる。また蒲生の一里塚は、県内の日光街道筋に残る唯一のものだ（一里塚とは街道沿いに1里ごとに設置されたもの）。

ショップやレストランが入る注目のリノベスポット、はかり屋

彩info　吉川市は「なまずの里」と呼ばれ、吉川駅南口のロータリーには日本一大きな金色のなまずのモニュメントが立つ。北口を出て右側ガード下にある「ラッピーランド」はなまずグッズや町の特産品が揃う観光案内所。

167

久伊豆神社

MAP 別冊 P.20-B1

久伊豆神社
住 越谷市越ヶ谷 1700　TEL 048-962-7136　営 5:00〜18:30 (10〜2月は18:00、11〜2月は5:30〜)　休 なし　料 無料　P あり　交 東武スカイツリーライン「北越谷駅 (東口)」から徒歩 15 分

藤棚は池のほとりにある。樹齢200 年の藤の木は県の天然記念物に指定されている

越谷市日本庭園 花田苑

MAP 別冊 P.20-B2

越谷市日本庭園 花田苑
住 越谷市花田 6-6-2　TEL 048-962-6999　営 9:00〜17:00 (土・日・祝〜19:00)。10/1〜3/31 は〜16:00　休 なし　料 100 円　交 東武スカイツリーライン「越谷駅 (東口)」から朝日バス 10 分「花田苑入口」下車、徒歩 2 分

能や日本舞踊などの伝統芸能を鑑賞できる県内唯一の屋外能舞台であるこしがや能楽堂

キャンベルタウン野鳥の森

MAP 別冊 P.20-A1

キャンベルタウン野鳥の森
住 越谷市大吉 272-1　TEL 048-979-0100　営 9:00〜16:00 (入園〜15:30)　休 月 (祝日の場合は翌日)　料 100 円　P あり　交 東武スカイツリーライン「北越谷駅(東口)」から茨急バス 8 分「小田急弥栄団地入口」下車、徒歩 3 分

アカビタイムジオウムなどオーストラリアに生息する鳥が飼育されている

徳川将軍からも崇敬された武蔵国の古社

久伊豆神社
ひさいずじんじゃ

　大国主命と言代主命を祀る越谷の総鎮守。平安時代中期から除災招福の神として武士や庶民から信仰を集め、代々の徳川将軍も鷹狩りに訪れた際には参拝に立ち寄ったとされる。登竜門の彫刻が施された手水舎の先には御霊水が湧き出している。(→ P.42)

拝殿前の狛犬は家族の絆を結ぶという願いを込めて麻で足を結ばれている

和の心を感じる日本庭園

越谷市日本庭園 花田苑
こしがやにほんていえん はなたえん

　池を中心に茶室などを配した廻遊式池泉庭園。藤や紫陽花、菖蒲などの花々のほか、風情たっぷりの竹林など四季折々の情緒的な風景が楽しめる。隣接する「こしがや能楽堂」では日本舞踊や薪能などが上演される。事前申し込みで茶室の利用も可能 (有料)。

手入れが行き届いた美しい日本庭園を散策して和の心を感じてみたい

オーストラリアの自然がテーマ

キャンベルタウン野鳥の森
きゃんべるたうんやちょうのもり

　メインとなる展示は約 3000m² もの広さを誇るバードケージ。オカメインコやキンショウジョウインコなどの鳥が放し飼いにされているほか、オーストラリアガマグチヨタカやワライカワセミも観察することができる。ワラビーやエミューの展示もある。

オーストラリアのキャンベルタウンとの姉妹都市提携を記念して作られた施設

彩info　元荒川と葛西用水の合流地点に架かるしらこばと橋 (**MAP** 別冊 P.20-B1) は越谷のランドマーク。しらこばとが羽を広げている様子をデザインした美しい橋で、ドラマや映画の撮影にも使われている。

壮大な田んぼアートを望む

ひがしさいたましげんかんきょうくみあいてんぼうだい

東埼玉資源環境組合 展望台

越谷市にある第一工場ごみ処理施設の煙突を利用した、高さ80mの展望台。7月から8月頃にかけては、色合いの異なる稲で田園に絵や文字を描いた「こしがや田んぼアート」を眺めることができる。晴れれば東京タワーやスカイツリー、富士山も望める。

一見してごみ処理施設とは思えない、エレガントで優美な外観

MAP 別冊 P.20-B2

東埼玉資源環境組合 展望台

🏠越谷市増林 3-2-1 TEL 048-966-0121 🕐9:00〜17:00（最終受付〜16:30）、第3日曜〜16:30（最終受付〜16:00）🈺土・日（7〜8月は営業）、祝日 💴無料 🅿 あり 🚃東武スカイツリーライン「越谷駅（東口）」から朝日バス13分「いきいき館」下車、徒歩5分

天気がいい日は雄大な富士のシルエットがはっきり見渡せる

日本最大級のエコ・ショッピングモール

いおんれいくたうん

イオンレイクタウン

kaze棟、mori棟、アウトレット棟で構成される「人と自然に心地いい」をコンセプトにした日本最大級のショッピングモール。22万4000m²の緑豊かな敷地が湖沿いに広がる巨大空間にファッション、雑貨、スーパーなどの約710店舗が立ち並んでいる。

フードコートをはじめとする飲食店も充実している

MAP 別冊 P.20-C2

イオンレイクタウン

🏠越谷市レイクタウン TEL 048-930-7300 🕐10:00〜22:00（店舗により異なる）🈺なし 💳店舗により異なる 🅿あり 🚃JR武蔵野線「越谷レイクタウン駅（北口）」から徒歩1分

写真映えするスポットが盛りだくさん。施設内にはイベントスペースも点在する

バーベキューも楽しめる憩いの場

しらこばとすいじょうこうえん

しらこばと水上公園

越谷周辺に生息する県民の鳥「しらこばと」から命名された、総合レクリエーション施設。夏には、流れるプールやスライダーなど全9種類のプールを楽しむことができ、近隣の家族連れでにぎわう。公園の南側にあるコバトンの森エリアは子供に人気。

遠くの海に行かなくても海水浴気分を満喫できるさざ波プール

MAP 別冊 P.7-B3

しらこばと水上公園

🏠越谷市小曽川 985 TEL 048-977-5151 🕐遊具エリア自由（夏季プール利用は 10:00〜17:00）🈺月（祝日の場合は翌日）※夏季プール開催期間は無休 💴無料。夏季プール 730 円（小中学生 210 円）🅿あり 🚃東武スカイツリーライン「越谷駅（西口）」から朝日バス20分「水上公園入口」下車、徒歩5分

さまざまな滑り台をもつ大型遊具や広場があるコバトンの森

Voice しらこばと水上公園のプールはお値段リーズナブルで木陰も多くファミリー利用に超おすすめ。混雑緩和のために日時指定の入場券を事前に購入するシステムになっています。（久喜市在住・K）

越谷香取神社
住 越谷市大沢 3-13-38　TEL 048-975-7824　営 自由　休 なし
料 無料　P あり　交 東武スカイツリーライン「北越谷駅（東口）」から徒歩 3 分

触れると縁結びの御利益があるとされる御神木

大相模不動尊大聖寺
住 越谷市相模町 6-442　TEL 048-986-4640　営 9:00〜17:00
休 なし　料 無料　P あり
交 JR 武蔵野線「南越谷駅（北口）」から朝日バス 10 分「大相模不動尊」下車、徒歩 1 分

御朱印の授与は事前に電話で確認を

越谷市科学技術体験センターミラクル
住 越谷市新越谷 1-59　TEL 048-961-7171　営 9:00〜17:00
休 月（祝日を除く）、祝日の翌日
料 無料　P あり　交 東武スカイツリーライン「新越谷駅」や JR 武蔵野線「南越谷駅」から徒歩 10 分

五感を通して科学技術を学べる施設

越谷梅林公園
住 越谷市大林 203-1　TEL 048-963-9225　営 自由　休 なし　料 無料
P あり　交 東武スカイツリーライン「北越谷駅（西口）」から徒歩 20 分

埼玉県を代表する梅の名所。見頃は 3 月上旬頃

さまざまな彫刻は必見
越谷香取神社
（こしがやかとりじんじゃ）

武勇の神である経津主大神を祀り、勝運、厄除けなどの御利益をもつ。本殿の彫刻は市指定文化財に指定されており、江戸時代に盛んだった紺屋の労働を表現した珍しい彫刻もある。

5 月の端午の節句はこいのぼりや鎧、兜、五月人形が飾られる

越谷最古の寺院と伝わる
大相模不動尊大聖寺
（おおさがみふどうそんだいしょうじ）

不動明王を祀る由緒ある寺院。山門の「真大山」の額は、松平定信の筆だと伝えられている。また徳川家康が鷹狩りの際に宿泊していたとされ、当時使用した夜具が保存されている。

成田山新勝寺、高幡山金剛寺とともに関東三大不動に数えられる

楽しく学べる体験型科学館

越谷市科学技術体験センターミラクル
（こしがやしかぎじゅつたいけんせんたーみらくる）

実験や工作などの各種ワークショップが充実。サイエンスショーなどのイベントや、月面歩行の疑似体験ができる「ムーンウォーカー」などのプログラムが楽しめる。

サイエンスショーは土・日・祝日の 10:45、14:45 に開催

地元の人々の憩いの公園

越谷梅林公園
（こしがやばいりんこうえん）

宮内庁の埼玉鴨場に隣接する、緑豊かな公園。約 40 種、300 本の梅が植えられており、開花時には甘い梅の香りに満たされる。毎年 3 月上旬には梅まつりが開催される。

約 2 万 m² の敷地内に、さまざまな種類の梅の木が植えられている

彩info　大相模不動尊大聖寺の境内にある茶屋「虹だんご」では、こだわりの特別栽培米で作られた団子が味わえる。注文を受けてから焼くのででてきたてアツアツなのがうれしい。参拝の際にはぜひ立ち寄ってみたい。

越谷市・吉川市・松伏町 ◆ おもな見どころ

農業に関する資料を数多く展示

よしかわしきょうどしりょうかん
吉川市 郷土資料館

　吉川市の歴史や民俗文化を紹介する施設。藁工品の産地だったことから、当時使われていた貴重な道具も見ることができる。開館は春と秋の土曜なので訪れる際には気をつけたい。

火鉢や蓄音機など昔の道具が展示されている「昔のくらし」コーナー

MAP 別冊 P.7-B4

吉川市 郷土資料館
🏠 吉川市中井 2-151-1　📞 048-984-3563（吉川市生涯学習課・平日のみ対応）　🕐 土 10:00〜16:00（3〜5 月、9〜11 月のみ）　休 6〜8 月、12〜2 月　無料　🅿 あり　🚃 JR 武蔵野線「吉川駅（北口）」から東武バス 7 分「集会所前」下車、徒歩 9 分

関東八十八ヶ所霊場第 77 番札所

とうようじ
東陽寺

　日限不動尊を祀り、決めた日数祈願すると願いが叶うといういわれをもつ。火伏せ不動としても信仰されている。仁王像と雷神、風神像を配す 2 層の山門、鐘楼仁王門が見事。

関東八十八ヶ所霊場の第 77 番札所になっている

MAP 別冊 P.7-B4

東陽寺
🏠 松伏町下赤岩 532　📞 048-991-3498　🕐 自由　休 なし　無料　🅿 あり　🚃 JR 武蔵野線「吉川駅（北口）」から茨急バス 10 分「弥生橋」下車、徒歩 7 分

釈迦の足の裏の形を刻んだ仏足石もある

丘の上からパノラマ風景が楽しめる

まつぶしみどりのおかこうえん
まつぶし緑の丘公園

　里山、水辺、広場の 3 つのゾーンをもつ、緑あふれる公園。水辺や里山に集まる昆虫や野鳥の姿を観察できるほか、種類豊富な樹木を見ることができる。丘の上からの見晴らしもいい。

木道で水辺の散策やバードウオッチングを楽しめる水辺ゾーン

MAP 別冊 P.7-A4

まつぶし緑の丘公園
🏠 松伏町大川戸 2606-1　📞 048-991-1211　🕐 自由　休 なし　無料　🅿 あり　🚃 東武スカイツリーライン「せんげん台駅（東口）」から茨急バス 11 分「まつぶし緑の丘公園」下車すぐ

緑豊かな丘を中心とした里山ゾーン

金のうな丼は松伏町の名物

うなぎりょうりせんもんてん かわしょう
うなぎ料理専門店 川昌

　うなぎの新たなおいしさを体験できる専門店。定番のうな重や、3 種のタレで味わう「うなさし」が評判。プルプル玉子の下に蒲焼が隠れている「金のうな丼」は情報番組での紹介も多い。

蒸しを効かせた江戸前うな重。フワフワの蒲焼とたれの染み込んだご飯が絶品だ

MAP 別冊 P.7-A4

うなぎ料理専門店 川昌
🏠 松伏町金杉 1511-2　📞 048-992-0123　🕐 11:00 〜 15:00、17:00 〜 21:00　休 火　💳 ADJMV　🅿 あり　🚃 東武スカイツリー線「せんげん台駅（東口）」から茨急バス 14 分「広域農道入口」下車、徒歩 10 分

創業は 1981 年（昭和 56 年）。松伏町の田園風景のなかにある

草加市・三郷市・八潮市
（そうかし・みさとし・やしおし）

国の名勝に指定された草加松原内にある矢立橋。春は川沿いの桜が満開となる

人口	草加市 ▶ 250,966 人
	三郷市 ▶ 142,410 人
	八潮市 ▶ 92,339 人

🏛 エリア利用駅

草加駅
東武スカイツリーライン

獨協大学前〈草加松原〉駅
東武スカイツリーライン

三郷駅
JR 武蔵野線

三郷中央駅
つくばエクスプレス

八潮駅
つくばエクスプレス

ヒント 八潮市の見どころへは、東武スカイツリーライン草加駅からバスで向かうのが一般的

草加駅への行き方

上野駅	東京メトロ日比谷線（東武スカイツリーライン）	草加駅
	所要約 26 分（430 円）	

渋谷駅	東京メトロ半蔵門線（東武スカイツリーライン）	草加駅
	所要約 53 分（570 円）	

　江戸時代に日光街道の宿場町「草加宿」として栄えた歴史をもつ草加市。「草加松原」は江戸時代から街道の名所として知られ、現在も草加松原遊歩道として現存し、美しい松並木と当時の風情が感じられる。草加は昔から米どころで、米を乾かした保存食であったせんべいが売られ広まったと考えられている。今では草加せんべいは草加の代名詞だ。三郷市は県の南東端に位置し、都心に近いことからベッドタウンとして発展してきた。近年、武蔵野操車場跡地に複合都市「ららシティ」が作られ、さらなる発展を遂げている。川と用水路に囲まれた八潮市は、江戸時代には水運でにぎわい、豊富な水を利用しての染色業も盛んだった。葛西用水の遊歩道や中川遊歩道など、水辺の散歩道が多いのが特徴だ。

Voice パキスタン人のコミュニティがある八潮市は「ヤシオスタン」と呼ばれています。カラチの空（→P.92）に行って本場のパキスタン料理を味わいましょう。焼き飯のビリヤニは絶品！（川口市在住・Y）

歩き方

》》宿場町の風情を感じる町歩き

草加市の中心市街は、東武スカイツリーラインの草加駅周辺。東口前のアコス広場には草加せんべいの伝説上の生みの親「おせんさん」やせんべいを食べる「ア

せんべいの天日干しは草加ならではの風景

コちゃん」の像があり、ここから獨協大学前〈草加松原〉駅にかけては、草加宿の面影を感じられる。草加駅から草加松原遊歩道の南側入口である「札場河岸公園」まで1kmほどなので、のんびり散策するのがおすすめだ。草加宿の歴史などを紹介している草加市立歴史民俗資料館や東福寺に立ち寄りながら、旧日光街道へ。埼玉県産のスギやヒノキを使用した五角形のお休み処「草加宿芭蕉庵」では、観光案内もしてもらえる。

》》住みやすさで注目される三郷市と八潮市

三郷市は川辺や水辺の風景を楽しめる町。千葉県との県境である江戸川沿いは、桜やツツジが美しい遊歩道に加え、幸手市まで続くサイクリングロードもあり、三郷駅北口自転車駐車場には有料レンタサイクルが用意されている。つ

豊かな緑と水辺の自然を楽しめるみさと公園

くばエクスプレスで都心への利便性の高い三郷中央駅や、八潮市の八潮駅は子育てファミリー層に人気が高く、駅周辺では独特の若い活気が感じられる。

おさんぽプラン

❶獨協大学前〈草加松原〉駅
　🚶 徒歩5分
❷百代橋　（▶ P.174）
　🚶 徒歩8分
❸草加松原遊歩道　（▶ P.173）
　🚶 徒歩20分
❹草加市立歴史民俗資料館
　　　　　（▶ P.174）
　🚶 徒歩7分
❺草加駅

草加せんべい発祥の石碑

おせん茶屋とも呼ばれる、宿場町の雰囲気を感じさせる小さな公園。草加せんべいの元祖と伝わるおせんさんにちなんで名付けられた。茶屋で働くおせんさんが、売れ残った団子からせんべいを作って売り出し、日光街道の名物となったという言い伝えがある。公園内には草加せんべい発祥の地の石碑とおくのほそ道で芭蕉に同行した河合曽良の銅像が立っている。草加駅東口から徒歩約13分。

✔　おせん公園

MAP 別冊 P.21-A2
🏠 草加市神明1-6　☎ なし
🕐 自由　🅿 なし　💴 無料
🅿 なし　🚃 東武スカイツリーライン「草加駅（東口）」から徒歩12分

「草加せんべい発祥の地」と書かれた石碑が立つ

みちくさ手帳

草加松原遊歩道

日光街道の名所を整備した草加松原遊歩道（**MAP**別冊 **P.21-A2**）は、松並木が美しい「日本の道100選」のひとつ。2014年には「おくのほそ道の風景地」として国の名勝にも指定されている。634本の松並木をもつ石畳

の遊歩道は、全長約1.5km。太鼓型の百代橋や矢立橋をはじめ句碑が点在、風情ある光景を楽しむことができる。南端にある札場河岸公園には、松尾芭蕉像や望楼などがあるので立ち寄ってみよう。

札場河岸公園に立つ望楼。上まで上ることができる

おもな見どころ

左コラム

MAP 別冊 P.21-A2

百代橋
🏠 草加市松江1-1 ☎ 048-922-0549 🕐 自由 休 なし 料 無料 P なし 交 東武スカイツリーライン「獨協大学前〈草加松原〉駅（東口）」から徒歩5分

国指定名勝である風光明媚な草加松原。見事な松並木が続く

MAP 別冊 P.21-A2

草加市文化会館
🏠 草加市松江1-1-5 ☎ 048-931-9325 🕐 9:00〜21:30（ぱりっせ 10:00〜17:00）休 第1水曜 料 要問合 P あり 交 東武スカイツリーライン「獨協大学前〈草加松原〉（東口）」から徒歩5分

イベントや会議などが開催される文化施設。おみやげ探しや休憩もできる

MAP 別冊 P.21-B2

草加市立歴史民俗資料館
🏠 草加市住吉1-11-29 ☎ 048-922-0402 🕐 9:00〜16:30 休 月（祝日の場合は翌平日）料 無料 P なし 交 東武スカイツリーライン「草加駅（東口）」から徒歩7分

草加宿に関する展示をはじめ、民俗資料、歴史資料、考古資料が展示されている

右コラム

草加市のマンホールにも描かれている

百代橋
ひゃくたいばし

草加松原遊歩道に架かる、和風の太鼓型歩道橋。長さ63.5mの風情あふれる姿は、草加市のシンボルとして愛されている。松尾芭蕉『おくのほそ道』の冒頭の一文、「月日は百代の過客にして、行きかふ年もまた旅人なり」が橋の名前の由来。

松尾芭蕉のように江戸時代の旅人になった気分で渡ってみよう

ドナルド・キーン氏によって命名されたお休み処もある

草加市文化会館
そうかしぶんかかいかん

コンサートホールや会議室を備えた草加市の総合文化施設。市の伝統産業であるせんべいや皮革製品などを販売するアンテナショップ「ぱりっせ」を併設している。また「漸草庵 百代の過客」という数寄屋造の建物には、抹茶と上生菓子が味わえるお休み処がある。

抹茶と上生菓子でひと息つける漸草庵 百代の過客のお休み処。日本文化研究の第一人者ドナルド・キーン氏により命名された

郷土の歴史や遺物を展示

草加市立歴史民俗資料館
そうかしりつれきしみんぞくしりょうかん

国の登録有形文化財である旧草加小学校西校舎を利用。1926年（大正15年）に建築家・大川勇氏の設計によって建てられた県内初の鉄筋コンクリート建築で、建物を見るだけでも価値がある。草加宿に関する資料をメインに、草加の歴史を学べる文物が展示されている。

屋根の一部を三角形に立ち上げる意匠などが特徴となっている

🔊 Voice　老舗のいけだ屋（→P.377）など市内には草加せんべいの手焼き体験が楽しめるスポットが点在しています。事前予約をして焼きたての手作りせんべいを味わってみましょう。（さいたま市在住・J）

うなぎのお寺として知られている

彦倉虚空蔵尊 延命院
（ひこくらこくぞうそん えんめいいん）

関東三大虚空蔵である彦倉虚空蔵尊を祀る。虚空蔵菩薩は1486年（文明18年）の古利根川洪水の際に流れついたもので、弘法大師の作だと伝わる。水神の使いであるうなぎ供養も行っている。

丑年と寅年生まれの守り本尊である虚空蔵菩薩を祀る。御朱印も頂ける

MAP 別冊 P.7-C4

彦倉虚空蔵尊 延命院
住 三郷市彦倉 1-83-1　TEL 048-952-7381　営 自由　休 なし　料 無料　交 つくばエクスプレス「三郷中央駅（西出口）」から埼玉観光バス 13 分「彦倉一丁目」下車すぐ

水難から村人を救ったうなぎの供養塔がある

緑が美しい水辺の公園

みさと公園
（みさとこうえん）

東京都葛飾区の水元公園に接する遊水池を囲むように位置する公園。東京ドーム約3.6個分の広さをもち、県内最大級の木製遊具をはじめ、展望台やBBQ場（要事前予約）がある。

秋はメタセコイア並木が赤く色づき、紅葉が美しい公園として知られている

MAP 別冊 P.7-C4

みさと公園
住 三郷市高州 3-362　TEL 048-955-2067　営 自由　休 なし　料 無料（BBQ 場は有料）　P あり　交 JR常磐線「金町駅（南口）」から京成バス 11 分「みさと公園前」下車、徒歩 1 分

全 長 1550mのジョギングコース

水と生活をテーマにした展示

八潮市立資料館
（やしおしりつしりょうかん）

八潮の歴史や染色業などの地場産業を紹介。1876年（明治9年）に建てられた古民家「旧藤波家住宅」が移築保存されており、内部も見学できる。地元の文化に触れる体験講座も開催。

常設展示は「水と生活」をテーマに八潮の歩みを紹介

MAP 別冊 P.7-C4

八潮市立資料館
住 八潮市南後谷 763-50　TEL 048-997-6666　営 9:00〜17:00（古民家見学〜15:45）　休 月（祝日の場合は翌日）　料 無料　P あり　交 東武スカイツリーライン「草加駅（東口）」から東武バス 4 分「手代橋」下車、徒歩 5 分

明治初期の建築様式を今に伝える旧藤波家住宅

「宇宙一 !?」のクレーンゲームセンター

エブリデイとってき屋 東京本店
（えぶりでいとってきや とうきょうほんてん）

約500台のクレーンゲームが揃う超巨大ゲームセンター。1回10円キャッチャーのほか、珍しい景品も多い。クレーンゲーム教室やなぞ解きなどの無料イベントも盛りだくさん。

店内にはクレーンゲームがびっしりと並んでいる

MAP 別冊 P.7-C4

エブリデイとってき屋 東京本店
住 八潮市上馬場 460-1　TEL 048-999-5343　営 10:00〜22:00　休 なし　料 入場無料　P あり　交 つくばエクスプレス「八潮駅（北口）」から東武バス 8 分「柳之宮」下車、徒歩 7 分

浮世絵風の大きな看板が目を引く

彩info JR武蔵野線新三郷駅前に広がる複合都市「ららシティ」には、大型ショッピングモールや人気インテリア店、海外系スーパーマーケットなどが立ち並ぶ。駅から直結でアクセスできる。

春日部市
（かすかべし）

コミュニティバスもクレヨンしん
ちゃん仕様だ©U／F・S・A・A

人口　春日部市▶231,726人

🏢エリア利用駅
春日部駅
東武スカイツリーライン
東武アーバンパークライン
北春日部駅
東武スカイツリーライン
藤の牛島駅
東武アーバンパークライン
南桜井駅
東武アーバンパークライン

ヒント 春日部駅は東口と西口を結
ぶ連絡通路はなく、200mほ
ど先にある地下道を通って行
き来する

春日部駅への行き方

| 上野駅 | 東京メトロ日比谷線 所要約47分（590円） | 北千住駅 | 東武スカイツリーライン → → | 春日部駅 |
| 渋谷駅 | 東京メトロ半蔵門線（東武スカイツリーライン） 所要約72分（730円） | | | |

　春日部といえば『クレヨンしんちゃん』を思い浮かべる人が多いだろう。漫画・アニメの舞台でありたくさんのしんちゃんスポットがあることから、訪れるファンも後を絶たない。また昭和中期に東洋一とうたわれたマンモス団地が建設されたことでも有名だ。そんな春日部は、古くから多くの人々が集まる場所だった。古代からの暮らしの痕跡があり、縄文貝塚が発見されているほか、江戸時代には日光街道の宿場町「粕壁宿」として栄えた。さらには日光東照宮建設を手がけた匠たちもこの地に留まり、豊富な桐材で桐箱や桐箪笥を作って暮らしたという。また戦後には浅草の押絵羽子板職人たちが戦禍を逃れ、移り住んできた。桐製品や押絵羽子板の技術は、今に受け継がれ、春日部の特産品となっている。

　春日部市は藤枝市（静岡）や加茂市（新潟）とともに桐箪笥（たんす）の三大産地と呼ばれている。また桐箱は全国一の生産量を誇っており、埼玉県指定伝統的手工芸品のひとつとなっている。

歩き方

宿場町としての春日部を歩く

春日部観光の起点は、東武スカイツリーラインと東武アーバンパークラインの接続駅である春日部駅。東口周辺には宿場町「粕壁宿」の面影が残り、駅と古利根川の間には道

百畳敷の大凧を約百人で揚げる春日部大凧あげ祭り

標や蔵、古い商家などが点在する。東口から真っすぐ延びる駅前通り沿いにはぷらっとかすかべという情報発信館があり、ガイド付き粕壁宿巡りを無料で開催（2週間前までに予約、2名より催行）。また電動アシスト付き自転車の有料レンタサイクルも用意されているので、川を渡ったエリアにある小渕山観音院など、駅から離れた見どころへ利用したい。

マニアックな観光スポットへ

ファンならたまらないのが『クレヨンしんちゃん』の舞台巡り。春日部市役所やイトーヨーカドー春日部店をはじめとするしんちゃんスポットへの起点は、春日部駅西口。また春日部が誇る首都圏外郭放水路は、訪れる者を異世界

調圧水槽や立坑の内部を見学できる首都圏外郭放水路

へと誘うとっておきの場所。無機質な内部はまさに神秘的な神殿のようだ。藤の花の時期なら、同路線上の藤の牛島駅で途中下車して、花を楽しむのもおすすめ。

おさんぽプラン

① 春日部駅
　🚶 徒歩5分
② イトーヨーカドー春日部店
　　（▶ P.178）
　🚶 徒歩15分
③ 春日部市郷土資料館
　　（▶ P.178）
　🚶 徒歩10分
④ 嵐を呼ぶブリブリシネマスタジオ
　　（▶ P.178）
　🚶 徒歩5分
⑤ 春日部駅

島忠の発祥は桐の町、春日部

家具＆ホームセンターの「島忠」の発祥地は春日部。1890年に島村忠太郎が「島村箪笥製造所」を創業したことに始まり、2021年にニトリグループとなった。市内にはホームセンター店舗の「春日部本店」のほか家具専門店の「ホームズ春日部店」も出店している。

✓ 島忠 春日部本店

🗺 **MAP** 別冊 P.22-B1
🏠 春日部市西八木崎 2-8-1
📞 048-755-1005　🕙 10:00〜20:00
❌ なし　💳 ADJMV　🅿 あり
🚃 東武アーバンパークライン「八木崎駅」から徒歩12分

関東・関西に展開する島忠

みちくさ手帳
戦後の春日部は東洋一のマンモス団地

戦後、東京近郊に多くの団地（公団住宅）が建設された。真新しい団地は庶民の憧れで、「団地族」という言葉も生まれたほどだ。約6000戸からなる春日部市の武里団地もそのひとつ。1960年代に作られ、当時は東洋一のマンモス団地と呼ばれていた。近年は老朽化が問題になっているが、施工当初に植えられた木々が生い茂る敷地内には、ひと昔前の団地文化の趣があふれている。東武スカイツリーラインの武里駅とせんげん台駅が最寄り駅。

通りには街路樹が生い茂り、緑あふれる生活空間となっている

おもな見どころ

『クレヨンしんちゃん』ご当地巡りへ
イトーヨーカドー春日部店
いとーよーかどーかすかべてん

「クレヨンしんちゃん」に登場する、野原家御用達のスーパー「サトーココノカドー」のモデル。ここでしか買えない限定のコラボグッズを販売するほか、3階の「アニメだ！埼玉・発信拠点」にはしんちゃんコーナーもある。

過去には期間限定で「サトーココノカドー」仕様の看板になったこともある

模型を使った見やすい展示
春日部市郷土資料館
かすかべしきょうどしりょうかん

旧石器時代から現代まで時代を追って、春日部の歴史をわかりやすく紹介。なかでも原寸大の竪穴式住居や粕壁宿の模型がすばらしい。クレヨンしんちゃんのコーナーもある。

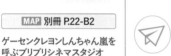

精巧に作られた「粕壁宿」の模型。当時の町の雰囲気が伝わってくる

しんちゃんファンに大人気のゲーセン
ゲーセンクレヨンしんちゃん嵐を呼ぶブリブリシネマスタジオ
げーせんくれよんしんちゃんあらしをよぶぶりぶりしねますたじお

クレヨンしんちゃん一家と写真が撮れるフォトスポットや、ここだけの限定のデザインで撮影できるオリジナルのプリントシール機などがある。グッズの品揃えも充実。

ララガーデン春日部内にある、クレヨンしんちゃんに特化したゲームセンター

国の特別天然記念物に指定されている藤棚
牛島の藤（藤花園）
うしじまのふじ（とうかえん）

「藤花園」にある藤の大木は「牛島の藤」と呼ばれている。もとは寺の境内だった場所に生えており、弘法大師の手植えという言い伝えもある。4月中旬から5月上旬にかけてが見頃。

樹齢は1200年を超え、藤棚の広さは700m²にもなる

MAP 別冊 P.22-B1

イトーヨーカドー春日部店
🏠 春日部市中央1-13-1 ☎ 048-763-3111 🕐 9:00〜21:00（2〜5階は〜20:00） 休 なし CC 店舗により異なる Ｐ あり 🚉 東武スカイツリーライン「春日部駅（西口）」から徒歩5分

MAP 別冊 P.22-B2

春日部市郷土資料館
🏠 春日部市粕壁東3-2-15 ☎ 048-763-2455 🕐 9:00〜16:45 休 月・祝、祝日と重なる月曜の翌日 料 無料 Ｐ あり 🚉 東武スカイツリーライン「春日部駅（東口）」から徒歩10分

常設展のほか、年に数回企画展が実施されている

MAP 別冊 P.22-B2

ゲーセンクレヨンしんちゃん嵐を呼ぶブリブリシネマスタジオ
🏠 春日部市南1-1-1 ララガーデン春日部3F ☎ 048-731-6822 🕐 10:00〜ララガーデン春日部に準ずる 休 ララガーデン春日部に準ずる 料 入場無料 Ｐ あり 🚉 東武スカイツリーライン「春日部駅（西口）」から徒歩5分

メインエリアでは歴代の映画作品のポスターを展示

MAP 別冊 P.7-A3

牛島の藤（藤花園）
🏠 春日部市牛島786 ☎ 048-752-2012 🕐 8:00〜17:00（開園期間は4月上旬〜5月上旬。年により変わるのでHPで確認） 休 開園期間中は無休 料 1000円（4歳〜小学生500円） Ｐ あり 🚉 東武アーバンパークライン「藤の牛島駅」から徒歩10分

彩info　春日部八幡神社（MAP 別冊P.22-A1）は春日部の総鎮守。御神木である樹齢700年の大銀杏には、鶴岡八幡宮の御神木のひと枝が飛んできて、一夜のうちに成長したと伝わる。

聖観世音菩薩を祀る古刹

小淵山観音院
こぶちざんかんのんいん

1258年（正嘉2年）建立、市内唯一の本山派修験の寺院。阿形、吽形が安置させる仁王門は荘厳な雰囲気が漂う。松尾芭蕉の逗留や円空上人による円空仏七躯を所有し、令和8年には60年に一度御開座しになる御本尊の御開帳が厳修される。

本堂の回廊には18体の獅子が清浄・魔除けとして参拝者を守護する

MAP 別冊 P.22-A1

小淵山観音院
🏠 春日部市小淵1634 ☎ 048-752-3870 🕘 9:30〜17:00 休 なし 料 無料 P あり 🚃 東武スカイツリーライン「北春日部駅（東口）」から徒歩15分

独特の作風が特徴的な円空仏。優しい笑みをたたえている

大凧あげで有名な庄和地区の道の駅

道の駅 庄和
みちのえきしょうわ

「大凧の里」として知られる庄和地区にある。朝採れ野菜も並ぶ農産物直売所、各地の名産品を集めた物産館、食の専門店が集う食彩館で構成され、週末は活気にあふれる。「クレヨンしんちゃん」のオリジナルグッズも販売している。

その日の朝に地元で取れる新鮮な農産物や特産品が手に入る直売所

MAP 別冊 P.7-A4

道の駅 庄和
🏠 春日部市上柳995 ☎ 048-718-3011 🕘 8:00〜19:00 休 なし（臨時休館日あり）🅲🅲 不可 P あり 🚃 東武スカイツリーライン「春日部駅（東口）」から朝日バス25分「農協センター前」下車、徒歩2分

好きな文字を入れてもらえるオリジナル凧も販売

地底50mにある世界最大級の放水路

首都圏外郭放水路
しゅとけんがいかくほうすいろ

「首都圏外郭放水路」は河川の洪水を地下に取り込み、ゆとりのある江戸川へ流す施設。その一部である調圧水槽の見学ツアーは人気が高い。内部見学は有料で、3つのコースが用意されている（事前予約）。併設の「龍Q館」で施設や治水に関するレクチャーを受けてから見学がスタートする。

「地下神殿」の呼び名にふさわしい神秘的な雰囲気が漂う

MAP 別冊 P.7-A4

首都圏外郭放水路
🏠 春日部市上金崎720 ☎ 048-747-0281 🕘 10:00〜16:00（見学会の最終終了時間〜17:00）休 年末年始（点検による臨時休業もあり）料 地下神殿コース1000円、ポンプ堪能コース2500円、立坑体験コース3000円、インペラ探検コース4000円 P あり 🚃 東武アーバンパークライン「南桜井駅（北口）」から車7分

江戸川のほとりに立つ庄和排水機場の中にある龍Q館

エリアナビ 所沢・入間・新座エリア

東京都と接し、埼玉県の南西部にあたるエリア。都心へのアクセスがよい東京のベッドタウンで、狭山丘陵などの豊かな自然も残る。自然を満喫できるアウトドアや複合施設、日本最大級の文化発信拠点など、話題のスポットを訪れてみよう。

1 トトロの森が残る 航空と文化の発信都市
所沢市

P.182 MAP 別冊 P.11-C4

東京多摩地区と隣接し狭山丘陵の自然豊かな県南西部の中核都市。鎌倉街道の宿場町で江戸時代は所沢織物の商いで栄えた。日本の航空発祥の地である所沢航空記念公園やとこ

ろざわサクラタウンなどの文化発信拠点も充実。 国産の航空機 YS11 が展示された航空公園駅

2 入間川が流れる 味自慢の狭山茶の本場
入間市・狭山市

P.190 MAP 別冊 P.11-B4〜C3

武蔵野台地と入間台地の谷間に位置し、入間川と緑に恵まれたエリア。入間市も狭山市も狭山茶の主産地で、米軍基地があった入間市にはアメリカ式住宅が残るジョン

ソンタウンがある。圏央道の開通でアクセスも便利。 栽培面積も生産量も実は入間市が県下一の狭山茶

3 森林と歴史にまつわる 物語を感じる町
飯能市・日高市

P.196 MAP 別冊 P.10-B1〜P.11-B3

飯能市は東京の青梅市と奥多摩町に接し、約75％が森林という雄大な自然があふれる町。北欧気分を味わえるムーミンバレーパークなどのスポットが人気だ。渡来人が

開拓した日高市は、高麗神社などの歴史的建造物が残る。 入間川と高麗川の清流は市民と観光客の憩いの場

入間市発の国道299号線は秩父観光に便利。カーブが多い

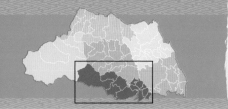

このエリアでしたいこと "5"

1. 天覧山や吾妻峡の里山散歩 ▶ P.78
2. 休日はムーミンバレーパークへ ▶ P.91
3. ところざわサクラタウンで文化体験 ▶ P.28,185
4. 陸上自衛隊のりっくんランドへ ▶ P.94
5. 古代文化を感じる水子貝塚公園 ▶ P.212

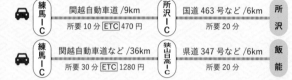

東京方面からのアクセス

🚗	練馬IC	関越自動車道 /9km 所要 10 分 ETC 470 円	所沢IC	国道 463 号など /6km 所要 20 分	所沢
🚗	練馬IC	関越自動車道など /36km 所要 30 分 ETC 1280 円	狭山日高IC	県道 347 号など /6km 所要 20 分	飯能

国道 254 号線は江戸時代には参勤交代も通った川越街道だった

武蔵野の面影を残す
東京と隣接する住宅都市
新座市・和光市

P.202 MAP 別冊 P.6-C1〜C2

　県最南端の新座市は東京都練馬区や多摩と隣接。古刹・平林寺があり、宿場町として栄え、武蔵野の自然と野火止用水の清流に親しめる。和光市は練馬区と板橋区と接し、東京メトロも乗り入れ、移住者が増加中の住宅都市。

武蔵野の昔を伝える野火止用水の雑木林

舟運で栄えた面影が残る
都心のベッドタウン
朝霞市・志木市

P.206 MAP 別冊 P.6-B2〜C2

　新河岸川の舟運で繁栄した面影が残る県南部のベッドタウン。自衛隊朝霞駐屯地がある朝霞市は、かつての川越街道の膝折宿で、埼玉唯一の出雲大社分院や江戸時代の農家屋敷などがある。志木市は宝幢寺のカッパ伝説が残る町。

陸上自衛隊朝霞駐屯地にあるりっくんランド

歴史スポットと自然が多く
富士山の眺めが自慢
富士見市・ふじみ野市・三芳町

P.210 MAP 別冊 P.6-B1〜C1

　水子貝塚で知られる富士見市は遺跡群や城跡、富士山のビューポイントも多い。川越街道の大井宿がおかれたふじみ野市には、舟問屋の歴史的建造物がある。江戸時代に三富新田が開発された三芳町は野菜やそばの生産が盛ん。

武蔵武士村山党が活躍した城跡、難波田城公園

アミューズメント施設が充実した南西部の中核都市

所沢市
(ところざわし)

航空記念公園の先に広がる所沢中心部のビル群　写真提供：所沢市民文化センターミューズ

人口　所沢市 ▶ 344,082 人

🚉 エリア利用駅

所沢駅
西武新宿線
西武池袋線

航空公園駅
西武新宿線

西武球場前駅
西武狭山線

東所沢駅
JR 武蔵野線

ヒント　西武新宿線と西武池袋線が乗り入れるのは所沢駅。西武池袋線と西武狭山線が乗り入れるのは西所沢駅

所沢駅への行き方

池袋駅	西武池袋線、東京メトロ副都心線	所沢駅
	所要約 21 〜 27 分（350 円）	
西武新宿駅	西武新宿線	
	所要約 38 分（380 円）	

都心から 30km 圏内に位置する所沢市は、人口 34 万人を擁する県南西部の中心都市。都心までのアクセスのよさに加え、狭山丘陵など豊かな自然も残されており、ベッドタウンとして人気の町だ。南部は東京多摩地区と隣接している。中世に鎌倉街道の宿場となり、小手指ケ原は新田義貞軍と鎌倉幕府軍との戦いの場所となった。江戸時代に三富地区が開拓されると畑作農業が発達。江戸後期からは所沢織物の取引が盛んになり、商業の街として栄えた。1911 年（明治 44 年）には日本初の所沢飛行場がつくられ、日本の航空発祥の地となる。現在も東京航空管制部があり、航空管制業務などを行っている。また埼玉西武ライオンズのホームタウンであり、所沢駅前など町のいたるところにライオンズ愛を感じ取ることができるだろう。

彩info　プロペ通り商店街（**MAP**別冊 P.25-B4）は所沢市内で最もにぎわっているショッピングストリート。所沢駅西口のロータリーから北へ約 300m 延び、100 軒ほどの飲食店やショップが並んでいる。

歩き方

》》 個性ある中心部の3つの街並み

所沢の中心地は所沢駅周辺。西口に出てプロペ通り商店街を過ぎると、大通りは飲食店が並ぶ所沢銀座商店街（通称とこぎん）となり、夜遅くまでにぎわっている。

西武新宿線と西武池袋線が乗り入れる所沢駅の西口

西武新宿線の航空公園駅周辺は、公共施設や見どころが多いエリア。駅前では戦後初の国産旅客機 YS-11 の実機が出迎えてくれる。東口の右手に所沢航空記念公園が広がり、園内に所沢航空発祥記念館もある。年間を通じてさまざまなイベントやコンサートが開催される市民文化センターミューズは公園の北に隣接している。

角川武蔵野ミュージアムのあるところざわサクラタウンの最寄り駅は JR 武蔵野線の東所沢駅。敷地内には神社やアートに触れられる施設などもあり、1日過ごすことができる。ブリッジでつながった所沢市観光情報・物産館 YOT-TOKO は地元産品やおみやげ探しに最適だ。

》》 トトロのふるさとを訪ねる

自然の中をゆっくり散策したいときは、狭山湖方面がおすすめ。西武池袋線西所沢駅で乗り換え、西武狭山線西武球場前駅で下車、徒歩15分ほどで自然豊かな狭山丘陵の森が広がり、狭山湖の堤防まで歩いて行ける。西武球場前駅や下山口駅の周辺には、トトロの森も点在している。

狭山丘陵での里山さんぽの起点となるクロスケの家（→ P.77）

おさんぽプラン

1. 航空公園駅
   🚶 徒歩7分
2. 所沢航空発祥記念館（▶ P.184）
   🚶 徒歩20分
3. 所澤神明社（▶ P.185）
   🚶 徒歩10分
4. プロペ通り商店街（▶ P.182）
   🚶 徒歩3分
5. 所沢駅

所沢駅前にネコバス像が停車中

所沢駅東口のロータリーには『となりのトトロ』のブロンズ像が設置されている（**MAP** 別冊 P.25-B4）。所沢市制施行70周年を記念したモニュメントで、ネコバスの前に葉っぱの傘をさしたトトロが立ち、バスの中からサツキとメイが顔をのぞかせている。台座を含めた高さは1.7m。トトロの顔に触れたり、一緒に写真を撮るなど、駅前の人気スポットになっている。

ネコバスの行き先表示が「ところざわ」となっている点に注目

みちくさ手帳

日本一のケヤキ並木

国道463号線の所沢～浦和間は「浦所バイパス」と呼ばれ、19.7kmのうち、所沢市西新井町交差点からさいたま市北浦和駅入口交差点までの約17kmにわたり、ケヤキ2417本が植栽されており、日本一のケヤキ並木となっている。武蔵野を代表する樹木であるケヤキを1973～1978年（昭和48～53年）にかけて道路整備に合わせて植えられたもので、「新日本街路樹100景」にも選ばれている。

埼玉県のシンボル木でもあるケヤキの並木が17kmにわたり続く

所沢info 所沢銀座商店街にある新むさし（**MAP**別冊 P.25-B4）は「ところざわ醤油やきそば」発祥の店。地元の老舗メーカー見澤食品の麺と深井醤油、所沢産の豚肉や野菜を使っている。元町交差点のすぐ近く。

183

MAP 別冊 P.25-B4

所沢航空記念公園

🏠 所沢市並木1-13 📞 04-2998-4388 ⏰ 自由 休 なし 料 無料 🅿 あり 🚋 西武新宿線「航空公園駅(東口)」から徒歩1分

「航空発祥の地」の碑と航空自衛隊の輸送機として活躍したC-46(天馬)

日本の航空発祥の地

所沢航空記念公園
ところざわこうくうきねんこうえん

米軍基地から返還後の1978年(昭和53年)に開館した日本初の飛行場跡地の公園。約50ヘクタールの広々とした園内には運動場、ジョギングコース、こども広場などの施設が充実。野外ステージや茶室、日本庭園などの文化施設もあり、多目的に利用できる。

園の中心にそびえる白い放送塔は公園のシンボルとなっている

MAP 別冊 P.25-A4

所沢航空発祥記念館

🏠 所沢市並木1-13 📞 04-2996-2225 ⏰ 10:00〜16:30(入館〜16:00) 休 月(祝日の場合は翌平日) 料 展示館520円、大型映像館630円、展示館・映像館セット券840円 🅿 あり 🚋 西武新宿線「航空公園駅(東口)」から徒歩8分

軽飛行機の運転操作を体験できるフライトシミュレータ。体験は当日受付

航空ファンの人気スポット

所沢航空発祥記念館
ところざわこうくうはっしょうきねんかん

1911年(明治44年)に日本初のテスト飛行が行われた場所であることを記念し航空記念公園内に開館。館内にはジェット機やヘリの実機が展示され、フライトシミュレータでの模擬操縦や、重力体験、大型映像館など、飛行機の仕組みを楽しく学べる。

実機の展示は迫力満点！さまざまな機体を間近に見ることができる

MAP 別冊 P.25-A4

所沢市民文化センターミューズ

🏠 所沢市並木1-9-1 📞 04-2998-6311 ⏰ 9:00〜22:00 休 不定休 料 公演により異なる 🅿 あり 🚋 西武新宿線「航空公園駅(東口)」から徒歩10分

所沢航空記念公園の敷地内にある

3つのホールと展示室を備えた複合文化施設

所沢市民文化センターミューズ
ところざわしみんぶんかせんたーみゅーず

芸術文化の発信を目的に1993年(平成5年)開館。3つのホールのうち最大のアークホールは日本最大級のパイプオルガンを備えたシンフォニーホール。マーキーホールは舞台芸術、演劇、バレエなどを開催。キューブホールでは室内楽の演奏会や講演会が行われる。

アークホールは荘厳な雰囲気

Voice 所沢航空発祥記念館では飛行機工作教室など、ワークショップが毎日開催されています。当日先着順で、大人も子供も参加OK。プログラムは参加者の年齢や希望により変わります。(所沢市在住・K)

武蔵の国のお伊勢さま

所澤神明社
（ところさわしんめいしゃ）

ヤマトタケルが東国平定の際にアマテラスオオミカミを祀り戦勝祈願したことが始まりとされる古社。武蔵の国のお伊勢さま、また所沢の総鎮守として昔から市民に親しまれている。境内社の鳥船神社では、航空発祥地にちなんだ御朱印を頂ける。

伊勢神宮にならった神明造の本殿。市街中心部にありながら自然豊かでほっとできる

MAP 別冊 P.25-B4

所澤神明社
住 所沢市宮本町1-2-4　TEL 04-2922-3919　営 自由（社務所9:00～17:00）　休 なし　料 無料
P あり　交 西武新宿線「航空公園駅（西口）」から徒歩8分

鳥船神社の御朱印は季節ごとに異なる飛行機の印が押される。御朱印帳も人気

日本最大級のポップカルチャー発信拠点

ところざわサクラタウン

角川武蔵野ミュージアムを中心に、多目的ホールやショップ、レストラン、神社、ホテルまで、ポップカルチャーの複合施設として2020年に開業。ミュージアムの外観や本棚劇場など見どころが多く、国際的にも注目を集めている。（→P.28）

隈研吾氏デザイン監修による岩のような外観が特徴的な角川武蔵野ミュージアム

MAP 別冊 P.6-C1

ところざわサクラタウン
住 所沢市東所沢和田3-31-3
TEL 0570-017-396　営 施設により異なる　休 施設により異なる
料 施設により異なる　P あり
交 JR武蔵野線「東所沢駅」から徒歩10分

その名の通り春には桜に包まれるサクラタウンの全景

所沢の特産品、情報が集まる

所沢市観光情報・物産館 YOT-TOKO

所沢市の「よいもの(Y)」「おいしいもの(O)」「たのしいもの(T)」を紹介する複合施設。狭山茶をはじめ、お菓子や食品、雑貨、クラフトビールなど、地元の特産品が数多く並ぶ。観光情報コーナーでは所沢と周辺の観光スポットを探せる。

ところざわサクラタウンの北隣にあり歩道橋で結ばれている

MAP 別冊 P.6-C1

所沢市観光情報・物産館 YOT-TOKO
住 所沢市松郷143-3　TEL 04-2968-5414　営 9:00～17:00　休 なし
料 無料　P あり　交 JR武蔵野線「東所沢駅」から徒歩10分

定期的にマルシェも開催される。所沢産の食材が多く使われている

 Voice ところざわサクラタウンに鎮座する武蔵野坐令和神社は文芸、芸術、芸能に対する御神徳があるとされ、締切守や芸道上達守などユニークな授与品もあります。（所沢市在住・S）

MAP 別冊 P.24-C1

山口観音金乗院
住 所沢市上山口2203 TEL 04-2922-4258 営 9:00〜17:00
休 なし 料 無料 P あり
交 西武狭山線「西武球場前駅」から徒歩7分

奥之院五重塔の地下は四国八十八ヵ所霊場、西国三十三所の巡礼ができる仏国窟

奈良時代創建の古刹

やまぐちかんのんこんじょういん
山口観音金乗院

真言宗豊山派の寺院。奈良時代、仏教僧行基により、千手観音を本尊として創建、後に弘法大師が開基と伝承されている。古くから観音信仰の霊場として知られ、元弘の乱で新田義貞が鎌倉を攻めたとき、この寺に戦勝祈願をしたと伝わる。(→ P.44)

本堂は1762年（宝暦12年）建立。千手観音像は33年に一度開帳される

MAP 別冊 P.24-C1

狭山山不動寺（狭山不動尊）
住 所沢市上山口2214 TEL 04-2928-0020 営 9:00〜16:00（年末年始を除く） 休 なし 料 無料 P あり（10:00〜14:45）
交 西武狭山線「西武球場前駅」から徒歩5分

鐘楼では自由に鐘をつくことができる。大晦日は除夜の鐘がつかれる

埼玉西武ライオンズ必勝祈願の寺

さやまさんふどうじ（さやまさんふどうそん）
狭山山不動寺（狭山不動尊）

1975年（昭和50年）に開山した天台宗別格本山の寺院。境内には徳川家光が建立した旧台徳院（徳川2代将軍秀忠）霊廟勅額門、御成門、丁子門など、国指定重要文化財が移築されている。埼玉西武ライオンズが必勝祈願する寺としても有名だ。

2001年に建てられた本殿。境内には各所から移築された重要文化財が立つ

MAP 別冊 P.24-C1

狭山湖（山口貯水池）
住 所沢市勝楽寺25-2 TEL 04-2998-9155（所沢市商業観光課）
営 自由 休 なし 料 無料
P あり 交 西武狭山線「西武球場前駅」から徒歩15分

空気が澄んでいる秋冬の晴れた日の朝は富士山がきれいに見える

自然に囲まれたダム湖

さやまこ（やまぐちちょすいち）
狭山湖（山口貯水池）

1934年（昭和9年）に東京都の水がめとして柳瀬川上流に造られたダム湖。県立狭山自然公園の区域内にあり、周辺の散策やバードウオッチングに訪れる人も多い。桜の名所としても知られており、天気のよい日は堤防から湖面の向こうに富士山を望める。(→ P.77)

桜の季節は花見客でにぎわう。左は取水塔　写真提供：所沢市

彩info 埼玉県は全国トップクラスのサトイモ収穫量を誇り、その最も多くが所沢産。所沢市ではサトイモを使った芋焼酎やさといものコロッケなどを作っており、道の駅や物産館などで入手することができる。

狭山丘陵の自然を楽しく学ぶ
いきものふれあいの里センター

公益財団法人トトロのふるさと基金が指定管理する、狭山丘陵の自然について学習することができる施設。里山の自然に触れるガイドウォークや自然観察会が定期的に行われている。

雑木林や水辺の多彩な生態系を学べる自然観察会

MAP 別冊 P.25-C3

いきものふれあいの里センター
住 所沢市荒幡 782　TEL 04-2939-9412　営 9:00〜17:00　休 月（祝日・県民の日は営業）、祝日の翌日　料 無料　P あり　交 西武狭山線「下山口駅」から徒歩 15 分

館内にはパネル展示や観察バルコニーがある

埼玉県最古の天神様で学業や仕事運をアップ
北野天神社

三社を相殿に祀る古社で正式名は物部天神社・國渭地祇神社・天満天神社。境内には日本武尊が植えたと伝わる「尊桜」が生い茂り、1802 年（享和 2 年）に建てられた所沢最古の歌碑が残る。

静かな境内。日本で初めて飛行機で飛んだ徳川好敏もよく参拝に訪れた

MAP 別冊 P.24-B2

北野天神社
住 所沢市小手指元町 3-28-44　TEL 04-2948-0653　営 自由　休 なし　料 無料　P あり　交 西武池袋線「小手指駅（南口）」から西武バス 4 分「北野天神前」下車、徒歩 1 分

藁で作られた神馬。令和の幕開けを祝して奉納された

開拓農家の面影を訪ねる
小野家住宅

江戸時代の開拓農家の住居。建物は改修を重ねながら、当時の面影を残して保存されている。茅葺屋根の入母屋造り。土間、囲炉裏、板敷きの典型的な間取りを見学できる。

2017 年に茅葺屋根の葺き替えが行われた

MAP 別冊 P.24-A1

小野家住宅
住 所沢市林 2-426-1　TEL 04-2991-0308（所沢市教育委員会）　営 日 9:00〜16:00　休 月〜土　料 無料　P なし（車での来館不可）　交 西武池袋線「武蔵藤沢駅」から西武バス「げんき橋」下車、徒歩 12 分

第 4 日曜 10:00 から囲炉裏の火焚きが行われる

江戸天保期に建造された重要文化財
柳瀬荘（黄林閣）

実業家や茶人として知られる松永安左エ門氏（耳庵）の旧別荘で、黄林閣は荘内の代表的な建造物。江戸天保期の特色ある民家として、国の重要文化財に登録されている。

もとは大庄屋の住居として 1844 年（天保 15 年）に建てられた黄林閣

MAP 別冊 P.28-B1

柳瀬荘（黄林閣）
住 所沢市大字坂之下 437　TEL 03-3822-1111（東京国立博物館）　営 木 10:00〜16:00（10〜3 月〜15:00）　休 金〜水　料 無料　P あり　交 JR 武蔵野線「東所沢駅」から西武バス 8 分「西側」下車、徒歩 3 分

黄林閣、斜月亭、久木庵とも外観のみ公開

山口民俗資料館（MAP 別冊 P.24-C2）は農機具や所沢絣の機織り器具などを展示。営業は 9:00 〜 16:30（第 1 日曜、第 2・4 木曜、第 3 土曜のみ開館）。西武狭山線「下山口駅」から徒歩 8 分。

昭和レトロな世界へ時間旅行♪

夕日の丘商店街

西武園ゆうえんち

約70年もの歴史をもつ遊園地が、2021年にリニューアル。
ゲストを昭和の世界へと誘う、なつかしくて不思議な空間が話題沸騰中!

夏の提灯など季節で変わるデコレーションも魅力的

ゆうひのおかしょうてんがい

夕日の丘商店街

まるで人々の暮らしがそこにあるような、昭和の商店街を再現。雑貨屋や駄菓子屋、お団子やコロッケの食べ歩きなど、そぞろ歩きを楽しめる工夫がたっぷりと凝らされている。昔懐かしの風景に溶け込み、レトログルメを味わえる食堂や活気あふれるお祭りを楽しもう!

❶盗人大騒動などアクロバティックなショーも用意されている ❷威勢のいい八百屋さんの叩き売りはまさに昭和の原風景! ❸子供時代の思い出がよみがえる昭和ムードたっぷりの喫茶ビクトリヤ

大人も子供も陽気に騒げるパレード!

商店街の個性あふれる住人たちが勢揃いで歌って踊るブギウギ祭り

懐かしメニューでランチタイム

「喫茶ビクトリヤ」や「食堂 助六屋」で昭和グルメを満喫できる

季節のイベントをチェックしよう

寒い冬を幻想的に彩るイルミネーションイベントの「メモリー・オブ・ライト」や夏の夜空を花火で染める「大火祭り」など、季節ごとのイベントも趣向が凝らされている。大人も楽しめるデートスポットとしても評判だ(※2022年開催)。

無数の光に包まれるメモリー・オブ・ライト

炎と花火とエンターテインメントの大火祭り

夕日の丘商店街での買い物や食事には、専用の西武園通貨が必要。通貨はチケット売り場や商店街内の夕日丘郵便局で購入できる。1日切符と西武園通貨がセットになった「得1日レジャーパック」がお得だ。

所沢・入間・新座エリア

◆ 西武園ゆうえんち

再現の緻密さは一般的な映像の数十倍！

TM & © TOHO CO., LTD.

ゴジラ・ザ・ライド 大怪獣頂上決戦
ごじら・ざ・らいど だいかいじゅうちょうじょうけっせん

細部まで再現されたリアルな映像美と濃密なサラウンド音響で、ゴジラの世界を表現。暴れ戦うゴジラやキングギドラがまるでそこにいるかのような大迫力でスリル満点だ。

リアルすぎる映像に驚き！

案内してくれるキャストも本格的

ゴジラの襲来にドキドキが止まらない！

©TEZUKA PRODUCTIONS

レッツゴー！レオランド
れっつごー！れおらんど

「鉄腕アトム」や「ジャングル大帝」のキャラクターが呼び物のアトラクションが揃う。ローラーコースターやコーヒーカップなどの、王道アトラクションのほか、広場ではエンターテインメントショーも繰り広げられる。

レオランドを一周する「レオとライヤの夕日列車」

永遠のヒーロー、アトムがお出迎え

ローラーコースター「アトムの月面旅行」を家族で楽しんで！

ふしぎ駄菓子屋 銭天堂 ザ・リアル
ふしぎだがしやぜにてんどうざ・りある

夕日の丘商店街の「どこか」に、子供たちに人気の「ふしぎ駄菓子屋銭天堂」がリアルに登場。ミステリアスな駄菓子と店主の紅子の体験型アトラクションが待ち受けている。駄菓子の数々も好奇心を刺激する。

獏ばくもなかをリアルに再現

左／裏路地にある店内で店主の紅子とコミュニケーションできる
右／オリジナル駄菓子も楽しもう（駄菓子夢見堂）

©廣嶋玲子・jyajya／偕成社／銭天堂製作委員会

懐かしのアトラクションも楽しもう

昭和世代には懐かしく、令和世代には斬新です

バイキング
最大傾斜65度の揺れは結構スリリング

オクトパス・アドベンチャー
縦横無尽の遠心力に揺さぶられる浮遊感が◎

メリーゴーラウンド
馬だけじゃない、いろんな動物が子供に人気

夕日の丘商店街の面々が遊園地エリアへ進出して笑いのおもてなし

報復絶倒の漫談ライドで盛り上がる！

チケット Information

西武園ゆうえんちのチケットは1日レヴァー切符（大人4400円、子供3300円。入園とアトラクションが楽しめる）と、得1日レヴァーパック（大人6700円〜、子供5600円〜。1日レヴァー切符で園内で使用する西武園通貨が2400〜5400円分付いたお得なチケット）の2種類。3歳未満は入場チケットは不要となっている。

西武園ゆうえんち

MAP 別冊 P25-C3

🏠所沢市山口2964 ☎04-2929-5354 ⏰曜日や季節によって異なる（HPで要確認）休なし 🎫1日レヴァー切符4400円（子供3300円）🅿あり 🚉西武鉄道山口線「西武園ゆうえんち駅」から徒歩すぐ

info　西武園ゆうえんちチケットのオプションとして人気アトラクションの待ち時間が短縮される「のりもの特急券」がある。銭天堂 ザ・リアルを体験するには、別途「ふしぎ駄菓子交換券」（1320円）が必要。

189

入間市・狭山市
いるまし　さやまし

入間市の西部、金子台には見渡す限りの茶畑が広がっている

人口　入間市 ▶ 145,721 人
　　　　狭山市 ▶ 149,360 人

🏛️ エリア利用駅

入間市駅
西武池袋線
稲荷山公園駅
西武池袋線
狭山市駅
西武新宿線

💡ヒント 西武池袋線と西武新宿線が走っているがエリア内に乗り換えできる駅はない。入間市駅と狭山市駅を結ぶ狭山27、狭山市駅と稲荷山公園駅を結ぶ狭山28の西武バスが走っている。または所沢駅で乗り換える

入間市駅・狭山市駅への行き方

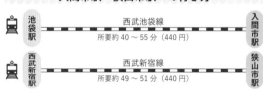

| 🚃 池袋駅 | 西武池袋線　所要約 40 ～ 55 分（440 円） | 入間市駅 |
| 🚃 西武新宿駅 | 西武新宿線　所要約 49 ～ 51 分（440 円） | 狭山市駅 |

　入間市は旧石器時代の石器が見つかっており、太古の昔から人が住んでいた形跡が確認されている。江戸末期には扇町屋に穀物市や木綿市が立ち、地域経済の拠点として栄えた。現在も入間市駅からバス通り沿いに商店が立ち並んでいるのはその名残。明治以降は繊維工業や製茶業が発達し、狭山茶の主産地となっている。圏央道開通により、県北や東京、神奈川方面からもアクセスしやすい。「狭山茶」の名称で有名な狭山市は、交通の便のよさから企業の工場や物流センターも多い。茶畑や公園など緑に囲まれた環境で、春は稲荷山公園の桜、8 月は入間川七夕まつり、11 月は入間航空祭など、全国からファンの集まるイベントが開催されている。笹井の入間川流域は、アケボノゾウの骨格化石がほぼ完全な形で発掘されたことで知られる。

それぞれ狭山、入間の地名がついているので紛らわしいのですが、実は日本三大銘茶「狭山茶」は入間市が主産地です。また「航空自衛隊入間基地」の所在地は狭山市にあります。（入間市在住・T）

歩き方

かつて米軍基地の町であった入間市

入間市の街歩きの起点となるのは西武池袋線の入間市駅。池袋から所要約40～55分で、特急や急行も停車する。北口には旧石川組製糸西洋館や旧黒須銀行など戦前から残る

バスロータリーがある入間市駅は南口。けやき通りを進むと彩の森入間公園がある

歴史的建造物が点在している。南口には駅から20分ほど歩くと、左手にかつての米軍ジョンソン基地の跡地を整備した市民の憩いの場、彩の森入間公園が広がり、その右手には軍人用居住地で今もアメリカの雰囲気を残すジョンソンタウンがある。入間市博物館やアウトレットパーク方面へのバス乗り場は入間市駅南口にあり、バス通り沿いに飲食店や商店、専門店などが立ち並んでいる。

西武新宿線、西武池袋線が走る狭山市

狭山市のメインステーションは西武新宿線の狭山市駅だが、稲荷山公園やその敷地内にある狭山市立博物館、入間基地航空祭の会場となる入間基地は西武池袋線の稲荷山公園駅が最寄りとなる。狭山市駅周辺では、毎年8月に入間川七夕まつりが開催され、西口の七夕通り商店街は地元企業や商店、市民が作った飾りで彩られる。狭山八幡神社

桜の名所として知られる狭山稲荷山公園。シーズン中は多くの人が訪れる

は狭山市駅西口から歩いて7分ほど。智光山公園へのバスは同駅西口ロータリーから出ている。入間市駅と狭山市駅を移動するには、西武バスの狭山27番バスが利用できる。

おさんぽプラン

① 入間市駅
　↓ 徒歩5分
② 旧石川組製糸西洋館
　（▶ P.193）
　↓ 徒歩20分
③ 彩の森入間公園
　（▶ P.193）
　↓ 徒歩5分
④ ジョンソンタウン
　（▶ P.92、192）
　↓ 徒歩20分
⑤ 入間市駅

航空ファンが集まるイベント

航空自衛隊入間基地では、例年11月3日文化の日に「入間航空祭」が開催されている。飛行場周辺は、多くの航空ファンや家族連れで賑わう。基地内には自衛隊の輸送機やヘリコプターなどが展示されるほか、入間基地に配備された航空機による展示飛行や、陸上自衛隊による空挺（パラシュート）降下などを観ることができる。特にブルーインパルスの展示飛行は人気が高い。

入間基地所属のC-2輸送機も登場する

みちくさ手帳

日本有数のお茶の産地

狭山茶は宇治茶、静岡茶とともに「日本三大銘茶」と呼ばれ、三大茶の産地の中では北限にある。他の生産地に比べて冷涼な気候のため、厳しい条件でも育つ肉厚の茶葉が使われているのが特徴。甘く濃厚で、コクのある味わいになり、さらに伝統的な「狭山火入れ」により、香ばしい仕上がりとなる。江戸中期から狭山丘陵一帯でお茶の生産地が開拓され、現在は入間市が生産量、栽培面積ともに県下一だ。

「色は静岡、香りは宇治よ、味は狭山でとどめさす」とうたわれる

Voice 狭山稲荷山公園の米軍ハウスには1970年代に多くのミュージシャンが住んでいました。細野晴臣が「HOSONO HOUSE」をホームレコーディングした音楽の聖地です。（入間市在住・M）

191

おもな見どころ

埼玉有数の大規模アウトレット
三井アウトレットパーク 入間
みついあうとれっとぱーくいるま

MAP 別冊 P.11-C4

三井アウトレットパーク 入間
住入間市宮寺 3169-1 TEL 04-2935-1616 営 10:00 ～ 20:00（フードコート 10:30 ～ 21:00、レストラン 11:00 ～ 21:00）休不定休 CC 店舗により異なる P あり 交 西武池袋線「入間市駅」から西武バス 15 分「三井アウトレットパーク」下車すぐ

圏央道入間 IC に近く、池袋駅からも最短 45 分と都心からのアクセスも良好

国内外の有名ブランド約 170 店舗をはじめ、レストランやフードコート、コンビニなど約 200 店舗もの多彩なショップが揃うアウトレットモール。店舗は円形の 2 階建ての建物に集中してショップの位置がわかりやすい造りで便利に買い物ができる。

さまざまなジャンルの有名ブランド品をアウトレット価格で探すことができる

入間の歴史と狭山茶について学ぼう
入間市博物館 ALIT
いるましはくぶつかんありっと

MAP 別冊 P.11-C4

入間市博物館 ALIT
住入間市二本木 100 TEL 04-2934-7711 営 9:00 ～ 17:00（入館～ 16:30）休月（祝日の場合は翌日）、祝日の翌日（土・日・祝の場合は開館）、第 4 火曜 料 200 円 P あり 交 西武池袋線「入間市駅」から西武バス 20 分「入間市博物館」下車、徒歩 3 分

土・日・祝の 11:00 ～と13:30 ～は約 45 分間のスタッフによる解説ツアーを開催

約 240 万年前から現代まで、入間の自然や歴史、地元特産の狭山茶をはじめ、日本や世界各地の茶の文化についての常設展示がある。「こども科学室」では実験や体験を楽しみながら学ぶことができ、敷地内には狭山茶を食材としたレストランも併設されている。

入間市の自然や歴史などの展示が充実。お茶大学も開講されている

アメリカ郊外を思わせる街並みが広がる
ジョンソンタウン
じょんそんたうん

MAP 別冊 P.23-B1

ジョンソンタウン
住入間市東町 1-6-1 TEL 04-2962-4450 営 店舗により異なる CC 店舗により異なる P あり 交 西武池袋線「入間市駅（南口）」から徒歩 18 分

英語の標識など、街並みの随所にアメリカンな雰囲気が漂う

1950 年代にジョンソン基地に勤務する進駐軍のために建てられた白い平屋建てのアメリカ式住宅が残る一画。現在も一般の住宅として使われているほか、カフェや雑貨店など個性豊かな店舗があり、まるでアメリカにいる気分で散策を楽しめる。（→ P.92）

住宅地なので住人の迷惑にならないよう配慮しながら雰囲気を楽しもう

Voice 入間博物館 ALIT の館庭には開発により消滅した市内の雑木林に自生していた野草を移植した野草保存林があり、春はカタクリ、秋はヒガンバナなどの花を観ることができます。（入間市在住・H）

水と緑のオアシス
彩の森入間公園
さいのもりいるまこうえん

戦後、米軍から返還された基地の跡地を活用して、県南西部地域の県民の憩いの場として整備された公園。広々とした園内には、BBQガーデン(要予約)も併設されている。

週末には家族でもひとりでも楽しめる各種イベントが開催される

MAP 別冊 P.23-B1

彩の森入間公園
住 入間市向陽台 2-2　TEL 04-2960-1664(管理センター)
営 自由、BBQガーデンは 3 月中旬～11 月の土・日・祝(要予約)
休 なし　料 無料　P あり
交 西武池袋線「入間市駅(南口)」から徒歩 15 分

広い園内は四季折々の花が咲き散策を楽しめる

大正時代の瀟洒な迎賓館
旧石川組製糸西洋館
きゅういしかわぐみせいしせいようかん

石川組製糸の創業者石川幾太郎が、海外からの商人を招くための迎賓館として 1921 年(大正 10 年)に上棟された洋風木造建築。当時の入間市の繊維業の繁栄を示す貴重な建造物だ。

館内は一般公開のほか、映画やドラマの撮影、イベントなども開催されている

MAP 別冊 P.23-A1

旧石川組製糸西洋館
住 入間市河原町 13-13　TEL 04-2934-7711(入間市博物館)
営 10:00～16:00(3～11 月の第2・4 土日などに一般公開)　休 上記公開日以外(要確認)　料 200 円
P あり　交 西武池袋線「入間市駅(北口)」から徒歩 5 分

本館の食堂でコーヒーを楽しむこともできる

明治時代の銀行建築の姿を見られる
旧黒須銀行
きゅうくろすぎんこう

1909 年(明治 42 年)に黒須銀行本店として建設。火事に強い洋風土蔵造りは、明治期の地方銀行に多く見られたが、現存するものは少なく、貴重な近代建築遺構となっている。

寄棟造り、瓦屋根の外観。内部は特別公開日のみ見学できる

MAP 別冊 P.23-A1

旧黒須銀行
住 入間市宮前町 5-33　TEL 04-2934-7711(入間市博物館)
営 外観見学は自由(内部見学は特別公開日のみ)
休 特別公開日以外　料 無料
P なし　交 西武池袋線「入間市駅(北口)」から徒歩 10 分

当時の営業室の様子が再現されている

秩父連山が一望できる
桜山展望台
さくらやまてんぼうだい

標高 189m。眼下には茶畑が広がり、晴れた日には富士山や丹沢、秩父連山、都内の高層ビル群などを一望できる。加治丘陵の自然観察や遊歩道のハイキングを楽しもう。

自然豊かな遊歩道を登り、展望台へ。展望台の高さは 20m

MAP 別冊 P.27-C4

桜山展望台
住 入間市下谷ケ貫 925-8
TEL 04-2964-1111　営 9:00～17:30(10～3 月は～16:30)　休 なし
料 無料　P なし　交 西武池袋線「入間市駅(南口)」から西武バス 15 分「中神」下車、徒歩 15 分

加治丘陵のシンボル。眼下に茶畑が広がる

彩info 旧石川組製糸西洋館はドラマや映画のロケ地としてもたびたび登場。『賭ケグルイ』『約束のネバーランド』『ライアーゲーム』など洋館のたたずまいがストーリー展開を盛り上げる。

MAP 別冊 P.23-A1

狭山稲荷山公園
🏠 狭山市稲荷山 1-23-1 ☎ 04-2955-3228（管理事務所） 🕐 自由、BBQ は 3 〜 11 月の火・水・土・日・祝（要予約） 休 なし 料 無料 P あり 交 西武池袋線「稲荷山公園駅（北口）」から徒歩すぐ

広々とした芝生広場は思いおもいに過ごせる

MAP 別冊 P.23-A1

狭山市立博物館
🏠 狭山市稲荷山 1-23-1 ☎ 04-2955-3804 🕐 9:00 〜 17:00（入館〜 16:30） 休 月（祝日は開館） 料 150 円（中学生以下無料）※企画展により料金変更あり P あり 交 西武池袋線「稲荷山公園駅（北口）」から徒歩 3 分

青い外壁が目印。駅からのアクセスもよい

MAP 別冊 P.23-A2

狭山八幡神社
🏠 狭山市入間川 3-6-14 ☎ 04-2954-2511 🕐 9:00 〜 17:00 休 不定休 料 無料 P あり 交 西武新宿線「狭山市駅（西口）」から徒歩 7 分

新田義貞が愛馬をつないだという駒つなぎの松

MAP 別冊 P.11-B4

智光山公園
🏠 狭山市柏原 561 ☎ 04-2953-5301（管理事務所） 🕐 自由（こども動物園は 9:30 〜 16:30） 休 なし（こども動物園は月休） 料 無料（こども動物園は 200 円） P あり 交 西武新宿線「狭山市駅（西口）」から西武バス 20 分「智光山公園」下車すぐ

子供が楽しめる動物に会えるこども動物園

かつてのジョンソン空軍基地

狭山稲荷山公園
さやまいなりやまこうえん

1973 年（昭和 48 年）に米軍ジョンソン飛行場から返還され、整備された公園。ソメイヨシノやヤエザクラの並木があり、水彩教室、朝ヨガ教室など、各種イベントも開催。

桜の名所として知られ、狭山市民のお花見スポットとして人気

太古から現代へ。歴史と自然に出合う

狭山市立博物館
さやましりつはくぶつかん

入間川、入間路をテーマとした博物館。アケボノゾウが生息し、周辺が海だった太古の時代から現代にいたるまで、歴史順に常設展示されている。養蚕や狭山茶関連の展示もある。

狭山市で化石が見つかったアケボノゾウの骨格標本（復元模型）は必見

必勝の神として親しまれる

狭山八幡神社
さやまはちまんじんじゃ

大分県の宇佐八幡宮を本社とする八幡宮の一社。創建は室町時代初期と推定される。鎌倉幕府を滅ぼした新田義貞が篤く信仰し、必勝祈願をして見事勝利を収めたとされる。

「新田の八幡宮」とも称され、勝負運を授けてくれるパワースポットとして知られる

武蔵野の面影が感じられる

智光山公園
ちこうざんこうえん

東京ドーム約 11 個分の広大な敷地に、武蔵野の豊かな自然をそのまま生かして作られた大規模な総合公園。四季折々の花を楽しめる植物園、こども動物園などの施設も充実している。

季節の花が植えられている都市緑化植物園の大花壇。バラ園、アジサイ園などもある

Voice 智光山公園は雑木林や水辺が豊かで、バードウォッチングにおすすめ。シジュウカラ、メジロなどを観察できます。ひょうたん池の周辺は、朝早くから水鳥を撮影する人たちを見かけます。（狭山市在住・A）

1973 at Sayama

細野晴臣の1stアルバムが制作された

1973年の狭山市アメリカ村

「狭山アメリカ村」には1970年前後からミュージシャンやアーティストが多く移り住んだ。細野晴臣もそのひとりで歴史的な名盤も自宅で制作している。

1973年発表の「HOSONO HOUSE」© 細野晴臣／KING RECORDS

日本語ロックの草分け「はっぴいえんど」で活動した細野晴臣が、YMO結成前の1973年に発表した初のソロアルバム「HOSONO HOUSE」。その名のとおり狭山市の自宅でホームレコーディング（日本初の自宅録音アルバムともいわれる）された歴史的な作品だ。当時の狭山市の情景が広がる歌詞と手作り感がたっぷりのサウンドで、50年以上も幅広い世代から愛され続けている。

第2次世界大戦後、狭山市から入間市にかけて駐留米軍の「ジョンソン基地」があり、周辺には米兵や家族向けの住宅がたくさん建てられた。その後、基地縮小で空き家が増えると、1970年前後からアメリカの空気を感じさせるエリアとして日本各地からボヘミアンが移住。現在の狭山稲荷山公園の周辺は「狭山アメリカ村」と呼ばれるようになった。当時は高度経済成長の反動が一気に噴出化しており、公害など社会問題が顕在化し、都市部には閉塞感が漂い始める時代だった。

1973年に細野晴臣は稲荷山公園近くの自宅に機材を持ち込み楽曲のレコーディングを行う。メンバーは同年に結成された「キャラメル・ママ」の鈴木茂（ギター）、松任谷正隆（キーボード）、林立夫（ドラムス）。当時の狭山市は、ヒッピーブームのなか、このような若い才能がたくさん集まってコミューンを形成していたのだろう。しかし「HOSONO HOUSE」をリリースして間もなく、幻想的なアメリカ村での生活を抜け出して東京へと戻り、電子楽器を前面に押し出した「テクノ・サウンド」のYMOを結成。社会現象的な大ブームを巻き起こし、世界各地でもツアーを行った。

細野晴臣が久しぶりに狭山市に戻ってきたのは、2005年に開催された「ハイドパーク・ミュージック・フェスティバル」のとき。稲荷山公園は米軍基地内の時代にHyde Parkという名称で造成された公園がベースで、今もハイドパークの愛称で呼ばれている。野外フェスは朝から豪雨となったが、ヘッドライナーの細野晴臣が登場する夜になると雨も収まり、「HOSONO HOUSE」の1曲目に収められていた「ろっか・ばい・まい・べいびい」からスタート。名曲「恋は桃色」で入間川周辺の景色へのオマージュを叙情的に歌い上げている。

シングルカットされた「恋は桃色」の歌詞の「川沿いの道」は入間川と周辺の景色からイメージされたものだ

70年代当時の雰囲気が感じられる入間市のジョンソンタウン

飯能市・日高市
（はんのうし）（ひだかし）

東京都心から 40 ～ 60km 圏内で雄大な自然を満喫できる飯能市

人口	飯能市▶ 78,445 人
	日高市▶ 54,615 人

🚃 エリア利用駅

飯能駅
西武池袋線
西武秩父線

東飯能駅
JR 八高線
西武池袋線

高麗駅
西武秩父線

高麗川駅
JR 川越線
JR 八高線

ヒント 飯能駅と東飯能駅間は歩くと約 10 分。高麗駅と高麗川駅は 4km ほど離れている

飯能駅・高麗駅への行き方

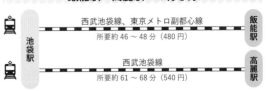

池袋駅	西武池袋線、東京メトロ副都心線 所要約 46 ～ 48 分（480 円）	飯能駅
	西武池袋線 所要約 61 ～ 68 分（540 円）	高麗駅

　飯能市は埼玉県南西部にあり、南側は東京都の青梅市、奥多摩町と県境を接している。市域の約 75％が森林という自然豊かな環境で、江戸時代より林業が発達。良質な「西川材」を入間川、高麗川から筏で江戸へ運んでいた。江戸後期からは養蚕や絹織物業も発達し、西川材と並ぶ飯能の代表的な産業になった。近年はゆったりと自然を満喫できるアウトドア施設や観光スポットが人気を集めている。飯能市の東に位置する日高市は、奈良時代に高句麗からの渡来人が開拓した武蔵国高麗郡がおかれ、高麗神社など歴史的建造物が残されている。市の東部には日光街道が通り、高萩に宿がおかれて現在も国道 407 号に「日光街道杉並木」が残る。秋が見頃の曼珠沙華（しゅげ）の群生地が広がる巾着田周辺はハイキングにおすすめ。

彩info 飯能銀座商店街（MAP 別冊 P.27-B3）は飯能駅北口にあるレトロな商店街。昭和な雰囲気漂う目抜通りに 80 軒ほどの飲食店や商店が軒を並べている。駅から天覧山へ向かうときに立ち寄ってみよう。

歩き方

》》 北欧の雰囲気も漂う自然あふれる飯能市

飯能市の玄関口は西武池袋線の飯能駅。特産の西川材を使用したフィンランドデザインの内装に注目だ。駅の改札口を出てすぐ右手に観光案内所「ぷらっと飯能」があり、観光

飯能駅北口から延びる駅前通り150mほど歩くと左手にある銀座通り

スポットの地図や情報を入手できる。ムーミンバレーパーク（メッツァビレッジ）や、名栗湖方面へのバスは北口に発着。天覧山の登山口まではバスも出ているが、北口駅前の飯能銀座商店街から徒歩20分ほどでも行ける。「OH!!!・天覧山下」バス停から5分ほどのところに能仁寺があるので、登山の行き帰りに立ち寄ってみたい。子ノ権現天龍寺、竹寺（八王寺）方面へのハイキングは、西武池袋線の吾野が起点。どちらの寺院も山頂にあるので、山歩きができる服装で出かけよう。

》》 渡来人が開拓した日高市の高麗地区

出世明神の異名ももつ日高市のパワースポット高麗神社はJR川越線・八高線の高麗川駅から歩いて20分ほど。敷地内にある高麗家住宅もぜひ見学したい。曼珠沙華の花

7世紀に日本に渡ってきた高麗地区開拓の祖、高句麗王若光を祀る高麗神社

畑で有名な巾着田、登山初心者も楽しめる日和田山方面への起点となるのは、西武池袋線の高麗駅。巾着田曼珠沙華公園は歩いて15分ほど、日和田山は歩いて20分ほどで登山口へ到着する。

おさんぽプラン

❶飯能駅
　　🚶 徒歩20分
❷能仁寺　　　（▶ P.78、198）
　　🚶 徒歩15分
❸天覧山頂上　（▶ P.78）
　　🚶 徒歩10分
❹OH!!! 〜発酵、健康、食の魔法 !!! 〜
　　　　　　　（▶ P.199）
　　🚶 徒歩20分
❺飯能駅

曼珠沙華が幻想的に広がる公園

曼珠沙華はサンスクリット語で「天界に咲く花」。日和田山から眺めると巾着の形に見えることから巾着田と名づけられた。22haの園内には菜の花やアジサイ、コスモスなど四季折々の花が咲き、特に9月中旬から10月初旬頃には、曼珠沙華群生地が赤い絨毯を広げたような光景につつまれて、多くの観光客の目を楽しませる。（→ P.108）

✔ 巾着田曼珠沙華公園

MAP 別冊 P.23-C1

🏠 日高市高麗本郷125-2
☎ 042-982-0268　🕐 7:00〜17:00
休 なし　料 無料（曼珠沙華開花中500円）　🅿 あり　🚉 西武秩父線「高麗駅」から徒歩15分

彼岸花（ヒガンバナ）の名称でも知られる曼珠沙華

天覧山は歴史スポット

飯能市街の北西にある天覧山（**MAP** 別冊 P.26-B2）の標高は197m（山頂の標識には195mと記されている）。埼玉県指定の名勝第1号であり、奥武蔵自然歩道などハイキングコースが整備されている。山の麓にある能仁寺は、幕末の飯能戦争で渋沢栄一のいとこにあたる渋沢成一郎が率いた旧幕府方の振武軍の本陣となった場所。東京から追討にやってきた新政府方は天覧山を目印に攻め入り、この地で激戦が繰り広げられた。

激動の幕末史の舞台となった天覧山。頂上から飯能市街が見渡せる

🔊 **Voice** ムーミンバレーパークの入口前に広がるメッツァビレッジは入場無料。湖を望む広場を中心に北欧雑貨の店やレストラン、カフェがあり、ここだけ訪問しても雰囲気が味わえます。（飯能市在住・T）

左カラム

MAP 別冊 P.27-A3

ムーミンバレーパーク

🏠 飯能市宮沢 327-6　☎ 0570-03-1066　🕐 10:00～17:00（土・日・祝～18:00）※イベント等により変動あり　休 なし　料 大人3200 円、小学生以下 2000 円（前売り券は大人 3000 円、小学生以下 1800 円）　P あり（平日無料、土・日・祝は有料）　🚃 西武池袋線「飯能駅（北口）」からイーグルバス 20 分「メッツァ」下車すぐ

おさびし山エリアにあるアスレチック「ヘムレンさんの遊園地」

MAP 別冊 P.27-C4

トーベ・ヤンソンあけぼの子どもの森公園

🏠 飯能市阿須 893-1　☎ 042-972-7711　🕐 9:00～17:00（土・日・祝～21:00 ライトアップ実施）　休 月（祝日の場合は翌平日）　料 無料（※最新の利用状況はホームページで要確認）　P あり　🚃 西武池袋線「元加治駅」から徒歩 20 分

北欧のイメージに包まれる秋の園内

MAP 別冊 P.26-B2

能仁寺

🏠 飯能市飯能 1329　☎ 042-973-4128　🕐 自由　休 なし　料 無料（本堂および庭園は 300 円）　P あり　🚃 西武池袋線「飯能駅（北口）」から国際興業バス 5 分「天覧山下」下車、徒歩 2 分

飯能戦争の災厄を経て再建された本堂

右カラム

北欧とムーミンの物語世界に包まれる

ムーミンバレーパーク
むーみんばれーぱーく

宮沢湖のほとりにある「ムーミン」の物語の世界観を楽しめるテーマパーク。物語に登場する世界や原作者トーベ・ヤンソンの思いを、豊かな自然の中で遊びながら体感することができる。季節ごとに開催される多様なイベントやワークショップも充実している。（→ P.91）

物語の世界を再現した建物が点在している。
©Moomin Characters™

北欧童話の世界が広がる

トーベ・ヤンソンあけぼの子どもの森公園
とーべ・やんそんあけぼのこどものもりこうえん

北欧の童話作家トーベ・ヤンソンの想いが散りばめられた、自然ゆたかな飯能に造られた公園。きのこの家や森の家などで、子供も大人も物語の世界を感じながら過ごせる。土・日・祝日には日没から 21:00 まで、園内のライトアップが行われている。

絵本に出てきそうなきのこの家
©(2022)Moomin Characters/R&B

幕末飯能戦争の本陣となった名刹

能仁寺
のうにんじ

室町時代中期に創建された曹洞宗の禅寺。幕末の飯能戦争で渋沢成一郎率いる振武軍が本陣とした。戦乱により本堂は焼失したが、1936 年（昭和 11 年）に再建。寺の背後には天覧山、参道の下には名栗川が流れ、庭園は日本名園百選に選ばれている。（→ P.78）

毎週日曜に座禅会が開かれる（要問い合わせ）

Voice　ムーミンバレーパークは圏央道狭山日高 IC から約 5.4km の所にあります。敷地が広大なので、カーナビは駐車場入口（飯能市宮沢 27-44）入力がおすすめです。（所沢市在住・M）

「発酵」のチカラを五感で体感

〜おー!!!〜はっこう、けんこう、しょくのまほう!!!〜

OH!!! 〜発酵、健康、食の魔法!!!〜

漬物や味噌をはじめ、こだわりの発酵食品が集まる発酵のテーマパーク。「飯能マルシェ」では地元の採れたて野菜や特産品も。レストランではおいしいだけでなく、身体に優しい発酵料理を味わえる。

丸型のカフェ。ショップやレストランなどが敷地に混在している

MAP 別冊 P.26-B2

OH!!! 〜発酵、健康、食の魔法!!!〜

住 飯能市飯能 1333 TEL 042-975-7001（総合案内） 営 店舗により異なる 休 月（祝日の場合は翌日） CC ADJMV P あり 交 西武池袋線「飯能駅（北口）」から国際興業バス7分「OH!!!・天覧山下」下車、徒歩3分

ぬか床づくりなどのワークショップも開催

飯能の自然と歴史を学ぼう

はんのうしりつはくぶつかん

飯能市立博物館

太古からの飯能の歴史を、「里」「町」「山」「飯能今昔」の4つのゾーンに分けて常設展示している。明治、大正の街並みが再現された模型は必見。西川材、飯能焼などの展示もある。

「西川材」の生産は江戸時代より飯能の発展を支えた重要な産業

MAP 別冊 P.26-B2

飯能市立博物館

住 飯能市飯能 258-1 TEL 042-972-1414 営 9:00〜17:00 休 月、祝日の翌日（祝日は開館） 料 無料 P あり 交 西武池袋線「飯能駅（北口）」から国際興業バス7分「市民会館・博物館」下車、徒歩3分

「きっとす」の名称で親しまれている

白い象が出迎えてくれる

かんのんじ

観音寺

真言宗智山派の寺院。810年（弘仁元年）創建だが、堂内の建物は飯能戦争で焼失し、1883年（明治16年）に再建。アニメ「ヤマノススメ」の舞台としても知られている。

第2次世界大戦時の梵鐘の供出で空となった鐘楼に白象の像が立っている

MAP 別冊 P.26-B2

観音寺

住 飯能市山手町 5-17 TEL 042-973-1331 営 自由 休 なし 料 無料 P あり 交 西武池袋線「飯能駅（北口）」から徒歩15分

春の参道は桜に包まれる

「生活の木」が運営するハーブ園

めでぃかるはーぶがーでんせいかつのき やっこうそうえん

メディカルハーブガーデン生活の木 薬香草園

小高い丘にある園内では、多種多様なメディカルハーブが植えられている。ショップやハウスで苗木や精油、ハーブグッズが購入でき、精油の蒸留体験など、ワークショップも充実している。

メディカルハーブ（薬香草）について知り体験できる総合施設

MAP 別冊 P.26-C2

メディカルハーブガーデン生活の木 薬香草園

住 飯能市美杉台 1-1 TEL 042-972-1787 営 ショップ 10:00〜18:30、メディカルハーブハウス 10:00〜18:00（11〜2月は〜17:00） 休 月（祝日は営業） CC ADJMV P あり 交 西武池袋線「飯能駅（南口）」から西武バス3分「美杉台小学校」下車すぐ

OH!!! 〜発酵、健康、食の魔法!!! 〜の「パリシャキ研究所」ではさまざまなワークショップが開催されており、「オリジナルご飯がススムキムチ」や「My 発酵ぬか床づくり」などに挑戦できる。

名栗湖（有間ダム）
🏠 飯能市大字下名栗 1830　☎
042-980-5051（奥むさし飯能
観光協会）　営 自由　休 なし
料 無料
🅿 なし　🚌 西武池袋線「飯能駅
（北口）」から国際興業バス 41 分
「ノーラ名栗・さわらびの湯」下車、
徒歩 12 分

県営 1 号 の有
間ダムによって
造られた人造湖

鳥居観音
🏠 飯能市上名栗 3198　☎ 042-
979-0666　営 白雲山入山 9:00〜
16:00（12 月中旬〜 3 月中旬は
路面凍結により車道を通行止め）
休 水　料 白雲山入山料 200 円〜
（車 500 円〜）、救世大観音の拝
観料 200 円（4 月第 1 土曜〜 11
月最終日曜の土・日・祝のみ拝観
可能）　🅿 あり（有料）　🚌 西武
池袋線「飯能駅（北口）」からバス
で「連慶橋」下車、徒歩 5 分

子ノ権現天龍寺
🏠 飯能市大字南 461　☎ 042-
978-0050　営 自由　休 なし
料 無料　🅿 あり　🚌 西武秩父
線「吾野駅」から徒歩 90 分（ハ
イキング道）

本堂の前に奉納
されている巨大
な鉄ワラジ

竹寺（八王寺）
🏠 飯能市大字南 704　☎ 042-
977-0108　営 自由　休 なし
料 無料　🅿 あり　🚌 西武池袋
線「飯能駅」から国際興業バス
32 分「田中」下車、徒歩 45 分

お寺なのに鳥居が
あるのは神仏習合
の名残

日帰りでアウトドアを満喫しよう

名栗湖（有間ダム）
なぐりこ（ありまだむ）

　有間渓谷へと続く周長約
5kmのダム湖。ハイキング、
カヌー、サイクリング、ツー
リングなど、さまざまなア
ウトドアを楽しむことがで
きる。近くに日帰り温泉施
設「さわらびの湯」もある。

豊かな自然を楽しむことができる。紅
葉の名所として有名

白雲山にそびえ立つ巨大観音

鳥居観音
とりいかんのん

　標高約 460m の白雲山の
広大な敷地にあり、山頂に
は高さ 33m の救世大観音
がそびえ立つ。玄奘三蔵塔
や大鐘楼なども見どころ。
四季を通じて花々が美しく、
自然散策を楽しめる。

穏やかな表情の救世大観音。インドや
中近東の様式も取り入れられている

足腰守護の御利益で知られている

子ノ権現天龍寺
ねのごんげんてんりゅうじ

　標高約 640m、奥武蔵自
然公園山頂にある天台宗の
寺院。足腰守護の神仏とし
て信仰され、スポーツ選手
や登山愛好家も参拝に訪れ
る。天気のよい日は見晴ら
し所からの眺望もよい。

緑豊かな山の上に鎮座する 911 年（延喜
11 年）創建の古刹

疫病を祓う山岳信仰の寺院

竹寺（八王寺）
たけでら（はちおうじ）

　857 年（天安元年）に東国
の疫病を祓うために創建さ
れ牛頭天王を祀っている。
境内では四季の薬草や山菜
を用いた精進料理（11:30 〜
13:30。要予約）や竹笹そばを
味わえる。

標高 490m。静かな竹林の中に立ち、
地元では「天王さま」と呼ばれている

高麗郷のパワースポット

开 高麗神社
（こまじんじゃ）

1300年ほど前、高麗郡の開拓を指揮した高句麗の王族、高麗王若光を祀る神社。参拝後に総理大臣となった政治家も多いことから、出世明神とも呼ばれている。（→ P.45）

現在にいたるまで若光の子孫が代々宮司を務めている

MAP 別冊 P.23-C2

高麗神社
住 日高市新堀833 TEL 042-989-1403 営 自由 休 なし 料 無料 P あり 交 JR川越線・八高線「高麗川駅」から徒歩20分

入口に立つチャンスンは魔除けと道しるべ

高麗神社の境内に残る高麗氏の住宅

高麗家住宅
（こまけじゅうたく）

高麗神社の境内にあり、神職を務めてきた高麗氏が住んでいた入母屋造り茅葺屋根の住居。建築は慶長年間と伝わり、17世紀前半頃と推定される。国指定重要文化財となっている。

東日本の民家の中では極めて古い形を残している貴重な建築

MAP 別冊 P.23-C2

高麗家住宅
住 日高市新堀850 TEL 042-989-1403（高麗神社） 営 自由 休 なし 料 無料 P あり（高麗神社） 交 JR川越線・八高線「高麗川駅」から徒歩20分

建物の外から眺め（内部見学は要予約）

高麗王若光の菩提寺

高麗山 聖天院 勝楽寺
（こまさんしょうでんいんしょうらくじ）

奈良時代の751年（天平勝宝3年）に高麗王若光の菩提寺として創建された真言宗の寺院。高麗山の高台にあり、本堂の前からはさいたま新都心や富士山を眺めることができる。

高麗神社から南西へ約400mの見晴らしのいい高麗山の高台に立つ

MAP 別冊 P.23-C2

高麗山 聖天院 勝楽寺
住 日高市新堀990-1 TEL 042-989-3425 営 8:00～17:00（入山～16:30） 休 なし 料 300円 P あり 交 JR川越線・八高線「高麗川駅」から徒歩30分

四季折々の風景が美しい山水を取り込んだ庭園

高麗郷の民具を展示

高麗郷民俗資料館
（こまごうみんぞくしりょうかん）

日高市内の農業、林業、漁労についての民俗資料が保管されている。1階では養蚕、機織、製糸や畑作の道具、2階では林業や高麗川の漁で使われた道具が展示されている。

高麗の農家の暮らしを再現。奈良・平安時代の遺跡のジオラマ展示もある

MAP 別冊 P.23-C1

高麗郷民俗資料館
住 日高市大字梅原2 TEL 042-985-7383 営 9:00～17:00（入館～16:30） 休 月（祝日の場合は翌日）、祝日の翌日 料 無料 P なし 交 西武秩父線「高麗駅」から徒歩15分

高麗公民館として建てられた建物を使用

Voice　高麗鍋は韓国伝来文化が実感できる日高市のB級グルメ。地場産野菜、朝鮮人参が入ったキムチ味の鍋で、バリエーションはさまざま。店によっては夏季限定メニューになっています。（川越市在住・C）

新座市・和光市
にいざし　わこうし

新座市内を流れる野火止用水は玉川上水と新河岸川をつなぐ用水路

| 人口 | 新座市 ▶ 165,730 人 |
| | 和光市 ▶ 83,962 人 |

🏛 エリア利用駅
新座駅
JR 武蔵野線
和光市駅
東武東上線
東京メトロ副都心線
東京メトロ有楽町線
成増駅
東武東上線

ヒント 東武東上線の朝霞台駅と JR 武蔵野線の北朝霞駅は隣り合っており、ここで乗り換えができる。両駅間の距離は徒歩 5 分ほど

新座駅・和光市駅への行き方

| 🚃 | 大宮駅 | JR 京浜東北線 所要約 35 分（310 円） | 南浦和駅 | JR 武蔵野線 → → | 新座駅 |

| 🚃 | 池袋駅 | 東武東上線 所要約 13 分（260 円） | | | 和光市駅 |

　新座市は埼玉県の最南端にあり、東京都練馬区や多摩地区と隣接している。柳瀬川、黒目川流域を中心に旧石器時代から近代まで、100 ヵ所ほどの遺跡があり、古くから宿場や交通の要所として栄えた。武蔵野の面影を残す雑木林には古刹の平林寺があり、江戸時代に開削された野火止用水の清流が今も流れ、自然の中で散策を楽しむことができる。和光市は新座市の東にあり、東京都練馬区、板橋区と隣接している。江戸と川越の中間地点として、旧川越街道沿いに白子宿があり、白子熊野神社など歴史的建造物も点在している。戦前は東京に野菜を供給する近郊農村地として発展。戦後は企業進出が相次ぎ、集合住宅などの建設により人口も急増した。東武東上線、有楽町線、副都心線の 3 路線が乗り入れ移住者が増加している。

 新座の地名は 758 年（天平宝字 2 年）、新羅からの渡来人を集めて武蔵国に新羅郡が設置されたことに由来する。平安時代に新座郡（にいくらごおり）という地名に改称され、1955 年（昭和 30 年）に新座町となった。

歩き方

》》新座の歴史と自然に親しめる野火止用水

JR武蔵野線の新座駅が玄関口。新座周辺での散策は、野火止用水沿いの緑道を歩くのがおすすめ。新座駅南口から川越街道を10分ほど歩くと、野火止緑道に出る。野火止用

野火止用水にちなみ、新座駅南口のロータリー内に造られた水車

水公園には野鳥の森があり、春は満開の桜並木、夏は「じゃぶじゃぶ池」で子供たちが水遊びを楽しむ姿が見られる。遊歩道をさらに市役所方面へ歩くと平林寺へ到着。歴史ある山門をくぐると、境内には広大な雑木林が広がっており、武蔵野の自然が感じられる。平林寺前からは、東武東上線の志木駅、朝霞台駅、西武池袋線の東久留米駅、ひばりヶ丘駅へ向かう路線バスが出ているのでそれで帰途に就くのもいい。

》》練馬区、板橋区から直接アクセスも可能な和光市

池袋駅から最速で13分の和光市駅が散策の起点。江戸時代に建てられた旧冨岡家住宅が移築復元されている新倉ふるさと民家園は北口から歩いて10分ほど。南口から徒歩20分ほどの所にある和光樹林公園は、広い芝生の公園でバーベキューも楽しめる。東京都練馬区と接しているため、

ターミナルがあり、商業施設エキアやホテルが立つ和光市駅南口

西武池袋線大泉学園駅からの路線バスも利用できる。白子熊野神社は板橋区の東武東上線・成増駅から徒歩約15分。広い境内には富士塚や洞窟もあり、イベントなども開催されている。

おさんぽプラン

① 新座駅
　🚶 徒歩15分
② 野火止緑道 憩いの森（▶ P.203）
　🚶 徒歩25分
③ 平林寺（▶ P.204）
　🚶 徒歩5分
④ 睡足軒の森（▶ P.204）
　🚶 徒歩30分
⑤ 新座駅

野火止用水に沿って歴史散策
1655年（承応4年）、川越藩主松平伊豆守信綱の命により、安松金右衛門が開削工事を指揮し完成させたといわれる野火止用水は、現在の東京都小平市の玉川上水から、志木市を流れる新河岸川まで全長約24kmに及ぶ。乾燥した野火止台地を潤し、1945年（昭和20年）頃まで飲料水や生活用水として利用された。現在は市民の憩いの場となっている。

☑ **野火止緑道 憩いの森**
MAP 別冊 P.28-B1
住 新座市野火止　🚃 JR武蔵野線「新座駅（南口）」から徒歩18分

用水路の脇に設けられた緑道は気持ちのよい散策道となっている

みちくさ手帳　清水かつら「靴が鳴る」誕生の地

童謡作家、清水かつらは1923年（大正12年）に関東大震災に遭い、東京深川から白子村（現在の和光市白子）に移り住み、後半生をこの地で過ごした。代表作である「靴が鳴る」の歌詞も白子で誕生したもの。

東武東上線の和光市駅前広場には「靴が鳴る」をはじめ3つの代表作品の歌詞が刻まれた歌碑が設置されている。また川越街道の白子宿と新田宿の境の白子橋にも「靴が鳴る」の歌碑が残されている。

和光市駅南口の駅前広場に立つ3作品の歌碑

旅のinfo　和光市の名称は、一般公募された中から選ばれた。平和、栄光、前進を象徴し、市が明るく住みよいまちに躍進するように、という願いが込められている。応募された市名で一番多かったという。

203

左段

MAP 別冊 P.28-C1

平林寺

🏠 新座市野火止 3-1-1 **TEL** 非公開
🕐 9:00〜15:50 (最終受付 15:30)
🚫 2月1日〜末日、12月31日
💴 500円 (小学生 200円)、1歳
〜未就学児は5名以上より1名
につき100円 **P** なし 🚃 東武
東上線「志木駅(南口)」から西
武バス14分「平林寺」下車、徒
歩1分

東京ドーム9個分の
広大な境内林の一部に
は散策路が整備されて
いる

MAP 別冊 P.28-C1

睡足軒の森

🏠 新座市野火止 1-20-12
TEL 048-424-9616 (新座市生涯学
習スポーツ課) 🕐 10:00〜15:00
🚫 月・水(祝日を除く)、祝日の
翌日、年末年始、季節休園(7〜
9月、1〜2月) 💴 なし(睡足軒
の利用は要問い合わせ) **P** なし
🚃 東武東上線「志木駅(南口)」
から西武バス14分「平林寺」下
車、徒歩3分

端整な美しさと風情を
醸す雑木林。園内の一部
を散策することができる

MAP 別冊 P.28-C1

トランポリンパーク・トラン
ポランド Saitama

🏠 新座市野火止 3-13-35
TEL 048-487-8844 🕐 12:00〜
21:00 (土・日・祝 10:00〜20:00)
🚫 火(祝日の場合は翌日)
⏱ 60分1650円〜 **P** あり
🚃 JR武蔵野線「新座駅(南口)」
から西武バス7分「野火止三丁目」
下車、徒歩5分

待合室、トラ
ンポリン場と
も広々とした
スペースが確
保されている

右段

武蔵野を代表する禅刹
へいりんじ
平林寺

臨済宗妙心寺派の禅寺。
1375年(永和元年)に岩槻で創
建され、1663年(寛文3年)に
この地へ移転。野火止用水を整
備した松平信綱一族の菩提寺で
あり、墓所には信綱夫妻の墓も
ある。敷地内に野火止用水から
分水された平林寺堀が流れてい
る。

江戸時代前期に岩槻から移築された山門。
県の有形文化財に指定されている

武蔵野の雑木林の面影を残す

すいそくけんのもり
睡足軒の森

国指定天然記念物「平林寺境内林」の一画で、武蔵野の
雑木林の面影を残している。園内には、昭和の大茶人・松
永安左ヱ門(耳庵)が移築した飛騨地方の古民家(睡足軒)が
あり、国登録有形文
化財(建造物)として
登録されている。

「電力の鬼」と呼ばれた実業
家で茶人の松永安左ヱ門が
茶会を楽しんだ古民家

トランポリンの経験がなくても大丈夫

とらんぽりんぱーく・とらんぽらんどさいたま
トランポリンパーク・トランポランド Saitama

県内最大級のトランポリン施設。日常では味わえない浮
遊感や、スリルを気軽に体験することができ、大人も子供
も楽しめる。初心者のほか、スキーやスノボなどのジャン
プ練習にも広く利用
されている。館内に
は更衣室、休憩ス
ペース、自動販売機
あり。

思いっきり飛び跳ねてスト
レス発散!いい運動になる。
園児用エリアもある

Voice 平林寺の総門の向かいにある食事処「竹映(ちくえい)」には約160台の駐車場を併設。平林寺に車で訪
問したとき便利です。寺などを散策する場合は駐車料1日500円。(東松山市在住・A)

広々とした芝生の多目的公園

わこうじゅりんこうえん
和光樹林公園

米軍キャンプ朝霞基地の跡地を整備して、1989年（平成元年）に開設。22ヘクタールの園内には芝生広場、ジョギング・ウォーキングコース、こども遊具があり、いきものの観察会などのイベントも開催される。BBQ施設は家族連れに人気がある（要予約）。

東京都との県境に位置する、市民の憩いの場。のんびりと過ごすことができる

白子の鎮守さまとして崇敬される

ぶしゅうしらこくまのじんじゃ
武州白子熊野神社

和歌山県の熊野那智大社の米良文書に「しらこ庄賀物助、庄中務丞」の名があることから、中世に創建したと推定され、「白子の鎮守さま」として信仰されてきた。10月3日の例大祭を奉祝しての神幸祭（神輿出し）では、地域が一丸となる。ほかに4月にはつつじ祭り、12月には熊手市の行事がある。

年間を通じてさまざまな行事が行われている

約300年前に建てられた古民家を訪ねる

にいくらふるさとみんかえん
新倉ふるさと民家園

園内にある旧冨岡家住宅は江戸時代創建とされる県内で最古級の民家。東京外かく環状道路の建設にともない解体保管され、この地に復元された。約2000m²（約600坪）の敷地に井戸、物置、湧水の池などが昔の農家の庭先を再現するように配置されている。

建設当時の関東の農家家屋としては最大規模を誇っていたという旧冨岡家住宅

MAP 別冊 P.29-C3

和光樹林公園
🏠 和光市広沢三番地内
☎ 048-468-0837（管理事務所）
🕐 8:30〜17:00 🈳 なし 💴 無料（BBQ施設は有料、HPから要予約）🅿 あり（有料）🚃 東武東上線「和光市駅（南口）」から東武バス5分「和光市総合体育館」下車、徒歩1分

季節の花が植えられた三角花壇。ナノハナ、コキアの紅葉などを楽しめる

MAP 別冊 P.29-C4

武州白子熊野神社
🏠 和光市白子2-15-50 ☎ 048-462-8581 🕐 自由 🈳 なし 💴 無料 🅿 あり 🚃 東武東上線「成増駅（南口）」から徒歩14分

白子富士と呼ばれる富士塚は常に登山が可能

MAP 別冊 P.29-C4

新倉ふるさと民家園
🏠 和光市下新倉2-33-1
☎ 048-467-7575 🕐 9:00〜17:00（10〜3月は〜16:30）🈳 水、第4木・金曜（祝日の場合は開園）💴 無料 🅿 あり 🚃 東武東上線「和光市駅（北口）」から徒歩8分

3月はひな人形、5月はこいのぼりなど、節句にちなんだ飾りやイベントが開かれる

2021年に新座市大和田と所沢市坂之下の境を流れる柳瀬川に新たな橋が開通した。愛称は「エスロジ新座橋」。国道254号（英橋）の慢性的な渋滞の緩和が期待されている。

新河岸川の舟運がもたらした繁栄の面影が残る

朝霞市・志木市

商業施設エリアがある東武東上線
の朝霞駅南口

人口 朝霞市▶ 144,062 人
志木市▶ 76,416 人

🏠 エリア利用駅

北朝霞駅
JR 武蔵野線

朝霞台駅
東武東上線

朝霞駅
東武東上線

志木駅
東武東上線

柳瀬川駅
東武東上線

ヒント JR 武蔵野線の北朝霞駅と東
武東上線の朝霞台駅で乗り
換えができる

朝霞台駅・志木駅への行き方

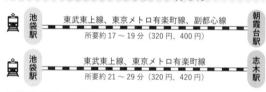

| 池袋駅 | 東武東上線、東京メトロ有楽町線、副都心線 所要約 17 〜 19 分 (320 円、400 円) | 朝霞台駅 |
| 池袋駅 | 東武東上線、東京メトロ有楽町線 所要約 21 〜 29 分 (320 円、420 円) | 志木駅 |

　自衛隊朝霞駐屯地がある朝霞市は県南部にあり、西は新座市、東は荒川を挟んでさいたま市と隣接している。かつては膝折村と内間木村で構成され、江戸時代には川越街道の膝折宿を中心に、新河岸川の舟運で栄えた。1914 年(大正 3 年)に東武東上線膝折駅(現在の朝霞駅)、1973 年(昭和 48 年)に JR 武蔵野線北朝霞駅、その翌年に東武東上線の朝霞台駅が開業し、都心へのアクセスが良好なベッドタウンとして発展し現在にいたる。

　朝霞市の北にある志木市は江戸時代に舟運により発展し、新河岸川と柳瀬川の合流地点である引又河岸が商業の中心地であった。東武東上線開通と同時に志木駅が設置され、昭和 50 年代には志木ニュータウンの開発により柳瀬川駅が誕生した。現在も通勤、通学に便利な都心のベッドタウンとして発展を続けている。

  朝霞の地名は「東京ゴルフ倶楽部」のゴルフ場が膝折村(現在の朝霞市)に移転したとき、当時の名誉会長
であった朝香宮殿下の名をいただいたことに由来する。

歩き方

ふたつの起点を中心に楽しむ朝霞散策

　JR武蔵野線の北朝霞駅が隣接する東武東上線朝霞台駅と朝霞市のメインステーションである東武東上線朝霞駅のふたつが起点。北朝霞・朝霞台駅の駅前広場から15分ほど歩

にぎやかな北朝霞・朝霞台の駅前広場。東武東上線とJR武蔵野線の乗り換えができる

くと朝霞市博物館があり、その先に城山公園や柊塚古墳歴史広場がある。黒目川沿いは堤防が続き、春は桜並木、初夏は新緑の中を散策できる。朝霞駅の南口周辺は、朝霞基地キャンプドレイクの跡地が広がり、徒歩10分ほどで緑豊かな市民憩いの場、朝霞の森や青葉台公園に立ち寄ることができる。縁結びの神様が祀られた出雲大社埼玉分院、陸上自衛隊広報センターりっくんランド、旧高橋家住宅へのアクセスも朝霞駅が起点となる。

カッパ伝説が残る志木の町

　東武東上線志木駅周辺は商業施設が多く、にぎわいのあるエリア。東口の本町通りから北へ15分ほど歩くと、カッパ伝説が伝わる宝幢寺があり、さらに東へ10分ほど進むと国の重要有形民俗文化財の田子山富士塚がある。その裏手に

活気あふれる東武東上線の志木駅。駅舎の住所は新座市となっている

は新河岸川が流れ、周辺はいろは親水公園や「こもれびのこみち」、あじさいロードなどが整備されているので、水辺の風景を楽しみながら散策しよう。道中でさまざまなカッパ像に出合えるはず。

おさんぽプラン

① 朝霞台駅
　徒歩15分
② 朝霞市博物館（▶P.208）
　徒歩16分
③ 柊塚古墳（▶P.208）
　徒歩7分
④ 旧高橋家住宅（▶P.209）
　徒歩18分
⑤ 朝霞駅

スターの思い出に出合える場所

　朝霞市出身のアイドル歌手であり、ミュージカル「ミス・サイゴン」のキム役で活躍した本田美奈子。白血病により38歳の若さで他界したスターの生前の舞台やコンサート衣装、写真パネルなどが展示されている（見学は無料）。デビュー記念日や生誕記念日、命日などは特別開館となりフィルムコンサートも上演される。

✓ 本田美奈子ミュージアム

MAP 別冊 P.28-B2
住 朝霞市膝折町4-12-37
TEL 048-458-3927 営 毎月指定の土曜（特別開館日も年に数度あり）
休 上記開館日以外 料 無料（特別開館は一般1500円、朝霞市民1000円）P あり 交 東武東上線「朝霞台駅（南口）」から西武バス4分「西朝霞公民館入口」下車、徒歩5分

舞台やコンサートで着用した衣装や思い出の品などが見られる

みちくさ手帳

朝霞の歴史を感じる城跡公園

　城山公園（**MAP** 別冊 P.29-B3）は、中世の城館跡である「岡の城山」を整備して造られた。黒目川に向かって突き出した舌状台地にあり、空堀や土塁などの遺構を見ることができる。園内は桜の名所としても知られており、春の花見のほか、森林浴や水路での水遊びなど、自然と親しめる市民の憩いの場になっている。北朝霞駅（東口）や、東武東上線朝霞台駅（北口）から徒歩20分ほど。

堀や物見櫓など台地を利用した城の遺構が残っている

志木にはカッパ伝説があり、市内の寺院や公共施設などに20体以上のカッパ像が点在している。2022年には志木駅東口駅前に「まちあわせ河童」像が誕生し、市のランドマークになっている。

埼玉唯一の出雲大社
出雲大社埼玉分院
いづもたいしゃさいたまぶんいん

荒船神社として創建。1983年(昭和58年)に縁結びで有名な島根県の出雲大社より分霊をいただき、埼玉県唯一の出雲大社としてオオクニヌシノミコトを祀っている。

しめ縄が張られた本殿に荒船神社も合祀されている

出雲大社埼玉分院
🏠 朝霞市本町 2-20-18
☎ 048-463-3720　🕐 9:00〜17:00　休 なし　料 無料　P あり　交 東武東上線「朝霞駅(南口)」から徒歩 5 分

縁結びの水引印が押された見開きの御朱印

尾崎豊や本田美奈子の思い出に再会できる
朝霞市立図書館 本館
あさかしりつとしょかん ほんかん

郷土行政資料コーナーでは地元出身のアーティスト尾崎豊と本田美奈子に関連する書籍を閲覧することができる。特に尾崎豊に関する書籍は親族の方の著作本を中心に多数の蔵書がある。

広々としていて読書に集中しやすい環境となっている(児童コーナー)

朝霞市立図書館 本館
🏠 朝霞市青葉台 1-7-26
☎ 048-466-8686　🕐 9:30〜19:00(土・日・祝〜18:00)
休 第 2 火曜、第 4 木曜　料 無料　P あり　交 東武東上線「朝霞駅(南口)」から徒歩 8 分

尾崎関連の絶版本にも出合える貴重な場である

歴史文化を楽しく学べる
朝霞市博物館
あさかしはくぶつかん

朝霞市の考古・歴史・民俗・美術工芸の 4 分野に分かれて常設展示があり、企画展も開催される。タッチパネルの道中双六や土器パズルなど、遊びながら学べるコーナーもある。

特徴的な外観。屋外に作られた水車を眺めながら休憩できるラウンジもある

朝霞市博物館
🏠 朝霞市岡 2-7-22　☎ 048-469-2285　🕐 9:00〜17:00　休 月・第 4 金曜(祝日の場合は開館)、祝日の翌日(土・日・祝の場合は開館)　料 無料　P あり　交 東武東上線「朝霞台駅(北口)」や JR 武蔵野線「北朝霞駅(東口)」から徒歩 15 分

ジオラマや模型を多用した展示

県南部で墳丘が唯一現存する前方後円墳
柊塚古墳
ひいらぎづかこふん

朝霞市にある根岸古墳群のうち、唯一墳丘が現存する前方後円墳。大きさは墳丘長約 66m、後円部直径約 48m、前方部長約 18m。家形埴輪や壺形土器などが発掘されている。

発掘調査から 6 世紀前葉に築造されたと考えられている

柊塚古墳
🏠 朝霞市岡 3-17 地内　☎ 048-463-2927(朝霞市教育委員会文化財課)　🕐 9:00〜18:00(10〜3 月は〜17:00)　休 なし　P あり　交 東武東上線「朝霞駅(東口)」から国際興業バス「宮台」下車、徒歩 2 分

出土品は朝霞市博物館に展示されている

彩info　朝霞市内は坂道が多く、名前のついた坂が 20 以上ある。尾崎豊の「坂の下に見えたあの街に」は実家のあった滝野根公園近くの神明坂をイメージしたといわれている。

MAP 別冊 P.29-A4

最上のくつろぎを提供するアート空間

丸沼美術サロン
（まるぬまびじゅつさろん）

古民家を再生した和洋折衷の建築で、バウムクーヘンを味わいながら絵画や彫刻、工芸などの芸術作品を鑑賞することができる贅沢な空間。展示は年4回入れ替えられる。

丸沼芸術の森が所蔵する美術コレクションを鑑賞しながら楽しむティータイム

丸沼美術サロン
🏠 朝霞市上内間木 789　📞 048-456-3502　🕐 10:00〜16:00
休 日・月　CC 不可　P あり
🚌 東武東上線「朝霞駅（東口）」から国際興業バス 14 分「丸沼」下車、徒歩 5 分

バウムクーヘンの製造過程も見ることができる

MAP 別冊 P.29-B4

江戸時代の農家の暮らしを今に伝える

旧高橋家住宅
（きゅうたかはしけじゅうたく）

江戸時代中期に建てられたとされる農家建築。周囲に雑木林や畑があり、伝統的な武蔵野の農村の景観を残していることから建物と敷地をあわせて国指定重要文化財となっている。

江戸時代の典型的な農民の住居の構造を伝える貴重な建造物

旧高橋家住宅
🏠 朝霞市根岸台 2-15-10
📞 048-463-2927（朝霞市教育委員会文化財課）　🕐 9:00〜16:30
休 月（祝日の場合は翌日）、祝日の翌日（土・日・祝の場合は開園）
料 無料　P あり　🚌 東武東上線「朝霞駅（東口）」から国際興業バス 2 分「根岸」下車、徒歩 7 分

内部を見学でき当時の暮らしを想像できる

MAP 別冊 P.28-A2

富士塚で古来からの富士信仰が見て取れる

敷島神社
（しきしまじんじゃ）

木花開耶姫命、倉稲魂大神、岡象女大神の三柱の女神を祀る。境内には「志木のお富士山」と呼ばれる高さ 8.7m の田子山富士塚があり、大安、友引の日に頂上から富士山を遥拝できる。

厳かな雰囲気の本殿。御朱印は大安、友引の日に境内の売店で頂ける

敷島神社
🏠 志木市本町 2-9-40　📞 048-473-2734　🕐 自由　休 なし
料 無料　P あり　🚌 東武東上線「志木駅（東口）」から国際興業バス 4 分「富士道入口」下車、徒歩 4 分

国指定重要有形民俗文化財の田子山富士塚

MAP 別冊 P.28-A2

四季の彩りが参拝者を和ませる

宝幢寺
（ほうどうじ）

1334 年（建武元年）に創建された真言宗智山派の寺院。境内は四季を通じて花々の彩りがあり、河童伝説の寺として知られている。ヨガや写経のワークショップを定期的に開催（要予約）。

3 月下旬に早咲きのしだれ桜が境内を彩る。貴重な長勝院旗桜も植えられている

宝幢寺
🏠 志木市柏町 1-10-22
📞 048-471-0064　🕐 9:00〜18:00　休 なし　料 無料　P あり
🚌 東武東上線「志木駅（東口）」から徒歩 15 分

秋は紅葉が見事。四季折々の美しさを楽しめる

丸沼芸術の森（MAP 別冊 P.29-A4）は村上隆も活動拠点とした若手アーティストを支援する複合施設。敷地にはアトリエや陶芸教室などが点在し、展示室では特別展示や鑑賞会など開催される（常設展示はなし）。

209

縄文、戦国、江戸時代の歴史的な見どころ満載

富士見市・ふじみ野市・三芳町

住宅街の中にある水子貝塚公園
写真提供：水子貝塚資料館

人口　富士見市　112,839 人
　　　ふじみ野市　114,156 人
　　　三芳町　37,738 人

🏛 エリア利用駅

上福岡駅
東武東上線
ふじみ野駅
東武東上線
鶴瀬駅
東武東上線
みずほ台駅
東武東上線
柳瀬川駅
東武東上線

ヒント 2023 年 3 月 18 日のダイヤ改
正以降、ふじみ野駅には急行
と準急が停車する

みずほ台駅への行き方

池袋駅	東武東上線、東京メトロ有楽町線	みずほ台駅
	所要約 26 〜 34 分（370 円、450 円）	
川越駅	東武東上線	
	所要約 15 分（200 円）	

　富士見市は、東は荒川を挟んでさいたま市、西はふじみ野市と隣接している。市内から旧石器時代や縄文時代の遺跡群が発掘され、水子貝塚は全国的に知られている。江戸時代は新河岸川の舟運で栄え、1914 年（大正 3 年）の東武東上線開通以降は沿線を中心に発展した。ふじみ野市は 2005 年に上福岡市と大井町が合併して誕生。当初は富士見市と三芳町も合併に参加する予定だったためこの名称となった。江戸時代に川越街道の大井宿がおかれ、舟運により福岡河岸周辺が栄えた。三芳町は江戸時代に柳沢吉保により三富新田が開拓され、現在もさつまいもなど野菜の生産が盛ん。都心に近くありながら、農業にも親しめる環境が人気を呼んでいる。武蔵野の雑木林を利用した「落ち葉堆肥農法」は日本農業遺産に認定されている。

 ふじみ野駅は、ふじみ野市ではなく富士見市にある。1993 年（平成 5 年）に富士見市にふじみ野駅が開設され、その後 2005 年に上福岡市と大井町の合併でふじみ野市が誕生した。

歩き方

古代、戦国時代へタイムトリップ

富士見市最大の見どころである水子貝塚公園は、みずほ台駅東口から歩いて 20 分ほど。ここから歩いて 2 分ほどの所にカエルが迎えてくれる水宮神社があり、水宮神社から

富士見市の鶴瀬駅西口から延びる、ふじみサンロード。飲食店が点在する

西へ 17 分ほど歩くとせせらぎ菖蒲園、北へ 20 分ほど歩くと戦国時代の城跡や古民家が見られる難波田城公園へ立ち寄ることができる。難波田城公園は、みずほ台駅から 3.5km ほど離れた所にあり、志木駅から 1 時間に 1 本運行のららぽーと富士見行き路線バスも利用できる。

地域発展の礎を築いた遺構を訪ねる

ふじみ野市必見の見どころは、町の発展の礎となった新河岸川の舟運の歴史に触れることができる福岡河岸記念館。上福岡駅東口から歩いて 20 分ほどの新河岸川沿いにあり、路線バスでアクセスも可能。江戸時代の舟運の河岸場跡や、問屋の歴史的建造物を見学できる。三芳町では江戸時代に開拓された三富新田関連の見どころを訪ねたい。三芳町歴史民俗資料館では町の歴史についての展示のほか、豪農の古民家、旧池上家住宅が保存されている。三富今昔村くぬぎの森交流プラザでは、里山の自然に親しみながら伝統の「落ち葉堆肥農法」で栽培された三芳の固有野菜を使用した食事も味わえる。

新河岸川に江戸時代の船着き場の跡が残る福岡河岸記念館

おさんぽプラン

① みずほ台駅
　🚶 徒歩 20 分
② 水子貝塚公園 (▶ P.212)
　🚶 徒歩 2 分
③ 水宮神社 (▶ P.212)
　🚶 徒歩 17 分
④ せせらぎ菖蒲園 (▶ P.211)
　🚶 徒歩 20 分
⑤ みずほ台駅

四季折々の花を愛でる

富士見市にある山崎公園はハナショウブの名所として知られ「せせらぎ菖蒲園」の愛称で親しまれている。初夏になると約5000 株ものハナショウブが花を咲かせるほか、春は桜やポピー、初夏はアジサイ、秋はヒガンバナなど、四季折々に花が楽しめる。遊戯広場や芝生広場もある市民の憩いの場だ。

✔ せせらぎ菖蒲園

MAP 別冊 P.14-C1
🏠 富士見市水子 219-3　📞 049-251-2711　⏰ 自由　🈳 なし
💴 無料　🅿 あり　🚃 東武東上線「鶴瀬駅（東口）」から徒歩17 分

凛とした美しさのハナショウブ。見頃は 6 月

みちくさ手帳

縄文時代からの人と文化の交流地

富士見市は西が武蔵野台地、東が荒川が流れる低地に広がり、高低差のある複雑な地形をしている。武蔵野台地からは多くの貝塚や集落跡が発掘されており、その最大規模の遺跡が水子貝塚。縄文時代にはこの周辺まで海が入り込み、多くの人々が集まり海と山の生活圏が交流する場となっていた。発掘された貝塚の下には竪穴式住居が見つかっており、廃棄された竪穴式住居の跡に貝が捨てられ、貝塚が残された。

復元した竪穴式住居の内部で縄文人の暮らしを人形で再現

旅info　江戸から大正時代にかけて、新河岸川は江戸と川越を結ぶ舟運で栄えた。現在の富士見市内にも 6 ヵ所の河岸があり、江戸へ農産物や酒、醤油などを運び、江戸から日用品や畑の肥料などを持ち帰っていた。

211

おもな見どころ

水子貝塚公園

MAP 別冊 P.14-C1

水子貝塚公園
🏠 富士見市大字水子 2003-1
📞 049-251-9686（水子貝塚資料館）🕐 9:00 ～ 18:00（10 ～ 3 月は～ 17:00）、資料館 9:00 ～ 17:00
🚫 なし。資料館は月（祝日の場合は翌日）、祝日の翌日 💴 無料
🅿 あり 🚃 東武東上線「志木駅（東口）」から東武バス 12 分「貝塚公園入口」下車、徒歩 4 分

資料館では水子貝塚から出土した土器や縄文人の頭蓋骨を展示

学校遠足でも訪れる縄文遺跡
🏠 **水子貝塚公園**
みずこかいづかこうえん

　縄文時代前期（約 5500 ～ 6500 年前）を代表する貝塚。遺跡の保存と整備が行われ、1994 年（平成 6 年）に開園。芝生の広場に竪穴住居や縄文の森が復元されている。公園に隣接している「水子貝塚資料館」では、市内の遺跡から出土した考古資料などを展示。

この場所に縄文時代の集落があったと思うと歴史ロマンをかきたてられる

MAP 別冊 P.14-C1

水宮神社
🏠 富士見市水子 1762-3
📞 049-251-7520 🕐 自由
🚫 なし 💴 無料 🚃 東武東上線「みずほ台駅（東口）」から徒歩 18 分

カエルがシンボルで、社殿前には狛蛙（コマガエル）が並んでいる

神仏習合の面影が残る
⛩ **水宮神社**
みずみやじんじゃ

　水子貝塚公園の東側にあり、室町時代に修験寺として創建。明治初年の神仏分離令を機に五柱を祀る水宮神殿となり、1993 年（平成 5 年）に水宮神社と改めた。神仏習合の面影を残し、現在も水子観音、不動明王が祀られ水子供養も行われている。

権現造りの社殿。内部に施された見事な木彫り額を見学することができる

MAP 別冊 P.14-C1

難波田城公園
🏠 富士見市大字下南畑 568-1
📞 049-253-4664（難波田城資料館）🕐 9:00 ～ 18:00（10 ～ 3 月は～ 17:00）、資料館 9:00 ～ 17:00
🚫 なし（資料館は月、祝日の翌日）💴 無料 🅿 あり 🚃 東武東上線「志木駅（東口）」から東武バス 18 分「興禅寺入口」下車、徒歩 4 分

市内の古民家を移築復元している「古民家ゾーン」

戦国時代の城跡
🏠 **難波田城公園**
なんばたじょうこうえん

　戦国時代に扇谷上杉氏の重臣として活躍した難波田氏の城跡。約 17000㎡の敷地を整備して、2000 年に開園した。園内の東側は城跡ゾーン、西側は古民家ゾーンに分かれており、歴史を感じながら散策を楽しむことができる。

「城跡ゾーン」は水堀と土塁が復元されている

Voice　水子貝塚公園は小学校の社会科見学で訪れる、地元民にとっては子供時代の思い出の場所。展望台から竪穴式住居が並ぶさまを見晴らせ、縄文時代にタイムスリップしたような感覚を味わえます。（富士見市在住・K）

明治時代の舟問屋
ふくおかかしきねんかん
福岡河岸記念館

　明治時代、新河岸川の舟運で栄えた回漕問屋「福田屋」の建物を記念館として保存公開している。館内では当時の舟運の様子や、舟問屋の暮らしぶりなどが再現されている。

往時の繁栄を物語る明治時代の貴重な建造物。ふじみ野市の指定文化財

上福岡地区の歴史や文化について展示
かみふくおかれきしみんぞくしりょうかん
上福岡歴史民俗資料館

　新河岸川の社会と文化について、上福岡地区の考古、歴史や民俗を中心に、常設展、企画展を開催している。常設展では新河岸川の舟運の資料や権現山古墳群の出土品などを見ることができる。

上福岡地区の発展に大きく寄与した新河岸川についての展示がメイン

再生した里山で"循環"を体感する
さんとめこんじゃくむら
三富今昔村

　埼玉県で唯一「体験の機会の場」認定の東京ドーム4.5個分の里山。1300種以上の動植物が生息する自然の宝庫で、里山体験や野菜主体のBBQなどさまざまな「体験」を催している。

広大な村内は太陽光で走るミニSLで回ることができる

武蔵野開拓の歴史を知る
みよしちょうりつれきしみんぞくしりょうかん
三芳町立歴史民俗資料館

　約3万5000年前の旧石器時代から近代まで、三芳町を開いた人々の歴史について展示、解説する資料館。敷地内に江戸時代末期の茅葺民家である旧池上家住宅が移築復元されている。

藍染めに使う藍玉の生産で財を成して建てられた大規模民家の旧池上家住宅

MAP 別冊 P.6-B1

福岡河岸記念館
🏠 ふじみ野市福岡3-4-2　☎ 049-269-4859　🕐 10:00〜16:30（10〜4月は〜16:00）　休 月
料 100円　🅿 あり　🚌 東武東上線「上福岡駅（東口）」から西武バス9分「城北埼玉中学・高等学校」下車、徒歩3分

主屋、文庫蔵、台所棟、離れを見学できる

MAP 別冊 P.6-B1

上福岡歴史民俗資料館
🏠 ふじみ野市長宮1-2-11
☎ 049-261-6065　🕐 9:00〜16:30
休 月　料 無料　🅿 あり　🚌 東武東上線「上福岡駅（東口）」から徒歩20分

1983年（昭和58年）に開館した資料館

MAP 別冊 P.6-C1

三富今昔村
🏠 三芳町上富1589-2　☎ 049-259-6565　🕐 10:00〜17:00　休 火（時期により変動あり）
料 平日500円、土・日・祝800円〜　🅿 あり　🚌 東武東上線「ふじみ野駅」や西武池袋線・新宿線「所沢駅」から無料送迎バスあり

自社農園の採れたて有機野菜なども味わえる

MAP 別冊 P.28-A1

三芳町立歴史民俗資料館
🏠 三芳町大字竹間沢877
☎ 049-258-6655　🕐 9:00〜16:30（入館〜16:00）　休 月・祝
料 無料　🅿 あり　🚌 東武東上線「みずほ台駅（西口）」から徒歩25分

入口に大きな馬型埴輪の模型が飾られている

埼玉県の中央部に位置、起伏が多く緑豊かで風光明媚なエリア。
古の時代から武士が興亡を繰り返した武蔵国の要衝で、
城跡や寺社仏閣が数多く残る。蔵造りの町並みが人気の川越市をはじめ、
古墳や伝統工芸、日本初の国営公園など見どころが集まる。

① 江戸の情情を今に残す蔵造りの城下町

川越市

P.216 **MAP** 別冊 P.6-B1、P.11-B4

太田道灌が河越城を築城後、武蔵国を代表する城下町として繁栄。川越藩の時代には江戸の台所と呼ばれた。江戸情緒を感じる蔵造りの町並みは、国の「重要伝統的建造物保存地区」にも選定されている。埼玉一の観光地。

菓子屋横丁は駄菓子屋が軒を並べるレトロな通り

② 川と緑が調和する風景と道教宮や伝統行事の舞台

坂戸市・鶴ヶ島市・川島町

P.224 **MAP** 別冊 P.11-A4

埼玉県のほぼ中央に位置。高麗川が流れ自然が美しい坂戸市は坂戸宿として栄え、ベッドタウンとして開発。台湾道教の聖天宮が有名だ。鶴ヶ島市は国選択無形民俗文化財の脚折雨乞の町。川島町は5本の河川に囲まれている。

増水時は潜水橋となる越辺川に架かる川島町の八幡橋

③ 丘陵の自然に囲まれた歴史ロマンあふれる町

東松山市・吉見町

P.228 **MAP** 別冊 P.9-C4

県中央部で丘陵地に広がる自然豊かなエリア。街道が集まる城下町で栄えた東松山市は、自然を生かした動物園や博物館が点在。吉見町は戦国時代に武州の要所であった松山城跡ほか、吉見百穴などの歴史スポットも多い。

武士の信仰を集めた東松山市の箭弓神社

国道254号線。川越街道から続くが、川越を過ぎると児玉街道と呼ばれた

④ 小川町

⑤ 東秩父村

武蔵嵐山駅

嵐山町 ④

⑤ ときがわ町

⑥ 越生町

越生駅

毛呂駅

毛呂山町 ⑥

国道299号線は山地となりカーブが多いので運転時には注意

飯能市

日高市

武州小川松藤酒帝松

このエリアでしたいこと "5"

❶ 時の鐘周辺で小江戸情緒を満喫 ▶ P.218
❷ 小川町の酒蔵で利き酒を楽しむ ▶ P.55〜56
❸ 森林公園で四季の花に包まれる ▶ P.106,124,239
❹ 越生梅林で梅を愛でる ▶ P.109,245
❺ 川越一番街通りで角打ち ▶ P.400

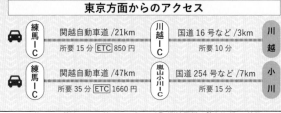

東京方面からのアクセス

🚗	練馬IC	関越自動車道 /21km	川越IC	国道16号など /3km	川越
		所要15分 ETC 850円		所要10分	

🚗	練馬IC	関越自動車道 /47km	嵐山小川IC	国道254号など /7km	小川
		所要35分 ETC 1660円		所要15分	

国道407号線の東松山バイパスで国道17号線と254号線にショートカットできる

❹ 世界に誇る伝統和紙と
自然に癒やされるエリア

小川町・嵐山町・滑川町

P.234 MAP 別冊 P.9-C3

県中西部の自然豊かなエリア。町屋造りの建物が点在する小川町は、武蔵の小京都といわれ、ユネスコ無形文化遺産の和紙の里。渓谷が美しい嵐山町は坂東武士の鑑・畠山重忠ゆかりの地。滑川町は水資源が豊富で農業が盛ん。

小川町では由緒ある酒蔵が酒造りを続ける

❺ 外秩父の名刹と
埼玉県唯一の和紙の村

ときがわ町・鳩山町・東秩父村

P.240 MAP 別冊 P.8-C2、P.10-A2、P.11-A3

外秩父と呼ばれる山麓に位置、都幾川が流れるときがわ町には、関東最古の山岳寺・慈光寺がある。窯業で栄えた鳩山町は鳩山ニュータウンが昭和40年代に開発。県内唯一の村の東秩父村はユネスコ無形文化遺産・細川紙の産地。

澄んだ流れと緑色の岩が美しいときがわ町の三波渓谷

❻ 関東三大梅林と
埼玉県最古の神社建築

越生町・毛呂山町

P.244 MAP 別冊 P.11-A3〜B3

梅林で有名な越生町は太宰府天満宮から梅園神社に分祀の際植えたという梅の一大産地。太田道灌が生誕し、ゆかりの地も点在。毛呂山町は果樹園が多く、ゆずが名産。やぶさめで知られる出雲伊波比神社は県最古の神社建築だ。

五大尊つつじ公園。越生町には四季折々の花が咲く

215

蔵造りの町並みが残る「小江戸」と呼ばれる城下町

川越市
かわごえし

ノスタルジックな蔵造りの町並み
が続く川越一番街を歩いてみよう

人口　川越市 ▶ 353,183人

🚉 エリア利用駅

川越駅
JR川越線
東武東上線

本川越駅
西武新宿線

西川越駅
JR川越線

川越市駅
東武東上線

💡 JR や私鉄の乗り入れが多く
各地からアクセスしやすい。
観光の中心である蔵造りの
町並みへは各駅からバスも
利用できる

川越駅・本川越駅への行き方

| 池袋駅 | 東武東上線、東京メトロ副都心線 所要約30〜33分（480円、570円） | 川越駅 |

| 西武新宿駅 | 西武新宿線 所要約61分（510円） | 本川越駅 |

　蔵造りの町並みや歴史ある神社仏閣で知られる埼玉を代表する観光スポット。武蔵野国一の大藩である川越藩の中心であった城下町の名残に、今も多くの旅行者が魅せられている。江戸時代には北方の守りとして徳川家康から重視され、将軍家と深い関わりをもつ天海僧正が喜多院の住職を務めるなど、幕府との密接な関係が築かれた。同時に町には江戸と取引をする商家が立ち並び、経済的にも繁栄を遂げてきた。1893年（明治26年）の川越大火で町の3分の1以上を焼失したが、耐火の工夫が凝らされた重厚な蔵造り商家の建物は類焼を免れ、これをきっかけにして町にはこぞって蔵造り建築が作られていった。江戸の町家の面影を今に残す蔵造りの町並みとして現在まで残り、国の「重要伝統的建造物群保存地区」にも選定されている。

  観光案内所は川越駅は東武東上線の改札を出た左側に、本川越駅は1階の改札を出て正面右側にある。散策を始める前に観光マップを入手しよう。手荷物の一時預かりや車椅子貸し出しにも対応している。

歩き方

》》 情緒ある「小江戸」へタイムスリップ

　川越のゲートウエイは東武東上線とJR川越線が乗り入れる川越駅と、西武新宿線の本川越駅。蔵造りの町並み「川越一番街」へは川越駅東口からは徒歩約25分、本川越駅（蔵のまち口・東口）から徒歩15分ほど。どちらからもクレアモール商店街を経由するとわかりやすい。

江戸時代の面影を満喫できる川越一番街。飲食店や雑貨店も多い

　観光のメインストリート「川越一番街」は仲町交差点から札の辻交差点まで400mほど。通り沿いには江戸後期から明治時代にかけて建てられた蔵や、明治・大正・昭和のノスタルジックな建物が並んでいる。川越銘菓の店や飲食店が軒を連ね、時の鐘など見どころも点在している。

》》 名所を網羅するバスを使いこなそう

　川越駅東口からは頻繁に路線バスが運行している。川越一番街へは1番乗り場の川越01系統や2番乗り場の川越02系統、5番乗り場の川越04系統が便利だ。三芳野神社、川越氷川神社方面へは7番乗り場の川越06系統、喜多院へは3番乗り場の小江戸名所めぐりバスが利用できる。

川越一番街を走る東武バスの小江戸名所めぐりバス

このバスは市内の観光スポットをほぼ網羅しており、お得な1日乗車券も販売されている。本数は路線バスより少なく1時間に1～3本ほど。

おさんぽプラン

1 川越駅
　　　　　大 徒歩20分
2 川越大師 喜多院（▶ P.221）
　　　　　大 徒歩15分
3 時の鐘（▶ P.218）
　　　　　大 徒歩15分
4 川越城本丸御殿（▶ P.219）
　　　　　大 🚌 徒歩＆バス30分
5 川越駅

川越一番街
MAP 別冊 P.30-B1

着物を着て川越の町歩き！
　「小江戸」川越は着物が似合う町。蔵造りの町並み周辺には着物レンタル店が点在し、帯や履物、バッグなど一式を借りることができ、着付けもしてもらえる。

✔ 美々庵（びびあん）
MAP 別冊 P.30-A1
🏠 川越市幸町14-5
☎ 090-3524-8979
🕐 10:00～17:00（土・日・祝～18:00）
❌ 火曜（8のつく日の場合は翌日）
💴 街歩きプラン 2200円～

川越を着物で歩いてすてきな思い出に！

みちくさ手帳

川越を発展させた太田道灌

　1457年（長禄元年）に江戸城を築いた太田道灌は川越城も築城した関東を代表する武将。川越を発展させた最大級の功労者として、川越まつりの山車にも登場し、川越市役所の本庁舎前には、狩りの装束に身を包んだ銅像も立っている。よく見ると道灌の右手には山吹の花を手にしているが、これは歌人でもある道灌が歌を志したきっかけである「山吹の伝説（→ P.222）」を表している。山吹は川越市の花でもある。

川越まつり会館に展示されていた太田道灌の人形

🔊 Voice　駅や観光スポットにある川越市自転車シェアリングは、自転車の貸し出し・返却ができて観光にも便利です。15分当たり60円で専用アプリやプリペイドカードで利用OK。現金利用は観光案内所へ。（取材担当・K）

217

時の鐘

MAP 別冊 P.30-A1

時の鐘
住 川越市幸町15-7　TEL なし　営 自由　休 なし　料 無料　P なし　交 JR・東武東上線「川越駅（東口）」から東武バスウエスト7分「一番街」下車、徒歩1分

眼病を治してくれる薬師如来が時の鐘の奥に祀られている

今も時を知らせ続ける小江戸川越のシンボル

時の鐘
ときのかね

1627〜1634年（寛永4〜11年）に、川越城主だった酒井忠勝が建てた鐘楼。高さ16mの現在の鐘楼は火災でたびたび焼失し、現在の姿は1893年の川越大火の翌年に再建されたもの。環境省の「残したい日本の音風景100選」にも選ばれている。

1日に4回（6:00、12:00、15:00、18:00）鐘の音で時を知らせている

市内最大の伝統行事、川越まつりを体感！

川越まつり会館
かわごえまつりかいかん

MAP 別冊 P.30-A1

川越まつり会館
住 川越市元町2-1-10　TEL 049-225-2727　営 9:30〜18:30（10〜3月は〜17:30）　休 第2・第4水（祝日の場合は翌日）、12/29〜1/1　料 300円（小・中学生100円）　P あり　交 JR・東武東上線「川越駅（東口）」から東武バスウエスト8分「札ノ辻」下車、徒歩1分

2階では祭りやお囃子の歴史が解説されている

370年以上の歴史をもつ川越まつりを体感できる施設。国指定の重要無形民俗文化財であり、ユネスコ無形文化遺産でもある祭りの歴史を学ぶことができる。実際に使用される高さ約8mの山車も展示され、大型スクリーンで祭りの様子が上映されている。

ホールには町内の山車が2台展示され、日曜にはお囃子の実演も体験できる

築200年以上を誇る関東最古の蔵造り建築

大沢家住宅
おおさわけじゅうたく

MAP 別冊 P.30-A1

大沢家住宅
住 川越市元町1-15　TEL なし　営 10:30〜17:00　休 月（祝日の場合は翌日）、不定休あり　料 無料　P なし　交 JR・東武東上線「川越駅（東口）」から東武バスウエスト8分「札ノ辻」下車、徒歩1分

1階部分はおみやげ物店になっている

1792年（寛政4年）に呉服太物の豪商である近江屋半右衛門が店舗として建てた、川越蔵造り建築の先駆け。川越大火を免れた貴重な建造物の内部を見学でき、立派な大黒柱や耐震性に優れた曲線を描く壁など、細部にわたって見応えがある。

川越大火で残った商家のひとつで国指定重要文化財となっている

Voice　川越一番街の北端の札の辻交差点にはバス停があり、両駅を結ぶ路線バスが走っています。川越駅などから趣のある町並みをのんびり歩いて復路はバス利用もおすすめです。（さいたま市在住・Y）

縁結びのパワースポットとして有名

川越氷川神社
かわごえ ひかわじんじゃ

歴代城主から崇敬されてきた川越の総鎮守。縁結びや夫婦円満の御利益を求める参拝者も多く、「縁結び玉」など授与品も人気が高い。緻密な彫刻が施された本殿は県の重要文化財に指定されており、毎年10月に行われる川越まつりの舞台としても知られる。(→P.39)

541年(欽明天皇2年)に創建された1500年以上の歴史を誇る神社

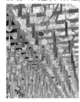

MAP 別冊 P.30-A2

川越氷川神社
🏠 川越市宮下町2-11-3 ☎ 049-224-0589 🕐 8:00〜18:00(参拝は自由) 休 なし 料 無料 🅿 なし(神社裏のコインパーキングを利用) 交 JR・東武東上線「川越駅(東口)」から東武バスウエスト10分「川越氷川神社」下車すぐ

2000個以上の江戸風鈴は夏季の風物詩

日本100名城のひとつに数えられる

川越城本丸御殿
かわごえじょう ほんまるごてん

川越藩17万石を象徴する川越城の遺構。日本でふたつしか現存しない本丸御殿のひとつとして知られ、玄関と大広間、家老詰所が残されている。川越城は1457年(長禄元年)に太田道真、道灌親子によって築かれ、江戸時代には徳川幕府の重臣たちが城主となった。

現在の本丸御殿は1848年(嘉永元年)に再建されたもの。県の有形重要文化財だ

MAP 別冊 P.30-A2

川越城本丸御殿
🏠 川越市郭町2-13-1 ☎ 049-222-5399 🕐 9:00〜17:00 休 月(祝日の場合は翌日)、第4金(祝日は営業)、12/29〜1/3 料 100円(大学・高校生50円、中学生以下無料) 🅿 あり 交 JR・東武東上線「川越駅(東口)」から東武バスウエスト10分「川越氷川神社」下車、徒歩7分

建物の奥にある家老詰所など内部も見学できる

「お城の天神さま」と親しまれる童謡の発祥地

三芳野神社
みよしのじんじゃ

川越の鎮守として城内に建てられた神社で、わらべ唄「とおりゃんせ」の発祥の地としても知られている。城内にあった社殿は特別な折にしか庶民は参拝できず、参拝ルートも迷うほど長く複雑だったことが「とおりゃんせ」の歌詞の由来とされている。

素戔嗚尊と奇稲田姫命、菅原道真公、誉田別尊が平安時代の初めに創建された社殿に祀られている

MAP 別冊 P.30-A2

三芳野神社
🏠 川越市郭町2-25-11 ☎ 049-224-0589(川越氷川神社) 🕐 参拝自由 休 なし 料 無料 🅿 あり 交 JR・東武東上線「川越駅(東口)」から東武バス小江戸名所めぐり「博物館前」下車、徒歩1分

「とおりゃんせ」の歌詞が刻まれたわらべ唄発祥の碑

Voice 川越氷川神社で七夕を含む7〜9月に行われる「縁むすび風鈴」は、風鈴に願いを書いた短冊を結び、縁を願う祭事です。境内をたくさんの江戸風鈴が彩り、涼を呼ぶ音色が楽しめます。(川越市在住・K)

MAP 別冊 P.30-A2

川越市立博物館

🏠 川越市元町 1-3-1　**TEL** 049-222-5399　🕐 9:00 〜 17:00　休 月（祝日の場合は翌休）、第 4 金（祝日は除く）、12/29 〜 1/3　料 200 円（大学・高校生 100 円、中学生以下無料）　**P** あり　交 JR・東武東上線「川越駅（東口）」から東武バスウエスト「札ノ辻」下車、徒歩 10 分

川越の散策を楽しくさせる視覚的な展示が多い

MAP 別冊 P.30-A2

川越市立美術館

🏠 川越市郭町 2-30-1　**TEL** 049-228-8080　🕐 9:00 〜 17:00　休 月（祝日の場合は翌日）、12/29 〜 1/3　料 200 円（常設展）　**P** あり　交 JR・東武東上線「川越駅（東口）」から東武バスウエスト「札ノ辻」下車、徒歩 8 分

川越城の敷地内、市立博物館の西側にある

MAP 別冊 P.30-B1

旧山崎家別邸

🏠 川越市松江町 2-7-8　**TEL** 049-225-2727（川越まつり会館）　🕐 9:30 〜 18:30（10 〜 3 月は〜 17:30）　休 第 1・第 3 水（祝日は翌日）　料 100 円（大学・高校生 50 円、中学生以下無料）　**P** あり（1 台のみ）　交 JR・東武東上線「川越駅（東口）」から東武バスウエスト 6 分「仲町」下車、徒歩 5 分

ステンドグラスからのやわらかな光が往時を彷彿とさせる

川越城の二の丸跡に建つ歴史博物館

かわごえしりつはくぶつかん
川越市立博物館

　蔵造り建築をモチーフにした切妻の屋根と漆喰風の白壁が印象的。川越藩が発展した江戸時代から明治時代を中心に、総合的に歴史を学ぶことができる。城下町全体のジオラマ、蔵造りの町並みの模型、蔵造り建築工程の再現など感覚的に理解できる展示が充実。

館内のデザインや展示品のレベルが高く、1 階層だけのバリアフリーのレイアウト

2000 点以上の郷土ゆかりの作品が圧巻

かわごえしりつびじゅつかん
川越市立美術館

　川越市ゆかりの日本画、洋画、版画などを展示する「文化交流」をテーマにした美術館。川越市の名誉市民である洋画家・相原求一朗(1918 〜 1999)の記念室では、詩情あふれる風景画が鑑賞できる。作品に触れて鑑賞できるタッチアートコーナーも常設。

常設展示のほか、特別展も年に数回企画されている

大正・昭和期の先駆的な近代建築

きゅうやまざきけべってい
旧山崎家別邸

　川越を代表する建造物、第八十五銀行本店(現・埼玉りそな銀行川越支店)を設計した保岡勝也による和風と洋風を融合させた近代住宅。老舗菓子店「亀屋」5 代目、山崎嘉七氏の隠居所として 1925 年(大正 14 年)に建てられ、土・日曜には無料ガイドツアーを催行。

母家は国重要文化財、庭園は国登録記念物に指定されている

彩info　川越市営の観光施設にはお得なセット券がおすすめ。川越城本丸御殿、川越市立博物館、川越市立美術館、川越まつり会館の 4 施設で使用することができる 4 館共通券は 600 円。各施設の窓口で販売されている。

映画の撮影にも使われるレトロな商店街

たいしょうろまんゆめどおり

大正浪漫夢通り

　大正から昭和初期の懐かしい風情の商店街。300mほどの石畳の道に沿って、老舗うなぎ店や和菓子店などが並んでいる。旧武州銀行(現・川越商工会議所)の重厚な建物は、国の登録文化財になっている。毎年5月5日前後には約800匹の鯉のぼりが通りの空を埋め尽くす。

古きよき大正時代へタイムトリップできる個性的な商店が並んでいる

MAP 別冊 P.30-B1

大正浪漫夢通り
住 川越市連雀町　TEL なし　営 自由　休 なし　料 無料　P なし　交 JR・東武東上線「川越駅(東口)」から東武バスウエスト5分「蓮馨寺前」下車、徒歩2分

レトロなカフェで過ごすのも川越ならではの楽しみだ

徳川家と深い結びつきで知られる川越大師

かわごえだいし きたいん

川越大師 喜多院

　830年(天長7年)に慈覚大師円仁により創建。徳川家康のブレーンだった天海僧正が27世住職を務め、3代将軍家光の時代には江戸城から客殿(徳川家光誕生の間)や書院(春日局化粧の間)が移築されている。山門や慈恵堂などは国指定重要文化財だ。(→ P.38)

総高13mの多宝塔は県指定の有形文化財。江戸時代初期の特徴が見て取れる

MAP 別冊 P.30-B2

川越大師 喜多院
住 川越市小仙波町1-20-1　TEL 049-222-0859　営 9:00〜16:00(参拝は自由)　休 なし(文化財建造物と五百羅漢は12月19日〜1月15日、2月2〜3日、4月2〜4日は休み)　料 無料(建物・五百羅漢は400円)　P あり　交 JR・東武東上線「川越駅(東口)」から東武バスウエスト5分「下松江町」下車、徒歩6分

538体の羅漢の石像が喜怒哀楽を表現している

開運、厄除け、縁結びの祈願スポット

かわごえ くまのじんじゃ

川越熊野神社

　1590年(天正18年)に紀州の熊野本宮大社から分祀された、由緒ある神社。足の裏のツボを刺激する小石が敷き詰められた「足踏みロード」、八咫烏が助言をくれる「むすひの庭」、諸願成就の「撫で蛇様」など、楽しく参拝できる工夫が凝らされている。

日本創世の夫婦神である伊弉諾命や伊弉冉命など四神が祀られている

MAP 別冊 P.30-B1

川越熊野神社
住 川越市連雀町17-1　TEL 049-225-4975　営 自由　休 なし　料 無料　P なし　交 JR・東武東上線「川越駅(東口)」から東武バスウエスト5分「蓮馨寺前」下車、徒歩約1分

八咫烏のおみくじや日本サッカー協会公認の勝守も人気

Voice 毎月8・18・28日は「川越着物の日」になっています。協賛店に着物や浴衣姿で行くと、割引やお得なサービスを受けることができます。詳細は kawagoe-kimono.info をチェック!(川越市在住・S)

MAP 別冊 P.30-B1

小江戸蔵里 川越市産業観光館

🏠 川越市新富町1-10-1 📞 049-228-0855 ⏰ 店舗により異なる 🈚 なし 💴 無料 🅿 なし 🚃 JR・東武東上線「川越駅（東口）」から東武バスウエスト4分「中原町」下車、徒歩2分

ワンコインから楽しめる飲み比べコーナーもある

MAP 別冊 P.30-C1

川越八幡宮

🏠 川越市南通町19-1 📞 049-222-1396 ⏰ 自由 🈚 なし 💴 無料 🅿 あり 🚃 JR・東武東上線「川越駅（東口）」から徒歩6分

四季折々の花々が浮かぶ花手水も女性に評判

MAP 別冊 P.11-B4

川越水上公園

🏠 川越市大字池辺880 📞 049-241-2241 ⏰ 自由 🈚 月（祝日の場合は翌日）、年末年始 💴 無料 🅿 あり 🚃 JR川越線「西川越駅」から徒歩15分

爽快に滑り降りる148mのチューブスライダー

👜 こえどくらり かわごえしさんぎょうかんこうかん

小江戸蔵里 川越市産業観光館

敷地内の3つの蔵は国の登録有形文化財

1875年（明治8年）創業の旧鏡山酒造を利用した複合施設。県内34蔵の日本酒が揃う「ききざけ処昭和蔵」や民芸品も購入できる「おみやげ処明治蔵」など郷土を知るスポットが充実。

120年以上も川越で酒造をしていた酒蔵を活用した観光スポット

⛩ かわごえはちまんぐう

川越八幡宮

応神天皇を祀る必勝祈願の社

総本社である宇佐八幡宮から勧請され、約1000年の歴史をもつ神社。「縁結びの夫婦イチョウ」、足腰健康の御利益のある「民部稲荷神社」、「目の神様」など参拝ポイントは多数。

パワーあふれる樹木に包まれた八幡様は1030年（長元3年）に創建

✈ かわごえすいじょうこうえん

川越水上公園

44.6ヘクタールもの敷地をもつ県営公園

入間川に面した緑豊かな敷地内に、約330本の桜の並木道やスワンボートが楽しめる池などが点在。夏季にはスライダーや流れるプールなど、8種類のプールがオープンしてにぎわう。

夏の行楽スポット。冬はプールが管理釣り場となり通年で楽しめる

太田道灌「山吹の伝説」

太田道灌に関する逸話に「山吹の伝説」がある。鷹狩り中に雨に降られ、道灌は近隣の農家で蓑を貸してほしいと頼むが、出てきた少女は無言で山吹の花を手渡した。道灌は意味がわからずに怒ったが、あとになり

「七重八重花は咲けども山吹のみのひとつだになきぞかなしき」という古い和歌になぞらえ、蓑ひとつさえない貧しさを伝えたのだと知る。道灌は己の無知を恥じて歌道を志し、文武両道の武将になったと伝わる。

太田道灌の山吹の伝説は東京や埼玉などに残っている

大正浪漫通りにある川越陣力屋（📞 090-6563-5415）では人力車の手配ができる。車夫さんの案内で歴史の町を観光してみよう。30分3000円、40分4000円、1時間5000円（2名で乗車は金額が倍）。

川越・東松山・小川エリア

川越市 ◆ おもな見どころ

童心に返って懐かしの駄菓子ワールドを彷徨う

菓子屋横丁で食べ歩き

石畳の道にお菓子屋さんが立ち並ぶ川越の人気
スポットへ。不思議な懐かしさも味わえます。

揚げたて芋けんぴが最高！

菓匠右門
川越けんぴ工房直売所
かしょううもん かわごえけんぴこうぼうちょくばいじょ

食べ歩き用
芋けんぴは
300円

「いも恋」など芋を使った川越銘菓で名高い菓匠右門が展開する、揚げたて芋けんぴと芋のソフトクリーム専門店。さつまいもの素朴な甘さがたまならい芋けんぴは、蜜芋・塩・黒ごまの3種類。どれも揚げたてでカリッカリと香ばしく、食べ始めたら止まらなくなりそうなおいしさ。見た目も愛らしい紫芋のソフトクリームも人気。

紫芋のソフトクリームは
300円。芋けんぴがトッ
ピングされ写真映えする

MAP 別冊P.30-A1

🏠川越市元町 2-9-3　☎049-223-2323
🕐10:00 〜 17:00　休なし　💳不可

自家製の芋菓子が人気

稲葉屋本舗
いなばやほんぼ

甘さ控えめの
紫芋まんじゅう
120円

1938年(昭和13年)創業の歴史あるお菓子屋さん。人気商品はサクサク食感のドーナツにさつまいも餡のハーモニーが絶妙な「いもどうなつ」と、鮮やかな紫芋の餡が入った「紫芋まんじゅう」。どちらも小腹が空いたときの食べ歩きにぴったりだ。店内では駄菓子も販売している。

MAP 別冊P.30-A1

🏠川越市元町 2-7-6　☎049-222-2513
🕐9:00 〜 18:00　休不定休　💳不可

いもどうなつは
1個100円

伝統の味を誇る手作り菓子

松陸製菓
まつりくせいか

日本一長い
黒糖ふ菓子の
元祖です

1796年(寛政8年)創業、江戸時代から続く老舗の製菓店。職人による手作り飴が揃い、季節限定でチョコレート飴なども店頭に並ぶ。食べ歩きにはフルーツを飴で包んだ生いちご飴や、生ぶどう飴、いも羊羹のソフトクリームなどが人気。日本一長い黒糖ふ菓子でも知られている。

MAP 別冊P.30-A1

🏠川越市元町 2-11-6　☎049-222-1577
🕐10:00 〜 17:00　休月　💳不可

飴は 250 円
〜、日本一
のふ菓子は
600円

🔊 *Voice* 菓子屋横丁にある「江戸屋」は 300 種類もの商品が並ぶ昔ながらの駄菓子屋さん。30 〜 40 種類の飴から好きなものを選んで量り売りで買え、ベーゴマなど懐かしの玩具も置いてあります。(川越市在住・T)

のどかな清流沿いに広がる風景を散策

坂戸市・鶴ヶ島市・川島町

<small>さかどし・つるがしまし・かわじままち</small>

越辺川に架かる八幡橋は『おいしい給食』のロケ地としても有名

人口	坂戸市 ▶ 99,763人
	鶴ヶ島市 ▶ 70,190人
	川島町 ▶ 19,188人

🚉 エリア利用駅

坂戸駅
東武東上線
東武越生線

若葉駅
東武東上線

北坂戸駅
東武東上線

鶴ヶ島駅
東武東上線

西大家駅
東武越生線

ヒント 川島町の中心部へは川越駅からのバス利用が一般的

坂戸駅への行き方

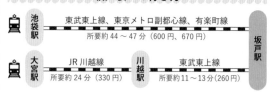

池袋駅	東武東上線、東京メトロ副都心線、有楽町線		坂戸駅
	所要約44～47分（600円、670円）		
大宮駅	JR川越線	川越駅	東武東上線
	所要24分（330円）		所要約11～13分（260円）

　坂戸市は県中部に位置し、高麗川や越辺川の清流が織りなす自然が美しい町。太古から人が暮らしていた痕跡があり、坂戸市立歴史民俗資料館などでその名残を見ることができる。江戸時代から八王子と日光を結ぶ街道の宿場町（坂戸宿）として栄え、1970年代からは都心への利便性からベッドタウンとして開発された。坂戸市の南に位置する鶴ヶ島市は、旧石器時代の遺跡が多く発見されているほか、奈良時代に多くの高句麗人が定住した場所。国選択無形民俗文化財である脚折雨乞では、竹と麦わらで作られた重さ3トンもの巨大な龍蛇を担いで練り歩く、圧巻の光景が繰り広げられる。越辺川を境に坂戸市と隣接する川島町は、荒川、都幾川などの川に囲まれていることが町の名前の由来。川と緑が調和する美しい風景と出合えるエリアだ。

彩info　坂戸よさこい（🔗 https://www.sakadoyosakoi.com）は10月に開催される県内で最大規模のよさこい祭り。よさこいチームの演舞は圧巻で、まつり会場では特産品などの飲食も楽しめる。

坂戸市・鶴ヶ島市・川島町 ◆ 歩き方

歩き方

》》 日本最大の道教寺院や歴史ある神社が点在

東京方面から電車で坂戸市にアクセスする場合、観光スポットの起点となるのは東武東上線の若葉駅。坂戸市最大の見どころともいえる聖天宮へ向かうバス乗り場は東口にあり、1時間に約3本運行している。古墳の上に立つパワースポットの勝呂神社や、坂戸市立歴史民俗資料館に向かうバスは1時間に1〜2本の運行だ。バスの時間待ちには、駅からペデストリアンデッキでつながっている複合施設のワカバウォークに立ち寄ってみよう。映画館やショップ、フードコートなどが充実している。また桜で有名な北浅羽桜堤公園など越辺川沿いの自然散策には、北坂戸駅が起点となる。多くの立ち寄りスポットは駐車場を完備し、関越自動車道坂戸西スマートICや鶴ヶ島ICからのアクセスも良好だ。

東武東上線の若葉駅は毎日約2万6000人に利用される起点の駅

》》 昭和レトロな風景を訪ねてみよう

鶴ヶ島市には東武東上線鶴ヶ島駅があるが、散策の起点には若葉駅や坂戸駅も便利。脚折雨乞の行事の舞台となる白鬚神社や雷電池児童公園は、若葉駅、坂戸駅、北坂戸駅から分岐する東武越生線の一本松駅に囲まれたエリアの中央付近に位置し、どの駅からも徒歩20分前後。若葉駅西口からほぼ30分間隔で運行している循環バスのつるバスも利用できる。川島町に鉄道駅はないが、若葉駅東口からのバスや、車で圏央道川島ICからアクセス可能。ドラマ『おいしい給食』のロケ地となった旧出丸小学校や、国指定重要文化財の遠山記念館など、昭和レトロな懐かしさを感じさせるスポットが魅力だ。

川島町の越辺川沿いには11〜2月にかけてコハクチョウが飛来する

おさんぽプラン

❶ 若葉駅

　　　　　🚶 徒歩17分

❷ 明治なるほどファクトリー坂戸　　（▶ P.99）

　　　　　🚶 徒歩20分

❸ 五千頭の龍が昇る聖天宮　　（▶ P.93、226）

　　　　　🚶 徒歩10分

❹ 勝呂神社（▶ P.226）

　　　　　🚶🚌 徒歩&バス20分

❺ 若葉駅

北浅羽桜堤公園
MAP 別冊 P.11-A4

越辺川の河川敷にある北浅羽桜堤公園は約1.2kmにわたって約200本の桜が植えられている。種類は安行寒桜で、例年3月中旬頃に満開となる。ソメイヨシノよりも少し早い時期に咲くので、開花情報をチェックして訪れたい。淡紅色と所々に咲く水仙の黄色の共演がすばらしい、穴場のお花見スポットだ。東武東上線北坂戸駅（西口）から川越観光バス「今西」下車、徒歩10分。

開花時期に合わせて「坂戸にっさい桜まつり」が開催される

みちくさ手帳

『おいしい給食』の舞台を歩く

市原隼人演じる給食マニア教師が生徒と「給食の味わい方」を競う学園グルメドラマ『おいしい給食』は、おもに川島町で撮影された。シーズン1の舞台の節節中学校は、2017年に廃校となった旧出丸小学校（**MAP** 別冊 P.31-C2）。正門へと続く通学路はドラマ設定の1980年代の雰囲気がそのまま残っている。写生会の舞台となった平成の森公園や、坂戸市の越辺川に架かる木製橋の八幡橋（**MAP** 別冊 P.31-C1）などのロケ地を巡ってみよう。

旧出丸小学校は火・水・金・土の9〜17時に内部見学も可能

五千頭の龍が昇る聖天宮

五千頭の龍が昇る聖天宮
住 坂戸市塚越 51-1 TEL 049-281-1161 営 10:00 〜 16:00 休 なし 料 500 円（中学生 250 円、小学生以下無料） P あり 交 東武東上線「若葉駅（東口）」から東武バス 5 分「戸宮交差点前」下車、徒歩 3 分

太極を表現する極彩色のらせん天井には釘が使用されていない

城西大学水田美術館
住 坂戸市けやき台 1-1 TEL 049-271-7327 営 9:30 〜 16:30 休 土・日・祝、大学の夏季冬季の休み期間など 料 無料 P あり 交 東武越生線「川角駅」から徒歩 10 分
※大学構内の建物工事のため、2023 年 8 月末まで休館予定

勝呂神社
住 坂戸市石井 226 TEL 049-281-0653 営 自由 休 なし 料 無料 P あり 交 東武東上線「若葉駅（東口）」から東武バス 10 分「石井東」下車、徒歩 2 分

「勝ち虫」とされるトンボが拝殿に飾られている

坂戸市立歴史民俗資料館
住 坂戸市石井 1800-6 TEL 049-284-1052 営 9:00 〜 16:00 休 土・日・祝 料 無料 P あり 交 東武東上線「若葉駅（東口）」から東武バス 10 分「勝呂小学校」下車、徒歩 3 分

昭和 13 年に建てられた校舎の一部を移設した素朴な資料館だ

5000 の昇竜で飾られた日本最大の道教のお宮
五千頭の龍が昇る聖天宮
ごせんとうのりゅうがのぼるせいてんきゅう

台湾の康國典大法師が難病を克服し、神様に感謝するため建立した。台湾の宮大工によって 15 年の歳月をかけて作られた異国情緒たっぷりの建造物だ。（→ P.93）

幅50m、高さ25mの豪華絢爛なデザインは天界にある悠久の宮殿を彷彿させる

大学の構内で、浮世絵の発展の過程をたどる
城西大学水田美術館
じょうさいだいがくみずたびじゅつかん

大学創始者の水田三喜男が収集した写楽作品 9 点の浮世絵を含む 230 点以上の日本絵画コレクションを中心に展示。浮世絵初期から近代日本画への歴史を所蔵品でたどることができる。

1979年に開館し城西大学創立45周年記念事業の一環として2011年に新装開館した

勝運信仰のあるパワースポット
勝呂神社
すぐろじんじゃ

崇神天皇時代（紀元前 97 〜 29 年）に活躍した四道将軍のひとり、建渟川別 命が祀られた古墳上に鎮座。社殿の東側にある勝運霊石は、なでると勝運がもたらされると信仰されている。

1500年以上前の陵墓の上に建ち、東海鎮護の神として祀られている

築 80 年以上の木造校舎のぬくもりが残る
坂戸市立歴史民俗資料館
さかどしりつれきしみんぞくしりょうかん

旧・勝呂小学校を利用した趣のある建物内に、市内の遺跡から出土した考古資料や民俗資料を展示。昭和初期に実際に使用されていた民具の数々は、当時の生活を彷彿とさせる。

北峰古墳群から出土した人物埴輪など坂戸市の代表的な考古資料を展示している

Voice　聖天宮は『西遊記』など数々のドラマや映画のロケ地。コスプレーヤーの撮影スポットとしても人気で、ひとり 3000 円で撮影とともに更衣室も利用できます。予約はホームページから。（川越市在住・Y）

近郷七カ村の総鎮守として祀られてきた

白鬚神社
（しらひげじんじゃ）

奈良時代にこの地域を開拓した高句麗人が崇敬した神社。樹齢 900 年の御神木「脚折のケヤキ」は県の天然記念物に指定。「脚折雨乞行事」の龍神はここで入魂（すねおりあまごい）され、渡御に向かう。

主祭神として猿田彦命と武内宿禰命の二神が祀られている

MAP 別冊 P.31-B1

白鬚神社
住 鶴ヶ島市脚折町 6-10-20 TEL 049-285-2378 営 自由 休 なし 料 無料 P なし 交 東武東上線「坂戸駅（南口）」から徒歩 22 分

本殿を飾る扁額は海軍大将・東郷平八郎の揮毫によるもの

「脚折雨乞行事」が行われる

雷電池児童公園
（かんだちがいけじどうこうえん）

広場を有した公園。敷地内にある雷電池は龍神伝説をもち「脚折雨乞行事」のメイン会場となる。市内を 2km ほど渡御してきた龍神が池に入り、祭事はクライマックスを迎える。

大きな雷電池を中心に自然のなかでくつろげる憩いのスポット

MAP 別冊 P.31-B1

雷電池児童公園
住 鶴ヶ島市脚折町 5-22-1 TEL なし 営 自由 休 なし 料 無料 P なし 交 東武東上線「若葉駅（西口）」からつるバス 2 分「星和住宅前」下車、徒歩 5 分

雷電池のほとりに祀られた雷電社ではオオイカヅチノカミを祀っている

四季折々の花々が楽しめる

平成の森公園
（へいせいのもりこうえん）

8.4 ヘクタールもの広大な敷地内には、ハナショウブの中を散策できる「ショウブ園」、約 340m の花のトンネル「バラの小径」、古代ハスが咲く修景池など見どころが多く点在している。

四方を川に囲まれた川島町をイメージした誰もが楽しめるレクリエーション公園

MAP 別冊 P.31-C2

平成の森公園
住 川島町下八ツ林 920 TEL なし 営 8:30 〜 21:00 休 なし 料 無料 P あり 交 東武東上線「川越駅（東口）」から東武バス 25 分「八ツ林（川島町役場入り口）」下車、徒歩 25 分

「時の塔」がある広場全体は日時計としてデザインされている

国の重要文化財に指定されている大邸宅

遠山記念館
（とおやままきねんかん）

日興證券の創立者である遠山元一（1890 〜 1972 年）が 2 年 7 ヵ月を費やして完成させた邸宅。当時の最高技術と材料が駆使され、四季折々の風情に富んだ庭園も美しい。

遠山元一が幼い頃に没落した生家を再興し1936年（昭和11年）に完成した

MAP 別冊 P.31-C2

遠山記念館
住 川島町白井沼 675 TEL 049-297-0007 営 10:00 〜 16:30（入館〜 16:00）休 月（祝日の場合は翌日）料 大人 800 円（学生 600 円、中学生以下無料）※特別展、邸宅・庭園のみ公開時は要問合せ P あり 交 JR・東武東上線「川越駅（東口）」から東武バス 30 分「牛ケ谷戸」下車、徒歩 15 分

---

4 年に一度行われる脚折雨乞（すねおりあまごい）は、300 人の男たちが長さ 36m の龍蛇を担いで練り歩く江戸時代からの伝統行事。詳細は鶴ヶ島町役場 HP（www.city.tsurugashima.lg.jp）をチェック。

埼玉県の中心に位置する歴史ロマンあふれる町

東松山市・吉見町
ひがしまつやまし・よしみまち

オランダの姉妹都市を彷彿させる、れんがを使用した東松山駅

人口	東松山市 ▶ 90,651 人
	吉見町 ▶ 18,117 人

🏛 エリア利用駅

東松山駅
東武東上線

高坂駅
東武東上線

ヒント 東武東上線とJR高崎線の中間に位置する吉見町は鉄道が通っていない。東松山駅のほか、高崎線の北本駅や鴻巣駅から路線バスを利用できる。東松山駅とJR鴻巣駅を結ぶバスも出ている

東松山駅への行き方

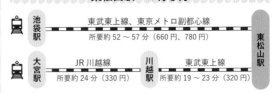

🚃 池袋駅	東武東上線、東京メトロ副都心線 所要約 52 ～ 57 分（660 円、780 円）		東松山駅
🚃 大宮駅	JR 川越線 所要約 24 分（330 円）	川越駅 東武東上線 所要約 19 ～ 23 分（320 円）	

　埼玉県のほぼ中央に位置する「埼玉のへそ」東松山市は、比企丘陵や岩殿丘陵といったダイナミックな地形が織りなす自然豊かな地域。自然を生かした動物園や公園、博物館などの施設が点在し、子供から大人まで楽しめるスポットが多い。古くは松山城の城下町として繁栄し、多くの街道が集まる交通の要所でもあった。東松山市と接する吉見町は、比企郡に属す町。旧石器時代から人々が暮らしてきた痕跡をもち、吉見丘陵には吉見百穴をはじめとする史跡も多い。14 世紀頃には天然の地形を利用して松山城が築かれ、戦国時代には武州の要所として関東の諸勢力による争奪戦が繰り広げられてきた歴史ももつ。古代遺跡や戦国時代の名残、由緒ある神社仏閣を巡り、のんびり比企郡の歴史探訪を楽しもう。

 彩info 東松山市は 1954 年（昭和 29 年）に比企郡松山町、大岡村、唐子村、高坂村などが合併し誕生した。慣習的に「松山」と呼ばれており、小学校から高校まで市内の学校名には「東」の文字が入っていない。

東松山市・吉見町 ◆ 歩き方

歩き方

自然とご当地グルメを味わう

　池袋から東武東上線1本でアクセスできる東松山市。東松山駅のバス乗り場は東口にあり、駅前ロータリーの北方向には商店街「ぼたん通り」や「まるひろ通り」がありにぎやか。

オーストラリアの珍しい動物にも会える埼玉県こども動物自然公園

東松山名物の「やきとり」店の赤ちょうちんもあり、夕方に立ち寄るのもいい。日本三大稲荷のひとつ箭弓稲荷神社は、ローカルな雰囲気の西口からわずか徒歩3分。東松山市に来たなら必ず訪れたいスポットだ。比企丘陵の豊かな自然に囲まれた岩殿エリアへは高坂駅が玄関口となる。バス乗り場がある西口がメインゲートで、駅前通りは「高坂彫刻プロムナード」として美しく整備されている。およそ1kmにわたって彫刻家高田博厚氏による32体の彫刻が点在しており、バスを待つ間に散策するのも楽しい。

吉見町で歴史と触れ合う

　吉見町には鉄道は通っていないが、東松山駅からバスでアクセスできる。東松山市との市境付近にあるミステリアスな雰囲気が漂う古代遺跡の吉見百穴や松山城跡は、同じバス路線にあるので一度に巡ることが可能。また、同路線

地下に軍需工場の跡地も残っている史跡の吉見百穴

上に吉見名産のいちごをテーマとした道の駅いちごの里よしみもある。バスは日中なら1時間に2～3本ほど走っている。車でのアクセスには関越自動車道東松山ICが便利だ。

おさんぽプラン

1. 東松山駅
   🚶 徒歩3分
2. 箭弓稲荷神社（▶P.230）
   🚶 徒歩30分
3. 吉見百穴（▶P.232）
   🚶 徒歩10分
4. 松山城跡（▶P.231）
   🚶🚌 徒歩&バス17分
5. 東松山駅

日本スリーデーマーチ
　世界で2番目、日本最大の規模を誇るウォーキング大会が、東松山市で開催されている。田園風景や文化財などを堪能できる自然豊かなコースが設定されており、体力に合わせて5km～50kmを選ぶことができるので、気軽に参加可能だ。開催は毎年11月、8万人を超える人々が世界各地から参加する。

姉妹都市・オランダのナイメーヘン市に次ぐ世界2位の規模を誇る

みちくさ手帳

東松山で味わう豚のやきとり

　日本7大やきとりの街に数えられる東松山市。東松山駅周辺など市内に約40軒の店が点在し、夕方になるとモクモクと煙が店から出ている。名物の「やきとり」は豚のカシラ肉（こめかみから頬の部位）を炭火で焼き上げたもの。タレは醤油や塩ではなく、白みそベースにニンニクや唐辛子をブレンドし各店は秘伝のタレで競い合っている。ピリ辛のみそタレは豚肉やビールや酒だけでなく、白飯との相性もピッタリだ。

「やきとり」と呼ばれるが豚肉を使用している

彩info　東松山駅東口のステーションビル2階には、東松山市観光案内所がある。パンフレットやウォーキングマップなどが用意されているので立ち寄ってみよう。営業時間は☎0493-22-8765へ質問合わせ。

日本3大稲荷といわれる神社のひとつ

箭弓稲荷神社
やきゅういなりじんじゃ

712年(和銅5年)創建という伝統ある古社。社殿は県の文化財に指定されている。団十郎稲荷や縁結びの木、牡丹園など見どころが多く、ギネスに認定された巨大御朱印も展示。また「やきゅう」という読みから、多くの野球関係者が必勝祈願に訪れる。

主祭神は保食神(うけもちのかみ)。松山城主、川越城主も篤く崇敬された

MAP 別冊 P.32-A1

箭弓稲荷神社
住 東松山市箭弓町2-5-14
TEL 0493-22-2104 営 自由(社務所8:00〜17:00) 休 なし 料 無料 P あり 交 東武東上線「東松山駅(西口)」から徒歩3分

末社の宇迦之魂社は7代目市川團十郎が奉納した稲荷社で団十郎稲荷と呼ばれている

46ヘクタールもの広大な敷地をもつ

埼玉県こども動物自然公園
さいたまけんこどもどうぶつしぜんこうえん

比企丘陵の豊かな自然の中で、ペンギンやキリンを観察したり、ウサギやモルモット、ヤギと触れ合ったりできる。東園ではコアラなどオーストラリアの動物を中心に展示。人気のクオッカを見られるのはオーストラリア以外では世界でもここだけ。

オーストラリアのフェザーデール野生生物園からやってきたクオッカは「世界一しあわせな動物」とも呼ばれている

MAP 別冊 P.11-A4

埼玉県こども動物自然公園
住 東松山市岩殿554 TEL 0493-35-1234 営 9:30〜17:00(11/15〜1/31は9:30〜16:30) 休 月(祝日の場合は開園) 料 700円(小・中学生200円) P あり 交 東武東上線「高坂駅(西口)」から川越観光バス5分「こども動物自然公園」下車、徒歩1分

園内には売店やカフェなど休憩スポット、遊び場もあり子供も飽きずに楽しめる

歴史を感じさせる風格あるたたずまい

岩殿観音 正法寺
いわどのかんのん しょうぼうじ

718年(養老2年)に開山した古刹。この地で霊力を得た坂上田村麻呂が山の悪竜を退治したという伝説をもつ。鎌倉時代に源頼朝の命を受けた比企能員が復興し、坂東三十三観音霊場の第10番札所となった。茅葺きの鐘楼や、樹齢700年を超える大銀杏も見事。

ご本尊の千手観音菩薩は北条政子の守り本尊と伝えられている

MAP 別冊 P.11-A4

岩殿観音 正法寺
住 東松山市岩殿1229 TEL 0493-34-4156 営 8:30〜17:00(冬季〜16:30) 休 なし 料 無料 P あり 交 東武東上線「高坂駅(西口)」から川越観光バス10分「大東文化大学」下車、徒歩2分

尻を火であぶりながら饅頭を食べる「しりあぶり」は坂上田村麻呂の悪竜退治に由来

 彩info 箭弓稲荷神社の牡丹園はGW前後に約1300株の牡丹が、ツツジや藤の花と一緒に美しく咲き誇る。1923年(大正12年)に東武東上線の坂戸駅〜東松山駅の開通を記念して東武鉄道の初代社長から奉納された。

埼玉県に焦点を当てた戦争展示
埼玉ピースミュージアム（埼玉県平和資料館）

さいたまぴーすみゅーじあむ（さいたまけんへいわしりょうかん）

　戦時中の県民の暮らしを展示、戦時下の1日を疑似体験できるコーナーもある。シアターでは最後の空襲である熊谷空襲に関する映画も放映。展望塔からは関東平野が一望できる。

展望塔の高さは40m。埼玉県の中心から関東平野をぐるりと一望できる

化石発掘ができる体験型施設
東松山市化石と自然の体験館

ひがしまつやましせきとしぜんのたいけんかん

　葛袋地区の約1500万年前の地層で発掘されたサメの歯などの化石を展示。当地の礫岩を用いた化石発掘体験（要事前予約）では発掘した化石を持ち帰れる（一部の貴重な化石は不可）。

「岩石を割る」、「フルイにかける」化石発掘体験は約80分間のコース

忘れてはならない歴史を伝える
原爆の図 丸木美術館

げんばくのずまるきびじゅつかん

　画家の丸木位里・俊夫妻の共同制作「原爆の図」を展示。アウシュビッツの図や南京大虐殺の図など、差別や虐殺の歴史を伝えるとともに平和への祈りが込められた作品も収蔵している。

「原爆の図」15部連作のうち1〜14部までを常設展示している

松山城合戦の舞台となった城
松山城跡

まつやまじょうあと

　国指定史跡「比企城館跡群」のひとつ。北武蔵屈指の平山城であり重要拠点だったことから、戦国時代には越後上杉氏と小田原の北条氏の間で激しい奪い合いが繰り広げられた。

本曲輪など遺構のみが山中に残る。案内板をたよりに当時の様子を想像してみよう

MAP 別冊 P.11-A4

埼玉ピースミュージアム（埼玉県平和資料館）
🏠 東松山市岩殿241-113
📞 0493-35-4111　🕐 9:00〜16:30　休 月（祝日の場合は翌日）
料 無料　P あり　交 東武東上線「高坂駅（西口）」から川越観光バス8分「大東文化大学」下車、徒歩5分

戦時中の教育機関、国民学校の様子を再現

MAP 別冊 P.9-C4

東松山市化石と自然の体験館
🏠 東松山市坂東山13　📞 0493-35-3892　🕐 9:00〜17:00　休 月（祝日の場合は翌日）料 入館無料。化石発掘体験1000円（小・中学生700円）　P あり　交 東武東上線「高坂駅（西口）」から鳩山町町営路線バス10分「化石と自然の体験館」下車すぐ

ゴーグルをつけて岩石割りに挑戦！

MAP 別冊 P.9-C3

原爆の図 丸木美術館
🏠 東松山市下唐子1401
📞 0493-22-3266　🕐 9:00〜17:00（12〜2月は9:30〜16:30）
休 月（祝日の場合は翌日）
料 900円　P あり　交 東武東上線「つきのわ駅（南口）」から徒歩30分

平和への思いが込められた美術館

MAP 別冊 P.32-A2

松山城跡
🏠 吉見町北吉見298　📞 なし
🕐 自由　休 なし　料 無料
P あり　交 東武東上線「東松山駅（東口）」から川越観光バス「武蔵岡短大前」下車、徒歩1分

遺構へはバス通りから階段を上り徒歩3分ほど

東松山市・小川エリア ◆ 東松山市・吉見町 ◆ おもな見どころ

Voice　松山城跡は高低差のある深い森なので帰り道を考えずに歩き回ると大人でも迷子になります。自転車を乗り始めて行動範囲が広がる頃に「松山城跡では遊ばない」よう親から躾けられました。（東松山市在住・M）

MAP 別冊 P.32-A2

吉見百穴
住 吉見町北吉見 324　TEL 0493-54-4541　営 8:30〜17:00　休 なし　料 300 円　P あり　交 東武東上線「東松山駅（東口）」から川越観光バス 5 分「百穴入口」下車、徒歩 5 分

洞窟内に差し込むわずかな光を反射して緑色に光るヒカリゴケ

MAP 別冊 P.9-C4

岩殿山 安楽寺（吉見観音）
住 吉見町御所 374　TEL 0493-54-2898　営 9:00〜16:00　休 なし　料 無料　P あり　交 東武東上線「東松山駅」より車 10 分

境内に穏やかに鎮座する阿弥陀如来像は「吉見大仏」と呼ばれている

MAP 別冊 P.9-C4

道の駅 いちごの里よしみ
住 吉見町大字久保田 1737　TEL 0493-53-1530　営 物産館 9:00〜17:00　休 なし　料 無料　P あり　交 東武東上線「東松山駅（東口）」から川越観光バス 16 分「いちごの里よしみ」下車、徒歩 1 分

吉見産のいちごを使用した加工品、スイーツなども販売している

国内最大規模の横穴墓群

よしみひゃくあな
吉見百穴

　国指定史跡となっている古墳時代後期〜終末期に作られた横穴墓群で、現在残るのは 219 基。地下には第 2 次世界大戦末期に作られた軍需工場の跡地もある（現在未公開）。一部の墓内部にはヒカリゴケが自生しており、国の天然記念物に指定されている。

丘の斜面に穴がたくさん空いている不思議な光景が広がっている

坂東三十三観音霊場の第 11 番札所
いわどのさん あんらくじ（よしみかんのん）
岩殿山 安楽寺（吉見観音）

　約 1220 年前に行基菩薩により観世音菩薩が納められたのが始まり。この地に身を隠していたとされる源頼朝の弟・範頼が本堂や三重塔を建立したが、北条氏との戦いで焼失してしまった。江戸時代に再建され、ともに県指定文化財となっている。

6 月 18 日の「厄除け朝観音ご開帳」の際は夜明け前から多くの参拝者が訪れる

吉見名産のいちごにちなんだスポット

みちのえき いちごのさとよしみ
道の駅 いちごの里よしみ

　吉見町はいちごの栽培が盛んで、いちご狩りができる農園も多い。この道の駅ではいちごの加工品や、いちごソフトクリームが人気。食堂では地粉のうどんも味わえ、うどん打ち体験（1500 円。要事前予約）もできる。隣には JA の農産物直売所がある。

広大な敷地内に物産館や遊具のある広場などが点在

田園風景にたたずむ比丘尼山。比企の乱の後に若狭局も逃げてきて祖母の比丘尼と暮らしたと伝わる

鎌倉殿を支えた悲運の一族

比企氏ゆかりの地を歩く

NHK大河ドラマ「鎌倉殿の13人」でも描かれたように源頼朝を不遇の時代から支え続けた比企一族。比企尼（ひきのあま）は頼朝の乳母で、20年にわたり経済面と精神面で

比企氏の館があったされる城ヶ谷の風景

サポートした慈愛の人として知られる。比企尼の養子である比企能員（ひきよしかず）も鎌倉幕府の成立に尽力し、頼朝の死後は若くして将軍となった頼家を補佐する13人の合議制を担うひとりとなった。しかし頼家の乳母父でもある比企能員が権力をもつことを恐れた北条氏の策略によって暗殺され、比企一族は滅亡した。東松山市の大岡地区には、そんな比企氏ゆかりの地が点在している。

大きな風車とオランダ風建物が目印の大岡市民活動センターからスタートし、比企氏の館があったとされる城ヶ谷（じょうがやつ）を通って「宗悟寺」へ。本堂には若狭局（わかさのつぼね）が持ち帰ったと伝わる源頼家の位牌が安置されている。若狭局は比企能員の娘で、鎌倉幕府2代将軍頼家の妻。頼家は北条氏によって

宗悟寺の本堂。頼家の位牌や蛇苦止観音像が残されているが一般公開はされていない

秋葉神社の西側は梅が谷、東側は須加谷（すかやつ）と呼ばれる

将軍の座を剥奪され、暗殺されてしまう。境内には頼家を亡くした苦しみから救われるように若狭局が祈願した蛇苦止（じゃくし）観音も祀られている。また徒歩で5分ほど南にある「秋葉神社」の西側は梅が谷（うめがやつ）と呼ばれ、若狭局が余生を送った地とされる。

「比丘尼山（びくにやま）」は夫を亡くした後に比丘尼が草庵を編み、暮らし続けたとされる。その北側には若狭局が頼家の形見だった櫛を捨てた「串引沼」がある。夫を殺されて苦しみ続ける若狭局を見かねた比企尼が、心の迷いを晴らすために肌身離さず持っ

串引沼は川越カントリークラブの敷地内にあるが外から眺めることができる

ていた鎌倉彫の櫛を沼に投げ入れるよう諭したのだ。時は1205年（元久の時代）の頼家の命日に当たる日だったと伝わる。

東松山市大岡地区

彩info　比企尼は源頼朝の乳母。学問や教養も身につけさせる役割を担っており親子のような関係だった。平治の乱で源氏が敗れて頼朝が伊豆に流されると、頼朝を助けるため京から武蔵国比企郡へと移り住んだ。

小川町・嵐山町・滑川町

（おがわまち・らんざんまち・なめがわまち）

さくら祭り等のイベント会場となる旧小川町立小川小学校 下里分校

人口	小川町▶ 28,244 人
	嵐山町▶ 17,596 人
	滑川町▶ 19,711 人

🚉 エリア利用駅

小川町駅
JR 八高線
東武東上線

竹沢駅
JR 八高線

武蔵嵐山駅
東武東上線

森林公園駅
東武東上線

💡 小川町行きの東武東上線は池袋駅から発車。または東武動物公園駅などで乗り換える

小川町駅への行き方

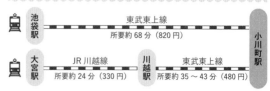

池袋駅	東武東上線 所要約 68 分（820 円）		小川町駅
大宮駅	JR 川越線 所要約 24 分（330 円）	川越駅 東武東上線 所要約 35〜43 分（480 円）	

　埼玉県中西部に位置する小川町は、外秩父の山々に囲まれた盆地の町。江戸から秩父に向かう街道沿いという立地から、かつては六斎市が立つ商業的中心地だった。また古くから伝統産業で栄えてきた町であり、最も有名なのはおよそ 1300 年前に高麗人から技術を受け継いだとされる和紙。「細川紙の手漉き技術」は国の重要無形文化財であり、ユネスコの無形文化遺産にも登録されている。嵐山渓谷など自然の景観が美しい嵐山町は、国蝶であるオオムラサキが生息する地として有名。また源頼朝を支えた武将のひとりである畠山重忠ゆかりの地という一面ももっている。なだらかな丘陵地帯に広がる滑川町は、豊富な水資源を利用した農業が盛んな町。豊かな自然に恵まれており、北東部には国営武蔵丘陵森林公園が広がっている。

彩info　埼玉県の多くの県立高校で卒業証書として使われている小川和紙。ユネスコ無形文化遺産に登録されている細川紙の手漉き技術は、国産の楮（こうぞ）のみを使用しており、繊維が長く、耐久性があるのが特徴だ。

＼ あなたの声をお聞かせください！／

毎月合計３名様
読者プレゼント

1．地球の歩き方オリジナル御朱印帳

2．地球の歩き方オリジナルクオカード（500円）

いずれかおひとつお選びください。

★応募方法

下記URLまたはQRコードにアクセスして
アンケートにお答えください。

URL https://arukikata.jp/wtwcri

★応募の締め切り

2025年2月28日

歩き方

≫ 不思議と懐かしい伝統工芸の町

小川町駅に着いたら、まずは駅前の観光案内所を訪れたい。各種パンフレットがあるのはもちろん、観光ルートも相談できる頼もしい場所だ。1時間500円のレンタサイク

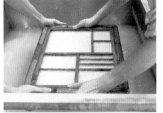
和紙作りが体験できるスポットもある

ルも用意されている。駅前から広がる市街地は、町屋造りの建物や蔵などが点在する「武蔵の小京都」。何気ない裏道の風景も懐かしく、歩いて散策してみるのも楽しい。小川を代表する和紙などの伝統工芸に触れるなら、小川町和紙体験学習センター（→下段はみだし）を訪問してみよう。また彫刻が見事な八宮神社や火渡り修行で有名な普光寺へはバス利用も可能（バスは1時間に2〜3本運行している）。

≫ 歴史を感じ、自然に癒やされる

嵐山町の起点は武蔵嵐山駅。オオムラサキの森や畠山重忠ゆかりの菅谷館跡は西口から約2kmの距離で、駅を背にして左方向にあるロータリーを右折し、市街地を抜けて県道254号線を目指して進んだ先にある。駅西口の「嵐山町ステーションプラザ嵐なび」にはレンタサイクル（4時間500円）もある。滑川町最大の見どころである森林

広大な園内を季節の花が彩る国営武蔵丘陵森林公園

公園行きのバスは森林公園駅の北口を出て左側にあるバス乗り場から出ている。1時間に2〜3本のペースだが、土・日・祝日は森林公園南口行き直通バスも利用できる。

おさんぽプラン

① 小川町駅
　🚶徒歩10分
② 栃本親水公園（▶P.237）
　🚶徒歩10分
③ 晴雲酒造（▶P.56）
　🚶徒歩15分
④ 穴八幡古墳（▶P.237）
　🚶徒歩20分
⑤ 小川町駅

有機の里でヘルシーランチ

「有機の里」として世界的に知られる小川町は、畑の恵みを存分に味わえる食堂が点在している。月のうさぎは農家おすすめの野菜を使って「四季のごはん」を毎日12食ほどを提供。訪問日が決まったら予約して出かけよう。

▼ ogawa たべものや月のうさぎ
MAP 別冊 P.33-A1
🏠 小川町角山726-1　📞0493-74-5303　🕐11:30〜17:00
🈳月〜毎　CC不可　🅿あり
🚉 東武東上線「小川町駅」から川越観光バス5分「センター前」下車、徒歩14分

メニューは季節や月、週によって変わる

武蔵の小京都を歩く

豊かな自然と槻川の清流に恵まれた小川町は、和紙や酒造、絹織物などの伝統産業で栄えた町。全国京都協議会が定めた「小京都」の条件を満たしていることから、武蔵の小京都として認められている。町には造り酒屋や料亭、蔵など、当時の面影を残す建物が点在。風情豊かな街並みをのんびりと散策してみよう。また、京都の嵐山に似ていることが町名の由来である隣の嵐山町も小京都に認定されている。

街道沿いに残る酒蔵や商店が郷愁を誘う

ぶらりinfo　小川町和紙体験学習センター（**MAP** 別冊P.33-B1）は和紙の研究施設として設立された施設。手漉き和紙作りが体験できる（料金1000円〜。要予約）。営業時間は9:00〜16:00（火曜休）。

235

道の駅おがわまちを併設する
埼玉伝統工芸会館
さいたまでんとうこうげいかいかん

県内の伝統的手工芸品を展示紹介する施設。紙すきを見学できる和紙工房では、紙すき体験（受付は15時まで）ができるほか、各種ワークショップが充実。工芸品を販売する物産館もある。

※ 2023年3月27日より改修工事のため長期休業予定

厄除開運の元三大師を祀る寺
小川厄除大師 普光寺
おがわやくよけだいし ふこうじ

1646年（正保2年）に開山し、本尊は東照権現本地仏の薬師如来。元三大師を祀り広く信仰を集める。新春大護摩祈願の期間中には採燈大護摩供・火渡り修行も開催される。

火の上を歩く火渡り修行は誰でも参加できる

生きいきとした龍の彫刻が圧巻
八宮神社
やみやじんじゃ

龍や唐獅子などの精巧な彫刻が施された、権現造りの社殿がすばらしい。境内にある青麻大神社は足の神様として信仰され、本殿とともに県の有形文化財に指定されている。

江戸初期以前には創建されたとされる小川町の総鎮守

廃校となった小学校が人気スポットに
旧小川町立小川小学校 下里分校
きゅうおがわちょうりつおがわしょうがっこう しもざとぶんこう

平成23年に廃校。昭和39年建造の校舎は状態もよく、TVアニメ「のんのんびより」の舞台となった。現在校庭やトイレが常時開放されているほか、イベント会場としても活躍。

今では貴重な木造平屋建ての昭和レトロな校舎

MAP 別冊 P.33-B2

埼玉伝統工芸会館
🏠 小川町小川1220 ☎ 0493-72-1220 🕘 9:30～17:00（最終入館16:30） 🈳 月 🈯 入館料無料 🅿 あり 🚌 東武東上線「小川町駅」から川越観光バス「伝統工芸会館前」下車、徒歩1分

秩父銘仙など県指定の伝統的手工芸品を展示

MAP 別冊 P.9-C3

小川厄除大師 普光寺
🏠 小川町中爪1042 ☎ 0493-72-5516 🕘 自由 🈳 なし 🈯 無料 🅿 あり 🚌 東武東上線「小川町駅」から川越観光バス11分「六丁目」下車、徒歩12分

関越道「嵐山小川IC」から車で2分の場所にある

MAP 別冊 P.33-B2

八宮神社
🏠 小川町小川991-1 ☎ 0493-73-0743 🕘 自由 🈳 なし 🈯 無料 🅿 あり 🚌 東武東上線「小川町駅」から川越観光バス4分「八宮神社入口」下車、徒歩5分

1833年（天保4年）に建てられた本殿

MAP 別冊 P.33-C2

旧小川町立小川小学校 下里分校
🏠 小川町下里824-1 ☎ 0493-72-0429 🕘 9:00～18:00（冬季～16:00） 🈳 なし 🈯 無料 🅿 あり 🚌 東武東上線「小川町駅」から川越観光バス「下里」下車、徒歩10分

アニメの風景を再現した教室は窓越しに見学可

 Voice 下里分校はいなかの生活を描いた「のんのんびより」で主人公たちが通う小中学校のモデル。校舎内は原則立ち入りできませんが、周辺の田んぼや川などアニメに登場した風景が散見されます。（所沢市在住・B）

季節の移ろいを楽しめる憩いの場
栃本親水公園
とちもとしんすいこうえん

モミジと水車をテーマに作られた公園。憩・健康・寛ぎの3エリアからなり、水辺の遊歩道や東屋、発電機能を有する水車小屋などが点在。秋には約50本のモミジの紅葉が楽しめる。

遠方に広がる外秩父の山々と美しい清流に心癒やされる

MAP 別冊 P.33-B1

栃本親水公園
🏠 小川町大字青山 948-2 📞 なし 営 自由 休 なし 料 無料 🅿 あり 交 東武東上線「小川町駅」から徒歩 20 分

「和紙のふるさと」を彷彿させる水車小屋

県内最大級の方墳
穴八幡古墳
あなはちまんこふん

7世紀後半に作られた古墳時代終末期の方墳。高さ5.6mの墳丘で周囲を2重の堀で囲まれており、全長約8mの石室も状態よく保存されている。葬られた人物はいまだ不明だ。

八幡神社の南側にある謎に満ちた古墳

MAP 別冊 P.33-B1

穴八幡古墳
🏠 小川町増尾 63-1 📞 なし 営 自由 休 なし 料 無料 🅿 なし 交 東武東上線「小川町駅」から徒歩 20 分

入口が南に向いて開いている横穴式の石室

埼玉県最古の木造住宅
吉田家住宅
よしだけじゅうたく

1721年(享保6年)建造の入母屋作りの民家で、国指定の重要文化財。貴重な建物は内部も開放されており、囲炉裏を囲んで蕎麦や団子などを味わう昔懐かしい体験もできる。

建てられた実年代が判明している県内最古の民家

MAP 別冊 P.8-C2

吉田家住宅
🏠 小川町勝呂 423-1 📞 0493-73-0040 営 自由 休 月・火 (祝日の場合は翌日) 料 無料 🅿 あり 交 JR 八高線「竹沢駅」から徒歩 10 分、東武東上線「東武竹沢駅」から徒歩 25 分

囲炉裏を囲んだ食事処もある

星と自然体験がテーマ
埼玉県立小川げんきプラザ
さいたまけんりつおがわげんきぷらざ

金勝山に広がる自然豊かな敷地内に、冒険の森や展望台、遊歩道などが点在。土・日・祝日にはプラネタリウムが公開されている。標高263mの山頂からの眺望はすばらしい。

宿泊施設も備えた、自然を体験し、学ぶことができる施設

MAP 別冊 P.8-C2

埼玉県立小川げんきプラザ
🏠 小川町木呂子 561 📞 0493-72-2220 営 8:00〜17:00 休 月 (休日を除く) 料 無料 (プラネタリウム 730 円) 🅿 あり 交 JR 八高線「竹沢駅」から車 8 分

最新システムが導入されたプラネタリウム

菅谷館跡
🏠 嵐山町大字菅谷 757
📞 0493-62-5896　⏰ 自由
🚫 なし　💴 無料　🅿 あり
🚃 東武東上線「武蔵嵐山駅（西口）」から徒歩 15 分

敷地内にはヤマユリが自生している

埼玉県立嵐山史跡の博物館
🏠 嵐山町大字菅谷 757
📞 0493-62-5896　⏰ 9:00～16:30（7/1～8/31 は～17:00）
🚫 月（月曜の祝日は営業）
💴 100 円　🅿 あり　🚃 東武東上線「武蔵嵐山駅（西口）」から徒歩 15 分

常設展では畑山重忠ゆかりの品も多数展示

嵐山町オオムラサキの森活動センター
🏠 嵐山町菅谷 829-1　📞 0493-62-8485　⏰ 時期により異なる
🚫 不定休　💴 無料　🅿 あり
🚃 東武東上線「武蔵嵐山駅（西口）」から徒歩 20 分

青紫色の羽が美しいオオムラサキ

杉山城跡
🏠 嵐山町杉山 605　📞 なし
⏰ 自由　🚫 なし　💴 無料
🅿 あり　🚃 東武東上線「小川町駅」から川越観光バス 15 分「小川パークヒル」下車、徒歩 14 分

本郭の東虎口（入口）と石積み

畠山重忠ゆかりの約 13 万平方メートルの広大な城跡

菅谷館跡
すがややかたあと

「坂東武士の鑑」とたたえられ、現在の深谷市畠山を本拠としていた畠山重忠が居住していたとされる国指定史跡「比企城館跡群」のひとつ。戦国時代には城郭として整備された。

敷地内に鎮座する畠山重忠の像は町の文化財

見て・聞いて・触れて学べる施設

埼玉県立嵐山史跡の博物館
さいたまけんりつらんざんしせきのはくぶつかん

菅谷館跡内にあり、比企地域の城や文化財を紹介。畠山重忠に関する展示のほか「比企城館跡群」をはじめ中世の城の史跡が、写真や立体地図でわかりやすく解説されている。

周辺の史跡を散策する前にここで予備知識を仕入れよう

オオムラサキ観察の前に立ち寄りたい

嵐山町オオムラサキの森活動センター
らんざんまちおおむらさきのもりかつどうせんたー

国蝶のオオムラサキが生息する豊かな雑木林内にあり、オオムラサキの生態を学べるほか、森の生き物も紹介されている。オオムラサキに出合えるチャンスは 7 月から 8 月上旬頃。

菅谷館跡のすぐ近くにあるログハウス風の建物

国指定史跡「比企城館跡群」のひとつ

杉山城跡
すぎやまじょうあと

敵を迎え撃つ要塞としての役割を担っていた、戦国時代の山城跡。丘陵の高低差を利用したとても複雑かつ高度な構造をなしており、戦国期城郭の最高傑作とも評されている。

多数の敵を迎え撃つためのさまざまな仕掛けの跡を見て取れる

Voice　槻川（つきがわ）が流れる嵐山渓谷は日帰りハイキングにおすすめです。嵐山岩畳から大平山山頂公園へは緩やかな傾斜で歩きやすく、11 月下旬から 12 月上旬は紅葉で景色が彩られます。（東松山市在住・M）

春夏秋冬の花々に会いに行く

国営武蔵丘陵森林公園

こくえいむさしきゅうりょうしんりんこうえん

滑川町の北東部に広がる全国初の国営公園。東京ドームの約65倍もの広さをもつ敷地内は豊かな自然であふれている。

アイスランドポピー
4月上旬～5月初旬が見頃

ネモフィラ
4月上旬～下旬が見頃

ルピナス
4月下旬～5月中旬が見頃

コリウス
8月～10月が見頃

四季折々の植物を楽しむ

公園内には雑木林や池、沼、草地や丘陵など、変化に富んだ自然環境が存在。さまざまな花々やハーブ、アイスランドポピーやルピナスなどの花畑や、紅葉が美しいカエデ園、自生しているヤマユリを楽しめるやまゆりの小径など、季節ごとに美しい風景を楽しむことができる。敷地内の都市緑化植物園では、毎月第2、第4土曜日の13:30から無料のガイドツアーを行っている。

家族で楽しめる施設が満載

敷地内には子供と一緒に楽しめる施設も満載。50種類もの遊具が集合したキッズドームや森のアスレチック、日本一大きなエアートランポリン、水遊びができる渓流広場など、1日中遊んでいても飽きることがないはず。木々のトンネルに囲まれたサイクリングコースを走るのも気持ちいい。自転車はレンタルできるほか、自分の自転車を持ち込むことも可能（車種により制限があるので事前に問い合わせのこと）。また、申請をすればペットと一緒に訪れることも可能。広々としたドッグランも完備している。

ケイトウ
9月上旬～10月上旬が見頃

公園の歩き方

公園内は歩いて散策しても楽しいが、有料の園内バスやレンタサイクルで回るのも効率的だ。公園は北口、西口、中央口、南口と4つのエントランスをもつ。各エントランスに駐車場が完備され、自転車の貸し出しも受け付けている。バスで訪れる場合は南口、または西口からのアクセスになる。

国営武蔵丘陵森林公園　MAP 別冊P.9-C4

住 滑川町山田1920　電 0493-57-2111　営 9:30～17:00（11月は～16:30、12～2月は～16:00）
休 6/1～7/20、12月、1/4～2/28の月曜（祝日の場合は翌平日）、12/31、1/1、1月第3月曜～金曜（公式サイトで要確認）　料 450円（中学生以下無料）
P あり　交 東武東上線「森林公園駅（北口）」から国際十王交通バス9分「森林公園西口」下車すぐ　※土・日・祝は、森林公園駅（北口）から、川越観光バスが直通バスを運行

Voice 地元では単に「森林公園」と呼びます。事前にホームページ（URL www.shinrinkoen.jp）からガイドマップをダウンロードしておくと広大な公園のイメージがつかめます。（東松山市在住・O）

ときがわ町・鳩山町・東秩父村

渓谷美を堪能できる三波渓谷

人口	ときがわ町 ▶	10,589 人
	鳩山町 ▶	13,158 人
	東秩父村 ▶	2,548 人

🚉 エリア利用駅

明覚駅
JR 八高線

💡 いわゆる「陸の孤島」と呼ばれるエリアで、起点となるのはときがわ町の明覚駅のみ。小川町駅や武蔵嵐山駅などから路線バスも運行している。ときがわ町のバスの拠点は「せせらぎバスセンター」。東秩父村へは小川町駅または寄居駅から「和紙の里」行き東秩父村路線バスを利用する

明覚駅への行き方

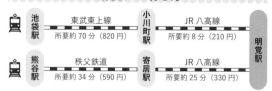

池袋駅	東武東上線 所要約 70 分 (820 円)	小川町駅	JR 八高線 所要約 8 分 (210 円)	明覚駅
熊谷駅	秩父鉄道 所要約 34 分 (590 円)	寄居駅	JR 八高線 所要約 25 分 (330 円)	

　低山に囲まれ、都幾川の清流が流れるときがわ町は、自然が織りなす風景が美しい三波渓谷などのんびりできるスポットが点在している。関東最古の山岳寺院である慈光寺は、周辺地域も含むエリアの政治的、文化的な中核を担ってきた歴史をもつ。源頼朝が戦勝祈願のために愛染明王像を贈ったとされ、後鳥羽上皇らが納めた法華経は国宝に指定されている。和紙の里として知られている東秩父村に伝わる和紙作りにも、慈光寺の存在が欠かせない。東秩父村は埼玉県内唯一の「村」で、小川町とともに重要無形文化財である細川紙の産地だ。岩殿丘陵の中央部に位置する鳩山町は、奈良時代に窯業の一大産地として栄えた歴史をもつ。昭和 40 年代後半に東京都のベッドタウンとして開発された鳩山ニュータウンで知られている。

 木材が豊富なときがわ町は県有数の生産量を誇る建具の名産地。慈光寺の大工の技術を伝承した地元の職人たちによる美しい意匠が特徴だ。建具会館（**MAP** 別冊 P.10-A2）などで見学可能。

ときがわ町・鳩山町・東秩父村 ◆ 歩き方

歩き方

緑に包まれたリバーサイドを自転車で巡る

ときがわ町への玄関口は JR 八高線の明覚駅。地元の木材を使ったログハウス風の外観がフォトジェニックな駅舎はグッドデザイン賞と関東の駅 100 選に

このエリア唯一の鉄道駅である明覚駅

選ばれている。または東武東上線の武蔵嵐山駅から明覚駅を経由する形でときがわ町内を運行するバスを利用するのも手だ。運行ペースは 1 時間に 1 本ほど。町内の見どころを回るには、明覚駅内にある観光案内所のレンタサイクルが便利。良質な水源を利用した、おいしいうどんや豆腐の店や「ふれあいの里たまがわ」をはじめとするファーマーズマーケットも楽しみたい。

自然に囲まれた郊外に見どころが点在

鳩山町は閑静な住宅エリアで、JAXA の地球観測センターがあることでも知られる。鉄道駅はなく、東武東上線の高坂駅や坂戸駅からバスでアクセスできる。のどかな風景が広がる山間の東秩父村には鉄道は通っていないが、東武東上線の小川町駅、JR 寄居駅から東秩父村路線バスが運行している。ただ、バスの本数は少ないので、秩父高原

約 200 頭の子牛が放牧されている彩の国ふれあい牧場

牧場や道の駅 和紙の里など、村内を効率よく観光するなら車での移動が便利。関越自動車道の「嵐山小川 IC」より約 20 分、または同「花園 IC」より約 25 分。

おさんぽプラン

❶**明覚駅**
🚶 徒歩 35 分
❷**三波渓谷**（▶ P.242）
🚶 徒歩 3 分
❸**都幾川四季彩館**（▶ P.242）
🚶🚌 徒歩＆バス 30 分
❹**ふれあいの里たまがわ**（▶ P.391）
🚶 徒歩 20 分
❺**明覚駅**

名湯を自宅へお持ち帰り
良質な温泉が湧くときがわ町ならではの隠れた名物は、セルフサービスで給湯ができる温泉スタンド。関節痛や疲労回復に効果があるとされる温泉を自宅で楽しめる。一般的な家庭用の浴槽 7 割程度（200 リットル）のお湯に、温泉を 20 リットル加えるのが目安。5 リットル単位（50 円）で購入できる（ポリタンク要持参）。

✅ **ときがわ町温泉スタンド**
MAP 別冊 P.34-C1
🏠 ときがわ町大附 870-3
🕐 9:00～17:00（水曜休）

都幾川四季彩館の源泉にも使われている

みちくさ手帳

ときがわをレンタサイクルで散策

美しい自然の中に点在するときがわ町の見どころへは自転車の利用がおすすめ。JR 八高線・明覚駅内の観光案内所で、自転車が 1 台 500 円からでレンタルできる（水～日・祝 9:00 ～ 16:30）。1923 年（大正 12 年）に架けられた土木遺産の玉川橋やときがわ花菖蒲園など水辺のスポットを回ったり、うどんやそばなどのグルメを堪能したり。疲れたら温泉施設で休憩するのもいい。のどかな風景を満喫しよう。

都幾川のほとりにある、ときがわ花菖蒲園。見頃は 6 月上旬

都幾山 慈光寺

都幾山 慈光寺
住 ときがわ町西平 386
TEL 0493-67-0040　営 自由
休 なし　料 無料　P あり
交 JR 八高線「明覚駅」から車
15 分

慈覚大師が植えた
とされる多羅葉
（たらよう）の木

三波渓谷
住 ときがわ町別所周辺
TEL 0493-59-8694（ときがわ町観
光協会）　営 自由　休 なし
料 無料　P あり（有料）　交 東武
東上線「武蔵嵐山駅（西口）」か
らイーグルバス 27 分「せせらぎ
バスセンター」下車、徒歩 20 分

COMORIVER など
周囲にはキャンプ
場も点在

都幾川四季彩館
住 ときがわ町大字別所 556-1
TEL 0493-65-5515　営 10:00〜
21:00（火曜〜20:00）　休 水曜（祝
日の場合は第 2 水曜）　料 840 円
（平日 17:00 以降は割引あり）
P あり　交 東武東上線「武蔵嵐
山駅（西口）」からイーグルバス
27 分「せせらぎバスセンター」
下車、徒歩 18 分

木と石の風呂があり
週替わりで男女入れ
替え

とうふ工房わたなべ
住 ときがわ町大字番匠 372
TEL 0493-65-0070　営 9:00〜17:00
休 なし　料 無料　P あり
交 JR 八高線「明覚駅」から徒歩
10 分

しぼりたての豆乳
で作る豆乳ソフト
クリーム

開山 1300 年の歴史をもつ山中の寺院

都幾山 慈光寺
ときさんじこうじ

　源頼朝や徳川将軍家から
も崇敬された名刹。3 大装
飾経のひとつであり国宝の
「慈光寺経」を有するほか、
本尊の十一面千手千眼観世
音菩薩像は県指定文化財に
指定されている。

坂東三十三観音霊場の第 9 番札所であ
り、巡礼者も訪れる

新緑や紅葉の季節がおすすめ

三波渓谷
さんばけいこく

　御荷鉾緑色岩と呼ばれ
る緑色がかった岩石と、都
幾川の清流が作り出す美し
い景色が広がる。近くには
都幾川四季彩館が運営する
バーベキュー広場も整備さ
れている。

清流の風景は「お〜いお茶」など CM
のロケ地としてもしばしば登場している

古民家を利用した温泉施設

都幾川四季彩館
ときがわしきさいかん

　三波渓谷沿いにある風光
明媚な温泉施設。ナトリウ
ムを含有したお湯は、体が
よく温まり、肌をなめらか
にする効果がある。内湯と
外湯のほか、休憩部屋も完
備している。

三波渓谷観賞の帰りに立ち寄りたい日
帰り温泉施設

こだわりの豆腐製品が人気

とうふ工房わたなべ
とうふこうぼうわたなべ

　地元農家の作る安全な大
豆と、清らかな地下水で作
られた豆腐製品を販売する
工房。豆乳ソフトクリーム
やおからドーナツも評判。
おいしい地下水を無料で汲
めるコーナーもある。

原料からこだわって作られたさまざま
な豆腐製品が購入できる

彩info　堂平山山頂にある、堂平天文台「星と緑の創造センター」には、モンゴルテント（ゲル）などでの宿泊も可能。
東京まで見渡せる夜景と星空を堪能できる。料金は URL www.town.tokigawa.lg.jp/info/27 を参照。

360度の絶景と星空が楽しめる
どうだいらてんもんだい「ほしとみどりのそうぞうせんたー」
堂平天文台「星と緑の創造センター」

1962年から2000年まで国立天文台として日本の天文学を支えてきた、堂平観測ドームを有する施設。宿泊施設があるほか、毎月2回、星空観望会を開催している(要事前予約)。

標高876mの見晴らしのよい堂平山の山頂に立っている

MAP 別冊 P.10-A2

堂平天文台「星と緑の創造センター」
🏠 ときがわ町大野1853
☎ 080-2373-8682 🕘 9:30〜17:30(11月・12月〜16:30)
休 なし(12/25〜2月末は休業)
料 デイキャンプ 550円 🅿 あり
交 JR八高線「明覚駅」から車30分

宿泊してすばらしい星空を眺めよう

伝統文化に触れられる道の駅
みちのえき わしのさとひがしちちぶ
道の駅 和紙の里ひがしちちぶ

手すき和紙の紙すき体験ができる「和紙製造所」や、江戸時代の紙すき農家を移築復元した建物が並ぶ、体験型の道の駅。手打ちそばとうどんが味わえる食事処もある。

自分だけのオリジナル和紙を作ってみよう

MAP 別冊 P.8-C2

道の駅 和紙の里ひがしちちぶ
🏠 東秩父村大字御堂441
☎ 0493-82-1468 🕘 9:00〜16:00 休 なし 料 無料 🅿 あり
交 東武東上線「小川町駅」から東秩父村路線バス17分「和紙の里」下車、徒歩1分

和紙製造所など「和」が感じられる施設

関東平野を見渡す眺望がすばらしい
さいのくにふれあいぼくじょう
彩の国ふれあい牧場

放牧されたヤギと自由に触れ合え、ヒツジやウサギを間近に見ることができる。敷地内の「モーモーハウス」では酪農や畜産について学べ、乳製品の手作り体験(有料)もできる。

周辺の山々の稜線が連なる大パノラマも楽しむことができる

MAP 別冊 P.8-C2

彩の国ふれあい牧場
🏠 東秩父村大字坂本2949-1
☎ 0493-82-1500 🕘 9:00〜16:30(入園・入館〜16:00)
休 月(祝日の場合は翌日) 料 無料 🅿 あり 交 東武東上線「小川町駅」から車30分

自然の中で動物たちと触れ合える

自然に囲まれてニジマス釣り
すいりんふぃっしんぐせんたー
水輪フィッシングセンター

ビギナーにもおすすめの観光釣り堀。釣った魚はその場で炭火焼きにして味わえるほか、持ち帰りも可能。料金は頻繁に変更されるので、ホームページや電話で確認しよう。

餌付きの貸し竿もあるので手ぶらで訪問OK

MAP 別冊 P.8-C2

水輪フィッシングセンター
🏠 東秩父村大字大内沢369-2
☎ 0493-82-0547 🕘 10:00〜16:00 休 木 料 釣った魚の量で異なる 🅿 あり 交 東武東上線「寄居駅(南口)」からイーグルバス15分「堂平」下車、徒歩5分

ファミリーでの利用もおすすめ

Voice 彩の国ふれあい牧場で土・日・祝のみ営業する「ミルクハウス」では濃厚なソフトクリームやちちぶ山麓牛乳の加工品が味わえます。11月後半から3月末までは休業するので注意しましょう。(蕨市在住・P)

越生町・毛呂山町

おごせまち　もろやままち

越生の町を見渡すことができる五
大尊つつじ公園

人口
越生町 ▶ 11,074 人
毛呂山町 ▶ 32,616 人

エリア利用駅
越生駅
JR 八高線
東武越生線
武州唐沢駅
東武越生線
毛呂駅
JR 八高線
東毛呂駅
東武越生線
武州長瀬駅
東武越生線
ヒント 東武越生線利用の場合は坂戸駅
で東武越生線に乗り換える

越生駅への行き方

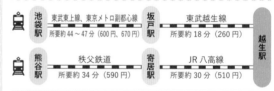

| 池袋駅 | 東武東上線、東京メトロ副都心線 所要約44〜47分（600円、670円） | 坂戸駅 | 東武越生線 所要約18分（260円） | 越生駅 |
| 熊谷駅 | 秩父鉄道 所要約34分（590円） | 寄居駅 | JR 八高線 所要約30分（510円） | |

　関東3大梅林の越生梅林で有名な越生町は、県内随一の梅の産地。太宰府天満宮から町内の梅園神社に分祀した際、菅原道真公にちなんで梅を植えたのが始まりとされる。また関東の名将であり、川越城や江戸城を築いた太田道灌の生誕の地といわれ、町内にはゆかりの地が点在している。越生町の南に接する毛呂山町は農業が盛んな町。なかでも名産のゆずは日本最古の生産地のひとつとされており、滝ノ入地区で生産される「桂木ゆず」は全国に知られる銘柄。出雲伊波比神社で行われる伝統行事「やぶさめ」も有名で、弓を射る乗り子が小学高学年から中学生までの子供であるところが特徴的だ。また、越生・毛呂山エリアには縄文時代から人が暮らしていた痕跡が残されており、竪穴式住居など多くの遺跡が出土している。

越生町観光案内所（**MAP**別冊 P.34-A1）では簡単な喫茶スペースを併設し、一里飴などの特産品の販売スペースもある。越生駅西口を出て目の前の道を少し進んだ先にある。

歩き方

▶▶ 花の里越生で春を満喫

越生町の玄関口は越生駅。JR八高線側が西口、東武越生線側が東口となっているが、駅構内の東西自由通路で結ばれているので行き来可能だ。おもな見どころへと向かうバス

ひと足先に春の訪れを体感できる越生梅林

乗り場は、西口を出たところにある太田道灌の銅像の左側。しかし1時間30分に1本程度の運行なので、一度にいろいろ巡るならやはり車での観光が便利だろう。町を象徴する見どころである越生梅林は春先にぜひ訪れたい名所。また太田道灌ゆかりの場所である山吹の里歴史公園へは、東口から徒歩でアクセスできる。駅を背に真っすぐ進み、越辺川を渡った先の県道30号線を右に進むとすぐだ。4月から5月にかけての花の時期に訪れるのがおすすめだ。

▶▶ 埼玉県最古の神社建築は必見

毛呂山町観光の起点はJR八高線の毛呂駅。準秘境駅のリストに入る駅だけあり、ひっそりとしたたたずまいだ。やぶさめで有名な出雲伊波比神社は、駅から徒歩5分ほど。神社は線路の向こう側に位置するので、まずは駅を背に右方向に進んだ先にある踏切へ。踏切を渡った先、斜め右方

水面に周囲の美しい景観を映し出す鎌北湖

向の道を進むとウイズ毛呂山(毛呂山町福祉会館)に突き当たり、右折した先が神社への入口だ。奥武蔵自然歩道の入口でもある鎌北湖へは、車でのアクセスが基本。

おさんぽプラン

① 越生駅
　🚌 バス 20分
② 全洞院 (▶ P.246)
　🚶 徒歩 30分
③ 黒山三滝 (▶ P.246)
　🚶🚌 徒歩&バス 30分
④ 越生梅林 (▶ P.245)
　🚶🚌 徒歩&バス 15分
⑤ 越生駅

越生を一望するビューポイント

五大尊つつじ公園は自然の地形を生かした観賞スポット。五体の明王像が祀られた五大尊の石段には、350年以上前に植えられたと伝わる古木が咲き誇る。4月中旬〜5月上旬が見頃。

✓ 五大尊つつじ公園
MAP 別冊 P.34-A1
🏠 越生町黒岩 328-2 ☎ 049-292-1451(越生町観光協会)
🕐 自由 休 なし 料 無料
🅿 あり 🚃 JR八高線・東武越生線「越生駅(西口)」から徒歩18分

つつじを愛でながらハイキングが楽しめる

みちくさ手帳

早春の訪れを感じる越生梅林

越辺川沿いに広がる越生梅林(**MAP** 別冊 P.11-A3)は、水戸偕楽園などと並ぶ「関東三大梅林」のひとつ。2月中旬から3月下旬にかけて開催される梅祭りには多くの人でにぎわう。約2ヘクタールの敷地には越生野梅をはじめとする約1000本もの梅が植えられており、保存木とされる古木も多い。なかでも樹齢670年を超える「魁雪(かいせつ)」は圧巻の姿。越生駅から川越観光バス12分「梅林入口」下車、徒歩1分。

梅の甘い香りに包まれる園内を散策して春を感じよう

左カラム

MAP 別冊 P.10-A2

黒山三滝

住 越生町大字黒山 **TEL** 049-292-1451（越生町観光協会）**営** 自由 **休** なし **料** 無料 **P** あり **交** JR八高線・東武越生線「越生駅（西口）」から川越観光バス19分「神社前」下車、徒歩20分

夫婦橋のたもとに流れ落ちる女滝

MAP 別冊 P.10-A2

全洞院

住 越生町黒山734 **TEL** なし **営** 自由 **休** なし **料** 無料 **P** あり **交** JR八高線・東武越生線「越生駅（西口）」から川越観光バス19分「神社前」下車、徒歩1分

渋沢平九郎の自決の地、自刃岩も全洞院から3kmほど南にある

MAP 別冊 P.34-A1

山吹の里歴史公園

住 越生町如意25 **TEL** 049-292-1451（越生町観光協会）**営** 自由 **休** なし **料** 無料 **P** あり **交** JR八高線・東武越生線「越生駅（東口）」から徒歩8分

再現された、趣のある水車小屋

MAP 別冊 P.10-A2

上谷の大クス

住 越生町上谷 **TEL** 049-292-1451（越生町観光協会）**営** 自由 **休** なし **料** 無料 **P** あり **交** JR八高線・東武越生線「越生駅（西口）」から車15分

県の天然記念物に指定されている

右カラム

おもな見どころ

日本観光百選に選ばれたパワースポット

黒山三滝
くろやまさんたき

上下2段で流れる男滝と女滝、下流にある天狗滝の総称。越辺川支流の三滝川にあり、埼玉県立黒山自然公園に指定されている。室町時代から山岳宗教修験道の拠点として信仰を集め、厳しい滝業も行われた。

橋の上から男滝、女滝を同時に眺めることができる

幕末のイケメン志士・渋沢平九郎が眠る

全洞院
ぜんとういん

武蔵越生七福神めぐりのひとつである布袋尊が祀られている閑静な寺院。境内の墓地には、渋沢栄一の妻千代の弟であり、飯能の戦いの際に黒山山中で自決した渋沢平九郎の墓がある。

自然に囲まれた静かな環境にある。黒山三滝と一緒に訪れたい

山吹の見頃は4月の中旬から下旬

山吹の里歴史公園
やまぶきのさとれきしこうえん

太田道灌の逸話「山吹伝説」の舞台となった場所に作られた、風情あふれる公園。園内には約2500株もの山吹が咲き誇り、逸話を彷彿とさせる水車小屋が再現されている

まるで昔話に出てくるようなのどかな里の風景が広がる

悠久の時を見守ってきた大樹

上谷の大クス
かみやつのおおくす

埼玉巨樹番付で横綱を獲得したクスの巨木。幹回り15m、高さ30mで樹齢は1000年以上とされている。木に近づけるウッドデッキから見上げる大クスは迫力たっぷりだ。

真夏でもひんやり涼しい大樹の木陰で存分にエナジーをチャージしよう

黒山三滝では、毎年7月の第1日曜に滝開きの儀式が行われる。山伏や巫女、修験者や天狗などの装束に身を包んだ人たちが清めの儀や滝打たれの儀など、神聖な修行場だったことがうかがえる行事だ。

越生町・毛呂山町 ◆ おもな見どころ

奥武蔵自然歩道のスタート地点

鎌北湖
かまきたこ

農業用貯水池として作られた人造湖。春はソメイヨシノ、秋は紅葉と、四季ごとの自然に彩られる静かな湖で、「乙女の湖」との別名をもつ。ヘラブナ釣りも楽しめる。

飯能市の展覧山まで続くハイキングコースが設けられている

MAP 別冊 P.11-B3

鎌北湖
住 毛呂山町宿谷 356-7　TEL なし
営 自由　休 なし　料 無料
P あり　交 JR八高線「毛呂駅」から車10分

地元では紅葉スポットとして知られている

埼玉県で唯一「やぶさめ」が毎年奉納される

出雲伊波比神社
いずもいわいじんじゃ

東征を成し遂げた日本武尊がこの地に立ち寄り、出雲国の大己貴命を祀ったのが神社の始まり。1528年（享禄元年）再建された本殿は、県内最古の神社建築で国の重要文化財だ。

一間社流造の本殿は焼失するも毛呂参河守顕繁により再建された

MAP 別冊 P.34-B2

出雲伊波比神社
住 毛呂山町岩井西 5-17-1
TEL 049-294-5317　営 自由
休 なし　料 無料
交 JR八高線「毛呂駅」から徒歩5分

11月3日に参道で「やぶさめ」が行われる

山々の自然に抱かれた麗しいバラ園

滝ノ入ローズガーデン
たきのいりろーずがーでん

2800m² ほどの敷地に約350種のバラが咲き誇る。5月中旬から5月下旬までのバラ祭り、10月中旬から下旬の開花期間のみ開園。期間は事前に問い合わせのこと。

ヨーロッパの童話の世界に迷い込んだかのようなバラのアーチ

MAP 別冊 P.34-B1

滝ノ入ローズガーデン
住 毛呂山町滝ノ入 910　TEL 070-4161-9465　営 春 9:00〜16:00、秋 9:00〜15:00（開園期間中のみ）
休 開園期間中は無休　料 300円（秋の期間中は無料）　P あり
交 JR八高線「毛呂駅」から徒歩

約1500本の可憐なバラが迎えてくれる

古代から現代までの毛呂山の歴史を知る

毛呂山町 歴史民俗資料館
もろやままちれきしみんぞくりょうかん

古代から近世までの町の歴史や、かつて盛んだった養蚕業や町の伝統行事であるやぶさめを紹介している。特に国の史跡「鎌倉街道上道」の展示は見応えがある。

毛呂山町の各所で発掘された縄文時代の土器

MAP 別冊 P.11-A3

毛呂山町 歴史民俗資料館
住 毛呂山町大類 535-1
TEL 049-295-8282　営 9:00〜17:00　休 月　料 無料　P あり
交 東武東上線「坂戸駅（北口）」から川越観光バス15分「苦林」下車、徒歩15分

資料館近くの鎌倉街道上道も歩いてみよう

エリアナビ 上尾・鴻巣・久喜エリア

埼玉県の中央より少し南東寄りで大宮台地の上にある県央地域と、県北東部の利根地域からなる。JR高崎線と宇都宮線、東武伊勢崎線の沿線で、中山道や日光街道などの宿場町として栄えた町が多い。周辺に田園が広がる風景も見られ、生活しやすい環境が整っている。

① 大宮台地の住宅都市と県内最大のバラ園
上尾市・伊奈町
P.250 MAP 別冊P.6-A1〜A2

上尾市は中山道の上尾宿として発展。JR高崎線で都心へのアクセスもよく、利便性と自然が共存する生活しやすい町。伊奈町は埼玉新都市交通ニューシャトルが町を縦断、県内最大のバラ園が有名で、梨などの果樹園が広がる。

5000株が咲く伊奈町のバラ園。見頃は春と秋

② べに花のふるさとと里山が残る県中東部の町
桶川市・北本市
P.254 MAP 別冊P.4-C1、P.6-A1

中山道の宿場町で農産物の集散地として栄えた桶川は、全国2位のべに花の生産量を誇った。上尾市に隣接し、JR高崎線でのアクセスもよく、生活しやすい町。大宮台地の最高地点にある北本市は里山が残り、農園も多い。

県ゆかりの文学資料を集めた桶川市のさいたま文学館

③ 運転免許センターがある花とひな人形の町
鴻巣市
P.258 MAP 別冊P.4-C1

徳川将軍が鷹狩に訪れた中山道の宿場町でJR高崎線沿線。農閑期の副業だったひな人形は全国有数の産地。花き栽培も盛んで、マリーゴールドなど日本一の出荷量を誇り、花スポットも多い。県唯一の運転免許センターがある。

こうのとり伝説が今に伝わる鴻神社

国道17号線はかつての中山道と重なる。バイパスの上尾道路を建設中

首都圏を環状で結ぶ圏央道。サービスエリアはないので注意

248

このエリアでしたいこと"5"

❶アニメの聖地、鷲宮神社へ▶P.43,270
❷季節の花を愛でる権現堂公園▶P.106,274
❸伊奈町のバラ園でリフレッシュ▶P.253
❹鴻神社で子宝祈願！▶P.260
❺羽生水郷公園で自然に浸る▶P.266

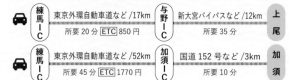

東京方面からのアクセス

🚗	練馬IC	東京外環自動車道など /17km	与野IC	新大宮バイパスなど /12km	上尾
		所要 20 分 ETC 850 円		所要 35 分	

🚗	練馬IC	東京外環自動車道など /52km	加須IC	国道 152 号など /3km	加須
		所要 45 分 ETC 1770 円		所要 10 分	

❹ 東武伊勢崎線が走る 埼玉北東端の県境
加須市・羽生市

P.262 MAP 別冊 P.4-B1〜B2

加須市は群馬と栃木、茨城の3県に接し、農業が発達。騎西城は足利氏と上杉氏が攻防。宿場町として栄え、関東三大不動の不動ヶ岡不動尊がある。羽生市は北に利根川が流れ、田山花袋の『田舎教師』の舞台として知られる。

模擬天守が建てられた加須市の騎西城址

❺ JR 宇都宮線沿線の 自然豊かなベッドタウン
久喜市・白岡市・蓮田市

P.268 MAP 別冊 P.4-B2〜P.6-A2

JR 宇都宮線沿線の緑に恵まれたベッドタウン。久喜市は2010年に菖蒲町、栗橋町、鷲宮町と合併。日光街道の栗橋宿が栄え鷲宮神社が有名だ。2012 年に市になった白岡市と縄文時代の黒浜貝塚がある蓮田市は梨が特産。

鎌倉幕府の『吾妻鏡』にも登場する久喜市の鷲宮神社

❻ 日光街道の宿場町と 東武動物公園
幸手市・杉戸町・宮代町

P.272 MAP 別冊 P.5-C3

県東部に位置し、東武伊勢崎線と東武日光線の沿線。幸手市は日光街道の宿場町で、権現堂川の舟運で栄えた。杉戸町も日光街道の宿場町としてにぎわい、史跡も点在。宮代町は東武動物公園があり、多くの人が訪れる。

桜と菜の花のコントラストが美しい幸手市の権現堂堤

地図内の表記:
古河駅、東北新幹線、東武日光線、栗橋駅、加須IC、利根川、圏央道、JR宇都宮線（東北本線）、幸手駅、幸手IC、久喜市、久喜駅、久喜IC、幸手市、杉戸町、久喜白岡JCT、東武動物公園駅、東武スカイツリーライン、白岡市、白岡駅、宮代町、伊奈町、蓮田市、東北自動車道、元荒川、さいたま市、東武アーバンパークライン、春日部駅、春日部市、354、125、4、16

自然いっぱいの公園や牧場で憩う

上尾市・伊奈町

春は桜の名所となる上尾丸山公園

人口	上尾市▶	230,229 人
	伊奈町▶	45,221 人

🚉 エリア利用駅

上尾駅
JR 高崎線
北上尾駅
JR 高崎線
沼南駅
ニューシャトル
丸山駅
ニューシャトル
内宿駅
ニューシャトル

🚌 大宮駅の埼玉新都市交通
ニューシャトル乗り場は西口
構内の奥にある

上尾駅への行き方

東京駅	JR 上野東京ライン（JR 高崎線）	上尾駅
	所要約 47 分（680 円）	

新宿駅	JR 湘南新宿ライン（JR 高崎線）	上尾駅
	所要約 37 分（680 円）	

　上尾市の中心部は、中山道六十九次の5番目の宿場町だった上尾宿をもとに発展した。小さな宿場だったが、江戸から10里という旅人が1日で歩く距離にあったため滞在場所として人気を集めた。JR 高崎線を利用した都心へのアクセスもよく、戦後はベッドタウンとして発展。南西は荒川を挟んで川越市と隣接しており、上尾駅と川越駅とを結ぶ路線バスも走っている。上尾市の東に隣接する伊奈町は、町制施行記念公園にある埼玉県最大のバラ園が有名。自然豊かで梨やブドウの果樹園が広がり、それらを加工した特産品はおみやげにおすすめ。江戸時代にこの地一帯を治めた代官頭の伊奈忠次の陣屋があったことが町名の由来で、伊奈氏屋敷跡にその遺構が残る。

 上尾市のご当地グルメは、餃子の具を肉で巻いて串に刺した上尾串ぎょうざ。上尾の一部の飲食店で食べることができる。🔗www.ageocci.or.jp/ageo-kushigyouza

歩き方

丸山公園行きバスは西口から発車

起点となるJR上尾駅は、高崎線沿線では比較的大きな駅。イトーヨーカドーがある西口は川越方面のバス、丸広百貨店がある東口は伊奈方面のバスが発着する。緑いっぱいの丸山公園、搾りたての牛乳で作ったジェラートを味わ

伊奈町方面のバスが発着する上尾駅東口バスターミナル

える榎本牧場、知る人ぞ知る埼玉の奇祭「どろいんきょ」が開催される八枝神社は川越寄りの荒川近くにあり、時間に余裕があれば一緒に回ることもできる。スタートを八枝神社にするなら、川越駅からのバスを利用するのも手だ。氷川鍬神社は駅から徒歩2分の所にあり、気軽に足を運ぶことができる。屋内スケート場の埼玉アイスアリーナは各駅から離れた所にあり、コミュニティバスもあるが本数が少ないので車の利用が便利。

自然豊かな伊奈町

伊奈町の各見どころへは、大宮駅から東北新幹線沿いの高架を走る埼玉新都市交通ニューシャトルでアクセスできる。車窓からの眺めもよく、晴れた日は秩父の山や富士山まで見渡すことができる。伊奈氏屋敷跡、伊奈町立郷土資料館は丸山駅が最寄り。両ス

400種5000株のバラが咲き誇る町制施行記念公園のバラ園

ポットは駅から反対方向にあるが、先に伊奈町立郷土資料館を見学すると理解が深まるだろう。町のシンボルであり、年2回見頃を迎えるバラ園がある町制施行記念公園は終点の内宿駅下車。

おさんぽプラン

① 上尾駅
　🚶 徒歩2分
② 氷川鍬神社　（▶P.252）
　🚶🚌 徒歩&バス20分
③ 上尾丸山公園　（▶P.252）
　🚶 徒歩15分
④ 榎本牧場　（▶P.252）
　🚶🚌 徒歩&バス45分
⑤ 上尾駅

上尾サイクリングロード

地形的に平坦で走りやすい上尾はサイクリングにぴったり。上尾駅を起点として東口、西口それぞれに上尾市の主要な見どころを自転車で巡るサイクリングロードが提唱されている。東ルートは全24kmの「今昔のスポット・観て感激走って爽快コース」で神社仏閣、史跡などのスポットを中心に巡る。西ルートは全26kmの「荒川堤・古刹を巡る自然満喫コース」で、八枝神社、丸山公園、荒川左岸沿いなど西口エリアを時計回りに1周する。ルートを紹介した「上尾サイクルマップ」は上尾市の施設、市内の自転車店などで配布している。ウェブサイトからダウンロードも可能。
🔗 www.ageocci.or.jp/abcec/guru-cy-club（ぐるサイ クラブ）

春は菜の花畑の中を駆け抜けることができる

みちくさ手帳

埼玉の奇祭「どろいんきょ」

どろいんきょは平方の上宿地区に鎮座する八枝神社（→P.253）の祇園祭で行われる伝統行事。7月の海の日の前の日曜に、白木の隠居神輿を担いで八枝神社をスタートし、氏子の家々を回る。民家の庭には大量の水がまかれ、ぬかるんだ泥の中で神輿を転がす「土と人と神様」が一体となったお祭りで、その泥を浴びると無病息災や悪病退散の御利益があると伝わっている。2011年には埼玉県指定無形民俗文化財に指定されている。

神輿を転がす若い衆にも水を浴びせて泥だらけになる

彩info　伊奈町のニューシャトルの駅（丸山、志久、伊奈中央、羽貫、内宿）と県民活動センターで、レンタサイクル「忠次号」の貸し出しを行っている（有料。雨天中止）。借りた駅と違う駅で返却することもできる。

251

MAP 別冊 P.37-C4

埼玉アイスアリーナ

🏠 上尾市日の出 4-386　☎ 048-775-3456　🕐 10:00〜17:45（大会やイベントによる変更あり）🚫 なし（臨時休業あり）💰 滑走料 1200 円、貸し靴 500 円　🅿 あり　🚃 ニューシャトル「沼南駅(2 番出口)」から徒歩 20 分

予約なしで使用できる。スケート靴のレンタルもあり

MAP 別冊 P.37-B3

氷川鍬神社

🏠 上尾市宮本町 1-14　☎ 048-771-5847　🕐 自由　🚫 なし　💰 無料　🅿 あり　🚃 JR 高崎線「上尾駅(東口)」から徒歩 2 分

MAP 別冊 P.36-C1

榎本牧場

🏠 上尾市畔吉 736-1　☎ 048-726-1306　🕐 9:30〜17:00　🚫 不定休　💰 無料　🅿 あり　🚃 JR 高崎線「上尾駅(西口)」から東武バス 9 分「畔吉」下車、徒歩 8 分

サイクリストの立ち寄りスポットとしても人気

MAP 別冊 P.36-C1

上尾丸山公園

🏠 上尾市大字平方 3326　☎ 048-781-0163　🕐 自由　🚫 なし　💰 無料　🅿 あり　🚃 JR 高崎線「上尾駅(西口)」から東武バス 11 分「丸山公園入口」下車、徒歩 2 分

再生した湿地に絶滅危惧種のミズアオイが復活した

おもな見どころ

誰でも 1 年中アイススケートが楽しめる
埼玉アイスアリーナ
さいたまあいすありーな

初心者向けのレクリエーションリンクと、国際競技にも対応できるメインリンクを完備した屋内アイススケート場。初心者から上級者まで対応するスケート教室も開催されている。

フィギュアスケート選手を目指して練習する子供たちの姿も

地元で「お鍬さま」と呼ばれ親しまれている
氷川鍬神社
ひかわくわじんじゃ

江戸時代に宿場として整備された上尾宿の総鎮守として創建。境内には本殿のほかに、学業の神様である菅原道真公や朱子を祀った二賢堂、雲室上人生祠碑頌や聖徳太子堂などがある。

豊鍬入姫命（とよすきいりひめのみこと）を祀り、疫病除け

豊かな自然のなか絶品ジェラートを味わう
榎本牧場
えのもとぼくじょう

荒川沿いで 60 〜 70 頭の乳牛を飼育する酪農牧場。搾乳体験やバター作りなどの体験コース(要予約)に参加できるほか、新鮮牛乳で作ったジェラートアイスやヨーグルトも人気だ。

乳牛のほかにニワトリやミニブタ、ウサギなどの動物が暮らしている

市民協働による地域本来の自然再生を進める総合公園
上尾丸山公園
あげおまるやまこうえん

約 14.9 ヘクタールの敷地内に児童遊園地や自然学習館、天文台などがあり、多くの人たちの憩いの場となっている。コツメカワウソやワオキツネザルなどを飼育する小動物コーナーも人気だ。

里山の面影を留める樹木が茂り、水辺に野生の水鳥が集う

榎本牧場では、土・日曜に搾乳やバター作り、牛のブラッシングや哺乳、牧草の給餌など牧場の仕事を体験できる 2 時間のツアーを開催している（2 日前までに要予約。有料）。

獅子頭のパワーで疫病退散・災厄消除を願う

⛩ 八枝神社
やえだじんじゃ

　境内にある獅子頭「狛狗大神」は、親しみを込めて「平方のおししさま」と呼ばれている。牛頭天王の特別御朱印が頂ける、埼玉有数の御朱印スポットとしても人気が高い。

境内に鎮座するケヤキ・エノキの巨樹は上尾市の天然記念物に指定されている

MAP 別冊 P.14-A1

八枝神社
🏠 上尾市平方 487 ☎ 048-725-2069 🕐 自由 休 なし 料 無料 P あり 交 JR 川越線「指扇駅（北口）」から東武バス 8 分「平方」下車、徒歩 3 分 ※川越・大宮・上尾もバスあり

牛頭天王の見開き御朱印。江戸時代には牛頭天王社と呼ばれていた

色とりどりのバラがあたり一面に咲き誇る

🌲 バラ園（町制施行記念公園）
ばらえん（ちょうせいしこうきねんこうえん）

　町制施行記念公園内にあるバラ園。約 1.2 ヘクタールの敷地に、400 種 5000 株のバラが植えられている。バラの通路やアーチもあり、さまざまな角度からバラの美しさに触れられる。

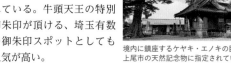

バラは 5 月上旬～ 6 月上旬、10 月下旬～ 11 月中旬にかけて見頃を迎える

MAP 別冊 P.37-A3

バラ園（町制施行記念公園）
🏠 伊奈町大字小針内宿 732-1 ☎ 048-721-2111（伊奈町役場） 🕐 9:00～18:00（バラ園以外は自由） 休 なし 料 無料（有料期間は 1 日券 350 円） P あり 交 ニューシャトル「内宿駅」から徒歩 10 分

色とりどりの花であふれるバラまつり

伊奈氏の祖が拠点とした陣屋跡

🏠 伊奈氏屋敷跡
いなしやしきあと

　伊奈町ゆかりの偉人、伊奈備前守忠次が 1591 年（天正 19 年）に築いた屋敷の遺構。往時をしのばせる土塁や堀、道路が現存し、表門や裏門、蔵屋敷、陣屋などの名称が残っている。

埼玉県指定記念物（史跡）にも指定されている歴史好きなら必訪のスポット

MAP 別冊 P.37-B4

伊奈氏屋敷跡
🏠 伊奈町小室 280 他 ☎ 048-721-2111（伊奈町役場） 🕐 自由 休 なし 料 無料 P あり 交 ニューシャトル「丸山駅」から徒歩 7 分

土塁と堀。屋敷があった当時の様子を想像してみよう

中学校の敷地にある資料館

🏠 伊奈町立郷土資料館
いなちょうりつきょうどしりょうかん

　伊奈町立南中学校内にあり伊奈町の自然、地理、歴史、民俗について総合的に展示している。歴史ファンには伊奈忠次の治水工事の功績について紹介した 21 分の映像も必見だ。

町内で出土した縄文時代の土器などが多数展示されている

MAP 別冊 P.37-B4

伊奈町立郷土資料館
🏠 伊奈町小室 3001（伊奈町立南中学校内） ☎ 048-721-2111（伊奈町役場） 🕐 9:00～16:00 休 月・木・金、国民の祝日（こどもの日・文化の日を除く） 料 無料 P あり 交 ニューシャトル「丸山駅」から徒歩 16 分

伊奈氏屋敷跡で見つかった 17 世紀前半のものとられる美濃焼の陶器片

彩info　伊奈忠次は徳川家康より代官頭に任じられ、関東各地で検地、新田開発、河川改修を行った。特に有名なのは、利根川の流れを東京湾から太平洋に移動させた利根川東遷事業。墓所は鴻巣市の勝願寺にある。

253

町と自然がほどよく融合し、文化施設も点在

桶川市・北本市

JR 桶川駅。商業施設とペデストリアンデッキでつながっている

人口	桶川市 ▶ 74,680 人
	北本市 ▶ 65,751 人

🚉 エリア利用駅

桶川駅
JR 高崎線
北本駅
JR 高崎線

🚃 桶川駅は特急あかぎ、特急スワローあかぎ、通勤快速の一部、快速アーバン、特別快速、各駅停車が停車する。北本駅は特急スワローあかぎ、特別快速、各駅停車が停車し通勤快速と快速アーバンは停車しない

桶川駅への行き方

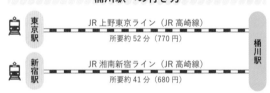

🚆 東京駅　JR 上野東京ライン（JR 高崎線）　桶川駅
所要約 52 分（770 円）

🚆 新宿駅　JR 湘南新宿ライン（JR 高崎線）　桶川駅
所要約 41 分（680 円）

　埼玉県の中央部に位置する桶川市は、市の西部を流れる荒川と東部を流れる元荒川に挟まれた面積約 25 平方キロメートルの市。江戸時代は中山道の宿場町として栄え、明治以降は、麦、さつまいも、べに花などの集散地として発展した。江戸時代から明治時代にかけて桶川に富をもたらしたべに花は、市のまちおこしのシンボルとなっている。

　北本市は、桶川市の北部に隣接する面積約 20 平方キロメートルの市で、大宮台地の最高地点に位置しているため、災害に強い町として知られている。また、各所に雑木林や里山が残り、日常生活と自然が融和した理想的な住環境も魅力。南西部に広がる北本自然観察公園は県内初の「森林セラピー基地」に認定されている。

  桶川の旧中山道沿いには、武村旅館、小林家住宅主屋、矢部家住宅など江戸時代に宿場町として発展した桶川の面影を残す蔵造りの建物が点在している。

歩き方

≫ べに花のふるさと桶川市

桶川駅西口。けやき通り沿いに桶川市民ホールがある

　散策の起点はJR桶川駅。駅周辺は住宅が密集しているが、2kmほど離れると田園風景が広がる。駅西口から延びるけやき通りを真っすぐ進むと、右手に市民憩いの場である駅西口公園、次いでさいたま文学館が入る桶川市民ホールが見えてくる。かつての陸軍飛行学校の跡地にある桶川飛行学校平和祈念館があるのは荒川河川敷近くで川島町との境界付近。泉福寺との間は徒歩約15分ほどなので、一緒に回るのもいいだろう。一方、歴史的建造物を利用したべに花ふるさと館は高速道路の桶川加納ICの近くにあり、車でのアクセスもおすすめ。また、歴史好きなら宿場町桶川宿の面影が残る旧中山道沿いの史跡を中心とした散策も楽しいだろう。

≫ 日常に自然が溶け込む北本市

　本書で紹介する見どころは郊外にあり、バスでのアクセスとなる。北本駅西口から15分おきに出発する川越観光バスメディカルセンター線は、高尾氷川神社の最寄りであ

里山の自然に触れることができる北本自然観察公園

る石戸小学校、北本自然観察公園、北里大学メディカルセンターの順で停車していくので便利だ。学校給食歴史館はワコーレロイヤルガーデン北本という集合住宅の近くにある。

おさんぽプラン

❶桶川駅

🚶 徒歩5分

❷さいたま文学館（▶P.256）

🚶🚌 徒歩＆バス30分

❸北本自然観察公園（▶P.257）

🚶 徒歩8分

❹大村記念館（▶P.257）

🚶🚌 徒歩＆バス25分

❺北本駅

中山道宿場館

　桶川市観光協会が運営する観光案内所兼休憩所。中山道情報コーナーでは、日本橋から大宮宿、桶川宿、埼玉県内の最後の宿場である本庄宿まで、地図を使って紹介している。

✅ 中山道宿場館

MAP 別冊P.36-A2
🏠桶川市寿1-11-19　☎048-778-3567　🕐9:00〜16:00　休お盆期間、年末年始　料無料　P あり
🚉JR高崎線「桶川駅（東口）」から徒歩6分

周辺の文化財や史跡などの見どころについても案内してくれる

みちくさ手帳

埼玉B級グルメの王者、北本トマトカレー

　北本市の特産野菜、トマトをふんだんに使用する「北本トマトカレー」は、埼玉B級ご当地グルメ王決定戦優勝を皮切りに、全国ご当地カレーグランプリ、C-1グランプリなど、さまざまなカレーフェスティバルで優勝・入賞を果たしている北本市自慢のご当地グルメ。北本市の飲食店で味わえるほか、レトルト、フレークタイプも商品化されていて、家庭でも気軽に楽しめる。
🔗tomato-curry.com

ルーだけでなくライスもトマトを使用するのが特徴

北本市は大正14年よりトマト栽培を始め、その果肉を使ったトマトクリームは昭和の一時期に全国的な知名度を誇っていた。戦後にトマト栽培が再開され、現在は北本市のブランド農産物となっている。

MAP 別冊 P.36-A2

さいたま文学館

住 桶川市若宮 1-5-9 **TEL** 048-789-1515 **営** 9:00～21:00（図書室・展示室 10:00～17:30） **休** 月（祝日の場合は翌日）、毎月第 4 火曜（休日の場合を除く） **料** 210 円 **P** あり **交** JR 高崎線「桶川駅（西口）」から徒歩 4 分

桶川市民ホールと同じ建物にある複合施設で、文芸講演会なども行われている

MAP 別冊 P.31-C2

桶川飛行学校平和祈念館

住 桶川市大字川田谷 2335-16 **TEL** 048-778-8512 **営** 9:00～16:30 **休** 月（祝日の場合は翌日）、毎月末日（日曜の場合は開館） **料** 無料 **P** あり **交** JR 高崎線「桶川駅（西口）」から東武バス 10 分「柏原」下車、徒歩 3 分

寄宿室が復元され、生活の様子を垣間見ることができる

MAP 別冊 P.31-C2

泉福寺

住 桶川市川田谷 2012 **TEL** 048-787-0206 **営** 自由 **休** なし **料** 無料 **P** あり **交** JR 高崎線「桶川駅（西口）」から東武バス 9 分「三ツ木」下車、徒歩 10 分

829 年に慈覚大師により創建された由緒ある寺院

MAP 別冊 P.36-A2

べに花ふるさと館

住 桶川市加納 419-1 **TEL** 048-729-1611 **営** 11:00～15:00 **休** 月 **料** 無料 **P** あり **交** JR 高崎線「桶川駅（東口）」から市内循環バス 14 分「べに花ふるさと館」下車、徒歩すぐ

地元産の小麦粉で作る手打ちうどんを食べられる

埼玉県民の文学活動の拠点
さいたま文学館
さいたまぶんがくかん

田山花袋、安藤鶴夫、深沢七郎といった、埼玉県にゆかりのある文学者の作品や文学資料を収集、保存、展示、調査研究をする施設。常設展示のほか、企画展やテーマ展も開催される。

埼玉ゆかりの文学作品についてわかりやすく展示している

旧熊谷陸軍飛行学校から平和を発信する施設へ
桶川飛行学校平和祈念館
おけがわひこうがっこうへいわきねんかん

1937 年（昭和 12 年）に設置された熊谷陸軍飛行学校桶川分教場は、各地から集まった生徒が陸軍航空兵になるための操縦教育を受けた場所。現在は復元整備され平和祈念館となっている。

守衛棟、車庫棟、兵舎棟、便所棟、弾薬庫の 5 棟が市の文化財に指定されている

関東の比叡山ともいわれる由緒ある寺
泉福寺
せんぷくじ

荒川に面した高台に建つ天台宗の寺院。本尊である高さ 89.3cm の阿弥陀如来坐像は、鎌倉時代の 1262 年（弘長 2 年）の造像とされ、国の重要文化財に指定されている。

緑豊かな広い境内には山門や本堂をはじめとした江戸時代の建物が点在している

桶川の魅力を五感で楽しむ
べに花ふるさと館
べにばなふるさとかん

明治後期の民家を改築した文化施設。陶芸やそば打ちなどの体験ができるほか、併設の食事処で提供される地粉 100% の手打ちうどんも人気だ。6 月中旬～下旬にはべに花が見頃になる。

桶川みやげには、べに花の色素を練り込んだべにばな饅頭がおすすめ

彩info　べに花ふるさと館では、日曜にフリーマーケット、手づくりマーケットが開催されることがある。開催日は HP のイベントカレンダーでチェック。www.furusatokan.or.jp

小中学校における給食の変遷を学ぶ

学校給食歴史館（がっこうきゅうしょくれきしかん）

脱脂粉乳やソフト麺など、給食献立を年代別にサンプル展示するコーナーをはじめ、学校給食調理コンクール入賞作品や地元食材を使ったメニューを紹介。大人も子供も興味深く見学できる。

埼玉県で取れる農産物や伝統的な郷土料理を知ることは食育にもつながる

MAP 別冊 P.4-C1

学校給食歴史館
住 北本市朝日2-288 TEL 048-592-2115 営 9:00～16:00 休 土・日・祝、8/13～15 料 無料 P あり 交 JR高崎線「北本駅（東口）」から川越観光バス13分「ワコーレ北本」下車、徒歩2分

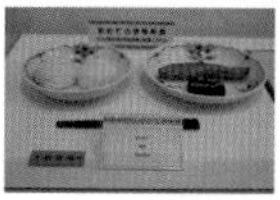
日本の学校給食や世界の料理をとり入れた給食をサンプルで展示

ご鎮座1150年余りの歴史ある神社

高尾氷川神社（たかおひかわじんじゃ）

平安時代の869年（貞観11年）創建と伝えられる古社。室町時代中頃に武蔵国一宮の大宮氷川神社から分祀を受けた。宮岡の谷津を望む台地に鎮座し、あたり一帯は縄文時代の遺跡がある。

かつて大きな縄文集落があった境内周辺では多くの遺物が出土している

MAP 別冊 P.35-C1

高尾氷川神社
住 北本市高尾7-29 TEL 048-592-0821 営 自由（社務所9:00～16:00） 休 なし 料 無料 P あり 交 JR高崎線「北本駅（西口）」から川越観光バス4分「石戸三丁目」下車、徒歩5分

季節の花で彩られた花手水が参拝者を癒やしてくれる

野生生物に出会える自然観察公園

北本自然観察公園（きたもとしぜんかんさつこうえん）

埼玉県の里地里山の自然環境を残し、野生の生きものがくらしやすいよう整えられた公園。32.9ヘクタールの敷地内には埼玉県自然学習センターなどの施設が建ち、散策路も整備されている。

隣接する「荒川ビオトープ」と共に野生生物の生息場所となっている

MAP 別冊 P.4-C1

北本自然観察公園
住 北本市荒井5-200 TEL 048-593-2891（埼玉県自然学習センター） 営 自由 休 なし 料 無料 P あり 交 JR高崎線「北本駅（西口）」から川越観光バス15分「自然観察公園前」下車、徒歩すぐ

さまざまな生きものが生息。バードウオッチングも楽しめる

ノーベル賞受賞博士の偉業に触れる

大村記念館（おおむらきねんかん）

2015年にノーベル生理学・医学賞を受賞した北里大学特別栄誉教授の大村智博士。大村記念館では、ノーベル賞関連資料などを新設し、それらの研究内容や成果などをわかりやすく紹介している。

絵画好きで知られる大村博士のアートコレクションなども展示されている

MAP 別冊 P.4-C1

大村記念館
住 北本市荒井6-102 TEL 048-593-5131 営 10:00～16:00 休 火・木・土・日・祝 料 無料 P あり 交 JR高崎線「北本駅（西口）」から川越観光バス14分「北里大学メディカルセンター」下車、徒歩2分

北本自然観察公園の隣で、自然豊かな環境にある

彩info 北本駅西口から延びる西中央通りを4分ほど歩いた所に北本市観光情報発信館があり、北本トマトカレー関連商品や北本市のゆるキャラ「とまちゃん」のグッズなどを販売している。

こうのとり伝説が残る花と人形のまち

鴻巣市
こうのすし

馬室の荒川河川敷(川幅日本一)のポピー畑は日本一の栽培面積を誇る

人口	鴻巣市 ▶ 117,798 人

🏯 **エリア利用駅**

鴻巣駅
JR 高崎線
北鴻巣駅
JR 高崎線
吹上駅
JR 高崎線

ヒント 鴻巣駅は特急スワローあかぎ、通勤快速、快速アーバン、特別快速、各駅停車が停車する。北鴻巣駅、吹上駅は各駅停車のみ停車。本数は少ないが、川越駅と鴻巣駅を結ぶバスも運行している

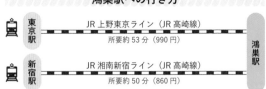

鴻巣駅への行き方

東京駅	JR 上野東京ライン（JR 高崎線）	鴻巣駅
	所要約 53 分（990 円）	

新宿駅	JR 湘南新宿ライン（JR 高崎線）	鴻巣駅
	所要約 50 分（860 円）	

　関東平野のほぼ中央に位置する鴻巣市は、県央部の中核都市。江戸時代は中山道の宿場町として栄え、徳川家康、秀忠、家光が 3 代にわたり鷹狩りに訪れていた。江戸時代中期からひな人形が製作され「鴻巣びな」が関東三大雛市のひとつに数えられるようになった。近年は花き栽培も盛んで、プリムラ、サルビア、マリーゴールドの出荷量は日本一を誇る。観光スポットも花にまつわるものが多く、5 月中旬から下旬にかけては馬室の荒川河川敷一帯のポピー畑、10 月は吹上の荒川河川敷一帯のコスモス畑が見頃を迎え、多くの花見客が訪れる。また、10 月上旬に開催されるこうのす花火大会は約 1 万 5000 発もの花火が夜空を彩る大規模なスケールで有名だ。

  彩info　5 月中旬から下旬のポピーが咲く時期には「こうのす花まつり」が開かれ、馬室の荒川河川敷「ポピー・ハッピースクエア」では、土・日は地元アーティストによるステージイベントが開催される。

歩き方

宿場町の面影が感じられる旧中山道

起点となる鴻巣駅は東京駅から上野東京ラインで57分。東口と西口にバスロータリーがあるが、東口のほうがメイン。バスは川越駅、東松山駅、加須駅とを結ぶ路線もある。子授けの御利益があ

鴻巣駅東口のバスロータリー。タクシーも多く停車している

り、鴻巣市発祥のコウノトリ伝説が伝わる鴻神社は駅から歩いて行くことができる。そこから旧中山道沿いに16分ほど歩けば、鴻巣市産業観光館 ひなの里がある。道中の旧中山道沿いには、ところどころに古い建物も残っており、歴史を感じながらの散策が楽しい。各種イベントが催されるクレアこうのすは免許センター行きバス、鴻巣フラワーセンターはコミュニティバス笠原コースを利用できる。

ポピーの季節はシャトルバスも運行

鴻巣市の郊外は田畑も多く自然豊か。花と音楽の館かわさとは旧川里町にあり、鴻巣駅東口からコミュニティバスの共和コースで約16分か、北鴻巣駅から同バス広田コースで約23分でアクセスできる。石田堤史跡公園は北鴻巣

荒川に架かる長さ1100.95mの日本一長い荒川水管橋

駅、吹上駅からも離れたのどかな場所にあり、車が必要。こうのす花まつり期間の土・日曜は鴻巣駅から馬室の河川敷、花と音楽の館かわさと、吹上駅からコスモスアリーナふきあげへシャトルバスも運行する。

おさんぽプラン

① 鴻巣駅
🚶 徒歩6分

② 鴻神社
(▶ P.260)
🚶 徒歩15分

③ 鴻巣市産業観光館 ひなの里
🚶 徒歩15分

④ エルミこうのすショッピングモール
(▶ P.259)
🚶 徒歩1分

⑤ 鴻巣駅

直売所のパンジーハウス

鴻巣で生産される花の苗や観葉植物、農産物を販売する農産物直売所。鴻巣産小麦粉で作るうどんを出す食堂や、ベーカリーショップを併設している。

✓ **鴻巣農産物直売所 パンジーハウス**
MAP 別冊 P.35-A1
🏠 鴻巣市寺谷165-3　☎ 048-596-8122　🕘 9:00～17:00
休 なし　料 無料　P あり
交 JR高崎線「鴻巣駅(東口)」から鴻巣市コミュニティバスフラワー号10分「鴻巣フラワーセンター入口」下車、徒歩1分

鴻巣産のパンジー、プリムラ、シクラメンなどの花々が迎えてくれる

みちくさ手帳

鴻巣びっくりひな祭り

江戸時代からひな人形の生産地として知られる鴻巣市。鴻巣駅に隣接する「エルミこうのすショッピングモール」では、2月中旬から3月頭にかけて日本一の高さを誇るピラミッド型のひな壇に約1800体ものひ

な人形が飾られる。ピラミッドひな壇は「花と音楽の館かわさと」、「パンジーハウス」、「コスモスアリーナふきあげ」などにも登場。「鴻巣市産業観光館 ひなの里」には大きな内裏雛や貴重な享保びな雛が飾られる。

31段、高さ7mのひな壇にずらりと並ぶひな人形は圧巻

鴻巣駅東口に直結する商業施設「エルミこうのすショッピングモール(MAP 別冊 P.35-B1)」の1階フードコートでは、こうのすコロッケ、川幅うどんなどの鴻巣B級グルメを手軽に味わえる。

おもな見どころ

MAP 別冊 P.35-B1

鴻神社
住 鴻巣市本宮町1-9 TEL 048-542-7293 営 自由（社務所 9:00〜16:00) 休 なし 料 無料 P あり 交 JR高崎線「鴻巣駅(東口)」から徒歩7分

なでると子授け、安産の御利益があるとされている御神卵

夫婦のこうのとりが巣作りをしたと伝わる

开 鴻神社
こうじんじゃ

鴻巣の地名のいわれのひとつとされる「こうのとり伝説」を今に伝える鴻巣の総鎮守。スサノオノミコトを祀る氷川社、ハヤタマノオノミコトを祀る熊野社、ワケイカヅチノミコトを祀る雷電社などが合祀されている。子授けや安産、縁結びの御利益があるとされ、女性やカップルたちの信仰を集めている。授与品が充実していて、御朱印もさまざまな種類がある。

上／絵馬、お守り、おみくじ、御朱印など各種さまざまな授与品がある 下／旧中山道で鴻巣宿を見守ってきた神社が合祀されている

MAP 別冊 P.35-B2

鴻巣市産業観光館「ひなの里」
住 鴻巣市人形1-4-20 TEL 048-540-3333 営 9:00〜17:00 休 水（祝日の場合は翌日) 料 無料 P あり 交 JR高崎線「鴻巣駅（東口)」から徒歩15分

中庭に面した明治期建造の蔵（奥)は埼玉県の景観重要建造物に指定されている

明治期築造の「蔵」とひな人形の歴史を知る

鴻巣市産業観光館「ひなの里」
こうのすしさんぎょうかんこうかんひなのさと

ひな人形や赤物など鴻巣の歴史を今に伝える展示品を見学できるほか、四季折々の花が楽しめる中庭散策、おみやげの購入などができる。観光案内もしているので気軽に立ち寄ってみよう。

200年前の貴重な鴻巣雛など珍しい人形も含むさまざまな時代のひな人形を展示

MAP 別冊 P.35-A1

鴻巣フラワーセンター
住 鴻巣市寺谷125 TEL 048-597-5300 営 8:30〜17:00（せり見学は月・水・金 8:30〜) 休 土・日・祝 料 無料 P あり 交 JR高崎線「鴻巣駅（東口)」から鴻巣市コミュニティバスフラワー号10分「鴻巣フラワーセンター入口」下車すぐ

2階に地元の鮮魚店が運営する食堂があり、海鮮料理を楽しめる

東日本最大級の花き市場

鴻巣フラワーセンター
こうのすふらわーせんたー

施設内には見学コースがあるほか、せりが行われる月・水・金曜の午前中は、ガイドツアーのスタイルで見学できる(要予約)。施設内には食堂もある。

せりの時間は変更されることもあるので事前に問い合わせておくと確実だ

吹上のコスモスアリーナ隣には市名の由来となったコウノトリの野生復帰を目指す飼育施設「天空の里」があり、2羽のコウノトリが飼育されている。コウノトリの観察や餌やりを体験できる。

石田三成の水攻めの跡
いしだづつみしせきこうえん
石田堤史跡公園

1590年（天正18年）、石田三成が忍城を水攻めした際に築いた堤跡を中心とする史跡公園。28kmもの堤をわずか5日で築造したと伝わり、その様子が音声ガイドで解説されている。

石田堤は『のぼうの城』の舞台としても知られる　画像提供：鴻巣市教育委員会

MAP 別冊 P.4-B1

石田堤史跡公園
住 鴻巣市袋326-1　TEL 048-597-5581（鴻巣市環境緑のグループ）
営 自由　休 なし　料 無料
P あり　交 JR高崎線「吹上駅（北口）」から車6分

「石田三成本陣から見る忍の城」の図（香川元太郎氏作）。本陣はさきたま古墳群の丸墓山古墳と伝わる　画像提供：鴻巣市教育委員会

地元民御用達の文化の発信地
こうのすしぶんかせんたー くれあこうのす
鴻巣市文化センター クレアこうのす

コンサートホールを中心とした文化施設。1階の歴史民俗資料コーナーには鴻巣で出土した埴輪などを展示。2月下旬から3月頭にかけて開催されるびっくりひな祭りの会場でもある。

1200人収容の大ホールや300席の小ホール、会議室や練習室などもある

MAP 別冊 P.35-B2

鴻巣市文化センター クレアこうのす
住 鴻巣市中央29-1　TEL 048-540-0540　営 イベントにより異なる　休 不定休　料 イベントにより異なる　P あり　交 JR高崎線「鴻巣駅（東口）」から朝日バス4分「鴻巣市役所前」下車、徒歩3分

大物歌手のコンサートなども開かれる総合文化施設

歴史的価値のある建物で音楽と花を楽しめる贅沢な空間
はなとおんがくのやかたかわさと かきゅうのさと
花と音楽の館かわさと 花久の里

地元の名士、青木家より寄贈された屋敷をリノベーションし、クラシックを中心としたサロンコンサートを定期的に開催。食事処では埼玉県産小麦粉100%の手打ちうどんを味わえる。

長屋門や母屋、離れなど地方の旧家の趣が残されている

MAP 別冊 P.4-B1

花と音楽の館かわさと 花久の里
住 鴻巣市関新田343　TEL 048-569-3811　営 9:00〜17:00
休 火（祝日の場合は翌日）
料 無料　P あり　交 JR高崎線「鴻巣駅（東口）」から車20分

5月の中旬〜下旬には花久の里バラ祭りが開催される

埼玉県警察運転免許センター

運転免許の取得や更新のために埼玉のドライバーが訪れなければならない施設が埼玉県警察運転免許センター（MAP 別冊 P.35-A2）。県央中央に位置する鴻巣駅から1.6kmの場所にあり、駅の東口から市バスで5分ほど。不定期で開催される「グッドライダーミーティング」という原付、バイクの体験型講習会もあり、安全な運転の仕方を練習場で白バイ隊員から直接学ぶことができる。

1日平均約2000人以上が利用する埼玉県唯一の運転免許センター

コスモスアリーナふきあげ付近の荒川河川敷は春はポピー畑、秋はコスモス畑が広がる。吹上駅と北鴻巣駅をつなぐコミュニティバス吹上コース（南回り）が停車するが、本数は少ない。吹上駅から徒歩30分。

利根川が育んだ北関東ののどかな風景

加須市・羽生市
かぞし　　はにゅうし

木道を渡りながら、水鳥や水生植物などを観察できる羽生水郷公園

| 人口 | 加須市 ▶ 112,179 人 |
| | 羽生市 ▶ 53,951 人 |

🚃 エリア利用駅

加須駅
東武伊勢崎線
花崎駅
東武伊勢崎線
羽生駅
東武伊勢崎線
秩父本線（秩父鉄道）
南羽生駅
東武伊勢崎線

💡 東京方面から向かう場合、久喜駅でJRから東武伊勢崎線に乗り換えたほうが早い場合もある。秩父本線は1時間に1～3本の運行

加須駅・羽生駅への行き方

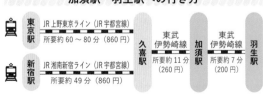

🚆 **東京駅** JR上野東京ライン（JR宇都宮線） 所要約60～80分（860円）

🚆 **新宿駅** JR湘南新宿ライン（JR宇都宮線） 所要約49分（860円）

久喜駅 → 東武伊勢崎線 所要約11分（260円） → **加須駅** → 東武伊勢崎線 所要約7分（200円） → **羽生駅**

埼玉県の北東端に位置する加須市は、群馬県、栃木県、茨城県に接しており、渡良瀬遊水地付近は、群馬県、栃木県が入り組んだ複雑な県境となっている。北東部に利根川が流れ、その水を利用して古墳時代から農業が発達。鎌倉時代は鎌倉武士が多く住み、室町時代になると、古河公方の足利氏と関東管領の上杉氏の争いの場となり、騎西城をめぐる攻防が繰り広げられた。関東三大不動のひとつである不動ヶ岡不動尊を擁し、古くから宿場町として栄えた。羽生市は、北側は利根川を挟んで群馬県と広く隣接しており、田山花袋の小説『田舎教師』の舞台としても知られる。羽生水郷公園の宝蔵寺沼は、日本で唯一のムジナモの自生地となっている。

埼玉大橋（**MAP** 別冊 P4-B2）は加須市の佐波地区と麦倉地区の間に流れる利根川に架かる全長1135.45mの橋。新大利根川側橋とも呼ばれサイクリングコースにもなっている。

歩き方

県でトップの米の作付面積を誇る加須市

　主要駅となる加須駅は北千住から東武伊勢崎線で約1時間。騎西城址、玉敷神社は加須駅から南へ2.5kmほど離れた騎西地区にあり、加須駅南口から鴻巣駅行きのバスでアク

1日約1万1000人が利用する東武伊勢崎線加須駅

セスできる。多くの参拝客が訪れる不動ヶ岡不動尊總願寺へは加須駅北口から徒歩26分または加須車庫行きバス終点から徒歩4分。鴻巣行きバスは加須車庫から出発するので、ここから騎西エリアに向かってもいい。ロールスロイスとベントレーのクラシックカーを専門にコレクションするワクイミュージアムは東北自動車道加須ICと国道125号の交差点の近くにあり、車を利用して県外から訪れる人も多い。

北関東ののどかな自然風景を楽しもう

　羽生市は北千住方面から群馬県へ延びる東武スカイツリーラインが南北を縦断している。主要駅である羽生駅は、秩父方面へと向かう秩父鉄道の起点でもあり、行田市、熊

谷市からもアクセス可能。ムジナモ自生地、さいたま水族館がある羽生水郷公園とその隣にあるキヤッセ羽生むじなも市場は東北自動車道羽生ICの近くにあり、車でのアクセスもおすすめだ。

羽生水郷公園の宝蔵寺沼に生息する食虫植物ムジナモ

おさんぽプラン

① 加須駅

🚶 🚌 徒歩&バス17分

② 騎西城（郷土資料展示室） ▶ P.264

🚶 徒歩25分

③ 玉敷神社 ▶ P.265

🚶 🚌 徒歩&バス15分

④ 埼玉県環境科学国際センター ▶ P.265

🚶 🚌 徒歩&バス20分

⑤ 加須駅

渡良瀬遊水地
MAP 別冊 P4-A2

　埼玉・栃木・群馬・茨城の4県の県境には33km²の大遊水地が広がっている。関東平野のほぼ中心に広がる日本最大の遊水地で、緑豊かな湿原は植物や鳥たちの楽園となりバードウオッチングも楽しめる。ハート形の谷中湖にはサイクリングロードが整備されており、レンタサイクル施設も用意されている。

東京ドームの700倍の広さを誇る渡良瀬遊水地

みちくさ手帳

『田舎教師』ゆかりの地を歩く

　小説『田舎教師』は、明治30年代に羽生の高等小学校の代用教員となった貧しい青年の青春物語。主人公のモデルとなった小林秀三は実在した人物で、彼の日記をもとに田山花袋が書き上げた。作中では主人公が行き来する羽生、行田、熊谷の当時の風景や人々の様子が生きいきと描かれ、羽生には秀三が実際に下宿し彼の墓も残る建福寺、勤務先の弥勒高等小学校の跡地など、作品の面影をたどれる場所が残っている。

羽生駅近くにある建福寺は作中に何度も登場する成願寺のモデル

彩info　加須市の北東に接する渡良瀬遊水地の南西、東武日光線・柳生駅から歩いて7分ほどの田んぼの中に、埼玉県、栃木県、群馬県の県境を示す「三県境」がある。平地で気軽に足を運べる三県境はとても珍しい。

263

MAP 別冊 P.38-B1

騎西城（郷土資料展示室）

🏠 加須市根古屋 633-2　☎ 0480-73-3101（キャッスルきさい）

🕐 年4回公開（加須市ホームページにて随時発表）　❌ 上記以外

💰 無料　🅿 あり　🚌 東武伊勢崎線「加須駅（北口）」から朝日バス16分「騎西城」下車、徒歩1分

騎西城の東側に残る土塁跡。「騎西城」バス停のそばにある

MAP 別冊 P.38-A1

不動ヶ岡不動尊總願寺

🏠 加須市不動岡 2-9-18　☎ 0480-61-0031　🕐 自由　❌ なし

💰 無料　🅿 あり　🚌 東武伊勢崎線「加須駅（北口）」から朝日バス8分「加須車庫」下車、徒歩4分

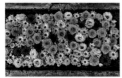

毎月28日に行われる花手水。開催日が異なる場合もあるので寺院に問い合わせを

MAP 別冊 P.4-B1

むさしの村

🏠 加須市志多見 1700-1

☎ 0480-61-4126　🕐 9:30〜16:00

❌ 水（祝日、春休み、5月、夏休み、冬休み期間は営業）、12・1月は月〜金も休業（冬休み期間を除く）　💰 1200円、フリーパス2900円　🅿 あり　🚌 東武伊勢崎線「加須駅（南口）」から車10分。3〜11月の日・祝は無料送迎バス運行日あり

わくわくファームではサツマイモなどの収穫体験を楽しめる

鉄筋コンクリート3階建ての模擬天守

騎西城（郷土資料展示室）
きさいじょう（きょうどしりょうてんじしつ）

1632年（寛永9年）に廃城になった騎西城の跡地に立つ。実際の城は土塁や塀をめぐらした平屋の館であったが、天守閣をもつ城として復元された。内部は出土品などを展示する歴史資料館となっていて、藤まつり、あじさい祭り、騎西地域文化祭などに一般公開される。

3階の回廊から市街を一望できる。遠方には富士山、筑波山、日光連山を見わたせる

「不動ヶ岡」という地名の由来となった古刹

不動ヶ岡不動尊總願寺
ふどうがおかふどうそんそうがんじ

御本尊の不動明王は886年に智證大師が光孝天皇の病気平癒のために御彫刻された仏様。歴代天皇の守り本尊だった由緒ある不動明王で、関東三大不動のひとつとされる。毎月28日が御縁日で、この日に参拝すると多くの御利益が頂ける。2月の節分会も盛大だ。

ご本尊が安置される不動堂。400年続く「大護摩供鬼追い豆まき式」が行われる

小さな子供も思い切り楽しめる遊園地

むさしの村
むさしのむら

サイクルコースター、大観覧車など小さい子供も保護者と一緒に楽しめる22種類のアトラクションのほか、ポニーに乗れるふれあい牧場、1年中収穫体験ができるわくわくファームなどがある。土・日・祝日は人気キャラクターが登場するステージショーを開催することも。

カラフルにペイントされた子供向けの乗り物がいっぱい

 加須の名物は手打ちうどん。江戸時代のなかば、利根川の渡舟場や不動ヶ岡不動尊總願寺の門前で参拝客をもてなしたのが発祥とされる。「足踏み」「寝かせ」といった作業により生まれるコシの強さが特徴。

元荒川流域に分布する久伊豆神社の総本社

玉敷神社
たましきじんじゃ

703年（大宝3年）創建の古社。年4回の祭礼の折に奉奏される「玉敷神社神楽」は400年以上の歴史があり、国の重要無形民俗文化財に指定されている。隣接する玉敷公園は藤の名所。

秋は加須市指定天然記念物の大イチョウが色づいて美しい

MAP 別冊 P.38-B1

玉敷神社
🏠 加須市騎西552-1 ☎ 0480-73-6022 🕐 自由 休 なし
料 無料 P あり 交 東武伊勢崎線「加須駅（南口）」から朝日バス11分「騎西一丁目」下車、徒歩8分

茅葺屋根の神楽殿で奉奏される玉敷神社神楽のイザナギイザナミの連れ舞

地球環境について楽しく学べる

埼玉県環境科学国際センター
さいたまけんかんきょうかがくこくさいせんたー

環境学習施設と研究所が一体となった環境科学の中核機関。展示館は環境問題を学べるアトラクションが充実。隣接する生態園は昭和30年代の県東部の里山の生態環境を復元したもの。

四季を通じてさまざまな動植物を観察することができる生態園

MAP 別冊 P.4-C1

埼玉県環境科学国際センター
🏠 加須市上種足914 ☎ 0480-73-8363 🕐 9:30～16:30（入館～16:00） 休 月（祝日の場合は翌日） 料 300円 P あり 交 JR高崎線「鴻巣駅（東口）」から朝日バス15分「環境科学国際センター」下車、徒歩3分

巨大な映像シアターでは地球環境と生物環境について映像で解説

羽生の文化や歴史についての資料を展示

羽生市立郷土資料館
はにゅうしりつきょうどしりょうかん

羽生市立図書館内に併設。羽生の歴史・文化・文学などの資料を展示。夏季には企画展を開催。羽生を舞台にした田山花袋の小説『田舎教師』に関連した資料のミニ展示コーナーもある。

羽生市立図書館に隣接し、年に3期間限定で開館している

MAP 別冊 P.4-B1

羽生市立郷土資料館
🏠 羽生市下羽生948 ☎ 048-562-4341 🕐 9:00～17:00
休 火、第4木曜（7・8月は除く）、10月31日～3月3日（HPで要確認） 料 無料 P あり 交 東武伊勢崎線「羽生駅」から徒歩20分

歴史コーナーには市内で発掘された土器などが展示されている

「来やっせ」とは羽生の言葉で「いらっしゃい」

キヤッセ羽生むじなも市場
きやっせはにゅうむじなもいちば

羽生水郷公園の隣にある、敷地面積約3.6ヘクタールの三田ヶ谷農林公園内に設けられた物産館。地元で取れる新鮮な野菜などのほか、メダカや金魚、水草なども販売されている。

羽生市で朝収穫されたばかりの新鮮な農産物が並んでいる

MAP 別冊 P.4-B2

キヤッセ羽生むじなも市場
🏠 羽生市大字三田ヶ谷1725
☎ 048-565-5435 🕐 10:00～17:00 休 月（祝日の場合は営業）
CC ADJMV P あり 交 東武伊勢崎線「羽生駅」から車16分

ネギなどの野菜に加えてご当地スイーツのいがまんじゅうなども販売

 羽生を代表する伝統工芸品は、青縞（あおじま）、武州正藍染（ぶしゅうしょうあいぞめ）と呼ばれる藍染物。江戸時代後半から埼玉県北部で生産されるようになり、現在も剣道着、作務衣などに使われている。

MAP 別冊 P.4-B2

羽生水郷公園

住 羽生市大字三田ケ谷 TEL 048-565-1010（羽生水郷公園管理事務所） 営 自由 休 なし 料 無料 P あり 交 東武伊勢崎線「羽生駅（東口）」から車15分（4〜11月は羽生駅から期日限定の無料バスも運行）

4基の大型遊具で子供がのびのびと遊べるわんぱく広場

MAP 別冊 P.4-B2

さいたま水族館

住 羽生市三田ケ谷 751-1 TEL 048-565-1010（羽生水郷公園管理事務所） 営 9:30〜17:00（12〜1月は〜16:30）。最終入館は閉館30分前 休 第2・4月曜（3・7月は第2・3月曜、11〜2月は第2月曜、祝日の場合は翌日） 料 400円〜 P あり 交 東武伊勢崎線「羽生駅（東口）」から車15分（4〜11月は羽生駅から期日限定の無料バスを運行）

屋外のコイ池で餌やりを体験できる「おさかなごはん」

MAP 別冊 P.39-A3

ワクイミュージアム

住 加須市大桑 2-21-1 TEL 0480-65-6847 営 11:00〜16:00 休 月〜土 料 無料 P なし 交 東武伊勢崎線「花崎駅（北口）」から徒歩23分

白洲次郎のベントレーと吉田茂元首相のロールス・ロイスが仲よく並ぶ

国の天然記念物、ムジナモが生息する国内唯一の地

羽生水郷公園
はにゅうすいごうこうえん

生物と自然をテーマにした羽生水郷公園には、日本で唯一のムジナモの自生地がある。ムジナモとは池や沼の水面に浮遊する食虫植物で、かつては日本各地の沼や水田などで見られたが、水質汚濁などにより野生種は絶滅。50年以上にわたって保存活動が続けられている。

3〜11月の土・日・祝はカヌー体験ができる。カヌーの持ち込みも可能

荒川の上流、中流、下流にすむ淡水魚をメインに展示

さいたま水族館
さいたますいぞくかん

羽生水郷公園の中にあり、県内にすむ淡水魚や水生昆虫などを展示。本館では荒川にすむ生き物を中心に希少淡水魚、金魚などが飼育されている。緑豊かな屋外には愛らしいコツメカワウソを目近に観察できるカワウソの渓流、コイ池、チョウザメ池、ティラピア池などがある。

荒川にすむ約70種の生きものや世界各地の熱帯魚に出合える

伝説の名車が一堂に会する貴重な空間

ワクイミュージアム
わくいみゅーじあむ

年代物のロールスロイスとベントレーを展示する、車好きにはたまらない博物館。手入れが行き届いた往年の名車がずらりと並び、コレクションの中には吉田茂と白洲次郎の愛車も含まれる。どの車も実際に走れるように整備されて、時には走る姿を見学することもできる。

歴史的価値のあるクラシックカーを文化遺産として発信

埼玉が誇る名酒を愉しむ

羽生市に蔵元がある花陽浴と、蓮田市で醸造される神亀は埼玉を代表する二大銘柄。酒蔵見学には対応していないが日本酒ファンなら立ち寄ってみるのもいい。

山田錦や八反錦など使用する酒米により種類も豊富

創業1860年（万延元年）。毎月1日には花陽浴を求めて開店前から行列も

在庫状況はお店のインスタで発信中

幻の酒を求めて行列ができる　南陽醸造
（なんようじょうぞう）

　全国的に人気の高い「花陽浴（はなあび）」で知られる南陽醸造。3人の杜氏によって酒を醸す家族経営の小さな蔵は製法にこだわり1本1本ていねいに作るため生産量がとても少ない。それゆえ花陽浴は入手困難で"幻の酒"といわれることも。新郷にある酒蔵を訪ねてもいつも並んでいるとは限らない。「しぼりたての生酒がリリースされる11月中旬から4月までは週1回ぐらいの間隔で新酒が店頭に並びます。夏場は毎月1日に数十本から数百本販売するので必ず入手したいなら1日の開店時間が狙い目です」。こう教えてくれたのは代表の須永眞知子さん。厳選された上質の米と地元の伏流水で作られる酒はフルーティで華やかな香りが特徴。一度味わったら忘れることのできないおいしさだ。花陽浴がない日でも店頭には他の銘柄の日本酒やみりん、味噌などが販売されている。

MAP 別冊P.4-B1

住羽生市上新郷5951　TEL048-561-0178
営9:00～17:00（土曜日～12:00）
休日　CCADJMV　Pあり
交秩父鉄道「新郷駅」から徒歩10分

戦後初の全量純米蔵として知られる酒蔵　神亀酒造
（しんかめしゅぞう）

　JR蓮田駅から1kmほど南にある神亀酒造は、仕込む酒をすべて純米酒に変えた戦後初の全量純米蔵。1987年（昭和62年）までは純米酒のみを醸造する蔵元は日本に1軒もなかったのだ。先代の小川原良征さん（1946～2017）は無濾過生原酒や発泡にごり酒なども発案した伝説の醸造家で、1848年（嘉永元年）から続く老舗には開拓精神も受け継がれている。代表銘柄の「神亀」は2年以上熟成させることにより、ふっくらした旨味が特徴で冷酒はもちろん熱燗でも楽しめる。先代が祖母くらさんへの思いを込めて命名された「ひこ孫」は厳選された山田錦を使用し、3年以上の歳月をかけて熟成させた名酒。口当たりがなめらかで、まろやかな米の旨味とシャープな切れ味が特徴だ。豊かな風味の広がりをじっくり楽しみたい。
※神亀酒造では酒蔵見学や直売を行っていない。酒蔵の向かいにある小川原商事で購入可能だ。

MAP 別冊P.6-A2

●小川原商事（神亀の直売店）
住蓮田市馬込3-64　TEL048-768-7115
営火～土9:00～18:00（日10:00～）　休月　CC不可
Pあり　交JR東北本線「蓮田駅」から徒歩15分

かつて蔵の奥にあった池にすむ神の使いの亀が銘柄の由来

秩父山系の伏流水を使用している

手作業によるていねいな仕込み

Voice　新酒が仕上がる冬の時期は比較的購入しやすくなります。出荷状況がわかるのは1～2日前で最新情報はインスタをチェックしてみてくださいね。（南陽醸造・代表 須永眞知子さん）

首都圏から 40km 圏内の自然も楽しめるベッドタウン

久喜市・白岡市・蓮田市
（くきし・しらおかし・はすだし）

関東鎮護の神として戦国武将たち
からも崇敬された鷲宮神社

人口	久喜市 ▶	150,987 人
	白岡市 ▶	52,748 人
	蓮田市 ▶	61,211 人

🏛 エリア利用駅

久喜駅
JR 宇都宮線
東武伊勢崎線

鷲宮駅
東武伊勢崎線

白岡駅
JR 宇都宮線

新白岡駅
JR 宇都宮線

蓮田駅
JR 宇都宮線

👀 久喜駅で JR から東武伊勢
崎線に乗り換えられる

久喜駅への行き方

東京駅	JR 上野東京ライン（JR 宇都宮線）	久喜駅
	所要約 56 分（860 円）	
新宿駅	JR 湘南新宿ライン（JR 宇都宮線）	
	所要約 48 分（860 円）	

　埼玉県北東部に位置する久喜市は、2010 年に久喜市、菖蒲町、栗橋町、鷲宮町が合併して誕生。旧鷲宮町にあり、古くからこの地域の総鎮守であった鷲宮神社は、アニメ作品「らき☆すた」の舞台のひとつとして知られ、アニメのファンがロケ地を訪れる「聖地巡礼」ブームのきっかけとなったともいわれている。久喜市と蓮田市の間にある白岡市は、武蔵野の静かな面影を残す、緑と自然に恵まれた美しい町。2009 年に人口が 5 万人を超え 2012 年に市となった。さいたま市に隣接する蓮田市は、市の中心を流れる元荒川や江戸時代に整備された見沼代用水など水資源に恵まれ農業が盛んで現在は梨が特産品。市内では縄文時代の生活様式を知るうえで重要な手がかりとなる黒浜貝塚が発掘された。

  info 蓮田市で江戸末期から営業を続ける神亀酒造は埼玉を代表する酒蔵のひとつ。醸造アルコールを添加しない、米と米麹と水だけから造る純米酒のみを製造している。

歩き方

全国各地からファンが「聖地巡礼」に訪れる久喜市

アニメ「らき☆すた」の舞台となったことで全国に有名となった鷲宮神社は旧鷲宮町にあり、東武伊勢崎線の鷲宮駅東口から徒歩5分。JR東鷲宮駅から

JR宇都宮線と東武スカイツリーラインが乗り入れる久喜駅西口の町並み

バスも出ている。作品のオープニングで描かれている風景は鳥居周辺で、この鳥居から東へ延びる鷲宮神社通り商店街を真っすぐ800mほど歩くと、2階に久喜市立郷土資料館が入る久喜市立鷲宮図書館へたどり着く。東京ドーム7個分の面積を擁する昭和沼を中心とした久喜菖蒲公園は久喜駅から南西へ3kmほど離れた工業団地内にあり、久喜駅西口からバスでアクセスできる。

歴史スポットが点在する白岡市、蓮田市

白岡市は市の中央をJR宇都宮線が縦断しており、白岡駅と新白岡駅があるが、観光の起点となるのは白岡駅。白岡八幡宮は白岡駅から住宅街を15分ほど歩いた所にある。蓮田市で発掘された黒浜貝塚は蓮田市役所の近くにあり、

JR宇都宮線蓮田駅の東口。ロータリーとタクシー&バス乗り場がある

蓮田駅から1時間に約3本運行の市役所行きのバスでアクセス可。蓮田市内に7つある久伊豆神社を巡るのもおもしろい。約470本の桜並木が見事な元荒川堤は蓮田駅から東へ徒歩10分ほど。

おさんぽプラン

① 鷲宮駅
　↓ 徒歩5分
② 鷲宮神社 (▶ P.270)
　↓ 徒歩20分
③ 久喜市立郷土資料館 (▶ P.270)
　↓ 徒歩20分
④ 百観音温泉 (▶ P.270)
　↓ 徒歩4分
⑤ 東鷲宮駅

水のほとりでリフレッシュ

久喜菖蒲工業団地の整備に合わせて設けられた、東京ドーム7個分の大きさの昭和沼を中心とした市民憩いの公園。ボート乗船(3〜11月)や釣り、沼の周辺のサイクリングなどを楽しめる。

✔ 久喜菖蒲公園
MAP 別冊 P.4-C2
住 久喜市河原井町70　TEL 0480-23-1366　営 自由　休 なし
P あり　交 JR宇都宮線「久喜駅(西口)」から大和観光バス22分「久喜菖蒲公園」下車すぐ

3〜11月は水辺でバーベキューも楽しめる。道具のレンタル(有料)もあり

みちくさ手帳

映画のようなひまわり畑

蓮田市の根金地区に広がる25000m²の農地には約10万本のひまわりが植えられ7月下旬から8月の中旬にかけて見頃を迎える。このひまわりは耕作放棄地の景観を維持し、緑肥とするために植えられたもので、地元のボランティアにより支えられている。(→P.107)

●蓮田根金ひまわり畑
MAP 別冊 P.4-C2
住 蓮田市根金691-1　営 自由　P あり　交 JR宇都宮線「蓮田駅(東口)」から朝日バス20分「根金」下車、徒歩2分

夏の青空に映える一面のひまわり畑を見に行こう

左カラム

MAP 別冊 P.39-B3

鷲宮神社
住 久喜市鷲宮 1-6-1　**TEL** 0480-58-0434　**営** 自由（社務所 9:00～16:00）　**休** なし　**料** 無料　**P** あり　**交** 東武伊勢崎線「鷲宮駅（東口）」から徒歩 8 分

龍神様がすんでいるという伝説がある光天之池（みひかりのいけ）

MAP 別冊 P.39-B4

久喜市立郷土資料館
住 久喜市鷲宮 5-33-1　**TEL** 0480-57-1200　**営** 10:00～18:00　**休** 月（休日の場合は開館）、休日の翌日、毎月最終金曜　**料** 無料　**P** あり　**交** 東武伊勢崎線「鷲宮駅（東口）」から徒歩 13 分

常設展では久喜市の原始時代から近現代までの考古学的資料などを展示

MAP 別冊 P.4-C2

本多静六記念館
住 久喜市菖蒲町新堀 38　**TEL** 0480-85-1111（菖蒲総合支所代表）　**営** 9:00～17:00　**休** 土・祝（日曜の場合は翌日に振替）　**料** 無料　**P** あり　**交** JR・東武伊勢崎線「久喜駅（西口）」から朝日バス 17 分「菖蒲仲橋」下車、徒歩 10 分

投資で築いた巨万の富を退職後に寄付した

MAP 別冊 P.39-C4

百観音温泉
住 久喜市西大輪 2-19-1　**TEL** 0480-59-4126　**営** 8:00～23:00（土・日・祝 7:00～）　**休** 第 3 火曜（祝日の場合は翌日）　**料** 800 円～　**P** あり　**交** JR宇都宮線「東鷲宮（西口）」から徒歩 5 分

百体の観音様を祀る観音堂が百観音温泉の由来

右カラム

鷲宮催馬楽神楽が年 6 回奉演される古社

⛩ **鷲宮神社**（わしのみやじんじゃ）

神話の時代に天穂日宮と武夷鳥宮親子が神崎神社を建て大国主命を祀ったことが起源とされる。中世以降は関東鎮護の神として、源頼朝や徳川家康などからも崇敬された。(→ P.43)

シンボルとなっている鳥居。倒壊したが 2021 年に再建された

久喜市の歴史や伝統芸能をわかりやすく紹介

久喜市立郷土資料館（くきしりつきょうどしりょうかん）

鷲宮図書館の 2 階にあり、久喜市の歴史や文化について展示。「神楽コーナー」では鷲宮神社に伝わる国指定重要無形民俗文化財の「鷲宮催馬楽神楽」について詳しく紹介している。

鷲宮催馬楽神楽をはじめ、鷲宮神社関連の資料が充実している

日本を代表する数々の公園を設計した

本多静六記念館（ほんだせいろくきねんかん）

久喜市出身で、日比谷公園、明治神宮、秩父の羊山公園など数多くの公園を設計し、「日本の公園の父」と呼ばれた本多静六の生涯と業績について展示。久喜市菖蒲総合支所 5 階にある。

直筆の資料や遺品、手がけた公園の模型や写真、観光地のポスターなどを展示

美人の湯として有名な駅から 5 分の湯治場

百観音温泉（ひゃっかんのんおんせん）

豊富な湧出量を誇る源泉掛け流しの天然温泉施設。やや黄色みがかった強塩泉は美肌効果が高く、湯上がりの翌日まで体はポカポカ。腰痛やアトピーにも効果があると評判を呼んでいる。

露天風呂には岩風呂と炭酸風呂を完備。のんびり湯治が楽しめる

彩info 「らき☆すた」とは、オタクな女子高生たちのゆるい日常を描く 4 コマ漫画が原作のアニメーション。原作者の美水かがみ氏は埼玉県出身で、鷲宮神社のほか、春日部駅、幸手市なども舞台のモデルとして登場する。

白い拝殿が美しい神社
白岡八幡神社
しらおかはちまんじんじゃ

849年（嘉祥2年）創建の神社。境内に学問の神様を祀る白岡天満神社もあり、合格祈願に訪れる参拝者も多い。所蔵する3点の西国巡礼記念絵馬は白岡市の文化財に指定されている。

1195年（建久6年）に源頼朝が社殿を造るよう命じたという

MAP 別冊 P.4-C2

白岡八幡神社
住 白岡市白岡889 TEL 0480-48-5118 営 自由（社務所10:00〜16:00）休 なし（社務所は火・木）料 無料 P あり 交 JR宇都宮線「白岡駅（西口）」から徒歩10分

日本初の獅子舞ミュージアム
獅子博物館
ししはくぶつかん

白岡市の指定文化財「小久喜ささら獅子舞」が受け継がれる白岡市小久喜にある、獅子舞や獅子に関する資料を集めた私設博物館。獅子の模型や郷土玩具なども展示されている。

世界各国の獅子舞で使われる道具や衣装を展示

MAP 別冊 P.4-C2

獅子博物館
住 白岡市小久喜1262-8 TEL 0480-92-9105 営 予約制 休 電話にて要確認 料 550円 P なし 交 JR宇都宮線「白岡駅（東口）」から徒歩6分

日本の獅子頭も各地から収集されている

史跡黒浜貝塚について詳しく解説
蓮田市文化財展示館
はすだしぶんかざいてんじかん

蓮田市で発掘された出土品などを通じて歴史と文化を紹介。隣接する国指定史跡の黒浜貝塚のガイダンス施設も兼ねていて、貝塚から出土した貝や獣骨、石器なども展示されている。

史跡黒浜貝塚の景観を復元した映像を見られるタッチパネルモニターもある

MAP 別冊 P.6-A2

蓮田市文化財展示館
住 蓮田市大字黒浜2801-1 TEL 048-764-0991 営 9:00〜17:00 休 月・祝（こどもの日、文化の日を除く。祝日が土日の場合は開館）料 無料 P あり 交 JR宇都宮線「蓮田駅（東口）」から朝日バス7分「蓮田市役所前」下車、徒歩2分

展示館の建物の裏側に史跡黒浜貝塚への入口がある

1443年創建の蓮田市最古の神社
江ケ崎久伊豆神社
えがさきひさいずじんじゃ

埼玉県の元荒川流域に分布する久伊豆神社は、大国主命を御祭神とし、蓮田市には7社ある。そのうち江ケ崎地区にあるこの神社は唯一宮司が常駐し、御朱印を頂くことができる。

かつては南学院という寺院もあり、18体の円空仏が残されている

MAP 別冊 P.7-A3

江ケ崎久伊豆神社
住 蓮田市江ケ崎1202 TEL 048-768-5233 営 自由 休 なし 料 無料 P あり 交 JR宇都宮線「蓮田駅（東口）」から朝日バス12分「江ケ崎」下車、徒歩5分

本多静六は、苦学して東京大学教授となり、給料の4分の1を貯金する"四分の一天引き貯金法"で財をなした「貯金王」としても知られる。そのノウハウは彼が晩年に著した『私の財産告白』に詳しい。

幸手市・杉戸町・宮代町
さってし・すぎとまち・みやしろまち

満開の桜と周辺の菜の花のコントラストが美しい幸手の権現堂桜堤

人口	幸手市▶ 49,404 人
	杉戸町▶ 44,168 人
	宮代町▶ 33,514 人

🚉 エリア利用駅

幸手駅
東武日光線

杉戸高野台駅
東武日光線

東武動物公園駅
東武スカイツリーライン

姫宮駅
東武スカイツリーライン

ヒント 東武伊勢崎線は浅草駅、押上駅～東武動物公園駅までの区間に「東武スカイツリーライン」の愛称がつけられている

幸手駅への行き方

上野駅 → 東京メトロ日比谷線 所要約53分（700円） → 北千住駅 → 東武スカイツリーライン（東武日光線）→ → → 幸手駅

渋谷駅 → 東京メトロ半蔵門線（東武スカイツリーライン・東武日光線）所要約85分（910円）→ 幸手駅

　埼玉県北東部に位置する幸手市は、北側を茨城県、東側を千葉県との県境に接している。市の北側を流れる中川と権現堂川の合流地点の堤防は春になると約1000本のソメイヨシノがおよそ1kmにわたり咲き誇る権現堂桜堤で、関東有数の桜の名所として知られている。江戸時代は五街道のひとつである日光街道と、日光御成道が合流し筑波道に分岐する宿場町として栄え、かつての面影を残す蔵や古民家などが残っている。幸手市の南に隣接する杉戸町も同様に日光街道の宿場町としてにぎわい、当時の一里塚をはじめ各所に関連の史跡が残る。杉戸町と大落古利根川を挟んで隣接する宮代町は、大規模な動物園と遊園地が融合した東武動物公園があり、県内、県外を問わず多くの人が訪れる。

彩info 杉戸町では畳1畳分もある大きな灯籠を川に浮かべて流す「古利根川流灯まつり」が毎年8月に開催される。絵や文字が描かれた250基もの灯籠が流れていく光景は杉戸町の夏の風物詩となっている。

歩き方

≫≫ のんびりとした風情が残る幸手市

起点となる東武日光線幸手駅までは渋谷から東京メトロ半蔵門線急行・南栗橋行きで乗り換えなしで約85分。北千住から約55分。または、大宮駅で東武アーバンパークライン、春日部

2019年に改修工事が完了した東武日光線幸手駅

駅で東武スカイツリーラインに乗り換える。春は桜、初夏はアジサイ、秋はマンジュシャゲ、冬はスイセンなど四季折々の花畑を観賞できる権現堂桜堤は幸手駅東口から北東へ約2kmの所にあり、桜堤の東端までは歩いて約30分。バスも出ているが、1時間に1本程度なので、ハイキングがてら途中で幸宮神社を参拝してから向かうのもいい。幸宮神社から桜堤の東端まで徒歩19分程度だ。旧日光街道には宿場町時代の面影を残す古い建物も点在している。

≫≫ 宿場町の面影が残る杉戸町、東武動物公園がある宮代町

杉戸町と宮代町散策の起点となるのは町の中心にある東武動物公園駅。もとは杉戸駅という駅名だったが、1981年(昭和56年)に東武動物公園の表玄関駅として改称した。

杉戸町にある杉戸高野台駅は町の北西端に位置し、町の中心部に近いのは東武動物公園駅となっている。幸手市と同様に宿場町として栄えた歴史をもつ杉戸町は、旧日光街道沿いに昔の建築物が残っている。

宿場町の雰囲気が残る風景を探して旧日光街道沿いを歩いてみよう

東武動物公園は東武動物公園駅西口から徒歩10分だがシャトルバスも運行。宮代町の工業技術博物館は東武動物公園の北にある日本工業大学内にある。

おさんぽプラン

1. 東武動物公園駅
   🚶 徒歩20分
2. 東武動物公園 (▶ P.275)
   🚶 徒歩30分
3. 流灯ふれあい館・杉戸町観光案内所 (▶ P.273)
   🚶 徒歩4分
4. うなぎ割烹 高橋屋 (▶ P.51)
   🚶 徒歩2分
5. 東武動物公園駅

杉戸町のインフォメーション

古利根川流灯まつりで使用する流灯の保管倉庫を利用した観光案内所。イベントなども開かれる。

✓ 流灯ふれあい館・杉戸町観光案内所

MAP 別冊 P.22-C2

🏠 杉戸町清地1-9-19 📞 070-4455-5449 🕘 9:00～16:00 休 水・木 🅿 あり 🚃 東武スカイツリーライン「東武動物公園駅(東口)」から徒歩6分

大落古利根川のほとりにある。杉戸町の観光情報を発信

みちくさ手帳

日光御成道の一里塚 MAP 別冊 P.22-B1

日光御成道は本郷追分で中山道と分かれ、幸手宿手前の上高野で日光街道に合流する脇街道。江戸時代に五街道とともに整備され、将軍の日光社参の際に利用された。杉戸町の下高野と下野の境には、里程の目安となる一里塚が設けられた。その設置が始まったのは1604年(慶長9年)。現在もほぼそのまま残っている。かつては道路の両側に塚があったが、道路拡張の際に西塚は取り払われ、現在は東塚のみが残る。

一里塚には立派な松の木が植えられている

MAP 別冊 P.5-B3

権現堂公園

🏠 幸手市外国府間 170（2号公園）、幸手市大字内国府間 887-3（権現堂堤） ☎ 0480-53-8787（2号公園）、0480-44-0873（幸手権現堂桜堤） 🕐 自由 🈹 なし 🉐 無料 🅿 あり 🚌 東武日光線「幸手駅（東口）」から朝日バス 10 分「権現堂」下車、徒歩 1 分

9月から 10 月にかけての曼珠沙華まつりでは赤い花の絨毯が広がる

MAP 別冊 P.5-C3

幸宮神社

🏠 幸手市中 4-11-30 ☎ 0480-43-3151 🕐 自由 🈹 なし 🉐 無料 🅿 あり 🚌 東武日光線「幸手駅（東口）」から徒歩 7 分

境内社の八坂神社の夏祭りには大神輿が渡御し、10 基の子供神輿と 7 台の山車が町に出て賑わう

MAP 別冊 P.22-C2

道の駅アグリパークゆめすぎと

🏠 杉戸町大字才羽 823-2 ☎ 0480-38-4189 🕐 9:00〜17:00（施設により異なる） 🈹 水（祝日の場合は営業） 💳 不可 🅿 あり 🚌 東武スカイツリーライン「東武動物公園駅（東口）」から朝日バス 9 分「田宮農協」下車、徒歩 15 分

春は桜と菜の花のコラボにうっとり

🌲 **権現堂公園**
ごんげんどうこうえん

　権現堂川と中川が合流する河岸に設けられた県営公園。スポーツ・レクリエーション活動を中心とした 1 号公園、デイキャンプ場と大型遊具を備えた 2 号公園、万葉の花を楽しめる 3 号公園、そして権現堂桜堤と称される 4 号公園がある。権現堂桜堤は堤の上を約 1000 本の桜がトンネルを作り、堤の下には黄色い菜の花が広がる風光明媚な桜の名所として知られる。(→ P.106)

上／桜の季節は県内外から多くの人が訪れる
下／初夏は約 100 種 16000 株以上のアジサイが埋め尽くす。6 月に 4 号公園であじさい祭りが開催

江戸時代の稲作の四季を写した彫刻が見どころ

⛩ **幸宮神社**
さちのみやじんじゃ

　日光街道と御成街道が交差する幸手宿の総鎮守。本殿の壁面は龍や獅子、鳳凰、稲作の様子を描いた四季農耕などの彫刻がすばらしい。縁起のいい社名から幸福を祈願に訪れる参拝者も多い。

主神に誉田別之命・経津主之命、配神に大物主大神・宇迦之御魂神・菅原道真公の五柱のご祭神を祀る

予約不要で野菜の収穫体験もできる

🛍 **道の駅アグリパークゆめすぎと**
みちのえきあぐりぱーくゆめすぎと

　名称は「農業公園」という意味。農産物直売所や地元の食材を提供する食堂、収穫体験ができるカントリー農園などがあり、ファミリーで農業に親しめる楽しい道の駅となっている。

広大な敷地内に農場も有する、1 日中楽しめる大規模な道の駅

 Voice 道の駅アグリパークゆめすぎとのレストランでは、埼玉県で生産された希少なブランド豚、味麗豚（みらいとん）のとんかつや生姜焼き、カツカレーなどを味わうことができます。（幸手市在住・S）

動物園と遊園地を一緒に楽しめる

とうぶどうぶつこうえん
東武動物公園

動物園と遊園地が融合したハイブリッドレジャーランド。動物園はホワイトタイガーをはじめ約120種類1200頭の動物を飼育。遊園地のアトラクションは、マイナスGを体感できる「新滑空水上コースターカワセミ」など絶叫系も充実し大人も子供も楽しめる。総面積8150m²のハートフルガーデンは約410種の四季折々の植物が植えられている。

上／動物園の人気者は世界に250頭しかいないホワイトタイガー
下／チーズをモチーフとした観覧車に乗れば遊園地と動物園全体を見渡すことができる

MAP 別冊 P.22-C1

東武動物公園
🏠 宮代町須賀110　☎ 0480-93-1200　🕐 9:30〜17:30（変更あり）
🈵 1月は火・水曜、2月は火・水・木曜、6月は水曜　💴 1800円、アトラクションパス3300円、プール1300円（※2023年4月より料金改定）　🅿 あり　🚉 東武スカイツリーライン「東武動物公園駅（西口）」から徒歩10分

アフリカサバンナコーナーで飼育されているキリン

古民家で先人の暮らしに触れてみよう

みやしろまちきょうどしりょうかん
宮代町 郷土資料館

古代からの出土品や地域の文化財を集めた資料館で、本館と移築された江戸時代の古民家などからなる。敷地自体が縄文時代の遺跡であり、コンセプトは「敷地内全体が博物館」となっている。

移築された旧加藤家住宅。今もいぶし上げで茅葺屋根を維持している

MAP 別冊 P.22-C1

宮代町 郷土資料館
🏠 宮代町字西原289　☎ 0480-34-8882　🕐 9:30〜16:30　🈵 月（祝日の場合は翌日）、祝日直後の平日、館内整理期間　💴 無料　🅿 あり　🚉 東武スカイツリーライン「姫宮駅（西口）」から徒歩20分

宮代町の歴史と文化について総合的に展示。屋外展示も充実している

メカ、工場好きにはたまらない博物館

にっぽんこうぎょうだいがく こうぎょうぎじゅつはくぶつかん
日本工業大学 工業技術博物館

日本工業大学内にある博物館で、古いものは明治時代に遡る膨大な数の工作機械が動態保存されている。ミニSLのイベントや町工場を再現した区域もあり、子供と訪れても楽しめる。

昭和62年製造の10万キロワットの大型ガスタービン

MAP 別冊 P.22-C1

日本工業大学 工業技術博物館
🏠 宮代町学園台4-1　☎ 0480-33-7545　🕐 9:30〜16:30（入館〜16:00）　🈵 日・祝、8月中旬〜下旬、大学入試日など　💴 無料　🅿 あり　🚉 東武スカイツリーライン「東武動物公園駅（西口）」から徒歩20分

産業技術発展に貢献した工業製品をできる限り動作可能な状態で展示

Voice 東武動物公園に車で行く場合、カーナビに「東武動物公園」と入力すると駐車場のない東ゲートに設定されるケースがあるので、「東武スーパープール」と入力したほうがいいです。（さいたま市在住・M）

エリアナビ
熊谷・深谷・行田エリア

東京から比較的距離があり、利根川を挟んで群馬県に隣接する埼玉県北部エリア。夏は暑く、冬は乾燥したからっ風が吹き、熊谷市は国内最高気温を観測した町として有名だ。埼玉（さきたま）古墳群や忍城址など歴史スポットや古刹、祭りや伝統産業などの文化遺産も多い。

❶ 北関東の要衝はラグビーでも盛り上がる
熊谷市

P.278 **MAP** 別冊 P.9-A3〜B4

　県北部の経済と交通の要衝で熊谷宿として栄えた。利根川と荒川の扇状地にあり農業も盛ん。日本一暑い町で知られ、妻沼聖天山歓喜院や熊谷ラグビー場に多くの人が訪れる。

国宝に指定された本殿がある妻沼聖天山歓喜院

ワイルドナイツを応援しよう！

❷ 古墳と足袋で名を馳せる埼玉県名発祥の地
行田市

P.284 **MAP** 別冊 P.4-B1、P.9-B4

　県名由来のさきたま古墳群など史跡が多数。石田三成の水攻めにも耐えた忍城の城下町で、伝統の足袋の生産量は今も日本一を誇る。県内初の日本遺産に認定された足袋蔵の町。

難攻不落の浮き城として知られた忍城。『のぼうの城』のモデルにもなった

国道17号線の深谷バイパスは、見通しのよい走りやすい道路

国道140号線の区間は江戸時代から秩父往還と呼ばれた

このエリアでしたいこと "5"

1. さきたま古墳公園で古代を体感▶ P.95,288,332
2. 渋沢栄一の足跡をたどる▶ P.64
3. 妻沼聖天山歓喜院の国宝本殿へ▶ P.41,282
4. 熊谷ラグビー場で試合を生観戦▶ P.34
5. 旧本庄商業銀行煉瓦倉庫で歴史を感じる▶ P.298

東京方面からのアクセス

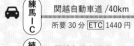

| 練馬IC | 関越自動車道 /40km 所要 30 分 ETC 1440 円 | 東松山IC | 県道 47 号など /15km 所要 30 分 | 熊谷 |

| 練馬IC | 関越自動車道 /56km 所要 40 分 ETC 1900 円 | 花園IC | 国道 140 号など /10km 所要 25 分 | 深谷 |

国道 407 号で刀水橋を渡ると群馬県へ。冬場はからっ風が吹き付ける

熊谷市近くの国道17号線から出発して千葉県へ向かう国道125号線

③ 日本資本主義の父、渋沢栄一の生誕地

深谷市・寄居町

P.290 MAP 別冊 P8-A2～B2,P9-A3～B3

深谷城の城下町や中山道の宿場町として栄えた深谷は、渋沢栄一らが設立したれんが工場が日本の近代化に貢献したれんがの街。深谷ねぎでも知られ、農業算出額は県内1位。寄居町は鉢形城の城下町や秩父往還の宿場町だった。

七ツ梅酒造跡は深谷シネマなどがあるレトロスポット

④ 中山道一の山車祭りと養蚕の産業遺産が残る町

本庄市

P.296 MAP 別冊 P8-A2～B1

群馬県に接し秩父山地に至る細長い形で中山道最大の宿場町として繁栄。明治に養蚕と絹産業で発展し、近代化遺産も数多く残る。江戸時代から続く絢爛豪華な山車で知られる本庄まつりは北関東随一。2006 年に児玉町を合併。

明治の養蚕業について知る競進社模範蚕室

⑤ 自然に恵まれた県北西部の児玉郡の町

上里町・神川町・美里町

P.300 MAP 別冊 P8-A1～B2

群馬県に隣接。県北西部の児玉郡に属し自然豊かな町。関越自動車道のスマート IC とサービスエリアがある上里町は 3 町で最も人口が多い。城峯山がそびえる神川町は半分以上が山。田園が広がる美里町はブルーベリーが特産だ。

紅葉スポットとしても知られる神川町の金鑽神社

熊谷市
くまがやし

新幹線も停車する熊谷駅前に立つ
熊谷次郎直実の像（北村西望作）

人口 　熊谷市▶ 193,132 人

🚃 エリア利用駅

熊谷駅
上越新幹線
北陸新幹線
JR 高崎線
秩父本線（秩父鉄道）

籠原駅
JR 高崎線

上熊谷駅
秩父本線（秩父鉄道）

ひろせ野鳥の森駅
秩父本線（秩父鉄道）

💡 新幹線の場合、上野から熊谷まで所要約 30 分。高崎線の場合は約 70 分。秩父へ向かう秩父鉄道も乗り入れている

熊谷駅への行き方

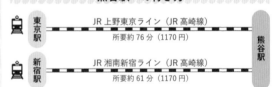

東京駅	JR 上野東京ライン（JR 高崎線）	熊谷駅
	所要約 76 分（1170 円）	
新宿駅	JR 湘南新宿ライン（JR 高崎線）	
	所要約 61 分（1170 円）	

　埼玉県の北部地域で最大の人口を誇る熊谷市。江戸時代には中山道の熊谷宿として栄えた。現在も上越新幹線をはじめとする 4 本の鉄道路線と 4 本の国道が通る交通の要衝であり、北部における経済の一大拠点となっている。利根川と荒川の二大河川が市域を流れ、肥沃な大地と豊富な水資源に恵まれているため、農業も盛ん。米麦の二毛作や野菜栽培が行われ、耕地面積は市域の約 38％を占める。1 年を通して晴天率が高く、夏はフェーン現象やヒートアイランド現象の影響で気温が上がり、冬は赤城おろしと呼ばれる北風が吹いて氷点下まで冷え込む日も多い。2018 年には国内最高気温 41.1℃を観測し、夏の猛暑がしばしばニュースなどで取り上げられる。国際大会や埼玉ワイルドナイツの試合観戦で訪問するラグビーファンも多い。

彩info 　熊谷駅(北口)にある熊谷市観光案内所では見どころ案内や各種パンフレットの配布のほか、市内のバス路線についても教えてくれる。電車利用の人は、熊谷駅に到着したらまずここに立ち寄ってみよう。

歩き方

≫≫ 近代的な町並みに見どころが点在する駅の北側

JR上越新幹線と高崎線、秩父鉄道が乗り入れる熊谷駅は近代的な駅舎。「アズ熊谷」「ティアラ21」というふたつのショッピングモールに直結しており、買い物や食事に立ち寄るのにも便利だ。熊谷駅には北口（正面口）、南口、東口（ティアラ口）の3つの出入口がある。北口を出てすぐ右側に観光案内所があるので、地図などを入手

夏の気温を表示する八木橋前の温度計とご当地かき氷の「雪くま」

しよう。北口側は駅前ロータリーにバス乗り場があり、周辺はオフィスビルや飲食店などが並ぶにぎやかな繁華街。南口には「ゆうゆうバス」（→はみだし）の乗り場、レンタカーのオフィスなどがある。駅の北側に八木橋百貨店、熊谷聖パウロ教会、星溪園などが徒歩圏内に集まっている。

≫≫ 妻沼聖天山の門前町でレトロ散歩を楽しむ

群馬県との境である利根川に近い妻沼地区には、本殿が国宝に指定されている妻沼聖天山歓喜院がある。縁結びのパワースポットとしても有名で、門前町は「縁結び商店街」と呼ばれている。昭和の風情を残すレトロな家並みには、老舗の茶舗が営むカフェやおしゃれなショップもあり、そぞろ歩きが楽しい。

また周辺には200年以上の歴史がある妻沼名物のいなり寿司やさまざまな縁結びメニューを提供する店があるので、参拝の行き帰りに味わってみよう。

色鮮やかな彫刻が施された本殿が国宝に指定されている聖天堂本殿

おさんぽプラン

① 熊谷駅
　　↓ 徒歩10分
② 高城神社 （▶P.280）
　　↓ 徒歩10分
③ 星溪園 （▶P.280）
　　↓ 徒歩5分
④ 片倉シルク記念館 （▶P.281）
　　↓ 徒歩7分
⑤ 上熊谷駅

江戸時代からの桜の名所

荒川の土手沿いに2kmにわたって約500本のソメイヨシノが植えられた熊谷桜堤。関東でも随一の花見スポットとして知られ、「日本さくら名所100選」にも選ばれている。例年3月下旬～4月上旬に開催される「熊谷さくら祭」では毎晩ライトアップが行われ、幻想的な夜桜も楽しめる。

✓ 熊谷桜堤

MAP 別冊 P.40-C1
🏠 熊谷市河原町2丁目
🕐 なし 🕐 自由
🅿 なし（さくら祭開催期間中は熊谷荒川緑地が臨時駐車場となる）
🚃 JR・秩父鉄道「熊谷駅（南口）」から徒歩5分

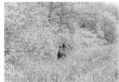

土手には菜の花も咲き、ピンクと黄色のコントラストが美しい

みちくさ手帳

平家物語に描かれた熊谷直実と平敦盛

熊谷次郎直実は武蔵国熊谷郷を拠点とした武将。当初は平家方だったが源頼朝が伊豆で挙兵すると富士川の戦いなどに源氏方として参戦した。一ノ谷の戦いで16歳の平敦盛を討ち取る場面は『平家物語』で最も悲しいエピソード。自分の息子と同じ年の敦盛を討ったことを悔やみ直実は出家し、蓮生法師となり多くの人々を救った。その生涯を歌った「直実節」は地元小学校の運動会で踊り継がれ、敦盛の「青葉の笛」も挿入される。

熊谷直実が掲げる扇にならって「直実節」が今も踊られる

「ゆうゆうバス」は熊谷市内を循環するコミュニティバス。8路線（10系統）あり、1回100円。乗り継ぐ場合は新たに100円かかる。4回以上利用するなら1日乗車券（300円）がお得。運転手から購入する。

279

左カラム

MAP 別冊 P.40-B1

髙城神社

🏠 熊谷市宮町 2-93
📞 048-522-1985　🕐 9:00～16:00(平日は 12:00～13:00 閉館)
🚫 仏滅の日　💴 無料　🅿 あり
🚃 JR・秩父鉄道「熊谷駅(北口)」から徒歩 15 分

毎年 12 月 8 日には酉の市が開かれる

MAP 別冊 P.40-B1

星溪園

🏠 熊谷市鎌倉町 32　📞 048-536-5062(江南文化財センター)
🕐 9:00～17:00(11～2 月は～16:00)　🚫 月　💴 無料　🅿 あり
🚃 秩父鉄道「上熊谷駅」から徒歩 3 分

星溪寮、松風庵、積翠閣の 3 棟の建物がある

MAP 別冊 P.40-B1

熊谷聖パウロ教会

🏠 熊谷市宮町 1-139
📞 048-521-1661　🕐 13:00～17:00　🚫 日曜の午前中ほか不定休　💴 無料　🅿 あり
🚃 秩父鉄道「上熊谷駅」から徒歩 10 分

屋根を支える小屋組にも独特の趣きが感じられる

MAP 別冊 P.40-B1

八木橋百貨店

🏠 熊谷市仲町 74　📞 048-523-1111
🕐 10:00～18:30　🚫 不定休
🛍 店舗により異なる　🅿 あり
🚃 秩父鉄道「上熊谷駅」から徒歩 7 分

屋内で今も「旧中山道」を歩ける構造になっている

右カラム

むすびの神をお祀りする熊谷の総鎮守

⛩ **髙城神社**
たかぎじんじゃ

御祭神は高皇産霊尊で、縁結びや家庭円満に御利益があるとされる古社。豊臣秀吉による北条征伐の際に兵火に遭い、1671 年(寛文 11 年)に忍城主・阿倍忠秋が社殿を再建した。

樹齢 800 年の大ケヤキをはじめ、樹齢 600 年を超える数本の御神木がある

庭園で四季折々の風景を楽しむ

🏠 **星溪園**
せいけいえん

熊谷の発展に尽力した実業家・竹井澹如が明治時代初頭に整備した回遊式庭園。昭憲皇太后をはじめ、渋沢栄一や大隈重信が滞在するなど皇族や政界人・財界人からも愛された。

紅葉の季節は風情たっぷり。日本的な季節の美しさを感じることができる

震災や空襲にも耐えた貴重な建築

🏠 **熊谷聖パウロ教会**
くまがやせいぱうろきょうかい

1919 年(大正 8 年)にアメリカ人ウイルソンの設計監督により建てられ、外壁、内壁ともれんが造り。英国国教会をルーツとする日本聖公会の教会として、現在も礼拝が行われている。

建築材に深谷で作られたレンガを使用した平屋建ての教会

県北で親しまれる老舗デパート

🛍 **八木橋百貨店**
やぎはしひゃっかてん

1897 年(明治 30 年)に初代・八木橋本次郎が呉服店として現在地に開業。旧中山道の上に建ち、1 階フロアでは通常の通路より幅を広くとった「旧中山道」をたどることができる。

夏は入口の前に熊谷の気温を表示する大温度計が設置される

猛暑で知られる熊谷市では、暑さ対策事業としてさまざまな取り組みが行われている。そのひとつが「雪くま」。熊谷のおいしい水から作られるご当地かき氷で、市内の約 30 店舗で夏期に提供されている。

製糸業の歴史や役割を後世に伝える

かたくらしるくきねんかん
片倉シルク記念館

日本有数の製糸会社だった片倉工業が、熊谷工場の跡地に開設した記念館。かつては富岡製糸場をはじめ最大62ヵ所に工場を有し、高品質な絹を輸出して日本の近代化に貢献した。

実際に使われていた機械が展示され繭から生糸ができるまでの工程を紹介

MAP 別冊 P.40-B1

片倉シルク記念館
住 熊谷市本石2-135　TEL 048-522-4316　営 10:00〜17:00（入館〜16:30）　休 月・火（臨時休館日あり）料 無料　P あり
交 秩父鉄道「上熊谷駅」から徒歩7分

かつての繭倉庫を利用
写真提供：片倉工業株式会社

スポーツ施設が充実した県営の都市公園

くまがやすぽーつぶんかこうえん
熊谷スポーツ文化公園

彩の国くまがやドーム、ラグビー場、陸上競技場などを備えた88.3ヘクタールの広大な公園。2004年に開催された「彩の国まごころ国体」のメイン会場となった。季節の花々も楽しめる。

複数の競技場のほか、セラピーガーデン、四季の丘、子供の広場もある

MAP 別冊 P.40-A2

熊谷スポーツ文化公園
住 熊谷市上川上300　TEL 048-526-2004　営 自由　休 第2火曜
料 無料　P あり　交 JR・秩父鉄道「熊谷駅（北口）」から国際十王交通バス18分「くまがやドーム」下車、徒歩1分

ラグビーボールを模した彩の国くまがやドーム

スポーツで熊谷を盛り上げる！

わいるどないつさいくるすてーしょん&かふぇ
ワイルドナイツサイクルステーション&カフェ

大型モニターを完備したスポーツカフェ。夜はダイニングバーとして営業し、ワイルドナイツの選手たちが顔を出すこともある。販売とリペアのサイクルショップが併設されている。

ラグビーロード沿いにあり、スポーツ観戦の帰りに立ち寄れる

MAP 別冊 P.40-A2

ワイルドナイツサイクルステーション&カフェ
住 熊谷市小曽根37　TEL 048-578-8510　営 11:30〜21:00　休 月
CC ADJMV　P あり　交 JR・秩父鉄道「熊谷駅(北口)」から国際十王交通9分「肥塚団地」下車、徒歩2分

パテとレタスで食べ応え満点のワイルドバーガー

「カラダと心が晴れる庭」がコンセプト

おふろかふぇ はれにわのゆ
おふろ café ハレニワの湯

高濃度炭酸泉、高温サウナとアウフグース、硫黄の湯など7種類のお風呂を完備した温浴施設。リラクゼーション&ビューティーの「アウラ」や、仮眠ブースなども気軽に利用できる。

本物のゆずを入れるなど四季折々の季節感を楽しめる変わり湯

MAP 別冊 P.9-B3

おふろ café ハレニワの湯
住 熊谷市久保島939
TEL 048-533-2614
営 10:00〜翌9:00
休 不定休　CC ADJMV　P あり
交 JR高崎線「籠原駅」から徒歩20分

ひとりで1日のんびりくつろぐ女性も多い

旅info　宮塚古墳（MAP 別冊 P.9-B3）は方形の上に円形の土盛りをのせた、全国的にも珍しい上円下方墳。広瀬古墳群中にあり、国指定史跡となっている。秩父鉄道「ひろせ野鳥の森駅」から徒歩15分。

281

MAP 別冊 P.9-A4

妻沼聖天山歓喜院

📍 熊谷市妻沼 1511 ☎ 048-588-1644 🕐 自由（本殿拝観は平日 10:00 ～ 15:30、土・日・祝 9:30 ～ 16:30、受付は 30 分前まで）🈺 なし 💴 無料（本殿拝観 700 円）🅿 あり 🚃 JR・秩父鉄道「熊谷駅（北口）」から朝日バス 23 分「妻沼聖天前」下車、徒歩 2 分

本殿は江戸初期に焼失したが、農民たちの浄財により長い年月をかけて再建された

MAP 別冊 P.9-A4

道の駅めぬま

📍 熊谷市弥藤吾 720 ☎ 048-567-1212 🕐 10:00 ～ 18:00、土・日・祝 9:30 ～（11 ～ 3 月は～ 17:00）🈺 第 1 水曜 🈺 店舗により異なる 🅿 あり 🚃 JR・秩父鉄道「熊谷駅（北口）」から朝日バス 22 分「道の駅めぬま」下車、徒歩 3 分

バラ園には熊谷出身で日本初の公許女性医師となった荻野吟子の像も立つ

MAP 別冊 P.9-A4

熊谷市立荻野吟子記念館

📍 熊谷市俵瀬 581-1 ☎ 048-589-0004 🕐 9:00 ～ 17:00 🈺 月（祝日の場合は翌平日）💴 無料 🅿 あり 🚃 JR・秩父鉄道「熊谷駅（北口）」から国際十王交通バス 18 分「俵瀬入口」下車、徒歩 12 分

吟子の生家の長屋門を模した瓦屋根の和風建築。展示室と休憩室に分かれている

日本三大聖天のひとつ
めぬましょうでんざんかんぎいん
妻沼聖天山歓喜院

　武将・斎藤別当実盛が 1179 年（治承 3 年）に民衆の心のよりどころとしてご本尊聖天様を祀ったのが始まり。国宝指定の本殿は、壮麗な彫刻で埋め尽くされ、日光東照宮を彷彿とさせる。男女の縁をはじめ、商売・学業などあらゆる良縁を結んでくれるといわれている。

本殿の裏側では「埼玉日光」と称される豪華絢爛な彫刻を見ることができる

バラ園やギャラリーを併設する
みちのえきめぬま
道の駅めぬま

　めぬまアグリパーク内にあり「めぬぱる」1 階では熊谷の特産品やご当地キャラクター「ニャオざね」グッズなどを販売。2 階には地元グルメを楽しめるレストランと「にっぽん女性第 1 号資料ギャラリー」がある。JA の直売所「めぬま物産センター」を併設。

バラ園には 400 種 2000 株のバラが植えられ、5 月から初冬まで観賞できる

埼玉県三偉人のひとり、荻野吟子の業績を紹介
くまがやしりつおぎのぎんこきねんかん
熊谷市立荻野吟子記念館

　1851 年（嘉永 4 年）に現在の熊谷市で生まれた荻野吟子は不屈の努力で日本の公許女医第 1 号となった。生家の長屋門を模した記念館では、吟子の生涯と業績を紹介する貴重な資料を展示。隣接する生誕地は史跡公園となっており、吟子の銅像が置かれている。

吟子が着ていた洋服など、資料や年表を時代に合わせて展示・説明

「道の駅めぬま」では、地元の特産品を使ったジェラートを 10 種類以上販売。ヤマトイモとチョコを混ぜた「チョコやまと」、ネギとライチをブレンドした「ねぎらい」など、ユニークなフレーバーも。

アート御朱印で有名な日本三大厄除け開運大師

埼玉厄除け開運大師・龍泉寺
さいたまやくよけかいうんだいし・りゅうせんじ

特別な厄除けと開運の2体のお大師様を日本で唯一同時に祀るお寺。黄金に輝く本尊をはじめ、千手観音菩薩など多くの仏様をお祀りし、御利益のパワーは関東でも随一と評判だ。

限定の切り絵御朱印は3ヵ月ごとに新しいデザインを頒布

MAP 別冊 P.9-B3

埼玉厄除け開運大師・龍泉寺
🏠 熊谷市三ヶ尻 3712
📞 048-532-3432 🕘 9:00～16:00 休 火 料 無料 Ｐ あり
🚃 JR 高崎線「籠原駅（南口）」から車5分

本尊の大師像は1月1日～3日のみご開帳

智恵を司る文殊菩薩をご本尊とする

文殊寺
もんじゅじ

日本三大文殊菩薩のひとつ。野原の文殊様、智恵の文殊寺として親しまれてきた。梅の花が咲き誇る2月25日が大縁日で、学業成就を祈願する若者をはじめ多くの参拝者でにぎわう。

山門（仁王門）は熊谷市の指定文化財。写真は山門と本殿の間に立つ鐘楼門

MAP 別冊 P.9-B3

文殊寺
🏠 熊谷市野原 623
📞 048-536-4302 🕘 自由 休 なし 料 無料 Ｐ あり
🚃 JR・秩父鉄道「熊谷駅（南口）」から国際十王交通バス16分「文殊様」下車、徒歩1分

学業成就の御利益を求め多くの参拝者が訪れる

熊谷市名勝に指定されている

長島記念館
ながしまきねんかん

銀行家として埼玉県経済界の発展に寄与した長島恭助(1901～1992年)の生家を利用。長島が収集した絵画や刀剣を展示するほか、懐かしい昭和の暮らしぶりが再現されている。

江戸時代後期に建てられた母屋や長屋塀、石蔵などが保存されている

MAP 別冊 P.9-C4

長島記念館
🏠 熊谷市小八林 1022 📞 0493-39-2025 🕘 10:00～16:00 休 月・木（祝日は開館）、祝日の翌日（土・日は開館）料 300円 Ｐ あり
🚃 JR・秩父鉄道「熊谷駅（南口）」からゆうゆうバスひまわり号40分「長島記念館前」下車すぐ

収集された刀、絵画などの美術品を展示

長屋門としては県内最大級を誇る

友山・武香ミュージアム
ゆうざん・たけかみゅーじあむ

冑山村の名主だった根岸家長屋門の一部を資料館として公開。幕末に活躍した友山、その息子で政治家・郷土史家だった武香の生家でもあり、根岸家の歴史などについて紹介している。

かぶとやま

江戸時代後期に建造された長屋門。桜の名所としても知られる

MAP 別冊 P.9-C4

友山・武香ミュージアム
🏠 熊谷市冑山 152 📞 048-536-5062（江南文化財センター）
🕘 9:00～17:00 休 なし 料 無料 Ｐ あり 🚃 JR・秩父鉄道「熊谷駅（南口）」からゆうゆうバスひまわり号32分「箕輪」下車、徒歩5分

俳人・金子兜太が詠んだ俳句の句碑が立つ

Voice 埼玉厄除け開運大師・龍泉寺では3ヵ月ごとに風物詩をモチーフにした切り絵御朱印や、月替わりの花手水御朱印を頒布しています。アート性が高く御朱印ファンが全国から訪れています。（東松山市在住・J）

行田市
(ぎょうだし)

御三階櫓が忍城本丸跡地に建つ。行田市郷土博物館の一部となっている

人口	行田市 ▶ 78,741 人

🚉 エリア利用駅

行田駅
JR 高崎線

行田市駅
秩父本線（秩父鉄道）

持田駅
秩父本線（秩父鉄道）

武州荒木駅
秩父本線（秩父鉄道）

ヒント アクセスが便利なのは JR 行田駅だが観光スポットは秩父鉄道の行田市駅周辺に集まっている。行田駅と中心部は市内循環バスで結ばれている

行田駅への行き方

東京駅	JR 上野東京ライン（JR 高崎線）所要約 70 分（990 円）	行田駅
新宿駅	JR 湘南新宿ライン（JR 高崎線）所要約 60 分（990 円）	

　埼玉県の北部、利根川と荒川に挟まれた台地に位置する行田市。豊富な水に恵まれながら水害の心配が少ないこの土地には古代より文明が栄え、県名の由来となった、さきたま古墳群をはじめ 10 の古墳群、150 基以上もの古墳が確認されている。また中世末に築かれた忍城（おしじょう）は、豊臣秀吉の関東平定の際に石田三成による水攻めにも耐えた「浮城」として知られ、小説『のぼうの城』のモデルにもなった。江戸時代後期から近代にかけては足袋産業が盛んになり、"足袋といえば行田"といわれるほど、日本全国にその名を知られる生産地として発展。現在でも市街地には足袋蔵や足袋問屋として使われていた歴史ある建物が数多く残され、「日本一の足袋のまち」として繁栄したかつての面影をしのぶことができる。

2017 年に放送された、池井戸潤原作の小説をドラマ化した『陸王』の舞台になったのが行田市。老舗足袋会社の 4 代目社長である主人公の奮闘を描き、忍城や水城公園など市内各所でロケが行われた。

歩き方

≫≫ 歴史と文化の香りが漂う城下町を散策

行田市には、JR行田駅と秩父鉄道行田市駅のふたつの主要駅があるが、観光に便利なのは行田市駅。市街地のほぼ中央に位置し、町のシンボル忍城址公園へは徒歩約15分。南口

行田市駅の南にある「十万石饅頭」を販売する「ふくさや」の本店

を出て正面の中央通りを4分ほど歩くと足袋蔵まちづくりミュージアムがある。行田市駅の南側には、江戸時代末期から昭和にかけて建てられた約70棟の足袋蔵が点在。江戸時代創業の酒蔵、古民家を改装した料亭やカフェ、国の有形文化財に登録されている武蔵野銀行行田支店などもあり、レトロ建築を巡るのも楽しい。JR行田駅に到着した場合は、町の中心まで市内循環バス(ほぼ1時間間隔で運行)、レンタサイクルを利用できる。

≫≫ 埼玉県名発祥の地、さきたま古墳公園へ

ぜひ訪れたいのが、国内でも有数の規模を誇る埼玉古墳群。さきたま古墳公園として整備された敷地内には、国宝をはじめ数々の出土品を展示する埼玉県立さきたま史跡の博物館、はにわ作りを体験できる行田市はにわの館もある。町の中心から少し

さきたま古墳群を代表する稲荷山古墳の円墳部分の頂上にある埋葬品の説明

離れているので、市内循環バスを利用すると便利だ。「観光拠点循環コース」は、JR行田駅から発車し、水城公園、古代蓮の里、さきたま古墳公園、忍城バスターミナルなどの順に停車する。

おさんぽプラン

① 行田市駅
　　🚶 徒歩8分
② 行田八幡神社 (▶ P.286)
　　🚶 徒歩15分
③ 忍城址 (▶ P.286)
　　🚶 徒歩10分
④ 足袋とくらしの博物館 (▶ P.287)
　　🚶 徒歩5分
⑤ 行田市駅

『のぼうの城』の聖地巡り

和田竜の小説で映画化もされた『のぼうの城』は、1590年(天正18年)に起きた忍城の戦いの史実が元になっている。「のぼう様」成田長親たちが立て籠もった忍城跡を見学したら、東に10分ほど歩いて清善寺(MAP 別冊P.41-B1)へ。ここは成田氏が開基した寺なので賽銭箱には成田家の家紋が入り、休憩所の屋根には忍城の古図も描かれている。さらに南へ徒歩10分ほどの高源寺(MAP 別冊P.41-B1)は正木丹波守が戦の翌年に弔いのために開基した寺。映画のラストシーンで佐藤浩市演じる丹波守が「武士を辞め戦で亡くなった人たちの供養をするため寺を建てる」と言った寺がまさにここだ(最初に創建された場所とは異なる)。

成田家の菩提寺である清善寺

みちくさ手帳

足袋蔵が残る城下町

行田における足袋作りの歴史は古く、江戸時代中頃の享保年間には27軒もの足袋屋が軒を連ねていたという。明治・大正時代に機械化が進み、最盛期の昭和10年代には年間8400万足、全国シェアの約8割を生産した。また幕末から昭和30年代前半にかけて、出荷まで足袋をしまっておくための倉庫として蔵が建てられた。土蔵や石蔵、レンガ蔵など今も残る個性的な建物が、城下町の風情ある町並みを彩っている。

蔵の多くは内部非公開だが一部はカフェなどとして営業

旅info JR行田駅前観光案内所、忍城バスターミナル観光案内所、観光物産館「ぶらっと♪ぎょうだ」の3ヵ所でレンタサイクルの貸し出しを行っている。料金は1日500～1000円。3ヵ所間での乗り捨て返却も可能。

285

「関東7名城」のひとつとして知られる

忍城址（忍城 御三階櫓）
おしじょうし（おしじょうごさんかいやぐら）

15世紀後半に北武蔵の武将・成田氏によって築かれた忍城は、難攻不落の城として知られ、江戸時代には徳川の譜代大名の居城となった。明治維新後に一部の土塁を残して取り壊され、現在ある御三階櫓は1988年（昭和63年）に再建された。（→P.21）

行田市郷土博物館の展示室として公開されている御三階櫓

MAP 別冊 P.41-B1

忍城址（忍城 御三階櫓）
🏠 行田市本丸17-23 ☎ 048-554-5911（行田市郷土博物館）
⏰ 自由 休 なし 料 無料 P あり 交 秩父鉄道「行田市駅（南口）」から徒歩15分

御三階櫓の隣に立つ東門周辺がベストな撮影スポット

古墳時代から近代までの行田の歴史をたどる

行田市郷土博物館
ぎょうだしきょうどはくぶつかん

忍城址公園内にあり、城下町として発展した行田の歴史と文化を紹介。石田三成の忍城水攻めに関する資料、忍城郭と二ノ丸御殿の復元模型、歴代城主ゆかりの品、足袋産業についての展示もある。酒巻古墳群から出土した「旗を立てた馬形埴輪」や「筒袖の男子」も必見。

歴代城主たちについての資料も充実している

MAP 別冊 P.41-B1

行田市郷土博物館
🏠 行田市本丸17-23 ☎ 048-554-5911 ⏰ 9:00～16:30（最終入館16:00）休 月（祝日は開館）、祝日の翌日（土・日は開館）、第4金曜 料 200円 P あり 交 秩父鉄道「行田市駅（南口）」から徒歩15分

博物館の入口。御三階櫓は展示室と展望室になっており、周囲の町並みを見渡せる

病気平癒の御利益で知られる忍城下の守り神

行田八幡神社
ぎょうだはちまんじんじゃ

源頼義・義家が奥州討伐のためこの地に滞陣した際に、戦勝祈願を行ったのが始まり。忍城主・成田長泰公が城下総鎮守としたことから「城主八幡」の異名をもつ。難病封じ、ぼけ封じ、虫封じなど幅広いご神徳をいただける「封じの宮」として人気が高い。

社殿の向きから「西向き八幡」とも呼ばれている。病魔退散のパワースポット

MAP 別冊 P.41-B1

行田八幡神社
🏠 行田市行田16-23 ☎ 048-554-5926 ⏰ 自由 休 なし 料 無料 P あり 交 秩父鉄道「行田市駅（南口）」から徒歩7分

延命長寿、病魔退散、厄災消除の御利益が頂ける黄金の「なで桃」

古墳の町ならではのグルメが「行田古代米カレー」。地元食材を使用し、前方後円墳の形に盛りつけた古代米が特徴。提供スポットは「ぷらっと♪ぎょうだ」（→P.287）や観光案内所でも教えてもらえる。

足袋、お菓子、地酒など行田みやげを選べる

かんこうぶっさんかんぶらっと♪ぎょうだ
観光物産館ぶらっと♪ぎょうだ

行田市商工センターの1階にある観光情報館。足袋やサンダルなど特産品から菓子や漬物まで行田のおみやげが豊富に揃う。観光情報の提供やレンタサイクルの貸し出しもある。(→ P.21)

さまざまなジャンルの商品が並び、おみやげ選びを楽しめる

MAP 別冊 P.41-B1

観光物産館ぶらっと♪ぎょうだ
🏠 行田市忍 2-1-8 📞 048-554-1036 🕘 9:00 ～ 17:00 ⊗ なし
💳 AMV 🅿 あり 🚉 秩父鉄道「行田市駅(南口)」から徒歩6分

海外からの生地も使用した南河原スリッパ

足袋産業の歴史や製造工程を紹介

たびとくらしのはくぶつかん
足袋とくらしの博物館

牧野本店という足袋屋が1922年(大正11年)に建造した工場を、建物が使われなくなったあと博物館として公開。足袋職人による実演のほか、足袋作り体験も行う。(→下段はみだし)

足袋工場だった頃の面影をほぼそのまま残している建物

MAP 別冊 P.41-B1

足袋とくらしの博物館
🏠 行田市行田 1-2 📞 048-556-5171 🕘 土・日 10:00 ～ 15:00
⊗ 月～金、12月中旬～1月上旬 💴 200円 🅿 あり 🚉 秩父鉄道「行田市駅(南口)」から徒歩5分

足袋の製造工程の展示や実演を見学できる

長い眠りから覚めて花開く古代のロマン

こだいはすのさと
古代蓮の里

工事の際に偶然見つかった1400 ～ 3000年前の古代蓮(行田蓮)をはじめ41種類の蓮、桜や梅など季節の花々を楽しめる。園内には蓮に関する資料を展示する古代蓮会館がある。(→ P.26)

蓮の開花時期は6月中旬から8月上旬。白いタワーは古代蓮会館の展望台

MAP 別冊 P.4-B1

古代蓮の里
🏠 行田市大字小針 2375-1 📞 048-559-0770 🕘 自由(古代蓮会館は 9:00 ～ 16:30、6月中旬～8月上旬 7:00～) ⊗ なし(古代蓮会館は月、6月中旬～8月上旬は無休) 💴 なし(古代蓮会館は 400円) 🅿 あり 🚉 JR 高崎線「行田駅(東口)」から市バス・観光拠点循環コース 20分「古代蓮の里」下車すぐ

花のアートでおもてなし「花手水 Week」

コロナ禍を機に各地の神社で、参拝に訪れる人々に癒やしを提供したい、と始められた花手水(はなちょうず)。行田市では「花手水 Week」と称し、毎月1～14日(11月と1月は15日～末日、8月は休止)の期間、

行田八幡神社とその周辺の商店街、前玉神社、忍城址など 50 ヵ所以上に花手水スポットが設けられる。また月に一度開催されるライトアップイベント「希望の光」では、境内や花手水が光で演出され、幻想的で美しい。

水盤に色とりどりの花々を浮かべた花手水。各所で見比べてみよう

足袋とくらしの博物館では、毎月第 2 日曜に "My 足袋作り体験" を行っている。生地は博物館に用意されているなかから好きなものを選べるほか持ち込みも可能。要予約。料金は 1 足 2500 円(入館料別)。

287

MAP 別冊 P.41-C2

さきたま古墳公園

- 🏠 行田市埼玉
- ☎ 048-559-1111（埼玉県立さきたま史跡の博物館）
- 🕐 自由 休 なし
- 💰 無料 🅿 あり
- 🚃 JR高崎線「行田駅（東口）」から市バス・観光拠点循環コース25分「埼玉古墳公園」下車、徒歩1分
- ※博物館は「さきたま古墳公園」の敷地内にあり、公園南側に位置する本館と、将軍山古墳展示館のふたつに分かれている。入場券は共通で、どちらを先に見学してもよい。

稲荷山古墳の上を前方部へと歩く。緑豊かな景色も楽しめる

MAP 別冊 P.41-C2

行田市はにわの館

- 🏠 行田市埼玉5239-2
- ☎ 048-559-4599
- 🕐 9:00〜16:30（はにわづくり体験受付〜14:30）
- 休 月（祝の場合は翌日）
- 💰 体験料は土1kgで600円、2kgで1000円
- 🅿 あり（さきたま古墳公園駐車場）
- 🚃 JR高崎線「吹上駅」から朝日バス7分「産業道路」下車、徒歩16分

全国でも屈指の規模を誇る古墳群

さきたま古墳公園

さきたまこふんこうえん

5世紀後半から7世紀までに築かれた古墳群を整備した公園。約39万㎡の敷地に9基の古墳が点在し、ひととおり見学すると2時間ほどかかる。日本最大級の円墳である丸墓山古墳、国宝の鉄剣が出土した稲荷山古墳、横穴式石室が見学できる将軍山古墳などを巡り、古墳文化が花開いた古代に思いを馳せよう。（→P.21,332）

上／将軍山古墳の石室の展示
左／石田三成が忍城攻めの際に陣をおいた丸墓山古墳。頂からは再建された御三階櫓が見える。春は桜の名所となる

さきたま古墳公園の敷地内にある

行田市はにわの館

ぎょうだしはにわのやかた

はにわ作りを体験できる。制作は2時間ほどで指導員がアドバイスしてくれるので、子供でも楽しめる。完成は1ヵ月半から2ヵ月後で、引き取りは来館か着払いでの配送。

休日や夏休みなどの期間は混み合うので事前予約がおすすめ

青天掲示板

歴史を物語る戦国時代の石田堤

さきたま古墳公園の丸墓山古墳の手前には「石田堤」と呼ばれる桜並木がある。これは1590年（天正18年）に豊臣軍が忍城を水攻めにした際に築いた堤の名残。石田三成は全長28kmにも及ぶ堤をわずか1週間で築いたという伝説が残り『のぼうの城』など小説や映画で今も語り継がれている。さらに4kmほど南の新忍川沿いには石田堤碑が立ち、堀切橋を渡り鴻巣市側に入ると石田堤史跡公園（→P.261）もある。

新忍川沿いの石田堤碑。約282mの堤が残る

埼玉県立さきたま史跡の博物館の東側にある旧遠藤家住宅（MAP 別冊P.41-C2）は幸手市から移築された古民家。土間が広く屋内での仕事がしやすくなっているのが特徴で、江戸時代末期の稲作農家の暮らしを垣間見られる。

古墳から出土した国宝などを展示する

埼玉県立さきたま史跡の博物館

さいたまけんりつさきたましせきのはくぶつかん

1968年(昭和43年)に発掘された稲荷山古墳の出土品を国宝展示室に陳列。115文字の銘文が刻まれた全長73.5cmの「金錯銘鉄剣」は、100年に一度の大発見といわれる貴重なものだ。ヒスイの勾玉や鏡などの副葬品と一括して国宝に指定されている。

きんさくめいてっけん

古墳散策前に見学すれば理解を深められる。国宝の鉄剣は必見

MAP 別冊 P.41-C2

埼玉県立さきたま史跡の博物館
🏠 行田市埼玉4834
📞 048-559-1111
🕐 9:00～16:30(入館～16:00)、7・8月～17:00(入館～16:30)
休 月(祝日は開館)
料 200円 P あり(さきたま古墳公園) 交 JR高崎線「行田駅(東口)」から市バス・観光拠点循環コース25分「埼玉古墳公園」下車、徒歩2分

古墳群のガイドツアー、勾玉作り体験などのイベントも開催している

猫の御朱印が人気の古墳時代から続く古社

前玉神社

さきたまじんじゃ

高さ8.7m、周囲約92mの浅間塚古墳の上に鎮座し、社名の「前玉」は埼玉の語源になったともいわれている。祭神の前玉彦命、前玉姫命は恋愛成就・夫婦円満の神様。境内ではくつろぐ猫の姿が見られ、4匹の看板猫の絵柄が入った限定御朱印も人気。(→P.41)

本殿は浅間塚古墳の頂上にあり、石の階段を上って参拝する

MAP 別冊 P.41-C2

前玉神社
🏠 行田市大字埼玉5450
📞 048-559-0464
営 自由 休 なし
料 無料 P あり
交 JR高崎線「行田駅(東口)」から市バス・観光拠点循環コース25分「前玉神社前」下車、徒歩3分

良縁成就ほかネコがモチーフのお守りもバリエーション豊富。猫用のお守りもある

利根大堰に併設された見学施設

大堰自然の観察室

おおぜきしぜんのかんさつしつ

1968年(昭和43年)に完成した利根大堰は、利根川の河口から154kmに位置する全長約500m、12の水門を有する可動堰。併設された「大堰自然の観察室」からは、季節によってサケやアユが魚道を遡上する様子を見ることができる。

埼玉県や群馬県、東京都へ水道用水、農業用水等を供給する利根大堰

MAP 別冊 P.9-A4

大堰自然の観察室
🏠 行田市大字須加字船川4369
📞 048-557-1501 🕐 9:00～17:00(10～1月は～16:30) 休 なし
料 無料 P あり 交 秩父鉄道「東行田駅」から市内循環バス20分「老人福祉センター」下車、徒歩10分

4月下旬～6月上旬にはアユ、10月中旬～12月にはサケの遡上が見られる

深谷市・寄居町

「関東の駅100選」に選ばれている、東京駅を模した深谷駅

人口	深谷市 ▶ 141,681 人
	寄居町 ▶ 32,237 人

🚉 エリア利用駅

深谷駅
JR 高崎線

岡部駅
JR 高崎線

ふかや花園駅
秩父本線（秩父鉄道）

寄居駅
JR 八高線
東武東上線
秩父本線（秩父鉄道）

ヒント 寄居駅は東武東上線の終着駅。ふかや花園駅は「ふかや花園・プレミアムアウトレット」の最寄り駅

深谷駅への行き方

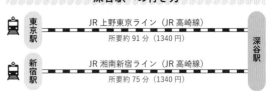

東京駅 ── JR 上野東京ライン（JR 高崎線） ── 深谷駅
所要約 91 分（1340 円）

新宿駅 ── JR 湘南新宿ライン（JR 高崎線） ── 深谷駅
所要約 75 分（1340 円）

　利根川と荒川に挟まれた地域に位置する深谷市の市街地は、1456 年（康正 2 年）に上杉房顕が深谷城を築き、その周りに城下町が形作られたのが始まり。江戸時代には中山道の宿場がおかれ、また利根川水運の河岸場があったことから、交通や交易の要衝として栄え、江戸の文化が広まった。明治時代になると「近代日本経済の父」と呼ばれる渋沢栄一が設立に関わった日本煉瓦製造株式会社の工場が造られ、近代産業の発展に貢献。「れんがの街」として知られる深谷は、渋沢栄一の生まれ故郷であり、ゆかりの観光スポットも多い。また深谷市の南側に隣接する寄居町は、荒川の清流が秩父の山間から関東平野へと流れ出る扇状地に位置する。古くは鉢形城の城下町や秩父往還の宿場町として栄えた、豊かな自然と歴史をもつ町だ。

彩info　レンタサイクル「フカペダル」は普通車が 2 時間 200 円、1 日 500 円、電動車が 2 時間 500 円、1 日 1000 円。ふっかちゃん横丁（MAP 別冊 P.43-C4 営業 11:00 〜 17:00、月・木曜定休）などで借りられる。

歩き方

宿場町の面影を残す「れんがの街」

　市の中心に位置するJR深谷駅は、東京駅の赤れんが駅舎を模したデザインが特徴。深谷市産のれんがが東京駅建設に使われたことにちなみ、壁面にれんが風のタイルが貼られている。

城跡の一角が公園として整備されている深谷城址公園

駅のすぐ南には深谷城の裏鬼門を守護する瀧宮神社があるので、お参りしてから歩き始めよう。駅の北側の旧中山道とその周辺は深谷城址公園、藤橋藤三郎商店のれんが造りの煙突、現在はミニシアターや書店などが営業する七ツ梅酒造跡など、歴史的建造物を生かした町並みが楽しい。渋沢栄一ゆかりの見どころは市の北部に点在し、深谷駅からは距離があるためタクシーが便利。コミュニティバス「くるリン」も運行しているが本数は少ない。

荒川が流れる寄居町は水と歴史の町

　寄居町は、JR八高線、東武東上線、秩父鉄道の3つの鉄道が通っており、また関越自動車道花園ICにも近く、各方面からのアクセスが便利。県指定名勝である荒川の美観を望める玉淀河原へは、寄居駅から徒歩15分ほど。また荒川

玉淀河原で開かれる寄居北條まつり。鎧武者に扮した総勢500人が合戦を再現

に架かる正喜橋を渡った先の高台には鉢形城公園がある。町の公式サイトからハイキングマップをダウンロードして、荒川沿いに由緒ある寺社を巡りながら玉淀の景勝を楽しむのもよいだろう。

おさんぽプラン

❶ 深谷駅
　🚶 徒歩2分
❷ 瀧宮神社　（▶ P.293）
　🚶 徒歩10分
❸ 深谷シネマ　（▶ P.291）
　🚶 徒歩5分
❹ 藤橋藤三郎商店　（▶ P.57）
　🚶 徒歩7分
❺ 深谷駅

ふかや花園プレミアム・アウトレット

　2022年10月に秩父鉄道「ふかや花園駅」の北側に巨大アウトレットモールが登場した。（→P.13）

酒蔵を改装した映画館

　深谷シネマは市民の活動と協力によって開館したミニシアター。2010年に300年以上の歴史をもつ七ツ梅酒造跡（→P.293）に移転。さまざまなジャンルの名画を上映するほか、市民の交流の場となっている。

✅ 深谷シネマ

MAP 別冊 P.43-C3
🏠 深谷市深谷町 9-12
📞 048-551-4592　🕐 不定期
💤 火　💴 1200円　🅿 あり　🚃 JR高崎線「深谷駅（北口）」から徒歩10分

300年の歴史を感じさせる趣深い建物

 みちくさ手帳

渋沢栄一の生誕地「血洗島」

　栄一は渋沢家の長男として1840年（天保11年）に現在の深谷市の北部、血洗島村で生まれた。村の名の由来は、赤城の山霊が戦いで負った傷を洗った場所、また利根川の氾濫によって洗われた土地など、諸説ある。

　栄一は23歳で京都に出て一橋（徳川）慶喜の家臣となるまでこの地で過ごした。その後、妹夫妻が渋沢家を継いだが、栄一は多忙のなか時間を作って帰郷するなど、91歳で亡くなるまで故郷を愛した。

深谷駅北口から駅舎を見守るように置かれた和服姿の渋沢栄一像

 深谷城址公園（**MAP** 別冊 P.43-C4）は1456年（康正2年）に深谷上杉家の上杉房憲が築いた深谷城跡。石垣と土塁、堀が模擬復元され、園内には芝生広場や市民文化会館などが点在する。JR深谷駅（北口）から徒歩15分。

MAP 別冊 P.43-A3

渋沢栄一記念館

住 深谷市下手計1204 TEL 048-587-1100 営 9:00〜17:00（入館〜16:30）。見学は事前予約制 休 なし 料 無料 P あり 交 JR高崎線「深谷駅（北口）」からくるリン北部シャトル便25分「渋沢栄一記念館」下車すぐ

ゆかりの品や写真などたくさんの資料が展示されている　写真提供：深谷市

MAP 別冊 P.42-A2

旧渋沢邸「中の家」

住 深谷市血洗島247-1 TEL 048-587-1100（渋沢栄一記念館）営 9:00〜17:00（入館〜16:30）休 なし 料 無料 P あり 交 JR高崎線「深谷駅（北口）」からくるリン北部シャトル便25分「渋沢栄一記念館」下車、徒歩10分 ※ 2023年4月末まで主屋の耐震工事のため敷地の一部のみ見学可

中庭には髷を結い刀を持った青年時代の渋沢栄一の銅像が立つ

MAP 別冊 P.42-A2

華蔵寺

住 深谷市横瀬1360 TEL 048-587-2145 営 8:00〜18:00 休 なし 料 無料 P あり 交 JR高崎線「岡部駅」から車10分

埼玉県指定有形文化財の大日如来像のほか、円空作の阿弥陀如来像なども所蔵

おもな見どころ

渋沢栄一の生涯を資料でたどる
渋沢栄一記念館
しぶさわえいいちきねんかん

「近代日本経済の父」と呼ばれた渋沢栄一ゆかりの写真や遺墨などが展示され、また栄一の姿と声を再現したアンドロイドによる「道徳経済合一説」についての講義を聴くことができる。建物の北側には栄一の雅号を冠した青淵公園が広がっている。（→ P.66）

重厚な建物。予約システムから2日前までに要予約　写真提供：深谷市

渋沢栄一の生誕地に建つ
旧渋沢邸「中の家」
きゅうしぶさわていなかんち

渋沢栄一記念館から徒歩約10分。青淵公園内を歩いて行くこともできる。主屋は栄一の妹夫妻が1895年（明治28年）に建て替えたもので、栄一も帰郷の際にはこの家に滞在した。隣には栄一も好んで食べた深谷名物の「煮ぼうとう」を出す店がある。（→ P.66）

屋根に「煙出し」という天窓を設けた養蚕農家独特の造り　写真提供：深谷市

渋沢家の菩提寺
華蔵寺
けぞうじ

渋沢栄一の生家「中の家」から徒歩15分。本堂の左手には渋沢栄一が植えた赤松が茂り、境内の美術館には木造大日如来像のほか、渋沢栄一や尾高惇忠の書軸も展示。鎌倉時代初期に新田家が武運長久を祈願し創建した古刹で、総本山は奈良県の長谷寺。（→ P.67）

関東八十八ヵ所霊場の87番の札所。山門には金剛力士像が立つ

 渋沢栄一が帰郷の際に好んで食べたといわれる深谷名物の煮ぼうとう。旧渋沢邸の隣にある麺屋忠兵衛（→ P.66）は、古民家を利用した煮ぼうとう専門店で店内の床の間には栄一直筆の書が飾られている。

深谷市・寄居町 ◆ おもな見どころ

瀧宮神社
たきのみやじんじゃ

人々の命を育んできた霊泉の社

　境内に瀧のごとく湧く清水は、古くから周辺の田畑を潤してきた。また深谷城の裏鬼門の守護神として崇敬され、湧水は城の堀にも引かれた。お水取り信仰の人々が全国から訪れる。

創建は1000年前後と伝わる。2基の鳥居をくぐり本殿へ

MAP 別冊 P.43-C3

瀧宮神社
住 深谷市西島 5-6-1
TEL 048-571-0741　営 自由
休 なし　料 無料　P あり
交 JR 高崎線「深谷駅（南口）」から徒歩 2 分

12月5日は新嘗祭と酉の市が開催される

七ツ梅酒造跡
ななつうめしゅぞうあと

郷愁的な昭和の時代へタイムスリップ

　1694 年（元禄 7 年）に創業した蔵元の酒蔵跡。広大な敷地には深谷シネマ、書店、カフェなどが点在。レンガの壁や木造の家屋は昭和レトロ感たっぷりで、撮影スポットとしても人気。

つげ義春の漫画「ねじ式」で描かれたようなノスタルジーに満ちている

MAP 別冊 P.43-C3

七ツ梅酒造跡
住 深谷市深谷町 9-12　TEL 048-573-8707（一般社団法人 まち遺し深谷）　営 11:00 〜 17:00（店舗により異なる）　休 火（店舗により異なる）　料 無料　P あり
交 JR 高崎線「深谷駅（北口）」から徒歩 10 分
中山道深谷宿本陣でレンタサイクルも借りられる

瑠璃光寺
るりこうじ

平安時代初期に創建された

　比叡山延暦寺を本山とする天台宗の寺院。梅、桜、アジサイ、紅葉などが境内を美しく彩る。仁王門と薬師堂、市内最古の建造物である定門が、深谷市の有形文化財に指定されている。

薬師堂の東に位置する本堂。1926年（大正15年）に再建された

MAP 別冊 P.43-B4

瑠璃光寺
住 深谷市稲荷町北 9-25
TEL 048-571-1945　営 自由
休 なし　料 無料　P あり
交 JR 高崎線「深谷駅（北口）」から徒歩 25 分

薬師堂に安置された薬師如来は寅年にご開帳

アクアパラダイス パティオ
あくあぱらだいすぱてぃお

北関東最大級の屋内アミューズメントプール

　流れるプールや波のプールなどを完備し、天候に関係なく水遊びが 1 年間楽しめる。深谷グリーンパーク内にあり、園内の大花壇に咲き誇るチューリップ、ユリ、コスモスは圧巻だ。

お城をハイスピードですべり抜けるスピニングスライダー

MAP 別冊 P.42-C2

アクアパラダイス パティオ
住 深谷市樫合 763　TEL 048-574-5000　営 10:00 〜 21:00（7/20 〜 8/31 は 9:00 〜）　休 火（夏期は無休）　料 2000 円（市内料金 800 円）、小中学生 1000 円（市内料金 400 円）　P あり　交 JR 高崎線「深谷駅（南口）」からシャトルバス 20 分

彩info　ふっかちゃん横丁（MAP 別冊 P.43-C4）は深谷駅北口から徒歩 5 分の場所にある屋台村。食堂や居酒屋などの飲食店が軒を連ねる。入口にはふっかちゃんグッズを扱う「ふっかちゃん市場」もある。

MAP 別冊 P.9-B3

畠山重忠公史跡公園
🏠 深谷市畠山 510-2
📞 048-577-3409(深谷市商工振興課) 🕐 自由
🚫 なし 💴 無料 🅿 あり
🚉 秩父鉄道「永田駅」から徒歩20分

畠山重忠の墓。音声ガイドも聞くことができる

MAP 別冊 P.42-B2

道の駅おかべ農産物センター
🏠 深谷市岡 688-1 📞 048-585-5001 🕐 直売所 8:30～19:00(物産所 8:00～) 🚫 なし 💳 店舗により異なる 🅿 あり 🚉 JR高崎線「岡部駅(北口)」から徒歩18分

軟らかく糖度が高い特産の深谷ネギ

MAP 別冊 P.42-B2

中宿古代倉庫群跡
🏠 深谷市岡 3286-2
📞 048-577-4501(文化振興課)
🕐 自由 🚫 なし
💴 無料 🅿 あり
🚉 JR 高崎線「岡部駅(北口)」から徒歩 22 分

校倉造(右)と板倉造(左)の倉庫が並ぶ

MAP 別冊 P.8-B2

道の駅 はなぞの
🏠 深谷市小前田 458-1 📞 048-584-5225 🕐 8:00～19:00(店舗により異なる) 🚫 なし 💳 店舗により異なる 🅿 あり 🚉 秩父鉄道「小前田駅」から徒歩 15 分

ここでしか入手できないふっかちゃんグッズも

愛馬を背負って崖を降りる銅像で有名な

畠山重忠公史跡公園
はたけやましげただこうしせきこうえん

　畠山重忠の館跡を整備した公園で、銅像や重忠の墓とされる五輪塔などがある。秩父氏一族の畠山重能が武蔵国男衾郡畠山郷(現在の深谷市畠山)に居館を構えたのが始まりとされる。

愛馬を背負う姿は源平合戦の「ひよどり越えの逆落とし」の伝説から

深谷の食と魅力がたっぷり詰まった道の駅

道の駅おかべ農産物センター
みちのえきおかべのうさんぶつせんたー

　新鮮な野菜が並ぶ農産物直売センター、地酒や特産の漬物が揃うふるさと物産センターを中心とする道の駅。埼玉を代表する野菜王国・深谷の郷土料理が楽しめるレストランもある。

深谷産の野菜を使用したレストランも併設。買い物、食事を満喫できる

古代の歴史を語るうえで重要な遺構

中宿古代倉庫群跡
なかじゅくこだいそうこぐんあと

　奈良時代から平安時代にかけて使われた大規模な倉庫群跡。古代榛沢郡の正倉(税として徴収した稲を保管する倉庫)と推定される。県内初の発見例で歴史公園として整備された。

高床式の古代倉庫 2 棟が復元されている　写真提供：深谷市教育委員会

深谷の特産品やグルメが勢揃い

道の駅 はなぞの
みちのえき はなぞの

　本館 1 階は地元で生産された総菜、漬物、地酒などのおみやげ品が充実。2 階には深谷市のイメージキャラクター「ふっかちゃん」のミュージアム&ショップを併設している。

秩父、長瀞の物産も販売。2 階は地元特産品を使用したベーカリー

荒川の流れがつくり出した景勝地

玉淀河原
たまよどかわら

水が緩やかに流れるさまを玉の色に見立てて名づけられ、明治の文豪・田山花袋など多くの文化人もこの地を訪れた。正喜橋から雀宮公園まで川岸に遊歩道が整備されており、清流や奇岩を間近に散策を楽しめる。「玉淀水天宮祭」の会場としても知られる。

「玉のように美しい水の淀み」であるということが地名の由来

MAP 別冊 P.32-C2

玉淀河原
🏠 寄居町大字寄居　TEL なし
🕐 自由　🈲 なし
料 無料　P あり
🚉 JR・東武東上線・秩父鉄道「寄居駅（南口）」から徒歩15分

地元の武将・北条氏邦と豊臣秀吉の戦いを再現する「寄居北條まつり」が開かれる

戦国時代の代表的な城郭跡

鉢形城公園
はちがたじょうこうえん

荒川と深沢川に挟まれた断崖絶壁の上に築かれた鉢形城は、関東地方有数の規模を誇り、小田原北条氏の北関東支配の拠点として重要な役割を果たした。堀や土塁、曲輪などが残され、戦国時代の築城技術を伝える史跡として「日本100名城」にも選ばれている。

戦国時代の代表的な城郭跡として国の史跡に指定されている鉢形城跡

MAP 別冊 P.32-C2

鉢形城公園
🏠 寄居町大字鉢形2692-2
TEL 048-586-0315（鉢形城歴史館）
🕐 自由（歴史館は9:30〜16:00）
🈲 なし（歴史館は月曜・祝日の翌日）
料 無料（歴史館は200円）
P あり
🚉 JR・東武東上線・秩父鉄道「寄居駅（南口）」から徒歩25分

四季折々の景観を楽しめる園内にはガイダンス施設の鉢形城歴史館がある

「かわはく」の愛称で知られる

埼玉県立川の博物館
さいたまけんりつかわのはくぶつかん

荒川を中心とする河川と暮らしの関わりを学べる体験型ミュージアム。荒川全体を1000分の1の縮尺で表現した「荒川大模型173」、大水車、大陶板画『行く春』の3つの"日本一"がある。ウオーターアスレチック「荒川わくわくランド」を併設。

埼玉県産の西川材を使用して作られた直径24.2mの大水車

MAP 別冊 P.8-B2

埼玉県立川の博物館
🏠 寄居町小園39
TEL 048-581-7332
🕐 9:00〜17:00（入館〜16:30）、土・日・祝・お盆〜18:00（入館〜17:30）
🈲 月（祝日や夏休み期間は開館）
料 410円
P あり
🚉 東武東上線「鉢形駅」から徒歩20分

「埼玉の母なる川」荒川の源流から河口までの流れと地形を表現した大模型

本庄市
ほんじょうし

本庄の絹産業の繁栄を今に伝える
旧本庄商業銀行煉瓦倉庫

人口	本庄市 ▶ 77,526 人

本庄駅への行き方

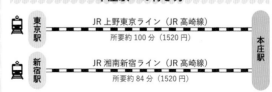

| 東京駅 | JR 上野東京ライン（JR 高崎線）所要約 100 分（1520 円） | 本庄駅 |
| 新宿駅 | JR 湘南新宿ライン（JR 高崎線）所要約 84 分（1520 円） | 本庄駅 |

エリア利用駅

本庄駅
JR 高崎線

本庄早稲田駅
上越新幹線

児玉駅
JR 八高線

ヒント 本庄駅〜本庄早稲田駅、本庄駅〜児玉駅を結ぶ路線バスが運行している。本庄駅〜本庄早稲田駅間は「はにぽんシャトル」も運行

群馬県にもほど近い埼玉県北西部に位置する本庄市。平安時代にこの地域を群雄割拠した武蔵七党のひとつで最大勢力を有した児玉党の庄氏本宗家が館を築き、鎌倉時代に庄氏から派生した本庄氏がこの地に残ったことが地名の由来とされる。江戸時代には中山道最大の宿場として栄え、幕末から明治にかけては養蚕と絹の街として発展を遂げた。当時の繁栄を伝える歴史的建造物が数多く見られ、また伝統の絹織物を現代に生かす取り組みも行われている。江戸時代からの歴史をもち、中山道一の山車祭りとして知られる「本庄まつり」は、毎年 11 月 2・3 日に行われる金鑚神社の例大祭。日本武尊、神武天皇、加藤清正、桃太郎などの人形をのせた絢爛豪華な 10 基の山車が中山道を優雅に巡行する様子はまるで時代絵巻そのもの。

 彩info 「こだま千本桜」は、児玉町を流れる小山川にある、有名なお花見スポット。川の両岸に約 1100 本の桜が 5km にわたって美しく咲き誇り、開花時期には「こだま千本桜まつり」やライトアップも行われる。

歩き方

≫≫ JR本庄駅から金鑚神社まで旧中山道を歩く

南北に細長い形をした本庄市内には、北側にJR高崎線、その南に上越新幹線と関越自動車道、さらに南側にJR八高線が東西に走る。JR高崎線の本庄駅の北口を出て駅前通りを

上越新幹線が停車する本庄早稲田駅は早稲田大学本庄高等学院の最寄り駅

真っすぐ5分ほど歩くと、旧中山道(県道392号)に突き当たる。ここを左に折れると、かつて通りの北側に田村本陣(北本陣)、南側に内田本陣(南本陣)があった。現在ではその痕跡は残っていないが、田村本陣の門が旧本庄警察署の前に移築されている。田村本陣跡から県道392号を西へ6分ほど歩くと旧本庄商業銀行煉瓦倉庫、さらに10分ほどで金鑚神社にいたる。中山道随一のにぎわいを誇った当時の様子を想像しながら散策を楽しみたい。

≫≫ 「高窓の里」で知られる児玉町を巡る

市内に点在するスポットを巡るなら車があると便利。関越自動車道でアクセスする場合は本庄児玉ICで下りる。JR八高線の児玉駅がある市南部はもとは児玉郡児玉町だったが2006年に本庄市と合併。平坦な土地が広がる北部とは対照的に、秩父

芝桜で彩られた高窓の里の風景。さくらやサツキの時期も美しい

山地北麓の丘陵地となっている。古くから養蚕が盛んな地域で、児玉町小平地区には屋根の上に換気用の小屋根を付けた「高窓の家」と呼ばれる養蚕農家がまとまって残り「高窓の里」と呼ばれている。

アスリートに人気のパワスポ

日本神社は坂上田村麻呂が蝦夷平定の途中に戦勝を祈願したと伝わる勝運スポット。なでしこジャパンへ青達磨を贈呈し、2011年の女子サッカーW杯に優勝したことでも話題となった。勝運・開運の神社として参拝者が訪れている。県道287号線から坂道を5分ほど登る。通常は無人なので達磨や絵馬を奉納する場合は、宮司宅に連絡してみよう。

✔️ **日本神社**

🗺 MAP 別冊 P.8-B1
🏠 本庄市児玉町小平1578
☎ 0495-72-1791(宮司宅)
🕐 自由 休 なし 料 無料
🅿 あり JR八高線「児玉駅」から車12分

社殿には必勝をもたらす青達磨が並んでいる

みちくさ手帳 本庄が生んだ盲目の国学者・塙保己一

1746年(延享3年)に現在の本庄市児玉町に生まれた塙保己一(はなわほきいち)は、江戸時代中期の国学者として知られる。7歳で失明するが、学問を志し15歳で江戸に出て、苦学の末に検校(盲人の役職の最高位)となった。古代から江戸時代初期までの史書や文学作品1277種を収集・編纂した『群書類従』は、後世の学術的研究に多大な貢献をした。市内には生家(国指定史跡)と墓所、記念館(→ P.299)がある。

ヘレン・ケラーが尊敬し、手本にしていたという塙保己一

彩info JR本庄駅(南口)の改札を出て右側に観光案内所(テラスバ本庄)がある。パンフレットをはじめ市内の情報を得られるほか、みやげ物や本庄市のマスコット「はにぽん」グッズを販売。カフェを併設している。

297

金鑚神社

MAP 別冊 P.44-B2

金鑚神社
📍 本庄市千代田 3-2-3 　☎ 0495-
22-3267 　⏰ 自由 　休 なし 　料 無
料 　🅿 あり 　🚉 JR 高崎線「本
庄駅（北口）」から徒歩 20 分

例大祭の「本庄祭り」では、北関東随一と称される山車が市内を巡行する

武州本庄七福神巡りのひとつ
金鑚神社

541 年（欽明天皇 2 年）の創建と伝わる、武蔵七党のひとつである児玉党の氏神様。歴代本庄城主の崇拝を受けてきた。江戸時代に再建された権現造りの社殿は県の文化財。樹齢 350 年以上と推定される御神木のクスノキは県の天然記念物に指定されている。

極彩色の彫刻が見事な社殿。幣殿内は地元画家による天井絵画が掲げられている

MAP 別冊 P.44-B2

旧本庄商業銀行煉瓦倉庫
📍 本庄市銀座 1-5-16 　☎ 0495-
71-6685 　⏰ 9:00 ～ 17:00 　休 なし 　料 無料 　🅿 あり 　🚉 JR 高崎線「本庄駅（北口）」から徒歩11 分

1 階では建物や当時の本庄の絹産業についてパネルや展示物を使って解説している

本庄の繁栄を伝える国登録有形文化財
旧本庄商業銀行煉瓦倉庫

担保として預かった繭や生糸を保管する倉庫として、1896 年（明治 29 年）に完成。キングポスト式のつり天井や全面フロアなど当時の最新工法で建設され、鉄扉や網戸など防火と通風に配慮している。現在は多目的ホールとして使われる市民の交流の場だ。

壁面には深谷の日本煉瓦が製造した赤れんがが用いられている

MAP 別冊 P.8-B1

成身院百体観音堂
📍 本庄市児玉町小平 653 　☎
0495-72-6742（本庄市観光農業センター） 　⏰ 10:00 ～ 17:00 　休 木 　料 300 円（本庄市観光農業センターで受付） 　🅿 あり 　🚉 JR 八高線「児玉駅」から車 10 分

古びた味わいのある建物。自然豊かな環境でのどかな山里の風景に郷愁を誘われる

「日本三大さざえ堂」として知られる
成身院百体観音堂

通称「さざえ堂」と呼ばれる、児玉三十三霊場の 1 番札所。1783 年（天明 3 年）に起きた浅間山の大噴火の犠牲者を弔うために建立された。外観 2 層、内部 3 層の回廊式になっている珍しい建物で、西国・坂東・秩父の百観音が安置されている。

合計 100 体の観音像がずらり。上りと下りですれ違うことがないらせん構造

  「さざえ堂」の近くにある本庄市観光農業センターでは、地元産の農産物などのほか、「日本神社」の青いダルマを販売。また自転車の貸し出し（1 日 1000 円）、そば打ち体験も行っている。

豊かな自然環境にある地域文化の拠点

本庄早稲田の杜ミュージアム
ほんじょうわせだのもりみゅーじあむ

本庄市と早稲田大学が所蔵する文化財を共同で展示するミュージアム。はにわをはじめとする考古資料や年表を通して本庄の歴史と文化をたどれ、早稲田大学の所蔵品を企画展示している。

早稲田リサーチパーク・コミュニケーションセンター1階にある

MAP 別冊 P.44-C2

本庄早稲田の杜ミュージアム
🏠 本庄市西富田 1011
📞 0495-71-6878 🕐 9:00 ～ 16:30
🈺 月（祝日の場合は翌日）
🎫 無料 🅿 あり
🚃 JR 上越新幹線「本庄早稲田駅（南口）」から徒歩 3 分

かわいらしい表情が印象的な盾持人物埴輪

郷土が生んだ偉人の業績を紹介する

塙保己一記念館
はなわほきいちきねんかん

江戸時代の国学者、塙保己一（→ P.297）の生涯と業績をさまざまな資料で紹介。666 冊に及ぶ『群書類従』や、生涯大切にしていた母手縫いの巾着などの遺品も展示している。

彼が長い年月をかけて集めた文献や編纂した書物がどっさり

MAP 別冊 P.8-A1

塙保己一記念館
🏠 本庄市児玉町八幡山 368（アスピアこだま内）📞 0495-72-6032
🕐 9:00 ～ 16:30 🈺 月（祝日の場合は翌日）🎫 無料 🅿 あり
🚃 JR 八高線「児玉駅」から徒歩 10 分

いぶし色のレンガ積みの外壁がスタイリッシュ

養蚕業の発展を伝える県指定有形文化財

競進社模範蚕室
きょうしんしゃはんさんしつ

養蚕技術の改良に一生を捧げた木村九蔵によって、1894 年（明治 27 年）に建設された。温度や湿度を調整できるように炉や二重戸、また屋根には 4 つの高窓が設けられている。

明治時代の建築物。建物内には養蚕で使用された道具なども展示している

MAP 別冊 P.8-A1

競進社模範蚕室
🏠 本庄市児玉町児玉 2514-27
📞 0495-71-1121 🕐 9:00 ～ 16:30
🈺 月（祝日の場合は翌日）🎫 無料 🅿 あり 🚃 JR 八高線「児玉駅」から徒歩 3 分

一派温暖育を考案した木村九蔵の胸像が立つ

「東国花の寺百ヶ寺」に選ばれている

長泉寺
ちょうせんじ

室町時代に起源をもつ曹洞宗の寺院。境内には樹齢 650 年と推定される「骨波田の藤」があり、4 月下旬～ 5 月上旬には白、ピンク、淡い藤色、濃い藤色と 4 色の花々が咲き誇る。

児玉三十三霊場の 31 番札所。藤棚は 8 つに分かれ、総面積は 2500㎡

MAP 別冊 P.8-B1

長泉寺
🏠 本庄市児玉町高柳 901 📞 0495-72-3122 🕐 自由 🈺 なし
🎫 無料（藤開花期間中は 500 円）🅿 あり 🚃 JR 八高線「児玉駅」から車 10 分

日本の美が感じられる藤の花の見頃は 1 週間ほど

本庄早稲田の杜ミュージアムに展示されている「笑う盾持人物埴輪」は、市内の「前の山古墳」から出土した、全国的にも珍しい笑う表情をしたはにわ。本庄市のマスコット「はにぽん」のモデルになっている。

澄んだ空気と神流川の清流に心を癒やされる

上里町・神川町・美里町
かみさとまち・かみかわまち・みさとまち

このはなパーク上里。背後に群馬県の赤城山などがそびえる

人口　　上里町 ▶ 30,554 人
　　　　神川町 ▶ 13,122 人
　　　　美里町 ▶ 10,916 人

🚉 **エリア利用駅**
神保原駅
JR 高崎線
丹上駅
JR 八高線
松久駅
JR 八高線
ヒント 神保原駅は上里町、丹上駅は神川町、松久駅は美里町にある。神川町へ行くには、JR高崎線の本庄駅から丹上駅を経由して神泉総合支所まで行く路線バスも利用できる

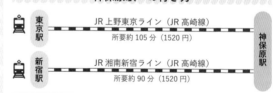

神保原駅への行き方

| 東京駅 | JR 上野東京ライン（JR 高崎線）所要約 105 分（1520 円） | 神保原駅 |
| 新宿駅 | JR 湘南新宿ライン（JR 高崎線）所要約 90 分（1520 円） | |

　県北西部に位置し、群馬県と隣接する児玉郡は、上里町、神川町、美里町の 3 つの町からなる。いずれも昭和 40 年代から 60 年代にかけて町制が施行され、人口は合わせて 6 万 7000 人ほど。上里町にはかつて上州上野国と武州武蔵国を分ける神流川の渡し場があり、川の半分に橋が架かり、残りの半分を舟で渡っていた様子が江戸時代後期の絵師・渓斎英泉の浮世絵に描かれている。上里町のほとんどが平坦な土地なのに対し、秩父山地を源流とする神流川に沿って南北に広がる神川町は、町域の半分以上が山地。神川町、皆野町、秩父市の境には標高 1038m の城峯山がそびえる。美里町は本庄市の南東に位置し、南は寄居町と長瀞町に接する。その名のとおり美しい田園風景が広がり、特産のブルーベリーなど農作物も豊富。

🔊 **Voice** このはなパーク上里内の「上里いちご&トマト園」では 11 月から 5 月下旬まで収穫体験を楽しめます。大型ハウス内の約 10 種類のミニトマトは、みずみずしくてとてもおいしいです。（寄居町在住・T）

歩き方

》》埼玉県の最北端に位置する自然豊かな上里町

　利根川の支流である烏川と神流川を境にして群馬県と隣接する上里町は、児玉郡のなかで最も人口の多い町。JR高崎線の神保原駅が町内にある唯一の鉄道駅で、また町の東西を

このはなパーク上里のJA直売所と上里町コミュニティバス「こむぎっち号」

上越新幹線（最寄り駅は本庄早稲田駅）と関越自動車道が通っている。このエリアを訪れるなら、見どころが広範囲に点在しているので、車のほうが便利だ。群馬県境に近い町の西側に上里スマートICと上里SAがある。上里SA周辺では赤城・榛名・妙義の上毛三山と浅間山を眺められるので、立ち寄ってみよう。見どころは古い歴史をもつ上里菅原神社や陽雲寺、夏はホタルが飛び交うみちくさの道（ほたるの里）などが知られる。

》》古墳から神話まで歴史に彩られた神川町と美里町

　神川町は上里町の南側、神流川に沿って広がり、神流川水辺公園が町民の憩いの場。神流川を上流へ遡ると、神山の中腹に城峯公園があり、下久保ダム（神流湖）と周辺の山々を一望できる。児玉郡のなかで最も東側に位置するのが美里町。町の中

城峯公園付近から眺められる雄大な山景色。紅葉に色づく季節は特に美しい

心には図書館やスポーツ施設を備えた遺跡の森総合公園があり、園内の美里町遺跡の森館で古墳群の出土品を見学できる。また夏なら、観光農園でブルーベリー狩りを楽しむのもよいだろう。

🚩おさんぽプラン

① **神保原駅**
　🚶 徒歩15分
② **みちくさの道**
　（ほたるの里）（▶ P.301）
　🚶 徒歩30分
③ **陽雲寺**　　（▶ P.302）
　🚶 徒歩30分
④ **このはなパーク上里**
　　　　　　　（▶ P.302）
　🚌 コミュニティバス27分
⑤ **神保原駅**

ブルーベリー狩りを体験！
　美里町では、6月上旬から9月上旬にかけて約20ヵ所の観光農園が開園し、ブルーベリー狩りを楽しむことができる。時間制限なしの「基本プラン」と30分制限の「体験プラン」があり、いずれのプランも食べ放題はなしで「持ち帰り」のみ。収穫時期で品種が異なり、味にも違いがあるので食べ比べてみるのもいい。詳細は美里町観光協会のサイトでチェックできる。
🔗 www.misato-kanko.com

フレッシュなブルーベリーは生で食べてもジャムなどに加工してもいい

幻想的にホタルが舞う癒やしスポット

　ほたるの里として知られる「みちくさの道（**MAP** 別冊 P.44-A1）」は上里町を流れる御陣場川を改修した際に、廃川敷を整備した遊歩道。しだれ桜や柳のトンネルが延び、住民のいこいの場として人気を集めている。清流が流れる小川では6月上旬から7月中旬までホタルも観賞できる。多く飛ぶ時間帯は19:30～20:30頃。暗くて足元も悪いので懐中電灯を持参しよう。場所は国道17号沿いのカインズスーパーセンター北西側にある。

ヘイケボタルを見ることができる貴重なスポット

おもな見どころ

MAP 別冊 P.8-A1

このはなパーク上里
🏠 上里町大字勅使川原 1000-7
📞 0495-35-1232（上里町役場産業振興課） 営 店舗により異なる 休なし 💳 店舗により異なる 🅿 あり 🚃 上里スマート IC から車 1 分

11 月から 5 月下旬にかけて収穫体験を楽しめる、上里いちご＆トマト園

MAP 別冊 P.8-A1

上里菅原神社
🏠 上里町帯刀 235
📞 0495-33-6697 営 自由
休 なし 料 無料 🅿 あり
🚃 上里スマート IC から車 3 分

社殿の折り上げ格天井に描かれた美しい天井画も必見

MAP 別冊 P.8-A1

陽雲寺
🏠 上里町金久保 701
📞 0495-33-8255 営 自由
休 なし 料 無料 🅿 あり
🚃 JR 高崎線「神保原駅」から徒歩 30 分

武田信玄の夫人だった秀姫の墓。立派な門が設置されている

👜 **上里グルメが勢ぞろいするランドマーク**

このはなパーク上里

（このはなぱーくかみさと）

上里スマート IC から車で 1 分。バームクーヘンや焼き菓子を販売する上里カンターレを中心に、JA 埼玉ひびきのが運営するアグリパーク上里（農産物直売所）や上里いちご＆トマト園などが敷地に点在。老舗の中央軒煎餅上里工場直売店では限定品やお買い得商品が並ぶ。

南イタリアの明るく楽しい雰囲気がコンセプトの上里カンターレ

⛩ **学問の神様・菅原道真をお祀りする**

上里菅原神社

（かみさとすがわらじんじゃ）

道真公が大宰府で没した 903 年（延喜 3 年）、祠にその絵姿を祀ったのが始まりと伝わる。仇討ちで有名な曽我兄弟の祖父・伊東祐親が社殿を改築するなど、名主や村人から信仰を集めてきた。境内の稲荷神社や愛宕神社には開運招福を祈る参拝者も多い。

2002 年に「菅原道真公 1100 年大祭」に合わせ幣殿・拝殿が新築された

🛕 **1205 年創建と伝わる曹洞宗の寺院**

陽雲寺

（よううんじ）

1333 年（元弘 3 年）、新田義貞が鎌倉攻めの際に立ち寄り、戦勝を祈願して不動堂を建立。その後戦禍で堂宇を焼失したが、武将・川窪信俊が養母である武田信玄夫人の菩提を弔うために再建した。銅鐘は頂部の竜頭が上を向いた朝鮮式で珍しい。

神流川の戦いによって荒廃したが、武田信玄の甥にあたる川窪信俊が再興

 Voice 上里菅原神社の宮司さんの妻で権禰宜のテチャナさんはウクライナ出身。通常の御朱印のほかに、英語とウクライナ語で筆を入れた季節限定の御朱印を頒布しています。（上里町在住・N）

上里町・神川町・美里町 ◆ おもな見どころ

日本武尊が東征の際に創祀したと伝わる

金鑚神社
かなさなじんじゃ

御嶽山の麓、標高約300mの御室山を背にする武蔵国二ノ宮。日本武尊が東征の際に、草薙剣とともに携えていた火打金を御室山（御室ヶ嶽）に納めたことが始まりとされる。御室山を御神体山として祀っているため本殿がなく原始信仰の形を今に伝えている。（→P.45）

拝殿の背後には本殿がない。ご神体は奥にそびえる御室山

MAP 別冊 P.8-B1

金鑚神社
住 神川町大字二ノ宮751
電 0495-77-4537　営 自由
休 なし　料 無料　P あり
交 JR高崎線「本庄駅」から朝日バス28分「新宿」下車、徒歩20分

国指定重要文化財「多宝塔」や特別天然記念物「鏡岩」など見どころも多い

大自然に囲まれて水と親しむ

神流川水辺公園
かんながわみずべこうえん

群馬県との境を流れる神流川のほとりにあり、町内の子供たちの要望をもとに設計された。小さなせせらぎが流れる園内には芝生広場や大型遊具などが点在。5月5日のこどもの日前後には、100を超えるカラフルな鯉のぼりが空を泳ぎ圧巻だ。

地元小学生たちのアイデアを体現した理想の公園。自然の中で思い切り遊べる

MAP 別冊 P.8-B1

神流川水辺公園
住 神川町大字渡瀬1017-1
電 0495-77-0702（建設課）
営 自由　休 なし
料 無料　P あり
交 本庄児玉ICから車25分

園内を流れる清流。夏には川遊びを楽しむ人の姿もある

多目的ホールと展示棟で構成される

美里町遺跡の森館
みさとまちいせきのもりかん

遺跡の森総合公園内。展示室では美里町の遺跡から発掘された土器やはにわをはじめ、さまざまな資料を通して町の歴史を学べる。平安時代に寺院の五重塔や金堂に似せて作られたとされる瓦塔と瓦堂は、国の重要文化財に指定されている貴重なものだ。

美里町の文化の拠点として設立。多目的ホール棟、展示棟からなる

MAP 別冊 P.8-B2

美里町遺跡の森館
住 美里町大字木部574　電 0495-76-0204　営 9:00～21:30（展示室の見学～17:00）　休 月（祝日の場合は翌日）　料 見学無料　P あり　交 JR八高線「松久駅」から徒歩16分

馬型や人型などさまざまなタイプのはにわが出土し、それらが展示されている

秩父・長瀞エリア

埼玉県の最西端にあり、山々に囲まれた秩父盆地に広がる埼玉県屈指の観光エリア。
秩父地方の総鎮守である秩父神社の門前町としてにぎわった。
三峯神社などのパワースポットや温泉地、花の名所も多く、
豊かな自然と触れ合うアクティビティや四季折々の風景を楽しみたい。

1 秩父盆地の中心部で歴史を誇る神社と祭り
秩父市

P.306 **MAP** 別冊 P.13-A3〜C4

埼玉県一広く、大半が秩父多摩甲斐国立公園や県立自然公園に指定。知知夫国と呼ばれ、秩父神社の門前町は札所巡礼や絹市でにぎわった。秩父夜祭など観光の魅力が満載。

秩父市には雲海スポットが点在している

番場通りは秩父神社の参道です

2 武甲山の麓に広がる棚田が空を映す山間の町
横瀬町

P.306 **MAP** 別冊 P.10-A1〜A2

武甲山の麓にあり、自然豊かな里山の町。四季折々の日本の原風景が見られる寺坂棚田や、幻想的な氷の芸術を楽しめるあしがくぼの氷柱など、美しい景色に会える。

日本の原風景が広がる寺坂棚田。秋には彼岸花が咲き誇る

藤岡市

神流湖

神川町

神流町

神流川

神流川

462

1 秩父市

国道299号線の県境付近はきついカーブが連続するため「酷道」とも呼ばれる

299

赤平川

299

3 小鹿野町

秩父往還と呼ばれる国道140号線。三峰口駅を過ぎるとクネクネした峠道が続く

奥秩父もみじ湖

三峰口駅

秩父鉄道

140

秩父湖

140

秩父市

このエリアでしたいこと"5"

1. 秩父盆地で感動的な雲海を望む ▶ P.22
2. パワースポット三峯神社を参拝 ▶ P.46,311
3. 秩父鉄道のんびり途中下車の旅 ▶ P.72
4. 浦山ダムや橋立堂へハイキング ▶ P.82
5. 石畳が続く長瀞でラインくだり ▶ P.318

東京方面からのアクセス

| 🚗 | 練馬IC | 関越自動車道 /56km
所要 40 分 ETC 1900 円 | 花園IC | 国道 140 号 /25km
所要 40 分 | 秩父 |
| 🚗 | 練馬IC | 関越自動車道 /56km
所要 40 分 ETC 1900 円 | 花園IC | 国道 140 号 /19km
所要 30 分 | 長瀞 |

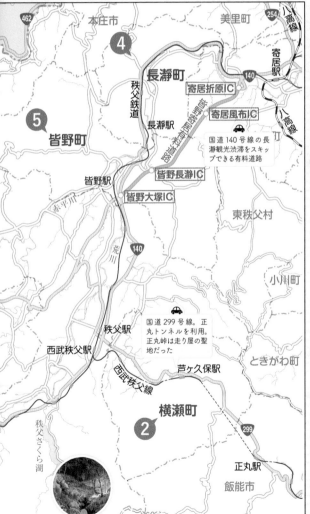

国道 140 号線の長瀞観光渋滞をスキップできる有料道路

国道 299 号線。正丸トンネルを利用。正丸峠は走り屋の聖地だった

③ 秩父の山に囲まれた花と歌舞伎と名水の町
小鹿野町

P.306 MAP 別冊 P.12-A2～P.13-B3

長野県と接し、鉄道が通っていない山がちな町。日本百名山の両神山がシンボル。両神山麓花の郷ダリア園や、日本の滝百選に選ばれた丸神の滝、尾ノ上渓谷氷柱など自然を楽しむスポットが点在。伝統芸能・小鹿野歌舞伎も有名。

小鹿野町と秩父市にまたがる秩父ミューズパーク

④ 岩畳と渓谷美が有名な埼玉県屈指の観光地
長瀞町

P.314 MAP 別冊 P.8-B1～C1

秩父盆地の北端で町の中央を荒川が流れる景勝地。国指定名勝および天然記念物の長瀞岩畳で有名。1930 年（昭和5年）に秩父本線が全線開通し、観光客が激増した。1900 年以上の歴史を誇る寶登山神社も参拝したい。

渓谷美を楽しめる長瀞ラインくだり

⑤ 美の山公園から眺める花と夜景と星空と雲海
皆野町

P.314 MAP 別冊 P.8-B1～C1

町の中心を秩父鉄道が貫く細長い町。ロウバイや梅、桜など季節ごとの花々で有名な蓑山にある美の山公園は、埼玉県で唯一日本夜景 100 選に選出。雲海が見られることも。

美の山公園では 6 月下旬～7 月上旬のアジサイも必見

レトロ情緒が漂う町並みと神秘的な自然が広がる

秩父市・横瀬町・小鹿野町
（ちちぶし・よこぜまち・おがのまち）

羊山公園の芝桜の丘。開花時期は4月中旬〜5月初旬

人口	秩父市 ▶ 59,244 人
	横瀬町 ▶ 7,835 人
	小鹿野町 ▶ 10,621 人

🚃 エリア利用駅

西武秩父駅
西武秩父線

横瀬駅
西武秩父線

秩父駅
秩父本線（秩父鉄道）

御花畑駅
秩父本線（秩父鉄道）

ヒント 西武秩父線と秩父本線が乗り換えできるのは西武秩父駅と御花畑駅。両駅の間は徒歩5分ほど離れている

西武秩父駅・御花畑駅への行き方

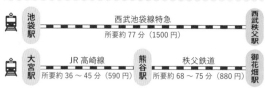

🚃 池袋駅 ━━ 西武池袋線特急 所要約77分（1500円） ━━ 西武秩父駅

🚃 大宮駅 ━ JR高崎線 所要約36〜45分（590円） ━ 熊谷駅 ━ 秩父鉄道 所要約68〜75分（880円） ━ 御花畑駅

　県最西端の大部分を占め山に囲まれた秩父地方は、古くは知知夫国と呼ばれ知知夫国造に支配されていたが、7世紀に律令国の武蔵国となった。現在の秩父市は、県内の市町村のなかで最も広い面積をもち、そのほとんどが秩父多摩甲斐国立公園や県立の自然公園に指定されている。奥秩父の甲武信ヶ岳に源を発する荒川が南西から北東に流れ、山々に囲まれた秩父盆地の中央に市街地が広がる。秩父地方の総鎮守である秩父神社の門前町として、また絹織物の産地や物資の集積地として栄え、風情あふれる古い町並みが往時の面影を留めている。由緒ある神社と札所巡礼、四季折々の風景に出合える豊かな自然、冬の夜を彩る秩父夜祭など観光的魅力が詰まったエリアだ。近年は首都圏から最も近い雲海スポットとしても注目されている。

 info 秩父観光情報館（MAP別冊P.45-C2）は西武秩父駅のロータリーにある観光案内所。各種パンフレットやアニメ聖地巡礼マップなどが用意され、宿泊施設の情報提供、レンタサイクルの貸し出しも行っている。

歩き方

秩父の町を見守ってきた神社と門前町

大正から昭和初期にかけて建てられた建造物も残る石畳が敷き詰められた番場通り

　東京方面から電車で秩父市に向かう場合の玄関口となるのが西武鉄道の西武秩父駅。駅を出るとロータリーの右側に、三峯神社行きのバスが発車する西武観光バス秩父営業所、その隣に秩父観光情報館がある。秩父鉄道に乗り換える場合は、西武秩父駅から歩いて5分ほどの御花畑駅へ。ここから秩父鉄道の秩父駅にかけてが、商店や飲食店などが集まる古くからの市街地。御花畑駅の西側に延びる番場通りは、秩父神社へと続く参道で、門前町らしく老舗の和菓子店や食事処などもある。市街地の東側に広がる羊山公園は、秩父盆地や武甲山を一望できる人気のビュースポット。

横瀬町と小鹿野町で豊かな自然と触れ合う

　秩父市の南東に隣接する横瀬町は、武甲山の麓に広がる自然豊かな町。四季折々の風景が見られる寺坂棚田、氷の絶景を楽しめるあしがくぼの氷柱へは、西武鉄道の駅から徒歩でアクセスできる。長野県と接し、山々に囲まれた小鹿野町は、埼玉県で唯一「日本の滝百選」に選ばれている丸神の滝、秩父三大氷柱のひとつである尾ノ内渓谷氷柱、約1500万年前の地層を見られる「ようばけ」など、自然を満喫できるスポットが点在する。町内に鉄道は通っておらず、バスの便数も少ないので、車での移動がおすすめだ。

あしがくぼの氷柱は西武秩父線の車窓からも望める

おさんぽプラン

① **秩父駅**
　　　　　　　　大 徒歩5分
② **秩父神社**
　　　　　　　　（▶ P.47、308）
　　　　　　　　大 徒歩10分
③ **慈眼寺**
　　　　　　　　（▶ P.313）
　　　　　　　　大 徒歩20分
④ **羊山公園**
　　　　　　　　（▶ P.106、309）
　　　　　　　　大 徒歩15分
⑤ **西武秩父駅**

駅に直結した便利な温泉

　祭の湯は名前の通り、秩父の祭をテーマにした複合型温泉施設。4つの露天風呂と6つの内湯（男性内湯は5つ）を持つ温泉をはじめ、秩父名物が味わえるフードコート「呑喰処 祭の宴」、特産品が揃う「ちちぶみやげ市」など、秩父の魅力が結集している。1日たっぷり観光したら、電車で帰る前に温泉でリフレッシュしよう。

▼ **西武秩父駅前温泉 祭の湯**
MAP 別冊 P.45-C2
住 秩父市野坂町 1-16-15
TEL 0494-22-7111　営 10:00〜22:00（土・日は6:00〜9:00も営業）　休 なし　料 平日 1100円〜
P あり　交 西武秩父線「西武秩父駅」からすぐ

旅の終わりに汗を流して、のんびりリラックスできる

みちくさ手帳

秩父の発展と武甲山

　秩父盆地の南東、秩父市と横瀬町にまたがってそびえる武甲山。秩父神社の神体山であり、日本武尊が甲を納めた山として、古くから人々に崇められてきた。しかし高純度の石灰石を埋蔵することから大正時代にセメント会社が設立され、日本の経済成長に貢献するとともに、地場産業として地域の経済を支えてきた。現在も採掘は続けられており、かつて1336mあった標高は2021年時点で1304mと32mも低くなった。

堂々とそびえ立つ勇壮な姿は、まさに秩父のシンボル

彩info　武甲山のセメント開発に関わったのが「近代日本経済の父」渋沢栄一。大正6年に渋沢の資金援助を受けた秩父鉄道が武甲山北麓の影森駅まで延伸し、大正12年に秩父セメント（現・太平洋セメント）が設立された。

307

MAP 別冊 P.45-B2

秩父神社

📍 秩父市番場町 1-3　📞 0494-22-0262　🕐 自由　休 なし　料 無料　P あり　🚃 秩父鉄道「秩父駅」から徒歩 5 分

日光東照宮の三猿と対照的に "よく見て・よく聞いて・よく話す" お元気三猿

MAP 別冊 P.45-B2

秩父まつり会館

📍 秩父市番場町 2-8　📞 0494-23-1110　🕐 9:00〜17:00、12〜3 月 10:00〜（入場受付〜16:30）　休 3〜11 月の第 4・5 火曜、12/7〜2 月の毎週火曜（祝日は開館）　料 500 円　P あり　🚃 秩父鉄道「秩父駅」から徒歩 3 分

2 階の資料館に展示された神楽の面。それぞれ表情に個性がある

MAP 別冊 P.45-B1

秩父今宮神社

📍 秩父市中町 16-10　📞 0494-22-3386　🕐 自由　休 なし　料 無料　P あり　🚃 西武秩父線「西武秩父駅」から徒歩 9 分

境内には樹齢 1000 年を超えるといわれるご神木の大ケヤキがそびえる

おもな見どころ

2100 年以上の歴史を誇る秩父地方の総鎮守

秩父神社
ちちぶじんじゃ

　現存する本殿は 1592 年（天正 20 年）に徳川家康が寄進したもので、極彩色の彫刻が見事。なかでも東側にある「つなぎの龍」と北側の「北辰の梟」は必見だ。12 月 2・3 日に行われる例祭「秩父夜祭」では町中が祭りの熱気に包まれる。（→ P.47）

秩父地方開拓の祖神・知知夫彦命をはじめ四柱をお祀りする

最新の技術で祭りの迫力を体感する

秩父まつり会館
ちちぶまつりかいかん

　「日本三大曳山祭」に数えられる秩父夜祭。豪華絢爛な 2 基の笠鉾と 4 基の屋台が町を巡行し、花火が冬の夜空を彩る。ここでは昭和の名工による笠鉾と屋台を間近に見学でき、プロジェクションマッピングによる映像と音の演出で祭りを再現。3D シアターで秩父の四季折々の祭りも楽しめる。

笠鉾・屋台コーナーは迫力満点の展示

武甲山の清らかな伏流水が湧き出す

秩父今宮神社
ちちぶいまみやじんじゃ

　西暦 100 年頃にこの地に湧き出る霊泉に水神様を祀ったのが始まり。江戸時代には今宮坊と称され、神仏習合の修験霊場だった。境内地から湧き出す「清瀧の滝」は一粒万倍の御利益があるとされるご神水。お浄めの霊水として持ち帰る人も多い。

2019 年に完成した朱塗りの社殿。旧社殿は聖神社の社殿として使われている

秩父ふるさと館（MAP 別冊 P.45-B1）は大正時代の銘仙問屋の建物を使用した施設。物産品の展示販売のほか、銘仙の着物のレンタル店や手打ちそば店などもある。秩父駅から西へ徒歩 5 分ほど。

伝統の絹織物の歴史と技を継承する

ちちぶ銘仙館
ちちぶめいせんかん

昭和初期に秩父絹織物同業組合によって造られた建物を資料館として公開。銘仙とは平織りの絹織物で、大正から昭和にかけて女性の普段着やおしゃれ着として大流行した。秩父銘仙の歴史や製造工程を見学できるほか体験教室も開催している。（→P.61）

大胆な柄と鮮やかな色合いで当時全国的なブームを巻き起こした秩父銘仙

| MAP 別冊 P.45-C2 |

ちちぶ銘仙館
住 秩父市熊木町28-1　TEL 0494-21-2112　営 9:00～16:00　休 なし　料 210円　P あり　交 西武秩父線「西武秩父駅」から徒歩7分

型染めなどのさまざまな体験教室を開催（要予約）

丘の上から町並みと武甲山を一望する

羊山公園
ひつじやまこうえん

秩父市の南東に広がる丘陵地にあり、四季折々の自然に恵まれた憩いの場。南側にある「芝桜の丘」は、花の絨毯の風景で有名。北側には市街を一望できる「見晴しの丘」、武甲山資料館、棟方志功の作品を展示する「やまと―あーとみゅーじあむ」がある。（→P.106）

10品種40万株以上が植えられた芝桜の丘。4月中旬から5月初旬が見頃

| MAP 別冊 P.45-C2 |

羊山公園
住 秩父市大宮（秩父市観光課）　TEL 0494-25-5209　営 自由　休 なし　料 無料（4月中旬～5月初旬は芝桜の丘のみ有料）　P あり　交 西武秩父線「西武秩父駅」から徒歩20分

戦前にめん羊の種畜場があったことから羊山の名がついた。ふれあい牧場では羊が放牧されている

秩父市と小鹿野町にまたがる公園

秩父ミューズパーク
ちちぶみゅーずぱーく

丘陵に広がる広大な敷地に、野外ステージや音楽堂、スポーツ施設、プール（夏期のみ）、遊具が設置された広場などが点在。四季折々の花が咲く園内には、遊歩道とサイクリングロード、レストランやカフェ、入浴施設もあり、自然のなかで1日楽しめる。（→P.24）

広大な園内をレンタサイクルやスカイトレインを利用して上手に移動しよう

| MAP 別冊 P.46-A2 |

秩父ミューズパーク
住 小鹿野町長留2518　TEL 0494-25-1315（管理事務所）　営 自由　休 なし　料 無料　P あり　交 西武秩父線「西武秩父駅」から西武観光バス・ミューズパーク線20分「ミューズパーク南口」または「ミューズパーク中央」下車すぐ

雲海は雨の日の翌日早朝に見られることが多い

MAP 別冊 P.46-C2

浦山ダム
住 秩父市荒川久那 4041
TEL 0494-23-1431　**営** 自由（ダム内部の見学は 9:00～17:00、さくら湖食堂は水～日曜 11:00～13:30）
休 なし　**料** 無料　**P** あり
交 秩父鉄道「浦山口駅」から徒歩 20 分

ダムに関するパネル展示なども。資料館もある

MAP 別冊 P.13-B4

おがの化石館
住 小鹿野町下小鹿野 453
TEL 0494-75-7179　**営** 9:00～17:00
休 火　**料** 300 円　**P** あり
交 西武秩父線「西武秩父駅」から西武観光バス 33 分「泉田」下車、徒歩 13 分

秩父地域、日本、世界で発掘された化石を展示

MAP 別冊 P.13-A4

椋神社
住 秩父市下吉田 7377　**TEL** 0494-77-1293　**営** 自由　**休** なし
料 無料　**P** あり　**交** 西武秩父線「西武秩父駅」から西武観光バス 39 分「龍勢会館」下車、徒歩 13 分

龍勢祭りで打ち上げられる「農民ロケット」

MAP 別冊 P.12-B2

丸神の滝
住 小鹿野町両神小森滝前地内
TEL 0494-79-1100（小鹿野町観光協会）　**営** 自由　**休** なし　**料** 無料　**P** あり　**交** 秩父鉄道「三峰口駅」から車 30 分

紅葉に彩られる季節に訪れるのもおすすめ

「秩父さくら湖」の別名をもつ

浦山ダム
うらやまだむ

荒川水系浦山川に建設された日本屈指のダム。重力式コンクリートダムとしては国内 2 番目の高さを誇る。ダム内部が一般開放され、エレベーターで最上部に上ることができる。（→ P.83）

堤高 156m からの放流風景
写真提供：水資源機構荒川ダム総合管理所

幻の海獣パレオパラドキシアの化石を展示
おがの化石館
おがのかせきかん

日本と世界の古生代から新生代の化石を展示。「日本の地質百選」に選ばれている「ようばけ」の近くにあり、海の奇獣「パレオパラドキシア」など周辺から出土した化石の展示が豊富。

博物館の裏手にある地層が露出した「ようばけ」も必見

農民ロケットの打ち上げで知られる
椋神社
むくじんじゃ

導きの神・猿田彦命を日本武尊が祀ったことが起源と伝わる延喜式内社。秋の大祭・龍勢祭りはアニメ『あの日見た花の名前を僕達はまだ知らない』のハイライト場面にも登場する。

のどかな田園地帯に鎮座。秩父事件では困民党がここに集結した

岩肌を白糸のように美しく流れ落ちる
丸神の滝
まるがみのたき

埼玉県で唯一「日本の滝百選」に選ばれている名瀑。落差 76m を流れ落ちる姿は迫力満点。約 1.5km の遊歩道が整備され、新緑や紅葉、氷瀑など季節ごとに美しい風景と出合える。

目の前で滝をじっくり堪能できるベンチが設置されている

 秩父info　クライミングパーク神怡舘（**MAP** 別冊 P.13-B3）は県内最大級の屋内ボルダリング施設。中国山西省との友好県省の記念に作られた中国様式の建物がすばらしい。敷地内にはカフェ杏仁もある。

標高約1100mの山上に鎮座する
三峯神社
みつみねじんじゃ

日本武尊が東国平定の際、伊弉諾尊、伊弉冊尊を祀り平和を祈念したことに始まるとされ、神の使いとして日本武尊を導いた山犬（狼）が境内の随所に安置されている。神仏習合の時代は天台修験の関東総本山として東国武士や徳川将軍家からも篤く信仰されていた。近年は「関東屈指のパワースポット」として名高い。（→P.24、46）

上／神仏習合であった江戸時代中期に仁王門として建てられた色鮮やかな随身門　下／珍しい形をした三ツ鳥居。狛犬の代わりにオオカミが鎮座している

MAP 別冊 P.13-C3

三峯神社
住 秩父市三峰298-1　TEL 0494-55-0241　営 自由　休 なし
料 無料　P あり　交 秩父鉄道「三峰口駅」から西武観光バス50分「三峯神社」下車、徒歩10分

拝殿を飾る極彩色の彫刻も必見だ

毎月さまざまな神事が執り行われている　写真提供：三峯神社

銭神様を祀る和銅ゆかりの神社
聖神社
ひじりじんじゃ

創建は708年（和銅元年）2月13日。宝物庫には和銅石と元明天皇から下賜された雌雄一対の和銅製百足（ムカデ）が御神宝として納められ、4月13日と11月3日の例祭で公開される。（→P.81）

社殿に銭神様が祀られている金運アップのパワースポット

MAP 別冊 P.49-C3

聖神社
住 秩父市黒谷2191　TEL 0494-24-2106　営 自由　休 なし
料 無料　P あり　交 秩父鉄道「和銅黒谷駅」から徒歩6分

和同開珎をモチーフにした絵馬

和銅遺跡は「日本通貨発祥の地」

8世紀の初頭に蓑山（美の山）の麓で日本で初めて和銅の大鉱脈が発見された。和銅とは純度の高い自然銅のことで「にぎあかがね」と読む。和銅を献上された元明天皇はとても喜んで、年号を「和銅」と改元し日本最初の流通貨幣「和同開珎」を発行した。和銅採掘露天掘跡は「和銅遺跡（**MAP 別冊 P.49-C3**）」と呼ばれ、聖神社から徒歩約10分、渓流への脇道を下った先に直径4mの巨大なモニュメントが立っている。

露天掘跡に立つ和同開珎の大きなモニュメント

Voice　和同開珎のモニュメントは渓流の脇。この小川で清めたお金を聖神社で賽銭として捧げると金運アップの御利益があるそうです。上流で落石が発生すると河川内は立ち入り禁止になります。（寄居町在住・T）

秩父札所を巡る

秩父盆地に点在する観音霊場巡りは、懐かしさに満ちた山村の風景を巡る旅。ここでは、三十四の札所から「九つのお寺」を紹介するので、個性豊かな古寺を訪ねて札所巡礼の一端に触れてみよう。

秩父三部作のアニメの舞台となった聖地も点在しています

Q 秩父三十四ヶ所観音霊場って何？

1234年（文暦元年）に開創したと伝わり、西国三十三ヶ所、坂東三十三ヶ所と合わせて日本百番観音に数えられている。一番から三十四番まで、自然豊かな山村を通る約100kmの巡礼道で結ばれている。

各霊場で御朱印を頂くのも札所巡りの楽しみのひとつ

Q 巡礼の方法に決まりはあるの？

一番から三十四番までを順番に巡る必要はなく、好きなお寺から自由に訪れてもいい。すべての寺院を詣でると観音様が願いをかなえてくれると言い伝えられている。実際に訪れて興味が深まったら本格的に巡ってみよう。

レンタサイクルを使って巡るもできる。詳細はおもてなし観光公社のサイトで

巡礼用品も揃う 秩父霊場発願の寺

第一番

しまぶじ
四萬部寺

入母屋造りの美しい本堂は1697年（元禄10年）の建立で、県の有形文化財に指定されている。関東三大に数えられる大施餓鬼会が行われるお寺としても有名。三十四ヶ所専用の納経帳や念珠など、各種巡礼用品を揃えることができる。

MAP 別冊 P.13-B4

住秩父市栃谷418 TEL 0494-22-4525 Pあり 交西武秩父線「西武秩父駅」から西武観光バス23分「札所一番」下車、徒歩1分

趣ある観音堂と 龍の彫刻は必見

第三番

じょうせんじ
常泉寺

干ばつの際も枯れることがなかった井戸をもつことが寺名の由来。井戸は本堂前にあり「長命水」と呼ばれている。また本堂には抱くと子宝に恵まれるといわれる「子持石」が安置されており、子宝祈願で訪れる人も多い。

MAP 別冊 P.13-B4

住秩父市山田1392 TEL 0494-23-2050 Pあり 交西武秩父線「西武秩父駅」から西武観光バス18分「山田」下車、徒歩8分

秩父札所最大規模 の本堂で知られる

第七番

ほうちょうじ
法長寺

平賀源内の設計と伝わる堂々としたたたずまいの本堂（観音堂）に、行基作の十一面観世音菩薩像が安置されている。地面に伏して動かなくなった牛が、一夜明けた後に十一面観音像に姿を変えたという伝説ももつ。

MAP 別冊 P.47-B4

住横瀬町横瀬1508 TEL 0494-22-1921 Pあり 交西武秩父線「横瀬駅」から徒歩15分

秩父三十四ヶ所観音霊場の各札所で御朱印が頂ける。すべて巡るつもりなら秩父三十四観音霊場専用の御朱印帳「秩父三十四観音霊場納経帖」をあらかじめ入手するのがおすすめ。おもな札所で頒布されている。

秩父札所を巡る

アニメ『ここさけ』の舞台になった寺

第十番
大慈寺（だいじじ）

1490年（延徳2年）開創の風情ある古寺。聖観世音菩薩像とともに子安聖観世音菩薩像も安置され、子育ての観音さまとして信仰を集める。「おびんずるさま」の像は、自分の体の悪い部分を撫でると病を引き受けてくれる。

MAP 別冊 P.47-A4

住 横瀬町横瀬 5151
TEL 0494-23-4124　P あり
交 西武秩父線「西武秩父駅」から徒歩 21 分

絵入りの季節限定御朱印も評判

第十三番
慈眼寺（じげんじ）

秩父本線「御花畑駅」に近いので参拝しやすく巡礼用品も揃う。目の仏様である薬師瑠璃光如来を祀っており、目に悩みをもつ人々の信仰も集める。毎年7月8日に行われる「あめ薬師」例大祭の折には、多くの人々でにぎわう。

MAP 別冊 P.45-B1

住 秩父市東町 26-7
TEL 0494-23-6813　P あり
交 西武秩父線「西武秩父駅」から徒歩 6 分

観音堂に施された見事な彫刻に注目

第十七番
定林寺（じょうりんじ）

西国、坂東、秩父の百観音のご本尊を浮き彫りにした梵鐘が、県の有形文化財に指定されている。アニメ『あの日見た花の名前を僕達はまだ知らない。』の舞台になったことでも知られ、キャラクターが描かれた絵馬も頂ける。

MAP 別冊 P.45-A2

住 秩父市桜木町 21-3　TEL 0494-22-6857　P あり　交 西武秩父線「西武秩父駅」から西武観光バス 10 分「札所十七番入口」下車、徒歩 4 分

岩壁を背にした迫力ある姿が圧巻

第二十八番
橋立堂（はしだてどう）

高さ約75mもの岩壁を背に風情ある朱塗りの観音堂が立つ。本尊は秩父札所唯一の馬頭観世音菩薩で、敷地内には左甚五郎作の馬の木像も安置されている。お堂の横にある橋立鍾乳洞は、胎内くぐり霊場としても有名だ。

MAP 別冊 P.46-C2

住 秩父市上影森 675
TEL 0494-24-5399　P あり
交 秩父鉄道「浦山口駅」から徒歩 15 分

よみがえりの一本桜で知られる花の寺

第二十九番
長泉院（ちょうせんいん）

参道入口の枝垂れ桜をはじめ、四季の花々に彩られた境内が美しい。本堂には葛飾北斎作「桜花の額」が飾られているほか、文字を彫り込んで黒漆を塗った納札天井など見どころが多い。縁側には珍しい「奪衣婆」像も鎮座する。

MAP 別冊 P.46-C2

住 秩父市荒川上田野 557
TEL 0494-54-1106　P あり
交 秩父鉄道「浦山口駅」から徒歩 16 分

札所巡礼の最後に参拝する結願の寺

第三十四番
水潜寺（すいせんじ）

秩父三十四霊場、日本百観音巡礼の結願寺。観音堂前にある百観音の「お砂踏み」の上で拝むと、百観音巡礼の功徳を得られると伝わる。身を清めるための水くぐりの岩屋は現在立ち入り禁止だが岩屋から引かれた長命水が流れている。

MAP 別冊 P.48-B1

住 皆野町下日野沢 3522
TEL 0494-62-3999　P あり　交 秩父鉄道「皆野駅」から町営バス 21 分「札所前」下車、徒歩 3 分

秩父三十四ヶ所観音霊場は基本的に参拝自由。御朱印の頒布は 8:00〜17:00（11〜2月は〜16:00）で 12:00〜12:30 は昼休憩となっている。いろいろ札所を巡るなら『秩父札所道案内』を札所で入手しよう。

313

長瀞町・皆野町

なの
ながとろまち　みなのまち

岩畳の絶景を楽しめる長瀞ライン
下りは長瀞観光のハイライト

| 人口 | 長瀞町▶ 6,656 人 |
| | 皆野町▶ 9,236 人 |

長瀞駅への行き方

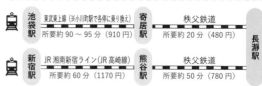

池袋駅	東武東上線（※小川町駅で各停に乗り換え）	寄居駅	秩父鉄道	長瀞駅
	所要約 90 ～ 95 分（910 円）		所要約 20 分（480 円）	

新宿駅	JR 湘南新宿ライン（JR 高崎線）	熊谷駅	秩父鉄道	
	所要約 60 分（1170 円）		所要約 50 分（780 円）	

🚉 エリア利用駅

長瀞駅
秩父本線（秩父鉄道）
上長瀞駅
秩父本線（秩父鉄道）
皆野駅
秩父本線（秩父鉄道）
野上駅
秩父本線（秩父鉄道）

ヒント 長瀞観光の起点となるのは長瀞駅で、おもな見どころは駅から歩いて行ける範囲にある。ただし、本数は少ないので途中下車する場合は注意

　秩父盆地の北端に位置し、町の中央を荒川が南北に流れる長瀞町と皆野町。国の名勝および天然記念物に指定されている長瀞は、岩場の間を約 6km にわたって「瀞」と呼ばれる緩やかな流れが続き、県内でも有数の景勝地として知られる。1911 年（明治 44 年）に秩父鉄道が長瀞まで開通すると、大勢の観光客が訪れるようになり、秩父の表玄関として発展した。荒川でのライン下りやウオータースポーツをはじめ、ハイキング、キャンプ、温泉など、1 年を通して多彩な楽しみ方ができる。またロウバイや梅、桜、ツツジ、秋の七草寺巡りと、花の名所も多い。特に桜は有名で「日本さくら名所 100 選」に選ばれている長瀞、「関東の吉野山」と呼ばれる皆野町の箕山（美の山）では、3 月下旬から 4 月下旬までお花見を楽しめる。

彩info　秩父鉄道では電車の中に自転車を持ち込めるサービス「ちちてつサイクルトレイン」を実施している。ただし利用不可の駅や平日のみ利用可の駅もあるので、公式サイトなどで事前に確認しておこう。

歩き方

≫≫ 長瀞の3大観光スポットを攻略！

長瀞駅を出ると正面に観光案内所があり、地図や情報を入手できる。まずは長瀞のシンボル、岩畳へ。踏切を渡り、みやげ物店や飲食店が並ぶ岩畳通りを5分ほど歩くと荒川に

「関東の駅百選」にも選ばれている長瀞駅。開業当時の姿を残す貴重な駅だ

突きあたる。川原に「長瀞ラインくだり」の発着所があり、その右側に見えるのが岩畳だ。舟に乗って渓谷美を楽しんだり、岩畳の上を散策できる。寶登山神社へは、長瀞駅を背にして西へ進み、真っ白な大鳥居をくぐって参道を徒歩約15分。参拝後は奥宮がある宝登山にも上ってみよう。山麓駅からロープウエイに乗ってわずか5分。山頂からは梅やツツジなど四季折々の花々とともに、秩父盆地と周囲の山々、また季節によっては雲海を一望できる。

≫≫ 荒川と秩父鉄道に沿って南へ

長瀞駅から南へひと駅の上長瀞駅近くには、埼玉県立自然の博物館、月の石もみじ公園がある。岩畳から荒川沿いに歩いても15分ほどなので、渓谷美を味わいながら散策を楽しむのもよいだろう。長瀞町と皆野町の間に架かる荒川橋梁は、1914年（大正3年）に完成した鉄道橋。レンガ積みの橋げたが美しく、SLや列車の撮影スポットとして人気だ。

皆野町には秩父鉄道の皆野駅や親鼻駅もあるが、自然スポットや札所を巡るなら車のほうが便利。

花の名所として知られハイキングが楽しめる美の山公園。雲海を見られることも

おさんぽプラン

① 長瀞駅
　🚶 徒歩5分
② 長瀞岩畳　（▶ P.316）
　🚶 徒歩20分
③ 寶登山神社　（▶ P.47、317）
　🚶🚡 徒歩&ロープウエイ30分
④ 宝登山山頂　（▶ P.24、320）
　🚡🚶 ロープウエイ&徒歩35分
⑤ 長瀞駅

県内唯一の天然氷蔵元直営店

寶登山神社を参拝したら表参道に面した天然かき氷の店でひと休み。フワフワ氷の食感とうまみを四国阿波和三盆を使用した自家製シロップで楽しめる。おすすめはつぶあん・白あん・抹茶あんを豪華に盛り合わせた極みスペシャル（1500円）。テレビで紹介されることも多い人気店なので夏季は大行列になることも。

✅ 阿左美冷蔵 寶登山道店
MAP 別冊 P.49-A3
🏠 長瀞町長瀞 781-4　📞 0494-66-1885　🕙 10:00～17:00
休 火　CC 不可　P あり　交 秩父鉄道「長瀞駅」から徒歩5分

参道の景観に溶け込んだ建物は埼玉県町づくり景観大賞を受賞

日本地質学発祥の地

秩父地域は約1700万～1500万年前にかけて古秩父湾という海中にあり、各地で海洋生物の化石が発見されている。なかでも長瀞の岩畳は、断層や褶曲などさまざまな地殻現象の痕跡が見られることから「地球の窓」とも呼ばれる。東京帝国大学地質学教室初代教授となったナウマン博士が1878年（明治11年）に来訪したのを皮切りに、多くの研究者や学生が調査に訪れ、「日本地質学発祥の地」として知られる。

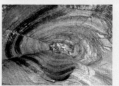

紅簾石片岩にできた甌穴（ポットホール）を探してみよう

おもな見どころ

地質見学の聖地として知られる

長瀞岩畳（ながとろいわだたみ）

長さ600mにわたる岩石段丘は、海底に積もった地層が地下深くに押し込まれて造られた一枚岩。断層がむき出しの「秩父赤壁」、岩肌が縞模様をしている「虎岩」、石が川底の岩盤を削ってできたポットホールなど、多様な地質現象を観察できる。

「長瀞ラインくだり」では和舟に乗って岩畳のユニークな地形を観察できる

MAP 別冊 P.49-A3

長瀞岩畳
住 長瀞町長瀞　TEL なし　営 自由
休 なし　料 無料　P なし（長瀞駅周辺に有料の民間駐車場あり）
交 秩父鉄道「長瀞駅」から徒歩5分

石の摩擦により丸い穴ができるポットホール。親鼻（おやはな）橋の上流右岸では紅簾石片岩（こうれんせきへんがん）が見られる

太古から現代まで埼玉の自然を学ぶ

埼玉県立自然の博物館（さいたまけんりつしぜんのはくぶつかん）

長瀞をはじめ埼玉の大地のなり立ちや自然環境を紹介。かつて埼玉に生息した謎の海獣パレオパラドキシアやアケボノゾウなどの化石や骨格復元模型は迫力満点だ。生物展示ホールでは県内の森林が大ジオラマで再現され、季節の植物や動物を観察できる。

博物館の前には海獣パレオパラドキシアの像が設置してある

MAP 別冊 P.49-A3

埼玉県立自然の博物館
住 長瀞町長瀞1417-1　TEL 0494-66-0404　営 9:00～16:30（入館～16:00)、7・8月～17:00（入館～16:30）　休 月（祝日、7・8月は開館）　料 200円　P あり
交 秩父鉄道「上長瀞駅」から徒歩5分

入口では肉食性の巨大ザメ、カルカロドンメガロドンの生体復元模型が迎えてくれる

紅葉の名所として知られる

月の石もみじ公園（つきのいしもみじこうえん）

園内にある高浜虚子の句碑「ここに我句を留むべき月の石」にちなんで名づけられた公園。イロハモミジを中心にクヌギやナラなど約200本が植えられ、紅葉シーズンには鮮やかな赤や黄色に染まった木々と、すぐ脇を流れる荒川渓谷のコントラストが見事。

埼玉県立自然の博物館に隣接する公園。紅葉シーズンは一面真っ赤に色づく

MAP 別冊 P.49-A3

月の石もみじ公園
住 長瀞町長瀞　TEL 0494-66-3311（長瀞町観光協会）　営 自由
休 なし　料 無料（ライトアップ入場料は中学生以上200円）
P なし　交 秩父鉄道「上長瀞駅」から徒歩6分

青もみじや紅葉シーズンには美しくライトアップされる

彩info 長瀞は「日本紅葉の名所100選」に選ばれており、11月には「紅葉まつり」が開催される。ライトアップが行われるのは、寳登山神社、月の石もみじ公園、埼玉県立自然の博物館「カエデの森」の3ヵ所。

1900年以上の歴史を誇る古社

宝登山神社
（ほどさんじんじゃ）

日本武尊が東征の帰途に山火事に遭い、神犬に導かれてたどり着いた宝登山頂で神霊を祀ったのが始まりと伝わる。そのため、火災・盗難除けの神として崇敬されてきた。現在の社殿は幕末から明治初期にかけて再建されたもので、色鮮やかな彫刻が見事だ。（→ P.47）

権現造の本殿。軒下の組み物や欄干の彫刻に鮮やかな彩色が施されている

MAP 別冊 P.49-A3

宝登山神社
🏠 長瀞町長瀞1828　📞 0494-66-0084　🕐 自由　休 なし
料 無料　🅿 あり　🚃 秩父鉄道「長瀞駅」から徒歩15分

本殿へと続く石段の前に立つ二の鳥居。周囲の木々とのコントラストが美しい

「関東の吉野山」と呼ばれる桜の名所

美の山公園
（みのやまこうえん）

標高581.5mの蓑山の山頂部を整備した公園。春は桜、5月はヤマツツジ、6～7月はアジサイが咲き誇る。秩父では数少ない独立峰で、秩父盆地と武甲山、奥秩父の山々、群馬県の赤城山まで一望できる。埼玉県で唯一「日本夜景100選」に選出されている。（→ P.22、81、107）

70種以上約8000本の桜が植えられており、桜の山として知られている

MAP 別冊 P.49-B3

美の山公園
🏠 皆野町皆野(秩父市黒谷)　📞 0494-23-1511(秩父環境管理事務所)　🕐 自由　休 なし　料 無料
🅿 あり　🚃 秩父鉄道「皆野駅」から車で20分

山頂展望台のほかにもふたつの展望台があり、それぞれで異なるパノラマが堪能できる

グランピング気分で心あたたまる食事を満喫

焚火レストラン HIASOBI
（たきびれすとらんひあそび）

長瀞駅から、さくら名所百選の北桜通りを歩いて3分ほど。川風を感じるロケーションでBBQやローストチキンが楽しめる長瀞ならではの体験型レストラン。中庭にはテント席やデッキ席があり、3種類の焚火コース(予約制)でジビエや魚介も満喫できる。

3種類の焚火コースは週末限定。120分の時間制で3名から受け付けている

MAP 別冊 P.49-A3

焚火レストラン HIASOBI
🏠 長瀞町長瀞417-1　📞 0494-26-5623　🕐 11:00～18:00
休 不定休(要電話)　💳 AJMV
🅿 あり　🚃 秩父鉄道「長瀞駅」から徒歩3分

長瀞の景勝地に2022年春オープン。屋内にはテーブル席やソファーコーナーを完備している

Voice 宝登山神社の本殿裏手には、日本武尊が身を清めた「みそぎの泉」や出世を表す登竜門の彫刻があります。奥の宮も参拝するなら社務所でロープウェイの割引券(10%)引きをもらいましょう。（長瀞町在住・N）

秩父&長瀞の自然を五感で満喫♪

絶景に溶け込む
アクティビティ

荒川の流れが育んだ緑深い渓谷や、すがすがしい森と
たわむれるアクティビティで大自然を感じ尽くそう！

和船に乗り込み
ダイナミックに
自然を満喫！

Program
- Aコース（約20分） 1800円
- Bコース（約20分） 1800円

※2022年12月現在の料金。気象状況により運航
を見合わせる場合あり

長瀞

風光明媚な荒川を船上から楽しむ長瀞ラインくだ
り。船頭さんの竿さばきで急流の難所も安心だ

渓谷美と清流を楽しみ尽くす

ちちぶてつどうながとろらいんくだり
秩父鉄道長瀞ラインくだり

さまざまな形の岩や迫力ある岸壁を望む荒川を、船頭
さんが操る和船に乗って下る。メガネ岩や天然記念物の
岩畳を通るAコースと、ラクダ岩やカエル岩を望むBコー
スがある。1〜2月はこたつで温まりながらのんびり川を
巡る「ぽかぽかこたつ舟」が運航する。

MAP 別冊P.49-A3

住 長瀞町長瀞489-2　TEL 0494-66-0950　営 9:00〜16:00
休 なし
CC ADJMV　P あり　交 秩父鉄道「長瀞駅」から徒歩1分

❶❷Aコースは荒川橋梁付近からスタートし流れが
急な小滝の瀬が最大の難所　❸❹岩畳から高砂橋
の先まで穏やかに下るBコース

秩父

子供も大人も楽しめる「冒険の森」

ふぉれすとあどべんちゃーちちぶ
フォレスト
アドベンチャー秩父

Program
- アドベンチャーコース
（入園料3800円〜）

秩父ミューズパーク内にある、
フランス発祥の自然共生型アスレ
チック施設。森林を活かしたダイ
ナミックなコースには7本のジッ
プスライドもあり、自然のなか存
分に遊べる。対象年齢は小学4年
生以上でファミリーにも人気だ。

ハーネスを付け
講習を受けたら
いざ冒険へ出発

MAP 別冊P.46-A2

住 秩父市久那637-2　TEL 070-5567-
3335　営 9:00〜日没　休 不定休
CC ADJMV　P あり　交 西武秩父線
「西武秩父駅」から西武観光バス26
分「ミューズパークスポーツの森」
下車、徒歩2分

上／綱渡り風など全部で38種
類のアクティビティを楽しめ
る　右／木の板を渡るスラッ
グブリッジ

彩info　大自然と遊ぶアクティビティは、対象年齢や身長制限などがある場合が多い。また着替えなどが必要なも
のもあるので、参加を決める前にあらかじめホームページでチェックしておこう。

渓谷を滑走するキャニオンフライ。100mの吊り橋を渡るキャニオンウォークとセットになっている

渓谷の上空を風をきって飛ぶ爽快な体験！

大人気のキャニオンスイング

秩父
重力系アクティビティを満喫！

ちちぶじおぐらびてぃぱーく
秩父ジオグラビティパーク

Program
- キャニオンウォーク＆フライ 3500円〜
- キャニオンスイング 1万2000円〜
- キャニオンバンジー 1万4000円

荒川渓谷の自然のなか、重力を実感する「重力系アクティビティ」が充実した人気スポット。渓谷に向かって急降下し川面すれすれをスイングするバンジーブランコ「キャニオンスイング」や渓谷へジャンプする「キャニオンバンジー」など、スリル満点の体験が楽しめる。

MAP 別冊P.13-B3

🏠秩父市荒川贄川730-4　📞050-5305-6176　🕙10:00〜17:00（季節変動あり）
休不定休　💳ADJMV　🅿あり　🚉秩父鉄道「三峰口駅」から徒歩10分

高さ50mのキャニオンバンジー

川面をソロで楽しむリバーブギ

岩畳で撮影タイム

大型ボートで荒川の激流をワイルドに下るスリル満点の川遊び

ゴムボートは最大7〜9人乗り。乗船中はインストラクターがサポートしてくれる

長瀞
アクティブに川と遊ぼう！

あうとどあーせんたーながとろ
アウトドアセンター長瀞

大型ゴムボートで荒川の急流を下るラフティングや、ボディボード風のリバーブギなどが体験できる。プログラム満喫中の撮影写真を、ホームページから無料でダウンロードできるサービスもうれしい。BBQとセットで楽しめるプランも用意されている。

Program
- ラフティング 6000円〜
- リバーブギ 7000円

流れの穏やかなところで荒川にダイブ

MAP 別冊P.49-A3

🏠長瀞町長瀞1429　📞0120-66-4162　🕙10:00〜19:00（11〜3月は〜17:00）　休不定休　💳ADJMV
🅿あり　🚉秩父鉄道「上長瀞駅」から徒歩5分

川や渓谷が舞台のアクティビティに参加する際には、メガネやアクセサリーを落とさように気をつけよう。メガネは落ちないようにバンドで固定、大切な指輪やピアス、ネックレスは外しておくのが無難だ。

> 春には満開の桜も望めます

宝登山で四季の花々を楽しむ

長瀞のシンボル宝登山に登ってみよう。497mの山頂からの眺めは圧巻!

START 1 宝登山麓駅からスタート

長瀞駅からロープウェイの山麓駅まで徒歩約20分。ばんび号ともんきー号のゴンドラが、山頂駅までの832mを約5分で結ぶ。歩いて上ると1時間ほど。

MAP 別冊P.49-A3

繁忙期は長瀞駅からシャトルバスが運行

●宝登山ロープウェイ
℡0494-66-0258 営9:40〜17:00(季節や繁忙期により運転時刻は異なる) 料往復830円

3 宝登山小動物公園

徒歩で約7分

自然のなかで動物たちと触れ合える、子供に人気の施設。ラマやウサギなどにおやつをあげることもできる。かわいいモルモットの橋渡りは1日2〜3回開催。

MAP 別冊P.48-A2

℡0494-66-0959 営10:00〜16:30(季節により変動あり) 料500円

ロープウェイで約5分

2 宝登山頂駅に到着

山頂へと続く斜面には桜や梅、冬桜などが植えられ、特に早春はロウバイが美しく咲き誇る。山頂からは秩父の町並みと武甲山、秩父連山まで一望でき、秋から春にかけての早朝には幻想的な雲海を見られることも。

山頂駅からロウバイ園まで徒歩3分

宝登山ロウバイ園→P.109

徒歩で約5分

ロープウェイと徒歩で約15分

4 寶登山神社 奥宮

日本武尊が宝登山で山火事に遭遇した際、神犬が現れて火を止めたことから「火止山」となったと伝わる。山頂に鎮座する奥宮には神秘的な空気が感じられる。

MAP 別冊P.48-A2

営自由 料なし

5 阿左美冷蔵 寶登山道店

天然氷を使った、ふわふわのかき氷が絶品!シロップもすべて自家製で、和三盆の甘さが上品な蔵元秘伝みつや果汁スペシャルがおすすめ。夏は行列覚悟!

阿左美冷蔵 寶登山道店→P.315

徒歩で約5分

GOAL

大鳥居を通り長瀞駅へ

宝登山山頂の花カレンダー

2月上旬〜3月下旬

ウメ
約170品種・470本が山肌を紅白に染める

4月下旬〜5月下旬

ツツジ
5月中旬〜6月下旬はシャクナゲも楽しめる

11月上旬〜11月下旬

紅葉
青い空と赤や黄色のコントラストが美しい

 彩info 宝登山ロープウェイは繁忙期に臨時運行を増やすなど柔軟な対応。ロウバイ、春・夏休み、紅葉シーズンは平日でも週末ダイヤで運行する。また雲海の時期には6:00から10:00まで20分間隔で便がある。

歴史と文化

年表で見る埼玉の歴史

時代	西暦	和暦	埼玉のできごと	日本・世界のできごと
旧石器・縄文時代	約3万5千年前		・藤久保東遺跡（三芳町）で県内最古の石器、局部磨製石斧が出土	・岩宿遺跡（群馬県赤城山）から黒曜石の打製石器が出土、旧石器時代の人類の存在が確認された
	約2万年前		・砂川遺跡（所沢市）でナイフ形石器が出土。九宮遺跡（久喜市）では埼玉では採取できない黒曜石の石器も出土	
	約8000年前		・金原遺跡（宮代町）で縄文時代早期の撚糸文土器が出土	
	約6000年前		・縄文時代前期の黒浜貝塚（蓮田市）で黒浜式土器が出土。当時この辺りまで海だったことがわかる ・水子貝塚（富士見市）で発見の土器に「水子式土器」と命名　水子貝塚公園→P.212	
	約5000年前		・羽沢遺跡（富士見市）で縄文時代中期後半の獣面装飾付土器が出土	
	約4900年前		・南鴻沼遺跡（さいたま市）で日本最古の掻き傷が残されたウルシの木が出土	
	約3500〜2500年前		・後谷遺跡（桶川市）で縄文時代後期〜晩期の住居跡と遺物が大量に出土	
弥生時代	紀元前4〜紀元3世紀		・関東で弥生文化が発展する ・北島遺跡（宮代町）で弥生時代中期後半の水田跡が出土。稲作定着が証明される	・エジプトでピラミッド建設（紀元前2700〜前2500年） ・アレクサンドロス大王の東方遠征（紀元前4世紀） ・赤壁の戦い（208年） ・水稲耕作・金属文化が日本に伝わる
		孝昭天皇御代	・武蔵一宮 氷川神社（さいたま市）の創建　武蔵一宮 氷川神社→P.40、130	
		崇神天皇御代	・秩父神社（秩父市）の創建　秩父神社→P.47、308 ・鷲宮神社（久喜市）の創建　鷲宮神社→P.270 ・調神社（さいたま市）の創建（伝）　調神社→P.140	
		景行天皇御代	・三峯神社（秩父市）の創建　三峯神社→P.46、311 ・金鑽神社（神川町）の創建（伝）　金鑽神社→P.45、303 ・出雲伊波比神社（毛呂山町）の創建（伝）　出雲伊波比神社→P.247 ・寶登山神社（長瀞町）の創建（伝）　寶登山神社→P.47、317	
古墳時代	4世紀後半		・野本将軍塚古墳（東松山市）が築造される	・倭国の統一（大和朝廷の成立）（350年頃） ・巨大な前方後円墳が出現 ・ローマ帝国が東西に分裂（395年）
	5世紀後半〜7世紀中頃		・さきたま古墳群（行田市）が出現　さきたま古墳公園→P.95、288、332	
	471年		・金錯銘鉄剣の鍛造　稲荷山古墳→P.332	
	6世紀前半		・柊塚古墳（朝霞市）が築造される　柊塚古墳→P.208	
	541年	欽明天皇御代	・氷川神社（川越市）の創建　川越氷川神社→P.39、219	
飛鳥時代	673年	天武天皇2年	・都幾山 慈光寺（比企郡）開基　慈光寺→P.242	・遣隋使の派遣（600年〜） ・ムハンマド、イスラーム教創始（610年） ・唐による中国統一（618年） ・大化の改新（645年） ・藤原京へ遷都（694年） ・大宝律令を定める（701年）
	7世紀		・武蔵国（現在の埼玉県と東京都、神奈川県の一部）が成立 ・浅間塚古墳の築造、前玉神社（行田市）の創建（伝）　前玉神社→P.41、289	
	7世紀後半		・穴八幡古墳（小川町）が築造される　穴八幡古墳→P.237	
	6世紀末〜7世紀末		・吉見百穴（吉見町）の出現　吉見百穴→P.232	
	708年	和銅元年	・武蔵国秩父郡（現秩父市）採掘の自然銅を朝廷に献上　和銅遺跡→P.81、311 ・聖神社（秩父市）自然銅をご神体として創建　聖神社→P.81、311	
奈良時代	710年	和銅3年	・椋神社（秩父市）の創建　椋神社→P.310	・平城京が成立（710年）
	712年	和銅5年	・箭弓稲荷神社（東松山市）の創建　箭弓稲荷神社→P.230	
	716年	霊亀2年	・高句麗人1799人を武蔵国に移し「高麗郡」を創設	
	718年	養老2年	・沙門逸海、岩殿山（東村山市）に草庵を結ぶ　岩殿観音 正法寺→P.230	・墾田永世私財法施行（743年） ・タラス河畔の戦い（751年） ・奈良東大寺の大仏開眼供養（752年） ・後ウマイヤ朝の成立（756年） ・万葉集の編纂（629〜759年頃）
	720年頃		・高麗郡長官「高麗王若光」を祀る高麗神社（日高市）の創建　高麗神社→P.45、201	
	741年	天平13年	・武蔵国に国分寺造営。各地で瓦の焼成が始まる	
	760年頃	天平宝字4年	・武蔵の人々の生活の歌が数多く『万葉集』に載る	
	8世紀後半		・彌勒密寺（岩槻大師）の創建　岩槻大師 彌勒密寺→P.150	
	771年	宝亀2年	・武蔵国が東山道から東海道に移管される	
	806年	大同元年	・安楽寺吉見観音（吉見町）開基　岩殿山 安楽寺→P.124、232	・平安京に遷都（794年）
	807年	大同2年	・三芳野神社（川越市）の創建　三芳野神社→P.219	
	810-824	弘仁年間	・金乗院（所沢市）弘法大師によって創建（伝）　山口観音金乗院→P.44、186	

時代	西暦	和暦	埼玉のできごと	日本・世界のできごと
平安時代	830年	天長7年	・武蔵国に天皇の勅旨による勅旨田を開発 ・川越大師 喜多院（川越市）開基　川越大師→P.38、221	・イングランド王国建国（829年） ・遣唐使の停止（894年） ・藤原純友の乱（939年） ・高麗による朝鮮統一（936年） ・宋が中国を統一（979年） ・武士の誕生（10世紀頃） ・第1回十字軍遠征（1096年）
平安時代	833年	天長10年	・武蔵国多摩郡と入間郡の境に悲田院（救貧院）を設置	
平安時代	861年	貞観3年	・武蔵国の郡ごとに検非違使を設置	
平安時代	940年	天慶3年	・平将門の乱	
平安時代	990年	正暦元年	・笹戸山長泉院（秩父市）の創建　長泉院→P.83、313	
平安時代	1030年	長元3年	・川越八幡宮（川越市）の創建　川越八幡宮→P.222	
平安時代	11世紀		・武蔵国に武士団が割拠	
平安時代	1141年	永治元年	・熊谷次郎直実、大里郡熊谷郷（現熊谷市）に生まれる　熊谷直実→P.279	・平治の乱（1159年） ・平氏滅亡（1185年）
平安時代	1154年	久寿元年	・源義仲が比企郡の大蔵館に生まれる	
平安時代	1156年	保元元年	・武蔵七党、保元の乱で主力部隊となる	
平安時代	1164年	長寛2年	・畠山重忠、武蔵国男衾郡畠山郷（現深谷市）を領する畠山重能の子として生まれる　畠山重忠→P.334	 坂東武者の鑑です！
平安時代	1180年	治承4年	・源頼朝が挙兵、畠山重忠、当初は敵対するも大敗して降伏、のち頼朝の御家人に列せられる	
平安時代	1187年	文治3年	・河越重頼、源義経を逃した罪で誅殺される	
鎌倉時代	1197年	建久8年	・妻沼聖天山歓喜院（熊谷市）開基　妻沼聖天山歓喜院→P.41、P.282	・源頼朝死去（1199年） ・チンギス・ハーン遠征開始（1219年） ・承久の乱（1221年） ・元寇 文永の役（1274年） ・元寇 弘安の役（1281年） ・オスマン帝国の建国（1299年） ・鎌倉幕府が滅亡（1333年）
鎌倉時代	1203年	建仁3年	・北条時政、比企一族を滅ぼす　比企氏→P.233	
鎌倉時代	1205年	元久2年	・武蔵武士団の首領畠山重忠、二俣川の戦いで討死	
鎌倉時代	1207年	建永2年	・熊谷直実、熊谷郷の庵（後の熊谷寺）にて往生	
鎌倉時代	1212年	建暦2年	・鎌倉幕府、武蔵の郡ごとに郷司職を設置	
鎌倉時代	1234年	文暦元年	・秩父札所巡りの開創　秩父札所巡り→P.312	
鎌倉時代	1295年	永仁3年	・武蔵の鎌倉武士を題材にした『男衾三郎絵詞』が描かれる	
鎌倉時代	1333年	元弘3年	・新田義貞が幕府討幕の旗揚げ。小手指原（所沢市）などで鎌倉幕府軍と戦う	
室町時代	1352年	正平7年／文和元年	・武蔵野合戦。足利勢と新田勢が高麗原（日高市）、入間河原（狭山市）、小手指原（所沢市）などで戦う	・室町幕府が成立（1336年） ・英仏百年戦争（1338年） ・ヨーロッパで黒死病流行（1347年） ・元滅亡（1368年） ・南北朝が合一（1392年） ・ティムール、トルコを支配（1402年） ・応仁の乱（1467年）
室町時代	1368年	正平23年／応安元年	・武蔵平一揆の乱。平定され河越氏が没落	
室町時代	1399年	応永6年	・上田友直により松山城（吉見町）築城　松山城跡→P.231	
室町時代	1416年	応永23年	・上杉禅秀の乱。鎌倉幕府の弱体化	
室町時代	1432年	永享4年	・太田道灌、扇谷上杉家の家宰を務めた太田資清の子として生まれる　太田道灌→P.217	
室町時代	1438年	永享10年	・永享の乱が起こり、翌年鎌倉公方足利持氏が幕府軍に敗れ自害	
室町時代	1454年	享徳3年	・享徳の乱。関東管領の「山内上杉家」と鎌倉公方の「足利成氏」が衝突し、武蔵は騒乱状態に	
室町時代	1457年	長禄元年	・太田道灌、川越城（川越）、岩槻城（さいたま市）を築く　川越城本丸御殿→P.219 岩槻城址公園→P.148	 関東七名城のひとつ
室町時代	1469年	文明元年	・太田道真、川越で連歌会を催す。『河越千句』編纂	
室町時代	1476年	文明8年	・長尾景春、鉢形城（寄居町）を築く　鉢形城公園→P.295 ・長尾景春の乱。太田道灌がこれを撃破	
室町時代	1486年	文明18年	・太田道灌、相模国糟谷館（現神奈川県伊勢原市）で上杉定正の配下により暗殺される	
室町時代	1488年	長享2年	・太田資康、須賀谷原合戦の際に菅谷の旧城を再興　菅谷館跡→P.238	
室町時代	1501年	文亀元年	・武陽山能仁寺（飯能市）の創建　能仁寺→P.78、198	・ルターの宗教改革（1517年） ・マゼラン海峡の発見（1520年） ・種子島にポルトガル船漂着、鉄砲伝来（1543年） ・ザビエル来日（1549年） ・室町幕府滅亡（1573年）
室町時代	1525年	大永5年	・北条氏綱が岩槻城を攻撃	
室町時代	1535年	天文4年	・八大宮（秩父市）に、京都の今宮神社より素戔嗚尊を勧請し今宮神社を創建　秩父今宮神社→P.308	
室町時代	1546年	天文15年	・河越夜戦。北条氏康が奇襲で川越城を守る	
室町時代	1563年	永禄6年	・北条、武田連合軍により上杉の松山城（吉見町）が落城　松山城跡→P.231	
室町時代	1564年	永禄7年	・北条氏、武蔵一円を支配	

時代	西暦	和暦	埼玉のできごと	日本・世界のできごと
安土桃山時代	1575年	天正3年	・武田信玄の軍勢による焼き討ちにあった椋神社（秩父市）を北条氏邦が再建 椋神社→P.310	・長篠の戦い（1575年） ・本能寺の変（1582年） ・天正遣欧使節、ローマ法王に謁見（1585年） ・スペイン無敵艦隊、英国に敗北（1588年）
	1580年	天正8年	・武田勝頼の軍勢が秩父、児玉地方を攻める	
	1582年	天正10年	・北条氏直、神流川の戦いで織田の滝川一益を破る	
	1590年	天正18年	・豊臣秀吉による小田原征伐が始まる。川越城、松山城、岩槻城、鉢形城などが落城 寄居北條まつり→P.338 ・徳川家康の関東移封 ・石田三成による忍城水攻め。石田堤が築かれる 石田堤史跡公園→P.261 忍城址→P.286	
	1591年	天正19年	・児玉郡で徳川家康による最初の検地	・豊臣秀吉死去（1598年） ・関ヶ原の戦い（1600年）
		慶長年間	・高麗家住宅（日高市）が建てられる 高麗家住宅→P.201	
江戸時代	1604年	慶長9年	・代官頭伊奈忠次、埼玉県最古の農業用水路である備前渠を開削	・江戸幕府成立（1603年） ・平戸にオランダ商館設立（1609年） ・シェークスピア「ハムレット」初演（1603年） ・江戸幕府、スペイン船の来航を禁止（1624年） ・島原・天草の乱（1637年） ・明の滅亡（1644年） ・生類憐みの令（1687年）
	1617年	元和3年	・徳川幕府2代将軍秀忠公、日光御成街道を将軍として初めて通行、以後将軍の日光社参専用道路となる 日光御成道の一里塚→P.273	
	1639年	寛永16年	・松平信綱、川越藩主となり城下町を整備	
	1647年	正保4年	・江戸と川越を結ぶ新河岸川舟運ルートができる	
	1648年	慶安元年	・川越藩主松平信綱、氷川神社（川越市）に2基の神輿・獅子頭・太鼓を寄進、神輿渡御が行われる 川越まつり→P.337	
	1655年	承応4年	・玉川用水からの分水が許可され、野火止用水が開通 野火止緑道 憩いの森→P.203	
	1665年	寛文5年	・中山道に伝馬制が定められる	
	1689年	元禄2年	・松尾芭蕉、奥州へ向け江戸を出立 おくのほそ道の風景地→P.173	
	1705年	宝永2年	・深谷市に岡部藩の拠点、岡部陣屋が築かれる 岡部藩陣屋跡→P.67	・享保の改革（1716年）
	1729年	享保14年	・現本庄市の村役人庄田門弥、世界最古の自転車といわれる「陸船車」を発明	
	1731年	享保16年	・江戸と現さいたま市を結ぶ見沼通船堀が開通 見沼通船堀公園→P.144	
	1746年	延享3年	・国学者の塙保己一、児玉郡で生まれる 塙保己一→P.334	・イギリス産業革命始まる（1760年頃） ・アメリカ合衆国独立宣言（1776年） ・フランス革命勃発（1789年） ・ワーテルローの戦い（1815年） ・シーボルトが長崎に来航（1823年）
	1749年	寛延2年	・矢尾本店（秩父市）創業 秩父錦 酒づくりの森→P.53	
	1751年	宝暦元年	・入間郡でサツマイモ栽培を開始	
	1753年	宝暦3年	・柳田総本店（秩父市）開業 武甲酒造→P.54	
	1765年	明和2年	・紅葉屋本店（熊谷市）創業 紅葉屋本店→P.377	
	1766年	明和3年	・平賀源内が川越藩秩父大滝（現在の秩父市大滝）の中津川で鉱山開発を行い石綿を発見	
	1783年	天明3年	・浅間山噴火。高麗、秩父地方で一揆多発。天明の飢饉	
	1788年	天明8年	・成身院（本庄市）の百体観音堂完成 成身院百体観音堂→P.298	
	1793年	寛政5年	・塙保己一の『群書類従』木版で刊行開始	
	1799年	寛政11年	・岩槻藩の児玉南柯、私塾遷喬館を創設 岩槻藩遷喬館→P.149	
	1807年	文化4年	・うなぎ専門店小川菊（川越市）創業 小川菊→P.49	
	1818年	文政元年	・盤古堂（川越市）創業 はんこのバンコウ本店→P.371	
	1819年	文政2年	・塙保己一による『群書類従』の刊行が完了	
	1824年	文政7年	・忍藩、藩校の進修館を開設	
	1827年	文政10年	・川越藩、藩校の博喩堂を開設	
	1830年	文政13年	・実業家の尾高惇忠、榛沢郡下手計村（現在の深谷市下手計）で生まれる 尾高惇忠生家→P.65	
	1833年	天保4年	・幸手宿、岩槻で打ちこわしが発生。天保の飢饉	
	1837年	天保8年	・国学者の平田篤胤、久伊豆神社（越谷市）の庵を仮寓とする 久伊豆神社→P.42, 168 ・武州中島紺屋（羽生市）創業 武州中島紺屋→P.60	
	1840年	天保11年	・渋沢栄一、榛沢郡血洗島村（現在の深谷市血洗島）で生まれる 旧渋沢邸「中ノ家（なかんち）」→P.66, 292	・アヘン戦争（1840年） ・老中水野忠邦、天保の改革を開始（1841年）
	1848年	嘉永元年	・藤橋藤三郎商店（深谷市）創業 藤橋藤三郎商店→P.57 ・川越城本丸御殿の建造 川越城本丸御殿→P.219	

今も秩父に平賀源内の住居跡が残る

日本の資本主義の父と呼ばれます

時代	西暦	和暦	埼玉のできごと	日本・世界のできごと
	1851 年	嘉永 4 年	・荻野吟子、幡羅郡俵瀬村（現在の熊谷市）で生まれる　荻野吟子→P.335 ・大坂屋（松岡醸造の前身、小川町）創業　松岡醸造→P.55	・ペリー艦隊、浦賀に来航（1853 年）
	1854 年	嘉永 7 年	・高島秋帆と増田安次郎、川口で大砲を鋳造	
	1855 年	安政 2 年	・女郎うなぎ福助（小川町）創業　女郎うなぎ福助→P.50	・南北戦争勃発（1861 年）
	1864 年	文久 4 年	・水戸天狗党が忍藩、岡部藩と交戦	
	1865 年	慶応元年	・草加煎餅いけだ屋（草加市）創業　いけだ屋→P.377	・大政奉還（1867 年） ・戊辰戦争（1868 年）
	1865 年	慶応 2 年	・秩父郡名栗村（現飯能市）から武州世直し一揆が広がる	
	1868 年	慶応 4 年	・飯能戦争。幕府軍、新政府軍に敗退。尾高惇忠、渋沢成一郎は伊香保へ逃亡、渋沢平九郎自刃　渋沢平九郎→P.65	
明治時代	1869 年	明治 2 年	・廃藩置県により大宮県が設置される。大宮県を浦和県と改称	・明治改元（1868 年） ・スエズ運河開通（1869 年）
	1870 年	明治 3 年	・浦和県が新庁舎を浦和宿に開設	
	1871 年	明治 4 年	・廃藩置県で川越、岩槻、忍の各県を設置。その後従来の県が廃止され、埼玉県と入間県を置く。埼玉県庁が旧浦和県庁舎にて開く	
	1872 年	明治 5 年	・埼玉裁判所を県庁舎内に置く	
	1873 年	明治 6 年	・鴻巣市の日枝社、熊野社、雷電社を合祀し鴻三社と号する　鴻神社→P.260 ・入間県と群馬県を廃し、熊谷県を新設	
	1874 年	明治 7 年	・浦和（現さいたま市）に埼玉県師範学校（埼玉大学の前身）が開校	
	1876 年	明治 9 年	・熊谷県を廃し、その武蔵国分を埼玉県と合併し、ほぼ現在の県域に ・浦和市（現さいたま市）に須原屋創業　須原屋本店→P.141	
	1878 年	明治 11 年	・浦和市（現さいたま市）に浦和師範学校校舎、鳳翔閣建設　浦和博物館→P.145	
	1883 年	明治 16 年	・浦和駅（現さいたま市）、上尾駅開業 ・明治天皇の行幸により、飯能市の羅漢山が天覧山に改称　天覧山→P.78 ・熊谷駅（熊谷市）開業。上野〜熊谷間に鉄道開通	
	1884 年	明治 17 年	・秩父事件発生	
	1885 年	明治 18 年	・荻野吟子、医術開業後期試験に合格、初の公許女医となり文京区で開業 ・日本鉄道の大宮 - 宇都宮間開通 ・氷川神社（さいたま市）の境内地の一部を官営化、県内初の県営公園として大宮公園が開園　大宮公園→P.130	
	1887 年	明治 20 年	・日本煉瓦製造株式会社、ドイツ人技師チーゼを招き現深谷市上敷免で煉瓦工場の操業を開始　煉瓦製造施設→P.65	
	1888 年	明治 21 年	・うなぎの満寿家（さいたま市）創業　満寿家→P.48	
	1890 年	明治 23 年	・川野幸太郎が小川町に八百幸商店を創業　ヤオコー→P.380	・大日本帝国憲法発布（1889 年 2 月 11 日） ・教育勅語発布（1890 年 10 月 30 日） ・日清戦争勃発（1894 年 8 月 1 日） ・赤痢大流行（1897 年）
	1894 年	明治 27 年	・前年火事で焼失した時の鐘（川越市）再建　時の鐘→P.218 ・児玉郡（現本庄市）の競進社に模範蚕室が建造される　競進社模範蚕室→P.299	
	1895 年	明治 28 年	・川越鉄道（後の西武新宿線）開業にともない所沢駅、本川越駅開業	
	1897 年	明治 30 年	・八木橋本次郎が熊谷市に八木橋呉服店を創業　八木橋百貨店→P.280	
	1899 年	明治 32 年	・東武鉄道、現在の伊勢崎線となる北千住〜久喜間を開業	
	1901 年	明治 34 年	・上武鉄道（秩父鉄道の前身）熊谷〜寄居駅間を開業	・日露戦争勃発（1904 年 2 月 10 日） ・第 1 次ロシア革命始まる（1905 年 1 月 22 日） ・韓国併合（1910 年 8 月 22 日） ・中華民国発足（1912 年 1 月 1 日）
	1902 年	明治 35 年	・旧和田家住宅、現在の越生町に建築。のち所沢市へ移築　クロスケの家→P.77	
	1903 年	明治 36 年	・秩父鉄道波久礼駅開業　波久礼駅→P.74	
	1905 年	明治 38 年	・渡良瀬遊水地（現加須市）着工　渡良瀬遊水地→P.263	
	1909 年	明治 42 年	・田山花袋、羽生市を舞台にした小説『田舎教師』を刊行　田山花袋→P.263	
	1911 年	明治 44 年	・旧所沢町と松井村（現所沢市）に日本初となる所沢陸軍飛行場が開設される　所沢航空記念公園→P.184	
大正時代	1914 年	大正 3 年	・秩父鉄道最長の橋、荒川橋梁完成　→荒川橋梁 P.74 ・東武鉄道東上線池袋〜川越間開通、上武鉄道（現秩父鉄道）長瀞〜秩父間開通	・大正改元（1912 年 7 月 30 日） ・第 1 次護憲運動始まる（1912 年 12 月） ・第 1 次世界大戦勃発（1914 年 7 月 28 日）
	1915 年	大正 4 年	・武蔵野鉄道飯能〜池袋間開通	

埼玉県初の名勝指定地！

日本さくら名所100選にも選出

時代	西暦	和暦	埼玉のできごと	日本・世界のできごと
大正時代	1916 年	大正 5 年	・上武鉄道株式会社、秩父鉄道株式会社と改称 ・渋沢栄一の喜寿を記念し誠之堂建設（平成 11 年に深谷市へ移設） 誠之堂 → P.65、96	
	1919 年	大正 8 年	・雑誌『少女号』11 月号にて童謡『靴が鳴る』発表 清水かつら「靴が鳴る」歌碑 → P.203	
	1920 年	大正 9 年	・陶舗やまわ（川越市）創業 陶舗やまわ → P.372 ・アントワープオリンピック。埼玉県初のオリンピック出場選手野口源三郎、日本選手団の主将・開会式の旗手を務める	
	1921 年	大正 10 年	・石川組製糸の創業者石川幾太郎、迎賓館を建設 旧石川組製糸西洋館 → P.193	
	1923 年	大正 12 年	・東武東上線に武州松山駅（のちの東松山駅）、小川町駅（小川町）開業 ・長瀞ラインくだりが秩父鉄道直営となる 長瀞ラインくだり → P.318	・関東大震災（1923年） ・治安維持法交付（1925年4月12日） ・普通選挙法交付（1925年5月5日）
	1924 年	大正 13 年	・長瀞岩畳（長瀞町）が国の名勝・天然記念物に指定される 長瀞岩畳 → P.316 ・新井園本店（所沢市）創業 新井園本店 → P.374	
昭和時代	1927 年	昭和 2 年	・秩父市にパリー食堂が開業 パリー食堂 → P.88	・昭和改元（1926年12月25日） ・日本で金融恐慌が起こる（1927年3月） ・世界恐慌始まる（1929年10月24日） ・満州事変（1931年9月18日） ・五・一五事件（1932年5月15日） ・太平洋戦争勃発（1941年12月8日） ・日本敗戦ポツダム宣言受諾（1945年8月15日） ・日本国憲法施行（1947年5月3日）
	1929 年	昭和 4 年	・総武鉄道（現東武野田線）大宮～粕壁間開通	
	1930 年	昭和 5 年	・秩父鉄道、影森～三峰口間が開業、現在運行の羽生～三峰口間が全線開業	
	1934 年	昭和 9 年	・入間郡山口村（現入間市・所沢市）に山口貯水池（通称狭山湖）完成 狭山湖 → P.77、186 ・喜久屋食堂（長瀞町）創業 喜久屋食堂 → P.349	
	1935 年	昭和 10 年	・山田量輔が所沢市に手打ちうどん専門店を創業 山田うどん食堂 → P.362	
	1936 年	昭和 11 年	・秩父市の橋立鍾乳洞、埼玉県の天然記念物に指定 橋立鍾乳洞 → P.82	
	1939 年	昭和 14 年	・大久保竹治が飯能市（現飯能市）に丸木百貨店（丸広百貨店の前身）を創業 丸広百貨店 → P.378	
	1940 年	昭和 15 年	・国鉄（現 JR）川越線大宮～高麗川間開通	
	1944 年	昭和 19 年	・埼玉新聞が創刊される 埼玉新聞 → P.8	
	1945 年	昭和 20 年	・武蔵野鉄道と西武農業鉄道が合併、翌年西武鉄道と改称	
	1946 年	昭和 21 年	・比企郡明覚村（現ときがわ町）でこんにゃく屋渡邊商店が開業 とうふ工房わたなべ → P.242	
	1949 年	昭和 24 年	・埼玉県で唯一の国立大学、埼玉大学が設立される	
	1950 年	昭和 25 年	・東村山文化園（西武園ゆうえんちの前身）開園 西武園ゆうえんち → P.188 ・黒山三滝（越生町）が新日本観光地百選「瀑布の部」9 位に選出される 黒山三滝 → P.246 ・秩父多摩国立公園指定	
	1951 年	昭和 26 年	・戸田町（現戸田市）と板橋区の境界変更を記念し、第 1 回目の戸田橋花火大会が開催 戸田橋花火大会 → P.163	
	1952 年	昭和 27 年	・浦和市（現さいたま市）の荒川河川敷サクラソウ自生地が国の特別天然記念物に指定される	
	1953 年	昭和 28 年	・小川町で島村呉服店創業 ファッションセンターしまむら → P.379	・日米安全保障条約調印(1951年9月8日) ・メーデー事件(1952年5月1日) ・町村合併促進法公布(1953年9月1日) ・首都圏整備法公布(1956年4月26日) ・東京タワー完成(1958年12月23日)
	1954 年	昭和 29 年	・牛島のフジ（春日部市）が国の特別天然記念保存木に指定される 牛島の藤（藤花園）→ P.178	
	1956 年	昭和 31 年	・シラコバトが国の天然記念物に指定される ・山野和竿店（川口市）創業 山野和竿店 → P.373	
	1957 年	昭和 32 年	・菓匠右門（川越市）創業 菓匠右門 → P.376	
	1958 年	昭和 33 年	・入間市の米軍ジョンソン基地返還地に航空自衛隊入間基地が開設	
	1960 年	昭和 35 年	・大宮公園サッカー場（さいたま市）、日本初のサッカー専用競技場としてオープン NACK5 スタジアム大宮 → P.130	・カラーテレビ放送開始(1960年9月10日) ・J・F・ケネディ米大統領暗殺（1963年11月23日） ・東京オリンピック開催（1964年10月10日）
	1962 年	昭和 37 年	・川口市の鋳物工場を舞台にした映画『キューポラのある街』が公開。主演の吉永小百合が国民的な女優となる ・東京天文台堂平観測所(現小川町・ときがわ町星と緑の創造センター)開設 堂平天文台「星と緑の創造センター」→ P.243	
	1964 年	昭和 39 年	・荒川に玉淀ダム（寄居町）竣工 玉淀河原 → P.295 ・所沢市に満洲里創業 ぎょうざの満洲 → P.363	
	1965 年	昭和 40 年	・シラコバトが埼玉県民の鳥に指定される	

県民におなじみのアクティビティ

昭和 20 年代の本社社屋

レトロ情緒は今も健在

時代	西暦	和暦	埼玉のできごと	日本・世界のできごと
	1966 年	昭和 41 年	・ケヤキが埼玉県の木に指定される	・公害対策基本法施行（1967 年 8 月 3 日） ・小笠原諸島返還、東京都に編入（1968 年 6 月 26 日） ・川端康成がノーベル文学賞を受賞（1968 年 10 月 17 日）
	1967 年	昭和 42 年	・埼玉国体開催、天皇杯、皇后杯を獲得	
	1970 年	昭和 45 年	・大宮市（現さいたま市）に大宮総合食品地方卸売市場が開場　大宮市場（通称）→ P.382 ・アニメ『赤き血のイレブン』放送開始。創部 6 年目の浦和南高校サッカー部が国体など三冠を達成した逸話がもとになっている	
	1971 年	昭和 46 年	・埼玉誕生 100 周年を記念し、サクラソウが県の花に指定される ・関越自動車道東京〜川越間開通	
	1972 年	昭和 47 年	・学生運動が激化するなか伝説のロックバンド「頭脳警察」がレコードデビュー。中心メンバーのパンタは所沢出身 ・熊谷市にるーぱん創業　るーぱん→ P.365 ・東北自動車道岩槻〜宇都宮間開通	・沖縄返還、日本復帰（1972 年 5 月 15 日） ・日中国交正常化（1972 年 9 月 29 日）
	1973 年	昭和 48 年	・大宮市（現さいたま市）に中華料理来々軒創業　日高屋→ P.364 ・浦和市（現さいたま市）にロヂャースマ浦和店を開店　ロヂャース→ P.381 ・アニメ『エースをねらえ！』の放送でテニスが大ブームとなる。作者・山本鈴美香が卒業した浦和西高校が舞台 ・細野晴臣がソロ 1st アルバム『HOSONO HOUSE』を発表。狭山市のアメリカ村にあった自宅で録音された　細野晴臣→ P.195 ・国鉄（現 JR）武蔵野線中本町〜新浦和〜新松戸間開通	
	1974 年	昭和 49 年	・国営武蔵丘陵森林公園（滑川町）、全国初の国営公園として開園　国営武蔵丘陵森林公園→ P.239	
	1975 年	昭和 50 年	・虎澤英雄、岸生串生が飯能焼を再興　武州飯能窯→ P.62 ・浦和〜北浦和周辺の「娘々」や大宮の「漫々亭」などでスタミナラーメンの提供開始　娘々→ P.367	100 年ぶりに飯能焼を復活させた虎澤英雄 ・ロッキード事件で田中角栄首相逮捕（1976 年 7 月 27 日）
	1976 年	昭和 51 年	・1964 年に途絶えた脚折雨乞（鶴ヶ島市）が復活、以後 4 年に 1 度開催となる　雷電児童公園→ P.227 ・さきたま風土記の丘を整備し、さきたま古墳公園として開園　さきたま古墳公園→ P.288	
	1977 年	昭和 52 年	・戸田市の荒川河川敷に彩湖・道満グリーンパークが開業　彩湖・道満グリーンパーク→ P.123, 164	
	1978 年	昭和 53 年	・国土計画（現コクド）がクラウンライターライオンズ（旧西鉄ライオンズ）を買収、本拠地を所沢市へ移転し西武ライオンズ発足 ・米軍所沢基地の返還地の一部に所沢航空記念公園開設　所沢航空記念公園→ P.184	
	1979 年	昭和 54 年	・秩父市と皆野町にまたがる箕山に美の山公園を整備、開業　美の山公園→ P.22, 81, 107 ・西武ライオンズ球場開業（現ベルーナドーム）　ベルーナドーム→ P.32 ・県営しらこばと水上公園（越谷市）がオープン　しらこばと水上公園→ P.169 ・テレビ埼玉が開局　テレビ埼玉→ P.8	開局当初の番組映像
	1980 年	昭和 55 年	・第 3 回全日本スリーデーズマーチが東松山市で開催される　日本スリーデーマーチ→ P.229 ・埼玉県こども自然動物公園（東村山市）開園　埼玉県こども動物自然公園→ P.230 ・羊山公園（秩父市）開園　羊山公園→ P.309	
	1981 年	昭和 56 年	・東武動物公園（宮代町）開園　東武動物公園→ P.275 ・さいたまんぞうのシングル曲『なぜか埼玉』が『タモリのオールナイトニッポン』で話題となりスマッシュヒット	・東京ディズニーランド開園（1983 年 4 月 15 日） ・日航機、群馬県御巣鷹山に墜落（1985 年 8 月 12 日） ・伊豆大島三原山噴火（1986 年 11 月 21 日） ・国鉄分割民営化（1987 年 4 月 1 日）
	1982 年	昭和 57 年	・東北新幹線、大宮駅〜盛岡間が開業、上越新幹線開通 ・西武ライオンズ、パリーグ優勝。日本シリーズも制し西武として初の日本一を達成 ・北浦和公園内（さいたま市）に埼玉県立近代美術館が開館　埼玉県立近代美術館→ P.141	
	1983 年	昭和 58 年	・埼玉新都市交通（ニューシャトル）大宮〜羽羽間開業 ・県営羽生水郷公園内にさいたま水族館オープン　さいたま水族館→ P.266	
	1985 年	昭和 60 年	・国鉄（現 JR）埼京線大宮〜池袋間開業	
	1987 年	昭和 62 年	・地球観測センター（鳩山町）設立　JAXA 地球観測センター→ P.97 ・鴻巣市の旧農林水産省農業試験場跡地に、埼玉県警察運転免許センター設置　埼玉県警察運転免許センター→ P.261	
	1988 年	昭和 63 年	・SL パレオエクスプレス運行開始　SL パレオエクスプレス→ P.75 ・県内で最も高いオフィスビル（当時）大宮ソニックシティ開業　ソニックシティ→ P.132 ・エフエム埼玉（現 FM NACK5）が開局　FM NACK5 → P.8	公開生放送も行うスタジオアルシェ

時代	西暦	和暦	埼玉のできごと	日本・世界のできごと
平成時代	1989年	平成元年	・西武鉄道、秩父鉄道との直通運転開始 ・西武ライオンズ球場のドーム化工事が完成 ・和光市のキャンプ・ドレイク返還跡地に埼玉県営和光樹林公園が開園　和光樹林公園→ P.205	・平成改元（1989年1月8日） ・消費税実施（1989年4月1日） ・ベルリンの壁崩壊（1989年11月9日）
	1990年	平成2年	・熊谷桜堤が、日本の桜名所100選に選定される　熊谷桜堤→ P.279 ・丸神の滝（小鹿野町）が埼玉県内で唯一日本の滝百選に選定される　丸神の滝→ P.310 ・春日部市を舞台にした漫画『クレヨンしんちゃん』（臼井儀人著）が「Weekly 漫画アクション」（双葉社）で連載開始　クレヨンしんちゃん→ P.341	
				© 臼井儀人／双葉社
	1991年	平成3年	・Jリーグ発足。三菱自動車工業サッカー部、本拠地を浦和へ移し浦和レッドダイヤモンズに改称、Jリーグに参加　浦和駒場スタジアム→ P.142 ・公益財団法人トトロのふるさと基金、トトロの森1号地を取得　トトロの森→ P.76 ・秩父市に秩父ミューズパーク開業　秩父ミューズパーク→ P.24、309	・イラクがクウェートへ侵攻（1990年8月2日） ・スーパーファミコン発売（1990年11月21日） ・日本人初の宇宙飛行（1990年12月2日） ・湾岸戦争勃発（1991年1月17日） ・都庁舎が有楽町から新宿へ移転（1991年4月1日） ・EU発足（1993年11月1日） ・白神山地（自然）、屋久島（自然）、法隆寺（文化）、姫路城（文化）が世界遺産に登録される（1993年12月） ・阪神淡路大震災（1995年1月17日）
	1992年	平成4年	・テレビアニメ『クレヨンしんちゃん』放送開始	
	1994年	平成6年	・与野市（現さいたま市）に彩の国さいたま芸術劇場開業　彩の国さいたま芸術劇場→ P.134 ・川越市に川越総合卸売市場が開場　川越総合卸売市場→ P.383	
	1995年	平成7年	・渋沢栄一記念館（深谷市）開館　渋沢栄一記念館→ P.66、292 ・がってん寿司、寄居町に創業　がってん寿司→ P.366	
	1996年	平成8年	・大宮出身の若田光一が日本人初のスペースシャトル・ミッションスペシャリストとして宇宙へ ・COEDO BREWERY開設（川越市） ・JR深谷駅が東京駅を模した橋上駅舎に改築。深谷駅→ P.64 ・圏央道鶴ヶ島～青梅間開通	
	1997年	平成9年	・あけぼの子どもの森公園（飯能市）開園　トーベ・ヤンソンあけぼの子どもの森公園→ P.198 ・埼玉県立川の博物館（寄居町）開館　埼玉県立川の博物館→ P.295	
	1998年	平成10年	・秩父市に浦山ダム完成。翌年より使用開始　浦山ダム→ P.83、310 ・NTT関東サッカー部、本拠地を大宮へ移し大宮アルディージャへ改称 ・米軍ジョンソン基地の返還地の一部に、埼玉県営の森入間公園開園　彩の森入間公園→ P.193 ・浦和レッズに小野伸二が鮮烈デビュー。同年のフランスW杯にも日本代表史上最少（18歳と272日）で出場	
				映画の舞台のひとつです
	1999年	平成11年	・西武ライオンズに入団した松坂大輔が新人王も最多勝のタイトルも獲得。「リベンジします」は流行語大賞に	
	2000年	平成12年	・さいたま新都心（さいたま市）の街びらき　さいたま新都心→ P.128 ・さいたまスーパーアリーナ開業　さいたまスーパーアリーナ→ P.133	・特定非営利活動促進法（NPO法）施行（1998年12月1日） ・九州・沖縄サミット（2000年7月21日） ・USJ開園（2001年3月31日） ・アメリカ同時多発テロ（2001年9月11日）
	2001年	平成13年	・浦和市、大宮市、与野市が合併、さいたま市誕生 ・埼玉スタジアム2002開業　埼玉スタジアム2002→ P.30 ・埼玉高速鉄道赤羽岩淵～浦和美園間開業	
	2002年	平成14年	・朝霞市の陸上自衛隊朝霞駐屯地内に陸上自衛隊広報センター（通称りっくんランド）開業　陸上自衛隊広報センター りっくんランド→ P.94 ・第1回こうのす花火大会が開催される　こうのす花火大会→ P.339	
	2003年	平成15年	・さいたま市、政令指定都市に移行 ・浦和レッズ、Jリーグカップで初タイトル獲得	
	2005年	平成17年	・さいたま市、岩槻市を編入、現在の市域に ・日高市の高麗川河川敷、巾着田曼珠沙華公園として整備、開園　巾着田曼珠沙華公園→ P.108、197 ・名栗村が飯能市に合併。吉田町・荒川村・大滝村が秩父市に合併。吹上町・川里町が鴻巣市に合併。庄和町が春日部市に合併。上福岡市・大井町が合併し、ふじみ野市となる。妻沼町・大里町が熊谷市に合併。両村村が小鹿野町に合併。	・JR福知山線脱線事故（2005年4月25日） ・郵政民営化法案が公布（2005年10月21日）
	2006年	平成18年	・首都圏外郭放水路全区間完成、全川で供用開始　首都圏外郭放水路→ P.27 ・鉢形城跡（寄居町）が日本100名城に認定される　鉢形城跡→ P.295 ・岡部町・川本町・花園町が深谷市に合併。神泉村が神川町に合併。南河原村が行田市に合併。児玉町が本庄市に合併。都幾川村・玉川村が合併し、ときがわ町となる ・浦和レッズ、Jリーグ制覇	
				バックスタンドにクラブエンブレムが浮かび上がった
	2007年	平成19年	・浦和レッズ、AFCチャンピオンズリーグで初の国際タイトル獲得 ・さいたま市に鉄道博物館オープン　鉄道博物館→ P.136 ・アニメ『らき☆すた』放送開始。埼玉県内が舞台となり鷲宮神社（久喜市）には聖地巡礼のファンが押し寄せた　鷲宮神社→ P.43、270 ・江南町が熊谷市に合併	

時代	西暦	和暦	埼玉のできごと	日本・世界のできごと
	2008年	平成20年	・越谷レイクタウン地区（越谷市）にイオンレイクタウンが開業　イオンレイクタウン→ P.169 ・三井アウトレットパーク 入間（入間市）オープン　三井アウトレットパーク入間→ P.192	日本が誇る自然派ワイン
	2009年	平成21年	・入間市の米軍基地にあった旧磯野住宅・米軍ハウス地区を再開発し住宅地化　ジョンソンタウン→ P.92、192	
	2010年	平成22年	・蕨市出身のアーティスト星野源が1stアルバム『ばかのうた』を発表 ・秩父を舞台にしたアニメ『あの日見た花の名前を僕達はまだ知らない。』放送開始。秩父三部作として大ブームに ・菖蒲町・鷲宮町・栗橋町が久喜市と合併。騎西町・北川辺町・大利根町が加須市と合併	・東日本大震災（2011年3月11日） ・小笠原諸島が世界自然遺産に登録決定（2011年6月） ・ロンドンオリンピック開催（2012年） ・2020年東京オリンピックの開催が決定（2013年9月） ・ソチ冬季オリンピック開催（2014年2月） ・「和紙 日本の手漉和紙技術」がユネスコ無形文化財に登録（2014年11月）
	2011年	平成23年	・ときがわ町の玉川温泉、昭和レトロな温泉銭湯玉川温泉として開業　昭和レトロな温泉銭湯玉川温泉→ P.103 ・武蔵ワイナリー（小川町）創業　武蔵ワイナリー→ P.59 ・鳩ヶ谷市が川口市と合併	
	2012年	平成24年	・忍城（行田市）の城攻めを描いた『のぼうの城』（野村萬斎主演）が公開され興行収入28億円のヒット作品に ・鴻巣市のピラミッドひな壇の高さが、日本一に認定される（日本一ネット）　ピラミッドひな壇→ P.259	
	2013年	平成25年	・秩父銘仙が国の伝統的工芸品に指定　ちちぶ銘仙館→ P.61、309 ・本多静六博士没60年記念事業で整備した本多静六記念館（久喜市）がオープン　本多静六記念館→ P.270	
	2014年	平成26年	・埼玉県の「細川紙」がユネスコ無形文化遺産に登録　埼玉伝統工芸会館→ P.63、236 ・さいたま市の大宮 RAKUUN に大宮ラクーンよしもと劇場オープン　大宮ラクーンよしもと劇場→ P.135	
	2015年	平成27年	・行田市の田んぼアートが「世界最大の田んぼアート」としてギネス世界記録に認定　田んぼアート→ P.26 ・大村智北里大学特別栄誉教授、ノーベル生理学・医学賞を共同受賞　大村記念館→ P.257 ・コミック『翔んで埼玉』（魔夜峰央著）、インターネットの投稿がきっかけで話題となり、宝島社から単行本化	 『このマンガがすごい！comics　翔んで埼玉』（宝島社）
	2016年	平成28年	・秩父祭の屋台行事と神楽、川越氷川祭の山車行事がユネスコ無形文化遺産に	
	2017年	平成29年	・アグリパーク上里（上里町）開業　このはなパーク上里→ P.302 ・行田足袋が「和装文化の足元を支え続ける足袋蔵のまち行田」の構成文化財として日本遺産に　創作足袋千代の松→ P.375 ・第99回全国高等学校野球選手権大会で花咲徳栄が全国優勝を飾る。埼玉県勢としては春夏通じての甲子園大会での初優勝となった	・上野の国立西洋美術館が世界文化遺産に登録決定（2016年7月） ・リオデジャネイロオリンピック開催（2016年8月） ・平昌冬季オリンピック開催（2018年2月）
	2018年	平成30年	・明治38年築の旧大野邸秤屋をリノベーションし、古民家複合施設はかり屋としてオープン　はかり屋→ P.89 ・飯能市に北欧の生活をテーマにした複合施設、メッツァビレッジがオープン　メッツァビレッジ→ P.91 ・埼玉県を本拠地とする卓球チーム、T.T彩たまが創設されTリーグに参戦する	
令和時代	2019年	令和元年	・実写映画『翔んで埼玉』（二階堂ふみと GACKT のダブル主演）が公開され興行収入37億円のメガヒット作品となる ・ムーミンのテーマパークが飯能市の宮沢湖畔にオープン　ムーミンバレーパーク→ P.91、198	・令和改元（2019年5月1日） ・新型コロナウイルスの世界的流行（2020年2月〜） ・イギリス、EUから離脱（2021年1月1日） ・東京オリンピック開催（2021年7月） ・北京冬季オリンピック開催（2022年2月） ・ロシア軍、ウクライナに侵攻（2022年2月24日）
	2020年	令和2年	・スタバ川越鐘つき通り店（川越市）、「2020年に訪れるべき世界中のスタバ20選」に日本で唯一選出　スターバックスコーヒー川越鐘つき通り店→ P.89 ・さいたま市岩槻区に日本初の人形専門公立博物館が開館　さいたま市岩槻人形博物館→ P.148 ・ブルワリー・レストランが川越市の商業施設にオープン　COEDO BREWERY THE RESTAURANT → P.395 ・ところざわサクラタウン、角川武蔵野ミュージアム（所沢市）開業　ところざわサクラタウン→ P.28、185	
	2021年	令和3年	・渋沢栄一を主人公にした大河ドラマ「青天を衝け」放送開始 ・埼玉パナソニックワイルドナイツが熊谷市に本拠地を移動　熊谷ラグビー場→ P.34	
	2022年	令和4年	・横瀬町の寺坂棚田が「つなぐ棚田遺産〜ふるさとの誇りを未来へ〜」に埼玉県内で唯一選定　寺坂棚田→ P.26 ・埼玉パナソニックワイルドナイツ、ラグビーリーグワン初代王者となる ・深谷市に「深谷花園プレミアム・アウトレット」がオープン　深谷花園プレミアム・アウトレット→ P.13 ・毛呂山町の「鎌倉街道上道」が国の史跡に指定　鎌倉街道上道→ P.13	 国立競技場でラグビーの歴史に栄光を刻んだ

秩父山地から関東平野まで
埼玉の地質と地形

埼玉県には平地が約61%と多いが、風光明媚な山地もある。
住みやすく、また観光資源にも恵まれた埼玉の姿が浮き彫りに。

太古の秩父盆地には
豊かな海が広がって
パレオパラドキシアなど
海獣たちも泳いでいた

石灰岩が採掘されている武甲山。2.5億年〜2億年
前の中生代三畳紀のものと推測される原始的な魚類
の歯の化石などが石灰岩の中から発見されている

標高は西高東低

東西に長く延びた半円形の形をした埼玉県。西
部には県最高峰の三宝山(2483m)をはじめ2000m
級の山々が連なる秩父山地が広がり、だんだんと
東に向かうにつれて丘陵地、台地、低地と低くな
っていく地形をしている。

秩父山地は埼玉県のほぼ3分の1の面積を占めて
いるが、これらは太古の南洋の珊瑚礁が地殻変動
で移動し、隆起してできた山で、全体が石灰岩か
らなっている(これを利用した秩父セメントが有名)。

秩父山地のほぼ中央には秩父盆地がある。約
1500万年前までは「古秩父湾」と呼ばれる湾だっ
た場所で、クジラなど海洋生物の化石が発見され
ている。その秩父盆地の北端に位置する長瀞は、
プレート移動など太古の地殻変動によって生じた結
晶片岩を荒川が浸食し、地質を地上から観察でき
ることから「地球の窓」と称されている。また長瀞
は、東大地質学科初代教授のナウマン博士がここ
を調査したことから「日本地質学発祥の地」とも呼
ばれる。

ほぼJR八高線に沿って存在する八王子構造線と
呼ばれる断層によって、秩父山地と関東平野は分
断されている。

長瀞岩畳に残るポットホール。岩のくぼみに硬い岩石が入り、
川の激しい流れで回転することで徐々に岩が削られて巨大な
穴となる

 彩info 日本全国で平地の割合が県の面積の6割を超えているのは、埼玉県のほかには千葉県と茨城県だけ。

関東平野の地層

秩父山地が中生代から古生代の古い地層であるのに対して、関東平野の地層は新生代第4期という比較的新しい地層からできている。断層もあり、おもなものに群馬県高崎市から南東に延び鴻巣市にいたる「深谷断層帯」や、鴻巣市から川口市にいたる「綾瀬川断層」などがあるが、その活動度は低いとされている。

埼玉には、秩父に水源を発する荒川や入間川のほか、利根川、江戸川など多くの河川が流れている。これらが大量の土砂を運んで堆積させ、また浸食を繰り返して平らな低地を形成し、気の遠くなるような長い年月をかけて広大な関東平野を作り出した。

低地のなかにも小高く残った場所があり、そのひとつが河畔砂丘だ。これは低地をゆっくり流れる川の蛇行部に砂が堆積して砂州を作り、それが風に運ばれるなどして砂丘になったもの。加須市の志多見砂丘ほか、県内24ヵ所に河畔砂丘が存在する。

風流な流灯祭が開催される大落古利根川。江戸時代より前には利根川の本流だった

県境に沿うように流れる利根川は支流を含めた流域面積が約1万6840km²。埼玉県が4つほど入ってしまう日本一広い川だ

また埼玉東部には、河川により開析された小高い台地が残っている。これらは更新世中期以降に富士山などの火山砕屑物が堆積したもので、おもな台地は入間市周辺の武蔵野台地やさいたま市周辺の大宮台地などがある。

ほかにも秩父山地から東部に突き出した丘陵地があり、比企郡の比企丘陵、所沢市周辺の狭山丘陵などがある。

「海なし県」埼玉にも海があった

今は陸地で囲まれた海のない県になってしまっている埼玉県だが、かつては「海あり県」だった。

1万〜5000年前の縄文時代早・前期、最終氷期後の温暖化により海面が上昇し（縄文海進）、埼玉の奥深くまで湾が到達した。県内約110ヵ所で出土した縄文時代の貝塚から、現在のさいたま市や川越市、上尾市、蓮田市まで奥東京湾が及んでいたことがわかっている。県内最北では幸手市の槙野地原遺跡から貝塚が出土し、貝類のほかにタイ科の魚類の骨なども見つかっている。

しかし後の弥生時代になると次第に河川による土砂などの堆積が進み、かつての海岸は沖積低地となり、埼玉から海も遠のいていった。さいたま市以南の土地は、このように弥生時代以降に形成された沖積層である。

またかつてさいたま市東部にあった巨大な沼、見沼などは、海があった時代の名残と考えられている。

約5500〜6000年前の縄文時代前期の遺跡である水子貝塚。環状集落の跡も残り国の史跡に指定されている

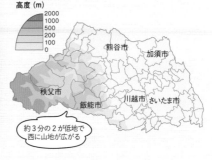

高度（m）

約3分の2が低地で西に山地が広がる

悠久の歴史を感じる「鉄剣の里」へ
さきたま古墳公園の歩き方

埼玉県の歴史と文化を体感するには県名の発祥地となった5〜7世紀の古墳群を歩いてみよう。

丸墓山古墳
6世紀初頭 ①

稲荷山古墳
5世紀後半 ②

将軍山古墳
6世紀後半 ③

古墳時代の
騎馬の装いも
復元されてる

④

日本最大の円墳である
丸墓山古墳からスタート

古墳通り沿いの駐車場に車を停めたら、まずは古墳群の中で最も標高が高い国内最大級の円墳（直径105m）である**丸墓山古墳**へ。この古墳は忍城攻めの舞台となったことでも知られている。駐車場から古墳まで続く道は、戦国時代に石田三成が忍城を水攻めする際に築いた堤防「石田堤」の跡。見晴らしのいい古墳の上に陣を張ったという伝承も残っている。そんな言い伝えが信じられないほどのどかな散策路道を歩き、墳丘へと登ってみよう。頂上で待っているのは行田市街と古墳群を見渡す眺望とすがすがしい風。天気が良ければ忍城も望むことができる。揺れ動く歴史に思いを馳せながらしばし休憩したら、北側の階段を下りて稲荷山古墳へ。

5世紀後半に作られたとされる前方後円墳の**稲荷山古墳**は、史跡公園で最も古い古墳。武具や勾玉、鏡など多くの遺物が出土したことでも有名だ。なかでも世紀の大発見といわれるワカタケル大王（雄略天皇）の名を記した「金錯銘鉄剣」は、歴史の教科書などに載っているので覚えている人も多いはず。これらはすべて国宝に指定されており、公園内の博物館に展示されている。墳丘を上ると埋葬施設の様子がパネルで展示されているので、じっくり見学しよう。

稲荷山古墳の頂上部を南へと下ったら、**将軍山古墳**に向かおう。全長約90mの前方後円墳からは、後円部に作られた横穴式石室から武器や馬具、珍しい馬冑（馬の武装具）など、多くのきらびやかな副葬品が発見されている。崩落が進んでいたが墳丘や堀を復元し、当時の状態に近い形へと整備されている。墳丘へ登ることはできないが、後円部の中へ入ることが可能。**将軍山古墳展示館**として復元されており、展示館で横穴式石室の様子を知ることができる。複製だが神秘的な古墳の秘密を垣間見られる貴重な体験だ。

エリアガイド➡P.288

①古墳公園で唯一の大型円墳。春には麓や頂上部が桜で彩られる　②古墳公園で最も古い稲荷山古墳。当時に近い姿に復元されている　③明治時代に横穴石室が発見され副葬品が多く出土している　④将軍山古墳展示館で石室のレプリカが見られる　写真提供：埼玉県立さきたま史跡の博物館

さきたま古墳公園の主役はまぎれもなく古墳だが、四季折々の花々を愛でることができる公園でもある。多くの花見客も訪れる桜や菜の花に始まり、アジサイやコスモスなどが園内を彩る。

二子山古墳でスケールを体感し
国宝展示に圧倒される博物館へ

側面から見るとふたつの山が仲良く並んでいるように見える**二子山古墳**は、かつての武蔵国で最大の前方後円墳。墳丘の周囲に須恵器や埴輪が出土しているが、いまだ本格的な発掘調査はされておらず、内部は神秘のヴェールに包まれたままだ。レーダー探査では後円部東側に横穴式石室があるのではないかと想定されている。墳丘へ上ることはできないが周囲を巡る遊歩道を回って、全長132.2mの巨大古墳のスケールを実感してみよう。また古墳周辺にはコスモス畑が広がっており、秋には色とりどりの花々も楽しめる。

巨大古墳の次に向かうのは古墳群で最小の前方後円墳である**愛宕山古墳**。全長54.7m、高さ約3.7mで、木立が生い茂った墳丘には石仏がたたずんでいる。小ぶりゆえに周囲と溶け合った、なんとも趣のある風情がいい。内部の調査はされていないが、周囲の堀から円筒埴輪や人、馬などをかたどった埴輪が出土している。ちなみに愛宕山古墳という名前の由来は、かつて墳丘の上に愛宕神社が建てられていたからだそうだ。

散策の締めくくりは古墳公園の南側の敷地へ。古墳通り沿いには埴輪作りに挑戦できる**行田市はにわの館**(→P.288)がある。さらに南へ歩いて**埼玉県立さきたま史跡の博物館**へ。稲荷山古墳から出土した貴重な国宝のほか、各古墳で見つかった埴輪や武具などが展示されている。展示物を見て回れば、古墳の奥深さをさらに実感できるはず。なお博物館の向かいには埼玉県名発祥之碑がひっそりと立っている。古くから人が暮らしていたこの「さきたま」の地が、現在の県名の由来なのだ。悠久の歴史が横たわるさきたま古墳公園は、過去と現在を結ぶかけがえのない場所。季節の花々と緑に彩られたのどかな雰囲気のなか、歴史散歩を楽しんでみよう。

埼玉県名発祥之碑。1871年(明治4年)11月14日に設置された「埼玉県」はここから歴史が始まっている

MAP 別冊P.41-C2

●さきたま古墳公園・埼玉県立さきたま史跡の博物館
🏠行田市埼玉 📞048-559-1111 ⏰古墳公園の入場は自由。博物館は9:00～16:30(入館～16:00)、7・8月～17:00(入館～16:30) 🈳古墳公園は定休日なし(博物館は月曜定休) 💴古墳公園は無料(博物館は200円) 🚉JR高崎線「行田駅(東口)」から市バス・観光拠点循環コース25分「埼玉古墳公園」下車、徒歩1分

二子山古墳
6世紀前半

愛宕山古墳
6世紀後半

はにわの館

さきたま史跡の博物館

❶名前のとおり連なった丘のように見える二子山古墳 ❷古墳群のなかでは規模が小さい愛宕山古墳 ❸時間があれば埴輪作りに挑戦しよう ❹古墳から出土した国宝が展示されている ❺国宝「金錯銘鉄剣」に刻まれた115の文字の詳細解説もある

さきたま古墳公園

稲荷山古墳
丸墓山古墳
古代の草原
石田堤
将軍山古墳展示館
将軍山古墳
天祥寺
愛宕山古墳
二子山古墳
埼玉県名発祥之碑
行田市はにわの館
瓦塚古墳
旧遠藤家住宅
古墳通り
埼玉県立さきたま史跡の博物館
鉄砲山古墳
浅間塚古墳
奥の山古墳
前玉神社
鴻巣方面へ
行田市内へ

公園のすぐ隣には「埼玉県名発祥の古社」として知られる、歴史深い前玉神社(→P.289)がある。浅間塚古墳の上に鎮座するさきたまの地の鎮守様で、看板猫たちが出迎えてくれる癒やしのスポットでもある。

333

偉人

Born in Saitama！

埼玉で生まれた偉人と英傑

武蔵国の伝統を受け継ぐ埼玉は、自由の気風と学問を尊ぶ精神があふれる地。
歴史に名を刻む偉人や英傑も登場している。

嵐山町の菅谷館跡に立つ畠山重忠像

源頼朝に信頼された「坂東武士の鑑」

畠山重忠 1164〜1205年
（はたけやましげただ）

　平安末期から鎌倉初期にかけて活躍した武将で、現在の深谷市の出身と伝わる。源頼朝に仕え、鎌倉幕府の成立にも尽力した。平家討伐、奥州合戦などで活躍するが、頼朝亡きあとに北条氏により謀反の疑いをかけられて武蔵国二俣川（現在の横浜市旭区）で討死。その勇猛果敢さと清廉潔白な人柄から「坂東武士の鑑」と評された。

足跡を訪ねる
菅谷館跡→ P.238
畠山重忠公史跡公園→ P.294

源平合戦での愛馬を背負っての鵯越

　怪力として知られた重忠は、数々の逸話を残している。『源平盛衰記』によれば、一ノ谷の戦いで源義経率いる軍勢が断崖絶壁を騎馬で駆け下りた「鵯越の逆落とし」の際、重忠は馬をけがさせてはならぬとして自ら馬を背負って坂を駆け下ったという。また宇治川の戦いでは、川の中から大串重親を対岸に放り投げ、一番乗りを名乗らせたと伝わる。静御前が鶴岡八幡宮で白拍子を舞った際に伴奏を務めるなど芸事にも優れた。

日本の貴重な書物を救った盲目の国学者

塙保己一 1746〜1821年
（はなわほきいち）

　江戸時代後期に活躍した国学者で、現在の本庄市の出身。子供時代にかかった病が原因で盲目となり、按摩や鍼などの修業を始めたがうまくいかず、学問の道を志した。抜群の暗記力もあり、40年の歳月をかけて『群書類従』を編纂し、古今の貴重な日本の書物が散逸するのを防いだ。江戸に教育機関「和学講談所」を設立し、後進の育成にも努めている。

本庄市の塙保己一記念館には遺品や資料を豊富に展示

足跡を訪ねる
塙保己一記念館→ P.299

ヘレン・ケラーに光明を与える

　1937年（昭和12年）に来日したヘレン・ケラー（1880-1968）は、埼玉会館で開かれた講演会で「ハナワ・ホキイチ先生を目標にがんばることができ今の私がある」と語った。原因不明の高熱により1歳半で視覚と聴覚を失うも母親から「日本の塙保己一を目標としなさい」と励まされていたのだ。ヘレン・ケラーが作家や政治活動家として世界に与えた影響も塙保己一あってのことだった。

諸説ありますが 埼玉が発祥です！

通 貨

　708年（和銅元年）、元明天皇に献上された渡来人の金上无が秩父で自然銅を発見。日本初の通貨「和同開珎」が鋳造され、年号も「和銅」と改められた。今も秩父鉄道「和銅黒谷駅」近くに露天掘りの採掘跡が残り「日本通貨発祥の地」のモニュメントも立つ。

日本地質学

　東京大学地質学科にドイツ人のナウマン博士（ナウマン象に名を残す）が初代教授に招かれると、1878年にまず長瀞を調査したことから、この地は「地質学発祥の地」といわれている。埼玉県立自然の博物館入口に「日本地質学発祥の地」と刻まれた石碑がある。

成人式

　蕨市は成人式発祥の地。1946年（昭和21年）11月22日に初めて式が行われたときは「成年式」と呼ばれたが日本政府はこれを例に1949年から1月15日を成人の日として制定した。1月第2月曜となった今も蕨市では、誇りをもって「成年式」と呼ばれている。

幕末の新進な気風が生んだ「日本資本主義の父」

渋沢栄一 <small>しぶさわ えいいち</small> <small>1840〜1931年</small>

　NHK大河ドラマ「青天を衝け」の主人公や新一万円札の顔となり、一気に知名度が上がった「日本資本主義の父」。現在の深谷市血洗島の篤農家に生まれて家業に励むが、幕末の混乱のなか攘夷思想を抱き、徳川(一橋)慶喜に仕官。商才を発揮して頭角を現し、慶喜の弟・徳川昭武に随行してヨーロッパを訪問。そこで公益の大切を知り、日本へ帰国。明治維新後は日本初の合本組織「商法会所」を設立し、第一国立銀行(現みずほ銀行)開業、東京商法会議所(現東京商工会議所)創立ほか、生涯に約500もの企業に関わったとされる。まさに日本経済育ての親だ。

渋沢栄一が生まれ育った旧渋沢亭「中の家」

足跡を訪ねる
渋沢栄一記念館→P.292
旧渋沢亭「中の家」→P.292

渋沢栄一は根っからの乗り鉄!?

　1872年(明治5年)10月14日に新橋〜横浜間に鉄道が開通したが、渋沢栄一は日本で最初の乗客のひとりとなった。徳川昭武に随行してパリ万博を訪問した際に、ヨーロッパ各国を鉄道で巡り、鉄道の利便性を強く実感したとされる。日本鉄道会社(現JR東日本)経営にも関わり、自ら通勤に鉄道を使う徹底ぶりだったという。

2024年から新紙幣の顔!

婦人運動にも力を注いだ日本最初の公認女性医師

荻野吟子 <small>おぎの ぎんこ</small> <small>1851〜1913年</small>

　現在の熊谷市出身。日本初の公認女性医師であり、女性の地位を高める運動にも尽力した。夫にうつされた性病治療の屈辱的な体験から、女性医師の必要性を痛感し医師を志した。当時の男尊女卑の風潮に苦労しながらも34歳で医術開業試験に合格し、産婦人科荻野医院を開業。後年再婚した夫とともに北海道に渡り開拓と医療に従事し、キリスト教の布教にも努めた。彼女の波瀾万丈の生涯は、映画『一粒の麦』や小説『花埋み』などでも取り上げられている。

生誕地に隣接する熊谷市立荻野吟子記念館

足跡を訪ねる
熊谷市立荻野吟子記念館→P.282

日本の悪しき慣習との戦い

　荻野吟子の生涯は、男性中心の旧習との戦いであったともいえる。医師が男性のみだった時代、夫の悪行からうつされた淋病の治療は屈辱的なものだった。そこで医師を志すも女人禁制で入学を断られたり、男装で通学させられるなど侮蔑的な扱いを受けた。成績は抜群だったが女性というだけで受験を却下された彼女は、塙保己一が校訂した『令義解』に女医の規定があることを訴えて反論したという。学問を尊ぶ埼玉が結んだつながりが、ここにはあったのだ。

舞台やドラマでも描かれています

Started in Saitama!

飛行場

　ライト兄弟が有人動力飛行に成功した8年後の1911年(明治44年)に所沢に日本初の飛行場(現所沢航空記念公園)が完成。複葉飛行機のアンリ・ファルマン機が大空に飛び立ち、「日本の航空発祥の地」とされる。残念ながら、今は埼玉県に旅客飛行場はない。

自転車

　フランスが主張している1861年の自転車発明より前、18世紀初めに作られたのが本庄の農民庄田門弥が発明した「陸船車」。それゆえに埼玉県が「自転車発祥の地」であるとされる。陸船車は4輪の足踏み式自走車で、徳川吉宗にも献上された記録も残る。

国民保険

　1936年(昭和11年)に日本初の地域健康保険制度となる「越ヶ谷順正会」が発足し、越谷市は国民健康保険発祥の地とされる。国会で国民健康保険法が制定されたのはこの2年後のこと。越谷市役所の敷地内には、これを記念した「相扶共済の碑」が残っている。

季節を彩る各地の祭事をライブ体験
お祭りワッショイ! 彩の国

埼玉には各地の伝統的な祭礼から、少し変わった奇祭まで多彩な祭りがめじろ押し!

花火と屋台が
冬空を彩る!

冬の寒さを吹き飛ばす
熱気あふれる夢幻祭

ちちぶよまつり
秩父夜祭

開催情報
12月2〜3日
秩父市
秩父神社 → P.308
羊山公園 → P.309

　豪華絢爛な笠鉾と屋台と呼ばれる計6基の山車が曳行され、京都の祇園祭、飛騨高山祭とともに「日本三大曳山祭」として知られている。秩父の総鎮守、秩父神社の例大祭で300年以上の歴史を持つ。一般的には、秩父神社の女神の妙見菩薩が、武甲山の男神である龍神様と年に一度逢瀬を楽しむ祭りとして伝わっている。江戸時代の中頃、祭りの日に秩父の主産業であった絹の年間最大の市が立ち、各地の商人や訪問客を楽しませるために山車の曳行や歌舞伎が始まったともいわれる。秩父夜祭は曳き踊りなどの伝統芸能と合わせて、ユネスコの無形文化遺産「山・鉾・屋台行事」として登録。「秩父の屋台行事と神楽」として国指定重要無形民俗文化財にも指定されている。

❶御旅所（秩父公園）に集結した屋台・笠鉾と花火が競演。花火は宵宮と大祭の両日で楽しめる
❷「秩父祭屋台六基」は国の重要有形民俗文化財に指定されている。屋台ばやしに合わせて約200人の曳き子によって進む
❸屋台の両脇に張出舞台が付けられ上演される「屋台芝居」。芝座を組み立てて演じられる屋台歌舞伎は全国的にも珍しい

●秩父夜祭（秩父観光なび）
URL navi.city.chichibu.lg.jp/p_festival/1030/

お祭り体験のポイント

山車の曳行は昼間は秩父神社や大通り、夜間は秩父神社や秩父駅前通り、聖人通りなどで見られる。花火観賞は市民会館前や西武秩父駅前などで。

お祭りを盛り上げる前夜祭

よいみや
宵宮

　朝から4基の屋台が街なかを曳き廻され、時折、屋台の舞台では長唄に合わせて日本舞踊を踊る「曳き踊り」などを披露。夜にも曳き廻しや花火が行われる。3日の大祭に比べ、ゆったりと見学できるのが魅力だ。

長唄に合わせて踊り子たちが「曳き踊り」披露する

スケジュール	**12月2日（2022年）**
9:00 〜 21:00	屋台曳き廻し、飾り置き
10:00 〜 16:00	屋台曳き踊り
12:00 〜 13:00	屋台芝居（歌舞伎）
19:00 〜 20:00	花火打ち上げ

屋台・笠鉾と花火で最高潮

祭最大の
クライマックス

たいさい
大祭

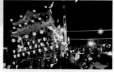

　朝から2基の笠鉾と4基の屋台が曳き廻され、屋台では毎年当番町が屋台芝居を披露（※一部町会は宵宮も）。夜は秩父神社周辺に集結した笠鉾と屋台が御旅所に向かう。最後の団子坂が最大の見せ場だ。

急な団子坂で山車を曳き上げる

スケジュール	**12月3日（2022年）**
8:00 〜 未明	笠鉾屋台曳き廻し、飾り置き
9:30 〜 13:00	屋台曳き踊り
12:30 〜 13:30	屋台芝居（歌舞伎）
19:30 〜 22:00	スターマインと競技花火打ち上げ

彩info　秩父夜祭の笠鉾は中近と下郷の2基。屋台は宮地・上町・中町・本町の4基で、宮地→本町→上町→中町の順で当番町が歌舞伎を上演する。2022年は宮地だったので、2023年は本町が当番になる。

江戸天下祭を今に伝える
小江戸川越の山車行事

川越まつり
（かわごえまつり）

川越氷川神社の例大祭から始まる祭礼。川越藩主の松平信綱が始めたといわれ 370 年以上の歴史がある。国指定の重要無形民俗文化財で、2016 年にユネスコの無形文化遺産「川越氷川祭の山車行事」として登録。お囃子を乗せた山車が通りを巡り、辻でお囃子の競演を行う「曳っかわせ」が見どころ。

●川越まつり公式サイト
URL www.kawagoematsuri.jp

お祭り体験のポイント

宵山では山車に提灯が灯り、居囃子を披露。落ち着いて山車やお囃子が見られる。

曳っかわせが始まるゾ！

スケジュール 10月第3日曜とその前日

土曜 13:00 ～ 15:30 頃	氷川神社の神輿が巡行
土曜 18:00 ～ 19:00 頃	宵山
土曜 18:20 ～ 18:40 頃	鳶のはしご乗り
日曜 13:30 ～ 16:30 頃	市役所前山車巡行

神輿が巡り町の繁栄を祈願する神幸祭の行列

❶蔵造りの町並みに山車が似合う。山車の高さは 8m ほど
❷夜の「曳っかわせ」で熱気は最高潮となる

熊谷の暑い夏をさらに
熱く盛り上げる

熊谷うちわ祭
（くまがやうちわまつり）

鎌倉町の愛宕神社に合祀されている八坂神社の祭礼。12 基の山車と屋台が勇壮に鳴り響くお囃子とともに町を練り歩き、その絢爛豪華さから「関東一の祇園」と称される。22 日の夜には山車と屋台が「叩き合い」を繰り広げながらお祭り広場に集結し、クライマックスを迎える。

●熊谷うちわ祭オフィシャルサイト
URL http://uchiwamatsuri.com

今日の広場はお祭り一色！

スケジュール 7月 20 ～ 22 日（2022 年※）

7月20日6:00～ 八坂神社から御仮屋まで神輿が渡御する渡御祭
7月21日13:00 ～ 16:00 山車、屋台が巡行する巡行祭
7月 22 日 10:00 ～ 行宮祭
7月 22 日 19:30 ～ 還御祭
※ 2022 年は新型コロナの影響により規模縮小

お祭り体験のポイント

21 日の巡行祭で豪華な山車・屋台が巡行。お祭り広場に 12 基の山車・屋台が扇形に並ぶ姿は壮観。

❶料亭でうちわを配ったことが名称の由来 ❷各町の若い衆が白丁をまとい神輿を担ぐ渡御祭

Voice 熊谷うちわ祭は江戸中期から行われている歴史ある祭りです。祭りの期間中は、市街の商店が来店客にうちわを振る舞う風習があります。（熊谷市在住・Y）

街を練り歩く 36 mの大蛇は迫力満点！

開催情報
4 年に一度開催
鶴ヶ島市
白鬚神社 → P.227

雨を降らせてやるぞ！

脚折雨乞
すねおりあまごい

雷と雨を司る龍蛇が住んでいたと伝わる雷電池に、麦わらと竹で作られた長さ36m、重さ約3トンもある「龍蛇」を運び、池の中で暴れさせる雨乞い由来の祭り。かつては日照りの夏に行われていたが、保存継承のため4年に1回となった。白鬚神社で入魂の儀により「龍神」となった龍蛇は、2kmの距離を練り歩いて池に至る。

雷電池を汚された龍神が怒り、恵みの雨を降らせる

⚑ お祭り体験のポイント

池で雨乞いをして御利益があるという頭部の金色の宝珠を奪い合いながら、担ぎ手たちが龍神を解体する姿が見もの。

甲冑武者が繰り広げる勇壮な戦国絵巻

北条軍の勇猛さを今に伝える祭礼

寄居北條まつり
よりいほうじょうまつり

1590年(天正18年)の豊臣秀吉の小田原攻めの際、少ない手勢で鉢形城に陣取った北条氏邦が5万の豊臣軍に対して1ヵ月も城を守った。この勇猛さをたたえたのが寄居北條まつりの由来。甲冑を身に纏った武者たちが行進し、玉淀河原で北条、豊臣側に分かれて、大砲発射や一騎打ちなど攻防戦を繰り広げる。

玉淀河原は号砲と硝煙に包まれる（※ 2022年は10月開催）

開催情報
5 月中旬
寄居町
玉淀 → P.295、雀宮公園

⚑ お祭り体験のポイント

戦闘場面は太鼓の連打や法螺の響き、号砲などで音の迫力もたっぷり。飲食の出店も多い。

夜の川面に連なる 250 基もの大灯籠

日本一大きい手作り灯籠

古利根川流灯まつり
ふるとねがわりゅうとうまつり

昭和初期に杉戸町と宮代町の商店会が始めた「流燈曾」が発展した祭り。古利根川の川面に、さまざまな意匠を描いた畳1畳分もある大灯籠250基が連なり、周囲をミニ灯籠が流れる。その幻想的な光景は地上に降りた天の川のようだと評される。にぎやかな興奮はないが、夏の夜の清涼剤のような風雅な祭りだ。

約1kmに渡って大灯籠が川面を照らす

開催情報
8 月
杉戸町
古利根川河畔
（古川橋～清地橋）

⚑ お祭り体験のポイント

黄昏時のマジックアワーが美しい。遊覧船が運航される日もある（要予約）。

彩info 戦国絵巻の世界を楽しめる「寄居北條まつり」は例年5月中旬だが、2022年は10月9日に延期して3年ぶりに開催。同時開催の「北條食の陣」では、町内の飲食店や体験イベントを楽しむことができる。

提灯の塔のような
提燈山車が回転

くきちょうちんまつり「てんのうさま」

久喜提燈祭り「天王様」

開催情報
7月12〜18日
久喜市
八雲神社、久喜駅西口

　240年以上の歴史をもつ八雲神社の祭礼。天明の浅間山の大噴火で困窮した人々が豊作を祈願したのが始まりと伝えられる。昼は人形などで飾り付けた山車が、夜になると約500個の提灯を鈴なりに付けた提燈山車に変身する。7基の提燈山車が通りを巡行し、ぐるぐると山車の上部を回転させたり、山車と山車をぶつけ合う様子は圧巻だ。

幻想的な提燈
山車は必見

龍のように天を駆ける
手造りロケット

りゅうせいまつり

龍勢祭

開催情報
10月第2日曜
秩父市
椋神社→P.310

　椋神社の例大祭に、龍に見立てた手造りロケットを打ち上げて奉納するユニークな祭り。ロケットは轟音とともに約300mの高さまで上昇する。白煙を引きながら天に昇るロケットは、本物の龍のよう。その起源には諸説あるが、今も27の流派があり、伝統を遵守してロケットを作っている。「秩父吉田の龍勢」として国の重要無形民俗文化財に指定。

農民ロケット
いざ発射！

市民一丸となって
楽しみ尽くす夏祭り

さいかさい

彩夏祭

開催情報
8月第1日曜を含む金・土・日
朝霞市
中央公園および周辺
道路、北朝霞公園

　1984年（昭和59年）に朝霞市民まつりとして始まって以来、年々その規模が増し、今では70万人が来場する一大祭りとなっている。祭りのメインは鳴子踊りの祭典「関八州よさこいフェスタ」と打ち上げ花火で、最後に参加者と来訪者が一緒になって踊る「総踊り」を楽しみにしている市民も少なくない。多くのイベントが開かれ出店も盛りだくさん。

よさこい鳴子
踊りの祭典！

秋の夜空を彩る
1万5000発の花火

こうのすはなびたいかい

こうのす花火大会

　川幅日本一で知られる鴻巣市の荒川河川敷で行われる商工会青年部主催の花火大会。例年1万5000発を超える花火が打ち上げられる。世界一重い花火としてギネスブックに認定された四尺玉もすごいが、ラストを飾る尺玉300連発からなる渾身のスターマイン「鳳凰乱舞」は息をのむ美しさ。

開催情報
10月
鴻巣市
糠田運動場、荒川河川敷

尺玉300連発
スターマイン

彩info　1959年（昭和34年）まで開催していた「荒川納涼花火大会」が「川口花火大会」として2019年に60年ぶりに復活。2022年は11月5日に開催され、荒川運動公園を会場に9400発の花火が打ち上げられた。

アニメ&漫画
あの場面に出会える
Spot@埼玉

実在の町や風景がそのまま登場するアニメや漫画が急増中。特に埼玉県には舞台設定となった場所が多く、リアルと空想世界が一緒に楽しめる。

ネコバスは所沢駅から出発するよ

分校には登場キャラの案内も掲示

のんのんびより

主人公たちが通う旭丘分校の設定モデルとなったのが小川小学校下里分校。2011年に廃校となったが用務員棟は分校カフェ&移住サポートセンターとしても稼働中。

オープニングに登場する羊山公園の見晴らしの丘

巡礼Spot

あの日見た花の名前を僕達はまだ知らない。

秩父市を舞台にした作品。キービジュアルとして使われた旧秩父橋のほか、羊山公園の見晴らしの丘、子供時代の遊び場だったお寺の境内として定林寺も登場する。

巡礼Spot

旧下里分校は校舎の窓から見学OK

小川町

空の青さを知る人よ

秩父市を舞台にした三部作の第3弾。PVで印象的に登場する巴川橋や、秩父市役所、秩父ミューズパークの音楽堂、秩父名物のホルモン焼き屋などが描かれている。

クライマックスであおいとしんのが飛び越える巴川橋

巡礼Spot

秩父市

神様はじめました

コミックで物語の舞台設定は明示されていないが、アニメ版では川越が舞台。喜多院の五百羅漢像や川越熊野神社、川越一番街の蔵造りの町並みなどが描かれている。

飯能市

大慈寺は順が拓実に秘密を打ち明けるシーンにも登場

巡礼Spot

心が叫びたがってるんだ

秩父市を舞台にした三部作の第2弾。秩父市の隣、横瀬町がおもな舞台。大慈寺は冒頭で願掛け玉子が飾られた祠が登場するほか、物語の重要なできごとが起こる場所。

天覧山が最初の山歩きスポット！

巡礼Spot

プチ漫画夜話

二ノ宮知子の埼玉愛♥

二ノ宮知子は皆野町出身で埼玉応援団（コバルト倶楽部）メンバー。日高市在住であることから、代表作『のだめカンタービレ』が日高市のマンホール蓋に描かれている。『GREEN〜農家のヨメになりたい』は秩父の農家が舞台だ。

ヤマノススメ

©しろ／アース・スターエンターテイメント

インドア派の女子高生が登山を始めるきっかけとなったのが天覧山。標高197mの低い山ながら秩父山地の端に位置するため、舞台となった飯能市街地を一望できる。

彩info 秩父が舞台設定のモデルとなり大ヒットした「秩父三部作」。舞台となった大慈寺や秩父神社では『ここさけ』、定林寺では『あの花』のキャラクター絵馬を頒布している。

埼玉の女子高生ってどう思いますか?

舞台となった行田市の忍城やさきたま古墳群など、行田の風景がていねいに、緩く描かれる。埼玉県民なら思わずうなずいてしまう女子高生目線のご当地ネタが満載。

©渡邊ポポ／新潮社

浦和はスポ根漫画の聖地

文武両道のイメージがある浦和の学校を舞台にした名作漫画も数多い。浦和南サッカー部の「赤き血のイレブン」、浦和西の「エースをねらえ!」や「おおきく振りかぶって」などで昭和、平成の姿が描かれ、大谷口中学校は「行け!稲中卓球部」の稲中のモデルだ。

第4巻表紙に忍城が登場!

巡礼Spot

ファンが参拝に訪れる鷲宮神社
巡礼Spot

©美水かがみ／KADOKAWA

らき☆すた

TVアニメ「らき☆すた」では聖地巡礼ブームのきっかけとなった鷲宮神社をはじめ、主人公が通う学校のモデルで作者の出身校、春日部共栄高校などが登場する。

熊谷市　行田市

久喜市

コミュニティバスもしんちゃんデザイン♪
©U／F・S・A・A

春日部市

神様はじめました
©白泉社花とゆめコミックス
著者：鈴木ジュリエッタ

大宮には日本初の公立の漫画美術館があります!

川越市　さいたま市

クレヨンしんちゃん

野原家が住む春日部市は、「まちの案内人」としてしんちゃんが大活躍。しんちゃんが描かれた「春バス」が市内を走り、春日部市オリジナルのグッズもあるゾ。

所沢駅の東口にはネコバスの像が立ち狭山湖畔にはトトロの森が広がっている

所沢市　新座市

手塚治虫の最後の仕事場となった新座スタジオがあります※一般非公開

その着せ替え人形は恋をする

人形作家を目指すナイーブな男子高校生の物語は人形のまち・岩槻が舞台。実家のひな人形店は市内で実際に営業している人形店がモデルになっており岩槻駅も登場。

ソードアート・オンライン

ゲームの仮想空間がおもな舞台の作品だが、アニメのOPでは所沢駅西口などが登場。所沢市内にはLEDで発光するイルミネーションマンホールも設置されている。

KADOKAWA（電撃文庫）　著者：川原礫　イラスト：abec

©Shinichi Fukuda／SQUARE ENIX

秩父・長瀞で、焚火を愉しみ癒しを味わう。

美しい山々に囲まれた、自然豊かな観光名所「長瀞」。

景勝荒川と日本百選に選ばれている北桜通りに面した絶好の地に

焚火レストラン「HIASOBI」が誕生。

ゆらぐ炎を見ながら、癒される心と美味しさをお楽しみください。

魅力の全てを
QRコードでお確かめを

焚火レストラン
HIASOBI

〒369-1305 埼玉県秩父郡長瀞町長瀞417-1

TEL&FAX:0494-26-5623

営業時間 11:00〜18:00(定休日未定)

※営業日、営業時間は季節によって変わります。
　事前にお電話にてご確認ください。

郷土メニューを味わう魅惑の旅へ
ローカルグルメを食べ歩き

埼玉各地には地場産の素材を活かしたソウルフードがたくさんある。県北グルメを代表する豚肉料理から、地味たっぷりの野菜、風味豊かなそばなど、ご当地グルメを満喫しよう！

豚の旨みを実感できる
〝なっからうんまい〟逸品
やきにくたてがみ
焼肉たてがみ

〝なっからうんまい〟は県北で「とってもおいしい」という意味。上州豚の上ロースを使った豚丼をほお張ると地元の人なら思わずそんな方言が飛び出してしまいそう。おいしさの秘密は、ミリ単位で調整した肉の厚みと、注文のたびにタレを1枚1枚はけで塗り備長炭で香ばしく焼き上げる手間のかかった調理法にある。秩父みそと赤ワインをブレンドした風味豊かな特製タレが肉の旨みを引き立て、無限にごはんが進んでしまうのだ。箸が止まらなくなるおいしさだが、食べきる前に卓上のつぶ山椒を振りかけて味変するのも忘れずに。ランチは丼での提供となり、ディナーでは焼肉スタイルのセルフ焼きが楽しめる。2日間煮込んだ鉄砲もつ煮（定食 850円）や生ホルモン（ディナーのみの提供）もおすすめだ。

豚丼（ランチ）
丼いっぱいに並べられた肉が圧巻。ランチは並で 880円

豚上ロースに
特製みそタレ！

豚肉のやわらかさと炭の香りを楽しんで

カウンター・お座敷・テーブル席がある

中村修一さん

国道沿いかつ駅近でアクセス抜群

MAP 別冊 P.32-B1

住 寄居町末野 107-1　電 048-580-0797　営 11:30 〜 14:00、17:00 〜 21:00　休木　CC不可　P あり　交
秩父鉄道「波久礼駅」から徒歩1分

豚丼（ディナー）
自分で焼きながら丼を作るのが楽しいディナーの豚丼は並で 950円

**長時間煮込んだ豚肉が
ごはんと絡む名物丼**

秩父を盛り込んだ
渾身の一杯です

たぬきんてい
たぬ金亭

新井和夫さん

絶対に味わいたいのが全国丼グランプリの豚丼部門で9年連続金賞受賞した豚玉丼。ブロック状にカットしたハーブ三元豚を、秩父みそを使った特製だれに漬け込み、じっくりと煮込むことでトロトロに仕上げた肉は、味わい深く温泉たまごと相性抜群。揚げ玉のサクサク食感も絶妙なアクセントになっている。お好みでチーズやとろろの追加トッピングもOK。

豚玉丼
セット中盛り **1100** 円。
サラダ、味噌汁、香物
が付いてお得感も◎

味と食感の
ハーモニー

店内にはカウンター席やテーブル席のほかにテラス席もある

MAP 別冊 P.46-C2

🏠秩父市 荒川上田野 396-1　📞 0494-54-1811
🕐 11:00 ～ 16:00　休水・木　CC 不可　P あり
🚃秩父鉄道「武州中川駅」から徒歩 12 分

豚玉丼の大きな看板が目印

豚玉丼やジンジャー丼のテイクアウトも OK。中盛りは 900 円、お子様用は 300 円で提供

醤油ベースの
甘い香り♪

割り下の味付けは
季節で異なります

**秩父名物、わらじ
カツ丼のみで勝負！**

やすだや
安田屋

小杉哲夫さん

秩父のご当地グルメとして有名なわらじカツ丼は、小鹿野町にある「安田屋本店」が元祖とされる。2枚の大きなカツがわらじのように見えることから、この名で呼ばれるようになったのだとか。ここ日野店では、祖父から作り方を伝授された3代目が伝統の味を守り続けている。カツはヒレ肉を使っているのでとてもやわらかく、醤油ベースの甘辛い味にご飯も進む。

わらじカツ丼
2枚入り **1200** 円（1枚
入り **980** 円）。メニュー
はわらじカツ丼のみ！

40 年以上の歴史をもつ日
野田店の店内。昔懐かしい
雰囲気が感じられる

MAP 別冊 P.45-C1

🏠秩父市日野田町 1-6-9　📞 0494-24-3188　🕐 11:30 ～ 16:30
休月　CC 不可　P あり　🚃秩父鉄道「御花畑駅」から徒歩 16 分

休日のランチタイムには行列ができる

 秩父info　特製タレの豚丼や秩父グルメを代表する豚玉丼など、埼玉には豚肉を味噌だれで味わうメニューが数多い。味噌を使うことで肉にやわらかさが増し、こんがり焼けた香りが食欲を刺激して、白飯との愛称が抜群だ。

幅広い世代の人々に愛される「町の食堂」

長寿庵
ちょうじゅあん

昭和の面影が残る飯能銀座商店街にある1960年（昭和35年）創業のそば処。そばをはじめ、うどんや丼物、カレー、定食など幅広いメニューが揃う。そばは北海道産、お米は新潟産、うどんには幻の小麦と呼ばれるのうりん61号を使用するなど、素材と味にはこだわりがある。街おこしのために考案された飯能すいーとんは、埼玉B級ご当地グルメ王決定戦で優勝の栄冠に輝いた名物料理。鍋で煮込まれた大きな団子には、かぼちゃや大根など飯能産の野菜とマカ（南米アンデス地方原産の植物）が練り込まれている。マカは滋養強壮によいとされ、食べると体がポカポカとしてくる。

すいーとん
秋から春にかけて提供される季節限定のメニュー。850円

飯能の旬野菜を団子で味わう

飯能駅から徒歩5分と便利な立地

野菜3倍肉汁せいろは在来固定種の野菜がたっぷり。そばかうどんが選べる。1000円

飯能の地場産野菜をたっぷり味わえます

ボリューム満点のオムライス900円。常連がオーダーする隠れ人気メニュー

小上がりとテーブル席が並ぶ店内。学生から年配の人まで、ランチタイムは地元の常連さんでにぎわっている

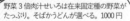
矢代和久さん

MAP 別冊 P.27-B3

住 飯能市仲町7-28　TEL 042-972-3596　営 11:00～20:00　休 木　CC 不可　P あり　交 西武池袋線「飯能駅（北口）」から徒歩5分

Voice　飯能はアニメ『ヤマノススメ』の舞台になった町です。長寿庵も店の外観がアニメにちらりと登場します。飯能駅に近いこともあり、山登りの帰りに立ち寄るお客さんも多いのだとか。（所沢市在住・M）

ローカルグルメを食べ歩き

隠れ家のようなカフェで味わうカレーとコーヒー

ちゃばこどう

茶馬古道

古代米カレー
野菜サラダ、コーヒー
or紅茶付きで1100円

昭和に建てられた、古民家風の外観が印象的。アンティークが飾られた店内は落ち着いた雰囲気で、窓の外には公園の緑。居心地がよく、つい長居をしたくなってしまう。行田のシンボル前方後円墳をかたどった古代米カレーは、有機栽培のスパイスを店で粉に挽いて作る本格派。また、最高級の豆をじっくりと熟成乾燥させ、ハンドドリップで丁寧に淹れた香り豊かなコーヒーも味わってみたい。

古墳を象った
名物メニュー

セットメニューでコーヒーも満喫できる

屋根の上には猫の置物が。運がよければ店の看板猫にも会える

MAP 別冊 P.41-B1

住 行田市中央7-6 TEL 048-556-4022 営 11:30〜15:00、16:00〜19:00（L.O.18:00）休 木 CC 不可 P あり 交 秩父鉄道「行田市駅（南口）」から徒歩5分

内装は長年インテリアの仕事にかかわる店主の中島さんが自ら手がけたもの

くるみそば
セットメニュー 3300円〜
（くるみ汁はプラス110円）

香り高いくるみ汁で味わう秩父の田舎そば

ほんかくてうち わへいそば

本格手打わへいそば

伝統の田舎そばを
味わってください

老舗料亭などで修業し、数々の料理コンテストでの受賞歴をもつ2代目店主が腕を振るう人気店。新しい素材や調理法を取り入れながらも、伝統の味を守っている。秩父地方で古くから食べられていたくるみそばは、甘皮を一緒に挽き込んだ昔ながらの田舎そばを、秩父産の山くるみをすり入れたつゆで味わえる。コシが強く香り豊かなそばと、まろやかなくるみ汁の組み合わせが絶品だ。

黒沢学さん

濃厚で深みのある風味です

MAP 別冊 P.45-A1

住 秩父市中村町1-4-13 TEL 0494-24-9280 営 11:00〜18:00（売り切れ次第終了）休 木 CC 不可 P あり 交 秩父鉄道「秩父駅」から徒歩10分

秩父札所十六番からも近い閑静な場所にある

せいろ、天ぷら、秩父銘選3点盛りが付くセットメニューは3300円

彩info 古墳の町として知られる行田市。古代米カレーは、行田産の食材を使用し、前方後円墳の形に盛りつけられたご飯が特徴。店ごとに味や盛りつけなどが異なるので、食べ比べをするのも楽しい。

ご当地メニューが味わえる食堂＆酒処

地元民が通うローカル食堂や駅近の酒処に気軽に立ち寄って名物メニューを満喫しよう。

食堂

昭和の雰囲気が漂う食堂巡りも旅の楽しみ。気になったら立ち寄ってみよう。

アツアツのできたてを味わってくださいね

ふらい焼きそば

しょうゆ味とソース味が選べる。
小 600 円、大 700 円

シンプルな「ふらい」は 小 400 円。生地の食感が楽しめる

名物の焼きそばはキャベツと青海苔のみだが不思議なおいしさ。並 560 円

浦山ダムカレー

ハムカツで旧秩父橋、ゆで卵で水質観測装置を表現している。800 円

豚玉毛丼

やわらかい豚肉と卵の上に毛呂山特産のゆずをトッピング。710 円

忍城にあった鐘楼が目印

行田市民の郷土食
フライとゼリーフライの店
かねつきどう

かねつき堂

お好み焼きのようなフライは焼きそば入りが人気。おからにジャガイモやニンジンなどを混ぜたものを素揚げにしたゼリーフライもおいしい。

MAP 別冊 P.41-B1

住 行田市本丸 13-13　TEL 048-556-7811　営 11:00 ～ 18:00　休 月　CC 不可　P あり　交 秩父鉄道「行田市駅（南口）」から徒歩 15 分

窓から秩父の街を一望できる

ダムを模したユニークな
カレーは写真映えも◎
さくらこしょくどう

さくら湖食堂

浦山ダムの防災資料館「うららぴあ」1 階にある見晴らしのよいレストラン。名物の浦山ダムカレーのほか、そばやうどんなども提供している。

MAP 別冊 P.46-C2

住 秩父市荒川久那 4041　TEL 0494-23-1431（荒川ダム総合管理所）　営 11:00 ～ 13:30（土・日曜～14:00）　休 月・火　CC 不可　P あり　交 秩父鉄道「浦山口駅」から徒歩 30 分

通りから 1 本路地に入った場所にある

地元の常連さんでにぎわう
普通においしい愛され食堂
もろやましょくどう

毛呂山食堂

地元では「もろしょく」の愛称で親しまれる昔ながらの食堂。ラーメン、肉うどん、カツ丼など何を頼んでもおいしく配膳もテキパキしている。

MAP 別冊 P.34-B2

住 毛呂山町毛呂本郷 1557　TEL 049-294-0259　営 11:00 ～ 19:30　休 月　CC 不可　P あり　交 JR 八高線「毛呂駅」から徒歩 5 分

 彩info

行田名物のフライは、もともと農家で食べられていたものが、足袋産業が盛んだった昭和初期に女工さんたちのおやつとして広まった。小判形のゼリーフライは「銭フライ」がなまったといわれる。

酒処

居酒屋飯にもご当地グルメが数多い。お酒のアテや締めに味わってみよう。

旬の食材を日替わりで提供してます

かしら串

コメカミの肉を使用した名物のかしら串など1串 176 円〜

味噌に唐辛子や生姜などを加えた秘伝のタレで味わう

E

鳩ヶ谷ソース焼うどん

D

鳩ヶ谷に工場のあったブルドッグ特製のソースを使ってます。700 円〜

みそかつ丼

みそベースの濃厚な自家製タレがクセになる。1200 円

F

カレー焼きそばは深谷の新名物!

新ご当地グルメコンテストでグランプリに輝いたのが楓のカレー焼きそば。カレー粉で炒めた太縮れ麺に半熟卵がとろーりと絡みます。

ネギらっきょ付きのカレー焼きそば 600 円

■割烹 楓→ P.68

F

みそおでん（200 円）は北関東のソウルフード!

F

自家製の梅酒がかかるかき氷（550 円）

D

おひとり様も気軽に入れる

鳩ヶ谷駅前にある人情味あふれる飲み屋

うおがしいざかやよっちゃん

魚がし居酒屋よっちゃん

もともと魚屋だった店舗を改装したアットホームな居酒屋。その日に仕入れた新鮮な魚介を地酒とともに味わって、締めは名物の焼きうどんで!

MAP 別冊 P.19-B2

住川口市南鳩ヶ谷 4-1-2 TEL 048-282-1681 営17:00 〜 23:00 休月 CCAJMV Pなし 交埼玉スタジアム線「南鳩ヶ谷駅」から徒歩 3 分

E

東松山駅前にある本店

東松山で「やきとり」と言えば豚肉の串焼き!

やきとりひびき

やきとりひびき

味噌だれを添えた香ばしい豚の串焼きは東松山のソウルフード。生ビールや埼玉の地酒とともに、焼きたての「やきとり」を味わいましょう。

MAP 別冊 P.32-A1

住東松山市箭弓町 1-13-15 TEL 0493-25-1184 営11:00 〜 13:30、16:00 〜 22:00 休不定休 CCADJMV Pなし 交東武東上線「東松山（東口）」から徒歩 1 分

F

長瀞石畳への途中にある

昭和 9 年の創業から地元で愛される食堂

きくやしょくどう

喜久家食堂

丼物や一品料理、長瀞名物のかき氷など、地元食材を使った郷土料理はどれもほっとする味わい。店主が全国から厳選した地酒も楽しめる。

MAP 別冊 P.49-A3

住長瀞町長瀞 455 TEL 0494-66-0638 営10:30 〜 17:00 休不定休 CC不可 Pあり 交秩父鉄道「長瀞駅」から徒歩 3 分

Voice 東松山駅周辺で夕方から営業を始める「やきとり屋」では豚のカシラ肉を炭火でこんがり焼いて提供してくれます。旨味たっぷりの串焼きはビールとの相性が抜群です。（東松山市在住・M）

埼玉産の旬野菜を存分に味わって

野菜LOVE!
大地の恵みをいただきます

ヘルシーな野菜で体内から健康に!

ランチもディナーもビュッフェは時間制限なし!

彩り野菜を好きなだけ楽しむスタイル。健康を気遣う女性に大人気です

野菜LOVE!
ランチビュッフェ
2200円〜

手作りケーキや抹茶アイスなども食べ放題

川越市場の敷地にたたずむ野菜好きのパラダイス!

まーけっととてらす かわごえいちばのもり ほんてん

Market Terrace
川越市場の森 本店

　地元産の野菜を心ゆくまで満喫できる地産地消のビュッフェレストラン。埼玉県産トマトと夏野菜を使ったラタトゥイユや飯野農園の秋野菜が主役のオムレツなど食材の旬にこだわった料理が常時46種類も食べ放題。人気料理研究家が考案した柿の種衣の唐揚げや、ミルフィーユかつなどのオリジナル料理はリピーターに評判だ。川越卸売市場の入口にあり、周囲はのどかな緑の森に囲まれている。

オーナー夫人考案のデトックス脂肪燃焼スープとポテサラ

| MAP | 別冊P.11-B4 | 川越 |

🏠川越市大袋650 川越総合卸売市場内 ☎049-293-5205 🕚11:00〜15:00(最終入店14:15)、17:00〜21:00 ❌なし 💳ADJMV
🅿️あり 🚃西武新宿線「南大塚駅(北口)」から徒歩25分

ビュッフェは小学生ならばほぼ半額、3歳以下は無料です

森に面したテラス席はまるで避暑地のような雰囲気

 彩info　Market Terrace川越市場の森 本店は店内100席、テラス30席の大型レストラン。ランチビュッフェは大人2200円(土・日・祝2400円)、ディナービュッフェ&BBQは大人3000円(土・日・祝3500円)。

地場産のおいしい野菜を味わえるカフェや食堂が大人気。たっぷりビタミンをチャージしましょう！

左／繭小屋を改築した農家レストラン　右／野菜や調味料も販売している

オーガニック野菜のおいしさを実感

くくりかふぇ
繭久里カフェ

「店名はギリシャ語で繭という意味です。繭小屋を改装した空間で、人との繋がりを大切にしたいという思いを込めました」と代表の舘内大輔さん。広大な農園の一角に建つ築100年以上の古民家で、完全無農薬・自然栽培で育てた野菜や果物のメニューを提供している。ランチタイムには野菜本来の味わいをバーニャカウダで楽しもう。

MAP 別冊P.38-C2　加須

住加須市油井ケ島1393-1　TEL080-3204-9961
営8:00～15:00（土・日・祝～16:30）　休水
CC不可　Pあり　交東武伊勢崎線「花崎駅（南口）」から車5分

野菜LOVE！
たっぷり野菜の
バーニャカウダ風
1800円（セット）

定食のご飯は100％漢方農法米。玄米か白米かも選べます

13種類以上の野菜と香り豚がワンプレート。セットにはご飯・味噌汁・総菜が付く

野菜LOVE！
日替わり下里定食
1450円
（ドリンク付き）

アルマイトの仕切り皿に滋味たっぷりの有機野菜を盛りつけ

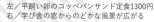

左／平飼い卵のコッペパンサンド定食1300円
右／学び舎の窓からのどかな風景が広がる

廃校で楽しむ畑のごちそうランチ

ぶんこうかふぇ もざーと
分校カフェ MOZART

里山の風景に溶け込む木造校舎が懐かしい。カフェは用務員棟をリノベーション。内部には木製の学習机とイスが並び、少年時代の記憶も蘇ってきそうだ。地元産の有機野菜をたっぷり使った日替わり下里定食や、給食の定番コッペパンのランチを味わって、つかの間のノスタルジーを満喫しよう。

MAP 別冊P.33-C2　小川

住小川町大字下里824
TEL0493-81-3015　営11:00～16:00（L.O.15:00）　休金
CC不可　Pあり　交東武東上線「小川町駅」から川越観光バス6分「下里」下車、徒歩12分

土日は下里産の採れたて野菜も販売しています

Voice　野菜やお米はもちろん、お味噌や小麦粉などほとんどの食材を下里の有機農家さんから仕入れています。カフェは移住者のための情報センターともなっているんですよ。（分校カフェ・店長 有賀香織さん）

"ナチュラル"に拘り抜いた
種まくシェフの至福の料理
cucina salve
くちーな さるづぇ

　農園に住む坪内浩さんは、種まくシェフと呼ばれている。「料理と同様に畑仕事を愛しているんです。土壌豊かで寒暖差のある秩父は世界的にも珍しい環境。自然農法の野菜は驚くほど味が深くなります」。食事は予約制で提供されるのはシェフのおまかせコースのみ（ディナータイムは通常コース6600円、おすすめコース8800円、スペシャリティーコース1万1000円）。秩父の四季を皿の上に表現したイタリア料理が心ゆくまで堪能できる。

野菜LOVE！
ランチコース
1980円〜

MAP 別冊P45-B2　秩父

🏠秩父市番場町17-14
☎0494-22-6227　🕐17:00〜22:00
（日〜21:00）、土・日11:30〜14:00
休水・木　CCADJMV　Pなし
🚃秩父鉄道「御花畑駅」から徒歩
5分

ワインペアリングで
料理の味わいが
さらに深まります！

上／ランチ営業は土・日のみ。ピザやパスタのほかショートコースも提供
右／旅するレストラン『52席の至福』のエグゼクティブシェフも歴任

シェフが自ら育てた
四季折々の野菜を
盛り合わせました

❶自宅のある農園で収穫する坪内シェフ　❷店は番場通りに面してまほろバルとともに並んでいる　❸年間の収穫は150種以上。おいしさのピークを迎えた野菜が提供される　❹イタリア、フランス、日本などのナチュラルワインが充実！　❺店内にも化学物質を極力使用しない自然志向　❻余熱でじっくりと調理された武州豚フィレ肉のグリル

 Voice　子供の頃から極度のアレルギー体質だったので本物のナチュラルにこだわってレストランと野菜作りを始めました。秩父地鶏も平飼いで健康に育てているのでおいしいですよ。（cucina salve・坪内浩シェフ）

ヨロ研カレーは
さいたま市の給食でも
提供されています

埼玉産のヨーロッパ野菜♪
よろけんかふぇ
ヨロ研カフェ

シェフが使いたい野菜を地元の農家が作る。そんな新しい地産地消スタイルの中心となったのが総料理長の新妻直也さん。「今までなじみのなかったヨーロッパ野菜の味や食べ方を伝えて、さいたま市の農業発展に貢献することもカフェの目的です」。パスタ、サラダ、カレーなどでヨーロッパ野菜を楽しもう。

MAP 別冊P.18-A1　岩槻

住 さいたま市岩槻区本町6-1-2 にぎわい交流館いわつき
TEL 048-720-8512　営 10:00〜17:00（土・日〜18:00）　休 なし
CC ADJMV　P あり　交 東武アーバンパークライン「岩槻駅（東口）」から徒歩8分

野菜LOVE！
ヨロ研野菜たっぷりの
ワンプレート 1540円

ヨーロッパ野菜の直売コーナー。朝採れの新鮮野菜が購入できる

天気のいい日はテラス席で食事を楽しもう

上／パワーサラダをミネストローネや肉、パンと一緒に味わえるひと皿
下／総料理長の新妻直也さん。さいたま市の学校給食でも腕を振るう

野菜LOVE！大地の恵みをいただきます

昼ご飯はのんびり里帰り気分で
のうかれすとらん なないろ
農家レストラン 菜七色

家の周りに広がる畑からの朝採れ野菜を味わうと、やっぱり一番おいしいのは母親の手料理なんだなと実感する。「この家に嫁いで50年以上ですけど、母親やお婆ちゃんから習った家庭料理をそのまま出しているんですよ」とオーナーのみさこさん。女性シェフ5人が日替わりで調理を担当している。

MAP 別冊P.14-B1　大宮

住 さいたま市西区飯田新田547
TEL 090-3310-7716　営 11:30〜14:00
休 木・金　CC 不可　P あり　交 JR「大宮駅（西口）」から西武バス17分「飯田新田」下車、徒歩5分

野菜LOVE！
おまかせランチ
1100円
皿盛りのサラダ付き

土〜月曜が担当です。火・水には日替わりでシェフが登場します

左／大きな農家の居間が食事スペース
右／周囲には自家菜園が広がっている

上／基本は日替わりランチのみ。野菜天ぷらやそぼろ丼は懐かしい味わいだ
右／5人のシェフの担当日はホームページをチェック

Voice さいたまヨーロッパ野菜研究会（ヨロ研）が2013年に結成され、さいたま市は今や日本有数の欧州野菜の産地です。多くの畑はカフェから5km圏内にあるので鮮度も抜群です。（ヨロ研カフェ・新妻直也さん）

茶こしを使う追い煮干しで一番だし追加！

トッピングもこだわりの自家製です

1日3時間の営業で一杯入魂！

ちゅうかそばせんもん とんちぼ

中華そば専門 とんちぼ

ラーメン専門誌で埼玉県ランキング総合1位を2年連続受賞。おいしさの秘密は店主のラーメンに対する情熱だ。注文ごとに煮干し粉の一番だしで香りと旨みが凝縮したスープが完成。煮干しのブレンドも気温や湿度で毎日変わるこだわりようだ。

MAP 別冊P.23-C1

住 日高市栗坪26-46
TEL 090-6304-1018 営 11:30〜14:30 休 月 CC 不可
P あり 交 西武池袋線「高麗駅」から徒歩13分

特製中華そば 1200円

チャーシュー3枚、煮玉子、メンマ、海苔のフルセット！濃厚なスープの旨味がモチっとした細麺によく絡む

オープンキッチンで陽気な店主とのやりとりも楽しい

行列ができるラーメン店

店主イチオシはこちら！

限定メニューも日替わりで登場します

料理の達人が作る至福の一杯

ことぶきせいめん よしかわ かわごえてん

寿製麺 よしかわ 川越店

和食やイタリアンなどさまざまなジャンルの料理を経験した店主が、独学で製麺やスープ作りを学び開業。すっきり優しい味わいのスープとパツパツと歯切れのよい自家製麺が評判となり、煮干し淡麗系の最高峰との呼び声も高い。

MAP 別冊P.6-B1

住 川越市今福1738-14 TEL 049-293-8609 営 11:00〜14:30,17:00〜20:30（土11:00〜20:30）
休 日 CC 不可 P あり
交 JR・東武東上線「川越駅（西口）」から西武バス9分「県営今福団地」下車、徒歩1分

煮干しそば 白醤油 800円

煮干しと白醤油の香りが楽しめる芳醇スープ。豚レアと鶏の2種類のチャーシューが乗り、三つ葉がアクセント

レモン酢を入れてまろやかに味変

間接照明で店内は落ち着いた雰囲気

埼玉や東京で5店舗を展開中

川越所沢線沿いにあります

Voice スープにはたくさんの昆布、豚骨、鶏ガラ、乾物、鳥のひき肉にサイボクのゴールデンポークも使っています。自然食材のみで「これぞラーメン」という旨みを追求中です。（とんちぼ・店主 丸岡匡太郎さん）

川島

王道ラーメンで埼玉を再発見

ちゅうかそば よつば

中華そば 四つ葉

醤油タレは川島町の笛木醤油や川越の松本醤油など6種類の天然醸造醤油をブレンド。まぜそばにも近所にある矢部養鶏場のブランド卵が使われている。ラーメンで埼玉をもっと盛り上げたいという、店主の熱い心とこだわりが感じられる人気店だ。

チャーシューは低温調理です

MAP 別冊P.31-C1

住 川島町伊草298 TEL 049-297-5192 営 11:00～15:00、17:30～20:30（月11:00～15:00）休 火 CC 不可 P あり 交 JR・東武東上線「川越駅（東口）」から東武バス21分「伊草小学校前」下車、徒歩3分

特製 四つ葉そば 1250円
スープには比内地鶏や博多地鶏などを贅沢に使用。鶏のコクと醤油のキレを一度味わうとやみつきになる

最高の一杯を求めラーメンファンが行列する実力店が埼玉には目白押し。伝説の名店から話題のニューカマーまで良質素材で勝負してます！

店舗は254号線から100mほど西にある

つけそば、まぜそば、ご飯ものとメニュー豊富！

スープがなくなり次第終了です

甘みとコクが出る中国福建省の自然海塩を使用

新座

レジェンドが作る 塩ラーメンの最高峰

ぜんや

ぜんや

1999年の創業時からメニューは塩ラーメンのみ。美しく澄み切った黄金スープと中太縮れ麺が主役となる、ラーメン職人たちが憧れるストロングスタイルを貫き通している。「毎日食べられるラーメンを目指した」という店主渾身の一杯は素材の旨みが何重にも重なっている。

ぜんやラーメン 900円
昆布や豚ガラの旨みが絶妙なスープにカメリアラードがかかり最後までアツアツ。メンマやチャーシューの追加もOK

大鍋を使って麺を茹でます

MAP 別冊P.28-B1

住 新座市野火止4-10-5 TEL 048-479-6664 営 11:30～15:00 休 火・水 CC 不可 P あり 交 JR武蔵野線「新座駅」から徒歩10分

麺の茹で湯を3人前で替えスープに雑味が入らない

駐車場は店の前に3台分。客席はカウンター6席のみ

Voice 家族の誰もが楽しめるラーメンを追求し、豚ガラと昆布だしのダブルスープでコクとさっぱり感のある味わいに仕上げました。創業時から変わらない味を楽しんでください。（ぜんや・店主 飯倉洋孝さん）

鶏にこだわった
一杯を味わって

浦和

鶏の旨みを追求した専門店

とりそば いっさ

鶏そば 一瑳

店名の通りスープやチャーシューには鶏のみを使用。山陰地方の大山鶏のスキガラをじっくり炊き上げたスープには旨みがぎっしり詰まり、塩のミネラル感もふわっと口に広がる。歯切れがよくてコシのある無添加の自家製麺は店の一角で毎日製造されている。

MAP 別冊P.17-B2

あっさり鶏そば
780円

鶏ガラとショウガを炊いて、濁る前にスープを抽出。鶏チャーシューは皮が炙られて香ばしい。味玉は100円プラス

住さいたま市浦和区東高砂町6-1
TEL048-762-3221 営11:00〜14:45、18:00〜翌24:45 休なし CC不可
Pなし 交JR「浦和駅（東口）」から徒歩4分

11席のカウンターが用意されている

お昼時には店前に長い行列ができる

揚げエシャロットや自家製ラー油で味変しよう！

味玉（100円）もトッピングしよう

味噌が主役ではない味噌ラーメンを提供してます

所沢

味噌ラーメンの新時代を拓く

めんや こうせい

麺屋 幸生

2020年にオープンし、瞬く間に埼玉を代表する人気店へ。「味噌は主役ではなくスープを引き立てるための一要素です」と西川店主。注文ごとに炒めるもやしには塩も振らず、トッピングはすべて薄味。濃厚スープと丼でドラマチックに調和する。

MAP 別冊P.25-A3

白湯
味噌らーめん
850円

豚骨や鶏ガラ、香味野菜を煮込んだトロミのあるスープがほんのり甘い信州味噌や平打ち中太麺とベストマッチ

住所沢市小手指町1-38-16 TEL非公開 営11:00〜14:30、18:00〜21:00（金11:00〜14:30、土・日11:00〜15:00、18:00〜21:00）休木 CC不可
Pなし 交西武池袋線「小手指駅（北口）」から徒歩7分

ニンニクやショウガは無料サービス

北欧デザインのテーブルとイスで居心地も抜群

ショップが並ぶハナミズキ通り沿いにある

Voice 単においしいラーメンを提供するだけでなく、ファミリーや女性ひとりでも楽しめる居心地のいい店を目指しています。季節限定のラーメンはSNSでチェックしてみてください。（麺屋幸生・店主 西川幸さん）

東松山

絶品スープと小麦香る自家製麺

中華そば 深緑
ちゅうかそば ふかみどり

埼玉の名店、四つ葉（→P.355）の新ブランドが2020年に登場。基本メニューは濃口醤油の黒出汁と淡口醤油の白出汁。六白黒豚や比内地鶏、ハマグリやカキ、羅臼昆布など高級食材をふんだんに使ったスープは濃厚なのにスーっと入る絶妙な味。

木桶仕込み醤油が味の決め手です

MAP 別冊P.31-B1

🏠東松山市今泉297
📞049-297-5192（※中華そば 四つ葉）
🕐11:00〜15:00　休不定休
💳不可　🅿️あり　🚃東武東上線「高坂駅（東口）」から車10分

大きな暖簾はベンチの日陰にもなる

深緑のカリモクチェアが店内に並ぶ

深緑黒出汁
（チャーシュー2枚入り）
1400円

7種類の醤油をブレンドしたスープに喉越しのいい自家製麺が絡む。チャーシューの部位は好みで選べる

サイドメニューの丼物も味わって！

もろみポークや知床鶏もの炙り焼き丼が人気

秩父

地産地消のご当地ラーメン

珍達そば
ちんたつそば

1953年（昭和28年）に創業した老舗は店名の「珍達そば」が名物メニュー。これでもかというほど大量に投入された県内産の新鮮ネギと豚バラの甘みのバランスが絶妙。旨みが溶け出した醤油スープに、コシのあるオリジナルのストレート細麺がよく絡む。

新鮮なネギを県内の農家さんから直接仕入れてます

MAP 別冊P.45-B2

🏠秩父市東町23-4　📞0494-22-1571　🕐11:00〜16:00（土・日・祝〜19:00）　休水　💳不可
🅿️なし　🚃秩父鉄道「御花畑駅」から徒歩1分

珍達そば
800円

大量のネギと豚肉を加えてさっと煮込んだとろみのあるスープが絶品。最後までアツアツで味わえる

ニンニク強めの辛味噌でうまさ♪

行列必至なので時間に余裕をもって訪れよう

カウンターとテーブル、座敷もある

パンを愛するすべての人へ

旬の食材を味わう
パンの旅に出かけましょう

地域密着型ベーカリーへ

ベーカリーは町の個性がわかる地元住民たちの社交場。地元食材にこだわったシェフたちがおいしいパンを焼いてます。

プレムアム食パン半斤
380円

パンを買って庭でひと休み

はちみつレモンバゲット
300円

①そのまま食べてもおいしい生食専用の食パン ②店舗脇にあるテラス席はペット同伴OK ③パンの上にレモンジャムがたっぷり

川越の菓子屋横丁にある

行列ができる小さなパン屋さん

かわごえべーかりーらくらく

川越ベーカリー楽楽

菓子屋横丁の入口に立つ、小江戸川越らしい町屋風の建物が目印。お昼前後や休日には行列ができることも。小麦はすべて北海道産、また天然酵母と無添加、手作りにこだわっている。埼玉県産の食材も使用し、一番人気は秩父味噌を生地に練り込んだお味噌のパン。定番から変わり種まで素朴で懐かしい味わいは、一度食べたらファンになるはず。向かいには姉妹店の「サンドイッチパーラー楽楽」があり、具だくさんのサンドイッチをイートインで楽しめる。

お味噌のパン
250円

ソーセージがまるごと乗って食べ応え満点

極太ソーセージのジャーマンポテト風
350円

ほんのりと味噌の風味が香る優しい甘さです♪

狭山茶のマスカルポーネあんぱん
300円

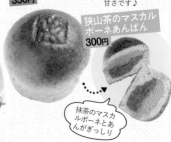

抹茶のマスカルポーネとあんがぎっしり

MAP 別冊P.30-A1

住 川越市元町2-10-13　TEL 049-257-7200　営 8:00〜16:30
休 なし　CC 不可　P あり
交 東武東上線「川越市駅」から徒歩17分

年に何回か開催されるパン祭りでは限定商品も登場します

ノアレザン（ハーフ）
431円

オムレツサンド
345円

ボリューム満点のサン
ドイッチはコスパも◎

秩父のヘルシー野菜を満喫
滋味たっぷりの体と心が喜ぶおいしさ
らぱんのわーる くろうさぎ
ラパンノワール
くろうさぎ

小麦粉はすべて国産小麦、酵母はすべて自家培養の天然酵母というこだわりのパンが評判。噛み締めるたびに小麦の香ばしさが口に広がる。その他の原料にも有機無農薬や自然農法のものを極力使用しており、野菜たっぷりの総菜パンやバゲットなど、約60種類が並んでいる。

MAP 別冊P.45-C2

🏠秩父市野坂町1-18-12
☎0494-25-7373
🕙10:00～17:00　休火・金
💳JMV　🅿あり　🚉西武秩父線
「西武秩父駅」から徒歩5分

食べる方の健康を第一に考えてパンを毎日焼いています

地域密着型ベーカリーへ

イートインスペースもあるので店内で味わえます

くるみやアオサのクッキー
431円～　焼き菓子は秩父みやげにもどうぞ！

有機オリーブの
フォカッチャ
226円

オリーブたっぷりでワインとも合います

富士見エリアで地産地消
地元食材のデニッシュが人気
ぶーらんじゅりー ことん
ブーランジュリー
コトン

飛騨高山の名店「トランブルー」で修業したシェフが作るデニッシュやフォカッチャなど、約70種類のパンと焼き菓子が揃っている。野菜、フルーツ、発酵バターなどの食材は地元埼玉産や国産にこだわり、パン生地の香ばしい食感と深い味わいが人気だ。

MAP 別冊P.6-B1

🏠富士見市鶴瀬東1-9-29 メゾンベルクール 102
☎049-293-9498
🕙9:30～19:00
休月・日　💳不可
🅿なし　🚉東武東上線
「鶴瀬駅」から徒歩1分

旬野菜のコトン風
フォカッチャ
350円

ズッキーニやトウモロコシは地元農園野菜です

焼きカレーパン
330円

ふじみ野の名店JAM特注カレーがたっぷり！

季節ごとの旬の食材を使った自慢のパンです

駅近のマンション1階のスペースにある

ラスクなどの焼き菓子も評判です

国産ブルーベリー
デニッシュ
380円
酸味と甘味がサクサクなデニッシュと調和

Voice ひと房ずつむいて作るオレンジのシロップ漬けを乗せたデニッシュと出会って人生が変わりました。その感動を届けたくて旬にこだわったパン作りをしています。（ブーランジュリーコトン・シェフ 綿貫享さん）

王様のクリームパン
350円

マルゲリータ
270円

シャキシャキのアスパラに
生ハムとカマンベールが
パンの上でハーモニー♪

カマンベールチーズと
まるごとアスパラ
398円

ソフトクリーム
パンチョコレート 360円

プロセスチーズ、
ミックスチーズ、
モッツァレラチーズ、
をのせて焼きました

王様のクリームパンは毎日100個以上
売れる看板商品。ごまデニッシュ生地
でザクザク食感のチョコパンも絶品!

ブランデー
漬けの黒豆!

黒豆クリーム
チーズの
抹茶のパン
258円

三種のチーズ
270円

枝豆パン 250円

塩パンの生地に
チーズも
トロけます

野菜が
たっぷり

生ハムと
バーニャカウダのソース
368円

パン本来の食感
と風味を楽しん
でください

カレンズ
クリームチーズ 470円

東浦和でパンといえばこちら!

濃厚なクリームパンは絶対味わいたい
かざみどり
風見鶏

　瀟洒な店内に並ぶのは100種類以上のパン! 3種の天然酵
母と国産小麦を使用してスペイン産の石窯で焼き上げる。砂
糖ではなくハチミツで甘さを引き出し「何度でも食べたくな
るご飯のような日本のパンを目指しています」とオーナーの
福王子明さん。屋外にテーブル
席があるのでその場で焼きたて
を味わうのもおすすめ。

MAP 別冊P.15-C4

🏠さいたま市南区大谷口5338-6
📞048-874-5831 🕐10:00〜19:00
休木 CC不可 Pあり 交JR武蔵野
線「東浦和駅」から徒歩13分

屋根に飾られた風見鶏のロゴが
お店のシンボル

入間の大人気ベーカリー

多彩なパンが自慢の石窯パン工房
ぱんじゃ
PANJA

　週末ともなると県外からもパン好
きが集まる人気店。小麦粉や水はも
ちろん、一つひとつの素材にこだわ
り、フィリングもレストラン並みの設
備を備えた厨房ですべて手作りして
いる。店頭に並ぶパンは、ハード系
からスイーツ系、総菜パンまで180〜
200種類。季節の食材を使ったパンも
多く訪れるたびに新しい味に出合える。

MAP 別冊P.11-B3

🏠入間市野田939-1 📞04-2932-5808
🕐8:00〜19:00（売り切れ次第終了）
休木（祝日を除く）CC不可 Pあり
交西武池袋線「仏子駅」から西武バス2
分「下郷」下車、徒歩9分

Voice 風見鶏のオーナーは「テレビチャンピオン」で準優勝したこともあるパン作りの達人。ここで修業してからベー
カリーを開店する人も多い浦和が誇るパンの名門店です。(浦和在住・K)

地域密着型ベーカリーへ

なますとパクチーが
たっぷりでヘルシー♪

旬の食材を使っているため期間限定のパンが多い。焼きたてが並ぶお昼前後の訪問がおすすめだ

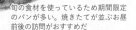

3種のレーズン
塩パン 228円

バターが
じゅわっと!!

ベトナム風
バインミー 630円

ナチュラルな甘味と酸味がうれしいスイーツパン

クランベリー
入りです

バナナと
ラズベリーと
ココナッツフォカッチャ 480円

いよかんピールと
クリームチーズ
ベーグル 320円

ほんのりビターでクリーミーなリッチな味わい

いちごのモンブラン
370円

併設されたカフェではヘルシーなランチメニューを提供中♪

大宮駅から徒歩6分

パン愛あふれる小さなベーカリー
にじわぱん
にじわぱん

ニンジンやリンゴ、玄米など季節に合わせた野菜や果物を使った、オリジナルの天然酵母で作られるパンが評判の人気店。愛情を込めてていねいに焼き上げられるパンは、小麦や酵母の風味豊かで思わず笑顔がこぼれるおいしさだ。ラインアップは食事系からハード系まで豊富なので、何度訪れても新たな出合いがある。

日によって
並ぶパンが
変わります

トローリ
濃厚な
カスタード
たっぷりの
クリームパン
も味わいたい

MAP 別冊P.16-B2

住 さいたま市大宮区仲町2-63 1F
TEL 090-1736-8908
営 9:00～18:00
休 土～月　CC 不可
P なし　交 JR「大宮駅（東口）」から徒歩6分

素材から製法まで
こだわり抜いた
渾身のパンです

店主のセンスが光るかわいらしい店構え

入口脇のテラス席で購入したパンを食べることもできる

Voice にじわぱんのパンは仕上げ粉で描かれた幾何学模様が特徴的。店主自身でデザイン・製作した型を使い粉を振っているのだそうだ。美しいビジュアルは食べるのがもったいなく感じるほど。（ライター・T）

埼玉発祥チェーン店

県民なら誰もが食べたことがある埼玉発祥の人気チェーン店。

埼玉県民の胃袋を満たし続ける

山田うどん食堂

**1953年
所沢創業**

関東風の濃い汁とソフト食感のうどんは子供の頃から食べ慣れた懐かしの味。関東1都6県で149店舗を展開し、県内を車で走るといたる場所で看板が目につく。定食メニューはファミリー層に人気。

1

単品よりもセットが人気！

かき揚げ丼セット 760円
かき揚げ天ぷらを特製のタレで煮込んで玉子とじに！

2

醤油とごま油でクセになる旨さ！

パンチ定食（もつ煮込み）670円
国産の豚もつにコンニャクとメンマが入ってプリプリとシャキシャキの食感が楽しめる

3

関東系の濃いめのつゆ

天ぷらうどん・そば 530円
玉ねぎ・にんじん・水菜にプラスして、干しエビとイカゲソが入った大きなかき揚げ

4

野菜たっぷりのさっぱり味

野菜たっぷりタンメン 720円
豚肉にキャベツ・もやし・にんじん・ニンニクの芽・きくらげが入り幅広い年代から人気

5

武蔵野うどん風つけ麺スタイル！

肉汁うどん・そば 730円
肉汁に黒豚肉と長ネギ・油揚げ・干し椎茸が入り、柚子と三つ葉を香りづけにトッピング

家庭的で懐かしい味のうどんです♪

営業企画課・
江橋丈広さん

Q かかしマークの由来は？

A 創業者の山田の姓にちなんで文部省唱歌「案山子」（山田の中の一本足のかかし…）から取りました。最初はもっとリアルなデザインでしたが、バランスのとれた会社という意味合いで、1962年にヤジロベーをモチーフにした現在のかかしマークになっています。

川越所沢線のランドマーク

やまだうどんしょくどう ほんてん
山田うどん食堂 本店

山田うどん食堂を運営する山田食品産業本社ビルの1階にあり、一般店に比べて店内がゆったり広々。ご飯ものやラーメン、定食類が充実している。

MAP 別冊 P.6-C1

本店はこちら！

所沢市上安松1032 TEL04-2995-2031 営6:00〜22:00（変更の場合あり）休なし（臨時休業あり）CC不可 Pあり 交西武池袋線・新宿線「所沢駅（東口）」から徒歩17分

Voice 所沢市や朝霞市などの学校給食では、かかしのマークが入ったソフト麺も子供たちに親しまれていました。プリプリした食感の茹でうどんは県民ソウルフードです。（山田うどん食堂・営業企画課 江橋丈広さん）

必食メニューBest 5発表！

売れ筋のおすすめメニューを伝説の創業者や本社スタッフに聞いてみました！

3割うまい!!がキャッチフレーズ

ぎょうざの満洲

肉も野菜も餃子の皮の小麦粉もすべて国内産。生産者の顔が見える安心の原材料を使用するこだわりは、客の健康を第一に考えた賜物。体にも財布にも優しく、飽きない味付けの中華料理を楽しもう！

2 チャーハン 500円
これぞ町中華のチャーハンといった王道の味が楽しめる。国産の白米と玄米が半々でヘルシー

白米と玄米で
パラパラ仕上げ

加水率が約50%
のモチモチ皮です

焼餃子 280円
豚肉、野菜、皮の小麦粉まで国産100%。酢6・醤油3・ラー油1で味わうのがおすすめ

4

沖縄の塩シママースとアサリの出汁入り

タンメン 550円
野菜からにじみ出る出汁とあっさり塩味が味わい深い。女性にも人気の高いメニューです

レバーは鹿児島や宮崎県産を使用

3 レバニラ炒め 480円
新鮮な素材の旨みを堪能できる下味なしのレバーとたっぷり野菜でビタミンチャージ！

5

特売日がお得！

生ぎょうざ(冷蔵・冷凍) 370円
特売日には300円で購入できる人気のテイクアウトメニュー。家庭でお店の味を再現しよう！

「近いがうまい埼玉産」の餃子を味わってください

会長・
金子梅吉さん

Q 3割うまい!!とは？

A マスコットキャラクター「ランちゃん」とともにある「3割うまい!!」。これは「うまい！安い！元気！」でおいしさ3割増し、という意味と、原材料費・人件費・諸経費をそれぞれ3割にし、バランスのとれた営業で高品質な商品を提供する、という企業理念です。

新所沢駅から徒歩2分の創業店

ぎょうざのまんしゅうしんところざわひがしぐちほんてん
ぎょうざの満洲 新所沢東口本店

1階の店舗は通常店と同様だが、貸切可能なパーティールームが用意され、本店限定の中華コースも味わえる。店員さんの対応もとても感じがいい。

本店はこちら！

MAP 別冊 P.25-A3

住 所沢市松葉町12-6　電 04-2992-2526　営 11:00～21:00 (L.O.20:30)
休 1/1・1/2　CC ADJMV　P あり　交 西武新宿線「新所沢駅（東口）」から徒歩2分

ちょい飲みにも便利な中華料理店
日高屋

熱烈中華食堂 日高屋

1973年 大宮創業

低価格なのにしっかり美味しいラーメンや中華定食でおなじみの店。多くの店舗が駅の近くにあるので、仕事帰りにも気軽に利用でき、がっつり食事からちょい飲みにまで対応するメニューが自慢！

1 うまさと値段のギャップに驚く

中華そば 390円
厳選小麦粉を使った喉越しのいい麺を秘伝のスープで楽しむ。チャーシューもジューシーだ

2 野菜たっぷりタンメン 550円
ヘルシーでボリュームも満点。コショウの風味が食欲をそそり寒い時期には体も温まる

350グラムの野菜が山盛り

3 醤油ベースでご飯が進む！

ニラレバ炒め定食 710円（単品530円）
国産レバーにシャキシャキ食感のもやし。オイスターソースのコクで旨味もたっぷり

4 バクダン炒め 560円
ピリリとほどよく辛い味付けはお酒との相性ぴったり。ご飯のお供にも最適だ（定食740円）

酒のつまみとしても定番です

5 ビールとの相性が抜群！

揚げ物各種
イワシフライ260円、五目春巻き300円、イカ揚げ290円。ビールのお供にうれしい低価格

※商品価格などは2023年1月現在

時代に合わせてすべてのメニューを改良しています

会長の**神田正**さんと社長の**青野敬成**さん

Q 1号店はどこですか？

A 創業者の出身地から「日高屋」の屋号で展開していますが、1号店は1973年に大宮の宮町に「来々軒」としてオープンしました。大宮は私たちの聖地で「焼鳥日高」や「中華一番」などのグループ店も営業中。これまでのノウハウを生かし、点心やおつまみ類が充実した台湾屋台料理「台南」も展開しています。

大宮駅から徒歩1分の好立地
ひだかや おおみやすずらんどおりてん
日高屋 大宮すずらん通店

平日も明け方まで営業し、夜中にラーメンが食べたくなってもOK！駅の近さと提供の早さで乗り換え待ちでの利用にも便利。

MAP 別冊 P.16-B1

旗艦店はこちら！

住 さいたま市大宮区大門町1-19　**TEL** 048-644-6118　**営** 7:30〜翌5:00（L.O.4:30）、金・土24時間、日・祝〜23:00（翌日は9:00〜）　**休** なし
CC AJMV　**P** なし　**交** JR・東武アーバンパークライン・ニューシャトル「大宮駅(東口)」から徒歩1分

日高屋はグループ店を含めて440店を展開中。社名の由来は、おいしい食事をしてハッピーな1日（ハイデイ）を過ごしてほしいとの意味が込められている。

星野源も愛した埼玉のピザハウス

るーぱん

1972年
熊谷創業

るーぱんのピザは埼玉県民の青春の味。カジュアルな雰囲気の店内は学生やファミリー客でにぎわっている。ピザやパスタなどはボリューム満点なので、いろいろ頼んでシェアするのもおすすめ。

1

るーぱんが誇る
No.1商品！

残りのスープに
バターライスを
入れリゾットに

2

るーぱんミックスピザ 650円、1300円
定番のミックスピザは27cmの
ドリームサイズと、17cmのハッピーサイズがある

ボンゴレ赤 550円
トマトのほのかな酸味とあさりのコクが癖になる味わいのスープ系のスパゲティ

3

特製アンチョビ
ドレをかけて

ミートポテトドリア 660円
たっぷりのミートソースとホワイトソースのハーモニー

4

埼玉初のドリア!?
不動の人気メニュー

イカ納豆サラダ 462円
不思議な組み合わせだが、これが絶品！ビールのおつまみとしてもオーダーされる

5

わざわざ県外から
食べに来る人もいる

るーぱん特製の
アンチョビドレッシング
を埼玉みやげにどうぞ

代表取締役社長・
小島雄樹さん

**にぎやかハンバーグ
ステーキ 715円**
肉汁あふれるハンバーグにイカやアサリの贅沢トッピング。単品メニューなのでご飯は別途

Q るーぱんってどんな意味？

A そのように質問して頂く事が答えなんです。るーぱんに意味はなく、創業当時はカタカナや漢字の店舗が一般的で、平仮名の店がなかったからそうしたと。なので記憶に残り易くするためにひらがな店名になりました。現在は埼玉県内だけで6店舗が営業中です。

創業から変わらぬ味を提供
るーぱん くまがやばいばすてん
るーぱん 熊谷バイパス店

本店はこちら！

　るーぱんのピザは注文が入ってから生地を伸ばして焼く本格派（金曜は3種類のピザが半額でお得）。熊谷BP店はラグビー観戦時の利用にも便利。

MAP 別冊 P.40-A1

住熊谷市肥塚734 **電**048-526-9511 **営**10:00〜21:00 **休**なし **CC**不可 **P**あり **交**JR高崎線・秩父鉄道「熊谷駅（北口）」から国際十王交通バス8分「北肥塚」下車、徒歩2分

Voice るーぱんのピザはハッピー（小）とドリーム（大）の2サイズ。オーダー時に「ハッピー1枚入ります」は小さな幸せ、「ドリーム1枚入ります」は大きな夢を意味する掛け声なのだとか。（熊谷市在住・Y）

グルメ回転寿しの元祖はこちら！

がってん寿司

1987年
寄居創業

鮮度抜群のネタを職人さんが握って「回らない寿司屋」レベルの味を提供。リーズナブルな値段設定でファミリー利用も多く、注文すると「がってんしょうち！」と威勢のいい言葉で応えてくれる。

※商品および価格は2023年1月現在

1

大きく柔らかなネタは脂身と甘みにも大満足

穴子一本勝負 605円
インパクト抜群の穴子一本勝負はオリジナルのタレでじっくりと煮上げ、ふっくら食感に仕上がっています

2

とろける旨味が感動モノの逸品

みなみまぐろ中とろ 495円
自社で直接買い付けたマグロが味わえる。脂がのっていて濃厚でマグロの旨味がたっぷり

3

ウニ・いくら・ネギトロの競演

4

がってん真鯛 湯霜造り 330円
こだわり産地から仕入れた真鯛はほどよい甘みとプリプリした食感。お酒との相性も抜群だ

熱湯にさっと通した湯霜造りで柔らかい

がってん軍艦 605円
人気ネタを一度に味わえる贅沢感がうれしく、食感のハーモニーも楽しめる

5

おいしいネタを探して世界中から仕入れています

シニアマネジャー・
柳川孝介さん

小江戸娘(バニラ) 330円
アツアツの芋ようかんをバニラアイスで包んだ、がってん寿司ならではの名物デザート

温度差も楽しいデザートの定番

Q ネタへのこだわりって？

A 海なし県の埼玉だからこそ、産地や水揚げ港を限定せず、飛び切りのネタを仕入れるという逆転の発想で商品提供しています。市場で毎朝仕入れた魚はそのまま各店へと直送され、その魚をどう調理するかは店長の判断なんです。地域やお客さんに合わせてネタを仕上げることも職人のレベルが高いからこそですね。

アクセス便利な繁盛店
がってんずし くまがやいしはらてん
がってん寿司 熊谷石原店

国道17号線沿いにある人気店で、平日でもオープン前に行列ができるほど。広々とした駐車場も完備している。

旗艦店はこちら！

MAP 別冊 P.9-B4

住 熊谷市石原2-1 TEL 048-522-2303 営 11:30～21:00（L.O.20:45）、金・土・祝前日～21:30（L.O.21:15）休 なし CC JMV P あり
交 秩父鉄道「石原駅」から徒歩10分

Voice がってん寿司のネタは1貫300～500円が中心（巻物などは132円～）。安く楽しみたいなら平日のランチタイム（開店～15:00）の日替り握りランチ（1188円）がおすすめです。（さいたま市在住・J）

元祖スタカレーの味を楽しんで！

「大将」と呼ばれる店主の藤本喜代治さん。食べ盛りの胃袋を満たしてくれる

元祖スタカレーはB級グルメの王者のような風格！

看板に記された「娘々」の文字にも昭和感が漂っている

店内にはサイン色紙がズラリ。浦和レッズの選手も食べに来る

さいたま男子のソウルフード
町の巨匠が作るスタカレーを食す

　北浦和駅の東口から徒歩2分。昔ながらの風情漂う路地の一角には昭和から続く名店がある。埼玉のソウルフード、スタカレーやスタミナラーメンはお財布にやさしい580円。安くてお腹いっぱいになれるので部活帰りの中高生、そして学生時代に散々お世話になった大人たちが今も通い続けている。

　店内はカウンター席のみ17席と狭く、お昼時には席待ちの行列もできるが、お客の回転も早いのでしばらく待てば大丈夫。席について注文すると、1分も待たずに目の前にスタカレーが登場する。カレーと名乗ってはいるが、白いご飯の上にかかっているのは挽肉とニラがたっぷり入ったピリ辛の餡。辛さの中に旨みとコクもあってレンゲが止まらない。ヤミつきになる味わいの秘密は、豆板醤やショウガなど香辛料のブレンドにあるのだと言う。

　「50年ほど前に中国・四川へ旅行に行った常連さんからおみやげに豆板醤をもらってね。それを餡に使った試作品を浦高（県立浦和高校）の生徒に食べさせたら好評だったのですぐ定番メニューにしたんだ」と語るのは店主の藤本さん。

　ビールやジュースは一声かけてから自分で冷蔵庫から取り出すセルフスタイル。数十年も通い続けている常連さんにとっては勝手知ったる我が家のような店だ。「古いお客さんだと親子3代に渡って来てくれるね。本当にありがたいです」。食べ終わったら店主たちに挨拶して、次のお客のためにそそくさと席を空ける。世代を超えて愛され続ける、昭和の人情食堂なのだ。

麺は中太のちぢれ麺。醤油ベースのあっさりスープに合う

スタミナラーメンはもうひとつの看板メニュー。スタカレーと同じ餡が乗る

まるで神業のような速さで料理が続々と提供される

多量のニラや特製ダレで作られた秘伝の餡。冷蔵庫で寝かせることで味に深みを出す

浦校OBから贈られた快気祝いの特注大瓶。店主の愛されっぷりが感じられる

にゃんにゃん きたうらわてん
娘々 北浦和店

MAP 別冊 P.17-A1

住さいたま市浦和区北浦和1-2-13　TEL048-824-6791
営12:00～14:30、16:00～19:00　休月・火・水　CC不可
Pなし　交JR京浜東北線「北浦和駅（東口）」から徒歩2分

Voice　スタカレー＆スタミナラーメンを味わうなら娘娘 上尾愛宕店（**MAP** 別冊 P37-C3）もおすすめです。テーブル4、カウンター7席のみで、ランチタイムには数十人もの行列ができるほど愛され続ける名店です。（上尾市在住・N）

旅先で味わう買い食いグルメ

おやつの食べ歩きは旅先での楽しみのひとつ。
できたてのソウルフードをかぶりつこう！

妻沼のいなり寿司
めぬまのいなりずし

妻沼聖天山 歓喜院の門前町として栄えた熊谷市妻沼で、江戸時代から受け継がれてきた名物。通常の倍ほどの長さのいなり寿司とかんぴょう巻きがセットになっている。いなり寿司は昔ながらの甘めの味付けで、食べごたえ満点！

●聖天寿し

> 妻沼名物の
> いなり寿司は
> 460円です

MAP 別冊P.9-A4

住 熊谷市妻沼 1515
TEL 048-588-0162 営 9:00
〜売り切れまで 休 月・火
CC 不可 P なし（妻沼聖天山の駐車場を利用）

行田のゼリーフライ
ぎょうだのぜりーふらい

おからとジャガイモなどを丸めて素揚げし、ソースにくぐらせたコロッケ状の総菜。昭和初期に足袋工場で働く女工さんのおやつとして広まった。小判のような形から銭がなまってゼリーと呼ばれるようになったのだとか。

かねつき堂→P.348

> おからと野菜が
> たっぷり入って
> 2個で200円

秩父の みそポテト
ちちぶのみそぽてと

> 祭の湯のフード
> コートでは1本
> 330円です

ふかしたジャガイモを天ぷらにして味噌ダレをかけて味わう秩父のB級グルメ。古来から秩父地方の農家では畑仕事の合間に「小昼飯」として食べられてきた。おみやげ物屋やスーパーマーケット、祭の湯のフードコートなどで味わえる。

西武秩父駅前温泉
祭の湯→P.307

フードコート内のおやつ本
舗やまつり茶屋でゲット！

ときがわの 焼き団子
ときがわのやきだんご

ときがわ町から東松山市へ延びる県道172号線沿いにある創業100余年の名物だんご屋さん。注文を受けてから炭火でじっくり焼かれる団子は昔ながらの素朴な味。しょうゆと自家製みたらしを好みでチョイスしよう。

> 表面が香ばしいお
> 団子は1本90円
>
> 5〜6月限定の菖蒲
> まんじゅう100円

●角屋菓子店

MAP 別冊P.34-C2

> お急ぎの人は
> 電話注文で！

住 ときがわ町玉川 2451-2
TEL 0493-65-0009 営 9:00 〜 18:00
休 水 CC 不可 P あり

妻沼のいなり寿司は門前町の名物として200年以上の歴史がある。「聖天寿し」のほかに「小林寿し」と「森川寿し」の3店の老舗が妻沼聖天山の周りに点在しており、どの店も昼過ぎには売り切れてしまう。

ショップ

筆を中心に墨や紙など
書道用品全般を扱う

逸品を
手に入れる、

老舗専門店で
大人の買い物

長い歴史を実感させ、心を豊かにしてくれる匠の技で仕上げられ伝統の品々。製作者の熱い想いが伝わる芸術作品は埼玉の風土で育まれ、今も生活に受け継がれています。

1902年 創業
書道用具

日本の伝統文化を育む
書道用品の専門店

（がもうどう）
鷲毛堂

120年に渡って筆を製造販売している老舗。創業から続く熟練の技を受け継ぎ、今も職人たちが筆の1本1本を手仕事で仕上げている。圧倒的な専門知識をもつ店員の接客もすばらしく、初めて習字を習う子供から著名な書家まで店のファンも多い。「筆づくりがすべての原点です。筆のオーダーメイドや修理、展覧会開催のサポートで、書の文化を後世に残したいですね」と5代目の宮澤社長。書道用品の専門店は埼玉県内には2軒のみだという。

MAP 別冊P.17-B1 浦和

🏠さいたま市浦和区高砂2-12-20 ☎048-822-1105
🕐10:00〜18:00 休祝祭日 CCADJMV Pなし
🚉JR「浦和駅」から徒歩4分

ほどよい弾力のある
馬毛・羊毛を使った
天翔は2200円〜

①②

逸品 との出合い

誕生記念筆は赤ちゃんの産毛で作る一生に一度の記念品。伝統工芸士が心を込めて数ヵ月かけて製作し、生涯を通じて健康や幸せを祈願する「お守り」として、親から子への深い愛情表現となる。

①書に押すための落款印（雅印）は2500円〜
②鷲毛堂5代目社長となる宮澤啓人さん
③熟練の職人が手作業で筆づくりを行う
④特製の羊毛筆は32万〜80万円の高級品

370

創業から変わらず手彫りでハンコを仕上げていく

1818年創業
判子

印材は木製や水牛など数種類から選べる

唯一無二の手彫りの
ハンコを手に入れる

はんこのばんこどうほんてん

はんこの
バンコドウ本店

江戸時代の文政元年に、川越城下の同心町に「萬古堂」として創業。現在も同じ場所で7代目の岡野さんが店を受け継ぎ、200年以上の歴史を守っている。代々、地元の商店や神社仏閣、街の人々から愛顧されており、川越氷川神社の御朱印用ハンコもここで彫り上げたもの。心を込めて手彫りした印鑑は、同じ名前でも微妙に書体が異なり、世界でただひとつのハンコができあがる。就職や結婚など人生の節目の記念として、新しい印鑑を作る人も多いそうだ。

MAP 別冊P.30-B1 川越

住 川越市仲町2-12　TEL 049-222-0135
営 9:00～18:00　休 日・祝　CC ADJMV
P なし　交 西武新宿線「本川越駅」から徒歩13分

一級印章彫刻技能士の
岡野一明さん

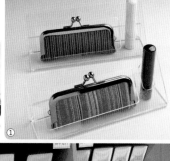

① ② ③

逸品との出合い

手彫りハンコは捺印すると味わい深さが感じられる。店主の岡野さんはお客さんと話をしてその人のイメージを文字に彫刻するため、直接お店に出向くか電話でオーダーするのがおすすめ。

❶ 川越伝統の唐桟織りケース付き印鑑は5500円～　❷ 時の鐘から徒歩3分。地域に根づいた町のハンコ屋さん　❸ 実印や銀行印、認印など用途に応じて選べる　❹ 印材は左からアグニ（樺の木を高圧処理加工したもの）、黒水牛、牛角

④

ハンコの
書体図鑑

篆書体（てんしょたい）
中国から伝えられた、ハンコ書体の基本文字

古印体（こいんたい）
日本生まれの丸みある書体。線の強弱が特徴

行書体（ぎょうしょたい）
毛筆書きで、しなやかな表現ができる

隷書体（れいしょたい）
文字が横長で、波打つような運筆をもつ

印相体（いんそうたい）
文字が八方に広がるので縁起がよいとされる

お気に入りの器で日々の食卓を彩る

1905年創業 陶器

陶舗やまわ
（とうほやまわ）

1905年（明治38年）に瀬戸物屋として東京の王子で創業し、大正時代に川越に出店。昔のたたずまいを残す一番街のなかでも、ひときわ重厚な蔵造り商家に店を構える。陶芸作家の作品から普段使いの食器まで、選りすぐりの陶磁器が並ぶ店内はまるでギャラリーのよう。川越の町並みをデザインした、オリジナルのマグカップや手ぬぐいタオルも人気。店舗の一角にあるカフェ「陶路子」では、さつまいもミニ懐石や甘味も楽しめる。

MAP 別冊P.30-A1 川越

住 川越市幸町7-1　TEL 049-222-0989
営 10:00〜18:00　休 不定休　CC ADJMV
P なし　交 西武新宿線「本川越駅」から徒歩13分

店内の太い柱や梁も歴史を感じさせる

店の窯で作られたオリジナルのマグ 2200円

① ②

③

⑤

④

⑥

逸品との出合い
表通りに面したコーナーでは地元作家の作品を中心に展示販売している。作家により趣がまったく異なり、それぞれ個性豊か。全体のフォルムや質感などを感じ、お気に入りを選ぼう。

陶芸教室も開催しています

1時間程度で気軽に楽しめるおためし体験や絵付け体験のほか、1日陶芸教室などを開催。詳細は店のウェブサイトで確認しよう。

電動ろくろを使っての「おためし体験」は3500円

⑦

❶❷和食器を中心とした品揃え。普段使いにぴったりな手頃な洋食器も多い　❸1893年（明治26年）建造の蔵造り商家。NHK連続テレビ小説『つばさ』ではヒロインの生家「甘玉堂」の外観として使われた　❹夏期には涼しげなガラスの器も並ぶ　❺地元の陶芸家・鈴木聖佳さんのマグカップ2750円　❻蔵の町を描いたオリジナルマグ　❼川越の町おこしにも携わる社長の原知之さん

釣りファンの声に
応えてルアー竿の
製作もしています

1957年創業 和竿

釣りの醍醐味を味わう
美術品のような和竿
やまのわざおてん（さおしょうさく）
山野和竿店
（竿昭作）

川口の和竿は1780年代（天明年間）に荒
川水系の芝川流域に自生していた布袋竹
で作られた伝統工芸品。1900年代には年
間4万本も生産され、日本で作られる釣竿
の約9割は川口産だったという。「漆を塗
るなどメンテナンスをきちんとすれば和
竿は一生ものです。お爺ちゃんの竿を修
理に持ち込む方も多いですよ」と語るの
は2代目「竿昭作」の名をもつ山野正幸さ
ん。天然素材で作られた芸術的な美しさ
で海外にも和竿ファンは多い。

MAP 別冊P.19-A2 川口

住川口市上青木3-17-27　TEL048-265-7177
営10:00〜17:00（来店は事前に電話確認）
休不定休　CC不可　Pあり　交JR京浜東北線
「西川口駅」から国際興業バス6分「天神橋」
下車、徒歩4分

逸品と出合う
和竿は基本的にオーダーメイド。自分に
ぴったりの釣竿に出合うには店を訪問し
て話をしてみるのが一番。倉庫には3年以上寝か
せられた数万本もの竹材が置かれている。

逸品を手に入れる、老舗専門店で大人の買い物

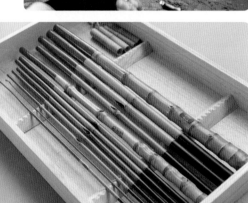
②　③

④

一本一本丹精込めて作られた竹竿
は唯一無二の愛用品となる。天然
木の箱物も用意してもらえる

伝統をつなぐワークショップ

和竿作りのワークショップを開催。
竹材を寸法に切り、一本の継ぎ竿と
して組み合わせていく。完成したら
竿を携えて生徒たちと釣りへ！

竹の伐採から仕上げまで
大きく6つの工程を学ぶ

⑤

❶たなご竿は2万円〜。「Tanago」は海外
でもマイクロフィッシングを指す言葉と
して使われる　❷てんから竿3万円〜。
和竿の醍醐味が味わえる　❸へち竿5万
円〜。防波堤でクロダイを狙うならこれ
❹川口市の住宅街に店舗がある　❺埼玉
県伝統工芸士の山野正幸さん。川口和竿
は火入れや漆塗りなど約100の工程を経
て完成する

受注販売となる天の露は120gで3万2400円

ローマ法王に献上された狭山茶の逸品を味わう

あらいえんほんてん

新井園本店

鎌倉・室町時代から日本銘園五場のひとつに数えられ、味のよいことで知られる狭山茶。大正13年に狭山の地で創業した新井園本店は、自社茶園と製茶工場をもち、生産から加工、販売までを一貫して行っている。特に有機肥料を使った土づくりに力を入れており、活力ある茶葉は滋味豊かな味わいと香りを醸し出す。店舗の奥にはお茶カフェ「武蔵利休」があり、わらび餅やパフェなど抹茶を使ったスイーツが人気。

MAP 別冊P.25-A3 所沢

住 所沢市小手指町1-15-5 TEL 04-2941-3399
営 10:00〜18:30 休 なし CC ADJMV P あり
交 西武池袋線「小手指駅」から徒歩5分

逸品と出合う
新井園本店が誇る「天の露」は数々の受賞歴を誇る茶師が、一切の妥協をせずに狭山茶の滋味や香りを引き出した逸品。また「天照」は日本茶の歴史史上初めてローマ法王に献上された、金粉抹茶入りの粉末緑茶だ。

お湯を注ぐだけで本格的な味を楽しめる「天照」5400円

ていねいに入れた香り高いお茶を味わいたい

定番商品の煎茶は2000円前後とお手頃価格

日本茶インストラクターの資格をもつ専務取締役の新井さん

❶店舗にカフェを併設している ❷抹茶アフォガード770円 ❸駅から近い便利な立地 ❹品評会での受賞も多数。平成8年には国内でも最も権威のある「天皇杯」を受賞している

行田市の足袋は300年の歴史をもつ伝統工芸品です

創業約100年 足袋

喜久代さんは埼玉県の伝統工芸士に認定されている

行田が誇る足袋作りの技を今風にアレンジ

そうさくたび ちよのまつ

創作足袋 千代の松

江戸時代から足袋作りが盛んだった行田で、明治半ばに創業。現在は3代目の戸塚節男さんと奥さんの喜久代さんが店を守っている。最盛期には市内に200軒ほどの足袋工房があったというが、現在も営業しているのは7〜8軒。千代の松では、和装だけでなく普段着にも合わせられる足袋を豊富に取り揃えており、ポップで粋なデザインが若者にも人気。通信販売でも購入できるが、店では試し履きをしてぴったりなサイズを選べるのがうれしい。

結婚して60年以上になる戸塚さん夫妻

MAP 別冊P.41-B1 行田

🏠 行田市忍1-1-16 📞 048-564-0785
🕘 9:00〜18:00 休 不定休 CC 不可
P あり 🚃 秩父鉄道「行田市駅」から徒歩7分

逸品と出合う ✦

裁断から縫製、アイロンがけまでほとんどの工程は手作業。特につま先とかかと部分にこだわり、立体的なシルエットで履き心地バツグン。足首が美しく見える筒の深さも特徴。

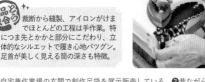

❶自宅兼作業場の玄関で創作足袋を展示販売している ❷昔ながらのミシンで1足ずつ手作りで完成する ❸熟練の職人がていねいにアイロンがけ ❹❺❻鳥獣戯画や麻の葉文様など100種類以上の柄からお気に入りのデザインを選べる。大サイズ（25〜28cm）2660円、小サイズ（22〜24.5cm）2450円 ❼千代の松の足袋は底地が黒いため汚れが目立ちにくい

伝統工芸品をモダンにアレンジ

行田市の南河原地区の伝統工芸として知られるのが、60年以上の歴史をもつ「南河原スリッパ」。同地区では農閑期の副業として草履を作っていたが、戦後はスリッパ製造が盛んになり、1980年（昭和55年）には全国1位の3153万足の生産数を誇った。近年ではファッションデザイナーとコラボしたり、埼玉北部で江戸時代から続く伝統の武州藍染めを取り入れたりと、新しい商品開発にも取り組んでいる。なかでもアフリカやブラジルなど世界の伝統柄テキスタイルを用いた「六大陸（州）」シリーズは、すべてデザインが異なり、左右で異なる好きな柄を選ぶことができる。通信販売でも購入できるほか、秩父鉄道・行田市駅近くにある観光物産館♪ぎょうだ（→P.287）で取り扱っている。

藍染め刺し子生地の「ジャパンブルースリッパ」

「六大陸（州）」シリーズは1足3850〜4620円。伝統技術とデザイン性が融合したスリッパは履き心地も◎

おみやげの定番は 埼玉銘菓

埼玉県民に長年親しまれ、観光客にも人気の銘菓をご紹介。伝統がある老舗店や、地元名産の銘菓がある店などがおすすめだ。

川越の観光エリアに建つ「時の鐘店」は菓匠右門の1号店

うまい、うますぎる！

行田 昭和27年創業

じゅうまんごくまんじゅう
十万石まんじゅう

十万石まんじゅう
5個入り詰合せ734円。10〜30個入りなど用途に合わせてチョイス

「風が語りかけます。うまい、うますぎる！」のテレビCMで県民にはおなじみの銘菓。しっとりした皮は厳選した国産つくね芋と新潟県産コシヒカリの粉を使い、北海道十勝産小豆を自家炊きしたこしあんが入っている。パッケージは世界的な版画家の棟方志功がデザイン。十万石の創業者から包装紙用の作品を依頼された際に、手みやげの十万石まんじゅうを食べて発した言葉が「うまい、うますぎる！」。忍城のお姫様が食べる姿をイメージした絵と力強い文字で描かれている。

十万石 行田本店

MAP 別冊P41-B1

🏠行田市行田20-15　☎048-556-1285　🕐9:00〜18:00
🈺なし　💳ADJMV　🅿あり　🚃秩父鉄道「行田市駅」から徒歩5分

❶夏季には水ようかんなど涼菓も販売する
❷サクサクのはにわさぶれは3枚入り345円〜
❸本店は行田市駅の南側にある

川越 昭和32年創業

小江戸名物の手作りまんじゅう
かしょううもん
菓匠右門

スイートポテトの芋ぽては1個180円。ほろほろ食感

いも恋は「彩の国認定ブランド品」にも認定されている埼玉銘菓。モチモチした山芋ともち粉の生地に包まれているのは、北海道産の粒あんと川越特産さつまいもの厚い輪切り。食べ応えがあり、自然な甘さが楽しめるので、埼玉みやげとして渡すのにぴったり。川越市内に6店舗あるが、時の鐘店、一番街店、菓子屋横丁店の3店では、せいろで蒸しあげたばかりのホカホカを味わうことができる、川越散策の食べ歩きもおすすめだ。

菓匠右門 時の鐘店

MAP 別冊P.30-A1

🏠川越市幸町15-13　☎049-226-5663
🕐10:00〜18:00　🈺なし　💳ADJMV　🅿なし　🚃JR・東武東上線「川越駅（東口）」から東武バス7分「一番街」下車、徒歩2分

いも恋
1個200円、6個入り1200円。持ち帰りはレンチンがおすすめ

🔈**Voice** 菓匠右門は店舗ごとに品揃えが異なります。できたての「いも恋」を提供するのは時の鐘店、一番街店、菓子屋横丁店。紫芋ソフトは時の鐘店と川越けんぴ工房直売店で味わえます。（飯能市在住・M）

❶せんべいを手焼きする行程では押し瓦で形を整える　❷生地は昔ながらの屋根の上で天日干し

五家宝
袋入りは12本入りで432円〜、箱入りは15本入り756円〜。個包装バラ売りあり

熊谷伝統の素朴な風味
熊谷 明和2年創業
もみじやほんてん
紅葉屋本店

子供の頃からおやつとしても食べてきた五家宝。漢字が読めるようになるまで「ごかぼ」と呼んでしまうのも県民あるあるだ。創業250年の紅葉屋本店は良質の大豆、もち米などの原材料にこだわり、自社工場で製造している。栄養価が高く無添加、無着色の自然で素朴な味わいは、昔も今も変わらず人気がある。定番品のほかに、松籟(青大豆)・杏子・胡麻・抹茶・アーモンドの5種類があり、それぞれの風味を食べ比べるのも楽しい。

紅葉屋本店（アズロード店）
MAP 別冊P.40-C1

住熊谷市筑波2-115（熊谷駅ビル内）　TEL048-525-0106
営8:30〜20:00　休なし
CCADJMV　Pあり（AZ特約駐車場）　交JR高崎線「熊谷駅」から徒歩すぐ

❶本社・工場売店は熊谷駅から3kmほど東、国道17号沿いにある　❷熊谷駅ビルのコンコースにあるアズロード店　❸五家宝6種が味わえるバラエティパック　❹太巻はザクザクした食感と強い風味が楽しめる

江戸時代からの定番みやげ
草加 慶応元年創業
いけだや
いけだ屋

数ある埼玉銘菓のなかで最も全国的に有名なのが「草加せんべい」。いけだ屋は江戸末期創業の老舗で、草加で唯一の天然地下水使用にこだわり、生地づくりから焼き上げまで独自の味を継承している。厳選した醤油とお米を使ったせんべいは、香ばしい醤油の香りとパリッとした歯応えが絶品。手焼きの体験工房があるので、大人も子供も自分で手焼きを楽しめるのも魅力だ(体験工房は要予約。1人500円。小学生以上が対象)。

いけだ屋 本店　MAP 別冊P21-C2

住草加市吉町4-1-40　TEL048-922-2061
営9:00〜19:00　休なし　CCADJMV　Pあり
交東武スカイツリーライン「谷塚駅」から徒歩8分

草加せんべい
炭火手焼匠(6枚入り1070円)や草加一堅い献上(1枚143円)など種類豊富

Voice いけだ屋のせんべいは両国国技館や羽田空港の売店でも購入できます。浦和レッズとコラボした VICTORY SENBEI はローストアーモンドや昆布が表面にまぶされてビールにも合います！（さいたま市在住・J）

377

百貨店 ファッション スーパー

県民御用達のショッピングスポット

歴史から㊢情報まで 徹底リサーチ！

全国的に名前を知られた埼玉県発祥のデパートやチェーン店をご紹介。
エリアや店ごとニーズに合わせた商品を用意して来店を待っています！

埼玉県のデパートといえば

まるひろひゃっかてん
丸広百貨店

まるひろ

創業以来「愛されるまるひろ」がモットー。県西部を中心に8店舗を展開し、創業者1代で「西のトキハ(大分県)、東の丸広」と呼ばれる埼玉を代表する百貨店となった。飯能市出身の創業者、大久保竹治の「地域に根ざし、共に栄えていく」という信念は今も脈々と受け継がれ、紙袋や包装紙には、埼玉県の花サクラソウが描かれている。取り扱う商品も国際ブランドから地元埼玉県のコスメまで幅広く、地酒や銘菓なども特産品を数多く取り扱っている。

MAP 別冊P.30-C1

丸広百貨店 川越店
住川越市新富町2-6-1 TEL049-224-1111
営10:00～19:00 休不定休 CCADJMV Pあり 交JR・東武東上線「川越駅（東口）」から徒歩8分

川越駅と本川越駅が最寄りとなる川越店

6階のファミリーレストランでは昭和レトロなお子様ランチも提供しています

丸広百貨店ミニ年表

1939年（昭和14年）	大久保竹治が飯能で「丸木商店」開業
1949年（昭和24年）	「株式会社丸木」を設立し株式会社化
1951年（昭和26年）	川越市に川越店をオープンする
1956年（昭和31年）	「株式会社丸広百貨店」に商号を変更
1990年（平成2年）	川越駅東口に「アトレマルヒロ」を開店

昭和24年当時の株式会社丸木

地元愛ラインアップ

川越店や東松山店などに入る亀屋は1783年（天明3年）創業の老舗和菓子店。川越藩や嵯峨御所の御用も務めた江戸の味を伝える。

2匹の亀が泳ぐかわいらしい「亀の最中」。十勝産の小豆を使った上品な味

亀どらはかわいらしい見た目のどら焼き。パンケーキのようなふかふかの食感

県内初出店のフルーツパーラー

川越店の別館1階にあるタカノフルーツパーラーで季節のパフェを楽しめる。隣では新宿高野も営業。

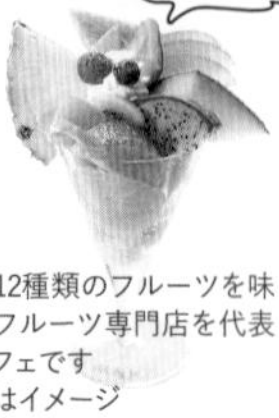

旬のフルーツを贅沢に楽しめる

一度に12種類のフルーツを味わえるフルーツ専門店を代表するパフェです
※画像はイメージ

㊢買い物INFO

- ☑各種ハウスカードを発行。特別ご優待会への招待や有料駐車場の無料利用などカードにより特典いろいろ
- ☑「まるひろ公式アプリ」とクレジット機能付きカードの併用でさらに特典が追加される！

登録無料

ニーズに合うカードを入手！

屋上には足腰の神様！

川越店の屋上には民部稲荷神社が鎮座している。一時は川越八幡宮に移されていたが昭和39年に丸広が現在の場所で開業した後に屋上に遷座された。相撲好きのキツネが「民部」と名乗って人に化けていたという伝説があり、足腰の健康にご神徳があるという。

Voice 「彩の国の百貨店まるひろ」を合言葉に埼玉に根付き、愛される店づくりを心がけています。川越駅東口のアトレマルヒロは若い世代向けの商品も充実しています。（丸広百貨店・販売促進担当 植村さん）

埼玉の小売店から全国区に躍進！

ふぁっしょんせんたーしまむら

ファッションセンター しまむら

県内に100店舗以上あり、日本全国に1400店舗以上を展開する総合衣料品チェーンストア。もともとはミセスを中心に人気の店だったが、デザイン性の高い衣服がリーズナブルに買えることから10代から20代の女性ファンも激増し「シマラー（しまむらの服でコーディネートした人）」という言葉も生まれているほど。しまむらグループにはカジュアルファッションの「アベイル」や、子供・ベビー用品の「バースデイ」もあり、ファミリー層からも支持を集める。

しまむら本社ビルに隣接するさいたま新都心店

昭和36年に開業した東松山2号店

国内最大級の売り場面積を誇るさいたま新都心店

しまむらミニ年表

1953年（昭和28年）	小川町で（株）島村呉服店を設立
1988年（昭和63年）	ファッションセンターしまむらが100店舗達成
2015年（平成27年）	しまむらグループとして2000店舗達成
2020年（令和2年）	しまむらオンラインストアをオープン
2021年（令和3年）	本社をさいたま新都心に移設

MAP 別冊P.16-C2

● ファッションセンターしまむら さいたま新都心店
住 さいたま市大宮区北袋町1-602-1　TEL 048-729-8421
営 10:00～19:00　休 不定休　CC ADJMV　P あり
交 JR「さいたま新都心駅（東口）」から徒歩5分

生活応援のハッピーアイテム

ハッピーアイテムはしまむらがオススメするお買い得商品。赤と黄色のPOPが目印で、ファッション、生活雑貨、寝具など多彩なバリエーションだ。

人気のプルオーバーも超お値頃！

ハッピーアイテムの商品や値段は変更になることがあります

お気に入りを「しまパト」で見つけよう

「しまパト」とは、しまむらで掘り出し物を求めて日々お買い物（パトロール）すること。低価格でセンスのよいアイテムが見つかるはず。

インフルエンサーとのコラボ商品も人気です♪

ショルダーやトートなど種類豊富

▶ シャツ
▶ ワンピース
▶ ベスト＆シャツ
▶ バッグ
※商品は一例です

⦿ 買い物INFO

☑ 来店や商品購入時にアプリの会員証を提示すると「ワクワク」が貯まり、会員特典に応募できるチケットと交換できます
☑ 店舗訪問時にアプリに付いている値札のバーコードを読み取れば、同じ商品のサイズ違いや色違いの在庫検索ができる

知ってますか？ しまむらグループ

ファッションセンターしまむら以外にも、国内で4つのグループ店を運営している。
※店舗数は2022年11月20日の時点

台湾では「思夢樂」を41店舗展開している

全国に313店

Avail アベイル
衣料や靴などのヤングカジュアル専門店。47都道府県で展開中

全国に114店

Chambre シャンブル
ナチュラル志向のファッションや北欧テイストの雑貨などが評判

全国に16店

Divalo ディバロ
足元を含めた着こなし提案の店。メイン購買層は20～50代の女性

全国に313店

Birthday バースデイ
ベビー・子ども用品の専門店。高感度・高品質・高機能が売り！

惣菜も生鮮食品も納得のおいしさ

やおこー
ヤオコー

埼玉県を中心に首都圏で展開する食品スーパー。店舗数は181店舗（2023年1月現在）。各エリアの旗艦店では生鮮とデリカ売場を一体化させるなど、ワンストップでの商品提供を実現している。できたての惣菜や弁当の充実ぶりとおいしさは群を抜いており、テレビの情報番組で紹介されることも多い。2013年から展開しているプライベートブランドの「Yes! YAOKO」では冷凍食品、チルド、菓子などラインアップも充実している。

シネコンもある「ウニクス南古谷」に入っている川越南古谷店

昭和20年代後半の八百幸商店の店頭風景

MAP 別冊P.6-B1

●ヤオコー 川越南古谷店
🏠 川越市泉町4-3 📞 049-230-3211
🕘 9:00〜22:00 休 なし CC ADJMV
P あり 交 JR埼京線・川越線「南古谷駅」から徒歩10分

ヤオコーミニ年表

1890年（明治23年）	川野幸太郎が小川町に青果店「八百幸商店」を創業
1958年（昭和33年）	青果店からスーパーマーケットへ業態転換
1972年（昭和47年）	小川SC（ショッピングセンター）がオープン
1986年（昭和61年）	本部を小川SCから川越市に移転
2021年（令和3年）	自社工場製造商品ブランド「eat! YAOKO」誕生

地元愛ラインアップ

シャキシャキ食感です！

深谷ねぎ餃子はにんにく不使用。旨みたっぷりのネギがぎっしり入っている

COEDOブルワリーとコラボしたヤオコー130周年記念ビール

販売店舗限定で埼玉県産の尾熊牛（おぐまぎゅう）も扱う

売れ筋はこれです！

あずき香る粒あんおはぎ。年間に1000万個を売り上げる人気商品

二層仕立てのキャベツメンチカツ。キャベツの甘味と食感が評判

自家製の鉄板巻上げ厚焼き玉子。専門店レベルの味わいを食卓へ

埼玉県はうどん県！

ローストビーフはパンに挟んだり野菜に巻いて味わうのもおすすめ

東松山市のデリカ・生鮮センターで自社製うどんを作っている

厳選のインポート食材

欧州から南米まで種類豊富

目利き人ミゲールさんが厳選したメキシコ産の熟成アボカド

直輸入ワイン

専任バイヤーが選んだ世界のワインを現地の街角プライスで

🉐 買い物INFO

☑ ヤオコーカードは200円ごとの買い物で1ポイント加算され、500ポイント貯まると500円分のお買い物券に交換OK。発行料200円
☑ 毎月のお得情報は店頭やアプリでチェックしよう

毎月2万円以上の購入でボーナスポイントも

▶ **Voice** 小川町で創業し、一都六県の中でも一番店舗数が多いのは埼玉県です。お店ごとに異なるお客様のニーズやライフスタイルへの対応を一番に心がけています。（ヤオコー・コーポレートブランド戦略部 日吉さん）

日本初のディスカウントストア

ディスカウントスーパー
ロヂャース
ろぢゃーす

埼玉県内に10店舗、東京の吉祥寺と浅草でも展開しているディスカウントストアのパイオニア。「良い品をどこよりも安く」をモットーに、購入頻度の高い商品を集中的に仕入れて低価格で販売する「単品量販」、賞味期限が近い商品を仕入れて激安プライスで提供する戦略がヒットし、昭和50年代から県民には広く存在が知れ渡っている。近年は品質と安さを追求したプライベートブランド商品の「マイカイ」を展開し、独自性の高い商品で支持を得ている。

MAP 別冊P.14-C2

●ロヂャース浦和店
🏠さいたま市桜区山久保1-11-1
☎048-852-2510 🕐9:30～21:30
（日・祝9:00～）休なし CCADJMV
Pあり 交JR「北浦和駅（西口）」から国際興業バス6分「山久保」下車、徒歩2分

2005年11月に建て替えられた浦和店

お弁当は「埼玉県一安い」と自他ともに認める目玉商品

衣料、日用雑貨、レジャー用品など多様な商品が並ぶ

ロヂャースミニ年表

1970年（昭和45年）	太田実が北辰商事株式会社を設立
1972年（昭和47年）	ボーリング場「ロヂャースボール」開業
1973年（昭和48年）	「ロヂャース浦和店」を開業し小売業へ
1977年（昭和52年）	第2号店「ロヂャース川越店」開業
2018年（平成30年）	本社を吉祥寺店から浦和店へ移転

ボウリング場の建物を使った浦和1号店

500品目を超えるプライベートブランド

2015年から「mykai（マイカイ）」というプライベートブランドを展開。食料品から生活グッズまでナショナルブランドの商品と比べると圧倒的なコスパを誇り、リピーターに支持されている。

リピ買いしちゃう激うまソーセージ！

JAS特級のあらびきポークウインナーはベストバイ商品。納豆も一般スーパーよりも30%ほど安く種類も約40種類！

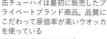
缶チューハイは最初に販売したプライベートブランド商品。品質にこだわって原価率が高いウォッカを使っている

国内トップブランドの売り上げを抜いたことも！

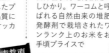
会津喜多方地方限定こしひかり。ワーコムと呼ばれる自然由来の堆肥発酵剤で栽培されたワンランク上のお米をお手頃プライスで

健康食品も自社PBを発売。コラーゲンドリンクはプラセンタやヒアルロン酸を配合。国内製造のプロテインもお買い得感が半端ない

冷凍食品や缶詰なども充実のラインアップ。さばみそ煮は宮城県石巻漁港に水揚げされた生さばや宮城の白味噌を使用している

生活グッズも充実！

総合スーパーだが家電やファッション、DIYやカー用品などホームセンターのような商品も充実している。

ペット用の紙砂はトイレに流せるので手間いらず。家計に優しい値段もうれしい

厚地で暖かい美脚タイツ。衣類は中高年をターゲットとする商品が多い

グンゼとのコラボ商品！

カー用品も種類豊富

買い物INFO
☑電子マネーの「マイカイクラブカード」に入会し決済すると10円から50円値引きとなる商品もある。入会費無料
☑毎週日曜に朝市を開催している（都内の店舗を除く）。9～12時限定で特売を実施！

鮮度抜群の食材と 絶品グルメが待っている!
土曜は大宮・川越の卸売市場へ

毎週土曜は埼玉2大市場の一般開放日。目利きのプロが選んだ新鮮魚介、肉、野菜を卸売市場価格で購入できます!

魚市場
鮮魚店やマグロ専門店が30軒ほど並ぶ

精肉・乾物
肉や乾物から包丁や卵焼きの専門店まで!

青果市場
新鮮や野菜や果物はこちら。食肉店もある

> 市場だから出会える食材探しを楽しんで!

埼玉で市場体験をするなら大宮へ!

カネム水産 平木重和さん

関東最大級の生鮮食品市場
おおみやいちば(つうしょう)
大宮市場(通称)

魚市場と青果市場がどーんと建つ巨大マーケット。それぞれの市場サイドに海鮮や肉を目玉にした食堂も並んでいる。経験豊富な目利きのプロたちが仕入れた魚介や野菜は安くてどれも本当においしく、精肉、乾物、加工品、菓子、生花など多種多様な店舗巡りも楽しめる。

MAP 別冊P.14-A2

住 さいたま市北区吉野町2-226-1
TEL 048-667-0801(埼水仲卸協同組合)、048-664-1004(大宮中央青果市場) 営 午前中(一般開放は土曜) 休 日・祝、不定期で月2回の水曜 CC 店舗により異なる P あり 交 ニューシャトル「今羽駅」または「吉野原駅」から徒歩15分

特選! 大宮の市場飯

大宮市場には十数軒の食堂が東西の2エリアに集まっている。海鮮や寿司など生きのいい海の幸を味わいたいなら、市場の東側に集まる食堂街へ。「海鮮亭 高はし」や「花いち」はテレビでも紹介が多く、ランチタイムには長い行列もできるほど。市場の西側では洋食店の「キッチンニューほしの」がおすすめ。

特製ジャンボカツカレーと、ふわとろ卵のハヤシライスハンバーグのせが人気の2トップだ。

広島産の特大カキフライも味わって

海鮮亭 高はしのイチオシは海鮮丼。当日直送された生ウニやイクラが絶品!

17
正門 P R R
P 花いち
R 海鮮亭 高はし
海鮮メニューの食堂が並ぶ
インフォメーションコーナー i 精肉・乾物
キッチンニューほしの 大宮市場
青果市場 ・ 魚市場
中山道
うどんや洋食の食堂はこちら!
0 100m

川越総合卸売市場

川越エリアの住民の台所
かわごえそうごうしおろしうりしじょう

大産商事 049-240-2272

東京ドーム約4つ分の規模を誇る市場は毎週土曜9〜12時まで一般開放される。市場内は鮮魚、精肉などの総合食品、青果物エリアに分かれており、特に鮮魚エリアはマグロなど高級魚を求めるお客でにぎわっている。

MAP 別冊P.11-B4

🏠 川越市大字大袋650
☎ 049-240-2246　🕐 9:00〜12:00
（一般開放は土曜）
休 市場カレンダーによる
💳 店舗により異なる
P あり　🚗 川越ICから車8分

土曜日には総菜も用意して待ってます

ミスミ フーズ
三角 学さん

土曜には2000人以上の一般客が訪れる

卸売市場 利用の心得
✅ 訪問はなるべく朝一番に。昼前にはほぼ売り切れる
✅ 支払い用に小銭の用意を。PayPayなどが使える場合も
✅ 店で積極的に話しかけよう。食のプロが調理方法などもアドバイスしてくれる

水産卸売場
マグロや旬の魚介を扱う仲卸が9軒並ぶ

鮮魚さばき処で魚を下ろしてくれる

総合食品
精肉、漬物、調理などの卸売屋が10軒集まる

鮮魚さばき処（無料）

青果卸売場
目利きが選んだ野菜や果物が購入できる

バイキングや握り盛り合わせで寿司を堪能！

生鮮漁港川越
新鮮な魚・肉・野菜を扱う卸売市場内の小売施設。営業は9:00〜19:00（土・日 8:00〜）

旬の果物を箱買い。鮮度が違います！

特選！川越の市場飯

「川越市場ばべきゅ〜る」は市場敷地内で土・日・祝10:00〜16:00に営業するBBQ施設。「生鮮漁港川越」（☎049-257-5939）で購入した食材をすぐに炭火で味わえる。不定期でお刺身バイキングも開催。詳細はHPで確認を。

屋根付きなので天気の心配なくBBQを満喫できる

カニやサザエなど激安商品を生鮮漁港川越で購入しよう

生鮮漁港川越の食材でBBQ！

牡蠣小屋　小江戸🅡
川越市場ばべきゅ〜る
花いち🅡
らーめん　よし丸🅡
生鮮漁港川越 🅢　P　　出入口へ→

川越総合卸売市場
水産卸売場　　青果卸売場
総合食品卸売場（精肉・乾物など）
0　　100m

📢 **Voice**　規模は小さいですが青果卸売場は旬の野菜や果物が揃っています。顔なじみには割安で売る場合もあるので交渉上手のリピーターさんが購入したら、すかさず同じ値段で交渉してみましょう。（川越市在住・N）

① レンチンで究極のもつ煮が完成 ② 通常のもつ煮1100円とゴジラを販売中 ③店では定食などを提供

ピリ辛で酒に合う
ゴジラ
1200円

店舗の右脇に設置されてます

情報番組でも話題の逸品

もつにのまつい
もつ煮のまつい

　豚肉やきとりとともにもつ煮は東松山の名物グルメ。なかでも「トロトロで美味しすぎる」と評判なのがまつい。自販機の商品もとろけるような味わいで、ゴジラと呼ばれる辛口は酒にもご飯にもぴったり。500グラムで1200円とお高めだが、具材はモツだけなので食べれば納得！

MAP 別冊P.32-B1

住 東松山市大字下青鳥162
TEL 0493-24-3327
営 店舗は11:00〜14:30（土・日〜18:30）　休 火曜、第3日曜（店舗）　P あり
交 東武東上線「東松山駅（西口）」から徒歩18分

③

自販機で買える味なおみやげ

365日
24時間対応！

行列ができる有名店の味

すーぷかれーせんもんてんぷらすわん
スープカレー専門店 plus one

国道254号線の道沿いにあります

　ランチタイムなどには並んで食べる人気メニューも自販機で購入すれば自宅で簡単に楽しめる。購入できるスープカレーはチキン、角煮、エビ出汁チキンの3種類で、肉はとても柔らかくトロトロした食感。スパイス付きなので辛さも好みで調節できる。

MAP 別冊P.6-A1

住 川越市石田69-3　TEL 049-299-7007
営 店舗は11:00〜16:00、18:00〜21:30（土・日〜16:00）　休 月・火（店舗）　P あり
交 JR「川越駅（西口）」から東武バス15分「八ツ島団地前」下車、徒歩5分

① 鶏のもも肉がどーんと入っている　② 焼き野菜を入れて店の味を再現するのもOK　③ 国道254号線沿い石田府川交差点から50mほど南　④ 通販サイトでも購入できる

香辛料と鶏の旨味
チキンスープカレー
1000円

①

②

③

④

熊谷の名物グルメ
ちーず大福
480円（3個入り）

① これがうわさの ちーず大福 さわた

②

時代のニーズに合わせてグルメ自販機が流行中。人気店の味が24時間いつでも購入できます！

熊谷
車での熊谷訪問でゲット
ちーずだいふくじはんき（さわたほんてん）
ちーず大福自販機
（沢田本店）

1924年（大正13年）創業の老舗和菓子店の看板商品が早朝でも深夜でも購入OK。ちーず大福はプレーン、苺、ブルーベリーの3種類で、好きな組み合わせで2〜6個入りをチョイスしよう。大福はすべて個包装。半解凍でモチモチ食感が楽しめるが、解凍せずにアイス感覚で楽しむのも◎

MAP 別冊P.40-B1

住 熊谷市箱田6-6-1 Dream catcher敷地内
電 048-588-8180　営 24時間　休 なし　P あり
交 JR・秩父鉄道「熊谷駅（北口）」から朝日バス4分「西箱田」下車、徒歩2分

①2種のチーズをブレンドしたクリームチーズを使用。甘党にもチーズ好きにも刺さるおみやげだ ②冷蔵で2日、冷凍で30日が賞味期限

県道341号線の幟の旗を目印に！

所沢
素材にこだわった手作りの焼き菓子
ぶろっさむ
ブロッサム

オンライン販売の人気店が地元からの要望に応えケーキの自販機を設置。ベーグル、マフィン、クッキー、パウンドケーキなど商品は10種類（季節限定の商品もあり）。北海道産の小麦やよつ葉バターを使用し、くるみやレーズンも有機素材にこだわっている。冷蔵状態で出てくるので、保冷バックを持参しよう。

MAP 別冊P.25-A3

住 所沢市小手指町1-11-26
電 非公開　営 24時間　休 なし
P なし　交 西武池袋線「小手指駅（北口）」から徒歩4分

①バナナとかぼちゃのマフィン。鹿児島サトウキビの素精糖を使って優しい甘み ②黄色い自販機が目印。周辺にコインパーキングあり ③人気No.1のバナナ＆チョコチップマフィン

お茶のお供に！
マフィン
1個350円

① 西友のある通りから1ブロック西

③

北海道産大納言を使った抹茶シフォンケーキは300円

① 上質な肉が詰まった餃子は皮もモチモチでご飯に合う　②冷凍チャーハンは2食入りで700円　③封入されている調理方法を参考にLET'Sクッキング！　④濃厚なりんごドレッシング900円も購入できる

お店の味が楽しめる
冷凍生ギョウザ
700円(30個入り)

川角小学校の北側にあります

毛呂山

工場直販の冷凍中華

ふくしんじどうはんばいき

福しん自動販売機

　東京23区を中心に展開する「手もみラーメン福しん」の毛呂山工場では3台の自販機を駐車場脇に設置。ラーメンセット(4袋500円)をはじめ、ニラ餃子(20個入り600円)や厚切り三元豚チャーシュー(10枚入り900円)などで町中華の味を自宅で再現しよう。

MAP 別冊P.34-A2

住毛呂山町川角1301-2 福しん毛呂山工場駐車場 TEL049-292-0662 営24時間 休なし Pあり 交東武越生線「武州長瀬駅(北口)」から徒歩15分

深谷　ミシュラン店も使うブランド卵

たなかのうじょう たいけいどう
ねおてん

田中農場
TAIKEIDO
NEO店

　朝採れの卵を深谷市の農場から毎日納品。人気が高く売り切れの場合もあるが、入手できたらまずは卵かけご飯で味わってみよう。濃厚な黄身のコクが口いっぱいに広がる。飼料には海藻やヨモギなどを配合し、白身もまったく臭いがなく旨味たっぷり。

MAP 別冊P.43-C4

住深谷市仲町5-1 TEL048-583-5683（田中農場直売所）営24時間 休なし Pあり 交JR高崎線「深谷駅(北口)」から徒歩6分

至福の卵かけご飯に
宝玉卵
650円(1kg)

① 深いコクで卵かけご飯がごちそうに！　②高級感ある外箱は手みやげにも◎　③オリーブ油のマヨネーズ1000円

ガーデンカフェ脇にピンク色の自動販売機が！

original Mayo

自販機で買える味なおみやげ

極上の天然はちみつをお届け！

はなぞのようほうじょう

花園養蜂場

国産天然100％にこだわり、深谷市内で無農薬で植物を育てるほか、花の季節に合わせ巣箱をトラックに積んで日本各地を移動している。加熱処理もしていないため、栄養分やミネラルもたっぷり。自宅店舗の前にある自販機では、おためしサイズのはちみつなどが購入できる。

MAP 別冊P.8-B2

住 深谷市小前田644-1　TEL 048-584-0462
営 店舗は9:00〜17:30　休 なし　P あり
交 秩父鉄道「小前田駅」から徒歩18分

熟免力もアップ
はちみつ
各800円

①

自販機専用の商品です

道の駅はなぞのから500mほど東にあります

❶左からエンジュ、そば、菜の花。花の種類別に売られている　❷パック入りのアカシア1250円　❸菩提樹1500円　❹肌がしっとりツヤツヤになるハニーソープ550円　❺野の花と山の花はセットで1500円　❻不純物が混入するのを防ぐため屋内ではちみつを搾る

店内にもはちみつがぎっしり並んでいる

新感覚スイーツとして評判

げんきぎょうざじはんき（やきいも）

元気餃子自販機(焼きいも)

「フラワーラジオ」前には元気餃子や焼き芋の自動販売機が設置されている。真空パックされた焼き芋はコールドとホットの2種類あり、蜜たっぷりで甘くておいしい。障がい福祉サービス事業所が管理運営しており、売り上げの一部は障がい者就労支援活動に還元される。

蜜があふれる
熟成焼きいも
500円

MAP 別冊P.35-B2

住 鴻巣市東1-1-25フラワービル入口
TEL 048-540-5000（夢工房翔裕園）
営 24時間　休 なし
P あり　交 JR高崎線「鴻巣駅（東口）」から徒歩8分

フラワーラジオの前にあります

❶鴻巣産ブルーベリーなどを使ったベーグルも購入できる　❷元気餃子と焼き芋の自販機は「夢工房翔裕園」の活動の一環　❸焼き芋は2本入りで190g

ファーマーズマーケットで超新鮮な旬野菜をGET!

埼玉県は全国有数の農業王国。県内には270以上の農産物直売所があり、県南や県北などのエリアごとに特徴のある野菜や果物を選べるのが魅力だ。旬の野菜でヘルシーに！

ご当地マスコットがパワープッシュ！

メリット2 値段
野菜や果物などはスーパーマーケットで購入するより2割ほど割安！

メリット3 品揃え
店舗によっては年間に150〜250もの地方色豊かな農産物が並ぶ

メリット1 鮮度
地域の農家から朝採れのフレッシュな野菜や果物が購入できます

埼玉農産物インデックス

埼玉といえば狭山茶、深谷ねぎ、川越いもなどが有名だが、そのほかにも農業産出額が全国上位の農産物や伝統野菜、県独自の「埼玉ブランド」など、エリアごとに特徴のある野菜が数多くある。代表的な名産品を紹介しよう。
※農業産出額ランキングは農林水産省生産農業所得統計（令和3年農業産出額および生産農業所得）を参照

旬は10〜12月

サトイモ
農業産出額は全国1位！埼玉産のサトイモは水分を多く含み、ねっとりとした食感が際立っている

旬は10〜12月

カブ
農業産出額は全国2位。火山灰土質の畑で純白でキメが細かく甘いカブが育つ。富士見市は全国有数の産地だ

旬は12〜4月

ホウレンソウ
農業産出額は全国1位。葉のハリとみずみずしさが埼玉産の特徴。霜で糖度を増すので冬は甘味たっぷり

旬は11〜3月

コマツナ
農業産出額は全国2位。苦みが少なくあっさりとクセがなく食べやすい。さいたま市が県内トップの生産量を誇る

彩info　埼玉県はにんじんの生産量も全国上位。新座市などの南部では冬にんじんを中心に栽培される。

特産品

1 深谷ねぎ 深谷

> 深谷産のネギは日本一だよ！
> ©深谷市

利根川流域の氾濫で沖積層が広がる深谷は白ねぎの栽培に最適。白い部分が長く、強い甘みが特徴だ。通年で生産されるが11月から2月の厳冬期が一番おいしい。

ふっかちゃん
シカのような豪快な角は深谷ねぎ。胸には深谷市の花チューリップのボタンも！

年間 200 種類の野菜が並ぶ
JA花園農産物直売所
じぇいえーはなぞののうさんぶつちょくばいじょ

関越道花園ICから2kmほど西。朝採れの野菜が豊富で、年間で約200種類もの野菜が並ぶ。農家の漬物、ＪＡ花園オリジナル玉ねぎドレッシングや、直売所内で作られる総菜も人気だ。

> 鮮度抜群の旬野菜を食べに来てください

> 深谷の定番みやげを箱買い！

> 国道 140 号沿い「道の駅はなぞの」の東の一角にある

> 夏は青なすや白なすも豊富に揃う

> 元気な鶏が産んでます

名物の深谷ねぎせんべいは 50 袋入りで 1080 円

広い温室で花木をゆっくり選べる

花園たまやの「たんぽぽたまご」は 6 個入り 260 円

梅肉を使った深谷ネギ一本漬 401 円

MAP 別冊 P.8-B2

🏠深谷市小前田 553　📞 048-584-1364　🕘 9:00 ～ 17:00　休なし　CC AJMV　P あり
🚉秩父鉄道「小前田駅」から徒歩 16 分

> 旬は 11 ～ 5 月

ブロッコリー

全国 4 位の農業産出額。冬の晴天率が高い埼玉では、茎まで甘くおいしいブロッコリーが育つ

> 旬は 4 ～ 6 月

キュウリ

農業産出額全国 4 位。有機肥料で栽培された小鹿野町の「秩父きゅうり」ブランドも人気が高い

> 新茶は 5 月上旬～下旬

茶

日本 3 大銘茶の「狭山茶」は全国的にも有名。ちなみに県内の生産量トップは狭山市の隣の入間市となる

> 旬は 1 ～ 5 月

いちご

埼玉ブランドは香り豊かな「かおりん」、深い甘さの「あまりん」、さわやかな酸味の「べにたま」など

> 旬は 5 ～ 6 月

ウメ

梅林で知られる越生町が県内トップの生産量を誇る。梅干しやジュースなどの加工品もたくさんある

> 岩槻のヨロ研カフェなどで購入できます

ヨーロッパ野菜

さいたま市は国内有数のヨーロッパ野菜の産地。渦巻きビーツやスイスチャード、花ズッキーニなど珍しい野菜も生産されている

Voice 深谷には栄養豊富な軟らかい土地が広がっていて、1900 年前後から深谷ねぎが特産品となっています。いちごやトマトも甘味がたっぷりなのが特徴です。（JA 花園農産物直売所・所長 高橋雅之さん）

2 上里梨 上里

> なしの旬は8月から12月まで

神流川の肥沃な扇状地で育まれる「上里梨」は上里町で生産される和梨の総称。江戸時代後期から受け継がれる栽培技術で、上品で瑞々しい果汁と、鼻に抜ける豊かな「口中香」が特徴だ。

©上里町2011

こむぎっち
豊かに実った上里産の「種子小麦のヘアー」がチャームポイント

> いちご園もこのはなパークの敷地内にある!

併設のフードコートも人気
あぐりぱーくかみさと
アグリパーク上里

「JA埼玉ひびきの」が運営する農産物直売所。関越自動車道の上里スマートICすぐの好立地にある。毎朝農家から届けられる採れたて野菜や果実のほか、加工品やみやげ物も並ぶ。

MAP 別冊 P.8-A1

住 上里町大字勅使河原1000-7
☎ 0495-33-6871 営 9:00〜18:00
(11〜3月は〜17:00) 休 なし CC AJMV P あり 交 上里スマートICから車1分

左／上里町で盛んな有機栽培のダイコンもおいしい
上／ミルキースイーツなど、とうもろこしも種類いろいろ

上／神保原駅から車で約10分。バスも運行する
左／フードコートでは上里町の小麦を使った手打ちうどんも味わえる

3 ブルーベリー 美里

美里町はブルーベリーの植栽面積が日本一の産地。6月上旬から7月中旬の早生種（さわやかな酸味）と、7月中旬から9月上旬まで収穫できる晩生種（豊かな甘味）がある。

> 農園でブルーベリー狩りも楽しめる♪

ミムリン
ブルーベリーを食べ過ぎて頭と体が果実になっちゃいました

> 里山の恵みが揃っています

生産者の顔が見えてくる
じぇいえーさいたまひびきのみさと まんようのさとちょくばいじょ
JA埼玉ひびきの美里
万葉の里直売所

山間地域にある直売所。地元農家が丹精込めて生産した安全・安心な野菜や果物、畜産物が揃っている。春はいちご、夏は特産のブルーベリーのほかナスやトマト、秋はアケビ、冬は白菜やシイタケがおすすめ。

烏骨鶏の姫たまプレミアム1000円〜

上／無添加の手作りブルーベリーソースやジャム類も豊富
左上／寄居駅から5kmほど北。国道254号沿いにある
左下／肉詰めにおいしい丸ズッキーニやパスタにおすすめのバジルなども超新鮮

MAP 別冊 P.8-B2

住 美里町猪俣2321-1 ☎ 0495-76-2104 営 9:00〜17:30 休 なし
CC AJMV P あり 交 JR八高線「用土駅」から徒歩20分

Voice 上里梨は幸水や彩玉など10を超える品種が生産されています。なかでも「彩玉（さいぎょく）」は県のオリジナル品種で甘味と酸味のバランスが絶妙です。（アグリパーク上里・マネージャー 根岸一帆さん）

特産品 4 イチジク 川島

不老長寿の果物と呼ばれており、高血圧の予防効果があるとされるカリウムや食物繊維が豊富に含まれている。川島町では多くの農家により栽培され収穫量は県内1位を誇る。

> 8月から11月までがイチジクの季節よ

川島産イチジクの加工品も充実

じぇいえーさいたまちゅうおうかわじまのうさんぶつちょくばいじょ

JA 埼玉中央 川島農産物直売所

かわみん
自然と農産物が大好きな元気娘。イチジクがモチーフです

朝採れ新鮮野菜のほか、鈴木農場と矢部養鶏場の卵は飼料にこだわりがあり、連日完売の人気商品だ。江戸時代に献上された由緒あるお米「川越藩のお蔵米」も購入できる。

圏央道の川島 IC から北へ約 2km

MAP 別冊 P.31-C1

甘口と辛口があります

🏠川島町大字南園部 239-1
☎ 049-297-0522
🕐 9:30 ～ 18:00 (10 ～ 3 月～ 17:30)
休水 CC AJMV P あり 交JR 高崎線「北本駅」から車 20 分

左／地元産のイチジクが入った川島カレー 600 円
右／お米はその場で精米 OK

特産品 5 青なす ときがわ

明治時代から栽培されるときがわ町の伝統野菜で正式名は「埼玉青大丸なす」。下ぶくれの巾着型をしており 1 個で一般的な品種 3 本分の重さがある。加熱すると果肉がとろける。

> 青なすの旬は 7 ～ 9 月です

のラビたん
顔は青なす、耳はらぼう菜のウサギ型妖精。ふれあいの里たまがわにすんでいる

新鮮野菜が並ぶ町おこしの拠点

ふれあいのさとたまがわ

ふれあいの里たまがわ

夏野菜の青なすをはじめ、春はセリやわさび菜、秋は栗や銀杏、冬は柚子など、比企地域の特産野菜が揃う。直売所の近くの川原にはバーベキュー場が整備されており、予約をすれば場内まで車で乗り入れも OK だ。

上／都幾川の河原まで 100m ほど。買ったばかりの新鮮野菜をバーベキューで味わえる
右上／唐辛子や辛味大根は地元の蕎麦屋さんでも提供される
右下／甘さたっぷりのミニトマト

MAP 別冊 P.34-B2

🏠ときがわ町玉川 4359-2 ☎ 0493-65-1171 🕐 9:00 ～ 17:00 休なし CC 不可 P あり 交東武東上線「武蔵嵐山駅（西口）」からイーグルバス 13 分「ふれあいの里たまがわ前」下車、徒歩 1 分

Voice 安全な農産物の提供を心がけて商品には有機栽培や無農薬栽培の表示もしています。ときがわ町で盛んな木工小物や陶磁器の展示販売もチェックしてみてください。（ふれあいの里たまがわ・草薙洋二郎さん）

6 サツマイモ 川越

川越いも（サツマイモ）は江戸時代から武蔵野台地の「落ち葉たい肥」で栽培されている。ほくほく系の「紅あずま」、ねっとり甘い「紅はるか」などたくさんの品種が揃う。

おいしいおイモは10月が旬ですよ！

川越みやげも充実しています

川越観光にも便利なロケーション

じぇいえーいるまの あぐれっしゅかわごえ
JAいるま野 あぐれっしゅ川越

「富の川越いも」と呼ばれるサツマイモは県下一の品揃え。「野菜や果物もスーパーでは見かけない商品を揃えています」と店長さん。特産の狭山茶や梅の加工品もおすすめだ。

ときも
ほくほく焼き芋の丸い顔の上に帽子のような時の鐘が乗っている

左／平飼いの鶏が産んだ中島卵550gで400円
中／川越名菓いもせんべい324円
右／サトイモはやわらかな土垂（どだれ）が人気

上／川越城本丸御殿へも徒歩5分の立地
左／入口には切り花の品揃えも豊富

MAP 別冊 P.30-A2

住 川越市城下町45-3　TEL 049-227-0831　営 9:00 〜 17:30　休 第3水曜（祝日の場合は営業）　CC AJMV　P あり　交 JR・東武東上線「川越駅（東口）」から東武バス12分「城下町」下車、徒歩5分

---

7 栗 日高

日高市は栗の生産量が県内1位。利平や国見など品種も豊富で、甘味と風味が強くツブが大きいのが特徴。ブランド栗の「日高ぽロン」は毎年10月中旬に数量限定で販売される。

9月から10月が栗の季節なのだ

プロの農家も買いに来る鮮度

じぇいえーいるまの あぐれっしゅひだかちゅうおう
JAいるま野 あぐれっしゅ日高中央

地場産の新鮮な葉物野菜や根菜類、直売所ならではの珍しい農産物が所狭しと並んでいる。越生町の梅を使った梅干しやジュース、ゆずの調味料など加工品も人気商品だ。

くりっかー　©日高市 2008
日高市の鳥カワセミがモチーフ。体は栗の形で頭の飾りは曼珠沙華です

本格キムチが簡単に作れます

日高ぽロンは低温熟成で甘みを凝縮！

巾着田曼珠沙華公園から2km東にある

左／渡来文化が感じられる朝鮮液（1kg）1437円　右／日高産ブルーベリーのクラフトコーラ300円

MAP 別冊 P23-C2

住 日高市猿田77-1　TEL 042-989-9161　営 9:00 〜 17:00　休 第3水曜（祝日の場合は営業）　CC JMV　P あり　交 JR八高線「高麗川駅」から徒歩15分

Voice　レンジでチンすると渋皮までぽろっとむける「日高ぽロン」は栗ご飯や菓子作りにもおすすめ。日高産の利平栗と米麹で発酵した「くり甘酒」も味わってみてください。（あぐれっしゅ日高中央・石井さん）

ナイトライフ

製法と素材にこだわった芸術品
クラフトビールを飲みに行こう！

熟練の職人が醸造するクラフトビールは原料や製法によって味わいやのど越しも多種多彩。
郷土愛たっぷりの地ビールを飲むために各地を旅するのも大人ならではの楽しみです！

Pride of Saitama!

香ばしい甘みで
芳香な味わい！

川越産のサツマイモを使った紅赤は1996
年に醸造に成功。COEDO のオリジナルエー
ルとしてクラフトビール人気の火付け役に

Menu
左から
紅赤 Beniaka (M) 750 円、
The House Ale (M) 750 円
紅赤は香ばしい甘みが特徴のプレミアム
エール。The House Ale はユズの香りが
爽やかなホワイトエール

散歩info 東松山市にある COEDO クラフトビール醸造所の敷地では音楽フェスも開催されている。2022 年 11 月に
は「麦ノ秋音楽祭(むぎのときおんがくさい)」と題し、2 日間に渡って音楽とビールの祭典が開かれた。

左／複合商業施設「U_PLACE」の1階にある
右／醸造所直送ビールを味わえるタップは8つ

川越

川越からクラフトビールの魅力を伝える

こえど ぶるわりーざれすとらん

COEDO BREWERY THE RESTAURANT

埼玉を代表するクラフトビールブランド「コエドブルワリー」が創業の地、川越に2020年にオープンした醸造所併設のレストラン。店の奥には発酵タンクが並び、すべてのCOEDOビールを樽生で味わえる。COEDOの原点ともいえるサツマイモから作った紅赤など定番6種類のほか、レストラン限定のThe House Aleも。「KIHACHI CHINA」出身のシェフによる中華料理をベースにしたアジアンフレンチも評判が高く、ビールとのペアリングを楽しめる。

❶ムール貝のコエドビール蒸し 1500円 ❷ベルギーポテト"フリッツ"680円 ❸ビールに合うシーザーサラダ 990円 ❹四川風よだれ鶏 780円

ビールに合う
料理を用意して
お待ちしてます

MAP 別冊 P.30-C1

🏠 川越市脇田本町 8-1 U_PLACE 1F
📞 049-265-7857 🕐 11:00～22:00
（平日の15:30～16:30はクローズ）、
キオスク 12:00～20:00 休 なし
CC ADJMV P あり（U_PLACEの駐
車場を利用可）🚃 JR・東武東上線
「川越駅」から徒歩5分

キオスクもあります！

併設の醸造所で造られたビールを専用の充填機でPETに、あるいは量り売りに対応している。グロウラーを持参すればその場で充填してもらえる。

左／レストラン入口の左側にある小窓がキオスク
右／限定ビールなど多種のビールが仕込まれる

こちらも飲みたい

川越から世界へ進出

日本の色名を冠したCOEDOは、アジアをはじめアメリカやフランスなど世界約25ヵ国に輸出される、クラフトビールの日本代表！

瑠璃
Ruri
スッキリとした味わいのピルスナータイプ。
293円

毬花
Marihana
洗練された苦みとシトラスを思わせる香り。
293円

伽羅
Kyara
スパイシーな柑橘系の香りとキレのよい後味。
293円

漆黒
Shikkoku
カカオのように香ばしく、まろやかな飲み口。
345円

Voice レストランの語源でもある"元気になる料理"とコエドビールに合う料理作りを心掛け、醸造家と料理人の想いが伝わる楽しいレストランです。（コエドブルワリーザレストラン・料理長 長瀬和雄さん）

所沢駅前のロケーション

所沢

びーるこうぼうところざわ

ビール工房所沢

　所沢駅西口から徒歩3分ほど。西武所沢S.C.の1階通路に面したカウンター席から、醸造タンクを眺めながらクラフトビールが味わえる。ビールは常時8種類用意され、なかでも「狭山茶ビール」は地元特産品の狭山茶とホップの風味が爽やかな看板ビール。店内ではもちろん、テイクアウトもできる。仕事や買物の帰りに気軽に立ち寄れるロケーションは昼飲みにもアフターファイブにもぴったり。

ビールに合う料理も揃ってます！

西武所沢の店内にある

おつまみ缶は自宅飲み用におすすめ

MAP 別冊 P.25-B4

住所沢市日吉町 12-1 西武所沢店 1F　TEL 04-2925-1232　営 10:00 ～ 22:00（L.O.21:30）　休不定休（西武所沢店に準ずる）　CC ADJMV　P あり　交西武池袋線「所沢駅」から徒歩3分

こちらも飲みたい

内外のビールも味わってみよう

クラフトビール以外に店長厳選の瓶ビールが購入できる。どれも数量限定入荷なので見かけたらお早めに。

ミート＆ミート
コクと苦みが力強い、肉によく合うビール。
605円

禁断の果実
甘く濃厚な香りとスパイシーな味わい。
730円。

ねこにひき
柑橘系の華やかな香りが広がる。
990円。

Menu　左からヴァイツェン（Weizen）、プレミア狭山茶ビール各630円～
生ビールは店舗で販売される専用容器で持ち帰りOK

ビールで大宮を元気にします！

氷川神社からヒントを得た一杯

大宮

ひかわぶりゅわりー

氷川ブリュワリー

　さいたま市で初となるクラフトビール「氷川の杜」を醸造・提供する。定番から季節のものまで常時6～8種が揃い、ビアタップから注がれるフレッシュな一杯が楽しめる。フードは自家燻製のスモークチキンなど、ビールにぴったりなボリュームメニューが満載。地元産にこだわり、ビールを作るためのホップや麦、フードに使われる野菜の一部は自社の畑で栽培されたものを使用している。

MAP 別冊 P.16-B2

住さいたま市大宮区高鼻町 1-36-1　TEL 048-783-5123　営 17:00 ～ 22:30（土 12:00 ～、日・祝 12:00 ～ 20:00）　休月・火　CC AJMV　P なし　交 JR「大宮駅（東口）」から徒歩7分

①自家製スモークチキン 980円 ②ビールの仕込み時に出るふすまを使ったモルトブランクッキー 660円 ③プーティンはカナダ発祥の贅沢ポテ。980円

こちらも飲みたい

大宮生まれのクラフトビールです

ビールの原料に地元の農作物を取り入れたり地元企業ともコラボすることで地域との絆を大切にしている。

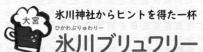

Menu　左からさいたま育ち Weizen、氷川の杜～ Hana ～、ラズベリー SourAle
写真のハーフ（各880円）とパイント（1430円）の2サイズから選べる

瓶ビールは大宮高島屋などでゲット！

氷川神社の参道から 200m ほど西にある

Voice　ビール工房所沢では、各ビールを香味・甘味・炭酸・苦味・度数の5項目で評価して店頭に貼り出してあります。七夕の時期に販売された笹の葉エールは清涼感たっぷりでした！（所沢市在住・M）

秩父神社の表参道、番場通りに面している

秩父初のクラフトビール専門店

秩父

まほろばる MAHOLLO BAR

ビール好きの店主がクラフトビールの魅力を多くの人に知ってほしいと、「秩父麦酒」のオフィシャルタップルームとしてオープン。最大20あるタップのうち「秩父麦酒」10タップを常設するほか、国内外の小さな醸造所で造られる個性的なクラフトビールを提供している。自家製の小皿メニューが充実しているのも高ポイント。街歩きの途中に立ち寄りたい、秩父のくつろぎスポットだ。

ビールは持ち帰りOK

秩父ビールテイクアウトあります

Menu
飲み比べセット
5種 1750円
（3種は 1080円）
約10種類の「秩父麦酒」から好きなものを選べる

①

毎月2〜3銘柄の新作が登場します

②

③

④

①ビールに合う甘辛のみそポテト400円 ②パテ・ド・カンパーニュ600円は埼玉の銘柄豚「武州豚」を使用 ③ビールで漬けた自家製からあげ500円 ④オーナーの坪内さん自ら店に立つ

MAP 別冊 P.45-B2

住 秩父市馬場町17-14 秩父表参道 LAB. 1F
TEL 0494-26-7303 **営** 14:00〜21:00(L.O.20:00)
休 水・木 **CC** 不可 **P** なし **交** 西武秩父線「西武秩父駅」から徒歩9分

こちらも飲みたい

秩父麦酒の瓶ビールはおみやげに

シロクマのラベルでおなじみの秩父麦酒は、自然に恵まれた秩父市でミネラル豊富な水を使ってビール造りを行う。

華熊 ペールエール
バランスのとれた、飲み飽きない定番ビール。620円

雪熊 ウィートセゾン
ベルギースタイルの白ビールで爽快な味わい。620円

紅熊 レッドエール
ミズナラの木の香りと、紅色の麦汁が特徴的。620円

黒熊の スタウト
香ばしさと甘みを感じられる濃厚な黒ビール。750円

イチローズモルトを味わおう

イチローズモルトは欧米でも評価が高い、香り高くまろやかな味わいの名酒。丁寧に手作りされるため出荷は少数で、蒸溜所のある秩父市の酒屋でも店頭に並ぶとすぐに売り切れてしまうほど。そんな希少価値の高いウイスキーを西武秩父駅前温泉 祭の湯（→ P.307）の酒匠屋台では角打ちで常時提供している。フードコートの一角にあるので気軽に味わってみよう。

幻の銘酒に出会える！

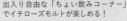

出入り自由な「ちょい飲みコーナー」でイチローズモルトが楽しめる！

Voice 「西武秩父駅前温泉 祭の湯」の酒匠屋台ではイチローズモルトのほか、兎田ワイナリーの生ワインや秩父地酒の飲み比べも楽しめます。平日営業は18時までなので早めに立ち寄りましょう。（秩父市在住・Y）

397

Here We Go!

> 熱き戦いは
> 深夜まで
> 続くぜ！

浦和 vs 大宮 立ち飲みダービー

安ウマが魅力の立ち飲み居酒屋は、酒飲みたちのワンダーランド。個性あふれる店をハシゴしながら、愉快な仲間たちとレッツ乾杯！

浦和 常連との会話も楽しい活気ある店

たちのみもるがん 立ち呑み モルガン

常連客が連夜あふれる人気店。おすすめは串焼きで「浦和一の大きさを目指している」という巨大なレバー串（160円）が店の名物。オリジナルドリンク「モルガン」400円とも相性抜群だ。

> レバー串1本 160円

> 宝チューハイ 300円

MAP 別冊 P.17-B1　住さいたま市浦和区高砂2-6-19 1階　TEL 048-708-5519　営 16:00～翌1:00　休 不定休　CC 不可　P なし　交 JR「浦和駅（西口）」から徒歩4分

①女性でも立ち寄りやすいオープンな雰囲気 ②鮮度抜群の串焼きは絶妙な焼き加減で提供される ③サワー系や生ホッピーも人気だ

浦和 酒もつまみもリーズナブル

ひとりあじ ひとりあじ

> 肉どうふ 300円

黄色い大きな看板がひときわ目を引くディープ酒場。コの字カウンターで常連たちが肩を寄せ合いながらにぎやかに杯を交わす様子は、懐かしの昭和の光景のよう。フレンドリーな店主との会話も楽しい。

> レモンサワー 350円

> ハムカツ 200円

> ほうれん草の白和え 250円

MAP 別冊 P.17-B1　住さいたま市浦和区仲町1-1-8 TEL 非公開　営 17:00～24:00（土・日・祝15:00～）　休 なし　CC 不可　P なし　交 JR「浦和駅（西口）」から徒歩4分

①早い時間でも満席になる店なので入れたらラッキー ②ドリンクや料理は注文ごとにお金を支払うスタイル ③ひとり飲みに最適なサイズ感。立ち飲みでもいいが丸椅子に座ってもOK

立ち飲み居酒屋は注文ごとにお金を支払うキャッシュオンスタイルの店も少なくない。注文方法など独自のルールがある場合もあるので、店員や常連に聞くか、周りの様子を見ながら柔軟に対応しよう。

大宮

酒屋が営む日本酒メインの角打ち

角打ち酒屋の隣
（かくうちさかやのとなり）

酒蔵の趣を生かしたセンスのよい店内は、女性ひとりでも入りやすい雰囲気が魅力。旬の魚介や新鮮な野菜を使った手の込んだ料理の数々は、厳選された日本酒との相性が抜群だ。

牛しゃぶと旬菜の冷やし鉢 850円

鰯の青唐なめろう 700円

MAP 別冊 P.16-B1

住 さいたま市大宮区桜木町 2-403　TEL 048-664-0622　営 17:00 ～ 22:00　休 日・月・祝　CC 不可　P なし　交 JR「大宮駅（西口）」から徒歩 5 分

①神亀など埼玉の銘酒が充実。店オススメの地酒も味わってみたい　②白壁土蔵を併設した店構え　③本気の日本酒好きが集まっている　④旬の食材を使った料理は角打ちとは思えないクオリティ

Let's go OMIYA Let's go

大宮

コンビニ内に本格派のバーが！

お酒の美術館
大宮南銀通り店
（おさけのびじゅつかんおおみやなんぎんどおりてん）

大宮駅から徒歩 1 分、ファミリーマートに併設された立ち飲みバー。壁にはオールドボトルがずらりと並び、リーズナブルな値段で気軽に飲むことができる。カクテルは 1 杯 500 円～。

①熟練の技で最高の一杯を提供　②ファミマで購入したフードは持ち込み OK。炙りは無料、燻製は 150 円プラスでひと手間かけてくれる　③大宮駅東口の繁華街にある　④イチローズモルトや知多も味わえる

MAP 別冊 P.16-B1

住 さいたま市大宮区仲町 1-1-1 大宮タウンビル 1 階　TEL 048-788-1799　営 15:00 ～ 23:45　休 なし　CC 不可　P なし　交 JR「大宮駅（東口）」から徒歩 1 分

Voice　お酒の美術館は全国で 50 軒ほど展開していますが埼玉では大宮南銀座通り店のみです。終売品となった貴重なウイスキーもお手頃プライスで提供しています。（お酒の美術館・店長 福本雅宜さん）

> 時の鐘に乾杯！

川越一番街エリア
角打ち酒屋で飲み歩き
Cheers!

川越は酒造りの伝統もある町。気ままに散策して角打ち酒屋の飲み歩きを楽しもう！

時の鐘から飲み始め

飲み歩きスタートは地ビールから。時の鐘の周辺には老舗の酒屋が並んでおりCOEDOビールの角打ちやテイクアウトもOK。小江戸の町並みを眺めながら、店先で飲む生ビールは開放感たっぷりで、最高に美味しい！

> ナチュラルワインを楽しんでね

絶品ワインを飲み比べ

のんびり本川越駅方面へ歩きクレアモール商店街にある角屋酒店へ。ここはナチュラルワインをグラスで角打ちできる珍しい酒屋。店内の黒板に書かれた「本日のワイン」から選び、おつまみと一緒にレジで購入できる。

5代目店主の長堀真一さん

MAP 別冊 P.30-B1

川越角屋酒店クレアモール店
住 川越市新富町 1-9-4　TEL 049-223-7001
営 10:00 〜 20:00　休 水　CC ADJMV　P なし
交 西武新宿線「本川越駅」から徒歩 5 分

❶グラスワイン700円〜、おつまみ250円〜。角打ちスタンドは明るい雰囲気 ❷10種類の樽生クラフトビールも提供 ❸通りの角にある

> 県内各地のお酒が揃う！

埼玉の銘酒が勢揃い！

飲み歩きの締めは日本酒の自動試飲マシンが設置されている小江戸蔵里の昭和蔵へ。埼玉のすべての酒蔵の地酒が並び、どれを飲もうか迷ってしまうほど。コインを購入して飲み比べ、好みの銘柄が見つかったら店内で購入しておみやげに。

❓ 角打ってなに？

角打ちは酒屋の店内で購入した酒やおつまみを楽しむこと。「酒屋で量り売りされた酒を升の〝角〟に口をつけて飲むこと」や「酒屋の〝一角〟で酒を飲むこと」などが由来とされる。気軽な立ち飲みスタイルは、店主や客同士のコミュニケーションの場。この文化は江戸時代からあったが「角打ち」として定着したのは大正時代からだ。

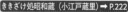

> 人気のギフトセットはこちら

埼玉を代表する日本酒はギフトにおすすめ（季節限定品あり）

❶銘柄を選んでセルフサービスで飲み比べ ❷500円で3銘柄が試飲できる ❸小江戸蔵里の昭和蔵では地酒のほか川越みやげも購入OK ❹酒瓶がひな壇のように並ぶディスプレイも壮観
ききざけ処昭和蔵（小江戸蔵里）➡ P.222

▶ *Voice*　川越角屋酒店 クレアモール店では希少な自然派ワインもグラス1杯から気軽に楽しめます。定期開催される試飲即売会ではソムリエの資格をもつ店主がワインについて詳しく教えてくれます。（所沢市在住・M）

山々が広がる
展望露天風呂
空と山々と木々の織りなす風景を堪能できるロケーションで開放感たっぷり！

温泉と旬の料理で
極楽気分

心と体をフルチャージ
大人のための温泉宿

豊かな自然の中で、五感を解放しながらのんびりと名湯を堪能しよう。宿のもてなしに身を委ねる至福の時間が待ってます。

最上階の5階に位置する露天風呂

【飯能】 老舗宿のもてなしにホッコリ和む

なぐりおんせん たいしょうかく

名栗温泉 大松閣

名栗の雄大な大自然に囲まれた約100年の歴史を誇る温泉宿。名栗渓谷の美しさに魅了された歌人の若山牧水はじめ、多くの文化人からも愛されてきた。全19室の客室は、四季折々の景観を楽しめる本館「翠明館」と、古き良き風情を感じる木造の「清風館」、一棟貸切タイプの「ハミング」で構成されている。温泉の泉質は低張性アルカリ性冷鉱泉で、肌触りの柔らかさとリラックスを促す低めの温度が特徴。心安らぐ緑の風景を望める露天付き展望大浴場や、檜風呂と貸切風呂が用意された離れ家など施設も多彩。鹿が温泉でけがを治していたことから発見されたという名栗の名湯を、心ゆくまで楽しもう。

天然温泉の
内湯付き特別室
内湯付きの特別室は全2室のみ。リビングスペースや内湯からも景観が広がる

❶名栗温泉で唯一の一軒宿 ❷客室からは山の風景が広がっている ❸森の緑に包まれるかのような景観をもつ角部屋 ❹季節ごとの旬の食材が味わえるのも大松閣の魅力 ❺食事は部屋のほか食事処も選択できる

大正時代創業の
老舗宿です

MAP 別冊 P.10-B2

住飯能市大字下名栗917 TEL042-979-0505 IN15:00 OUT10:00 料1泊2食付き2万2000円〜、日帰りプラン1万6500円〜 客19室 交西武池袋線「飯能駅（北口）」から国際興業バス37分「名栗川橋」下車、徒歩6分

P.402〜410の宿泊料金 データ欄に記載の宿泊料金は大人2名1室利用時の大人1名分の料金（諸税・サービス料込み）。宿泊料金は季節や曜日などによって変動の可能性があるため、最新料金は公式サイトなどで確認を。

源泉「般若の湯」
で疲労回復！
慢性疾患や痛みに効果的な
アルカリ性単純硫黄冷鉱泉。
のんびりと疲れを癒やそう

別邸「嫁の間」は露天風呂付き！

小鹿野 **大相撲ファンにも人気の温泉旅館**

にひゃくねんののうかやしき みやもとけ

二百年の農家屋敷 宮本家

　200年以上の歴史をもつ養蚕農家「宮本家」の屋敷をリノベーション。宮本家の12代当主に当たるオーナーは元幕内力士で、館内施設や食事などに力士ならではのアイデアが生かされている。客室は幕末からの建物を生かした母屋と、宮大工によって作られた別邸に各3室ずつ（全6室）。おすすめは自分のペースで温泉を楽しみながらのんびりと過ごせる、露天風呂や半露天風呂付きの4部屋。母屋と別邸それぞれに庭園を望む浴場があるほか、2023年3月には力士気分が味わえる力士風呂も母屋にオープン。自家農園も所有しているので、夕食には地元の食材をふんだんに使ったちゃんこ鍋を味わおう。

❶囲炉裏端でワイワイと楽しめる「里山いろり料理」が名物 ❷「宮本の湯」の土俵露天風呂も体験してみよう ❸温泉を薪で沸かす大釜風呂 ❹客室には安らぎと和の趣がたっぷり ❺力士直伝の特製ちゃんこ鍋が絶品

**隣接する
宮本の湯も利用OK**

隣接する「宮本の湯」も利用OK。ユニークな土俵露天風呂も用意されている

自家製果実酒も
おすすめです

③

④

⑤

自家農園の
新鮮野菜を
料理に使用

MAP 別冊 P.13-B4

住 小鹿野町長留510　TEL 0494-75-4060　IN 14:00　OUT 10:00　¥ 1泊2食付き1万5000円〜
室 6室　交 西武池袋線「西武秩父駅」から西武観光バス28分「松井田」下車、徒歩6分

庭園の緑を望みながら露天風呂でリラックス

小鹿野 **里山の静かなロケーション**

ちちぶおんせんきょう いろりのやど おじかそう

秩父温泉郷 囲炉裏の宿 小鹿荘

　秩父市内から車で約 30 分。美しい緑の山々に囲まれた里山暮らしの雰囲気がある温泉旅館だ。樹齢 200 年の梨の大樹に守られた庄屋造りの本館と、秩父の夜祭をイメージした建物が印象的なまつり館、別館の 3 つの建物で構成されている。約 140 年の歴史をもつ本館の部屋は 2020 年にリニューアルされており、なかでも半露天風呂付きの客室「梨の間」と「蘭の間」の人気が高い。囲炉裏端で供される食事が特徴で、地元で採れた新鮮な食材を存分に味わえる。温泉は美肌へと導く単純アルカリ泉。ヒノキの大浴場や露天風呂をはじめ、貸切露天風呂も用意されている。

蘭の間は半露天の風呂付き

本館・水月館・まつり館の 3 棟
3 つある建物のなかで本館の客室は部屋ごとに雰囲気が異なるので事前に HP でチェック

① 夜は 60 個のぼんぼりが灯る
② 和の風情あふれる水月館の客室
③ 歴史を感じさせる本館のたたずまい
④ 野趣あふれる猪鍋（追加料金）も味わえる
⑤ 古民家風インテリアの「蘭の間」

MAP 別冊 P.13-B3

🏠 小鹿野町三山 243　TEL 0494-75-0210　IN 15:00　OUT 10:00　料 1 泊 2 食付き 1 万 5400 円〜　客室 12 室　交 西武池袋線「西武秩父駅」から宿泊者専用バスあり（15:00 または 17:00 発）

小鹿荘を訪れるなら、祭りの期間に合わせるのもおすすめ。小鹿野の春祭りは毎年 4 月の第 3 土曜日に開かれ、笠鉾や屋台と呼ばれる山車や小鹿野歌舞伎も楽しめる。宿からは車で約 7 分ほどだ。

全室に 庭園露天風呂
各部屋にはそれぞれ趣向を凝らした露天風呂を完備し、まったり過ごせる

秩父 奥秩父の静かな隠れ宿

ちちぶおんせん はなのや

ちちぶ温泉 はなのや

それぞれ趣の異なるインテリアをもつ客室は全部で 25 室。すべての客室が露天風呂付きなので、人の目を気にすることなくのんびりと滞在できる。食事処も全室個室となっており、プライベートな旅行で最初に宿泊候補にしたいスポットだ。無料で参加できるバスツアーが用意されるなどサービスも接客も高レベル。

❶特別室「弟富士」の広々とした露天風呂 ❷旬の食材を使った料理が評判で蕎麦もおいしい ❸ベッドが置かれた和洋室の「甲武信（こぶし）」 ❹特別室「武甲」はテレビ撮影にも使われている

贅沢なひとときをお過ごしください

MAP 別冊 P.13-B3

住秩父市荒川日野 542 TEL 0494-54-2654 IN15:00 ～ OUT10:00 料1 泊 2 食付き 1 万 5400 円～ 室25 室 交秩父鉄道「武州日野駅」から徒歩 12 分

長瀞 自然に抱かれた洋館で憩う

ちいさなほてる せらゔぃ

小さなホテル セラヴィ

3 万坪の広大なキャンプ場の中にたたずむ、アンティークな雰囲気漂う洋館。美しいステンドグラスやさりげないアートに彩られた居心地のいい空間で、心安らぐ滞在ができる。温泉は 24 時間利用可能な貸切風呂のほか、予約制の貸切大露天風呂が用意されている。

ブラックシリカ入り 露天風呂
温泉には天然鉱石のブラックシリカが投入されており体が芯からポカポカとなる

❶5 つの客室のうち 4 部屋は露天風呂付き ❷別荘のようなたたずまいで落ち着ける ❸大地の恵みを楽しめるヘルシーな料理が評判 ❹貸切大露天風呂はチェックイン時に予約しよう

MAP 別冊 P49-A3

住長瀞町井戸 419-1 TEL 0494-66-3168 IN15:00 OUT12:00 料1 泊 2 食付き 3 万 1000 円～ 室5 室 交秩父鉄道「野上駅」から徒歩 16 分

秩父info ちちぶ温泉 はなのやの本館から徒歩 2 分ほどの場所に別邸「花水木」もある。本館の部屋よりややリーズナブルに滞在ができ、和モダンな雰囲気で若いカップルに人気が高い。こちらも全室に露天風呂付き。

五感で自然を体感しよう

アクティブに休日を過ごす
絶景!! 自然派リゾート

大自然の真っただ中で心と体を解き放つ休日を満喫しよう。豊富なアクティビティやプログラムにも参加して元気をチャージ！

雲海をツアーで鑑賞
美の山公園への送迎＆ガイド付き雲海ツアーは春は6時頃、秋は6時半にスタートする

条件が整えば神秘的な雲海を眼下に望める

◯皆野 **標高417mから山々を見渡せる**

いこいのむらへりていじみのやま
いこいの村 ヘリテイジ美の山

スタンダードな和室が人気

美の山公園から秩父も楽しめる

秩父連山の風景が客室や浴場からも望めるビューホテル。部屋の窓で縁取られた風景はまるで美しい絵画のよう。夜には部屋の明かりを消して満天の星空を眺めて過ごすのもいい。自然を満喫するオリジナルツアーも催行しており、星と夜景を楽しむツアーなどリーズナブルに参加できる無料プログラムが充実。5～6名で宿泊できる部屋も用意されているので、グループやファミリー利用にもおすすめだ。

① 雲海を見下ろす立地はまるで天空のよう
② 1～2月はあしがくぼの氷柱ツアーも催行
③ パノラマの展望大浴場は日帰り入浴もOK
④ 美の山公園の展望台から1km北にある
⑤ 夕食は牛陶板焼きコースなども選べる

浴場からも壮大な山並みが望めます

星の鑑賞会＆夜景ツアー
夜景や寝転がって見上げる星空を堪能できるツアーが人気。冬には湯たんぽや布団が用意される

完全防寒で冬も星空を堪能！

MAP 別冊 P.49-B3

🏠八皆野町皆野3415　☎0494-62-4355　IN15:00　OUT10:00　¥1泊2食付き1万3200円～、日帰りデイユースプラン6600円～　客室32室　交秩父鉄道「皆野駅」から送迎車10分

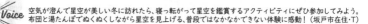

Voice 空気が澄んで星空が美しい冬に訪れたら、寝っ転がって星空を鑑賞するアクティビティにぜひ参加してみよう。布団と湯たんぽでぬくぬくしながら星空を見上げる、普段ではなかなかできない体験に感動！（坂戸市在住・T）

癒やしのホテルは
リバーサイド！

**川のせせらぎに
包まれる♪**
川と森に抱かれ、清らかな空気と木々の香り、野鳥のさえずりを感じながらの滞在を

森と川に包まれたロケーションだが車のアクセスも便利

飯能　**奥武蔵の森に包まれる**

きゅうかむらおくむさし
休暇村奥武蔵

高麗川の清流と森の緑、里山の自然を身近に感じられるナチュラルホテル。和モダンを感じさせる館内は、客室は本館と新館に分かれており、新館にはムーミンスペシャルルームも用意されている。また敷地内には貸切滞在できるログハウスが3棟あり、うち1棟は犬を連れての滞在もOK。大浴場には開放的な緑の風景に包まれた露天風呂と木漏れ日を感じる内風呂、サウナも完備している。朝の散歩会や星空観察会などのアクティビティも豊富だ。

**星空観察会を
毎晩開催！**

満天の星空に感動
屋上の「月と星のテラス」でのスタービューイングでは双眼鏡や天体望遠鏡で星空を堪能できる

**毎週土曜には
朝ヨガを開催**

**ステージキッチンと
名付けられてます**

**心と体が癒やされる
自然が待ってます**

MAP 別冊 P.10-B2

住 飯能市吾野72　TEL 042-978-2888　IN 15:00　OUT 10:00
料 1泊2食付き1万5500円～、日帰り入浴1000円　室 47室
交 西武池袋線「吾野駅」から送迎バス5分

① 目の前に流れる高麗川で川遊びを楽しめる
② 「もりとそらの湯」と名付けられた浴場
③ 新館の和モダンの部屋が人気
④ オープンキッチンで提供されるビュッフェ
⑤ 旬の食材を用いた料理が好評

 Voice　新館のにしかわ館にあるムーミンスペシャルルームは、ムーミン好きにはたまらない部屋。ムーミンバレーパークの入園チケット引換券とパークからの贈り物も付いてムーミン三昧の休日を過ごすならオススメ！（ライター・T）

ビギナーでも気軽に楽しめる
アウトドア体験スポット

気軽に利用できるグランピング施設や居心地のよいキャンプサイトが
各地にたくさんある。自然に親しむスポットでリフレッシュしよう！

飯能　名栗の森で北欧風ステイ

のーらなぐり
ノーラ名栗

貸切できるテントサウナ®や北欧風BBQなどの北欧文化を体験できる複合施設。グランピングを併設しており、夜空の下でのナイトサウナやBBQを楽しんでみよう。

MAP 別冊 P.10-B2

住 飯能市下名栗 607-1　TEL 042-978-5522
IN 15:00　OUT 10:00　料 1泊2食付き1万5000円～、BBQプラン3500円～　室 10棟　交 西武池袋線「飯能駅（北口）」から国際興業バス41分「ノーラ名栗・さわらびの湯」下車すぐ

秩父　ワイルドな自然を満喫

ぴかちちぶ
PICA 秩父

秩父ミューズパーク内にあり、バラエティ豊かなコテージや、焚き火が楽しめるセットアップテントサイトなど、宿泊スタイルの選択が幅広い。場内には入浴施設やカフェ＆ダイニングも完備している。

MAP 別冊 P.46-A2

住 秩父市久那 637-2　TEL 0555-30-4580（PICAヘルプデスク）　IN 15:00　OUT 10:00　料 素泊まりプラン6000円～、1泊2食付き8500円～　室 コテージ98棟、テントサイト8　交 西武秩父線「西武秩父駅」から西武観光バス26分「ミューズパークスポーツの森」下車、徒歩3分

皆野　温泉施設の利用券付き

まんがんびれっじおーときゃんぷじょう
満願ビレッジオートキャンプ場

アメリカンな雰囲気を感じられるトレーラーハウスやコテージでの宿泊ができる。食事は標準設備のBBQコーナーなどで自炊するスタイル。持ち込みテントサイトも用意されている。

MAP 別冊 P.48-B1

住 皆野町下日野沢 3902-1　TEL 0494-62-4726
IN 15:00（冬季 14:00）　OUT 10:00（冬季 11:00）　料 素泊まり1名5940円～　室 コテージ12棟、トレーラーハウス5台、テントサイト3区画　交 関越道・花園ICから車40分

長瀞　リモートワーク利用も◎

ふぉれすとさんずながとろ

フォレストサンズ長瀞

トレーラーやコテージ、客室やリーズナブルに利用できるカプセルタイプのスリープボックスなど、好みのスタイルに合わせて楽しめる。

MAP 別冊 P.13-A4

住長瀞町大字本野上 363　TEL 0494-26-6111　IN15:00　OUT10:00　料ルーム 4500 円〜、トラベルトレーラー 7100 円〜　室36 室、トラベルトレーラー 25 台、テントサイト 17　交秩父鉄道「野上駅」から徒歩 8 分

長瀞　川沿いのロケーション

ながとろおーときゃんぷじょう

長瀞オートキャンプ場

グランピングコテージ、ペットと泊れるバンガロー、オートキャンプエリアなど利用方法は多彩。冬季の 1/1 〜 2/28 は営業していないので注意。

MAP 別冊 P.49-A3

住長瀞町大字井戸 559-1　TEL 0494-66-0640　IN14:00　OUT10:00　料グランピング素泊まり 9500 円〜、キャンプサイト 1600 円〜　室バンガロー 35 棟、テントサイト 75　交秩父鉄道「野上駅」から徒歩 14 分

ときがわ　美しい川辺でゆったり過ごす

ときたまひみつきちこもりば

ときたまひみつきち COMORIVER

都幾川の清流沿いにあるグランピング施設。BBQ セットと朝食の食材付きで、テントやキャビンでの宿泊ができる。持ち込みテントサイトのほか、薪炊きのアウトドアサウナも併設している。

MAP 別冊 P.34-B1

住ときがわ町大字本郷 930-1　TEL 0493-81-5477　IN 15:00　OUT 10:00　料グランピング素泊まり 1 万 2400 円〜　室8 室　交JR 八高線「明覚駅」から車 5 分

越生　大浴場など施設が充実

びおりぞーとほてる ＆ すぱ おーばーく おごせ

BIO-RESORT HOTEL ＆ SPA OPark OGOSE

テントやキャビンなど客室タイプは豊富。森の中に浮かんでいるような空中グランピングドームや、北欧スタイルのサウナ付きキャビンが人気。

MAP 別冊 P.34-B1

住越生町上野 3083-1　TEL 049-292-7889　IN15:00　OUT 10:00（※客室により異なる）　料グランピングキャビン素泊まり 1 万 7600 円〜　室30 室　交JR・東武越生線「越生駅」から車 6 分（送迎バスあり）

初めてのキャンプ早わかりガイダンス

手ぶらキャンプのすすめ

「キャンプはしてみたいけど道具を揃えるのが大変」という人やキャンプ初心者におすすめなのが、手ぶらでキャンプ気分を味わえるグランピング施設。本格的キャンパーになる前のゲートウェイとしてぴったりだ。

夏や冬の注意ポイントは？

キャンプサイトは自然豊かな場所にある。夏に必須なのは虫除けスプレーなどの蚊対策。冬は使い捨てカイロや直火で沸かせるタイプの湯たんぽがあると便利。またテント内は結露防止のため少しだけ通気口を開けておこう。

マナーとルールを知ろう

滞在スタイルは人それぞれ、朝や夜に大声で騒いだり、音楽を流すのはできるだけ避けたい。また炊事場をきれいに使う、施設の指示に応じたゴミ処理、火の始末は徹底したい。周囲の自然環境を汚さない配慮を心がけよう。

登録有形文化財を
リノベーション
登録有形文化財に宿泊
できるレトロ建築ファン
待望の施設が誕生

古民家ホテルで時間旅行

古き良き風情の町並みに佇む歴史ある古民家にステイ。旅情あふれる滞在を楽しもう!

①

秩父　秩父中心部に2022年8月オープン

にっぽにあちちぶもんぜんまち

NIPPONIA 秩父 門前町

昭和初期建築の登録有形文化財「小池煙草店」など、明治時代から昭和にかけての建物をリノベーション。歴史的建築に泊まるという稀有な体験ができる。レトロな風情あふれる町歩きが楽しめるロケーションもいい。

MAP 別冊 P.45-B1

住 秩父市宮側町17-5　TEL 0494-53-9230　IN 15:00　OUT 11:00
料 素泊まり1万8650円〜　客室 8室　交 秩父鉄道「秩父駅」から徒歩5分

①宮側町にある MARUJU 棟(かつてのマル十薬局)でレストランも展開　②全8室それぞれ個性的なしつらえ　③秩父の食材が味わえる食事も評判だ　④番場通りには小池煙草店を改築した KOIKE・MIYATANI 棟がある　⑤重厚な梁をもつ蔵を改装した客室

川越　小江戸での時間をじっくり楽しむ

ちゃぶだいげすとはうす,かふぇ&ばー

ちゃぶだい Guesthouse, Cafe&Bar

カフェ&バーを併設
建物の土間スペース
は小さなカフェ&バー
になっている。宿泊
客以外も利用OK

蔵造りの町並みなどの人気観光スポットにほど近い、築100年の古民家を改装した宿。和室の個室のほか、男女兼用のドミトリーを完備。シャワーやトイレ、キッチンは共用となっている。

①風情たっぷりの古民家に宿泊できる
②キッチン付きゲスト専用ラウンジ
③リーズナブルに利用できるドミトリー
④シンプルで居心地のいいカフェも人気

MAP 別冊 P.30-B2

住 川越市三久保町1-14　TEL 049-214-1617　IN 16:30　OUT 10:00　料 ドミトリー3800円〜、個室7000円〜　客室 ドミトリー1室、個室2室　交 西武新宿線「本川越駅(東口)」から徒歩12分

② ③ ④

旅の準備と技術

旅のプランニング

✎ ほぼ東京の扱い。個人旅行や東京の フリープランパッケージで埼玉へ

季節により秩父で雲海を体験する ツアーも催行される

東京都に接する埼玉の南東部はほぼ東京圏といってもよく、東京からのアクセスもとても便利。群馬県に接する埼玉の北部も、東京からは多少時間が長くかかるというだけで、アクセスに不便はほとんど感じない。

東京から近いためか、埼玉を巡るパッケージツアーというものはあまりない。自分の目的に合ったツアーが見つからなければ、個人旅行がおすすめ。

■情報収集を大切に

旅の目的地が決まったら、なるべく多くの情報をネットなどで集めよう。見どころやレストラン、ショップなどの営業時間やメニューなどを確認しておけば、予定も立てやすい。また広く地域のことを調べておけば、旅を終えてから「あっ、こんな見どころもあったんだ」と後悔することも少ない。ただし、クチコミなどを読み過ぎてしまうのも考えもの。人の印象から先入観が作られてしまうと、せっかく自分で訪ねていく価値が下がってしまう。

■東京北部に宿泊しても埼玉とのアクセスは良好

昼間は埼玉の自然を楽しんで、夜は東京のナイトライフを満喫したいという人もいるかもしれない。埼玉を観光する場合、東京のどこに宿泊してもアクセスがいいので不便は感じないだろう。特に便利なのが、西武鉄道や東武鉄道、JR湘南新宿ラインなどが集中する池袋駅周辺や、埼玉とは目と鼻の先で多くのJRが乗り入れる赤羽駅周辺など、東京の北部の町。東京のほうがホテル数も多く、格安から5つ星級まで選択の幅も広いので、埼玉で気に入ったホテルが見つからなければ、東京のホテルを検討してもいいだろう。

遠方から訪れる場合は、飛行機やJRなどの交通機関＋ホテルがセットになった東京方面のフリープランパッケージを利用し、埼玉県内のホテルを選択することができる。東京に宿泊し、埼玉へ足を延ばすことも十分可能だ。

首都圏からは、古都の面影を残す川越や、自然豊かな長瀞を巡る日帰りのパッケージツアーなどもある。

◆フリープランパッケージ vs 個人旅行

フリープランパッケージは、個人で交通機関やホテルなどを手配するよりも安く済むことが多い。これは旅行会社が個人手配よりも割安な料金で、交通機関やホテルなどの仕入れを一括して行っているためだ。また、個別に手配する手間もかからないといったメリットがある。

しかし最近は、航空会社がネット上で期間限定の激安運賃を設定したり、特定予約サイトがホテルの激安プランを設定したりすることがある。自分でこまめに情報を集め、こうした激安プランを組み合わせれば、フリープランパッケージよりも安くなることも多い。旅を決めたら、なるべく多くの情報を集め、フリープランパッケージと個人旅行、どちらがお得になるかをチェックして決めよう。

フリープランパッケージの場合、何らかの理由で旅の日程を変更しなければならなくなったとき、面倒な手続きや変更手数料が必要だったり、場合によっては追加料金やキャンセル料が発生したりすることもある。もちろん、個人旅行でもこうしたことはある。対策としては、多少金額は高くなっても申し込み時点で「変更可」や「全額返金」などのプランを選ぶことで、損失を抑えることが可能だ。

 さいたま市は、中学3年生の英語力が3回連続で「日本一」になった英語の町。もし外国人旅行者に話しかけられても、さいたま市でなら困ることはないだろう。

◆旅のプランニングのヒントと注意点

プランニングをすることは旅の楽しみのひとつ。でも完璧なプランを作ったつもりでも、プランどおりに行かないのが旅の現実。そこで失敗しない旅のためにいくつか注意点と、より旅を楽しくするためのヒントを挙げておこう。

◆余裕をもったスケジュールを作ろう

せっかくの旅なのだからあれもしたい、これもしたい、とスケジュールをぎゅうぎゅう詰めにするのは避けよう。訪れた観光地がイメージとは異なり、「ここはもう少しゆっくり見たいな」と感じることもよくある。スケジュールに縛られて、旅ならではの貴重な巡り合いを楽しめないのはなんとも残念。それにいくら時刻表を綿密に調べても、さまざまな理由でスムーズに移動ができないことはままある。できるだけゆったりめのスケジュールで、もし予定していた場所に行けなかったとしても「また埼玉に来る理由ができた！」と思うぐらいの気持ちのゆとりをもとう。

またゆとりのあるスケジュールにすることで、思わぬ発見ができることもある。電車の待ち時間にふらりと入ったカフェが最高だったとか、ぶらぶら歩いていたらとても眺めのいい場所に出合ったとか。ガイドブックに載っていない自分だけのお気に入りスポットを発見するのも、旅の醍醐味なのだ。

◆自分や同行者の体調をまず第一に

せっかくの旅も、体調がすぐれないときや疲労を感じたときは無理をせず休息しよう。具合が悪いときに見たり食べたりしても、結局は楽しめない。特にお年寄りや子供の同行者がいる場合は無理は禁物。予定を変更してホテルでゆっくり休み、体調を回復させてからまた旅を楽しもう。

◆地元の人との触れ合いも旅の醍醐味

乗るべき路線バスやおすすめ料理など、何かわからないことがあったら恥ずかしがらずに地元の人に尋ねてみよう。たいていの人は親切に対応してくれるはずだ。食堂などで一緒になった地元のおじさん、おばさんには、積極的にあいさつをしてみよう。話が進めば、興味深い地元の歴史やおすすめの場所などを教えてくれるかもしれない。こうした地元の人との会話が、あとになっていちばん印象的な旅の思い出になることも多い。

行田では伝統的な足袋作りをしている店を訪ねてみるのもおすすめだ

■現地発のツアーに参加してみては

複数の旅行会社が東京ほか現地発の埼玉日帰りツアーを催行しているので、ネットなどで検索してみるといい。地域のグルメを巡ったり、三峯神社など個人では少々行きにくい場所を訪ねたり、また花の季節や祭り、花火などの日は混雑して動きにくいので、ツアーも便利だ。

●はとバス
ご存じ東京の観光バス会社。
🔗 www.hatobus.co.jp
● Rakuten Travel Experience
オプショナルツアーが揃う。
🔗 experiences.travel.rakuten.co.jp

■緊急用のメモを作ろう

旅先でのトラブルには家族や友人も近くにはおらず、自分で対処しなければならないことが多い。だから、いざというときに慌てないように、旅に出る前に簡単な備忘録を作っておこう。スマホで情報を管理しているという人も多いだろうが、もしスマホを紛失してしまうと情報にアクセスできなくなってしまう。まずはクレジットカードとキャッシュカードの紛失時連絡先やホテルの電話番号、服用中の薬剤名などをメモして、持ち歩きバッグではなくスーツケースの内ポケットなどにしのばせておこう。変更がない限り、メモは次の旅のときにも役立つはずだ。

埼玉への道

■航空券の子供運賃
3〜11歳は普通運賃の半額、3歳未満の幼児は、ひざの上に同乗する場合は大人ひとりにつきひとり無料。座席を占有する場合は子供運賃と同額となる。なお、これはあくまで普通運賃についてで、割引運賃では子供割引が設定されていなかったり、設定されていても割引率が異なる場合が多い。

■空港連絡バス大宮羽田線
1日12便運行、所要時間65〜110分
🚌大人 1700 円、小人 850 円
🔗www.seibubus.co.jp/sp/airport/line/line_omiya_haneda.html

■空港連絡バス ON ライナー（運休中）
🔗www.seibubus.co.jp/sp/airport/line/line_o-n-liner.html

■主要航空会社問い合わせ先
●日本航空（JL）
📞 0570-025-071
🔗www.jal.co.jp
●全日空（NH）
📞 0570-029-222
🔗www.ana.co.jp
●スカイマーク（BC）
📞 0570-039-283
🔗www.skymark.co.jp
●日本トランスオーシャン航空（NU）
📞 0570-025-071（日本航空と同じ）
🔗jta-okinawa.com
●エア・ドゥ（HD）
📞 03-6741-1122
🔗www.airdo.jp
●ソラシドエア（6J）
📞 0570-037-283
🔗www.solaseedair.jp
●スターフライヤー（7G）
📞 0570-07-3200
🔗www.starflyer.jp
●ジェットスター・ジャパン（GK）
📞 0570-550-538
🔗www.jetstar.com
●スプリング・ジャパン（IJ）
📞 0570-666-118
🔗jp.ch.com
●ピーチ（MM）
📞 0570-001-292
🔗www.flypeach.com

埼玉へのアクセスは、鉄道、高速バスなどさまざまな手段がある。また直接埼玉へではないが、遠方からは飛行機を使って東京経由でより迅速に埼玉にアクセスすることができる。要は、距離と時間と予算に合わせてさまざまな選択肢があるということだ。

埼玉から遠い地域から来る場合、やはり便利なのは飛行機だ。飛行機を利用する場合は、空港とのアクセスにかかる時間や、搭乗するまでの時間も所要時間に含めて考えたほうがいい。羽田空港も成田空港も巨大なので、飛行機を降りてから空港を出るまでもけっこう時間がかかる。飛行機の場合、同じ路線でも航空会社や時期によって料金がかなり違ってくるので、割引運賃を上手に利用すれば新幹線利用よりも安くなることが多い。

遠方からは新幹線の利用も速くて快適。ほぼ時刻表どおりに到着するので、スケジュールも立てやすい。

経済性を考えるなら高速バスの利用も選択肢に入れたい。特に夜行の高速バスは旅費も時間も節約できてメリットが大きい。高速バスは進化が早く、快適さを追求しアップグレードした車両も増えている。

✈ 飛行機で埼玉へ

埼玉には空港がないため、羽田空港や成田空港を利用する。羽田空港から大宮駅まで、最短で所要1時間弱。成田空港から大宮駅まで、最短で所要約1時間10分の距離。

羽田空港へは日本全国49の空港から直行便が運航されている。羽田空港から埼玉へは鉄道などのほか、西武バスなど3社が、大宮駅への空港連絡バス大宮羽田線を運行。

成田空港は日本全国18の空港から直行便が運航されている。おもにLCCが成田空港を利用しているが、日本航空も一部発着する。成田空港から埼玉へは鉄道などを利用できるほか、大宮駅への空港連絡バスONライナー（大宮成田線）が運行されているが、2023年1月現在運休中。

◆航空会社のチョイスも豊富
▶日本航空（JAL）と全日空（ANA）は日本の大手2社。路線も便数も圧倒的に多い。マイルを貯める楽しみもある。
▶スカイマークは大手2社より運賃が安く、定時運航率の高さで定評がある。特に神戸便が充実。
▶日本トランスオーシャン航空はJALの子会社。那覇と沖縄の離島を結び、羽田空港からの便も充実。

 埼玉県には入間基地（狭山市）、ホンダエアポート（旧桶川飛行場、桶川市）のふたつの飛行場があるが、いずれも民間旅客機は飛行していない。

▶ エア・ドゥ（北海道便）、ソラシドエア（九州便）、スターフライヤー（大阪、福岡ほか）の3社はANAと業務提携しており、多くがANAとの共同運航便（コードシェア）になっている。

▶ 東京にフライトをもつLCCはJAL系列のジェットスター・ジャパンとスプリング・ジャパン、ANA系列のピーチだ。いずれも成田空港を使用している。

◆ 大手は早めの予約がお得

通常、航空券は早めの予約がお得だ。大手のJALは330日前、ANAが355日前からチケットを販売し、早めの予約に応じた割引を設定している。特に年末年始やゴールデンウイークなど比較的長めの休みが取りやすい時期は、遅くなればなるほど正規運賃に近い料金となる。それでも、出発間際に特別セールが実施されることもあるので、何でも早めがお得とは言えないのが悩ましいところだ。

◆ 激安LCCはセールが狙い目！

同一路線であれば、通常大手2社よりもLCCのほうが値段は安い。ただしLCCは成田空港を利用しているので、埼玉までの移動にかかる時間と費用を考える必要がある。それでもLCCが不定期に行うセールは激安で、大手とは比較にならない運賃となる。

なおLCCを利用する場合は、預託手荷物や座席指定などで追加料金がかかることに注意。予約時に申し込まず、空港で支払うと高額となったりする。LCC利用は、そうした条件をしっかりチェックしてから予約をしよう。

◆ 海外予約サイトで格安フライトを見つける

外国人旅行者がよく利用する海外の航空券予約サイトでは、特にJAL、ANAを利用した航空券がかなり安く手に入ることがある。スカイスキャナーなどを利用して、一度チケット検索をしてみるといい。なお予約は一般的に海外の旅行会社からとなり、英語のウェブサイトから申し込みが必要となることもある。

またANAは海外からの旅行者向けにいくつかの割引運賃を設定しており、購入条件に日本以外在住といった制限のないANA Discover JAPAN Fareは要チェック。海外のANAウェブサイト（日本語）から予約購入可能だ。なお支払金額は予約したサイトの現地通貨建てとなる。為替状況によっては安くならない場合もある。

◆ 航空会社主催のフリーツアーパッケージ

JALの「JALダイナミックパッケージ」、ANAの「ANAトラベラーズダイナミックパッケージ」、スカイマークの「たす旅」は、往復航空券＋宿泊というフリーツアーパッケージ。各社とも埼玉各地のホテルを付けたプランを用意していて、個別手配よりもお得になる場合も多い。各社のウェブサイトから予約が可能。

■ 日本航空の「先得」などは廃止

日本航空は、2023年4月12日搭乗分から「先得」などの早期割引を廃止して「フレックス」「セイバー」「スペシャルセイバー」などの運賃体系となる。便ごとの予測残席数に応じて、予約するタイミングや人数により運賃額が変動する。

■ スカイスキャナー

格安航空券比較サイト。場合によっては日本国内の移動でも、韓国や台湾、中国経由が安くなることも。日数に余裕があるのなら、こうした東アジアの旅をトランジットで楽しむのもおもしろい。
URL www.skyscanner.jp

■ ANA 海外サイト

基本的には日本のANAのウェブサイトを開き、画面上部にある国を変更すればOK（日本国内からのアクセスでは自動的に日本に設定されている）。直接アクセスする場合は下記のURLへ（アメリカのサイト）。
URL www.ana.co.jp/ja/us

■ フェリーで東京へも楽しい

四国や九州から東京を訪れるなら、旅情満点の船旅もおすすめだ。北九州を夜出発して翌朝徳島に寄港。3日目の早朝に東京港フェリーターミナル（りんかい線国際展示場駅より送迎あり）に到着する。毎日1便（季節により減便あり）。

● オーシャン東九フェリー
TEL 0570-055-048
URL www.otf.jp

運航スケジュール
上り便：北九州19:00（一部18:00）発 → 徳島翌9:20着・11:20発→東京翌5:30（一部6:00）着
下り便：東京19:30（一部18:00）発→徳島翌13:20着・14:20発→北九州翌5:35（一部6:30）着
※月末に翌々月のスケジュールが確定する。

料 2等片道：東京〜北九州2万30円、東京〜徳島1万4050円 ※6〜12歳は大人運賃の半額。※季節により多少料金が異なる。※車やバイクの持ち込みも可能（車両航送運賃別途）。埼玉ドライブ旅行を考えている人にもおすすめ

所沢市は、日本で初の飛行場が作られた「日本の航空発祥の地」。現在は「所沢航空記念公園」となり、記念館や野外ステージを含む広大な公園となっている。

新幹線で埼玉へ

抜群の安全性と、日本を網羅するネットワークを世界に誇る新幹線。北海道や九州からも新幹線を乗り継いで、迅速に埼玉へ来ることができるようになった。

埼玉県内で新幹線が停車する駅は大宮、熊谷、本庄早稲田の3駅。東北・秋田・北海道新幹線を利用する場合は大宮駅、上越・北陸新幹線利用の場合は大宮駅、熊谷駅(列車による)、本庄早稲田駅(列車による)を利用できる。

また東海道・山陽・九州新幹線を利用し、東京駅で上記の新幹線、あるいはそのほかの鉄道などに乗り換えて埼玉に来ることも可能だ。

新幹線はJRの5社により運営されており、割引プランは各社で異なる。料金は日によって変動するので、乗りたい新幹線のウェブサイトでチェックしよう。

◆えきねっとトクだ値 (JR東日本＆JR北海道)

JR東日本の指定券予約サイト「えきねっと」会員向けの列車、区間、座席数限定のチケット。JR東日本とJR北海道の新幹線と在来線特急が5～40%割引になる。乗車当日1:50まで購入でき、お盆などの繁忙期もOK。さらに乗車日の13日前の1:50までに購入する〈お先にトクだ値〉なら25～40%も割引になる。まずは「えきねっと」に無料会員登録をしておこう。

◆EX早特 (JR東海)

東海道・山陽新幹線のインターネット予約サービス「スマートEX」会員向け割引チケット。3日前23:30までの予約で東海道・山陽新幹線が20%前後割引になる。ただし東京～名古屋、新大阪間の設定はない。さらに出発1ヵ月前～21日前の予約で20～30%安くなる〈EX早特21〉も人気(乗車駅を6:00台と11:00～15:59に出発するのぞみなどの普通車指定席とグリーン車限定)。ただし繁忙期は除外されている。利用予定の人は「スマートEX」の無料登録が必要。

またJR東海ツアーズが販売する〈ぷらっとこだま〉は、8駅限定のこだま指定席＋1ドリンクで20%以上割引となり、＋1000円～でグリーン車も指定できる人気旅行クーポン。

◆新幹線回数券

東海道新幹線の一部区間で販売されている自由席回数券。通常6枚つづりで、有効期間は3ヵ月。4枚つづりの「こだま号専用グリーン回数券」もある。繁忙期以外に乗車可。

◆ホテルパック

新幹線の往復チケットとホテルがセットになったフリーツアーパッケージ。JR各社や旅行会社で販売されている。プランによっては全列車から選ぶことができ、変更も自由というものもある。前記割引料金などと比較検討しよう。

2022年4月にオープンした川口ハイウェイオアシス

彩info かつては金券ショップの花形だった新幹線回数券は各社で廃止が相次いで、現在東海道新幹線の一部区間のみ販売が続けられている。

高速バスで埼玉へ

　時間に余裕があり旅費を安くあげたい人は新幹線と比べれば所要時間は2倍以上かかるが、料金は半額以下。夜行バスを使えば、宿泊費を1泊分浮かせることができるし、だいたい朝に目的地に着くので1日を有効に使える。

　高速バスの料金は時期や曜日で変動し、早期割引もあるので、こまめにサイトをチェックしよう。

　夜行バスは疲れると敬遠されがちだが、最近は3列シートで各座席がカーテンで仕切れるプライバシーを重視したバスも増加。さらに女性専用夜行バスや、リクライニング角度が大きいハイクラスな高速バス、コンセントやWi-Fi付きのバスもあり、乗車中も快適に過ごせるバスが多い。

◆**埼玉には、大宮を中心にいくつか高速バス乗り場がある**

　高速バスが発着するバスターミナルは大宮、さいたま新都心、川越などにある。東北方面に向かうバスの場合、ほとんどが東京と東北の都市を結ぶ路線の途中下車・乗車場となっている。近畿方面に向かうバスにはここを始発、終着にし、東京を経由して近畿の都市と結ぶ路線も多い。

　青森や仙台などの東北方面、金沢や福井などの北陸方面、名古屋、大阪、京都など中部・近畿方面と結ぶ多くの高速バスが停車するのが、JR大宮駅西口にあるバス乗り場だ。駅前の大通りにバス乗り場が並び、駅にも近い。バス乗り場は運行会社別になっているので、事前に場所を確認し、余裕をもってバス乗り場に到着するようにしよう。

　東北方面や中部・近畿方面の高速バスには、JR大宮駅から一駅東京寄りのJRさいたま新都心駅に隣接したさいたま新都心バスターミナルに停車するバスもある。こちらは広いバスターミナルになっているのでわかりやすい。チケット売り場はないので注意。JR大宮駅西口に停車するバスのなかには、こちらにも停車するバスもある。

　このほか、中部・近畿、北陸方面の高速バスが発着するJR川越駅のバス乗り場や、大阪・京都方面の高速バスが発着する東武東上線志木駅のバス乗り場などもある。

◆**東京のバスタ新宿発着、東京駅発着も便利**

　バスタ新宿は日本最大の高速バスターミナルで、日本各地からの多くの高速バスの発着場所となっている。埼玉に発着する高速バスで終点・始発がバスタ新宿という高速バスも多い。なお、バスのチケット購入はネット予約が安くて一般的。ここで購入するケースはあまり多くない。

　JR高速バスの東京駅発着場所は、八重洲中央口・南口（バス乗り場）と日本橋口（バス降り場）。チケット売り場は八重洲南口改札を出てバス乗り場を右に曲がり、9番乗り場近くにある。

■**さいたま新都心バスターミナル**
JRさいたま新都心駅から徒歩約7分。
☎ 5:00〜24:00
🔗 www.city.saitama.jp/001/010/018/009/p071535.html

■**バスタ新宿**
🔗 shinjuku-busterminal.co.jp

■**高速バス比較サイト**
東京には200社近いバスが全国から路線をもっているので、各社の情報がいっぺんに表示できる比較サイトが便利。車内の設備やサービスで絞り込みできるサイトや、座席を指定して予約できるアプリもある。
●**バス比較なび**
🔗 www.bushikaku.net
●**高速バスドットコム**
🔗 www.kosokubus.com
●**バス市場**
🔗 www.bus-ichiba.jp
●**高速バスネット**
🔗 www.kousokubus.net

国内各地へのバスが発着するバスタ新宿

埼玉へのアクセス早わかり

全国の主要都市から埼玉へ、おもな交通手段には飛行機、新幹線、高速バスなどがあるが、出発地によっては東京経由で向かうことになる。時間を優先するのか、運賃優先か、旅のスタイルに合ったプランニングをしよう。

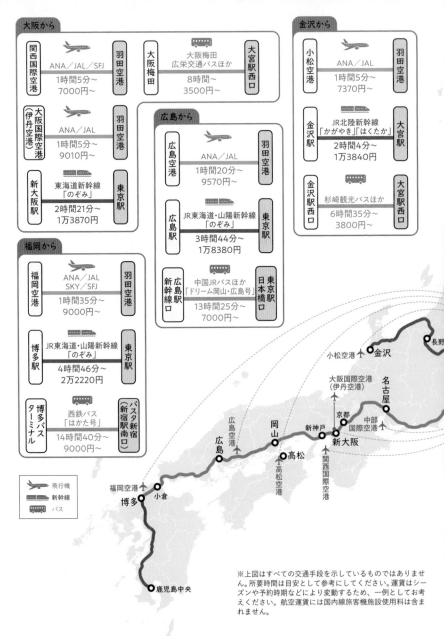

大阪から

関西国際空港	ANA／JAL／SFJ 1時間5分〜 7000円〜	羽田空港
大阪梅田	大阪梅田 広栄交通バスほか 8時間〜 3500円〜	大宮駅西口
大阪国際空港（伊丹空港）	ANA／JAL 1時間5分〜 9010円〜	羽田空港
新大阪駅	東海道新幹線「のぞみ」 2時間21分〜 1万3870円	東京駅

福岡から

福岡空港	ANA／JAL SKY／SFJ 1時間35分〜 9000円〜	羽田空港
博多駅	JR東海道・山陽新幹線「のぞみ」 4時間46分〜 2万2220円	東京駅
博多バスターミナル	西鉄バス「はかた号」 14時間40分〜 9000円〜	バスタ新宿（新宿駅南口）

広島から

広島空港	ANA／JAL 1時間20分〜 9570円〜	羽田空港
広島駅	JR東海道・山陽新幹線「のぞみ」 3時間44分〜 1万8380円	東京駅
広島新幹線口	中国JRバスほか「ドリーム岡山・広島号」 13時間25分〜 7000円〜	東京駅日本橋口

金沢から

小松空港	ANA／JAL 1時間5分〜 7370円〜	羽田空港
金沢駅	JR北陸新幹線「かがやき」「はくたか」 2時間4分〜 1万3840円	大宮駅
金沢駅西口	杉崎観光バスほか 6時間35分〜 3800円〜	大宮駅西口

飛行機
新幹線
バス

※上図はすべての交通手段を示しているものではありません。所要時間は目安として参考にしてください。運賃はシーズンや予約時期などにより変動するため、一例としてお考えください。航空運賃には国内線旅客機施設使用料は含まれません。

札幌から

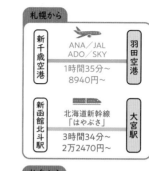

| 新千歳空港 | ANA／JAL ADO／SKY
1時間35分〜
8940円〜 | 羽田空港 |
| 新函館北斗駅 | 北海道新幹線「はやぶさ」
3時間34分〜
2万2470円〜 | 大宮駅 |

新潟から

| 新潟駅 | JR上越新幹線「とき」
1時間15分〜
1万330円〜 | 大宮駅 |
| 新潟駅南口 | WILLER EXPRESS ほか
6時間35分〜
4600円〜 | さいたま新都心バスターミナル |

仙台から

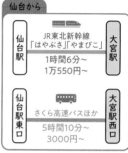

| 仙台駅 | JR東北新幹線「はやぶさ」「やまびこ」
1時間6分〜
1万550円〜 | 大宮駅 |
| 仙台駅東口 | さくら高速バスほか
5時間10分〜
3000円〜 | 大宮駅西口 |

名古屋から

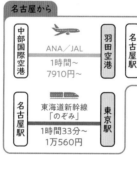

| 中部国際空港 | ANA／JAL
1時間〜
7910円〜 | 羽田空港 |
| 名古屋駅 | 東海道新幹線「のぞみ」
1時間33分〜
1万560円 | 東京駅 |

| 名古屋駅 | さくら高速バスほか
6時間30分〜
3000円〜 | 大宮駅西口 |

沖縄から

| 那覇空港 | ANA／JAL／SKY
2時間10分〜
1万410円〜 | 羽田空港 |

高松から

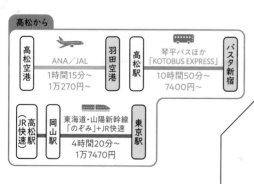

| 高松空港 | ANA／JAL
1時間15分〜
1万270円〜 | 羽田空港 |
| JR快速 高松駅 | 東海道・山陽新幹線「のぞみ」＋JR快速
4時間20分〜
1万7470円 | 東京駅 |

| 高松駅 | 琴平バスほか「KOTOBUS EXPRESS」
10時間50分〜
7400円〜 | バスタ新宿 |

札幌　新千歳空港

新函館北斗

新青森

秋田　盛岡

新庄　山形　仙台

新潟　福島

高崎

大宮　東京　羽田空港

新横浜

那覇空港　沖縄

419

都内から埼玉へ

自動チェックイン機を利用してスムーズに手続き！

東京のゲートウエイは飛行機利用なら羽田空港と成田空港、鉄道利用なら東京駅、長距離バス利用ならバスタ新宿（新宿駅）と東京駅。ここでは埼玉旅行の起点となるさいたま市、川越市、所沢市などへの行き方を紹介する。

なお、ご存じのとおり首都圏の交通は複雑に相互乗り入れなどをしており、ある目的地への行き方も無数にあるが、ここでは最も一般的でわかりやすい行き方を紹介。

羽田空港から

◆さいたま市へ

さいたま市と羽田空港とのアクセスは非常に便利。羽田空港から大宮駅までは、西武バスなど3社が空港連絡バス大宮羽田線を運行。1日12便（減便中）運行で、所要時間は都内の渋滞状況などにもよるが65〜110分。

よりフレキシブルな電車の利用も可能。羽田空港から京急線を利用して、品川駅でJR上野東京ライン（宇都宮線、高崎線直通列車）に乗り換えれば1回の乗り換えで浦和駅、大宮駅に行くことができる。所要時間は浦和駅なら約1時間、大宮駅は約1時間7分。また羽田空港から東京モノレールを利用し、浜松町駅でJR京浜東北線あるいはJR山手線＋JR上野東京ラインなどに乗り換えて浦和駅、大宮駅に行くこともできる。所要時間は両駅ともに1時間10分前後。

◆川越市へ

東武東上線にある川越駅に行くには、まず池袋駅に行くのが先決。羽田空港から京急線を利用して品川駅でJR山手線に乗り換えるか、東京モノレールを利用して浜松町駅でJR山手線に乗り換えて、再度池袋駅で東武東上線に乗り換えると最短1時間30分で川越駅に到着する。

羽田空港と川越駅を結ぶ空港連絡バス川越羽田線は、2023年1月現在運休中。

◆所沢市へ

羽田空港から所沢駅へ、空港連絡バス所沢羽田線が運行されている。1日13便（減便中）運行で、所要時間は都内の渋滞状況にもよるが約75〜135分。

電車の場合、所沢駅には西武池袋線と西武新宿線が乗り入れているので、川越駅に行く場合と同様にまず池袋駅に行くのがわかりやすい。池袋駅からは西武池袋線で最短21分で所沢駅に到着。またはJR山手線で高田馬場駅に行き、西武新宿線に乗り換えると最短31分で所沢駅に到着する。

■羽田空港バス
●空港連絡バス大宮羽田線
🔗www.seibubus.co.jp/sp/airport/line/line_omiya_haneda.html
💴大人1700円、小人850円
●空港連絡バスONライナー（運休中）
🔗www.seibubus.co.jp/sp/airport/line/line_o-n-liner.html
●空港連絡バス所沢羽田線
🔗www.seibubus.co.jp/sp/airport/line/line_tokorozawa_haneda.html
💴大人1700円、小人850円

■羽田空港から電車利用時の運賃
●大宮（京急空港線＋JR上野東京ライン）：950円（交通系ICカード941円）
●大宮（東京モノレール＋JR京浜東北線）：1070円（交通系ICカード1053円）
●浦和（京急空港線＋JR上野東京ライン）：870円（交通系ICカード853円）
●川越（京急空港線＋JR山手線＋東武東上線）：1050円（交通系ICカード1027円）
●川越（東京モノレール＋JR山手線＋東武東上線）：1250円（交通系ICカード1227円）
●所沢（京急空港線＋JR山手線＋西武池袋線）：920円（交通系ICカード902円）
●所沢（京急空港線＋JR山手線＋西武新宿線）：850円（交通系ICカード836円）
※小人運賃は半額

彩info　東京メトロでは、有楽町線と副都心線が東武線と西武線に、日比谷線と半蔵門線が東武線に、南北線が埼玉高速鉄道線に乗り入れ、埼玉まで直通運転している。

✍ 成田空港から

◆さいたま市へ

　成田空港（千葉県）から大宮駅へ、空港連絡バスONライナー（大宮成田線）が運行されているが、新型コロナウイルス感染症の影響のため2023年1月現在運休中。

　電車利用の場合、速くて乗り換え回数も少なくて済むのが、京成スカイライナーを利用して日暮里駅でJR京浜東北線に乗り換え、浦和駅、大宮駅に行く方法。大宮駅まで所要時間は1時間20分前後。あるいはJR成田エクスプレスを利用して東京駅でJR上野東京ラインに乗り換えることもできる。大宮駅まで所要時間は1時間40分前後。

　有料特急を使わず経済性を優先するなら、成田空港から京成成田スカイアクセス線または京成本線を利用して日暮里駅でJR京浜東北線に乗り換えて浦和駅、大宮駅に行くか、あるいは成田空港からJR総武線快速を利用して東京駅でJR上野東京ラインに乗り換えて浦和駅、大宮駅に行くこともできる。いずれも所要時間は1時間30分〜2時間20分前後。

◆川越市、所沢市へ

　最速で行くには、成田空港から京成スカイライナーを利用して日暮里駅でJR山手線に乗り換え、池袋駅で東武東上線（川越駅の場合）、西武池袋線（所沢駅の場合）に乗り換えるのがおすすめ。川越駅まで所要1時間41分〜、所沢駅まで所要1時間32分〜。

　日暮里までは有料特急を使わず、京成本線などを利用して行くこともできる。また上記の方法で大宮駅に行き、大宮駅からJR川越線に乗り換えて川越駅（23分〜）に行くこともできる。

　また成田空港から成田シャトル池袋線バスを利用し、池袋駅から電車で川越駅、所沢駅に向かうこともできる。1日10便運行。成田シャトル池袋線バスの乗車時間は最短80分。

✍ バスタ新宿から

　バスタ新宿の地上階は新宿駅新南改札に直結しているのでわかりやすい。新宿駅からはJR埼京線が大宮駅（34分〜）、川越駅（約1時間）に直結しているので非常に便利。新宿駅から浦和駅（24分〜）、大宮駅（30分〜）にはJR湘南新宿ラインも直結している。所沢駅へは、バスタ新宿から北に徒歩約10分ほどのところにある西武新宿駅まで歩けば、西武新宿線で乗り換えなしで所沢（36分〜）まで行ける。歩くのがきつければ、新宿駅からJR山手線で高田馬場駅まで行き、西武新宿線に乗り換えても行ける。

第1から第3まで航空会社によりターミナルが異なる

■**成田空港から電車利用時の運賃**
●**大宮（京成スカイライナー＋JR京浜東北線）**：2970円（交通系ICカード2953円）
●**大宮（JR成田エクスプレス＋JR上野東京ライン）**：3250円（交通系ICカード3248円）
●**大宮（京成成田スカイアクセス＋JR京浜東北線）**：1670円（交通系ICカード1653円）
●**大宮（京成本線＋JR京浜東北線）**：1450円（交通系ICカード1438円）
●**川越（京成スカイライナー＋JR山手線＋東武東上線）**：3220円（交通系ICカード3196円）
●**川越（京成本線＋JR山手線＋東武東上線）**：1700円（交通系ICカード1681円）
●**所沢（京成スカイライナー＋JR山手線＋西武池袋線）**：3090円（交通系ICカード3071円）
●**所沢（京成本線＋JR山手線＋西武池袋線）**：1570円（交通系ICカード1556円）
※小人運賃は半額

■ **JR成田エクスプレスの運行について**
新型コロナウイルス感染症の影響により2023年1月現在、運行本数が少なくなっている。利用時には必ず運行状況を確認すること。

■**成田シャトル池袋線バス**
🔗travel.willer.co.jp/bus/airport-bus/ikebukuro-narita/
🎫大人1500円〜、小人950円

旅の予算

旅の予算は多いに越したことはないが、限られた予算でも、名物料理を食べるなど、メリハリのあるお金の使い方をするといいだろう。以下を参考にシミュレーションしよう。

宿泊費は？

ホテルのグレードや曜日、季節によっても宿泊料金が変動する。一般に、週末や連休中、また紅葉の季節なども宿泊料金が高くなる傾向がある。

大宮駅や浦和駅などの周辺にはビジネスホテルも多く、宿泊料金はツイン1泊7000円～1万2000円程度。大手のホテルチェーンならツイン1泊1万5000円程度から。またとにかく安く泊まりたいという場合は、カプセルホテルなら1泊3800円～で宿泊できる。それより安くという場合は、東京に数多くあるドミトリー形式のホステル（1泊3000円程度～）を拠点にするといい。

自然に癒やされながら極上のひとときを過ごせるちちぶ温泉はなのや（→P.405）や休暇村奥武蔵（→P.407）などは1泊2食で1人1万5000円ぐらいから。ファミリーやカップルにも人気のグランピングを楽しめる場所も多く、ノーラ名栗（→P.408）や長瀞オートキャンプ場（→P.409）で1泊ツイン1万～1万5000円ぐらいから。ドミトリーがあるちゃぶだいGuesthouse, Cafe&Bar（→P.410）なら1泊3800円～。

飲食費は？

これは自分の考え方次第で調節できる。1日3食、地元の有名店でグルメを楽しむもよし、朝と昼はコンビニ弁当やファストフードで軽く済ませ、夜はおしゃれなディナーを楽しむというのもまたよし。また夜には少し敷居が高い高級店もリーズナブルなランチを提供している場合が多いので、昼食を1日のハイライトにするのもいいだろう。

朝食はホテル料金に含まれていることが多いが、別料金の場合は一般に1000～3000円程度。有名カフェで朝食を取れば1500円程度になる。昼食はラーメン店などで800円～、レストランのランチで1200～3000円ほど。

少々高額になってもやはり名物を食べておきたいという人は、うなぎの小川菊（→P.49）や満寿家（→P.48）をチェック。うな重の上は4250～4400円。気取らない地元に愛される店では安田屋（→P.345）のわらじカツ丼980円～、たぬ金亭（→P.345）の豚玉丼900円～、自家製うどんうどき

わらじカツ丼は秩父で食べたい郷土グルメ

彩info 川越の身近な観光情報なら、小江戸川越観光協会のウェブサイト（URL koedo.or.jp）が便利。かわいいイラストと写真で、思わずクリックしたくなってしまう。

ち（→ P.69）の肉汁うどん 990 円～、麺屋忠兵衛（→ P.66）の煮ぼうとう 850 円～などもおすすめ。有機野菜食堂わらしべ（→ P.86）やヨロ研カフェ（→ P.353）なら地元野菜をたっぷり使った定食やランチを 1000 ～ 1500 円前後で楽しめる。

食費を節約したいなら、山田うどん食堂（→ P.362）やぎょうざの満洲（→ P.363）、日高屋（→ P.364）など埼玉発祥のチェーン店を利用するのもいい。

観光費は？

埼玉県の名所旧跡や博物館、テーマパークなどには入場料が必要な所もあり、料金は大人1人 500 ～ 1000 円程度が多い。アミューズメントパーク系だと、ムーミンバレーパークは1日券大人 3200 円。西武園ゆうえんちは1日レジャー切符大人 4400 円。長瀞・秩父のアクティビティだと、長瀞ラインくだりは大人 1800 円、秩父ジオグラビティパークはアクティビティ 3500 円～。

移動にかかる交通費も考慮しておこう。埼玉県には鉄道、路線バスなどが発達しているので、出費を抑えることができる。事前に情報を得て、お得な鉄道やバスの1日乗車券なども賢く利用しよう。どこを拠点にするかにもよるが、交通費は少なめに見積もって1日 1000 ～ 3000 円、スケジュールの都合でタクシーを使わなければならない可能性もあるので、予備費としてプラス 2000 円ぐらいを考えておこう。

買い物は？

旅先では財布のひもが緩んでしまいがち。自分の予算と相談して後悔しない賢い買い物がしたい。埼玉のおみやげの定番なら、行田の十万石まんじゅう（→ P.376）や熊谷の紅葉屋本店の五家宝（→ P.377）、いけだ屋の草加せんべい（→ P.377）が喜ばれる。自分だけの旅の思い出を留めておきたいなら、行田の創作足袋千代の松（→ P.375）などはいかがだろうか。足袋は試着も可能で 2450 円～だ。お酒好きなら、試飲して選べる武甲酒造（→ P.54）や武蔵ワイナリー（→ P.59）などを訪ねてみよう。

総額は？

経済的な旅を目指すなら、宿泊はホステルのドミトリーで1泊 3000 円、食費1日 3000 円、観光費1日 4000 円で、総額1日1万円＋買い物代が目安。少しは贅沢するなら、宿泊費1万円、食費 5000 円、観光費1万円で、総額1日2万 5000 円＋買い物代で十分調整ができるだろう。

■無料で入れる施設もある
ネットなどでの事前の予約が必要だが、無料で入れる陸上自衛隊広報センター りっくんランド（→ P.94）、JAXA 地球観測センター（→ P.97）などもある。

緑の渓谷を舟で楽しむ長瀞ラインくだり。家族みんなで楽しめる（ペットの乗船は不可）

■旅の最終日が土曜日なら絶対に GO！
大宮市場（→ P.382）や川越総合卸売市場（→ P.383）は土曜が一般開放デー。肉や魚、野菜、果物などの食品がスーパーより2～3割は安く、しかもおいしい。少々荷物になるかもしれないが、きっと満足するはず。

■ナイトライフ
リッチに夜のひとときを過ごすなら、7種類のクラフトビールが楽しめる川越の COEDO BREWERY THE RESTAURANT （→ P.395）がおすすめ。低予算で楽しめる立ち呑み モルガン（→ P.398）やとりあじ（→ P.398）なら、地元の人たちと仲よくなれるかも。

旅のシーズン

菜の花と桜の鮮やかなコントラストも楽しめる権現堂堤

■ちょこたび埼玉
URL chocotabi-saitama.jp

■秩父観光情報館
URL www.chichibuji.gr.jp/kankou-jyouhoukan

■熊谷市の桜開花（気象庁発表）
2020年
開花日 3月18日・満開日 3月25日
2021年
開花日 3月19日・満開日 3月30日
2022年
開花日 3月24日・満開日 3月30日

■羊山公園の芝桜の丘
芝桜：4月中旬〜5月上旬
URL navi.city.chichibu.lg.jp/p_flower/1808

■森林公園のネモフィラ
ネモフィラ：4月上旬〜下旬
URL www.shinrinkoen.jp/hana-ikimono.html

■牛島の藤
藤：4月中旬〜下旬
URL www.ushijimanofuji.co.jp

■山田の春祭り
URL www.chichibuji.gr.jp/event/yamadanoharumatsuri

■小鹿野春まつり
URL www.chichibuji.gr.jp/event/oganonoharumatsuri

埼玉で最も季節を感じられる場所は、西部の秩父だろう。山々と豊かな森が季節の移ろいを反映し、美しい色彩にあふれている。各地の公園でも花や新緑、紅葉などを楽しめる。

また、伝統的な祭りやイベントなども見逃せない。埼玉県公式観光サイト「ちょこたび埼玉」や各市町村のサイトなどを確認しよう。

春 春といえば、日本人ならまず桜を思い浮かべることだろう。埼玉にも各地に桜の名所がある。そのひとつが、権現堂公園にある権現堂堤（→P.106、274）の桜。大正時代に桜が植えられたのが始まりで、今や約1kmにわたって約1000本のソメイヨシノが桜のトンネルを作る花見の名所となっている。土手の下には菜の花畑が広がり、ピンクと黄色の美しいコントラストが見る人の心を和ませる。日本さくら名所100選にも選ばれた熊谷桜堤（→P.279）は約500本のソメイヨシノが咲き、熊谷さくら祭の間はライトアップも実施される。歴史的建築と桜の競演では忍城跡（→P.286）がおすすめ。城4階の展望室からの眺めは見事。また大宮公園（→P.130）や狭山稲荷山公園（→P.194）など身近な場所でも桜の花見が楽しめる。

桜以外にも、芝桜が美しい羊山公園の芝桜の丘（→P.106、309）や青空が地に舞い降りたような国営武蔵丘陵森林公園のネモフィラ（→P.106、239）、樹齢1200年の藤が咲き広がる牛島の藤（→P.178）など春の花の名所は多い。

桜の開花と合わせて行われる祭りが各所にあるが、川越の「小江戸川越春まつり」もそのひとつ。桜の咲く新河岸川沿いで舟遊びをしたり、鉄砲隊演武、はしご乗りなどの実演も行われる。

秩父の「山田の春祭り」は、秩父路に春を告げるといわれる祭り。恒持神社に3台の山車が集結し、町なかを曳き回され、夜は花火で締めくくられる。3月第2日曜日に行われる。また、「小鹿野春まつり」は秩父の小

川越氷川神社裏の新河岸川河畔で小江戸川越春の舟遊が開催される

羊山公園の芝桜の開花時期は4月中旬から5月中旬

ネタinfo 秩父には200以上の祭りがあるという。豊作を願ったり感謝したりする農業に関わる祭りと、疫病退散を祈る夏の祇園会から発展した祭りが多い。

鹿野町に伝わる秩父歌舞伎の舞台を屋外に組んで披露する壮麗な祭り。桜の咲くなか、豪華な山車が繰り出される。その雰囲気は華やかで、男性的な秩父夜祭に比べて女性的で優雅な祭りだ。4月の第3金・土曜日に行われる。

夏　6月上旬に秩父でホタルが飛び始め、しとしとと梅雨の気配が近づくと夏はもうすぐ。秩父市と皆野町にまたがる美の山公園（→ P.107、317）では桜、ツツジに続き約 3500 本のアジサイが色づきだす。蓮田根金ひまわり畑（→ P.107、269）では 7 月下旬から 10 万本のヒマワリが咲き誇り、訪れる人々に元気を振る舞ってくれる。行田市の古代蓮の里（→ P.107、287）では、約 2000 年前の種から発芽した行田蓮（古代蓮）が開花。園内にはピンクの行田蓮をはじめ、白や黄色の 42 種類もの蓮の花が見られる。

夏は埼玉でも祭りの季節。観光地川越で 7 月最後の週末に行われる「川越百万灯夏まつり」は藩主の盆に切子灯籠を作った由来による市民参加型の提灯まつり。提灯で飾られた通りでエイサーや路上ライブなどが行われる楽しいストリートフェスティバルにもなっている。このほか 7 月には、山車が繰り出して関東一の祇園と呼ばれる「熊谷うちわ祭」（7 月 20 ～ 22 日）、約 500 個の提灯を飾り付けた提燈山車が通りを巡行する「久喜提燈祭り」（7 月 12 ～ 18 日）などが行われる。8 月には 250 の灯篭が川面を照らす「古利根川流灯まつり」（8 月上旬）やサンバに御輿、盆踊りなどで盛り上がる「大宮夏まつり」（8 月上旬）などがある。また、浦和・大宮・岩槻の 3 会場で開催される「さいたま市花火大会」や対岸の板橋区と同時開催の「戸田橋花火大会」、1948 年から始まった伝統ある「熊谷花火大会」、「あげお花火大会」など、夏の夜空に約 1 万発以上打ち上げる花火大会も人気だ。

秋　秋は自然が最も大きな変化を見せ、美しく色づく季節。秩父山地では月の石もみじ公園（→ P.316）や三峯神社（→ P.24、46、311）など紅葉の名所も多く、例年 10 月下旬～ 11 月下旬頃が見頃となっている。秩父以外にも、平林寺（→ P.204）や天覧山（→ P.78）、名栗湖（→ P.200）、ムーミンバレーパーク（→ P.91、198）の宮沢湖などが紅葉の名所として名高い。

秋の花にも見どころは多い。曼珠沙華（彼岸花）が赤い絨毯のように地を覆う巾着田曼珠沙華公園（→ P.108、197）、約 350 種類、5000 株のダリアが咲く両神山麓花の郷ダリア園（→ P.108）、荒川河川敷を優雅に染める吹上コスモス

■美の山公園
アジサイ：6 月下旬～ 7 月上旬
URL www.pref.saitama.lg.jp/
b0504/minoyamakouen-top

■蓮田根金ひまわり畑
ヒマワリ：7 月下旬～ 8 月中旬
URL www.lotus-farm.sakura.ne.jp

■古代蓮の里
古代蓮：6 月中旬～ 8 月上旬
URL www.ikikiki-zaidan.or.jp/
kodaihasu

■川越百万灯夏まつり
URL www.kawagoe.or.jp/
natsumatsuri

■熊谷うちわ祭
URL uchiwamatsuri.com

■久喜提燈祭り
URL www.city.kuki.lg.jp/smph/
miryoku/summer_fes/chochin.
html

■古利根川流灯まつり
URL www.kankou-sugito.jp/
ryuutoumatsuri

■大宮夏まつり
URL www.city.saitama.
jp/006/014/009/010/p064373.
html

■巾着田曼珠沙華公園
曼珠沙華：9 月中旬～ 10 月上旬
URL www.kinchakuda.com

■両神山麓花の郷ダリア園
ダリア：9 月下旬～ 10 月下旬
URL ryokami.ogano.saitama.jp

■吹上コスモス畑
コスモス：10 月中旬～下旬
URL www.city.kounosu.saitama.jp/
kanko/event/1501809221819.
html

■こうのす花火大会
URL kounosuhanabi.com

■川越まつり
URL www.kawagoematsuri.jp

■吉田の龍勢
URL www.ryusei.biz

 彩info 川越まつりは江戸時代からほぼ変わらず伝えられてきた祭りで、「川越氷川祭の山車行事」として国の重要無形民俗文化財となり、ユネスコの無形文化遺産にも登録された。

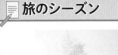

川越まつりの山車は2層の鉾と人形からなる江戸型が発展したもの

■城峯公園
冬桜：10月下旬〜12月上旬
🔗www.town.kamikawa.saitama.jp/soshiki/keizaikan/kankospot/322.html

■宝登山
ロウバイ：12月下旬〜2月下旬
🔗www.nagatoro.gr.jp/robaien

■越生梅林
梅：2月中旬〜3月中旬
🔗ogose-kanko.jp/tourist_attractions/ogose-bairin

■秩父夜祭
🔗www.chichibu-jinja.or.jp/yomatsuri

■おすすめの持ち物
●**帽子**：夏は日射病予防、冬は防寒に。特に子供には必須。
●**雨具**：折りたたみ傘が便利。簡単なハイキングなどを考えているならポンチョを、しっかりした山歩きの場合はレインコートを準備しよう。
●**健康保険証**：急に病院にかかったときのために。
●**あれば運転免許証**：身分証明書としても利用できる。
●**モバイルバッテリーと充電器**：冬に屋外を歩くと思いのほかスマホのバッテリー消耗が早い。

■夏は下着を多めに
下着は日数×2倍用意すると安心。こまめに洗濯しよう。

畑（→ P.108）などは、夏の花よりも情緒を感じさせてくれる。

10月は1万5000発の花火が夜空を染める「こうのす花火大会」（10月1日）で幕を開け、後半の第3土・日曜日になると「川越まつり」が始まる。氷川神社の祭礼であるこの祭りには30台もの豪華な山車が参加し、お囃子を載せて通りを曳き回される。見どころは、山車が交差点で向き合い、お囃子を競う「曳っかわせ」。江戸時代の祭りもきっとこんなだったのだろうなと思わせる、活気あふれる祭りだ。10月第2日曜日に行われる秩父「吉田の龍勢」は、龍に見立てた手造りロケットを打ち上げる奇祭。元寇で蒙古が使用した武器が起源とされ、爆音とともに飛翔するロケットに歓声が上がる。

冬 冬の足音が近づく10月下旬、城峯公園（→ P.109）では冬桜の開花が始まる。開花初期には紅葉と桜の美しい競演も見られる、貴重な場所だ。花の少ない冬に彩りを添えてくれるのが宝登山（→ P.109）のロウバイ。寒空を背景に、約3000本のロウバイが淡い黄色の花を咲かせる姿は壮観だ。関東三大梅林のひとつでもある越生梅林（→ P.109）で「梅まつり」が開催されるのが、2月中旬から3月下旬頃。もう春もそこまで迫っている。

秩父で単に「おまつり」といえば、12月2〜3日に行われる「秩父夜祭」のこと。秩父神社の例大祭で、凝った造りの屋台4基と笠鉾2基の計6基の山車が曳行される日本三大曳山祭のひとつだ。ユネスコの無形文化遺産にも登録されている。太鼓のリズムと夜空を彩る花火を背景に、豪華絢爛な山車が曳き回され、祝祭の熱気に満ちている。山車の上では曳き踊りや歌舞伎舞台も披露。最後に団子坂と呼ばれる坂を曳き上げられ、祭りはハイライトを迎える。

神川町の城峯公園では薄紅色の小さな八重の花が冬に咲き誇る

📝 服装について

埼玉の冬の寒さはさほどでもないが、国内最高気温を観測した熊谷市をはじめ、夏はかなり暑い。それだけ汗もかきやすいので、夏に訪れる場合は着替えのシャツや下着を多めに準備しよう。また紫外線除けの帽子やサングラス、アームカバー、日傘なども忘れずに。ハイキングを予定している人は、夏でも雨が降ると道がぬかるむことがあるので、山道で滑らないよう登山靴を履いて行くようにしよう。

旅に役立つ情報源

　旅を思い立ったら、まずはインターネットやガイドブック、地域の歴史や文化に関する書物などを参考にして情報を集めよう。最も身近で便利なのがインターネット上にある情報だが、サイトやSNSなどによってはあまり信頼できなかったり、古い情報がそのままになっていることもある。詳しい情報になればなるほど信憑性が重要になるので、最新情報かどうか、できれば複数のソースで確認しよう。

　基本的な観光情報には、埼玉県公式観光サイト「ちょこたび埼玉」が便利だ。観光スポットやモデルコース、ツアー情報などが充実し、宿泊やグルメ、ショッピングなども埼玉の地域ごとに検索できる。また埼玉全域の最新のイベント情報を調べるのにも非常に役に立つ。

各地の観光案内所を利用する

　埼玉県全域に、便利な観光案内所がある。たいていは駅の構内や駅前広場などアクセスの拠点近くにあるが、観光地の入口近くにもあったりする。ここでは無料の町の地図や観光案内パンフレットなどを配布しており、アクセス情報や個別の質問などにも口頭でも答えてくれる。地域に詳しい地元の人々が運営しているので、リアルタイムの確かな情報をゲットできるのが、ネットにはない強みだ。

　さらに一部の施設では、おみやげや特産品の販売、レンタサイクルの貸し出し、荷物の預かりなどのサービスを行っている。観光案内所がない町でも、自治体のウェブサイトで観光情報を発信しているところは多い。

　さいたま市の中心となる大宮駅には、改札を出たところに観光案内所がある。浦和駅には駅直結のショッピングセンター内に観光案内所がある。さいたま新都心駅には駅の東西自由通路上に観光案内所がある。

　西武秩父駅前には秩父地域の観光情報が揃った秩父観光情報館がある。観光、宿泊情報のほかレンタサイクルも利用できる。

　川越駅には川越駅観光案内所があり、観光に関するさまざまな情報を提供している。手荷物一時預かりサービスや川越市自転車シェアリングの申し込みなど利用価値は高い。川越市の観光案内所は本川越駅や仲町にもある。

　そのほか飯能駅、熊谷駅、深谷駅、行田駅、寄居駅、東松山駅などにも観光案内所があるので、ぜひ立ち寄ってみたい。

■ちょこたび埼玉
URL chocotabi-saitama.jp

■大宮観光案内所
URL www.stib.jp/ask/ask.shtml

■浦和観光案内所
URL www.stib.jp/ask/ask.shtml

■さいたま新都心観光案内所
URL www.stib.jp/ask/ask.shtml

■秩父観光情報館
URL www.chichibuji.gr.jp/kankou-jyouhoukan

■川越駅観光案内所
URL www.city.kawagoe.saitama.jp/shisetsu/kanko/kankoannaijo/index.html

熊谷駅北口にある観光案内所。各地で駅構内やロータリー沿いに設置されている

川越の仲町にある観光案内所は、由緒ある呉服店を改装した建物。訪れてみれば、土蔵造りの内部構造がよくわかる。

旅に役立つ情報源

◆おもな無料タウン誌

  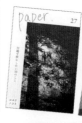 

■ **Acore おおみや**
URL acore-omiya.com

■ **たまログ**
URL tamalog.jp

■ **コエドノコト paper**
URL koedonokoto.sakurai-p.co.jp/

■ **Moteco 川越周辺版**
URL moteco-publishing.co.jp

■ **とねじん**
URL chuco.co.jp/modules/fm/
index.php?content_id=104

■ **クッキーズ**
URL chuco.co.jp/modules/fm/
index.php?content_id=103

■ **ぱど 埼玉西版**
URL ns-pado.co.jp

✎ タウン情報誌は情報の宝庫

　密度の濃い地元情報を提供しているのが、地域に特化したタウン情報誌。駅や文化施設、観光案内所などで無料配布されていることが多い。じっくり目を通せば、あまりガイドブックに載っていない地元で評判のレストランなどが見つかることも。ほとんどの情報誌はウェブサイトでも読めるので、事前にチェックしよう。

◆ Acore（アコレ）おおみや
　2009年創刊、隔月発行のさいたま市の大宮を中心としたタウン誌。文化、イベント情報やグルメ・ショップ情報なども充実。サイトでも閲覧でき、配布場所もわかる。

◆たまログ
　毎月発行でさいたま市全域を対象にしたフリーペーパー。食や遊び、暮らし、美容などに関する細かい情報がにぎやかに並ぶ。地域のレストランなどのお得な情報が充実。観光案内所ほかで配布されている。

◆コエドノコト paper
　小江戸川越の文化やイベントなどについて情報を発信する、フリーマガジン。川越の歴史や文化に関する特集読み物があり、川越により親しみが湧いてくる。小粋なデザインも秀逸。駅などで配布されている。

◆ Moteco(モテコ)川越周辺版
　飲食、美容、アミューズメントなど100以上の旬の情報と、お得なクーポンなどがめじろ押しのタウン情報誌。毎月発行、季節限定のおもしろ企画なども興味深い。「熊谷・上尾周辺版」も発行。ウェブサイトで閲覧可。

◆とねじん
　羽生市、加須市、行田市の埼玉北東部のタウン情報誌。グルメやエステ、健康スポットなどの情報を毎月発行。読者の生の声を多く取り上げているのが特徴。

◆クッキーズ
　久喜市の魅力が満載のタウン情報誌。グルメや健康など市民生活に直結した情報や課題などを毎月発行。各戸配布のほか、クッキープラザ、久喜総合文化会館などに設置。

◆ぱど 埼玉西版
　所沢、入間・飯能・日高、狭山・新所沢、ふじみ野・富

埼玉県にある道の駅は、ちちぶなど全20ヵ所。休憩や食事、地域の特産品やおみやげを購入できるほか、観光や地域情報を入手できる。大滝温泉と両神温泉薬師の湯には、日帰り温泉入浴施設も併設。

士見、川越の5エリアからなる月1回発行の地域情報誌。ポスティングで家庭へ配布し、サイトでPDFの閲覧も可。

荷物を預けられる所

通常、ホテルに着いてからチェックインまでの間や、ホテルをチェックアウトしたあとの夜までは、ホテルで無料で荷物を預かってもらえる。問題はホテルが駅や観光地から離れていて、荷物を置いたり取りに行ったりする時間がもったいないと思うようなとき。そんな場合は、有料だが、駅のコインロッカーなどを利用するといいだろう。

観光シーズンとなると、駅のコインロッカーが全部使用中というケースもある。そんな場合は、「ecbo cloak（エクボクローク）」というスマホアプリを利用したサービスが便利。これは、一般のレストランやお店などの空いているスペースに荷物を預けられるよう、荷物を預けたい人と空きスペースがある店舗をつなぐサービスで、当日でも利用が可能。アプリに登録したクレジットカードで支払いを済ませれば、預けるときはQRコードを見せるだけでOKだ。埼玉県のどこで利用が可能か、あらかじめ確認をしておこう。

手荷物配送を利用する

移動が通勤通学の時間と重なる場合、大きな荷物を持って鉄道などで移動するのはとても大変。時間をずらせばいいが、そうもいかないことは多いだろう。そんなときは宅配便を使って、身軽になって移動するのも選択肢のひとつ。注意したいのは、行きに荷物を送る場合は宿泊する当日に荷物がホテルに届くよう、運送会社に確認して発送すること。何日も前に着いてしまっては、ホテルに迷惑がかかる。

またヤマト運輸は、JR東京駅直結のカウンターで、11:00までの受付分を当日に埼玉県内に配達する「手ぶら当日配送」のサービスも行っている。東京駅に着いてから身軽になって移動できる。

スマホの充電サービス

旅に出る際は必ずモバイルバッテリーを持っていこう。それでもバッテリー切れになってしまうこともあるだろう。そんなときのために、事前に充電スポットを探せるアプリを探して入れておくと便利だ。

またコンビニなどでモバイルバッテリーを借りて、充電し終わったら別のコンビニに返却できるモバイルバッテリーシェアリングのアプリ「ChargeSPOT」も、緊急のときにあると非常に助かるアプリだ。

最近は駅の待合室などに充電スポットがあったり、一部のコンビニやレストランなどでも充電できる場合がある。

駅のコインロッカーはSuicaなど電子マネー決済で利用するものが増加中

■トイレ探しに役立つアプリ
特に女性の場合、観光途中のトイレにも悩みの種。なるべくきれいなトイレの場所をおさえておきたい。以下のようなアプリやサイトを使って、心置きなく旅を楽しもう。

●トイレ情報共有マップくん
GoogleMAPと連動して、トイレまでナビで案内。和式洋式、洗浄機能付き、車椅子対応などの情報もひと目でわかる。

● Check A Toilet
トイレ検索サイト。住所、施設名、郵便番号などからサクッとトイレの場所を検索。GoogleMAPに表示される。
URL www.checkatoilet.com

■エクボクローク
URL cloak.ecbo.io/ja
料 最大の辺が45cm未満は400円、それ以上は700円

■ヤマト運輸手ぶら当日配送サービス
URL www.kuronekoyamato.co.jp/ytc/customer/send/services/hands-freetravel/

■ ChargeSPOT
URL www.chargespot.jp
料 30分未満165円〜、6時間未満330円、最大レンタル時間120時間まで1650円

旅の安全情報とトラブル対策

■警察
TEL 110

■けいさつ総合相談センター
TEL # 9110

■救急
TEL 119

■救急安心センター
TEL # 7119
救急車を呼ぶか判断できないときはまずこちらで相談を。

■埼玉県警察事件事故発生マップ
埼玉県内で発生した犯罪発生状況と交通事故発生状況を表示。
URL webmap.police.pref.saitama.lg.jp/machikado/webmap/mapaddress_top.html

ハイキングの出発は午前早めに
埼玉西部には、秩父山地などハイキングや登山を楽しめる場所がたくさんある。山を訪れる場合は、午前中の早めに出発して必ず明るいうちに下山できるように計画を立てよう。山の中では平地より夕暮れが早く、街灯もないので見る間に真っ暗になってしまう。またなるべくひとりでの行動は避け、どうしてもひとりの場合は人の往来が多いポピュラーなコースを選ぶようにしよう。このほか、イノシシやツキノワグマが出没するところもあるので、熊よけの鈴や笛も持っていくと安心だ。

ハイキングでは標識をチェックしながら歩き、地元の人に道を確認しながら楽しもう

■登山・登山道に関する情報
URL www.pref.saitama.lg.jp/soshiki/b0504/tozanjoho/index.html

治安がいいといわれる日本。埼玉県も例外ではなく、ほかの地域と比べて治安が悪いということはないが、夜の繁華街はもちろん、たくさんの人が集まるお祭りやイベントなどに出かける際は、トラブルに巻き込まれないように細心の注意を払いたい。土地勘がない場所では思わぬ事故に遭いやすく、また旅先では気も緩みがちなので注意しよう。

自然が豊かで山に入る機会も多い埼玉西部では、無理をすると、山道で迷ったり足を痛めたりする可能性がある。人里離れた場所では助けを得るのにも時間がかかる。自然の偉大さに敬意を払いながら楽しもう。

埼玉県の治安

◆ひったくり、置き引き

治安がいい場所でも、やはり金銭目当ての軽犯罪は多く起こっている。特にひったくりや置き引きなどは、被害者の約7割が女性といわれているので、気を抜かず注意してほしい。肩かけバッグなどを持っている場合は、オートバイや自転車によるひったくりに注意。車道側に持たない、貴重品を入れておかないなどの対策も必要だ。またとっさに抵抗して引きずられると危険なので、ひったくりに遭ってしまったら、諦めて手を離すことも大切。代わりにプレート番号や犯人の特徴を覚えておこう。

また、荷物の置き引きにも注意しよう。飲食店などで荷物を置いての場所取りやトイレに行く際など、ちょっとの間でも荷物を目の届かない状態にしないように。

さいたま市のような都会の夜の繁華街には、いわゆるボッタくりバーのような不当な請求をする店の存在も報告されている。旅先だからといって羽目を外し過ぎるのはくれぐれも禁物だ。

◆交通事故

都会よりも地方のほうが車社会といわれ、交通量は多い。その割に道路は道幅が狭く、歩道がないようなケースがままある。そんな道を話しながら並んで歩くのは非常に危険。道路を歩く場合は前後左右、車に注意しながらゆっくり歩こう。埼玉県の2022年の交通事故死者数は104人だった。

おもなトラブル対策

◆体調不良やけが

海のない埼玉県は夏には気温が上がり、熊谷市のように

埼玉は健康県で、厚生労働省の「国民医療費の概況」によると2020年度のひとり当たりの医療費は29万8200円で、全国で1番少ない金額であった。

国内観測史上最高の 41.1℃の記録をもつ場所もある。夏に旅をする場合は水分補給を心がけ、日焼け対策などもして熱中症にならないよう気を付けよう。もし急に具合が悪くなったりけがをしたときは、ホテルや観光案内所、近くの商店などで地元の人に相談しよう。症状が治まらなければ救急車を呼ぶことも考慮しよう。

　緊急の場合に備えて、短い期間の旅でも保険証などを持参するようにしよう。

◆航空券や乗車券をなくしたら

　紛失を防ぐ意味でも、e チケットなどは、スマホのアプリを利用したデジタル形式を利用したい。仮にスマホを紛失しても、身分証明書を提示すれば問題なく搭乗できる。

　JR にはネット予約と交通系 IC カード利用でチケットレスとなるサービスがある。紙のきっぷをなくした場合、駅の係員にその旨を話して「紛失再発行用」きっぷを買い、下車駅で「再収受証明」を受ける。紛失したチケットが 1 年以内に見つかれば、払い戻してもらえる。

◆忘れ物、落とし物をしたとき

　駅構内や列車内で忘れ物、落とし物をしたときは、通常は、当日中ならその駅、または列車の最終駅に電話で問い合わせる。翌日以降はシステム登録されるので、電話などで問い合わせて検索してもらう。見つかった場合受け取りは集約駅となり、身分証明書が必要。また取りに行けない場合は、着払いで発送してもらえることもある。

　埼玉県内の路線バスで忘れ物をしてしまった場合、通常は、ウェブサイトなどで調べて利用した路線の運行営業所に電話で問い合わせる。乗車日時、忘れた品物の特徴などを告げ、見つかれば受け取り方法を確認する。

　タクシー利用時に忘れ物をした場合、タクシー事業者へ、事業者がわからない場合は最寄りの警察に問い合わせよう。タクシーの領収書は必ずもらっておくようにするといい。

☑ 自然災害

　昨今の気候変動の影響で、豪雨による川の増水、土石流の発生などの自然災害が頻発している。被害の起きやすい山間部を訪れる場合は天気予報をチェックし、少しでも天気が荒れる可能性があれば計画を変更しよう。また大きな地震が起きたときの行動も確認しておこう。

◆旅先で災害に遭ったら

　「埼玉県防災ポータルサイト」では、地震、台風、土砂災害などの緊急情報と避難情報、各自治体の避難場所などを発信している。非常時の情報をプッシュ通知で教えてくれる「まいたま防災アプリ」もあり、スマホに入れておくと安心だ。

■さいたま市保健福祉局
URL www.city.saitama.jp/006/015/041/index.html

■航空券や乗車券の紛失、忘れ物時の連絡先
● JAL
TEL 03-5460-0522
● ANA
TEL 03-6428-3799
● JR 東日本
TEL 050-2016-1601
●西武鉄道
TEL 04-2996-2888
●東武鉄道
TEL 03-5962-0102
●秩父鉄道
TEL 048-580-6363

■埼玉県 川の防災情報
URL suibo-river.pref.saitama.lg.jp/mainMap.html

■埼玉県防災ポータルサイト
URL www.pref.saitama.lg.jp/theme/anzen/index.html

●まいたま防災アプリ
URL www.pref.saitama.lg.jp/a0105/maitama/maitamabosai.html

■災害時の安否確認サービス
●災害用伝言ダイヤル
TEL 171（各通信会社共通）
使い方 URL www.ntt-east.co.jp/saigai/voice171
ウェブ版 URL www.ntt-east.co.jp/saigai/web171
● au 災害用伝言板サービス
URL www.au.com/mobile/anti-disaster/saigai-dengon
● NTT ドコモ災害用伝言板サービス
URL www.docomo.ne.jp/disaster/disaster_board
●ソフトバンク災害用伝言板／災害用音声お届けサービス
URL www.softbank.jp/mobile/service/dengon

秩父で登山をする際は、義務ではないが、念のため電子申請登山届の提出（URL www.police.pref.saitama.lg.jp/d0010/shinse/tozan.html）をしておこう。

習慣とマナー

■エスカレーターでは歩行は禁止

埼玉県ではエスカレーターでの歩行は禁止されているので、ステップに立ち止まって利用する。ただ、長年の習慣からエスカレーターを歩いて移動したりする人もいるかもしれない。そんな人との無用のトラブルを避けるためにも、ステップの左側（関西の右側とは逆）の黄色い枠の内側に立ち、左手でベルトをつかみ、キャリーバッグなどはしっかり引き寄せて、立ち止まって乗っていこう。

2021年10月に日本初の条例が埼玉県で施行された。ハンディキャップのある人を考慮しエレベーターは片側空けではなく左右両側に立ち止まって利用しよう

■女性専用車

埼玉県内を走るJR東日本では、京浜東北線、埼京線、川越線で、西武鉄道では西武池袋線、西武新宿線で、東武鉄道では東武東上線、東武伊勢崎線で平日朝の通勤通学時間帯に実施されている。

■車両内での飲食

2023年1月現在、新型コロナウイルスの影響でいまだに車内のマスク着用が欠かせない状態が続いているので、都市部の路線では簡単な水分補給以外の車内での飲食は事実上不可能。禁止されてはいないが、周囲の冷たい視線を集めることになる。

埼玉独自の習慣やマナーはほとんどない

日本に住んでいる人なら、埼玉を訪れて驚くような埼玉の習慣に出合うというような機会はほとんどない。ただ関西方面に住んでいる人は、埼玉というより関東の習慣に少し戸惑うことがあるかもしれない。それでも常識の範囲を超えることはないはずで、何事も周りの様子を見てそれに合わせていれば問題となることはないだろう。

✏️ 電車でのマナー

埼玉県には東京のベッドタウンとなっている地域が多く、コロナ禍で多少緩和されたとはいえ、通勤通学の時間帯には満員電車に乗らなくてはならない可能性が高い。子供連れの場合などは、極力この時間を避けて電車で移動することをおすすめしたい。

◆乗車するとき

▶通勤通学の混雑時には、最前部か最後部に「女性専用車」が設けられている路線もある。なお小学生以下の男の子、身体の不自由な人とその介助者の男性も利用可能。

▶乗る前は、ホームに表示された待ちスペースに並ぶ。乗降の多い駅では先発（次の電車）の待ちスペースの脇に次発（次の次の電車）の待ちスペースが設けられている所もある。

▶凹凸がある黄色い線は点字ブロックなので、その上に立ち止まったり荷物を置いたりしてはいけない。

▶電車が到着したらドアの両端に寄り、降りる人が済んでから乗り込む。なお乗降の少ない一部区間では、ドア横の開閉ボタンを自分で押してドアを開ける必要がある。

▶発車直前の駆け込み乗車は危険だし、ほかの乗客の迷惑にもなるので絶対にやめる。時間にも心にも、余裕をもった旅を心がけよう。

◆車内で

▶車内が混雑しているときは、荷物の持ち方にも気を配ろう。立っているときリュックなどは背負わず、ほかの乗客にぶつからないよう前に抱えるか、網棚か足元に置こう。

▶携帯電話はマナーモードに設定し、通話は控える。

▶駅に停車した際、もし自分がドア付近に立っていたら、降りる人の邪魔にならないようにいったんホームに降りる。

▶車両の端には優先席がある。優先席に限ったことではないが、お年寄りや妊婦、身体の不自由な人など席を必要

埼京線は「痴漢」が多いことでも有名。「痴漢をされたくないお客様は後ろの車両をぜひご利用ください」という駅アナウンスが、批判もされたが注目を集めた。

としている人がいたら席を譲ろう。

バスでのマナー

埼玉県の路線バスは、乗車距離に応じて区間ごとに運賃が増加する運賃距離制が多く、ごく一部に運賃定額制もある。運賃距離制の場合、後扉から乗車し、前扉から降車する路線バスがほとんど。

▶ 運賃距離制の場合は、乗車時に交通系ICカードを読み取り機にタッチして反応を待つ。現金で支払う場合は整理券を取る（始発から乗る場合は整理券なしがほとんど）。降車の際、運転席横の料金箱に、交通系ICカードをタッチする。現金の場合は、電光掲示板に整理券番号ごとに表示される運賃を見て、所定の現金を整理券と一緒に投入する。おつりは出ないので、あらかじめ両替機で小銭に替えておく。5000円札、1万円札は両替できない場合もあるので、なるべく小銭を用意しておこう。

▶ 定額制のバスは前扉から乗車し、後扉から下車する。交通系ICカードは乗車時に運転席横の料金箱にタッチし、現金は運賃を料金箱に投入する。

▶ 座席がいっぱいで立たなければいけない場合は、できるだけ後方から詰めて立つこと。携帯電話は必ずマナーモードにして車内での通話は控える。

▶ バスを降りるときは降車ボタンを押して、バスが完全に停止してから席を立つこと。慌てて立ち上がると、止まった反動で転んでしまう危険がある。

タクシーでのマナー

▶ 駅や観光地入口などのタクシー乗り場で待つのが一般的。市街地では、手を上げて流しのタクシーを呼び止める方法もある。タクシー配車アプリ「GO」を利用するのもおすすめだ。埼玉県ではほとんどの地域が対応エリアに含まれている。配車アプリを使う場合は、車の停めやすい場所を乗車地にするのがポイント。車を見つけやすい利点もある。

▶ タクシー走行中は、後部座席も含めすべての席でシートベルトの着用が義務づけられている。目的地に着いて支払いを済ませたら、忘れ物があった場合などに役立つので、念のため領収書はもらっておこう。現金以外のクレジットカード、交通系ICカードを支払いに利用する場合、まれに対応していないこともあるので、乗車時や配車予約時に利用可能か確認しよう。なお「GO Pay」登録を済ませて配車アプリ「GO」を利用した場合、GO Pay用タブレットにスマホをかざすだけで支払いを済ませることもできる。

■ with コロナ時代のマナー

ほぼすべての交通機関で、車内、駅構内での乗客のマスク着用が呼びかけられ、マナーとしても定着している。車内を見渡せば、ほぼ100%の乗客がマスクを着用している。マスクは、できれば不織布製のものを、鼻までしっかり隠れるよう装着しよう。ただマスクをしていても、大声で会話を続けるのはマナー違反。

■利用可能な交通系ICカード

埼玉県の路線バスでは、JR東日本のSuicaや私鉄系PASMOのほかに、JR北海道のKitaca、名古屋系のmanaca、JR東海のTOICA、関西系のPiTaPa、JR西日本のICOCA、福岡市交通局のはやかけん、西鉄系のnimoca、JR九州のSUGOCAが利用可能。

■外国人への配慮

円安や日本への旅行ブームなどから日本を訪れる外国人観光客は増え続けている。リピーターも多く、地方で出会う外国人には日本通を自認している外国人も多い。それでもやはり日本と外国では、文化や習慣に異なる点も多く、彼らと交流するのを恐れる必要はないが、やはり気を付けておきたいこともある。例えば、かわいいからといって子供の頭をなでたりすると「縁起が悪い」と感じる文化もある。基本的に、子供や女性にはこちらからむやみに触れないほうがいい。また信仰する宗教により食べられない食材があったり、アルコール類が禁止という場合もある。むやみに食べ物やお酒をすすめるのは慎みたい。

■タクシー配車アプリ「GO」

スマホのアプリにクレジットカードを登録しておけば、「GO Pay」を利用できる。
URL go.mo-t.com

座席を自分の荷物で塞いで、ほかの乗客が座れなくしてしまうのはマナー違反。荷物はひざの上か網棚、足元に置いて皆が座れるよう譲り合おう。

習慣とマナー

■ドローン撮影について
ドローンは、仮に落下した場合事故につながる恐れがあることから、通常人口集中地域などでは無許可で飛ばすことはできない。ドローンによる撮影を計画している場合は、可能かどうか各自治体に確認してから行うこと。

■さいたま市の路上喫煙禁止区域
さいたま市では、大宮駅、浦和駅、さいたま新都心駅など市内12の駅周辺を路上喫煙禁止区域および環境美化重点区域に指定している。区域内では路上喫煙やポイ捨て行為が罰則の対象になり、従わない場合は2000円の過料徴収となる。

■ハイキングのマナー
①整備された散策路やトレイルを外れないこと。ルートを外れると、そこで育つ植物を踏み荒らしてしまうことになる。自然に対する敬意を忘れないようにしよう。
②野生動物とは適正な距離を保ち、決して餌を与えたりしないこと。よかれと思ってしたことでも、人に近づくことを覚えた野生動物はそのためにいつか駆除されてしまうかもしれない。親切心が、場合によっては野生動物を病気や死に追いやってしまうこともあるのだ。
③ゴミは必ず持ち帰ること。環境汚染につながるプラスチックゴミなどはもちろんのこと、食べ残しも野生動物がゴミを目当てに集まってしまわないよう、きちんと持ち帰ろう。
④途中ですれ違う人には、明るく「こんにちは」とあいさつしよう。ときには道を譲り合ったりしなければならないこともあるし、お互い気持ちよく自然を楽しもう。

携帯電話のマナー

車内での携帯電話はマナーモードに設定し、通話は控えよう。優先席の近くでは混雑時に電源を切ることが求められている。また神社や美術館、博物館などでは、マナーモードにすること。特に注意したいのは歩きスマホ。通行の邪魔になり、転倒事故を起こす可能性もある。スマホを利用するときは、人の迷惑にならない場所に立ち止まって操作しよう。

写真撮影は十分注意して

誰もが気軽に撮影できる現在だからこそ、肖像権や著作権など他人の権利を侵害することのないよう気をつけなければならない。景色を撮ったつもりでも、そこに他人が写り込んでいれば、場合によっては肖像権侵害になることもある。かわいいからといって勝手に子供を撮るのも厳禁。必ず親の許可を得てから撮影すること。撮影した写真をSNSなどにアップする場合は、写り込んでいる人が特定できないようボカシを入れるなど、細心の注意が必要だ。
美術館や博物館などでも、館内で撮影が可能かどうか、必ず確認してから撮影をしよう。

喫煙のマナー

2020年4月1日から改正健康増進法が施行されている。通常、屋内屋外を問わず公共の場所や公共交通機関内、飲食店、ホテルなどは原則として禁煙で、電子たばこも同様の扱いだ。「喫煙可能室」や「喫煙可」などと表示された空間以外は、すべて喫煙不可と考えたほうがいいだろう。また多くの自治体が、駅前や繁華街などを禁煙とした「路上喫煙禁止区域」を設けており、命令に従わない場合は過料を徴収される。自然の中なら大丈夫と思うかもしれないが、キャンプ場なども原則禁煙で、喫煙場所を限定していることもある。喫煙する場合は指定された場所で、もちろん携帯灰皿は必携だ。

飲酒の注意

新型コロナウイルスの流行でいわゆる「路上飲み」が問題となった。日本ではお花見などの習慣もあり、喫煙のように条例で禁止するのは難しいが、公共の場所で酔っ払った姿をさらすのはカッコ悪いし、人に迷惑をかけるのはマナー違反。飲酒はほどほどに、楽しむ範囲に留めよう。

大宮や浦和などには立ち飲みスポットも多い

 埼玉の観光スポットでは自撮り棒の使用を禁止している場所が多い。鉄道駅の構内、ホーム、車内では全面禁止だ。トラブルや苦情が多いので、使用する場合は周囲の迷惑にならないよう気配りを。

神社と寺院

　大勢の参拝客が訪れる観光名所としてどんなに有名な神社や寺院でも、神聖なる宗教施設であることを忘れずに。信仰のため厳粛な気持ちで参拝している信徒もいるので、大声を出したりはしゃいだりするのは慎もう。

　参拝の作法は厳密には各神社や寺院、宗派によって異なるが、一般的なお参りのやり方とマナーは以下のとおり。

▶鳥居や山門をくぐる際は帽子を取って軽く一礼。

▶神社では参道の中央は神様の通り道とされているので、両端を歩く。中央を横切るときには軽く頭を下げること。

▶手水舎の柄杓でまずは左手を清め、次に右手を清めたら、手のひらにためた水で口をすすぎ、身を清める。

▶拝殿に進んだら賽銭を入れ、軽く鈴を鳴らして拝礼する。

▶一般的に神社では二礼・二拍手・一礼、寺院では合掌して最後に一礼する。

▶帰る際にも、鳥居や山門を出たら向き合って一礼。

温泉とスーパー銭湯でのマナー

　埼玉県内には源泉かけ流しの温泉のほか、日帰りで気軽に行けるスーパー銭湯なども多い。タオルやボディソープ、シャンプーなどの入浴セットが販売されていたり、タオルのみ有料でボディソープやシャンプーは無料で備え付けられている入浴施設がほとんどなので、手ぶらで利用することが可能だ。リラックスして気持ちよく過ごすために、以下のマナーに注意して、観光の疲れを洗い流そう。

▶湯船に入る前にはかけ湯をして身体をさっと洗い流す。

▶タオルは身体を洗ったり拭いたりするときに使うものなので、湯船には入れないこと。

▶髪が長い人は、髪の毛が湯船につからないよう束ねておく。

▶洗い場ではシャワーの向きに注意して、周囲の人に水しぶきや泡がかからないよう配慮する。

▶洗い場に荷物を置くなどして、場所取りをしないこと。譲り合って利用しよう。

▶イスや桶を使ったあとは軽く洗って元の場所に戻す。桶は水が入らないように伏せておくこと。

▶サウナに入る前には、濡れた身体を軽く拭く。サウナを出たあとは、汗を流してから水風呂などに入ろう。

▶湯上がりには、脱衣所の床を濡らさないよう、絞ったタオルで全身を拭いてから出ること。

▶脱衣所や浴室では携帯電話やスマートフォンを使わないこと。

▶湯あたりに注意。水分補給を忘れずに、いくら気持ちがよくてもあまり長湯し過ぎないよう気をつけよう。

■参拝時の服装

参拝客が多い寺社では、カジュアルな服装でも構わないが、あまりにも肌の露出が多い格好や奇抜なファッションは避けるべきだろう。寺社によっては正装で参拝する人もいるので、場の雰囲気を壊さないように気を配りたい。

■御朱印の頂き方

御朱印は寺社に参拝した証となるものなので、社殿や本堂などをお参りしてから頂くこと。コロナ禍においては、御朱印帳に直書きではなく、書き置きのみという場合もある。御朱印を頂く際に納める初穂料(寺院では志納料という)は300～500円が多いので、小銭を用意しておこう。

御朱印帳は神社と寺院で分けないと御朱印を頂けない場合もあるので注意

■タトゥーはNG

入れ墨やタトゥーがある人は、温泉やスーパー銭湯などへの入場を断られる場合がある。タトゥーシールやボディペイントも同様なので、注意を。

気軽にリフレッシュできる立ち寄り温泉が点在している

混浴トラブル防止などのため公衆浴場法施行条例が改正され、埼玉県では2022年10月1日より混浴制限年齢が10歳以上から7歳以上に引き下げられた。異性の親子が一緒に入浴できるのは7歳未満まで。

索引 INDEX

索 引

索引

地球の歩き方 シリーズ一覧

2023年1月現在

*地球の歩き方ガイドブックは、改訂時に価格が変わることがあります。 *表示価格は定価（税込）です。 *最新情報は、ホームページをご覧ください。www.arukikata.co.jp/guidebook/

地球の歩き方 ガイドブック

A ヨーロッパ

A01	ヨーロッパ	¥1870
A02	イギリス	¥1870
A03	ロンドン	¥1760
A04	湖水地方＆スコットランド	¥1870
A05	アイルランド	¥1980
A06	フランス	¥1870
A07	パリ＆近郊の町	¥1980
A08	南仏プロヴァンス コート・ダジュール＆モナコ	¥1760
A09	イタリア	¥1870
A10	ローマ	¥1760
A11	ミラノ ヴェネツィアと湖水地方	¥1870
A12	フィレンツェとトスカーナ	¥1870
A13	南イタリアとシチリア	¥1870
A14	ドイツ	¥1980
A15	南ドイツ フランクフルト ミュンヘン ロマンチック街道 古城街道	¥1760
A16	ベルリンと北ドイツ ハンブルク ドレスデン ライプツィヒ	¥1870
A17	ウィーンとオーストリア	¥1870
A18	スイス	¥1870
A19	オランダ ベルギー ルクセンブルク	¥1870
A20	スペイン	¥1870
A21	マドリードとアンダルシア	¥1760
A22	バルセロナ＆近郊の町 イビサ島／マヨルカ島	¥1760
A23	ポルトガル	¥1815
A24	ギリシアとエーゲ海の島々＆キプロス	¥1870
A25	中欧	¥1980
A26	チェコ ポーランド スロヴァキア	¥1870
A27	ハンガリー	¥1870
A28	ブルガリア ルーマニア	¥1980
A29	北欧 デンマーク ノルウェー スウェーデン フィンランド	¥1870
A30	バルトの国々 エストニア ラトヴィア リトアニア	¥1870
A31	ロシア ベラルーシ ウクライナ モルドヴァ コーカサスの国々	¥2090
A32	極東ロシア シベリア サハリン	¥1980
A34	クロアチア スロヴェニア	¥1760

B 南北アメリカ

B01	アメリカ	¥2090
B02	アメリカ西海岸	¥1870
B03	ロスアンゼルス	¥1870
B04	サンフランシスコとシリコンバレー	¥1870
B05	シアトル ポートランド	¥1870
B06	ニューヨーク マンハッタン＆ブルックリン	¥1980
B07	ボストン	¥1980
B08	ワシントンDC	¥1870

B09	ラスベガス セドナ＆グランドキャニオンと大西部	¥1870
B10	フロリダ	¥1870
B11	シカゴ	¥1870
B12	アメリカ南部	¥1980
B13	アメリカの国立公園	¥2090
B14	ダラス ヒューストン デンバー グランドサークル フェニックス サンタフェ	¥1980
B15	アラスカ	¥1980
B16	カナダ	¥1870
B17	カナダ西部 カナディアン・ロッキーとバンクーバー	¥1760
B18	カナダ東部 ナイアガラ・フォールズ メープル街道 プリンス・エドワード島 トロント オタワ モントリオール ケベック・シティ	¥2090
B19	メキシコ	¥1980
B20	中米	¥2090
B21	ブラジル ベネズエラ	¥2200
B22	アルゼンチン チリ パラグアイ ウルグアイ	¥2200
B23	ペルー ボリビア エクアドル コロンビア	¥2200
B24	キューバ バハマ ジャマイカ カリブの島々	¥2035
B25	アメリカ・ドライブ	¥1980

C 太平洋 / インド洋島々

C01	ハワイ1 オアフ島＆ホノルル	¥1980
C02	ハワイ2 ハワイ島 マウイ島 カウアイ島 モロカイ島 ラナイ島	¥1760
C03	サイパン ロタ＆テニアン	¥1540
C04	グアム	¥1980
C05	タヒチ イースター島	¥1870
C06	フィジー	¥1650
C07	ニューカレドニア	¥1650
C08	モルディブ	¥1870
C10	ニュージーランド	¥1870
C11	オーストラリア	¥2200
C12	ゴールドコースト＆ケアンズ	¥1870
C13	シドニー＆メルボルン	¥1760

D アジア

D01	中国	¥2090
D02	上海 杭州 蘇州	¥1870
D03	北京	¥1760
D04	大連 瀋陽 ハルビン 中国東北地方の自然と文化	¥1980
D05	広州 アモイ 桂林 珠江デルタと華南地方	¥1980
D06	成都 重慶 九寨溝 麗江 四川 雲南	¥1980
D07	西安 敦煌 ウルムチ シルクロードと中国北西部	¥1980
D08	チベット	¥2090
D09	香港 マカオ 深セン	¥1870
D10	台湾	¥1870

D11	台北	¥16■
D13	台南 高雄 屏東＆南台湾の町	¥16■
D14	モンゴル	¥20■
D15	中央アジア サマルカンドとシルクロードの国々	¥20■
D16	東南アジア	¥18■
D17	タイ	¥18■
D18	バンコク	¥18■
D19	マレーシア ブルネイ	¥20■
D20	シンガポール	¥19■
D21	ベトナム	¥20■
D22	アンコール・ワットとカンボジア	¥18■
D23	ラオス	¥20■
D24	ミャンマー（ビルマ）	¥20■
D25	インドネシア	¥18■
D26	バリ島	¥18■
D27	フィリピン マニラ セブ ボラカイ ボホール エルニド	¥18■
D28	インド	¥20■
D29	ネパールとヒマラヤトレッキング	¥22■
D30	スリランカ	¥18■
D31	ブータン	¥19■
D33	マカオ	¥17■
D34	釜山 慶州	¥15■
D35	バングラデシュ	¥20■
D37	韓国	¥20■
D38	ソウル	¥16■

E 中近東 アフリカ

E01	ドバイとアラビア半島の国々	¥20■
E02	エジプト	¥19■
E03	イスタンブールとトルコの大地	¥20■
E04	ペトラ遺跡とヨルダン レバノン	¥20■
E05	イスラエル	¥20■
E06	イラン ペルシアの旅	¥22■
E07	モロッコ	¥19■
E08	チュニジア	¥20■
E09	東アフリカ ウガンダ エチオピア ケニア タンザニア ルワンダ	¥20■
E10	南アフリカ	¥22■
E11	リビア	¥22■
E12	マダガスカル	¥19■

J 国内版

J00	日本	¥33■
J01	東京	¥20■
J02	東京 多摩地域	¥20■
J03	京都	¥22■
J04	沖縄	¥22■
J05	北海道	¥22■
J07	埼玉	¥22■
J08	千葉	¥22■

地球の歩き方 aruco

●海外

1	パリ	¥1320
2	ソウル	¥1650
3	台北	¥1320
4	トルコ	¥1430
5	インド	¥1540
6	ロンドン	¥1320
7	香港	¥1320
9	ニューヨーク	¥1320
10	ホーチミン ダナン ホイアン	¥1430
11	ホノルル	¥1320
12	バリ島	¥1320
13	上海	¥1320
14	モロッコ	¥1540
15	チェコ	¥1320
16	ベルギー	¥1430
17	ウィーン ブダペスト	¥1320
18	イタリア	¥1320
19	スリランカ	¥1540
20	クロアチア スロヴェニア	¥1430
21	スペイン	¥1320
22	シンガポール	¥1320
23	バンコク	¥1430

24	グアム	¥1320
25	オーストラリア	¥1430
26	フィンランド エストニア	¥1430
27	アンコール・ワット	¥1430
28	ドイツ	¥1430
29	ハノイ	¥1430
30	台湾	¥1320
31	カナダ	¥1320
33	サイパン テニアン ロタ	¥1320
34	セブ ボホール エルニド	¥1320
35	ロスアンゼルス	¥1320
36	フランス	¥1430
37	ポルトガル	¥1650
38	ダナン ホイアン フエ	¥1430

●国内

	東京	¥1540
	東京で楽しむフランス	¥1430
	東京で楽しむ韓国	¥1430
	東京で楽しむ台湾	¥1430
	東京の手みやげ	¥1430
	東京おやつさんぽ	¥1430
	東京のパン屋さん	¥1430
	東京で楽しむ北欧	¥1430
	東京のカフェめぐり	¥1480

	東京で楽しむハワイ	¥1480
	nyaruco 東京ねこさんぽ	¥1480
	東京で楽しむイタリア＆スペイン	¥1480
	東京で楽しむアジアの国々	¥1480
	東京ひとりさんぽ	¥1480
	東京パワースポットさんぽ	¥1599
	東京で楽しむ英国	¥1599

地球の歩き方 Plat

1	パリ	¥1320
2	ニューヨーク	¥1320
3	台北	¥1100
4	ロンドン	¥1320
6	ドイツ	¥1320
7	ホーチミン／ハノイ／ダナン／ホイアン	¥1320
8	スペイン	¥1320
10	シンガポール	¥1100
11	アイスランド	¥1540
14	マルタ	¥1540
15	フィンランド	¥1320
16	クアラルンプール／マラッカ	¥1100
17	ウラジオストク／ハバロフスク	¥1430
18	サンクトペテルブルク／モスクワ	¥1540
19	エジプト	¥1320

20	香港	¥110■
22	ブルネイ	¥143■
23	ウズベキスタン／サマルカンド／ブハラ／ヒヴァ／タシケント	¥132■
24	ドバイ	¥132■
25	サンフランシスコ	¥132■
26	パース／西オーストラリア	¥132■
27	ジョージア	¥154■

地球の歩き方 リゾートスタイル

R02	ハワイ島	¥165■
R03	マウイ島	¥165■
R04	カウアイ島	¥187■
R05	こどもと行くハワイ	¥154■
R06	ハワイ ドライブ・マップ	¥198■
R07	ハワイ バスの旅	¥132■
R08	グアム	¥143■
R09	こどもと行くグアム	¥165■
R10	パラオ	¥165■
R12	ブーケット サムイ島 ピピ島	¥16■
R13	ペナン ランカウイ クアラルンプール	¥16■
R14	バリ島	¥14■
R16	テーマパークinオーランド	¥18■
R17	カンクン コスメル イスラ・ムヘーレス	¥16■
R20	ダナン ホイアン ホーチミン ハノイ	¥16■

地球の歩き方 旅の図鑑シリーズ

見て読んで海外のことを学ぶことができ、旅気分を楽しめる新シリーズ。
1979年の創刊以来、長年蓄積してきた世界各国の情報と取材経験を生かし、
従来の「地球の歩き方」には載せきれなかった、
旅にぐっと深みが増すような雑学や豆知識が盛り込まれています。

W01
世界244の国と地域
¥1760

W07
世界のグルメ図鑑
¥1760

W02
世界の指導者図鑑
¥1650

W03
世界の魅力的な
奇岩と巨石139選
¥1760

W04
世界246の首都と
主要都市
¥1760

W05
世界のすごい島300
¥1760

W06
世界なんでも
ランキング
¥1760

W08
世界のすごい巨像
¥1760

W09
世界のすごい城と
宮殿333
¥1760

W11
世界の祝祭
¥1760

W10 世界197ヵ国のふしぎな聖地&パワースポット ¥1870		**W12** 世界のカレー図鑑 ¥1980	
W13 世界遺産 絶景でめぐる自然遺産 完全版 ¥1980		**W15** 地球の果ての歩き方 ¥1980	
W16 世界の中華料理図鑑 ¥1980		**W17** 世界の地元メシ図鑑 ¥1980	
W18 世界遺産の歩き方 ¥1980		**W19** 世界の魅力的なビーチと湖 ¥1980	
W20 世界のすごい駅 ¥1980		**W21** 世界のおみやげ図鑑 ¥1980	
W22 いつか旅してみたい世界の美しい古都 ¥1980		**W23** 世界のすごいホテル ¥1980	
W24 日本の凄い神木 ¥2200		**W25** 世界のお菓子図鑑 ¥1980	
W26 世界の麺図鑑 ¥1980		**W27** 世界のお酒図鑑 ¥1980	
W28 世界の魅力的な道 178 選 ¥1980		**W30** すごい地球! ¥2200	
W31 世界のすごい墓 ¥1980			

※表示価格は定価（税込）です。改訂時に価格が変更になる場合があります。

あなたの**旅の体験談**をお送りください

「地球の歩き方」は、たくさんの旅行者からご協力をいただいて、
改訂版や新刊を制作しています。
あなたの旅の体験や貴重な情報を、これから旅に出る人たちへ分けてあげてください。
なお、お送りいただいたご投稿がガイドブックに掲載された場合は、
初回掲載本を1冊プレゼントします！

ご投稿はインターネットから！

URL www.arukikata.co.jp/guidebook/toukou.html
画像も送れるカンタン「投稿フォーム」
※左記のQRコードをスマートフォンなどで読み取ってアクセス！

または「地球の歩き方　投稿」で検索してもすぐに見つかります

 地球の歩き方　投稿 　　　　　　 検索

▶投稿にあたってのお願い

★ご投稿は、次のような《テーマ》に分けてお書きください。

《新発見》───ガイドブック未掲載のレストラン、ホテル、ショップなどの情報
《旅の提案》───未掲載の町や見どころ、新しいルートや楽しみ方などの情報
《アドバイス》───旅先で工夫したこと、注意したこと、トラブル体験など
《訂正・反論》───掲載されている記事・データの追加修正や更新、異論、反論など

> ※記入例「○○編20XX年度版△△ページ掲載の□□ホテルが移転していました……」

★データはできるだけ正確に。
　ホテルやレストランなどの情報は、名称、住所、電話番号、アクセスなどを正確にお書きください。
　ウェブサイトのURLや地図などは画像でご投稿いただくのもおすすめです。

★ご自身の体験をお寄せください。
　雑誌やインターネット上の情報などの丸写しはせず、実際の体験に基づいた具体的な情報をお
　待ちしています。

▶ご確認ください

※採用されたご投稿は、必ずしも該当タイトルに掲載されるわけではありません。関連他タイトルへの掲載もありえます。
※例えば「新しい市内交通パスが発売されている」など、すでに編集部で取材・調査を終えているものと同内容のご投稿をい
　ただいた場合は、ご投稿を採用したとみなされず掲載本をプレゼントできないケースがあります。
※当社は個人情報を第三者へ提供いたしません。また、ご記入いただきましたご自身の情報については、ご投稿内容の確認
　や掲載本の送付などの用途以外には使用いたしません。
※ご投稿の採用の可否についてのお問い合わせはご遠慮ください。
※原稿は原文を尊重しますが、スペースなどの関係で編集部でリライトする場合があります。

あとがき

都道府県魅力度ランキングでボトム3が定位置の埼玉ですが、県内各地をくまなく取材して隠れていた魅力を再認識しました。子供の頃から見ている風景が歴史スポットだったり、通勤でいつも通る森の奥に里山の散歩コースがあったり…。この本が皆さんの身近にある埼玉の魅力を発見できるヒントになることを願っています。

STAFF

制作：金子久美
編集：小高雅彦（シエスタ）
執筆：中田瑞穂（シエスタ）、桑野貴子、土屋朋代、徳光尚子、小高みどり、福原正彦、谷口佳恵、小坂伸一
写真：有賀正博、土屋朋代、小高雅彦（シエスタ）、関係各市町村、関係各施設、PIXTA
デザイン：有限会社エメ龍夢
　　　　　株式会社明昌堂
表紙：日出嶋昭男
地図：高棟博（ムネプロ）
校正：ひらたちやこ
地図の制作にあたっては、国土地理院発行 2.5万分1数値地図、20万分1数値地図を編集、加工して作成

本書についてのご意見・ご感想はこちらまで
読者投稿　〒141-8425　東京都品川区西五反田2-11-8
　　　　　株式会社地球の歩き方
　　　　　地球の歩き方サービスデスク「埼玉編」投稿係
　　　　　https://www.arukikata.co.jp/guidebook/toukou.html
地球の歩き方ホームページ（海外・国内旅行の総合情報）
　　　　　https://www.arukikata.co.jp/
ガイドブック『地球の歩き方』公式サイト
　　　　　https://www.arukikata.co.jp/guidebook/

あなたの声をお聞かせください！

毎月3名様に読者プレゼント！

ウェブアンケートにお答えいただいた方の中から毎月抽選で3名様に地球の歩き方オリジナル御朱印帳または地球の歩き方オリジナルクオカード（500円）をプレゼントいたします。あなたの声が改訂版に掲載されるかも!?
（応募の締め切り：2025年2月28日）

https://arukikata.jp/wtwcri

※個人情報の取り扱いについての注意事項はWEBページをご覧ください。

地球の歩き方 **J07**

埼玉

2023-2024年版

2023年3月14日　初版第1刷発行
2023年4月18日　初版第2刷発行

Published by Arukikata. Co., Ltd.
2-11-8 Nishigotanda, Shinagawa-ku, Tokyo, 141-8425, Japan

著作編集　　地球の歩き方編集室
発 行 人　　新井 邦弘
編 集 人　　宮田 崇
発 行 所　　株式会社地球の歩き方
　　　　　　〒141-8425　東京都品川区西五反田2-11-8
発 売 元　　株式会社 Gakken
　　　　　　〒141-8416　東京都品川区西五反田2-11-8
印刷製本　　株式会社ダイヤモンド・グラフィック社

※本書は基本的に2022年6～12月の取材データに基づいて作られています。
　発行後に料金、営業時間、定休日などが変更になる場合がありますのでご了承ください。
　更新・訂正情報：https://book.arukikata.co.jp/support/

●この本に関する各種お問い合わせ先
・本の内容については、下記サイトのお問い合わせフォームよりお願いします。
　URL ▶ https://www.arukikata.co.jp/guidebook/contact.html
・在庫については　Tel 03-6431-1250（販売部）
・不良品（乱丁、落丁）については　Tel 0570-000577
　学研業務センター　〒354-0045　埼玉県入間郡三芳町上富279-1
・上記以外のお問い合わせ　Tel 0570-056-710（学研グループ総合案内）